빅데이터 분석기사

한권으로 끝내기

실기 | R

SD에듀
(주)시대고시기획

머리말

최근 4차 산업혁명 시대의 도래로 산업뿐만 아니라, 경제 · 사회 · 문화 등 모든 영역에 인공지능 제품과 서비스가 보편화되고 있습니다. 머지않은 미래의 인공지능 서비스에 대한 예견은 많은 미래학자들이 언급한 "영화 속 이야기들이 현실화가 될 것이다"라는 문장에 그 정답이 있을 것입니다. 현 시점에서는 대부분의 인공지능 서비스들이 지도 학습과 비지도 학습 방법을 이용하여 분류, 예측, 군집화, 패턴 발견, 그리고 의사결정을 지원하는 알고리즘을 개발하는 데 초점이 맞추어져 있습니다. 특히, 이러한 인공지능 알고리즘들을 효과적으로 개발하기 위해서는 빅데이터 분석 직무 능력을 사전에 반드시 갖춰야 합니다.

한국소프트웨어산업협회에서는, 빅데이터분석가 혹은 데이터분석가(Data Scientist)를 "데이터 이해 및 처리 기술에 대한 기본지식을 바탕으로 데이터 분석 기획, 데이터 분석, 데이터 시각화 업무를 수행하고 이를 통해 프로세스 혁신 및 마케팅 전략 결정 등의 과학적 의사결정을 지원하는 자"로 정의하고 있습니다.

또한 한국산업인력공단에서는 빅데이터분석기사의 직무를 "대용량의 데이터 집합으로부터 유용한 정보를 찾고 결과를 예측하기 위해 목적에 따라 분석기술과 방법론을 기반으로 정형 · 비정형 대용량 데이터를 구축, 탐색, 분석하고 시각화를 수행하는 업무를 수행한다"라고, 보다 자세하게 빅데이터 분석 업무를 정의하고 있습니다. 아울러 한국산업인력공단에서는 이러한 시대적 흐름에 맞추어 2021년부터 빅데이터분석기사 자격 종목을 신설하고, 미래 사회가 요구하는 데이터 사이언티스트를 양성하기 위하여 노력하고 있습니다.

본서는 이러한 시대적 조류에 맞추어 빅데이터분석기사 자격을 취득하기 위한 실기시험용으로 개발되었으며, 본서의 주요 특징을 요약하면 다음과 같습니다.

- 한국데이터산업진흥원에서 새롭게 제시한 출제유형을 반영하여 구성하였습니다.
- 2021~2023년 실시된 총 6회분의 기출복원문제를 완벽하게 복원, 수록하였습니다.
- 국가직무능력표준(NCS National Competency Standard)에서 정의한 학습모듈의 내용을 충실히 반영하였습니다.
- 빅데이터 분석 관련 민간 자격증의 기출문제를 분석하여 반드시 알아야 하는 내용을 수록하였습니다.
- 부족한 부분을 확인하고 실전 경험을 쌓을 수 있도록 유형별 단원종합문제와 합격모의고사 2회분을 수록하였습니다.
- 강의자료와 동영상 강의 유료지원으로 본 도서를 이용하여 합격할 수 있도록 제작하였습니다.
- 색인을 수록하여 찾고자 하는 키워드를 빠르게 찾아 효율적으로 학습할 수 있습니다.
- 한국산업인력공단과 한국데이터산업진흥원에서 출제기준으로 제시하고 있는 빅데이터분석기사 과목의 데이터 분석모형을 포함하고 있습니다.
- R을 처음 접하는 독자들의 이해를 돕기 위해 R 설치, 기본문법, 데이터 수집, 전처리, 기술통계, 추론통계의 내용을 설명하고 있습니다.
- 본서는 R(4.2.0/4.3.2)을 이용하여 데이터 분석 방법을 다루고 R console(콘솔) 명령어 입력 및 출력 결과에 대해 설명합니다.

합격의 공식 Formula of pass │ SD에듀 www.sdedu.co.kr

많은 시간 동안 NCS 학습모듈, 관련 문헌들, 기존 기출문제 등을 참고하여 작성하였으나, 어딘가에는 분명히 오류가 있을 것으로 사료됩니다. 관련 오류나 참고할 내용이 있으면 언제든 저자(hsjang@ptu.ac.kr)에게 문의해 주시면 향후 새로운 개정판을 기획하는 데 많은 도움이 될 것입니다. 실제로 이전에 출간한 필기 도서를 읽으면서 주신 독자들의 의견이 도서 개정에 많은 도움이 되었으며, 이 자리를 빌려 많은 격려를 주신 독자분들에게 감사의 말씀을 드립니다. 또 본서를 강의 교재로 이용하고자 하는 경우 강의 자료와 함께 동영상 강의를 지원해 드리고 있습니다. 출판사 혹은 저자에게 문의해 주시면 자세히 안내해 드리겠습니다.

본 도서에 NCS 학습모듈과 관련 민간 자격증의 기출문제를 많이 인용하였음을 밝힙니다. 이와 관련하여 모든 저자들의 동의를 사전에 마땅히 받아서 인용하여야 함에도 불구하고, 촉박한 일정 탓에 그렇지 못하였음에 대하여 이 자리를 빌려 송구스럽고 죄송한 마음을 전합니다. 아울러 본 도서의 일부 내용은 "정부(과학기술정보통신부)의 재원으로 한국연구재단의 지원을 받아 수행된 연구임(No. 2021R1F1A1049933)"을 밝힙니다.

"빅데이터분석기사를 준비하는 수험생들에게 조금이나마 도움이 될 수 있을까?"하는 마음으로 이 일을 시작한 뒤로 벌써 많은 시간이 흘렀습니다. 이 일을 위해 저의 곁에서 늘 힘이 되어 준 소중한 가족들에게 죄송함과 감사의 마음을 전합니다. 아울러 적절한 시기에 본서의 작성과 출간을 허락하시고 물심양면으로 많은 도움을 주신 SD에듀 윤승일 부서장님, 친절함과 인내로 애써주시는 김은영 팀장님과 SD에듀 가족분들께도 깊은 감사를 드립니다.

본 도서를 이용하여 빅데이터분석기사 시험을 준비하는 모든 수험생 여러분들에게 좋은 결과가 있기를 바랍니다.

2024년 1월 龍耳洞에서

편저자 **장희선** 올림

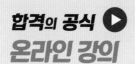

보다 깊이 있는 학습을 원하는 수험생들을 위한
SD에듀의 동영상 강의가 준비되어 있습니다.
www.sdedu.co.kr ➔ 회원가입(로그인) ➔ 강의살펴보기

시험안내

◆ 2021년 출제경향분석

작업형	2021년 제2회 기출복원문제	자사도서	2021년 제3회 기출복원문제	자사도서
제1유형	Boston 데이터 이용 • 데이터 정렬 • 이상값 대체 • 조건 확인 및 평균 구하기	Ⅱ 과목 1장	국가별 결핵 발생 건수 데이터 이용 • 결측값 처리 • 사분위 값 구하기	Ⅱ 과목 1장
	캘리포니아 주택 관련 데이터 이용 • 데이터 추출 • 결측값 처리 및 표준편차 구하기 • 결측값 대체	Ⅱ 과목 1장	국가별 결핵 발생 건수 데이터 이용 • 항목별 평균 구하기 • 조건에 맞는 항목의 개수 구하기	Ⅱ 과목 2장
	보험 관련 데이터 이용 • 항목의 평균, 표준편차 구하기 • 이상값 처리	Ⅱ 과목 2장	국가별 결핵 발생 건수 데이터 이용 • 결측값 개수 구하기 • 결측값이 많은 항목 구하기	Ⅱ 과목 1장
제2유형	고객 구매 관련 데이터 이용 • SVM 분석 • 성능 분석(혼동행렬, ROC, AUC)	Ⅲ 과목 6장 Ⅳ 과목 1장	iris 데이터 이용 • 의사결정나무 분석 • SVM 분석 • 성능 분석(혼동행렬, ROC, AUC)	Ⅲ 과목 4, 6장 Ⅳ 과목 1장

※ 2023년부터 실기시험 출제유형이 변경된 관계로 작업형 출제경향분석만을 수록합니다.

◆ 2022년 출제경향분석

작업형	2022년 제4회 기출복원문제	자사도서	2022년 제5회 기출복원문제	자사도서
제1유형	women 데이터 이용 • 사분위값, 절댓값 구하기 • 정숫값 출력(소수점 이하 버림)	Ⅱ 과목 2장	지역별 종량제 봉투 가격 데이터 이용 • 범주형 조건 • 평균 봉투 가격 출력	Ⅱ 과목 2장
	유튜브 영상 데이터 이용 • 비율 계산 • 조건에 맞는 항목의 개수 구하기	Ⅱ 과목 2장	체질량지수 데이터 이용 • BMI 계산 • (정상−과체중) 차이 구하기	Ⅱ 과목 2장
	Netflix 콘텐츠 데이터 이용 • 연도, 월 데이터 추출 • 조건에 맞는 항목의 개수 구하기	Ⅱ 과목 2장	초중고 학생수 현황 데이터 이용 • 순전입학생수 계산 • 학생수 출력	Ⅱ 과목 2장
제2유형	보험 데이터 • 앙상블 분석(랜덤 포레스트) • F1-Score(F1-Measure) 평가 • Macro F1-Score 구하기	Ⅲ 과목 8장 Ⅳ 과목 1장	중고차 가격 데이터 • 회귀 분석, 의사결정나무 • 랜덤포레스트 • RMSE로 성능 비교하기	Ⅲ 과목 2, 4, 8장 Ⅳ 과목 2장

◯ 2023년 출제경향분석

작업형	2023년 제6회 기출복원문제	자사도서	2023년 제7회 기출복원문제	자사도서
제1유형	**소방구조 활동 데이터** • 평균 출동시간 • 최댓값 요소 출력	Ⅱ과목 1장	**보건의료인 시험정보** • 데이터 전처리(표준화) • 조건을 만족하는 행의 개수	Ⅱ과목 1장
	초등학교 학생 수 데이터 • 최대값 요소 출력 • 조건에 맞는 항목 구하기	Ⅱ과목 1장	**보건의료인 시험정보** • 유형별 상관계수 • 상관계수 절대값의 최대값	Ⅱ과목 1장
	범죄 현황 데이터 • 월평균 범죄 수 • 조건에 맞는 항목 구하기	Ⅱ과목 1장	**보건의료인 시험정보** • 이상치 지정 • 조건을 만족하는 행의 개수	Ⅱ과목 1장
제2유형	**석면피해진단 데이터 이용** • 랜덤 포레스트(의사결정나무) • 정확도, F1-Score 구하기	Ⅲ과목 8장 Ⅳ과목 1장	**연봉 데이터** • 회귀분석, 랜덤 포레스트 • 의사결정나무, 교차검증 • RMSE로 성능 비교하기	Ⅲ과목 2, 8장 Ⅳ과목 2장
제3유형	**국립병원 진료 데이터** • 비율 차이 분석 • 검정통계량, 유의확률 출력	Ⅴ과목 2장	**초등학생 건강검진 데이터** • 상관계수 구하기 • 최대 상관계수 값 출력	Ⅲ과목 1장 Ⅴ과목 2장
	airquality 데이터 이용 • 다중 선형회귀 모형 • 회귀계수 출력 • 유의확률, 신뢰구간 출력	Ⅴ과목 2장	**초등학생 건강검진 데이터** • 다중 선형회귀 분석 • 결정계수, 오즈비 구하기 • 오분류율, p-value 출력 • 로지스틱 회귀분석	Ⅲ과목 2, 3장 Ⅳ과목 2장 Ⅴ과목 2장

빅데이터분석기사 실기시험
2023년 新출제유형 반영 도서!

2023년 제6회(2023.06.24.)부터 변경되는 작업형 제3유형 적용!
신규 유형 대비도 SD에듀와 함께!

※ 핵심이론, 유형별 단원종합문제, 합격모의고사에 신유형 대비용 이론 및 문제를 수록하였습니다.

⬡ 빅데이터분석기사란?

빅데이터 이해를 기반으로 빅데이터 분석 기획, 빅데이터 수집 · 저장 · 처리, 빅데이터 분석 및 시각화를 수행하는 실무자

⬡ 주요 업무

Duty(책무) 능력단위	Task(작업) 능력단위요소		
A. 분석 기획	A1 분석과제 정의하기	A2 데이터 이해하기	A3 분석 계획하기
B. (빅데이터 처리) 수집 및 전처리	B1 빅데이터 수집 및 추출, 생성하기	B2 빅데이터 정제하기	–
C. (빅데이터 처리) 탐색 및 초기분석	C1 빅데이터 탐색하기	C2 빅데이터 저장 또는 적재하기	–
D. (빅데이터 분석) 빅데이터 모형 설계	D1 연관성 및 군집 분석하기	D2 확률모형 검토하기	D3 모형 및 필요자료 선정하기
E. (빅데이터 분석) 빅데이터 모형 적합	E1 자료 전처리하기	E2 분석 알고리즘 구축하기	E3 적합 결과 도출하기
F. (빅데이터 분석) 빅데이터 모형 평가	F1 자료 타당성 검토하기	F2 모형 타당성 검토하기	F3 적합 타당성 검토하기
G. 결과 활용	G1 분석결과 해석하기	G2 분석결과 표현하기	G3 분석결과 적용 및 검증하기

※ 출처 : 빅데이터분석기사 국가기술자격 종목 개발 연구(한국산업인력공단)

⬡ 전 망

❶ 앞으로 빅데이터 분석에 대한 관심이 꾸준하게 증가할 것으로 전망
❷ 정보화, 세계화, 모바일 서비스 등의 확대로 빅데이터 분석가의 활용영역이 증가
❸ 경제, 사회, 공공 등의 부문에서 활용 사례가 꾸준히 증가
❹ 기업, 금융, 의료, 지역, 환경 등의 다양한 영역들 사이에서 융합 가속화로 빅데이터 분석 업무가 중요
❺ 인공지능 서비스의 보편화로 빅데이터 분석의 중요도 상승

○ 빅데이터 분석 관련 국가직무능력표준(NCS)

소분류	세분류	능력단위	
정보기술 전략 · 계획	빅데이터 분석	• 빅데이터 분석결과 시각화 • 탐색적 데이터 분석 • 빅데이터 분석 모델링 • 빅데이터 분석 플로우 구성	• 분석 데이터 전처리 • 분석 데이터 피처(Feature) 엔지니어링 • 빅데이터 분석결과 평가 • 데이터 분석 기초 기술 활용
	빅데이터 기획	• 빅데이터 서비스 기획 • 빅데이터 분석 기획 • 빅데이터 성과관리 기획 • 빅데이터 운영 기획	• 빅데이터 환경 분석 • 빅데이터 기술 플랫폼 기획 • 빅데이터 활용 기획
정보기술 개발	빅데이터 플랫폼 구축	• 빅데이터 플랫폼 요구사항 분석 • 빅데이터 수집 시스템 개발 • 빅데이터 처리 시스템 개발 • 빅데이터 품질관리 시스템 개발	• 빅데이터 플랫폼 아키텍쳐 설계 • 빅데이터 저장 시스템 개발 • 빅데이터 분석 시스템 개발 • 빅데이터 플랫폼 테스트
정보기술 운영	빅데이터 운영 · 관리	• 빅데이터 플랫폼 운영 정책 수립 • 빅데이터 서비스 운영 관리 • 빅데이터 솔루션 운영 관리 • 빅데이터 품질관리 • 빅데이터 모델 운영	• 빅데이터 서비스 운영 계획 • 빅데이터 솔루션 운영 계획 • 빅데이터 플랫폼 모니터링 • 빅데이터 플로우 관리 • 빅데이터 처리 운영

○ 직무유형

❶ 데이터 엔지니어(Data Engineer) : 데이터를 원활하게 공급, 저장, 처리, 분석, 시각화

❷ 데이터 과학자(Data Scientist) : 통계, 데이터 모델링, 분석 및 알고리즘 연구개발

❸ 비즈니스 분석가(Business Analyst) : 데이터 중심의 의사결정 지원

○ 진출분야

❶ 대기업, 국 · 공영 기업 연구소, 각종 단체 등

❷ 기타 민간 중소기업 창업, 광고회사 마케팅, 기획회사 등

❸ 정부기관 민간 통계 컨설팅 기관, 리서치 기관 등

❹ 의회, 정당, 연구 기관, 언론, 금융 기관, 기타 컨설팅 기관 등

시험안내

◌ 시행처 및 접수처

구 분	내 용
시행처	한국데이터산업진흥원(kdata.or.kr)
접수처	데이터자격검정센터(www.dataq.or.kr)

◌ 검정기준

대용량의 데이터 집합으로부터 유용한 정보를 찾고 결과를 예측하기 위해 목적에 따라 분석기술과 방법론을 기반으로 정형/비정형 대용량 데이터를 구축, 탐색, 분석하고 시각화하는 업무를 수행할 수 있는 능력 보유의 유 · 무

◌ 시험과목

구 분	시험과목	주요 항목
실기시험	빅데이터 분석실무	데이터 수집 작업
		데이터 전처리 작업
		데이터 모형 구축 작업
		데이터 모형 평가 작업

◌ 검정방법 및 합격기준

유 형		문항 수(개)	문항당 배점(점)	총점(점)	시험시간	합격기준
작업형	제1유형	3	10	30	180분 (3시간)	총점 100점 중 60점 이상이면 합격
	제2유형	1	40	40		
	제3유형	2	15	30		
합 계		6	총점 100점			

※ 필기시험 면제기간은 필기합격자 발표일로부터 2년

⬡ 2024년 시험 일정

구 분	필기시험 원서접수	필기시험	필기시험 합격예정자 발표	실기시험 원서접수	실기시험	최종합격자 발표
제8회	03.04~03.08	04.06(토)	04.26(금)	05.20~05.24	06.22(토)	07.12(금)
제9회	08.05~08.09	09.07(토)	09.27(금)	10.28~11.01	11.30(토)	12.20(금)

※ 자격 검정일정은 변경될 수 있으니, 반드시 홈페이지(www.dataq.or.kr)를 확인하시기 바랍니다.

⬡ 합격률

구 분	응시자	합격자	합격률
제2회	2,124명	1,272명	59.9%
제3회	2,560명	1,551명	60.6%
제4회	2,943명	1,580명	53.7%
제5회	3,321명	1,684명	50.7%
제6회	3,945명	2,092명	53.0%
제7회	4,369명	2,083명	47.7%

⬡ 응시자격

❶ 대학졸업자 등 또는 졸업예정자(전공 무관)

❷ 3년제 전문대학 졸업자 등으로서 졸업 후 1년 이상 직장경력이 있는 사람(전공, 직무분야 무관)

❸ 2년제 전문대학 졸업자 등으로서 졸업 후 2년 이상 직장경력이 있는 사람(전공, 직무분야 무관)

❹ 기사 등급 이상의 자격을 취득한 사람(종목 무관)

❺ 기사 수준 기술훈련과정 이수자 또는 그 이수예정자(종목 무관)

❻ 산업기사 등급 이상의 자격을 취득한 후 1년 이상 직장경력이 있는 사람(종목, 직무분야 무관)

❼ 산업기사 수준 기술훈련과정 이수자로서 이수 후 2년 이상 직장경력이 있는 사람(종목, 직무분야 무관)

❽ 기능사 등급 이상의 자격을 취득한 후 3년 이상 직장경력이 있는 사람(종목, 직무분야 무관)

❾ 4년 이상 직장경력이 있는 사람(직무분야 무관)

응시 가이드

❖ 본 내용은 한국데이터산업진흥원의 공지(2023.11 기준)를 정리한 것이므로, 응시 전에 홈페이지(www.dataq.or.kr)를 반드시 확인하시기 바랍니다.

⭕ 답안제출 및 채점기준

구 분	작업형 제1유형	작업형 제2유형	작업형 제3유형	합 계
문항수 및 배점	3문항/문항당 10점	1문항/40점	2문항/문항당 15점 (소문항 배점 합산)	6문항
총 점	30점	40점	30점	100점

⭕ 실기시험 응시환경 및 유의사항

구 분	유의 사항
제공언어	**R, Python** • 문항별로 R 또는 Python 중 언어 선택 가능(단, 한 문항에서 복수 언어 사용 불가능)
제공환경	**클라우드 기반 코딩 플랫폼** • CBT(Computer Based Test) • 크롬(Chrome) 브라우저 사용
답안 제출 방법	• **작업형 제1유형** : 코딩 화면에서 문제를 풀이한 후 별도의 답안제출 화면으로 이동하여 답안 입력 · 제출 • **작업형 제2유형** : 평가용 데이터를 이용한 예측 결과를 csv 파일로 제출 • **작업형 제3유형** : 코딩 화면에서 문제를 풀이한 후 별도의 답안제출 화면으로 이동하여 각 문항별 소문항의 순서대로 답안 입력 · 제출
제약사항	• 코드 라인별 실행 불가능 • 그래프 기능, 단축키, 자동완성 기능 미제공 • 코드 실행 제한시간 1분, 시간 초과 시 강제 실행 취소 • 사전에 제공된 패키지만 이용 가능, 시험 중 추가 설치 불가능(단, help 함수 이용 가능)

※ 실기시험 응시환경 체험은 구름(goor.me/EvH8T)에서 가능합니다.
※ 관련 사항은 변경될 수 있으니 홈페이지(www.dataq.or.kr)를 확인하시기 바랍니다.

⬡ 유의사항

❶ 주기적으로 저장하면서 문제 풀기를 권장
❷ 코드는 여러 번 제출이 가능하나, 마지막으로 제출된 코드만 채점
❸ 제1유형, 제3유형은 [제출] 버튼이 없고 별도의 답안제출 화면으로 이동하여 제출
❹ 코드 실행 제한시간 1분, 시간 초과 시 강제 실행 취소
❺ 계산기 등 전자 · 통신기기, 기타 프로그램(메모장, 계산기 등) 사용 불가
❻ 허가되지 않은 사이트(구글, 네이버 등) 접속 불가

⬡ 작업 유형별 유의사항

❶ 작업형 제1유형

- 작업형 제1유형은 아래와 같이 사전에 제공되는 데이터를 처리한 결과값을 print() 함수 등을 이용하여 출력하는 문제이다.

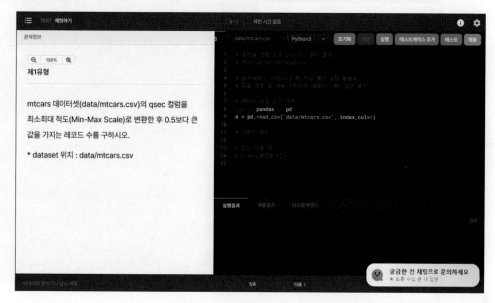

- 답안 제출 시 문제에 지시된 제출 형식을 반드시 준수하여야 한다. 예를 들어 "답안은 정수(integer)로 출력", "답안 출력 시, 사용 데이터, 불필요한 문자, null 등 정수 답안 외 내용 모두 제거" 등의 지시문이 있는 경우 이를 반드시 준수하여야 하며, 그렇게 하지 않으면 감점을 받게 된다.

- 문항별로 정답 여부에 따라 10점 또는 0점을 부여하며, 작성 코드에 대한 부분 점수는 부여하지 않는다.

- 제출 형식을 위반하거나 답안을 복수로 제출하는 경우 0점으로 처리한다.

예 반올림하여 소숫점 둘째 자리까지 작성(결과값 : 0.117/정답 : 0.12)

제출답안	0.12	0.120	0.117	0.12, 0.117	0.11	0.1
기준	정답	제출 형식 위반		복수 답안 제출	오답	
획득점수	10점	0점		0점	0점	

❷ 작업형 제2유형

- 제2유형은 아래와 같이 학습용 데이터를 이용하여 적절한 데이터 분석 모형을 구축하고, 평가용 데이터를 이용한 예측 결과를 csv 파일로 제출하는 문제이다.

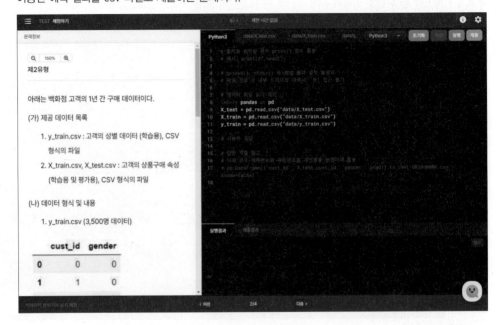

- 답안 제출 시 문제에 지시된 제출 형식과 아래 사항을 반드시 준수하여야 한다.
  - 예측 결과는 지시된 칼럼명을 사용하여 생성
  - 답안 파일에는 예측 결과 칼럼 1개만 생성
  - 답안 파일 별도 디렉토리 지정 금지
  - 자동 생성되는 index 칼럼 제거
  - 답안 파일은 지시된 파일명을 사용하여 생성

- 평가지표에 따라 구간별 점수를 부여하며, 작성 코드에 대한 부분 점수는 부여하지 않는다.

- 예측값의 정확도가 평가지표 최저 구간 미만이거나 평가용 데이터 개수와 예측 결과 데이터 개수의 불일치로 평가지표의 산출이 불가능한 경우 0점으로 처리한다.

- 평가지표에 따른 구간 점수를 획득하여도 제출 형식을 위반하면, 해당 문항의 득점 점수에서 감점하며, 감점 유형이 중복되면 누적하여 감점된다.

예) 파일명 : result.csv / 칼럼명 : pred

파일명	000000.csv	result.csv	result.csv	result.csv	000000.csv
제출 칼럼명	pred	predict	pred+다른 칼럼	predict+다른 칼럼	predict+다른 칼럼
기준	지시 파일명 미사용	지시 칼럼명 미사용	제출 칼럼 1개 초과	지시 칼럼명 미사용/ 제출 칼럼 1개 초과	지시 파일명 미사용/ 지시 칼럼명 미사용/ 제출 칼럼 1개 초과
획득점수	37점	37점	37점	34점	31점

❸ 작업형 제3유형

- 제3유형은 t−검정 방법 등을 이용한 가설검정(추론통계) 문제이다.

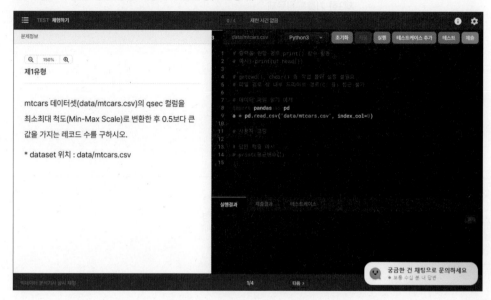

- 문항의 소문항별로 정답 여부에 따라 배점 기준의 만점 또는 0점을 부여하며, 작성 코드에 대한 부분 점수는 부여하지 않는다.

- 소문항별로 제출 형식을 위반하였거나 답안을 복수로 제출하는 경우는 0점으로 처리한다. 제3유형에서는 제출 답안이 지시문을 위반하는 경우 "입력 형식이 올바르지 않습니다"라는 안내 표시가 있어 이를 확인할 수 있다.

예 반올림하여 소숫점 둘째 자리까지 작성(결과값 : 0.117/정답 : 0.12)

제출답안	0.12	0.120	0.117	0.12, 0.117	0.11	0.1
기 준	정 답	제출 형식 위반		복수 답안 제출	오 답	
획득점수	10점	0점		0점	0점	

⬡ 도서 활용 가이드

예제 데이터는 홈페이지 [SD에듀]−[도서업데이트] 게시판에서 다운로드 할 수 있습니다.

▶ 예제 데이터 다운로드
바로가기 [SD에듀]

이 책의 목차

기출복원문제

제2회 기출복원문제 · 3

제3회 기출복원문제 · 14

제4회 기출복원문제 · 23

제5회 기출복원문제 · 28

제6회 기출복원문제 · 46

제7회 기출복원문제 · 69

**유형별
단원종합문제**

작업형 제1유형 | 데이터 전처리 · 91

작업형 제2유형 | 데이터 분석 모형 · 138

작업형 제3유형 | 추론통계 · 173

제1과목
R과 데이터 분석

제1장
R 설치 및 실행

제1절 R 설치 방법 · 197

제2절 R 실행 및 패키지 · 206

제2장
R 기본 문법

제1절 R 기초 · 219

제2절 데이터 구조 · 229

제2과목
데이터 수집 및 분석

제1장
데이터 수집과 전처리

제1절 데이터 수집 · 253

제2절 데이터 전처리 · 263

제2장
기술통계 분석

제1절 기술통계와 빈도 분석 · 278

제2절 기술통계 기법 · 285

제3과목

데이터 모형 구축

제1장
상관관계 분석

제1절 상관관계 분석의 이해 ·············· 301
제2절 산점도 및 상관계수 ·············· 302

제2장
회귀 분석

제1절 회귀 분석의 이해 ·············· 309
제2절 단순 및 다중회귀 분석 ·············· 310
제3절 변수선택 방법 ·············· 318

제3장
로지스틱 회귀 분석

제1절 로지스틱 회귀 분석의 이해 ·············· 323
제2절 로지스틱 회귀모형 ·············· 325

제4장
의사결정나무

제1절 의사결정나무의 이해 ·············· 336
제2절 의사결정나무 모형 ·············· 338

제5장
인공신경망

제1절 인공신경망의 이해 ·············· 352
제2절 인공신경망 모형 ·············· 356

제6장
서포트벡터머신

제1절 서포트벡터머신의 이해 ·············· 369
제2절 서포트벡터머신 모형 ·············· 370

제7장
베이지안 기법

제1절 베이지안 기법의 이해 ·············· 380
제2절 단순 베이즈 분류 분석 ·············· 381

제8장
앙상블 분석

제1절 앙상블 분석의 이해 ·············· 387
제2절 배깅 및 부스팅 ·············· 390
제3절 랜덤포레스트 ·············· 404

이 책의 목차

제4과목

제1장
분류 분석모형 평가

데이터 모형 평가

제1절 평가 지표 · 415
제2절 로지스틱 회귀 분석 · · · · · · · · · · · · · · · · · · · 420
제3절 서포트벡터머신 · 423
제4절 베이지안 기법(단순 베이즈 분류 분석) · · · · 429
제5절 앙상블 분석 · 432

제2장
예측 분석모형 평가

제1절 평가 지표 · 442
제2절 회귀 분석 · 445
제3절 의사결정나무 · 447
제4절 인공신경망 · 451
제5절 이항형 변수 예측 · 455

제5과목

제1장
추론통계 분석 방법

추론통계 분석

제1절 추론통계의 이해 · 465
제2절 추론통계 기법 · 466

제2장
가설 검정

제1절 평균차이 분석 · 468
제2절 비율차이 분석 · 474
제3절 분산 분석 · 476
제4절 독립성 검정 · 482

합격모의고사

제1회 합격모의고사 · 487
제2회 합격모의고사 · 502

기출복원문제

제2회 기출복원문제

제3회 기출복원문제

제4회 기출복원문제

제5회 기출복원문제

제6회 기출복원문제

제7회 기출복원문제

Ⅰ 작업형 제1유형

01 MASS 패키지에서 제공되는 보스턴(Boston) 데이터는 보스턴 지역의 범죄율, 학생·교수 비율, 주택가격 등과 관련된 데이터로 총 14개 항목에 대한 506개 지역의 레코드를 포함한다. 다음 수행 결과를 출력하시오.

(1) 보스턴 지역의 범죄율(Boston$crim) 항목에 대해 범죄율이 가장 높은 상위 10개 지역의 범죄율을 출력하시오.

(2) 범죄율이 가장 높은 1위 지역부터 10위 지역의 범죄율을 (10번째로 범죄율이 높은 지역의 범죄율 값)으로 모두 대체하고 그 결과를 출력하시오.

(3) (2)의 데이터를 이용하여 1940년 이전 주택의 비율 항목(age)이 80% 이상인 지역에 대한 평균 범죄율을 출력하시오.

> • crim : 범죄율(자치시별 1인 기준)
> • indus : 비소매 상업지역 면적(비율)
> • nox : 일산화질소 농도
> • age : 1940년 이전에 건축된 주택의 비율
> • rad : 방사형 고속도로까지의 거리
> • ptratio : 학생·교수 비율
> • lstat : 인구 중 하위 계층 비율
>
> • zn : 25,000 평방 피트 초과 거주지역 비율
> • chas : 찰스 강의 경계에 위치한 경우는 1, 아니면 0
> • rm : 주택당 방수
> • dis : 직업센터와의 거리
> • tax : 재산세율
> • black : 인구 중 흑인 비율
> • medv : 본인 소유의 주택가격(중앙값, $1000)

```
> head(Boston)
     crim zn indus chas   nox    rm  age    dis rad tax ptratio  black lstat medv
1 0.00632 18  2.31    0 0.538 6.575 65.2 4.0900   1 296    15.3 396.90  4.98 24.0
2 0.02731  0  7.07    0 0.469 6.421 78.9 4.9671   2 242    17.8 396.90  9.14 21.6
3 0.02729  0  7.07    0 0.469 7.185 61.1 4.9671   2 242    17.8 392.83  4.03 34.7
4 0.03237  0  2.18    0 0.458 6.998 45.8 6.0622   3 222    18.7 394.63  2.94 33.4
5 0.06905  0  2.18    0 0.458 7.147 54.2 6.0622   3 222    18.7 396.90  5.33 36.2
6 0.02985  0  2.18    0 0.458 6.430 58.7 6.0622   3 222    18.7 394.12  5.21 28.7
> summary(Boston)
      crim                zn             indus            chas              nox               rm
 Min.   : 0.00632   Min.   :  0.00   Min.   : 0.46   Min.   :0.00000   Min.   :0.3850   Min.   :3.561
 1st Qu.: 0.08205   1st Qu.:  0.00   1st Qu.: 5.19   1st Qu.:0.00000   1st Qu.:0.4490   1st Qu.:5.886
 Median : 0.25651   Median :  0.00   Median : 9.69   Median :0.00000   Median :0.5380   Median :6.208
 Mean   : 3.61352   Mean   : 11.36   Mean   :11.14   Mean   :0.06917   Mean   :0.5547   Mean   :6.285
 3rd Qu.: 3.67708   3rd Qu.: 12.50   3rd Qu.:18.10   3rd Qu.:0.00000   3rd Qu.:0.6240   3rd Qu.:6.623
 Max.   :88.97620   Max.   :100.00   Max.   :27.74   Max.   :1.00000   Max.   :0.8710   Max.   :8.780
      age              dis              rad              tax           ptratio          black
 Min.   :  2.90   Min.   : 1.130   Min.   : 1.000   Min.   :187.0   Min.   :12.60   Min.   :  0.32
 1st Qu.: 45.02   1st Qu.: 2.100   1st Qu.: 4.000   1st Qu.:279.0   1st Qu.:17.40   1st Qu.:375.38
 Median : 77.50   Median : 3.207   Median : 5.000   Median :330.0   Median :19.05   Median :391.44
 Mean   : 68.57   Mean   : 3.795   Mean   : 9.549   Mean   :408.2   Mean   :18.46   Mean   :356.67
 3rd Qu.: 94.08   3rd Qu.: 5.188   3rd Qu.:24.000   3rd Qu.:666.0   3rd Qu.:20.20   3rd Qu.:396.23
 Max.   :100.00   Max.   :12.127   Max.   :24.000   Max.   :711.0   Max.   :22.00   Max.   :396.90
     lstat            medv
 Min.   : 1.73   Min.   : 5.00
 1st Qu.: 6.95   1st Qu.:17.02
 Median :11.36   Median :21.20
 Mean   :12.65   Mean   :22.53
 3rd Qu.:16.95   3rd Qu.:25.00
 Max.   :37.97   Max.   :50.00
> dim(Boston)
[1] 506  14
>
> str(Boston)
'data.frame':   506 obs. of  14 variables:
 $ crim   : num  0.00632 0.02731 0.02729 0.03237 0.06905 ...
 $ zn     : num  18 0 0 0 0 0 12.5 12.5 12.5 12.5 ...
 $ indus  : num  2.31 7.07 7.07 2.18 2.18 2.18 7.87 7.87 7.87 7.87 ...
 $ chas   : int  0 0 0 0 0 0 0 0 0 0 ...
 $ nox    : num  0.538 0.469 0.469 0.458 0.458 0.458 0.524 0.524 0.524 0.524 ...
 $ rm     : num  6.58 6.42 7.18 7 7.15 ...
 $ age    : num  65.2 78.9 61.1 45.8 54.2 58.7 66.6 96.1 100 85.9 ...
 $ dis    : num  4.09 4.97 4.97 6.06 6.06 ...
 $ rad    : int  1 2 2 3 3 3 5 5 5 5 ...
 $ tax    : num  296 242 242 222 222 222 311 311 311 311 ...
 $ ptratio: num  15.3 17.8 17.8 18.7 18.7 18.7 15.2 15.2 15.2 15.2 ...
 $ black  : num  397 397 393 395 397 ...
 $ lstat  : num  4.98 9.14 4.03 2.94 5.33 ...
 $ medv   : num  24 21.6 34.7 33.4 36.2 28.7 22.9 27.1 16.5 18.9 ...
```

🔒 정답 1940년 이전 주택 비율 항목(age)이 80% 이상인 지역에 대한 평균 범죄율＝5.759387%

📋 해설 order( ) 함수를 이용하여 범죄율(crim)이 높은 순으로 정렬한 데이터를 저장(data)한다. 상위 10번째까지 범죄율이 높은 순서로 범죄율을 출력하고, 10번째 범죄율 값(data$crim[10]＝25.9406%)을 상위 1~10위의 범죄율 값으로 대체한다. age 항목이 80% 이상인 데이터를 별도로 저장(data_age80)하고 240개 지역에 대한 평균 범죄율을 출력한다. 참고로 상위 1~10위 범죄율을 변경하지 않고 원래 Boston 데이터세트에서 age 항목이 80% 이상인 지역에 대한 평균 범죄율을 구하면 6.71041%이며, 이 값은 data_age80 데이터세트에서 구한 평균 범죄율보다 다소 높은 값을 나타낸다.

```
> data <- Boston[order(-Boston$crim),]
> head(data)
       crim zn indus chas   nox    rm   age    dis rad tax ptratio  black lstat medv
381 88.9762  0  18.1    0 0.671 6.968  91.9 1.4165  24 666    20.2 396.90 17.21 10.4
419 73.5341  0  18.1    0 0.679 5.957 100.0 1.8026  24 666    20.2  16.45 20.62  8.8
406 67.9208  0  18.1    0 0.693 5.683 100.0 1.4254  24 666    20.2 384.97 22.98  5.0
411 51.1358  0  18.1    0 0.597 5.757 100.0 1.4130  24 666    20.2   2.60 10.11 15.0
415 45.7461  0  18.1    0 0.693 4.519 100.0 1.6582  24 666    20.2  88.27 36.98  7.0
405 41.5292  0  18.1    0 0.693 5.531  85.4 1.6074  24 666    20.2 329.46 27.38  8.5
> print(data$crim[1:10])
 [1] 88.9762 73.5341 67.9208 51.1358 45.7461 41.5292 38.3518 37.6619 28.6558 25.9406
>
> data$crim[1:10] <- data$crim[10]
>
> print(data$crim[1:10])
 [1] 25.9406 25.9406 25.9406 25.9406 25.9406 25.9406 25.9406 25.9406 25.9406 25.9406
>
> data_age80 <- data[data$age >= 80,]
> dim(data_age80)
[1] 240  14
>
> result <- mean(data_age80$crim)
> print(result)
[1] 5.759387
>
> check <- Boston[Boston$age >= 80, ]
> check_mean <- mean(check$crim)
> print(check_mean)
[1] 6.710741
```

02 아래는 캘리포니아 지역의 주택가격 관련 데이터(housing.csv)로 kaggle 사이트(www.kaggle.com/camnugent/introduction−to−machine−learning−in−r−tutorial)에서 다운로드할 수 있으며, 캘리포니아 20,640개 지역에 대한 10가지 항목의 조사 내용이다. 아래 작업 결과를 출력하시오.

(1) 주어진 데이터(data, housing.csv)를 이용하여 첫 번째 행부터 순서대로 80% 행까지의 자료 (총 16,512개 자료 = 20,640×0.8)를 data1에 저장하시오.

(2) data1에서 total_bedrooms 항목(변수)의 결측값(NA)을 제외하여 total_bedrooms 항목의 표준편차를 출력하시오.

(3) data1 데이터에서 total_bedrooms 항목의 결측값(NA)을 total_bedrooms 항목의 중앙값(median)으로 대체하고 total_bedrooms 항목의 표준편차를 출력하시오.

> - longitude : 경도
> - latitude : 위도
> - housing_median_age : 주택 연수(나이, 중앙값)
> - total_rooms : 전체 방의 수
> - total_bedrooms : 전체 침대의 수
> - population : 인구 수
> - households : 세대 수
> - median_income : 소득(중앙값)
> - median_house_value : 주택 가격(중앙값)
> - ocean_proximity : 바다 근접도

	A	B	C	D	E	F	G	H	I	J	K
1	longitude	latitude	housing_median_age	total_rooms	total_bedrooms	population	households	median_income	median_house_value	ocean_proximity	
2	-122.23	37.88	41	880	129	322	126	8.3252	452600	NEAR BAY	
3	-122.22	37.86	21	7099	1106	2401	1138	8.3014	358500	NEAR BAY	
4	-122.24	37.85	52	1467	190	496	177	7.2574	352100	NEAR BAY	
5	-122.25	37.85	52	1274	235	558	219	5.6431	341300	NEAR BAY	
6	-122.25	37.85	52	1627	280	565	259	3.8462	342200	NEAR BAY	
7	-122.25	37.85	52	919	213	413	193	4.0368	269700	NEAR BAY	
8	-122.25	37.84	52	2535	489	1094	514	3.6591	299200	NEAR BAY	
9	-122.25	37.84	52	3104	687	1157	647	3.12	241400	NEAR BAY	
10	-122.26	37.84	42	2555	665	1206	595	2.0804	226700	NEAR BAY	
11	-122.25	37.84	52	3549	707	1551	714	3.6912	261100	NEAR BAY	
12	-122.26	37.85	52	2202	434	910	402	3.2031	281500	NEAR BAY	
13	-122.26	37.85	52	3503	752	1504	734	3.2705	241800	NEAR BAY	
14	-122.26	37.85	52	2491	474	1098	468	3.075	213500	NEAR BAY	
15	-122.26	37.84	52	696	191	345	174	2.6736	191300	NEAR BAY	
16	-122.26	37.85	52	2643	626	1212	620	1.9167	159200	NEAR BAY	
17	-122.26	37.85	50	1120	283	697	264	2.125	140000	NEAR BAY	
18	-122.27	37.85	52	1966	347	793	331	2.775	152500	NEAR BAY	
19	-122.27	37.85	52	1228	293	648	303	2.1202	155500	NEAR BAY	
20	-122.26	37.84	50	2239	455	990	419	1.9911	158700	NEAR BAY	

```
> data <- read.csv("housing.csv", header=T)
> head(data)
  longitude latitude housing_median_age total_rooms total_bedrooms population households
1  -122.23    37.88                 41         880            129        322        126
2  -122.22    37.86                 21        7099           1106       2401       1138
3  -122.24    37.85                 52        1467            190        496        177
4  -122.25    37.85                 52        1274            235        558        219
5  -122.25    37.85                 52        1627            280        565        259
6  -122.25    37.85                 52         919            213        413        193
  median_income median_house_value ocean_proximity
1        8.3252             452600        NEAR BAY
2        8.3014             358500        NEAR BAY
3        7.2574             352100        NEAR BAY
4        5.6431             341300        NEAR BAY
5        3.8462             342200        NEAR BAY
6        4.0368             269700        NEAR BAY
> dim(data)
[1] 20640    10
> .str(data)
'data.frame':  20640 obs. of  10 variables:
 $ longitude         : num  -122 -122 -122 -122 -122 ...
 $ latitude          : num  37.9 37.9 37.9 37.9 37.9 ...
 $ housing_median_age: num  41 21 52 52 52 52 52 52 ...
 $ total_rooms       : num  880 7099 1467 1274 1627 ...
 $ total_bedrooms    : num  129 1106 190 235 280 ...
 $ population        : num  322 2401 496 558 565 ...
 $ households        : num  126 1138 177 219 259 ...
 $ median_income     : num  8.33 8.3 7.26 5.64 3.85 ...
 $ median_house_value: num  452600 358500 352100 341300 342200 ...
 $ ocean_proximity   : chr  "NEAR BAY" "NEAR BAY" "NEAR BAY" "NEAR BAY" ...
> summary(data)
   longitude        latitude      housing_median_age  total_rooms     total_bedrooms
 Min.   :-124.3   Min.   :32.54   Min.   : 1.00      Min.   :    2   Min.   :    1.0
 1st Qu.:-121.8   1st Qu.:33.93   1st Qu.:18.00      1st Qu.: 1448   1st Qu.:  296.0
 Median :-118.5   Median :34.26   Median :29.00      Median : 2127   Median :  435.0
 Mean   :-119.6   Mean   :35.63   Mean   :28.64      Mean   : 2636   Mean   :  537.9
 3rd Qu.:-118.0   3rd Qu.:37.71   3rd Qu.:37.00      3rd Qu.: 3148   3rd Qu.:  647.0
 Max.   :-114.3   Max.   :41.95   Max.   :52.00      Max.   :39320   Max.   : 6445.0
                                                                     NA's   :  207
   population      households     median_income    median_house_value ocean_proximity
 Min.   :    3   Min.   :   1.0   Min.   : 0.4999   Min.   : 14999     Length:20640
 1st Qu.:  787   1st Qu.: 280.0   1st Qu.: 2.5634   1st Qu.:119600     Class :character
 Median : 1166   Median : 409.0   Median : 3.5348   Median :179700     Mode  :character
 Mean   : 1425   Mean   : 499.5   Mean   : 3.8707   Mean   :206856
 3rd Qu.: 1725   3rd Qu.: 605.0   3rd Qu.: 4.7432   3rd Qu.:264725
 Max.   :35682   Max.   :6082.0   Max.   :15.0001   Max.   :500001
```

6 정답 total_bedrooms 항목 표준편차
- 중앙값으로 대체 전의 표준편차=435.9006
- 중앙값으로 대체 후의 표준편차=433.9254

해설 주어진 데이터(data, housing.csv)에서 행은 총 20,640개이며, 이 중 80%인 16,512개의 자료 (nrow(data)×0.8=16,512)를 data1에 저장한다. dim( ), summary( )로 data1 자료를 확인하고, total_bedrooms 항목의 자료로 NA(결측값)의 개수가 159개임을 알 수 있다. 표준편차를 구하기 위해 sd( ) 함수(na.rm=TRUE 옵션으로 결측값 제외)를 이용하고 total_bedrooms 결측값 항목의 대체 전 표준편차는 435.9006이다. 해당 항목의 결측값을 중앙값 436으로 대체한 후, 새롭게 구한 표준편차 는 433.9254이다. 참고로 원자료의 표준편차는 421.3851이다.

```
> n <- nrow(data) * 0.8
> n
[1] 16512
> data1 <- data[c(1:n),]
> dim(data1)
[1] 16512    10
> summary(data1)
   longitude          latitude       housing_median_age  total_rooms     total_bedrooms
 Min.   :-124.3    Min.   :32.54    Min.   : 1.00       Min.   :    2    Min.   :   1.0
 1st Qu.:-121.2    1st Qu.:33.87    1st Qu.:19.00       1st Qu.: 1439    1st Qu.: 297.0
 Median :-118.3    Median :34.10    Median :30.00       Median : 2105    Median : 436.0
 Mean   :-119.1    Mean   :35.25    Mean   :29.28       Mean   : 2637    Mean   : 544.2
 3rd Qu.:-117.9    3rd Qu.:37.69    3rd Qu.:38.00       3rd Qu.: 3109    3rd Qu.: 648.0
 Max.   :-114.3    Max.   :41.95    Max.   :52.00       Max.   :39320    Max.   :6445.0
                                                                         NA's   :159
   population        households       median_income    median_house_value  ocean_proximity
 Min.   :    3    Min.   :   1.0    Min.   : 0.4999    Min.   : 14999       Length:16512
 1st Qu.:  792    1st Qu.: 280.0    1st Qu.: 2.5250    1st Qu.:118300       Class :character
 Median : 1168    Median : 410.0    Median : 3.4750    Median :173800       Mode  :character
 Mean   : 1438    Mean   : 503.6    Mean   : 3.8005    Mean   :202067
 3rd Qu.: 1727    3rd Qu.: 604.0    3rd Qu.: 4.6389    3rd Qu.:253600
 Max.   :35682    Max.   :6082.0    Max.   :15.0001    Max.   :500001
> sd_data1 <- sd(data1$total_bedrooms, na.rm=TRUE)
> print(sd_data1)
[1] 435.9006
>
> median <- median(data1$total_bedrooms, na.rm=TRUE)
> median
[1] 436

> data1$total_bedrooms[is.na(data1$total_bedrooms)] <- median
> summary(data1)
   longitude          latitude       housing_median_age  total_rooms
 Min.   :-124.3    Min.   :32.54    Min.   : 1.00       Min.   :    2
 1st Qu.:-121.2    1st Qu.:33.87    1st Qu.:19.00       1st Qu.: 1439
 Median :-118.3    Median :34.10    Median :30.00       Median : 2105
 Mean   :-119.1    Mean   :35.25    Mean   :29.28       Mean   : 2637
 3rd Qu.:-117.9    3rd Qu.:37.69    3rd Qu.:38.00       3rd Qu.: 3109
 Max.   :-114.3    Max.   :41.95    Max.   :52.00       Max.   :39320
 total_bedrooms      population        households       median_income
 Min.   :   1.0    Min.   :    3    Min.   :   1.0    Min.   : 0.4999
 1st Qu.: 298.0    1st Qu.:  792    1st Qu.: 280.0    1st Qu.: 2.5250
 Median : 436.0    Median : 1168    Median : 410.0    Median : 3.4750
 Mean   : 543.2    Mean   : 1438    Mean   : 503.6    Mean   : 3.8005
 3rd Qu.: 646.0    3rd Qu.: 1727    3rd Qu.: 604.0    3rd Qu.: 4.6389
 Max.   :6445.0    Max.   :35682    Max.   :6082.0    Max.   :15.0001
 median_house_value ocean_proximity
 Min.   : 14999      Length:16512
 1st Qu.:118300      Class :character
 Median :173800      Mode  :character
 Mean   :202067
 3rd Qu.:253600
 Max.   :500001
>
> sd_data1 <- sd(data1$total_bedrooms)
> sd_data1
[1] 433.9254

> sd_data <- sd(data$total_bedrooms, na.rm=TRUE)
> sd_data
[1] 421.3851
>
> print(sd_data1)
[1] 433.9254
> print(sd_data)
[1] 421.3851
```

제2회 빅데이터분석기사 실기 기출복원문제 **7**

03 아래 데이터(insurance.csv)는 (age, sex, bmi, children, smoker, region, charges) 항목에 대한 1,338명의 보험 관련 자료로 kaggle 사이트(www.kaggle.com/mirichoi0218/insurance/version/1)에서 다운로드한다. 아래 순서대로 수행한 작업 결과를 출력하시오.

(1) 납입 보험료(charges) 항목에 대한 평균(m)과 표준편차(n)를 출력하시오.

(2) 납입 보험료(charges) 항목에 대한 이상값(outlier)의 합을 출력하시오[단, 이상값은 (평균 +1.5×표준편차＝m+1.5×n) 이상인 값이다].

	A	B	C	D	E	F	G
1	age	sex	bmi	children	smoker	region	charges
2	19	female	27.9	0	yes	southwest	16884.924
3	18	male	33.77	1	no	southeast	1725.5523
4	28	male	33	3	no	southeast	4449.462
5	33	male	22.705	0	no	northwest	21984.47061
6	32	male	28.88	0	no	northwest	3866.8552
7	31	female	25.74	0	no	southeast	3756.6216
8	46	female	33.44	1	no	southeast	8240.5896
9	37	female	27.74	3	no	northwest	7281.5056
10	37	male	29.83	2	no	northeast	6406.4107
11	60	female	25.84	0	no	northwest	28923.13692
12	25	male	26.22	0	no	northeast	2721.3208
13	62	female	26.29	0	yes	southeast	27808.7251
14	23	male	34.4	0	no	southwest	1826.843
15	56	female	39.82	0	no	southeast	11090.7178

```
> setwd("C:/workr")
>
> data <- read.csv("insurance.csv", header=T)
>
> head(data)
  age    sex    bmi children smoker    region  charges
1  19 female 27.900        0    yes southwest 16884.924
2  18   male 33.770        1     no southeast  1725.552
3  28   male 33.000        3     no southeast  4449.462
4  33   male 22.705        0     no northwest 21984.471
5  32   male 28.880        0     no northwest  3866.855
6  31 female 25.740        0     no southeast  3756.622
> dim(data)
[1] 1338    7
> summary(data)
      age            sex                 bmi           children       smoker             region
 Min.   :18.00   Length:1338        Min.   :15.96   Min.   :0.000   Length:1338        Length:1338
 1st Qu.:27.00   Class :character   1st Qu.:26.30   1st Qu.:0.000   Class :character   Class :character
 Median :39.00   Mode  :character   Median :30.40   Median :1.000   Mode  :character   Mode  :character
 Mean   :39.21                      Mean   :30.66   Mean   :1.095
 3rd Qu.:51.00                      3rd Qu.:34.69   3rd Qu.:2.000
 Max.   :64.00                      Max.   :53.13   Max.   :5.000
    charges
 Min.   : 1122
 1st Qu.: 4740
 Median : 9382
 Mean   :13270
 3rd Qu.:16640
 Max.   :63770
```

[정답] 이상값의 합＝6,421,430

[해설] 보험료(data$charges)에 대한 평균(m), 표준편차(n)를 출력하고 이상값의 경계(outlier)를 구한다. 이 상값을 나타내는 항목(평균＋1.5×표준편차＝m＋1.5×n 이상인 값)을 result에 저장하고 sum( ), print( )로 합계를 출력한다. 참고로 전체 보험료의 합은 17,755,825이고 boxplot( ) 함수를 이용하여 보험료 범위를 가늠한다.

```
> m <- mean(data$charges)
> m
[1] 13270.42
>
> n <- sd(data$charges)
> n
[1] 12110.01
>
> outlier <- m + 1.5*n
> outlier
[1] 31435.44
>
> result <- data$charges >= outlier
> head(result)
[1] FALSE FALSE FALSE FALSE FALSE FALSE
>
> print(sum(data$charges[result]))
[1] 6421430
>
> print(sum(data$charges))
[1] 17755825
```

```
> boxplot(data$charges)
```

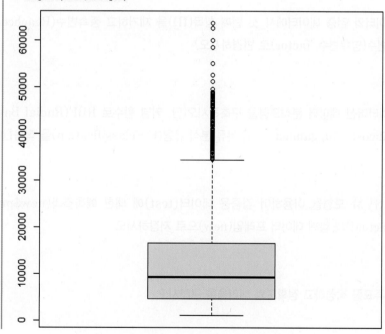

다음(train_commerce.csv)은 (ID, Warehouse_block, Mode_of_Shipment, Customer_care_calls, Customer_rating, Cost_of_the_Product, Prior_purchases, Product_importance, Gender, Discount_offered, Weight_in_gms, Reached.on.Time_Y.N)의 12개 항목에 대한 10,999명의 고객 구매 자료로 kaggle 사이트(www.kaggle.com/prachi13/customer−analytics?select=Train.csv)에서 다운로드할 수 있다.

전체 데이터들 중 임의로 70%(7,699개)를 훈련용 데이터(train)로 저장하고, 나머지 3,300개를 검증용 자료(test)로 이용한다. 훈련용 데이터를 이용하여 고객이 주문한 물품이 제 시간에 도착하는지 여부(Reached.on.Time_Y.N의 값이 1이면 제 시간에 도착, 0이면 제 시간에 도착하지 않음)를 예측한다.

아래의 순서대로 작업을 수행하여 서포트벡터머신(SVM ; Support Vector Machine) 모형을 구축하고 검증용 데이터에 대한 성능분석결과(정확도 및 오류율)를 출력하시오(단, 데이터분석을 위하여 "e1071", "caret", "pROC" 패키지를 이용한다).

(1) 훈련 데이터와 검증 데이터에서 첫 번째 항목(ID)을 제거하고 종속변수(Reached.on.Time_Y.N)를 요인변수(명목변수, factor)로 변경하시오.

(2) 서포트벡터머신 데이터 분석모형을 구축하시오[단, 커널 함수로 RBF(Radial Basis Function)를 이용하고 cost=10, gamma=0.1, 분류 분석 유형(C−classification)을 적용한다].

(3) 구축된 SVM 모형을 이용하여 검증용 데이터(test)에 대한 예측결과(new$predict)를 실젯값(new$actual)과 함께 데이터 프레임(new)으로 저장하시오.

(4) 정오 분류표를 작성하고 정확도와 에러율을 구하시오.

(5) 혼동행렬(Confusion Matrix)을 작성하고 ROC 곡선과 AUC 값을 출력하시오.

	A	B	C	D	E	F	G	H	I	J	K	L
1	ID	Warehouse_block	Mode_of_Shipment	Customer_care_calls	Customer_rating	Cost_of_the_Product	Prior_purchases	Product_Importance	Gender	Discount_offered	Weight_in_gms	Reached.on.Time_Y.N
2	1 D	Flight		4	2	177	3	low	F	44	1233	1
3	2 F	Flight		4	5	216	2	low	M	59	3088	1
4	3 A	Flight		2	2	183	4	low	M	48	3374	1
5	4 B	Flight		3	3	176	4	medium	M	10	1177	1
6	5 C	Flight		3	2	184	3	medium	F	46	2484	1
7	6 F	Flight		3	1	162	3	medium	F	12	1417	1
8	7 D	Flight		3	4	250	3	low	F	3	2371	1
9	8 F	Flight		4	1	233	2	low	F	48	2804	1
10	9 A	Flight		3	4	150	3	low	F	11	1861	1
11	10 B	Flight		3	2	164	3	medium	F	29	1187	1
12	11 C	Flight		3	4	189	2	medium	M	12	2888	1
13	12 F	Flight		4	5	232	3	medium	F	32	3253	1
14	13 D	Flight		3	5	198	3	medium	F	1	3667	1
15	14 F	Flight		4	4	275	3	high	M	29	2602	1

```
> data <- read.csv("train_commerce.csv", header=T, fileEncoding="EUC-KR")
> head(data)
  ID Warehouse_block Mode_of_Shipment Customer_care_calls Customer_rating Cost_of_the_Product Prior_purchases Product_importance Gender
1 1               D           Flight                   4               2                 177               3                low      F
2 2               F           Flight                   4               5                 216               2                low      M
3 3               A           Flight                   2               2                 183               4                low      M
4 4               B           Flight                   3               3                 176               4             medium      M
5 5               C           Flight                   3               2                 184               3             medium      F
6 6               F           Flight                   3               1                 162               3             medium      F
  Discount_offered Weight_in_gms Reached.on.Time_Y.N
1               44          1233                   1
2               59          3088                   1
3               48          3374                   1
4               10          1177                   1
5               46          2484                   1
6               12          1417                   1
> dim(data)
[1] 10999    12
> id <- sample(1:nrow(data), as.integer(0.7*nrow(data)))
> train <- data[id, ]
> test <- data[-id, ]
> head(train)
         ID Warehouse_block Mode_of_Shipment Customer_care_calls Customer_rating Cost_of_the_Product Prior_purchases Product_importance Gender
2765   2765               C             Ship                   5               4                 177               4             medium      M
5297   5297               C             Ship                   3               1                 137               5                low      F
2354   2354               F             Ship                   3               2                 264               3             medium      F
5814   5814               F             Ship                   4               5                 274               3             medium      M
10232 10232               F             Ship                   2               1                 232               6                low      F
8170   8170               B             Ship                   5               4                 228               6             medium      M
      Discount_offered Weight_in_gms Reached.on.Time_Y.N
2765                48          1920                   1
5297                 8          4980                   1
2354                43          3439                   1
5814                 5          4773                   0
10232                2          5281                   1
8170                 5          4974                   1
> dim(train)
[1] 7699   12
> head(test)
      ID Warehouse_block Mode_of_Shipment Customer_care_calls Customer_rating Cost_of_the_Product Prior_purchases Product_importance Gender
8   8                 F           Flight                   4               1                 233               2                low      F
10 10                 B           Flight                   3               2                 164               3             medium      F
13 13                 D           Flight                   3               5                 198               3             medium      F
22 22                 B             Ship                   3               1                 232               4             medium      F
24 24                 F             Ship                   4               3                 211               3               high      M
27 27                 A             Ship                   4               1                 172               3               high      F
   Discount_offered Weight_in_gms Reached.on.Time_Y.N
8                48          2804                   1
10               29          1187                   1
13                1          3667                   1
22               51          2899                   1
24               12          3922                   1
27               24          1066                   1
> dim(test)
[1] 3300   12
```

① 훈련용(train)과 검증용(test) 데이터의 첫 번째 열(ID)을 제거한다. 예측하고자 하는 종속변수(Reached. on.Time_Y.N)를 as.factor( ) 함수를 이용하여 요인변수(명목변수)로 저장한다.

```
> train <- train[,-1]
> test <- test[,-1]
> head(test)
   Warehouse_block Mode_of_Shipment Customer_care_calls Customer_rating Cost_of_the_Product Prior_purchases
2               F            Flight                   4               5                 216               2
4               B            Flight                   3               3                 176               4
5               C            Flight                   2               2                 184               3
8               F            Flight                   4               1                 233               2
10              B            Flight                   3               2                 164               3
15              A            Flight                   4               3                 152               3
   Product_importance Gender Discount_offered Weight_in_gms Reached.on.Time_Y.N
2                 low      M               59          3088                   1
4              medium      M               10          1177                   1
5              medium      F               46          2484                   1
8                 low      F               48          2804                   1
10             medium      F               29          1187                   1
15                low      M               43          1009                   1
> dim(test)
[1] 3300   11
> train$Reached.on.Time_Y.N <- as.factor(train$Reached.on.Time_Y.N)
> test$Reached.on.Time_Y.N <- as.factor(test$Reached.on.Time_Y.N)
```

② svm( ) 함수를 이용하여 데이터 분석모형을 구축한다. RBM 커널 함수(cost＝10, gamma＝0.1)를 이용하여 분류 분석 유형(C－classification)을 지정한다.

③ 검증용 데이터에서 예측의 참값(actual)을 저장하고 예측값(new$predict)을 데이터 프레임(new)으로 저장한다.

```
> model <- svm(Reached.on.Time_Y.N ~ ., train, type="C-classification", kernel="radial", cost=10, gamma=0.1)
>
> new <- data.frame(actual = test$Reached.on.Time_Y.N)
>
> new$predict <- predict(model, test, decision.values = TRUE)
>
> head(new)
  actual predict
1      1       1
2      1       1
3      1       1
4      1       1
5      1       1
6      1       1
```

④ table( ) 함수를 이용하여 정오 분류표(cross_table)를 작성한다. 분류 예측의 정확도(accuracy, 65.42%)를 구하고 에러율(100－accuracy＝34.6%)을 출력한다.

```
> cross_table <- table(new$predict, new$actual)
> names(dimnames(cross_table)) <- c("Predicted", "Actual")
> cross_table
         Actual
Predicted   0    1
        0  987  789
        1  352 1172
>
> accuracy <- sum(diag(cross_table)) / sum(cross_table) * 100
> accuracy
[1] 65.42424
>
> error <- 100 - accuracy
> error
[1] 34.57576
```

⑤ confusionMatrix( ) 함수를 이용하여 혼동행렬을 출력하고, plot.roc( )로 ROC 곡선을 작성하여 분석모형의 성능을 확인한다. roc( )로 AUC=0.6674(ROC 곡선 아래 부분의 면적)의 값을 확인한다.

```
> confusionMatrix(cross_table)
Confusion Matrix and Statistics

          Actual
Predicted    0    1
        0  987  789
        1  352 1172

               Accuracy : 0.6542
                 95% CI : (0.6377, 0.6705)
    No Information Rate : 0.5942
    P-Value [Acc > NIR] : 8.025e-13

                  Kappa : 0.3183

 Mcnemar's Test P-Value : < 2.2e-16

            Sensitivity : 0.7371
            Specificity : 0.5977
         Pos Pred Value : 0.5557
         Neg Pred Value : 0.7690
             Prevalence : 0.4058
         Detection Rate : 0.2991
   Detection Prevalence : 0.5382
      Balanced Accuracy : 0.6674

       'Positive' Class : 0
```

```
> plot.roc(new$actual, as.integer(new$predict), legacy.axes = TRUE)
Setting levels: control = 0, case = 1
Setting direction: controls < cases
```

```
> result_validation <- roc(new$actual, as.integer(new$predict))
Setting levels: control = 0, case = 1
Setting direction: controls < cases
> names(result_validation)
 [1] "percent"            "sensitivities"     "specificities"     "thresholds"       "direction"
 [6] "cases"              "controls"          "fun.sesp"          "auc"              "call"
[11] "original.predictor" "original.response" "predictor"         "response"         "levels"
>
> result_validation

Call:
roc.default(response = new$actual, predictor = as.integer(new$predict))

Data: as.integer(new$predict) in 1339 controls (new$actual 0) < 1961 cases (new$actual 1).
Area under the curve: 0.6674
>
> result_validation$auc
Area under the curve: 0.6674
```

Ⅰ 작업형 제1유형

01 아래 자료(country.csv)는 연도별 7개 국가들에 대한 인구 10만명 당 결핵 발생 건수(명)이다. 결측치(NA)를 포함하는 행 제거 후, Guam 국가 자료에 대한 상위 70%의 사분위 값을 구하시오.

	A	B	C	D	E	F	G	H
1	year	Ghana	Guam	Greece	Russia	China	Peru	France
2	1990	356	20	27	156	340	35	22
3	1991	400	25	45	200	250	45	35
4	1992	350	30	32	250	150	35	21
5	1993	200	20	32	100	200	20	24
6	1994	250	25	35	150	230	35	23
7	1995	300	30	27	250	200	35	
8	1996	340		30	255	400	40	23
9	1997	200	35	40	155		31	45
10	1998	140	21	42	130	230	44	
11	1999		23	43	130	250		25
12	2000	300	15	32	125	300	32	34
13	2001	300	20	35	132	200	45	23
14	2002	320	30	37	100	450	33	22
15	2003	250		33	150	300	55	
16	2004	320	23	20	150	320	34	35
17	2005	420	25	35	160	400	44	23

```
> data <- read.csv("country.csv", header=T)
> data
   year Ghana Guam Greece Russia China Peru France
1  1990   356   20     27    156   340   35     22
2  1991   400   25     45    200   250   45     35
3  1992   350   30     32    250   150   35     21
4  1993   200   20     32    100   200   20     24
5  1994   250   25     35    150   230   35     23
6  1995   300   30     27    250   200   35     NA
7  1996   340   NA     30    255   400   40     23
8  1997   200   35     40    155    NA   31     45
9  1998   140   21     42    130   230   44     NA
10 1999    NA   23     43    130   250   NA     25
11 2000   300   15     32    125   300   32     34
12 2001   300   20     35    132   200   45     23
13 2002   320   30     37    100   450   33     22
14 2003   250   NA     33    150   300   55     NA
15 2004   320   23     20    150   320   34     35
16 2005   420   25     35    160   400   44     23
> summary(data) [,2:8]
     Ghana           Guam          Greece         Russia          China          Peru          France
 Min.   :140.0  Min.   :15.00  Min.   :20.00  Min.   :100.0  Min.   :150.0  Min.   :20.00  Min.   :21.00
 1st Qu.:250.0  1st Qu.:20.25  1st Qu.:31.50  1st Qu.:130.0  1st Qu.:215.0  1st Qu.:33.50  1st Qu.:23.00
 Median :300.0  Median :24.00  Median :34.00  Median :150.0  Median :250.0  Median :35.00  Median :23.00
 Mean   :296.4  Mean   :24.43  Mean   :34.06  Mean   :162.1  Mean   :281.3  Mean   :37.53  Mean   :27.31
 3rd Qu.:345.0  3rd Qu.:28.75  3rd Qu.:37.75  3rd Qu.:170.0  3rd Qu.:330.0  3rd Qu.:44.00  3rd Qu.:34.00
 Max.   :420.0  Max.   :35.00  Max.   :45.00  Max.   :255.0  Max.   :450.0  Max.   :55.00  Max.   :45.00
 NA's   :1      NA's   :2                                    NA's   :1      NA's   :1      NA's   :3
```

정답 20

해설 결측치 제거 함수(na.omit( ))와 사분위수 함수(quantile( ))를 이용하여 Guam 국가(3번째 열 항목)에 대한 상위 70%(하위 30%) 자료 값(20)을 구한다.

```
> q7 <- quantile(na.omit(data)[,3], 0.3)
> print(q7)
30%
 20
>
> na.omit(data)
   year Ghana Guam Greece Russia China Peru France
1  1990   356   20     27    156   340   35     22
2  1991   400   25     45    200   250   45     35
3  1992   350   30     32    250   150   35     21
4  1993   200   20     32    100   200   20     24
5  1994   250   25     35    150   230   35     23
11 2000   300   15     32    125   300   32     34
12 2001   300   20     35    132   200   45     23
13 2002   320   30     37    100   450   33     22
15 2004   320   23     20    150   320   34     35
16 2005   420   25     35    160   400   44     23
```

02 위 1번 자료(country.csv)에서 국가별 2000년도 결핵환자 데이터를 이용한다. 2000년도 7개 국가들에 대한 평균은 119.7명이다. 7개 국가들 중 평균값보다 큰 값의 결핵환자 수가 나타난 국가의 수를 구하시오.

정답 3

해설 apply( ) 함수를 이용하여 2000년도 7개 국가들에 대한 평균 결핵 환자수(119.7명)를 구하고 2000년도 각 국가별 자료를 비교(data_naomit[6, i]>m)하여 평균값보다 큰 국가의 수(Ghana, Russia, China)를 구한다.

```
> data_naomit <- na.omit(data)
> data_naomit
   year Ghana Guam Greece Russia China Peru France
1  1990   356   20     27    156   340   35     22
2  1991   400   25     45    200   250   45     35
3  1992   350   30     32    250   150   35     21
4  1993   200   20     32    100   200   20     24
5  1994   250   25     35    150   230   35     23
11 2000   300   15     32    125   300   32     34
12 2001   300   20     35    132   200   45     23
13 2002   320   30     37    100   450   33     22
15 2004   320   23     20    150   320   34     35
16 2005   420   25     35    160   400   44     23
> m <- apply(data_naomit[6,c(2:8)], 1, mean)
> m
      11
119.7143
>
> n <- 0
>
> for (i in 2:length(data_naomit)) {
+ if ( data_naomit[6,i] > m ) n <- n + 1}
> print(n)
[1] 3
```

03 위 1번 자료(country.csv)에서 7개 국가들에 대한 자료를 확인하여 결측치(NA)가 가장 많은 국가(항목)를 출력하시오.

정답 France[3개의 결측치(NA)를 가짐]

해설 lapply( ) 함수를 이용하여 연도별로 각 국가별 결측값 개수를 저장(result)한다. result에는 결측값들의 개수가 리스트로 저장되어 있어 이를 데이터 프레임(f)으로 저장한다. filter( ) 함수를 이용하여 결측값의 수가 가장 많은 항목(국가=France, 결측값=3개)을 출력한다. filter( ) 함수를 이용하기 위하여 "dplyr" 패키지를 설치하고, 파이프라인 연산자(%>%)는 "magrittr" 패키지를 이용하며, print( ) 명령어를 이용하여 동일한 결과를 출력할 수 있다.

```
> result <- lapply(data[,2:8], function(x) {sum(is.na(x))})
> result
$Ghana
[1] 1

$Guam
[1] 2

$Greece
[1] 0

$Russia
[1] 0

$China
[1] 1

$Peru
[1] 1

$France
[1] 3
> f <- data.frame(country=colnames(data)[2:8], gap=as.numeric(result))
> f
  country gap
1   Ghana   1
2    Guam   2
3  Greece   0
4  Russia   0
5   China   1
6    Peru   1
7  France   3

> f %>% filter(gap==max(as.numeric(result)))
  country gap
1  France   3
> print(f %>% filter(gap==max(as.numeric(result))))
  country gap
1  France   3
```

R에 내장된 iris 데이터는 Ronald Fisher에 의해 작성된 것으로 붓꽃 생육 데이터(150개 데이터
＝품종별 50개×3개 품종)이다. 꽃잎의 길이(Petal.Length)와 너비(Petal.Width) 그리고 꽃받
침의 길이(Sepal.Length)와 너비(Sepal.Width)에 따라 붓꽃의 3가지 품종(setosa, versicolor,
virginica)을 구분한다.

붓꽃 품종(Species)을 예측하고자 의사결정나무 분석(rpart( ) 함수 이용)과 SVM(Support
Vector Machine, 서포트벡터머신) 분석을 수행하여 정확도(Accuracy)가 높은 분석모형을 알아
보고자 한다. 다음 절차대로 데이터 분석모형을 구축하고 성능을 평가하시오(단, 데이터분석을 위하
여 "rpart", "rpart.plot", "tree", "e1071", "caret", "pROC" 패키지를 이용한다).

(1) iris 데이터들 중 70%(105개)를 훈련용 데이터(train)으로, 나머지 30%(45개)를 검증용 데이터
(test)로 분류한다.

(2) rpart( ) 함수를 이용하여 의사결정나무 분석모형을 구축하시오. 구축 모형을 이용하여 검증용 데이터
(test)에 대한 예측 결과(new$predict)를 실젯값(new$actual)과 함께 데이터 프레임(new)으로
저장하시오.

(3) 의사결정나무 분석모형에 대한 분석결과의 정오 분류표를 작성하고 정확도와 에러율을 구하시오. 혼
동행렬(Confusion Matrix)을 작성하고 ROC 곡선과 AUC 값을 출력하시오.

(4) 동일한 훈련용 데이터(train)을 이용하여 SVM 데이터 분석모형을 구축하시오(단, 커널 함수를 이용
하지 않고 선형방식의 분석모형을 적용한다).

(5) SVM 분석모형에 대한 분석결과의 정오 분류표를 작성하고 정확도와 에러율을 구하시오. 혼동행렬
(Confusion Matrix)을 작성하고 ROC 곡선과 AUC 값을 출력하시오.

(6) 의사결정나무와 SVM 분석모형의 결과들 중 정확도가 높은 분석모형에 대하여 검증용(test) 데이터
에 대한 (참값, 예측값)을 result.csv 파일로 저장하시오.

- 독립변수(cm)
  - 꽃받침의 길이(Sepal.Length), 너비(Sepal.Width)
  - 꽃잎의 길이(Petal.Length), 너비(Petal.Width)
- 종속변수(붓꽃의 품종, Species)

  setosa(1), versicolor(2), virginica(3)

```
> head(iris)
  Sepal.Length Sepal.Width Petal.Length Petal.Width Species
1          5.1         3.5          1.4         0.2  setosa
2          4.9         3.0          1.4         0.2  setosa
3          4.7         3.2          1.3         0.2  setosa
4          4.6         3.1          1.5         0.2  setosa
5          5.0         3.6          1.4         0.2  setosa
6          5.4         3.9          1.7         0.4  setosa
> summary(iris)
  Sepal.Length    Sepal.Width     Petal.Length    Petal.Width
 Min.   :4.300   Min.   :2.000   Min.   :1.000   Min.   :0.100
 1st Qu.:5.100   1st Qu.:2.800   1st Qu.:1.600   1st Qu.:0.300
 Median :5.800   Median :3.000   Median :4.350   Median :1.300
 Mean   :5.843   Mean   :3.057   Mean   :3.758   Mean   :1.199
 3rd Qu.:6.400   3rd Qu.:3.300   3rd Qu.:5.100   3rd Qu.:1.800
 Max.   :7.900   Max.   :4.400   Max.   :6.900   Max.   :2.500
       Species
 setosa    :50
 versicolor:50
 virginica :50
```

[Setosa]

[Versicolor]

[Virginica]

① 전체 데이터(iris)들 중 70%(105개)를 훈련용(train)으로, 나머지 30%(45개)를 검증용(test)으로 분류한다. rpart( ) 함수를 이용하여 의사결정나무 분석모형을 구축한다. rpart.plot( )으로 분류 시각화(의사결정나무)를 수행하고 분류 기준값을 확인한다.

```
> id <- sample(1:nrow(iris), as.integer(0.7*nrow(iris)))
> train <- iris[id,]
> test <- iris[-id,]
>
> dim(train)
[1] 105   5
> dim(test)
[1] 45   5
>
> tree <- rpart(Species ~ ., data = train)
> tree
n= 105

node), split, n, loss, yval, (yprob)
      * denotes terminal node

1) root 105 68 virginica (0.31428571 0.33333333 0.35238095)
  2) Petal.Length< 2.45 33  0 setosa (1.00000000 0.00000000 0.00000000) *
  3) Petal.Length>=2.45 72 35 virginica (0.00000000 0.48611111 0.51388889)
    6) Petal.Length< 4.85 33  1 versicolor (0.00000000 0.96969697 0.03030303) *
    7) Petal.Length>=4.85 39  3 virginica (0.00000000 0.07692308 0.92307692) *
```

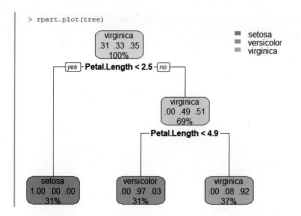

```
> rpart.plot(tree)
```

■ setosa
■ versicolor
■ virginica

② 의사결정나무 분석모형(tree)을 이용하여 검증용 데이터에 대한 예측값(new_tree$predict)과 참값(new_tree$actual<−test$Species)을 데이터 프레임(new_tree)에 저장한다. 의사결정나무 분석모형에 대한 정오 분류표(cross_table_tree)를 작성하고, 정확도=93.3%, 에러율=6.7%로 모형의 성능을 평가한다.

```
> new_tree <- data.frame(actual=test$Species)
> new_tree$predict <- predict(tree, test, type="class")
> cross_table_tree <- table(new_tree$predict, new_tree$actual)
> names(dimnames(cross_table_tree)) <- c("Predict", "Actual")
> cross_table_tree
          Actual
Predict     setosa versicolor virginica
  setosa        17          0         0
  versicolor     0         14         2
  virginica      0          1        11
>
> accuracy_tree <- sum(diag(cross_table_tree)) / sum(cross_table_tree) * 100
> accuracy_tree
[1] 93.33333
>
> error <- 100 - accuracy_tree
> error
[1] 6.666667
```

③ 의사결정나무 분석모형에 대한 정오 분류표를 이용하여 혼동행렬(confusionMatrix)을 작성하며, 정확도(Accuracy)가 93.3%임을 알 수 있다. plot.roc( )와 roc( )로 ROC, AUC를 확인한다.

```
> confusionMatrix(cross_table_tree)
Confusion Matrix and Statistics

          Actual
Predict     setosa versicolor virginica
  setosa        17          0         0
  versicolor     0         14         2
  virginica      0          1        11

Overall Statistics

               Accuracy : 0.9333
                 95% CI : (0.8173, 0.986)
    No Information Rate : 0.3778
    P-Value [Acc > NIR] : 6.255e-15

                  Kappa : 0.8993

 Mcnemar's Test P-Value : NA

Statistics by Class:

                     Class: setosa Class: versicolor Class: virginica
Sensitivity                 1.0000            0.9333           0.8462
Specificity                 1.0000            0.9333           0.9688
Pos Pred Value              1.0000            0.8750           0.9167
Neg Pred Value              1.0000            0.9655           0.9394
Prevalence                  0.3778            0.3333           0.2889
Detection Rate              0.3778            0.3111           0.2444
Detection Prevalence        0.3778            0.3556           0.2667
Balanced Accuracy           1.0000            0.9333           0.9075
```

```
> plot.roc(new_tree$actual, as.integer(new_tree$predict), legacy.axes = TRUE)
```

```
> result_validation_tree <- roc(new_tree$actual, as.integer(new_tree$predict))
Setting levels: control = setosa, case = versicolor
Setting direction: controls < cases
경고메시지(들):
roc.default(new_tree$actual, as.integer(new_tree$predict))에서:
  'response' has more than two levels. Consider setting 'levels' explicitly or using 'multiclass.roc'
> names(result_validation_tree)
 [1] "percent"          "sensitivities"    "specificities"    "thresholds"
 [5] "direction"        "cases"            "controls"         "fun.sesp"
 [9] "auc"              "call"             "original.predictor" "original.response"
[13] "predictor"        "response"         "levels"
> result_validation_tree$auc
Area under the curve: 1
```

④ 훈련 데이터(train)를 이용하여 SVM 데이터 분석모형을 구축하고 (예측값, 참값)에 대한 결과(데이터 프레임 : new_svm)를 얻는다.

```
> svm <- svm(Species ~ ., train, type="C-classification")
>
> new_svm <- data.frame(actual=test$Species)
> new_svm$predict <- predict(svm, test, type="class")
> cross_table_svm <- table(new_svm$predict, new_svm$actual)
> names(dimnames(cross_table_svm)) <- c("Predict", "Actual")
> cross_table_svm
          Actual
Predict    setosa versicolor virginica
  setosa       17          0         0
  versicolor    0         15         0
  virginica     0          0        13
>
> accuracy_svm <- sum(diag(cross_table_svm)) / sum(cross_table_svm) * 100
> accuracy_svm
[1] 100

> error <- 100 - accuracy_svm
> error
[1] 0
```

⑤ SVM 분석모형에 대한 성능평가 결과 정확도 100%로 주어진 검증 데이터에 대하여 정확하게 예측한 것을 알 수 있다. 혼동행렬을 통해서도 동일한 결괏값을 얻을 수 있으며, AUC=1이다.

```
> confusionMatrix(cross_table_svm)
Confusion Matrix and Statistics

          Actual
Predict   setosa versicolor virginica
  setosa      17          0         0
  versicolor   0         15         0
  virginica    0          0        13

Overall Statistics

               Accuracy : 1
                 95% CI : (0.9213, 1)
    No Information Rate : 0.3778
    P-Value [Acc > NIR] : < 2.2e-16

                  Kappa : 1

 Mcnemar's Test P-Value : NA

Statistics by Class:

                     Class: setosa Class: versicolor Class: virginica
Sensitivity                 1.0000            1.0000           1.0000
Specificity                 1.0000            1.0000           1.0000
Pos Pred Value              1.0000            1.0000           1.0000
Neg Pred Value              1.0000            1.0000           1.0000
Prevalence                  0.3778            0.3333           0.2889
Detection Rate              0.3778            0.3333           0.2889
Detection Prevalence        0.3778            0.3333           0.2889
Balanced Accuracy           1.0000            1.0000           1.0000
```

```
> plot.roc(new_svm$actual, as.integer(new_svm$predict), legacy.axes = TRUE)
```

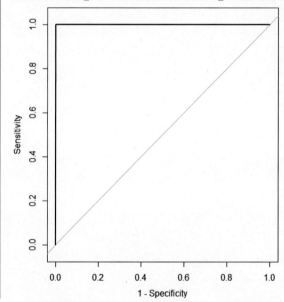

```
> result_validation_svm <- roc(new_svm$actual, as.integer(new_svm$predict))
Setting levels: control = setosa, case = versicolor
Setting direction: controls < cases
경고메시지(들):
roc.default(new_svm$actual, as.integer(new_svm$predict))에서:
  'response' has more than two levels. Consider setting 'levels' explicitly or using 'multiclass.roc
> names(result_validation_svm)
 [1] "percent"           "sensitivities"     "specificities"     "thresholds"
 [5] "direction"         "cases"             "controls"          "fun.sesp"
 [9] "auc"               "call"              "original.predictor" "original.response"
[13] "predictor"         "response"          "levels"
> result_validation_svm$auc
Area under the curve: 1
```

⑥ 의사결정나무의 정확도는 93.3%, SVM의 정확도는 100%로 SVM 분석모형의 성능이 우수하다. SVM 분석모형
에 대한 (참값, 예측값)이 저장되어 있는 new_svm(데이터 프레임)을 .csv 파일로 저장하기 위하여 작업영역을 설
정[setwd("C:/workr")]하고 write.csv( ) 명령어를 이용하여 결과 파일을 저장한다. 결과 파일은 read.csv( ),
View( ) 명령어로 확인한다.

```
> head(new_svm)
  actual predict
1 setosa  setosa
2 setosa  setosa
3 setosa  setosa
4 setosa  setosa
5 setosa  setosa
6 setosa  setosa
> setwd("C:/workr")
>
> write.csv(new_svm, "result.csv")
> data <- read.csv("result.csv", header=T, fileEncoding="EUC-KR")
> View(data)
```

ⓡ Data: data

	X	actual	predict
1	1	setosa	setosa
2	2	setosa	setosa
3	3	setosa	setosa
4	4	setosa	setosa
5	5	setosa	setosa
6	6	setosa	setosa
7	7	setosa	setosa
8	8	setosa	setosa
9	9	setosa	setosa
10	10	setosa	setosa
11	11	setosa	setosa
12	12	setosa	setosa
13	13	setosa	setosa
14	14	setosa	setosa
15	15	setosa	setosa
16	16	setosa	setosa
17	17	setosa	setosa
18	18	versicolor	versicolor
19	19	versicolor	versicolor

Ⅰ 작업형 제1유형

01 R에서 제공하는 women 데이터(30~39세 사이 미국 여성들의 평균 키와 몸무게)를 이용하여 몸무게(weight)에 대한 1, 3사분위수를 구하고 (1사분위수−3사분위수)의 절댓값을 구한 후(value 변수에 저장), 절댓값(value)을 정수(소수점 이하는 버림)로 출력하시오.

🔒 **정답** 23

📋 **해설** quantile( ) 함수를 이용하여 1사분위(q1), 3사분위(q3)를 각각 구하고, abs( )로 절댓값을 구하여 value 변수에 저장한다. trunc( ) 함수를 이용하여 소수점 이하의 값을 잘라서 버리고 출력한다. 참고로 ceiling(x) 함수는 x보다 크거나 같은 정수들 중 가장 작은 정숫값(24)을 출력하고, floor(x)는 x보다 작거나 같은 정수들 중 가장 큰 정숫값(23)을 출력한다.

```
> women
   height weight
1      58    115
2      59    117
3      60    120
4      61    123
5      62    126
6      63    129
7      64    132
8      65    135
9      66    139
10     67    142
11     68    146
12     69    150
13     70    154
14     71    159
15     72    164
> q1 <- quantile(women$weight, 0.25)
> q1
  25%
124.5
> q3 <- quantile(women$weight, 0.75)
> q3
75%
148
> value <- abs(q1-q3)
> value
 25%
23.5
> print(trunc(value))
25%
 23
>
> print(ceiling(value))
25%
 24
> print(floor(value))
25%
 23
```

02 유튜브 영상 데이터(USvideos.csv)는 (video_id, trending_date, channel_title, category_id, publish_time, views, likes, dislikes)로 구성되어 있다. 각각의 영상에 대해 전체 반응의 수(views)에 대한 긍정적 반응 수(likes)의 비율을 계산한 열을 추가하시오. category_id＝10인 영상들 중 긍정적 반응의 비율이 0.04보다 크고 0.05보다 작은 값을 가지는 영상의 개수를 출력하시오.

정답 97

해설 긍정적 반응의 수(data$likes)를 전체 반응의 수(views)로 나누어 긍정 반응의 비율(data$ratio)을 구하고 이를 새로운 열로 추가한다. ifelse( )와 sum( ) 함수를 이용하여 category_id＝10인 영상들 중 긍정적 반응의 비율이 0.04보다 크고 0.05보다 작은 값을 가지는 영상의 개수(97개)를 출력한다. describe( ) 함수를 이용하여 각각의 변수들에 대한 기술통계량을 확인하기 위해 "psych" 패키지를 이용한다.

```
> setwd("C:/workr")
> data <- read.csv("USvideos.csv", header=T)
> head(data)
  video_id trending_date channel_title category_id        publish_time     views  likes dislikes
1        1      18.29.05 BuzzFeed Celeb          22 2018-05-18T16:39:29.000Z 6598339 601506     3518
2        2      18.29.05     Brad Mondo          24 2018-05-18T17:34:22.000Z  975457  45296     1009
3        3      18.29.05       zefrank1          22 2018-05-18T01:00:06.000Z  931838  56564      356
4        4      18.29.05   Call of Duty          20 2018-05-17T17:09:38.000Z 9403494 342142   203547
5        5      18.29.05            Vox          25 2018-05-18T11:00:03.000Z  471757   8092      655
6        6      18.29.05     AsapSCIENCE          28 2018-05-16T18:16:26.000Z 41889604 558953    33051
> data$ratio <- data$likes / data$views
> head(data)
  video_id trending_date channel_title category_id        publish_time     views  likes dislikes      ratio
1        1      18.29.05 BuzzFeed Celeb          22 2018-05-18T16:39:29.000Z 6598339 601506     3518 0.09116021
2        2      18.29.05     Brad Mondo          24 2018-05-18T17:34:22.000Z  975457  45296     1009 0.04643567
3        3      18.29.05       zefrank1          22 2018-05-18T01:00:06.000Z  931838  56564      356 0.06070154
4        4      18.29.05   Call of Duty          20 2018-05-17T17:09:38.000Z 9403494 342142   203547 0.03638456
5        5      18.29.05            Vox          25 2018-05-18T11:00:03.000Z  471757   8092      655 0.01715290
6        6      18.29.05     AsapSCIENCE          28 2018-05-16T18:16:26.000Z 41889604 558953    33051 0.01334348
> print(sum(ifelse(data$category_id==10 & data$ratio > 0.04 & data$ratio < 0.05, 1, 0)))
[1] 97
> describe(data)
                vars    n       mean          sd    median     trimmed        mad   min         max       range  skew
video_id           1 3281    1641.00      947.29   1641.00     1641.00    1215.73     1     3281.00     3280.00  0.00
trending_date*     2 3281       8.80        4.85      9.00        8.75       5.93     1       17.00       16.00  0.06
channel_title*     3 3281     151.16       84.87    153.00      151.89     108.23     1      296.00      295.00 -0.05
category_id        4 3281      18.55        7.98     23.00       19.31       4.45     1       43.00       42.00 -0.71
publish_time*      5 3281     183.77       94.87    183.00      182.04     114.16     1      401.00      400.00  0.11
views              6 3281 5304003.37 12086645.69 1958372.00 3037029.24 1954894.09 48648 225211923.00 225163275.00 10.13
likes              7 3281  159840.98   358720.76  58167.00    89537.58   64840.03   936   5613827.00   5612891.00  8.23
dislikes           8 3281    8086.98    24299.30   1896.00     3391.12    2103.81     0    343541.00    343541.00  7.84
ratio              9 3281       0.03        0.02      0.03        0.03       0.02     0        0.24        0.24  1.98
               kurtosis        se
video_id          -1.20     16.54
trending_date*    -1.15      0.08
channel_title*    -1.20      1.48
category_id       -0.48      0.14
publish_time*     -0.90      1.66
views            151.62 211009.82
likes             98.24   6262.58
dislikes          76.90    424.22
ratio              6.78      0.00
```

03 Netflix 콘텐츠 데이터(netflix.csv)는 (show_id, type, title, director, country, date_added, release_year, rating, duration)으로 구성되어 있다. 콘텐츠 등록일(date_added)이 2021년 7월 그리고 8월인 영상들 중에서 등록 국가(country)가 United Kingdom인 콘텐츠의 수를 구하시오.

🔒 정답 44

📑 해설 콘텐츠 등록일(date_added)로부터 등록 연도(data$year), 월(data$month), 일(data$day)을 추출하여 새로운 열(year, month, day)로 각각 추가한다. sum( ), ifelse( ) 함수를 이용하여 콘텐츠 등록일이 2021년 7월, 8월이고 등록국가가 영국(United Kingdom)인 콘텐츠의 개수를 구한다. 연월일을 추출하기 위해 사용되는 year( ), month( ), mday( ) 함수를 이용하기 위해 lubridate 패키지를 이용한다.

```
> data <- read.csv("netflix.csv", header=T)
> head(data)
  show_id    type                title          director       country date_added release_year rating   duration
1      s1   Movie  Dick Johnson Is Dead Kirsten Johnson United States 2021-09-25         2020  PG-13     90 min
2      s2 TV Show          Blood & Water                  South Africa 2021-09-24         2021  TV-MA  2 Seasons
3      s3 TV Show             Ganglands Julien Leclercq United Kingdom 2021-09-24         2021  TV-MA   1 Season
4      s4 TV Show Jailbirds New Orleans                United Kingdom 2021-09-24         2021  TV-MA   1 Season
5      s5 TV Show          Kota Factory                          India 2021-09-24         2021  TV-MA  2 Seasons
6      s6 TV Show          Midnight Mass   Mike Flanagan United Kingdom 2021-09-24         2021  TV-MA   1 Season
> data$year <- year(data$date_added)
> data$month <- month(data$date_added)
> data$day <- mday(data$date_added)
> head(data)
  show_id    type                title          director       country date_added release_year rating   duration year month day
1      s1   Movie  Dick Johnson Is Dead Kirsten Johnson United States 2021-09-25         2020  PG-13     90 min 2021     9  25
2      s2 TV Show          Blood & Water                  South Africa 2021-09-24         2021  TV-MA  2 Seasons 2021     9  24
3      s3 TV Show             Ganglands Julien Leclercq United Kingdom 2021-09-24         2021  TV-MA   1 Season 2021     9  24
4      s4 TV Show Jailbirds New Orleans                United Kingdom 2021-09-24         2021  TV-MA   1 Season 2021     9  24
5      s5 TV Show          Kota Factory                          India 2021-09-24         2021  TV-MA  2 Seasons 2021     9  24
6      s6 TV Show          Midnight Mass   Mike Flanagan United Kingdom 2021-09-24         2021  TV-MA   1 Season 2021     9  24
> str(data)
'data.frame':	5347 obs. of  12 variables:
 $ show_id     : chr  "s1" "s2" "s3" "s4" ...
 $ type        : chr  "Movie" "TV Show" "TV Show" "TV Show" ...
 $ title       : chr  "Dick Johnson Is Dead" "Blood & Water" "Ganglands" "Jailbirds New Orleans" ...
 $ director    : chr  "Kirsten Johnson" "" "Julien Leclercq" "" ...
 $ country     : chr  "United States" "South Africa" "United Kingdom" "United Kingdom" ...
 $ date_added  : chr  "2021-09-25" "2021-09-24" "2021-09-24" "2021-09-24" ...
 $ release_year: int  2020 2021 2021 2021 2021 1993 2021 2021 ...
 $ rating      : chr  "PG-13" "TV-MA" "TV-MA" "TV-MA" ...
 $ duration    : chr  "90 min" "2 Seasons" "1 Season" "1 Season" ...
 $ year        : num  2021 2021 2021 2021 2021 ...
 $ month       : num  9 9 9 9 9 9 9 9 9 ...
 $ day         : int  25 24 24 24 24 24 24 24 24 ...
> print(sum(ifelse(data$country=="United Kingdom" & data$year==2021 & (data$month==7 | data$month ==8),1,0)))
[1] 44
>
> describe(data)
             vars    n    mean      sd median trimmed     mad  min  max range  skew kurtosis    se
show_id*        1 5347 2674.00 1543.69   2674 2674.00 1982.24    1 5347  5346  0.00    -1.20 21.11
type*           2 5347    1.36    0.48      1    1.32    0.00    1    2     1  0.60    -1.65  0.01
title*          3 5347 2674.00 1543.69   2674 2674.00 1982.24    1 5347  5346  0.00    -1.20 21.11
director*       4 5347  898.96  909.66    648  810.64  957.76    1 2699  2698  0.50    -1.23 12.44
country*        5 5347  242.06  145.70    260  251.28  201.63    1  474   473 -0.34    -1.29  1.99
date_added*     6 5347  661.37  335.70    696  674.08  438.85    1 1166  1165 -0.23    -1.15  4.59
release_year    7 5347 2016.11    7.09   2018 2017.61    2.97 1925 2021    96 -3.86    21.95  0.10
rating*         8 5347    7.25    1.48      8    7.28    1.48    1   11    10 -0.28     0.12  0.02
duration*       9 5347   82.18   80.21     44   77.04   63.75    1  208   207  0.40    -1.54  1.10
year           10 5347 2019.59    1.19   2020 2019.67    1.48 2017 2021     4 -0.45    -0.81  0.02
month          11 5347    6.83    3.31      7    6.88    4.45    1   12    11 -0.11    -1.11  0.05
day            12 5347   13.47    9.60     14   13.05   13.34    1   31    30  0.17    -1.24  0.13
```

보험 데이터(insurance.csv)는 (age, sex, bmi, children, smoker, region, charges)로 구성
되어 있다. 앙상블 데이터 분석모형을 이용하여 보험 가입 고객의 성별(sex)을 예측하려고 한다.
randomForest( ), train( ), cforest( ) 함수를 이용하여 분석모형의 성능을 평가하고, 분류 결과를
수험번호.csv 파일로 저장하시오[단, 데이터 분석모형의 성능은 F1_Score(F−Measure)를 이용
하여 평가하며, randomForest, caret, party, MLmetrics 패키지를 이용한다. 3가지 분석모형에
대한 결과를 이용하여 Macro F1_Score를 구하시오].

🔒 정답 및 해설

보험 데이터(insurance.csv)를 읽어 data에 저장하고, 문자열로 지정된 성별(data$sex) 데이터를 요인형 데이터(as.
factor( ))로 변환하여 저장한다. 전체 데이터들 중 70%의 데이터를 훈련용(train), 30%를 검증용(test)으로 사용하며,
randomForest( ) 함수를 이용하여 랜덤 포레스트 모형을 구축한다. 여기서 트리의 수(ntree)=100,
proximity=TRUE(객체들 간의 근접도 행렬 제공) 옵션을 지정한다. 검증용 데이터의 참값(new$actual)과 예측값
(new$predict)을 저장하고 F1_Score( ) 함수를 이용하여 F1_score=0.5665를 확인(MLmetrics 패키지 이용)한다.

동일한 방법으로 caret 패키지에서 제공하는 train( ) 함수를 이용하여 분석한 결과, F1_score=0.6096이다. 옵션은
method="rf"(랜덤 포레스트), method="cv"(cross−validation), prox=TRUE(객체들 간의 근접도 행렬 제공),
allowParallel=TRUE(병렬처리)로 지정한다.

party 패키지에서 제공하는 cforest( ) 함수를 이용하기 위해 문자열 데이터를 요인형 데이터로 변환한다. 옵션은
OOB(Out−of−bag)=TRUE(OOB데이터를 검증용으로 사용), type="response"(예측 성공 확률값 이용)을 이
용한다. write.csv( ) 명령어를 이용하여 분류 예측 결과(new)를 수험번호.csv(1234.csv)로 저장하고 View( ) 함수
로 수행 결과를 확인한다. 3가지 분석모형에 대한 F1_Score의 평균은 Macro F1_Score=0.57784이다.

```
> data <- read.csv("insurance.csv", header=T)
> head(data)
   age    sex    bmi children smoker    region  charges
1   19 female 27.900        0    yes southwest 16884.924
2   18   male 33.770        1     no southeast  1725.552
3   28   male 33.000        3     no southeast  4449.462
4   33   male 22.705        0     no northwest 21984.471
5   32   male 28.880        0     no northwest  3866.855
6   31 female 25.740        0     no southeast  3756.622
> str(data)
'data.frame':   1338 obs. of  7 variables:
 $ age     : int  19 18 28 33 32 31 46 37 37 60 ...
 $ sex     : chr  "female" "male" "male" "male" ...
 $ bmi     : num  27.9 33.8 33 22.7 28.9 ...
 $ children: int  0 1 3 0 0 0 1 3 2 0 ...
 $ smoker  : chr  "yes" "no" "no" "no" ...
 $ region  : chr  "southwest" "southeast" "southeast" "northwest" ...
 $ charges : num  16885 1726 4449 21984 3867 ...
> data$sex <- as.factor(data$sex)
> id <- sample(1:nrow(data), as.integer(0.7*nrow(data)))
> train <- data[id,]
> test <- data[-id,]
> rfmodel <- randomForest(sex~., train, ntree=100, proximity=TRUE)
>
> new <- data.frame(actual=test$sex)
> new$predict <- predict(rfmodel, test)
> result <- F1_Score(new$predict, new$actual)
> result
[1] 0.5665025
```

```
> trainmodel <- train(sex~., train, method="rf", trControl=trainControl(method="cv", number=5), prox=TRUE, allowParallel=TRUE)
> new <- data.frame(actual=test$sex)
> new$predict <- predict(trainmodel, test)
> result <- F1_Score(new$predict, new$actual)
> result
[1] 0.6095718

> data <- read.csv("insurance.csv", header=T)
> str(data)
'data.frame':    1338 obs. of  7 variables:
 $ age     : int  19 18 28 33 32 31 46 37 37 60 ...
 $ sex     : chr  "female" "male" "male" "male" ...
 $ bmi     : num  27.9 33.8 33 22.7 28.9 ...
 $ children: int  0 1 3 0 0 0 1 3 2 0 ...
 $ smoker  : chr  "yes" "no" "no" "no" ...
 $ region  : chr  "southwest" "southeast" "southeast" "northwest" ...
 $ charges : num  16885 1726 4449 21984 3867 ...
> data$sex <- as.factor(data$sex)
> data$smoker <- as.factor(data$smoker)
> data$region <- as.factor(data$region)
> id <- sample(1:nrow(data), as.integer(0.7*nrow(data)))
> train <- data[id,]
> test <- data[-id,]
> new <- data.frame(actual=test$sex)
> forestmodel <- cforest(sex~., train)
> predict <- predict(forestmodel, newdata=test, OOB=TRUE, type="response")
> new$predict <- predict
> result <- F1_Score(new$predict, new$actual)
> result
[1] 0.5592417
>
> write.csv(new, "1234.csv")
> result_cforest <- read.csv("1234.csv", header=T)
> View(result_cforest)
```

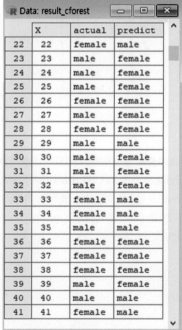

```
> f1score <- c(0.5665025, 0.6095718, 0.5592417)
> macrof1_score <- mean(f1score)
> macrof1_score
[1] 0.5784387
```

I 작업형 제1유형

01 공공데이터 포털에서 수집한 자료(지역별 종량제 봉투 가격, garbagebag.csv)를 이용하여 종량제봉투처리방식이 소각용이면서 종량제봉투사용대상이 가정용인 2L 종량제 봉투의 평균 가격을 출력하시오[단, 2L가격의 값(변수명 : X2L가격)이 0인 항목은 제외하여 평균 가격을 구한다].

시도명	시군구명	종량제봉투종류	종량제봉투처리방식	종량제봉투용도	종량제봉투사용대상	1L가격	1.5L가격	2L가격	2.5L가격	3L가격	5L가격	10L가격	20L가격	30L가격	50L가격	60L가격	75L가격	100L가격	120L가격	125L가격
경기도	안양시	규격봉투	마립용	생활쓰레기	사업장용	0	0	0	0	0	150	300	550	0	1400	0	2100	0	0	0
경기도	안양시	규격봉투	마립용	생활쓰레기	기타	0	0	0	0	0	150	300	550	0	1400	0	2100	0	0	0
경기도	안양시	규격봉투	소각용	음식물쓰레기	가정용	0	50	0	80	0	150	300	550	0	0	0	0	0	0	0
경기도	안양시	규격봉투	소각용	음식물쓰레기	사업장용	0	50	0	80	0	150	300	580	0	0	0	0	0	0	0
경기도	안양시	규격봉투	소각용	음식물쓰레기	기타	0	50	0	80	0	150	300	550	0	0	0	0	0	0	0
경기도	안양시	재사용규격봉투		생활쓰레기	가정용	0	0	0	0	0	0	300	550	0	0	0	0	0	0	0
경기도	안양시	재사용규격봉투	소각용	생활쓰레기	사업장용	0	0	0	0	0	0	300	550	0	0	0	0	0	0	0
경기도	안양시	재사용규격봉투	소각용	생활쓰레기	기타	0	0	0	0	0	0	300	550	0	0	0	0	0	0	0
경기도	안양시	재사용규격봉투	마립용	생활쓰레기	가정용	0	0	0	0	0	0	300	550	0	0	0	0	0	0	0
경기도	안양시	재사용규격봉투	마립용	생활쓰레기	사업장용	0	0	0	0	0	0	300	550	0	0	0	0	0	0	0
경기도	안양시	재사용규격봉투	마립용	생활쓰레기	기타	0	0	0	0	0	0	500	550	0	0	0	0	0	0	0
경기도	안양시	특수규격마대	마립용	생활쓰레기	가정용	0	0	0	0	0	0	0	1000	0	0	0	0	0	0	0
경기도	안양시	특수규격마대	마립용	생활쓰레기	사업장용	0	0	0	0	0	0	0	1000	0	0	0	0	0	0	0
경기도	안양시	특수규격마대	마립용	생활쓰레기	기타	0	0	0	0	0	0	0	1000	0	0	0	0	0	0	0
경기도	오산시	규격봉투	소각용	생활쓰레기	가정용	0	0	0	0	0	150	300	550	0	1400	0	2100	0	0	0
경기도	안양시	규격봉투	소각용	생활쓰레기	사업장용	0	0	0	0	0	150	300	550	0	1400	0	2100	0	0	0
경기도	오산시	규격봉투	소각용	음식물쓰레기	가정용	0	0	0	0	100	140	260	480	720	1200	0	2000	0	0	0
경기도	오산시	규격봉투	소각용	음식물쓰레기	가정용	40	0	80	0	130	220	440	880	0	0	0	0	0	0	0
경기도	오산시	재사용규격봉투	소각용	생활쓰레기	가정용	0	0	0	0	0	140	260	480	0	0	0	0	0	0	0
경기도	오산시	특수규격마대	마립용	생활쓰레기	가정용	0	0	0	0	0	0	0	1900	0	2000	0	0	0	0	0
서울특별시	강남구	규격봉투	소각용	생활쓰레기	가정용	0	0	0	0	0	130	250	490	740	1250	0	0	0	0	0
서울특별시	강남구	재사용규격봉투	소각용	생활쓰레기	가정용	0	0	0	0	0	0	250	490	0	0	0	0	0	0	0
충청북도	청주시	특수규격마대	마립용	생활쓰레기	가정용	0	0	0	0	0	0	0	1300	0	3500	0	0	0	0	0
충청남도	서산시	규격봉투	소각용	생활쓰레기	가정용	0	0	0	0	70	120	230	460	0	1150	0	0	0	0	0
충청남도	서산시	재사용규격봉투	소각용	생활쓰레기	가정용	0	0	0	0	0	0	230	460	0	0	0	0	0	0	0
경기도	연천군	규격봉투	소각용	생활쓰레기	가정용	0	0	0	0	0	70	150	290	560	0	0	0	0	0	0
경상남도	의창군	규격봉투	소각용	음식물쓰레기	가정용	0	0	60	0	90	150	300	600	0	0	0	0	0	0	0
인천광역시	계양구	규격봉투	소각용	생활쓰레기	가정용	0	0	0	0	0	210	390	750	0	1850	0	0	0	0	0
인천광역시	계양구	규격봉투	마립용	생활쓰레기	가정용	0	0	0	0	0	210	390	750	0	1850	0	0	0	0	0
인천광역시	계양구	재사용규격봉투	소각용	생활쓰레기	가정용	0	0	0	0	0	0	390	750	0	0	0	0	0	0	0
인천광역시	계양구	규격봉투	소각용	음식물쓰레기	가정용	60	0	120	0	180	300	600	1200	0	0	0	0	0	0	0
인천광역시	계양구	규격봉투	소각용	생활쓰레기	가정용	0	0	0	0	0	0	0	0	0	0	0	3850	0	0	8070

🔒 **정답** 95.51163

📋 **해설** garbagebag.csv 데이터는 (시도명, 시군구명, 종량제봉투종류, 종량제봉투처리방식, 종량제봉투용도, 종량제봉투사용대상)과 1L~125L 봉투의 가격을 나타낸다. summary( )와 describe( )(psych 패키지) 함수를 이용하여 변수의 유형과 값을 확인한다. subset( ) 함수를 이용하여 (소각용, 가정용) 봉투와 X2L가격이 0이 아닌 데이터(2L 봉투의 최소가격＝37원)를 data1에 저장한다. mean( )과 print( ) 함수를 이용하여 2L 봉투의 가격(95.51163원)을 출력한다.

```
> setwd("C:/workr")
> data <- read.csv("garbagebag.csv", header=T, fileEncoding="EUC-KR")
> head(data)
  시도명 시군구명 종량제봉투종류 종량제봉투처리방식 종량제봉투용도 종량제봉투사용대상 X1L가격 X1.5L가격 X2L가격 X2.5L가격
1 경기도   안양시       규격봉투             매립용       생활쓰레기         사업장용       0         0       0         0
2 경기도   안양시       규격봉투             매립용       생활쓰레기             기타       0         0       0         0
3 경기도   안양시       규격봉투             소각용     음식물쓰레기           가정용       0        50       0        80
4 경기도   안양시       규격봉투             소각용     음식물쓰레기         사업장용       0        50       0        80
5 경기도   안양시       규격봉투             소각용     음식물쓰레기             기타       0        50       0        80
6 경기도   안양시   재사용규격봉투             소각용       생활쓰레기           가정용       0         0       0         0
  X3L가격 X5L가격 X10L가격 X20L가격 X30L가격 X50L가격 X60L가격 X75L가격 X100L가격 X120L가격 X125L가격
1       0     150      300      550        0     1400        0     2100         0          0          0
2       0     150      300      550        0     1400        0     2100         0          0          0
3       0     150      300      550        0        0        0        0         0          0          0
4       0     150      300      550        0        0        0        0         0          0          0
5       0     150      300      550        0        0        0        0         0          0          0
6       0       0      300      550        0        0        0        0         0          0          0
> summary(data)
    시도명             시군구명          종량제봉투종류      종량제봉투처리방식   종량제봉투용도      종량제봉투사용대상
 Length:746         Length:746         Length:746         Length:746         Length:746         Length:746
 Class :character   Class :character   Class :character   Class :character   Class :character   Class :character
 Mode :character    Mode :character    Mode :character    Mode :character    Mode :character    Mode :character



    X1L가격           X1.5L가격          X2L가격           X2.5L가격          X3L가격           X5L가격          X10L가격
 Min.   :  0.000   Min.   : 0.0000   Min.   :  0.00   Min.   : 0.0000   Min.   :  0.00   Min.   :  0.00   Min.   :   0.0
 1st Qu.:  0.000   1st Qu.: 0.0000   1st Qu.:  0.00   1st Qu.: 0.0000   1st Qu.:  0.00   1st Qu.:  0.00   1st Qu.: 140.0
 Median :  0.000   Median : 0.0000   Median :  0.00   Median : 0.0000   Median :  0.00   Median : 90.00   Median : 190.0
 Mean   :  4.946   Mean   : 0.4021   Mean   : 10.16   Mean   : 0.4558   Mean   : 30.66   Mean   : 92.96   Mean   : 226.6
 3rd Qu.:  0.000   3rd Qu.: 0.0000   3rd Qu.:  0.00   3rd Qu.: 0.0000   3rd Qu.: 60.00   3rd Qu.:130.00   3rd Qu.: 300.0
 Max.   :100.000   Max.   :70.0000   Max.   :200.00   Max.   :100.0000  Max.   :300.00   Max.   :800.00   Max.   :2500.0
    X20L가격          X30L가격          X50L가격          X60L가격          X75L가격          X100L가격         X120L가격
 Min.   :   0.0    Min.   :   0.0    Min.   :   0.0    Min.   :   0.00   Min.   :   0.0    Min.   :    0.0   Min.   :    0.00
 1st Qu.: 319.2    1st Qu.:   0.0    1st Qu.:   0.0    1st Qu.:   0.00   1st Qu.:   0.0    1st Qu.:    0.0   1st Qu.:    0.00
 Median : 400.0    Median :   0.0    Median : 900.0    Median :   0.00   Median :   0.0    Median :    0.0   Median :    0.00
 Mean   : 515.4    Mean   : 283.1    Mean   : 972.8    Mean   :  59.11   Mean   : 812.3    Mean   :  431.4   Mean   :   26.38
 3rd Qu.: 600.0    3rd Qu.: 540.0    3rd Qu.:1400.0    3rd Qu.:   0.00   3rd Qu.:1350.0    3rd Qu.:    0.0   3rd Qu.:    0.00
 Max.   :5000.0    Max.   :3600.0    Max.   :5500.0    Max.   :4700.00   Max.   :6590.0    Max.   :10400.0   Max.   :12000.00
   X125L가격
 Min.   :   0.0
 1st Qu.:   0.0
 Median :   0.0
 Mean   :  86.3
 3rd Qu.:   0.0
 Max.   :8790.0


> describe(data)
                   vars   n    mean      sd median trimmed     mad min   max range   skew kurtosis    se
시도명*                1 746    8.60    5.19    9.0    8.60    7.41   1    17    16  -0.10    -1.45  0.19
시군구명*              2 746  109.97   56.11  111.5  111.97   68.94   1   205   204  -0.28    -1.11  2.05
종량제봉투종류*        3 746    2.19    1.61    1.0    1.99    0.00   1     5     4   0.69    -1.38  0.06
종량제봉투처리방식*    4 746    2.59    0.58    3.0    2.65    0.00   1     5     4  -0.82     0.26  0.02
종량제봉투용도*        5 746    1.18    0.38    1.0    1.10    0.00   1     2     1   1.70     0.90  0.01
종량제봉투사용대상*    6 746    2.66    2.98    1.0    2.08    0.00   1    12    11   1.38     0.19  0.11
X1L가격                7 746    4.95   18.84    0.0    0.00    0.00   0   100   100   4.10    16.32  0.69
X1.5L가격              8 746    0.40    4.56    0.0    0.00    0.00   0    70    70  11.71   141.49  0.17
X2L가격                9 746   10.16   35.91    0.0    0.06    0.00   0   200   200   4.06    16.44  1.31
X2.5L가격             10 746    0.46    6.24    0.0    0.00    0.00   0   100   100  13.75   189.52  0.23
X3L가격               11 746   30.66   61.19    0.0   16.51    0.00   0   300   300   2.68     8.06  2.24
X5L가격               12 746   92.96  102.92   90.0   77.02  103.78   0   800   800   2.12     7.28  3.77
X10L가격              13 746  226.61  217.33  190.0  197.04  133.43   0  2500  2500   3.14    19.97  7.96
X20L가격              14 746  515.36  482.42  400.0  437.99  222.39   0  5000  5000   2.79    13.68 17.66
X30L가격              15 746  283.10  483.04    0.0  180.42    0.00   0  3600  3600   2.59     9.65 17.69
X50L가격              16 746  972.79 1053.71  900.0  804.51 1111.95   0  5500  5500   1.91     5.06 38.58
X60L가격              17 746   59.11  466.39    0.0    0.00    0.00   0  4700  4700   8.06    64.40 17.08
X75L가격              18 746  812.32 1059.70    0.0  635.37    0.00   0  6590  6590   1.21     1.41 38.80
X100L가격             19 746  431.44 1102.11    0.0  131.78    0.00   0 10400 10400   3.25    14.22 40.35
X120L가격             20 746   26.38  461.75    0.0    0.00    0.00   0 12000 12000  23.79   605.07 16.91
X125L가격             21 746   86.30  830.23    0.0    0.00    0.00   0  8790  8790   9.51    88.74 30.40
>
> data1 <- subset(data, 종량제봉투처리방식 == "소각용" & 종량제봉투사용대상 == "가정용" & X2L가격 != 0)
> head(data1)
     시도명   시군구명 종량제봉투종류 종량제봉투처리방식 종량제봉투용도 종량제봉투사용대상 X1L가격 X1.5L가격 X2L가격 X2.5L가격
18   경기도     오산시       규격봉투             소각용     음식물쓰레기           가정용      40         0      80         0
27 경상북도     예천군       규격봉투             소각용     음식물쓰레기           가정용       0         0      60         0
31 인천광역시   계양구       규격봉투             소각용     음식물쓰레기           가정용      60         0     120         0
41 서울특별시   강서구       규격봉투             소각용     음식물쓰레기           가정용       0         0      60         0
43 서울특별시   강서구       규격봉투             소각용     음식물쓰레기           가정용     100         0     190         0
48 충청북도     진천군       규격봉투             소각용       생활쓰레기           가정용       0         0      90         0
   X3L가격 X5L가격 X10L가격 X20L가격 X30L가격 X50L가격 X60L가격 X75L가격 X100L가격 X120L가격 X125L가격
18     130     220      440      880        0        0        0        0         0          0          0
27      90     150      300      600        0        0        0        0         0          0          0
31     180     300      600     1200        0        0        0        0         0          0          0
41      90     130      250      490      740     1250        0     1880         0          0          0
43     300     500     1000     2000        0        0        0        0         0          0          0
48       0     190      340      640        0     1580        0     2310         0          0          0
```

```
> summary(data1)
     시도명              시군구명          중량재봉투종류       중량재봉투처리방식 중량재봉투용도     중량재봉투사용대상
 Length:43          Length:43          Length:43          Length:43          Length:43          Length:43
 Class :character   Class :character   Class :character   Class :character   Class :character   Class :character
 Mode  :character   Mode  :character   Mode  :character   Mode  :character   Mode  :character   Mode  :character


     X1L가격           X1.5L가격     X2L가격          X2.5L가격      X3L가격          X5L가격          X10L가격          X20L가격
 Min.   :  0.00    Min.   :0    Min.   : 37.00   Min.   :0    Min.   :  0.0    Min.   :  0.0    Min.   :   0.0    Min.   :   0.0
 1st Qu.:  0.00    1st Qu.:0    1st Qu.: 60.00   1st Qu.:0    1st Qu.: 60.0    1st Qu.:120.0    1st Qu.: 210.0    1st Qu.: 350.0
 Median : 40.00    Median :0    Median : 80.00   Median :0    Median : 90.0    Median :150.0    Median : 270.0    Median : 500.0
 Mean   : 40.23    Mean   :0    Mean   : 95.51   Mean   :0    Mean   :125.6    Mean   :225.1    Mean   : 385.9    Mean   : 644.6
 3rd Qu.: 60.00    3rd Qu.:0    3rd Qu.:120.00   3rd Qu.:0    3rd Qu.:180.0    3rd Qu.:300.0    3rd Qu.: 550.0    3rd Qu.: 800.0
 Max.   :100.00    Max.   :0    Max.   :200.00   Max.   :0    Max.   :300.0    Max.   :500.0    Max.   :1000.0    Max.   :2000.0
     X30L가격          X50L가격          X60L가격      X75L가격      X100L가격        X120L가격        X125L가격
 Min.   :   0.0    Min.   :   0.0    Min.   :0    Min.   :   0.0    Min.   :   0    Min.   :   0.00    Min.   :0
 1st Qu.:   0.0    1st Qu.:   0.0    1st Qu.:0    1st Qu.:   0.0    1st Qu.:   0    1st Qu.:   0.00    1st Qu.:0
 Median :   0.0    Median :   0.0    Median :0    Median :   0.0    Median :   0    Median :   0.00    Median :0
 Mean   : 226.3    Mean   : 538.7    Mean   :0    Mean   : 407.7    Mean   : 439    Mean   :  39.53    Mean   :0
 3rd Qu.:   0.0    3rd Qu.:1125.0    3rd Qu.:0    3rd Qu.:   0.0    3rd Qu.:   0    3rd Qu.:   0.00    3rd Qu.:0
 Max.   :3000.0    Max.   :2000.0    Max.   :0    Max.   :2310.0    Max.   :2700    Max.   :1700.00    Max.   :0
> describe(data1)
                 vars  n   mean     sd median trimmed    mad min  max range skew kurtosis     se
시도명*              1 43   4.28   2.46      4    4.11   2.97   1    9     8 0.56    -0.97   0.38
시군구명*            2 43  18.51  11.34     19   18.40  14.83   1   38    37 0.03    -1.30   1.73
중량재봉투종류*       3 43   1.00   0.00      1    1.00   0.00   1    1     0  NaN      NaN   0.00
중량재봉투처리방식*    4 43   1.00   0.00      1    1.00   0.00   1    1     0  NaN      NaN   0.00
중량재봉투용도*       5 43   1.58   0.50      2    1.60   0.00   1    2     1 -0.32    -1.94   0.08
중량재봉투사용대상*    6 43   1.00   0.00      1    1.00   0.00   1    1     0  NaN      NaN   0.00
X1L가격             7 43  40.23  36.94     40   38.00  59.30   0  100   100 0.40    -1.21   5.63
X1.5L가격           8 43   0.00   0.00      0    0.00   0.00   0    0     0  NaN      NaN   0.00
X2L가격             9 43  95.51  54.07     80   90.57  44.48  37  200   163 0.85    -0.75   8.25
X2.5L가격          10 43   0.00   0.00      0    0.00   0.00   0    0     0  NaN      NaN   0.00
X3L가격            11 43 125.58 100.07     90  120.00  59.30   0  300   300 0.68    -0.84  15.26
X5L가격            12 43 225.14 151.97    150  212.31  74.13   0  500   500 0.88    -0.70  23.18
X10L가격           13 43 385.91 293.06    270  359.83 163.09   0 1000  1000 0.93    -0.20  44.69
X20L가격           14 43 644.63 544.59    500  574.83 311.35   0 2000  2000 1.10     0.54  83.05
X30L가격           15 43 226.28 549.44      0  102.86   0.00   0 3000  3000 3.35    12.92  83.79
X50L가격           16 43 538.70 625.61      0  476.97   0.00   0 2000  2000 0.51    -1.30  95.40
X60L가격           17 43   0.00   0.00      0    0.00   0.00   0    0     0  NaN      NaN   0.00
X75L가격           18 43 407.67 768.76      0  265.43   0.00   0 2310  2310 1.38     0.12 117.24
X100L가격          19 43 439.00 839.10      0  265.06   0.00   0 2700  2700 1.48     0.55 127.96
X120L가격          20 43  39.53 259.25      0    0.00   0.00   0 1700  1700 6.11    36.14  39.53
X125L가격          21 43   0.00   0.00      0    0.00   0.00   0    0     0  NaN      NaN   0.00
```

```
> price <- mean(data1$X2L가격)
> print(price)
[1] 95.51163
```

02 체질량 지수[體質量指數, BMI(Body Mass Index), Quetelet Index]는 비만도를 나타내는 지수로, 체중(w, 단위 : kg)과 키(t, 단위 : m)의 관계를 이용하여 BMI＝w/(t×t)로 계산된다. 세계보건기구에서는 BMI 값이 25 이상인 사람을 과체중으로 평가한다. 주어진 데이터(index.csv)를 이용하여 정상인 사람과 과체중인 사람의 차이(명)를 구하시오. 데이터는 Kaggle 사이트(www.kaggle.com/datasets/yersever/500−person−gender−height−weight−bodymassindex)에서 다운로드하며, (Gender, Height, Weight, Index)＝(성별, 키(cm), 몸무게(kg), 평가지수)이다.

	A	B	C	D
1	Gender	Height	Weight	Index
2	Male	174	96	4
3	Male	189	87	2
4	Female	185	110	4
5	Female	195	104	3
6	Male	149	61	3
7	Male	189	104	3
8	Male	147	92	5
9	Male	154	111	5
10	Male	174	90	3
11	Female	169	103	4
12	Male	195	81	2
13	Female	159	80	4
14	Female	192	101	3
15	Male	155	51	2
16	Male	191	79	2
17	Female	153	107	5
18	Female	157	110	5
19	Male	140	129	5
20	Male	144	145	5

🔒 **정답** 300

📋 **해설** 전체 500명에 대한 [몸무게(Weight), 키(Height)] 데이터를 이용하여 BMI를 구한다. BMI 계산 시키가 cm단위로 주어져 있어 이를 m 단위로 환산한다. sum( ), abs( ), print( ) 함수를 이용하여 과체중인 사람이 400명, 정상 범주인 사람이 100명으로 그 차이(300명)를 구한다. 참고로 주어진 데이터세트에서의 평가지수(index)에 대한 값은 다음을 의미한다.

- 0 : extremely weak
- 1 : weak
- 2 : normal
- 3 : overweight
- 4 : obesity(비만)
- 5 : extremely obesity(과도 비만)

```
> setwd("C:/workr")
> data <- read.csv("index.csv", header=T, fileEncoding="EUC-KR")
> head(data)
  Gender Height Weight Index
1   Male    174     96     4
2   Male    189     87     2
3 Female    185    110     4
4 Female    195    104     3
5   Male    149     61     3
6   Male    189    104     3
> summary(data)
    Gender              Height          Weight          Index
 Length:500         Min.   :140.0   Min.   : 50    Min.   :0.000
 Class :character   1st Qu.:156.0   1st Qu.: 80    1st Qu.:3.000
 Mode  :character   Median :170.5   Median :106    Median :4.000
                    Mean   :169.9   Mean   :106    Mean   :3.748
                    3rd Qu.:184.0   3rd Qu.:136    3rd Qu.:5.000
                    Max.   :199.0   Max.   :160    Max.   :5.000
> describe(data)
        vars   n   mean    sd median trimmed   mad min max range  skew kurtosis   se
Gender*    1 500   1.49  0.50    1.0    1.49  0.00   1   2     1  0.04    -2.00 0.02
Height     2 500 169.94 16.38  170.5  170.18 20.02 140 199    59 -0.12    -1.13 0.73
Weight     3 500 106.00 32.38  106.0  106.25 41.51  50 160   110 -0.04    -1.20 1.45
Index      4 500   3.75  1.36    4.0    3.93  1.48   0   5     5 -0.92    -0.05 0.06
>
> data$bmi <- data$Weight / ((data$Height/100)*(data$Height/100))
> head(data)
  Gender Height Weight Index      bmi
1   Male    174     96     4 31.70828
2   Male    189     87     2 24.35542
3 Female    185    110     4 32.14025
4 Female    195    104     3 27.35043
5   Male    149     61     3 27.47624
6   Male    189    104     3 29.11453
>
> print(abs(sum(data$bmi >= 25)-sum(data$bmi < 25)))
[1] 300
> print(sum(data$bmi >= 25))
[1] 400
> print(sum(data$bmi < 25))
[1] 100
```

03 공공데이터 포털에서 수집한 데이터(student.csv)를 이용하여 순전입학생수(=전입학생수합계-전출학생수합계)를 구하고, 순전입학생수가 가장 많은 학교의 순전입학생수와 전체 학생수를 출력하시오. 데이터(student.csv)는 (기준년도, 시군명, 지역명, 학교명, 설립구분명, 학년별 전입학생수 / 전출학생수 / 전체학생수, 전입학생수합계, 전출학생수합계, 전체학생수합계)로 이루어져 있다.

🔓 **정답** 순전입학생수=1106, 전체 학생수 합계=0

📝 **해설** 데이터(student.csv)에서 (전입학생수합계, 전출학생수합계, 전체학생수합계)에 대한 결측값이 1,161개 있음을 확인할 수 있다. subset( ) 함수를 이용하여 결측값을 제외한 10,766개의 데이터(data1)를 이용한다. 순전입학생수=전입학생수합계-전출학생수합계를 구하여 data1$net 변수에 저장 후, 이 값을 기준으로 내림차순 정렬(order( ) 함수 이용)한다. 해당 학교는 산내초등학교이며 순전입학생수 =1,106명이고 이들 학생 모두 전출되어 현재 전체 학생수합계=0명이다.

```
> setwd("C:/workr")
> data <- read.csv("student.csv", header=T, fileEncoding="EUC-KR")
> summary(data)
    기준년도          시군명             지역명              학교명            설립구분명        X1학년전입학생수.명.
 Min.   :2018    Length:12049      Length:12049      Length:12049      Length:12049      Min.   :  0.000
 1st Qu.:2018    Class :character  Class :character  Class :character  Class :character  1st Qu.:  1.000
 Median :2019    Mode  :character  Mode  :character  Mode  :character  Mode  :character  Median :  4.000
 Mean   :2019                                                                            Mean   :  6.038
 3rd Qu.:2019                                                                            3rd Qu.:  7.000
 Max.   :2020                                                                            Max.   :260.000
                                                                                         NA's   :19

 X1학년전출학생수.명.  X1학년전체학생수.명.  X2학년전입학생수.명.  X2학년전출학생수.명.  X2학년전체학생수.명.  X3학년전입학생수.명.
 Min.   :  0.000      Min.   :   0.0       Min.   :  0.000      Min.   :  0.000      Min.   :   0.0       Min.   :  0.000
 1st Qu.:  2.000      1st Qu.:  69.0       1st Qu.:  2.000      1st Qu.:  2.000      1st Qu.:  69.0       1st Qu.:  1.000
 Median :  5.000      Median : 135.0       Median :  4.000      Median :  5.000      Median : 135.0       Median :  3.000
 Mean   :  5.532      Mean   : 154.5       Mean   :  7.124      Mean   :  6.515      Mean   : 157.9       Mean   :  5.661
 3rd Qu.:  8.000      3rd Qu.: 231.0       3rd Qu.:  8.000      3rd Qu.:  9.000      3rd Qu.: 234.0       3rd Qu.:  6.000
 Max.   :134.000      Max.   : 535.0       Max.   :256.000      Max.   :181.000      Max.   : 582.0       Max.   :222.000
 NA's   :19           NA's   :19           NA's   :19           NA's   :19           NA's   :19           NA's   :19
 X3학년전출학생수.명.  X3학년전체학생수.명.  X4학년전입학생수.명.  X4학년전출학생수.명.  X4학년전체학생수.명.  X5학년전입학생수.명.
 Min.   :  0.000      Min.   :   0.0       Min.   :  0.000      Min.   :  0.000      Min.   :   0.00      Min.   :   0.000
 1st Qu.:  1.000      1st Qu.:  68.0       1st Qu.:  2.000      1st Qu.:  3.000      1st Qu.:  52.75      1st Qu.:   1.000
 Median :  3.000      Median : 136.0       Median :  5.000      Median :  7.000      Median : 109.00      Median :   4.000
 Mean   :  5.237      Mean   : 161.0       Mean   :  8.827      Mean   :  8.298      Mean   : 178.38      Mean   :   7.028
 3rd Qu.:  8.000      3rd Qu.: 235.8       3rd Qu.: 10.000      3rd Qu.: 11.000      3rd Qu.: 175.00      3rd Qu.:   8.000
 Max.   :155.000      Max.   : 576.0       Max.   :308.000      Max.   :198.000      Max.   :1395.00      Max.   :1177.000
 NA's   :19           NA's   :19           NA's   :4461         NA's   :4461         NA's   :4461         NA's   :5587
 X5학년전출학생수.명.  X5학년전체학생수.명.  X6학년전입학생수.명.  X6학년전출학생수.명.  X6학년전체학생수.명.  전입학생수합계.명.
 Min.   :  0.000      Min.   :   0.00      Min.   :  0.000      Min.   :  0.000      Min.   :   0.00      Min.   :   0.00
 1st Qu.:  2.000      1st Qu.:  41.00      1st Qu.:  2.000      1st Qu.:  1.000      1st Qu.:  39.00      1st Qu.:   7.00
 Median :  5.000      Median :  94.00      Median :  3.000      Median :  4.000      Median :  90.00      Median :  16.00
 Mean   :  6.582      Mean   :  97.02      Mean   :  4.993      Mean   :  4.835      Mean   :  92.58      Mean   :  31.05
 3rd Qu.:  9.000      3rd Qu.: 140.00      3rd Qu.:  6.000      3rd Qu.:  7.000      3rd Qu.: 134.00      3rd Qu.:  32.00
 Max.   :117.000      Max.   : 411.00      Max.   :332.000      Max.   :111.000      Max.   : 494.00      Max.   :1106.00
 NA's   :5587         NA's   :5587         NA's   :5571         NA's   :5571         NA's   :5571         NA's   :1161
 전출학생수합계.명.  전체학생수합계.명.
 Min.   :  0.00      Min.   :   0.0
 1st Qu.:  9.00      1st Qu.: 337.8
 Median : 20.00      Median : 626.0
 Mean   : 28.93      Mean   : 627.2
 3rd Qu.: 40.00      3rd Qu.: 899.0
 Max.   :677.00      Max.   :2243.0
 NA's   :1161        NA's   :1161
```

```
> describe(data)
              vars     n    mean     sd median trimmed    mad  min  max range skew kurtosis   se
기준년도          1 12049 2018.81   0.75   2019 2018.76   1.48 2018 2020     2 0.33    -1.16 0.01
시군명*           2 12049   16.53   8.72     15   16.56  10.38    1   31    30 0.07    -1.08 0.08
지역명*           3 12049   23.03  12.45     22   23.19  16.31    1   42    41 -0.01   -1.27 0.11
학교명*           4 12049 1227.78 705.92   1231 1228.37 907.35    1 2450  2449 -0.01   -1.20 6.43
설립구분명*        5 12049    1.09   0.29      1    1.00   0.00    1    2     1 2.79     5.76 0.00
X1학년전입학생수.명.    6 12030    6.04  12.07      4    4.13   4.45    0  260   260 9.78   138.89 0.11
X1학년전출학생수.명.    7 12030    5.53   5.37      5    4.91   4.45    0  134   134 5.97    96.90 0.05
X1학년전체학생수.명.    8 12030  154.53 107.17    135  147.20 114.16    0  535   535 0.53    -0.56 0.98
X2학년전입학생수.명.    9 12030    7.12  14.64      4    4.66   4.45    0  256   256 8.18    90.33 0.13
X2학년전출학생수.명.   10 12030    6.51   7.01      5    5.56   4.45    0  181   181 6.23   100.27 0.06
X2학년전체학생수.명.   11 12030  157.88 114.21    135  148.11 117.13    0  582   582 0.69    -0.22 1.04
X3학년전입학생수.명.   12 12030    5.66  13.09      3    3.37   4.45    0  222   222 8.13    88.22 0.12
X3학년전출학생수.명.   13 12030    5.24   6.47      3    4.20   4.45    0  155   155 4.71    61.16 0.06
X3학년전체학생수.명.   14 12030  160.98 119.31    136  149.96 118.61    0  576   576 0.74    -0.14 1.09
X4학년전입학생수.명.   15  7588    8.83  16.47      5    5.85   5.93    0  308   308 7.15    75.31 0.19
X4학년전출학생수.명.   16  7588    8.30   8.49      7    7.18   5.93    0  198   198 5.28    70.14 0.10
X4학년전체학생수.명.   17  7588  178.37 234.92    109  120.13  90.44    0 1395  1395 2.48     5.71 2.70
X5학년전입학생수.명.   18  6462    7.03  13.39      4    4.55   4.45    0  177   177 6.36    53.93 0.17
X5학년전출학생수.명.   19  6462    6.58   6.45      5    5.77   4.45    0  117   117 3.94    41.22 0.08
X5학년전체학생수.명.   20  6462   97.02  66.65     94   92.57  74.13    0  411   411 0.50    -0.15 0.83
X6학년전입학생수.명.   21  6478    4.99  11.00      3    3.15   2.97    0  332   332 12.24  273.25 0.14
X6학년전출학생수.명.   22  6478    4.84   4.92      4    4.15   4.45    0  111   111 3.60    45.69 0.06
X6학년전체학생수.명.   23  6478   92.58  63.99     90   88.23  69.68    0  494   494 0.59     0.38 0.80
전입학생수합계.명.    24 10888   31.05  66.25     16   19.53  16.31    0 1106  1106 8.12    87.89 0.63
전출학생수합계.명.    25 10888   28.93  30.99     20   24.23  19.27    0  677   677 5.03    64.87 0.30
전체학생수합계.명.    26 10888  627.18 378.09    626  615.36 416.61    0 2243  2243 0.25    -0.48 3.62

> data1 <- subset(data, (전입학생수합계.명. != is.na(전입학생수합계.명.) |전출학생수합계.명. !=is.na(전출학생수합계.명.) ))
> summary(data1)
    기준년도         시군명            지역명             학교명          설립구분명       X1학년전입학생수.명.   X1학년전출학생수.명.
 Min.   :2018   Length:10766      Length:10766      Length:10766      Length:10766      Min.   :  0.000   Min.   :  0.000
 1st Qu.:2018   Class :character  Class :character  Class :character  Class :character  1st Qu.:  1.000   1st Qu.:  2.000
 Median :2019   Mode  :character  Mode  :character  Mode  :character  Mode  :character  Median :  4.000   Median :  5.000
 Mean   :2019                                                                           Mean   :  6.052   Mean   :  5.518
 3rd Qu.:2019                                                                           3rd Qu.:  7.000   3rd Qu.:  8.000
 Max.   :2020                                                                           Max.   :260.000   Max.   :134.000

 X1학년전체학생수.명.   X2학년전입학생수.명.   X2학년전출학생수.명.   X2학년전체학생수.명.   X3학년전입학생수.명.   X3학년전출학생수.명.
 Min.   :  0.0    Min.   :  0.0    Min.   :  0.000   Min.   :  0.0    Min.   :  0.000   Min.   :  0.000
 1st Qu.: 68.0    1st Qu.:  2.000  1st Qu.:  2.000   1st Qu.: 67.0    1st Qu.:  1.000   1st Qu.:  1.000
 Median :131.0    Median :  4.000  Median :  5.000   Median :130.0    Median :  3.000   Median :  4.000
 Mean   :149.8    Mean   :  7.407  Mean   :  6.809   Mean   :154.8    Mean   :  6.033   Mean   :  5.604
 3rd Qu.:221.0    3rd Qu.:  8.000  3rd Qu.:  9.000   3rd Qu.:225.0    3rd Qu.:  7.000   3rd Qu.:  8.000
 Max.   :535.0    Max.   :256.000  Max.   :181.000   Max.   :582.0    Max.   :222.000   Max.   :155.000

 X3학년전체학생수.명.   X4학년전입학생수.명.   X4학년전출학생수.명.   X4학년전체학생수.명.   X5학년전입학생수.명.   X5학년전출학생수.명.
 Min.   :  0.0    Min.   :  0.0    Min.   :  0.000   Min.   :  0.0    Min.   :  0.000   Min.   :  0.000
 1st Qu.: 66.0    1st Qu.:  1.000  1st Qu.:  3.000   1st Qu.: 44.00   1st Qu.:  1.000   1st Qu.:  2.000
 Median :129.0    Median :  4.000  Median :  6.000   Median : 95.00   Median :  4.000   Median :  5.000
 Mean   :156.3    Mean   :  8.064  Mean   :  7.553   Mean   : 99.24   Mean   :  7.126   Mean   :  6.673
 3rd Qu.:224.0    3rd Qu.:  9.000  3rd Qu.: 11.000   3rd Qu.:143.00   3rd Qu.:  8.000   3rd Qu.:  8.000
 Max.   :576.0    Max.   :208.000  Max.   :140.000   Max.   :417.00   Max.   :177.000   Max.   :117.000
                                                                      NA's   :4392      NA's   :4392      NA's   :4392
 X5학년전체학생수.명.   X6학년전입학생수.명.   X6학년전출학생수.명.   X6학년전체학생수.명.   전입학생수합계.명.   전출학생수합계.명.
 Min.   :  0.00   Min.   :  0.0    Min.   :  0.000   Min.   :  0.0    Min.   :   0.0    Min.   :  0.00
 1st Qu.: 44.00   1st Qu.:  1.00   1st Qu.:  1.000   1st Qu.: 42.00   1st Qu.:   7.0    1st Qu.:  9.00
 Median : 96.00   Median :  3.00   Median :  4.000   Median : 91.00   Median :  16.0   Median : 20.00
 Mean   : 98.15   Mean   :  4.92   Mean   :  4.905   Mean   : 93.34   Mean   :  31.4   Mean   : 29.26
 3rd Qu.:142.00   3rd Qu.:  6.00   3rd Qu.:  7.000   3rd Qu.:135.00   3rd Qu.:  32.0   3rd Qu.: 41.00
 Max.   :411.00   Max.   :158.00   Max.   :111.000   Max.   :405.00   Max.   :1106.0   Max.   :677.00
 NA's   :4392     NA's   :4392     NA's   :4392      NA's   :4392
 전체학생수합계.명.
 Min.   :   0
 1st Qu.: 347
 Median : 632
 Mean   : 633
 3rd Qu.: 902
 Max.   :2243

> describe(data1)
              vars     n    mean     sd median trimmed    mad  min  max range skew kurtosis   se
기준년도          1 10766 2018.68   0.68   2019 2018.61   1.48 2018 2020     2 0.48    -0.79 0.01
시군명*           2 10766   16.52   8.71     15   16.55  10.38    1   31    30 0.07    -1.07 0.08
지역명*           3 10766   23.02  12.43     22   23.18  16.31    1   42    41 -0.01   -1.27 0.12
학교명*           4 10766 1211.26 697.14   1213 1211.38 894.01    1 2420  2419 0.00    -1.19 6.72
설립구분명*        5 10766    1.08   0.28      1    1.00   0.00    1    2     1 3.01     7.04 0.00
X1학년전입학생수.명.    6 10766    6.05  12.30      4    4.09   4.45    0  260   260 9.61   132.83 0.12
X1학년전출학생수.명.    7 10766    5.52   5.23      5    4.93   4.45    0  134   134 5.89   100.30 0.05
X1학년전체학생수.명.    8 10766  149.79 104.97    131  141.65 108.23    0  535   535 0.61    -0.40 1.01
X2학년전입학생수.명.    9 10766    7.41  15.08      4    4.85   4.45    0  256   256 8.00    86.32 0.15
X2학년전출학생수.명.   10 10766    6.81   7.18      5    5.84   4.45    0  181   181 6.24    99.33 0.07
X2학년전체학생수.명.   11 10766  154.83 114.26    130  143.80 111.19    0  582   582 0.78    -0.05 1.10
X3학년전입학생수.명.   12 10766    6.03  13.48      3    3.64   4.45    0  222   222 7.79    81.12 0.13
X3학년전출학생수.명.   13 10766    5.60   6.67      4    4.58   4.45    0  155   155 4.66    59.53 0.06
X3학년전체학생수.명.   14 10766  156.30 118.17    129  143.93 111.19    0  576   576 0.86     0.11 1.14
X4학년전입학생수.명.   15  6374    8.06  15.84      4    5.13   4.45    0  208   208 6.61    58.16 0.20
X4학년전출학생수.명.   16  6374    7.55   7.40      6    6.65   5.93    0  140   140 4.92    59.73 0.09
X4학년전체학생수.명.   17  6374   99.24  67.28     95   94.65  72.65    0  417   417 0.53    -0.06 0.84
X5학년전입학생수.명.   18  6374    7.13  13.46      4    4.64   4.45    0  177   177 6.33    53.41 0.17
X5학년전출학생수.명.   19  6374    6.67   6.45      5    5.87   4.45    0  117   117 3.97    41.66 0.08
X5학년전체학생수.명.   20  6374   98.15  66.13     96   93.81  72.65    0  411   411 0.50    -0.13 0.83
X6학년전입학생수.명.   21  6374    4.91   9.25      3    3.21   2.97    0  158   158 6.73    65.50 0.12
X6학년전출학생수.명.   22  6374    4.91   4.92      4    4.23   4.45    0  111   111 3.63    46.32 0.06
X6학년전체학생수.명.   23  6374   93.35  62.82     91   89.28  68.20    0  405   405 0.51    -0.07 0.79
전입학생수합계.명.    24 10766   31.40  66.54     16   19.80  14.83    0 1106  1106 8.09    87.15 0.64
전출학생수합계.명.    25 10766   29.26  31.01     20   24.54  19.27    0  677   677 5.06    65.23 0.30
전체학생수합계.명.    26 10766  633.05 374.95    632  621.75 410.68    0 2243  2243 0.25    -0.46 3.61
```

```
> data1$net <- data1$전입학생수합계.명. - data1$전출학생수합계.명.
> head(data1)
   기준년도  시군명    지역명              학교명 설립구분명 X1학년전입학생수.명.  X1학년전출학생수.명.
7      2020 가평군 경기도 가평군      가평마장초등학교      공립                    4                       1
8      2020 가평군 경기도 가평군        가평초등학교      공립                    0                       3
9      2020 가평군 경기도 가평군        대성초등학교      공립                    0                       0
10     2020 가평군 경기도 가평군        목동초등학교      공립                    0                       1
11     2020 가평군 경기도 가평군 목동초등학교명지분교장      공립            0                0
12     2020 가평군 경기도 가평군        미원초등학교      공립            0                0
   X1학년전체학생수.명.  X2학년전입학생수.명.  X2학년전출학생수.명.  X2학년전체학생수.명.  X3학년전입학생수.명.
7                    14                     1                      2                     17                      0
8                   135                     3                      1                    132                      2
9                    11                     1                      2                     16                      1
10                   18                     0                      1                     18                      0
11                    3                     0                      1                      2                      1
12                   52                     0                      0                     44                      0
   X3학년전출학생수.명.  X3학년전체학생수.명.  X4학년전입학생수.명.  X4학년전출학생수.명.  X4학년전체학생수.명.
7                     0                     9                      1                      0                     15
8                     6                   135                      4                      9                    123
9                     0                    16                      0                      1                     16
10                    3                    17                      0                      1                     15
11                    0                     2                      1                      0                      4
12                    0                    48                      1                      1                     47
   X5학년전입학생수.명.  X5학년전출학생수.명.  X5학년전체학생수.명.  X6학년전입학생수.명.  X6학년전출학생수.명.
7                     1                     0                     16                      0                      0
8                     6                     2                    140                      1                      4
9                     1                     4                     11                      0                      0
10                    0                     2                     18                      3                      0
11                    0                     0                      2                      0                      1
12                    1                     1                     46                      0                      0
   X6학년전체학생수.명.  전입학생수합계.명.  전출학생수합계.명.  전체학생수합계.명.  net
7                     9                     7                      3                     80    4
8                   153                    19                     25                    818   -6
9                    15                     3                      7                     85   -4
10                   13                     3                      8                     99   -5
11                    1                     2                      2                     14    0
12                   53                     2                      2                    290    0

> data2 <- data1[order(-data1$net), ]
> head(data2)
     기준년도    시군명        지역명          학교명 설립구분명 X1학년전입학생수.명.  X1학년전출학생수.명.
6414     2019  파주시     경기도 파주시   산내초등학교      공립                  260                      0
6508     2019  파주시     경기도 파주시   산내초등학교      공립                  260                      0
568      2020 남양주시   경기도 남양주시 다산한강초등학교      공립                240                      2
3433     2019 남양주시   경기도 남양주시 남양주다산초등학교      공립                 52                      9
3496     2019 남양주시   경기도 남양주시 남양주다산초등학교      공립                 52                      9
5779     2019   용인시 경기도 용인시 처인구   남곡초등학교      공립                227                     13
     X1학년전체학생수.명.  X2학년전입학생수.명.  X2학년전출학생수.명.  X2학년전체학생수.명.  X3학년전입학생수.명.
6414                    0                   206                      0                      0                    179
6508                    0                   206                      0                      0                    179
568                    93                   230                      1                     39                    197
3433                  253                   256                      8                    189                    222
3496                  253                   256                      8                    189                    222
5779                   11                   201                      8                      8                    176
     X3학년전출학생수.명.  X3학년전체학생수.명.  X4학년전입학생수.명.  X4학년전출학생수.명.  X4학년전체학생수.명.
6414                    0                     0                    207                      0                      0
6508                    0                     0                    207                      0                      0
568                     5                    54                    148                      3                     44
3433                    6                   177                    208                      9                    155
3496                    6                   177                    208                      9                    155
5779                   13                   194                     12                     12                     11
     X5학년전입학생수.명.  X5학년전출학생수.명.  X5학년전체학생수.명.  X6학년전입학생수.명.  X6학년전출학생수.명.
6414                  172                     0                      0                     82                      0
6508                  172                     0                      0                     82                      0
568                   139                     0                     35                     85                      1
3433                  176                     4                    126                    133                      0
3496                  176                     4                    126                    133                      0
5779                  142                    10                      9                    104                     10
     X6학년전체학생수.명.  전입학생수합계.명.  전출학생수합계.명.  전체학생수합계.명.  net
6414                    0                  1106                      0                      0 1106
6508                    0                  1106                      0                      0 1106
568                    38                  1039                     12                    303 1027
3433                  103                  1047                     36                   1003 1011
3496                  103                  1047                     36                   1003 1011
5779                   10                  1044                     66                     61  978
> print(data2[1,4])
[1] "산내초등학교"
> print(data2[2,4])
[1] "산내초등학교"
>
> print(data2[1,27])
[1] 1106
> print(data2$net[1])
[1] 1106
> print(data2[1,26])
[1] 0
> print(data2$전체학생수합계.명.[1])
[1] 0
```

데이터(carprice.csv)는 중고차에 대한 [모델명, 연식, 트랜스미션, 마일리지(miles), 연료유형, tax, 연비(mpg), engineSize(litres), 차량가격(Pound, £)]이다. 회귀분석, 의사결정나무, 랜덤 포레스트 모형을 이용하여 차량가격을 예측하시오[단, 종속변수는 (year, mileage, tax, mpg, engineSize)를 고려하며, 전체 데이터들 중 75%(8,001개)를 훈련용으로 나머지 25%(2,667개)를 검증용으로 사용한다]. 모형들 사이의 성능은 RMSE(Root Mean Square Error, 평균제곱근 오차)로 비교(검증용 데이터세트 이용)하고, 가장 성능이 우수한 모형의 예측 결과를 본인의 '생년월일.csv'로 저장하시오. 데이터는 Kaggle 사이트(www.kaggle.com/datasets/adityadesai13/used-car-dataset-ford-and-mercedes)에서 다운로드한다.

	A	B	C	D	E	F	G	H	I
1	model	year	transmission	mileage	fuelType	tax	mpg	engineSize	price
2	A1	2017	Manual	15735	Petrol	150	55.4	1.4	12500
3	A6	2016	Automatic	36203	Diesel	20	64.2	2	16500
4	A1	2016	Manual	29946	Petrol	30	55.4	1.4	11000
5	A4	2017	Automatic	25952	Diesel	145	67.3	2	16800
6	A3	2019	Manual	1998	Petrol	145	49.6	1	17300
7	A1	2016	Automatic	32260	Petrol	30	58.9	1.4	13900
8	A6	2016	Automatic	76788	Diesel	30	61.4	2	13250
9	A4	2016	Manual	75185	Diesel	20	70.6	2	11750
10	A3	2015	Manual	46112	Petrol	20	60.1	1.4	10200
11	A1	2016	Manual	22451	Petrol	30	55.4	1.4	12000
12	A3	2017	Manual	28955	Petrol	145	58.9	1.4	16100
13	A6	2016	Automatic	52198	Diesel	125	57.6	2	16500
14	Q3	2016	Manual	44915	Diesel	145	52.3	2	17000
15	A3	2017	Manual	21695	Petrol	30	58.9	1.4	16400
16	A6	2015	Manual	47348	Diesel	30	61.4	2	15400
17	A3	2017	Automatic	26156	Petrol	145	58.9	1.4	14500
18	Q3	2016	Automatic	28396	Diesel	145	53.3	2	15700
19	A3	2014	Automatic	30516	Petrol	30	56.5	1.4	13900
20	Q5	2016	Automatic	37652	Diesel	200	47.1	2	19000

회귀분석, 의사결정나무, 랜덤 포레스트 분석모형에 대한 차량 가격 예측의 RMSE를 비교하면 다음과 같다. 본 예제에서는 train( ) 함수를 이용한 랜덤 포레스트 분석모형의 성능이 가장 좋음을 알 수 있으나 만약 (훈련용, 검증용) 데이터 세트가 달라지는 경우 각 데이터 분석모형의 성능은 달라질 수 있다.

분석모형	회귀분석	의사결정나무		랜덤 포레스트	
사용 함수	lm( )	rpart( )	tree( )	train( )	cforest( )
RMSE	5,510.361	5,781.171	5,781.171	2,990.199	3,327.118
패키지	—	rpart	tree	caret	party

① 총 10,668개의 데이터 중 75%의 데이터를 훈련용(train)으로 나머지 25%의 데이터를 검증용(test)으로 저장한다.

```
> setwd("C:/workr")
> data <- read.csv("carprice.csv", header=T, fileEncoding="EUC-KR")
> head(data)
  model year transmission mileage fuelType tax  mpg engineSize price
1    A1 2017       Manual   15735   Petrol 150 55.4        1.4 12500
2    A6 2016    Automatic   36203   Diesel  20 64.2        2.0 16500
3    A1 2016       Manual   29946   Petrol  30 55.4        1.4 11000
4    A4 2017    Automatic   25952   Diesel 145 67.3        2.0 16800
5    A3 2019       Manual    1998   Petrol 145 49.6        1.0 17300
6    A1 2016    Automatic   32260   Petrol  30 58.9        1.4 13900
> summary(data)
    model                year       transmission          mileage        fuelType              tax             mpg
 Length:10668       Min.   :1997   Length:10668       Min.   :     1   Length:10668       Min.   :  0   Min.   : 18.90
 Class :character   1st Qu.:2016   Class :character   1st Qu.:  5969   Class :character   1st Qu.:125   1st Qu.: 40.90
 Mode  :character   Median :2017   Mode  :character   Median : 19000   Mode  :character   Median :145   Median : 49.60
                    Mean   :2017                      Mean   : 24827                      Mean   :126   Mean   : 50.77
                    3rd Qu.:2019                      3rd Qu.: 36465                      3rd Qu.:145   3rd Qu.: 58.90
                    Max.   :2020                      Max.   :323000                      Max.   :580   Max.   :188.30
   engineSize        price
 Min.   :0.000   Min.   :  1490
 1st Qu.:1.500   1st Qu.: 15131
 Median :2.000   Median : 20200
 Mean   :1.931   Mean   : 22897
 3rd Qu.:2.000   3rd Qu.: 27990
 Max.   :6.300   Max.   :145000
> describe(data)
             vars     n     mean       sd median   trimmed      mad    min      max    range  skew kurtosis     se
model*          1 10668     6.84     5.19    5.0      6.21     5.93    1.0     26.0     25.0  1.68     3.87   0.05
year            2 10668  2017.10     2.17 2017.0   2017.32     2.97 1997.0   2020.0     23.0 -1.45     5.17   0.02
transmission*   3 10668     2.08     0.76    2.0      2.10     1.48    1.0      3.0      2.0 -0.14    -1.28   0.01
mileage         4 10668 24827.24 23505.26 19000.0  21257.27 20756.40    1.0 323000.0 322999.0  1.58     4.58 227.57
fuelType*       5 10668     1.95     1.00    1.0      1.94     0.00    1.0      3.0      2.0  0.10    -1.99   0.01
tax             6 10668   126.01    67.17  145.0    127.13     0.00    0.0    580.0    580.0  0.40     0.65   0.65
mpg             7 10668    50.77    12.95   49.6     50.14    12.90   18.9    188.3    169.4  1.83    14.04   0.13
engineSize      8 10668     1.93     0.60    2.0      1.87     0.59    0.0      6.3      6.3  1.21     3.72   0.01
price           9 10668 22896.69 11714.84 20200.0  21412.37  9192.12 1490.0 145000.0 143510.0  2.28    11.66 113.42

> id <- sample(1:nrow(data), as.integer(0.75*nrow(data)))
> train <- data[id, ]
> test <- data[-id, ]
> dim(train)
[1] 8001    9
> dim(test)
[1] 2667    9
```

② lm( ) 함수를 이용한 회귀분석모형 분석 결과, RMSE＝5,510.361이다. ME, RMSE, MAE등 연속형 변수에 대한 예측 결과의 성능을 분석하기 위하여 forecast 패키지의 accuracy( ) 함수를 이용한다.

```
> regression <- lm(price~year+mileage+tax+mpg+engineSize, train)
> summary(regression)

Call:
lm(formula = price ~ year + mileage + tax + mpg + engineSize,
    data = train)

Residuals:
   Min     1Q Median     3Q    Max
-20467  -2742   -486   2016  71958

Coefficients:
              Estimate Std. Error t value Pr(>|t|)
(Intercept) -4.157e+06  9.610e+04  -43.26   <2e-16 ***
year         2.069e+03  4.757e+01   43.49   <2e-16 ***
mileage     -9.682e-02  4.428e-03  -21.86   <2e-16 ***
tax         -1.369e+01  1.246e+00  -10.99   <2e-16 ***
mpg         -2.004e+02  6.800e+00  -29.47   <2e-16 ***
engineSize   1.109e+04  1.157e+02   95.91   <2e-16 ***
---
Signif. codes:  0 '***' 0.001 '**' 0.01 '*' 0.05 '.' 0.1 ' ' 1

Residual standard error: 5567 on 7995 degrees of freedom
Multiple R-squared:  0.7763,    Adjusted R-squared:  0.7762
F-statistic:  5549 on 5 and 7995 DF,  p-value: < 2.2e-16

> regression_rslt <- data.frame(actual=test$price)
> regression_rslt$predict <- predict(regression, newdata=test)
> head(regression_rslt)
  actual   predict
1  10200 10162.273
2  17000 18855.550
3  17000  9988.742
4  20000 21189.924
5  18500 21482.335
6  15800 18798.363
>
> accuracy(regression_rslt$actual, regression_rslt$predict)
                ME      RMSE      MAE      MPE     MAPE
Test set -84.97036 5510.361 3370.528 1.329176 22.82313
```

③ rpart( ) 함수(rpart 패키지)를 이용한 의사결정나무 분석 결과, RMSE＝5,781.171이다.

```
> decisiontree_rpart <- rpart(price~year+mileage+tax+mpg+engineSize, data=train)
> decisiontree_rpart
n= 8001

node), split, n, deviance, yval
      * denotes terminal node

 1) root 8001 1.107784e+12  22961.540
   2) mpg>=39.5 6491 3.208382e+11  19392.640
     4) year< 2017.5 4123 1.052819e+11  15958.020
       8) tax< 137.5 2124 2.374716e+10  13505.760 *
       9) tax>=137.5 1999 5.519034e+10  18563.620
        18) year< 2013.5 166 2.587833e+09   9849.807 *
        19) year>=2013.5 1833 3.885655e+10  19352.760 *
     5) year>=2017.5 2368 8.223431e+10  25372.770
      10) engineSize< 1.9 1214 1.717874e+10  22050.440 *
      11) engineSize>=1.9 1154 3.755885e+10  28867.840
        22) engineSize< 2.75 1050 2.034168e+10  27821.560 *
        23) engineSize>=2.75 104 4.462767e+09  39431.280 *
   3) mpg< 39.5 1510 3.488727e+11  38303.060
     6) engineSize< 2.7 867 4.513092e+10  31565.710
      12) year< 2014.5 46 1.749117e+09  11126.410 *
      13) year>=2014.5 821 2.308790e+10  32710.900 *
     7) engineSize>=2.7 643 2.113221e+11  47387.490
      14) engineSize< 4.7 625 1.246771e+11  45624.480
        28) year< 2015.5 73 1.058870e+10  23135.250 *
        29) year>=2015.5 552 7.228485e+10  48598.600
         58) mpg>=33.8 257 2.559354e+10  42836.210 *
         59) mpg< 33.8 295 3.072316e+10  53618.710 *
      15) engineSize>=4.7 18 1.724956e+10 108603.300 *
> decisiontree_rpart_rslt <- data.frame(actual=test$price)
> decisiontree_rpart_rslt$predict <- predict(decisiontree_rpart, newdata=test, type="vector")
> head(decisiontree_rpart_rslt)
  actual  predict
1  10200 13505.76
2  17000 19352.76
3  17000 19352.76
4  20000 19352.76
5  18500 19352.76
6  15800 22050.44
>
> accuracy(decisiontree_rpart_rslt$actual, decisiontree_rpart_rslt$predict)
              ME     RMSE      MAE       MPE     MAPE
Test set -84.15708 5781.171 3767.152 -0.6326368 17.58303
```

④ tree( ) 함수(tree 패키지)를 이용한 의사결정나무 분석 결과, RMSE＝5,781.171이다. rpart( ) 함수를 이용한 결과와 동일하다.

```
> decisiontree_tree <- tree(price~year+mileage+tax+mpg+engineSize, data=train)
> decisiontree_tree
node), split, n, deviance, yval
       * denotes terminal node

 1) root 8001 1.108e+12  22960
   2) mpg < 39.5 1510 3.489e+11  38300
     4) engineSize < 2.7 867 4.513e+10  31570
       8) year < 2014.5 46 1.749e+09  11130 *
       9) year > 2014.5 821 2.309e+10  32710 *
     5) engineSize > 2.7 643 2.113e+11  47390
      10) engineSize < 4.7 625 1.247e+11  45620
        20) year < 2015.5 73 1.059e+10  23140 *
        21) year > 2015.5 552 7.228e+10  48060
          42) mpg < 33.8 295 3.072e+10  53620 *
          43) mpg > 33.8 257 2.559e+10  42840 *
      11) engineSize > 4.7 18 1.725e+10 108600 *
   3) mpg > 39.5 6491 3.208e+11  19390
     6) year < 2017.5 4123 1.053e+11  15960
      12) tax < 137.5 2124 2.375e+10  13510 *
      13) tax > 137.5 1999 5.519e+10  18560
        26) year < 2013.5 166 2.588e+09   9850 *
        27) year > 2013.5 1833 3.886e+10  19350 *
     7) year > 2017.5 2368 8.223e+10  25370
      14) engineSize < 1.9 1214 1.718e+10  22050 *
      15) engineSize > 1.9 1154 3.756e+10  28870
        30) engineSize < 2.75 1050 2.034e+10  27820 *
        31) engineSize > 2.75 104 4.463e+09  39430 *
> decisiontree_tree_rslt <- data.frame(actual=test$price)
> decisiontree_tree_rslt$predict <- predict(decisiontree_tree, newdata=test, type="vector")
> head(decisiontree_tree_rslt)
  actual  predict
1  10200 13505.76
2  17000 19352.76
3  17000 19352.76
4  20000 19352.76
5  18500 19352.76
6  15800 22050.44
>
> accuracy(decisiontree_tree_rslt$actual, decisiontree_tree_rslt$predict)
                 ME     RMSE      MAE       MPE     MAPE
Test set -84.15708 5781.171 3767.152 -0.6326368 17.58303
```

⑤ train( ) 함수(caret 패키지)를 이용한 랜덤 포레스트 모형 분석 결과, RMSE＝2,990.199이다. 여기에서는 2-fold 교차검증 방법을 지정하였다.

```
> rfmodel <- train(price~year+mileage+tax+mpg+engineSize, data=train, method="rf", trControl=trainControl(method="cv", number=2), prox=TRUE, allowParallel=TRUE)
> rfmodel_rslt <- data.frame(actual=test$price)
> rfmodel_rslt$predict <- predict(rfmodel, newdata=test)
> head(rfmodel_rslt)
  actual  predict
1  11000 12836.34
2  17300 18350.78
3  13250 14002.12
4  12000 12620.35
5  17000 16856.26
6  16900 17621.05
>
> accuracy(rfmodel_rslt$actual, rfmodel_rslt$predict)
               ME     RMSE      MAE        MPE     MAPE
Test set -11.0743 2990.199 1905.431 0.04088928 8.470024
```

```
> plot(rfmodel)
```

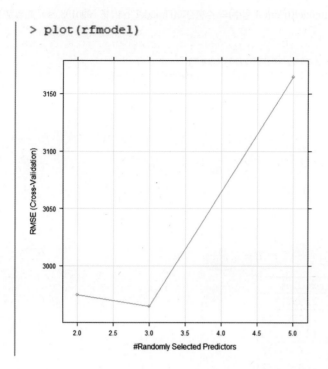

⑥ cforest( ) 함수(party 패키지)를 이용한 분석 결과, RMSE＝3,327.118이다.

```
> rfmodel2 <- cforest(price~year+mileage+tax+mpg+engineSize, data=train)
> rfmodel2

          Random Forest using Conditional Inference Trees

Number of trees:  500

Response:  price
Inputs:  year, mileage, tax, mpg, engineSize
Number of observations:  8001

> rfmodel2_rslt <- data.frame(actual=test$price)
> rfmodel2_rslt$predict <- predict(rfmodel2, newdata=test)
> head(rfmodel2_rslt)
  actual     price
1  11000 13343.37
2  17300 19728.42
3  13250 13677.46
4  12000 12793.30
5  17000 17111.72
6  16900 17426.23

> accuracy(rfmodel2_rslt$actual, rfmodel2_rslt$predict)
                ME     RMSE      MAE       MPE     MAPE
Test set -77.95998 3327.118 2114.005 -0.02236335 9.235354
```

⑦ RMSE＝2,990.199로 가장 작은 rfmodel(train( ) 함수)의 수행결과(rfmodel_rslt)를 "990108.csv" 파일로 저장한다.

```
> write.csv(rfmodel_rslt, "990108.csv")
> result <- read.csv("990108.csv", header=T, fileEncoding="EUC-KR")
> head(result)
  X actual  predict
1 1  11000 12836.34
2 2  17300 18350.78
3 3  13250 14002.12
4 4  12000 12620.35
5 5  17000 16856.26
6 6  16900 17621.05
>
> View(result)
```

	X	actual	predict
1	1	11000	12836.344
2	2	17300	18350.782
3	3	13250	14002.123
4	4	12000	12620.355
5	5	17000	16856.262
6	6	16900	17621.052
7	7	16000	19321.244
8	8	11300	10194.586
9	9	17200	18733.506
10	10	12750	13412.796
11	11	11000	10168.122
12	12	10600	12088.842
13	13	18950	19239.403
14	14	12500	17467.982
15	15	16200	21693.515
16	16	16100	20566.263
17	17	25499	29948.295
18	18	16200	17414.814
19	19	25499	27093.240
20	20	17000	18089.185
21	21	14500	19272.806
22	22	9800	10737.790
23	23	12100	14249.593
24	24	13100	15183.210
25	25	14700	13882.267
26	26	11000	11948.221
27	27	15400	14853.498
28	28	16000	18651.537
29	29	13300	12950.843
30	30	16200	14480.082

⑧ 추가적으로 randomForest( ) 함수(randomForest 패키지)를 이용한 예측 분석 결과는 RMSE＝3,909.636이며, 트리의 수(ntree)가 클수록 의사결정나무 분석모형의 성능이 개선됨을 알 수 있다.

```
> rf <- randomForest(price~year+mileage+tax+mpg+engineSize, data=train, ntree=100, proximity=TRUE)
> rf

Call:
 randomForest(formula = price ~ year + mileage + tax + mpg + engineSize,        data = train, ntree = 100, proximity = TRUE)
               Type of random forest: regression
                     Number of trees: 100
No. of variables tried at each split: 1

          Mean of squared residuals: 12049274
                    % Var explained: 90.67
> rf_rslt <- data.frame(actual=test$price)
> rf_rslt$predict <- predict(rf, newdata=test)
> head(rf_rslt)
  actual  predict
1  11000 13529.18
2  17300 22329.74
3  13250 13958.34
4  12000 13661.23
5  17000 17841.11
6  16900 18252.65
>
> accuracy(rf_rslt$actual, rf_rslt$predict)
                ME     RMSE      MAE      MPE     MAPE
Test set -81.19155 3909.636 2392.098 1.332748 10.14812
```

```
> plot(rf)
```

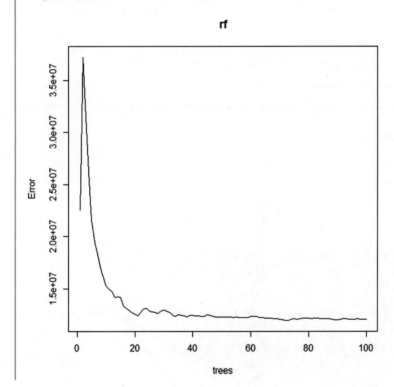

⑨ 인공신경망 분석모형을 이용(연속형 변수를 예측하기 위한 neuralnet 패키지의 neuralnet( ) 함수, 3개 은닉층, 각
층마다 5개의 neurons)하여 예측한 결과, RMSE=11,763.45이다.

```
> data <- read.csv("carprice.csv", header=T, fileEncoding="EUC-KR")
> head(data)
  model year transmission mileage fuelType tax  mpg engineSize price
1    A1 2017       Manual   15735   Petrol 150 55.4        1.4 12500
2    A6 2016    Automatic   36203   Diesel  20 64.2        2.0 16500
3    A1 2016       Manual   29946   Petrol  30 55.4        1.4 11000
4    A4 2017    Automatic   25952   Diesel 145 67.3        2.0 16800
5    A3 2019       Manual    1998   Petrol 145 49.6        1.0 17300
6    A1 2016    Automatic   32260   Petrol  30 58.9        1.4 13900
> data <- subset(data, select=c(year, mileage, tax, mpg, engineSize, price))
> head(data)
  year mileage tax  mpg engineSize price
1 2017   15735 150 55.4        1.4 12500
2 2016   36203  20 64.2        2.0 16500
3 2016   29946  30 55.4        1.4 11000
4 2017   25952 145 67.3        2.0 16800
5 2019    1998 145 49.6        1.0 17300
6 2016   32260  30 58.9        1.4 13900
>
> id <- sample(1:nrow(data), as.integer(0.75*nrow(data)))
> train <- data[id, ]
> test <- data[-id, ]
>
> normalize <- function (x) {
+ return ((x-min(x))/(max(x)-min(x)))
+ }
>
> norm_train <- as.data.frame(lapply(train, normalize))
> norm_test <- as.data.frame(lapply(test, normalize))
>
> norm_train$price <- train$price
>
> model <- neuralnet(price~year+mileage+tax+mpg+engineSize, norm_train, hidden=c(5,5,5))
```

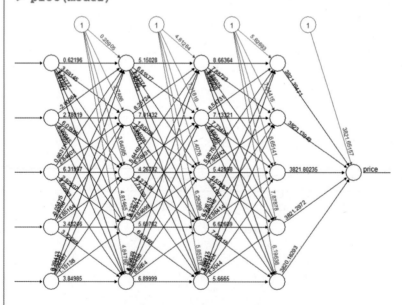

Error: 547434107226.388 Steps: 38267

```
> result <- data.frame(actual=test$price)
> result$predict <- compute(model, norm_test[-length(norm_test)])$net.result
> head(result)
  actual  predict
1  11000 22929.45
2  17300 22929.45
3  13250 22929.45
4  12000 22929.45
5  16400 22929.45
6  15700 22929.45
>
> accuracy(result$actual, result$predict)
               ME      RMSE      MAE       MPE     MAPE
Test set 131.0526 11763.45 8396.489 0.5715472 36.6188
```

I 작업형 제1유형

01 소방안전 빅데이터 플랫폼(https://www.bigdata−119.kr/goods/goodsInfo?goods_id=202110000001)에서 제공되는 데이터(rescue.csv)는 구조활동 현황 자료로 (no, cause, result, season, daywk, dclr_hour, dclr_min, dsp_hour, dsp_min, spt_arvl_hour, spt_arvl_min)=(보고서 번호, 사고 원인, 처리결과 구분, 계절, 요일, 신고시간, 신고분, 출동시간, 출동분, 현장도착시간, 현장도착분)를 나타낸다. 현장도착시간과 신고시간 사이의 차이 평균(분)과 가장 큰 평균값을 가지는 보고서 번호를 출력하시오.

	A	B	C	D	E	F	G	H	I	J	K
1	no	cause	result	season	daywk	dclr_hour	dclr_min	dsp_hour	dsp_min	spt_arvl_hour	spt_arvl_min
2	20114501201S00001	위치확인	기타	겨울	토요일	0	28	0	29	0	34
3	20114501201S00002	위치확인	기타	겨울	토요일	2	40	2	47	2	50
4	20114501201S00003	화재	기타	겨울	토요일	3	26	3	26	3	28
5	20114501201S00004	교통	기타	겨울	토요일	5	15	5	15	5	18
6	20114506103S00001	산악	인명구조	겨울	토요일	8	31	8	31	8	51
7	20114504201S00004	동물포획	기타	겨울	토요일	10	41	10	43	10	55
8	20114504201S00007	기타	기타	겨울	토요일	11	16	11	17	11	43
9	20114504107S00004	교통	인명구조	겨울	토요일	11	49	11	52	12	1
10	20114510104S00002	교통	인명구조	겨울	토요일	13	24	13	26	13	40
11	20114507201S00002	동물포획	기타	겨울	토요일	14	41	14	42	14	47
12	20114504201S00006	산악	인명구조	겨울	토요일	15	16	15	22	15	37
13	20114504101S00001	산악	인명구조	겨울	토요일	15	16	15	22	15	38
14	20114506103S00002	추락	인명구조	겨울	토요일	15	54	15	56	16	25
15	20114504107S00002	교통	인명구조	겨울	토요일	16	36	16	38	16	47
16	20114508201S00001	화재	안전조치	겨울	토요일	17	2	17	3	17	10
17	20114508201S00002	교통	안전조치	겨울	토요일	17	10	17	11	17	20
18	20114505201S00001	교통	기타	겨울	토요일	17	10	17	11	17	26
19	20114504201S00009	화재	인명검색	겨울	토요일	17	18	17	19	17	39

현장도착시간과 신고시간 사이의 차이 평균: 14.22분

현장도착시간과 신고시간 사이의 차이가 가장 큰 값을 가지는 보고서: 20114506103S00002

해설 현장도착시간(spt_arvl_hour, spt_arvl_min)과 신고시간(dclr_hour, dclr_min)을 이용하여 시간 차이(data$timediff)를 구한다. order() 함수를 이용하여 시간차이 값을 내림차순 정렬(가장 큰 값을 첫 번째 행에 저장)하여 보고서 번호(20114506103S00002)를 출력한다. 그리고 mean() 함수를 이용하여 평균 시간 차이(14.22분)를 출력한다.

```
> setwd("C:/workr")
> data <- read.csv("rescue.csv", header=T, fileEncoding="EUC-KR")
> head(data)
                no     cause   result season daywk dclr_hour dclr_min dsp_hour dsp_min spt_arvl_hour
1 20114501201S00001  위치확인     기타   겨울 토요일     0        28        0       29              0
2 20114501201S00002  위치확인     기타   겨울 토요일     2        40        2       47              2
3 20114501201S00003     화재     기타   겨울 토요일     3        26        3       26              3
4 20114501201S00004     교통     기타   겨울 토요일     5        15        5       15              5
5 20114506103S00001     산악 인명구조   겨울 토요일     8        31        8       31              8
6 20114504201S00004  동물포획     기타   겨울 토요일    10        41       10       43             10
  spt_arvl_min
1           34
2           50
3           28
4           18
5           51
6           55
> str(data)
'data.frame':  18 obs. of  11 variables:
 $ no           : chr  "20114501201S00001" "20114501201S00002" "20114501201S00003" "20114501201S00004" ...
 $ cause        : chr  "위치확인" "위치확인" "화재" "교통" ...
 $ result       : chr  "기타" "기타" "기타" "기타" ...
 $ season       : chr  "겨울" "겨울" "겨울" "겨울" ...
 $ daywk        : chr  "토요일" "토요일" "토요일" "토요일" ...
 $ dclr_hour    : int  0 2 3 5 8 10 11 11 13 14 ...
 $ dclr_min     : int  28 40 26 15 31 41 16 49 24 41 ...
 $ dsp_hour     : int  0 2 3 5 8 10 11 11 13 14 ...
 $ dsp_min      : int  29 47 26 15 31 43 17 52 26 42 ...
 $ spt_arvl_hour: int  0 2 3 5 8 10 11 12 13 14 ...
 $ spt_arvl_min : int  34 50 28 18 51 55 43 1 40 47 ...
>
> data$timediff <- (data$spt_arvl_min+60*data$spt_arvl_hour)-(data$dclr_min+60*data$dclr_hour)
> head(data)
                no     cause   result season daywk dclr_hour dclr_min dsp_hour dsp_min spt_arvl_hour
1 20114501201S00001  위치확인     기타   겨울 토요일     0        28        0       29              0
2 20114501201S00002  위치확인     기타   겨울 토요일     2        40        2       47              2
3 20114501201S00003     화재     기타   겨울 토요일     3        26        3       26              3
4 20114501201S00004     교통     기타   겨울 토요일     5        15        5       15              5
5 20114506103S00001     산악 인명구조   겨울 토요일     8        31        8       31              8
6 20114504201S00004  동물포획     기타   겨울 토요일    10        41       10       43             10
  spt_arvl_min timediff
1           34        6
2           50       10
3           28        2
4           18        3
5           51       20
6           55       14
```

```
> data <- data[order(-data$timediff),]
> head(data)
                 no cause   result season daywk dclr_hour dclr_min dsp_hour dsp_min spt_arvl_hour spt_arvl_min timediff
13 20114506103S00002  추락 인명구조   겨울 토요일        15       54       15       56            16           25       31
7  20114504201S00007  기타     기타   겨울 토요일        11       16       11       17            11           43       27
12 20114504101S00001  산악 인명구조   겨울 토요일        15       16       15       22            15           38       22
11 20114504201S00006  산악 인명구조   겨울 토요일        15       16       15       22            15           37       21
18 20114504201S00009  화재 인명검색   겨울 토요일        17       18       17       19            17           39       21
5  20114506103S00001  산악 인명구조   겨울 토요일         8       31        8       31             8           51       20
>
> print(data[order(-data$timediff),][1,1])
[1] "20114506103S00002"
>
> print(mean(data$timediff))
[1] 14.22222
>
> summary(data)
      no              cause             result            season            daywk            dclr_hour         dclr_min
 Length:18          Length:18          Length:18          Length:18          Length:18          Min.   : 0.00    Min.   : 2.00
 Class :character   Class :character   Class :character   Class :character   Class :character   1st Qu.: 8.50    1st Qu.:16.00
 Mode  :character   Mode  :character   Mode  :character   Mode  :character   Mode  :character   Median :13.50    Median :25.00
                                                                                                Mean   :11.44    Mean   :26.28
                                                                                                3rd Qu.:15.75    3rd Qu.:39.00
                                                                                                Max.   :17.00    Max.   :54.00

    dsp_hour         dsp_min        spt_arvl_hour     spt_arvl_min       timediff
 Min.   : 0.00    Min.   : 3.00    Min.   : 0.00    Min.   : 1.00    Min.   : 2.00
 1st Qu.: 8.50    1st Qu.:17.50    1st Qu.: 8.50    1st Qu.:25.25    1st Qu.: 8.50
 Median :13.50    Median :26.00    Median :13.50    Median :37.50    Median :13.00
 Mean   :11.44    Mean   :28.33    Mean   :11.56    Mean   :33.83    Mean   :14.22
 3rd Qu.:15.75    3rd Qu.:41.00    3rd Qu.:16.00    3rd Qu.:46.00    3rd Qu.:20.75
 Max.   :17.00    Max.   :56.00    Max.   :17.00    Max.   :55.00    Max.   :31.00
```

02 서울열린데이터 광장(https://data.seoul.go.kr/dataList/543/S/2/datasetView.do)에서 수집한 데이터(teacher.csv)는 서울시 각 자치구별(district) 초등학교 학생 수(student)와 선생님 수(teacher)이다. 선생님 1인당 학생 수가 가장 많은 자치구와 해당 자치구에 대한 선생님의 수를 출력하시오.

	A	B	C
1	district	student	teacher
2	종로구	4961	443
3	중구	4766	381
4	용산구	6396	574
5	성동구	10408	873
6	광진구	13476	954
7	동대문구	12839	926
8	중랑구	13692	1059
9	성북구	19369	1340
10	강북구	8895	674
11	도봉구	13533	967
12	노원구	23991	1703
13	은평구	19405	1379
14	서대문구	12918	912
15	마포구	13750	1018
16	양천구	22998	1492
17	강서구	24468	1732
18	구로구	16900	1291
19	금천구	7952	664
20	영등포구	13830	1070
21	동작구	14872	1054
22	관악구	12975	1010
23	서초구	21867	1369
24	강남구	25745	1690
25	송파구	31536	2210
26	강동구	22023	1550

🔓 정답 1인당 학생 수가 가장 많은 자치구: 서초구
1인당 학생 수가 가장 많은 자치구에 대한 선생님의 수: 1,369명

📋 해설 학생수(data$student)를 선생님 수(data$teacher)로 나누어 선생님 1인당 학생수(data$st_teacher)를 구한다. order() 함수를 이용하여 1인당 학생수의 값으로 내림차순 정렬하고 data$st_teacher가 가장 큰 값을 가지는 자치구(서초구)와 선생님의 수(1,369명)를 출력한다.

```
> setwd("C:/workr")
> data <- read.csv("teacher.csv", header=T, fileEncoding="EUC-KR")
> head(data)
   district student teacher
1     종로구     4961     443
2       중구     4766     381
3     용산구     6396     574
4     성동구    10408     873
5     광진구    13476     954
6   동대문구    12839     926
>
> data$st_teacher <- data$student / data$teacher
> head(data)
   district student teacher st_teacher
1     종로구     4961     443   11.19865
2       중구     4766     381   12.50919
3     용산구     6396     574   11.14286
4     성동구    10408     873   11.92211
5     광진구    13476     954   14.12579
6   동대문구    12839     926   13.86501
>
> data <- data[order(-data$st_teacher),]
> head(data)
    district student teacher st_teacher
22     서초구    21867    1369   15.97297
15     양천구    22998    1492   15.41421
23     강남구    25745    1690   15.23373
8      성북구    19369    1340   14.45448
24     송파구    31536    2210   14.26968
25     강동구    22023    1550   14.20839
> data[1,1]
[1] "서초구"
> data[1,4]
[1] 15.97297
>
> print(data[order(-data$st_teacher),][1,1])
[1] "서초구"
>
> print(data[order(-data$st_teacher),][1,4])
[1] 15.97297
```

또는 아래와 같이 apply() 함수를 이용하여 구할 수도 있다. 단, 선생님 1인당 학생수의 최댓값을 소수점 이하 셋째자리까지 구하여 해당 조건을 확인한다.

```
> data <- read.csv("teacher.csv", header=T, fileEncoding="EUC-KR")
>
> data$st_teacher <- round(data$student/data$teacher,3)
> head(data)
   district student teacher st_teacher
1     종로구     4961     443     11.199
2       중구     4766     381     12.509
3     용산구     6396     574     11.143
4     성동구    10408     873     11.922
5     광진구    13476     954     14.126
6   동대문구    12839     926     13.865
>
> max_value <- apply(data, 2, max)
> max_value
   district    student    teacher st_teacher
     "중랑구"    "31536"     "2210"   "15.973"
> str(max_value)
 Named chr [1:4] "중랑구" "31536" "2210" "15.973"
 - attr(*, "names")= chr [1:4] "district" "student" "teacher" "st_teacher"
>
> print(data[data$st_teacher == round(as.numeric(max_value[[4]]),3),]$district)
[1] "서초구"
>
> print(data[data$st_teacher == round(as.numeric(max_value[[4]]),3),]$teacher)
[1] 1369
```

03 서울 열린 데이터 광장(https://data.seoul.go.kr/dataList/316/S/2/datasetView.do)에서 수집한 서울시 5대 범죄 발생 현황 자료(crime.csv)는 발생년월(ym), 범죄 유형(crime), 발생 건수(cases)를 나타낸다. 연도별로 총 범죄건수(범죄유형별 발생 건수의 합)의 월평균 값을 구한 후 그 값이 가장 큰 연도를 찾아, 해당 연도의 총 범죄건수의 월평균 값을 출력하시오.

	A	B	C
1	ym	crime	cases
2	2008. 01	살인	19
3	2008. 01	강도	49
4	2008. 01	강간·강제추행	191
5	2008. 01	절도	1870
6	2008. 01	폭력	5534
7	2008. 02	살인	9
8	2008. 02	강도	43
9	2008. 02	강간·강제추행	184
10	2008. 02	절도	1733
11	2008. 02	폭력	4534
12	2008. 03	살인	14
13	2008. 03	강도	78
14	2008. 03	강간·강제추행	262
15	2008. 03	절도	2374
16	2008. 03	폭력	5690
17	2008. 04	살인	19
18	2008. 04	강도	102
19	2008. 04	강간·강제추행	276
20	2008. 04	절도	2513
21	2008. 04	폭력	6080
22	2008. 05	살인	23
23	2008. 05	강도	79
24	2008. 05	강간·강제추행	297
25	2008. 05	절도	2406
26	2008. 05	폭력	6427
27	2008. 06	살인	19
28	2008. 06	강도	95
29	2008. 06	강간·강제추행	364
30	2008. 06	절도	2893
31	2008. 06	폭력	6958
32	2008. 07	살인	15
33	2008. 07	강도	90
34	2008. 07	강간·강제추행	331
35	2008. 07	절도	2577
36	2008. 07	폭력	6791
37	2008. 08	살인	19
38	2008. 08	강도	69
39	2008. 08	강간·강제추행	327
40	2008. 08	절도	2316
41	2008. 08	폭력	6023
42	2008. 09	살인	22

```
> setwd("C:/workr")
> data <- read.csv("crime.csv", header=T, fileEncoding="EUC-KR")
> head(data)
       ym          crime cases
1 2008. 01         살인    19
2 2008. 01         강도    49
3 2008. 01 강간·강제추행   191
4 2008. 01         절도  1870
5 2008. 01         폭력  5534
6 2008. 02         살인     9
> str(data)
'data.frame':   360 obs. of  3 variables:
 $ ym   : chr  "2008. 01" "2008. 01" "2008. 01" "2008. 01" ...
 $ crime: chr  "살인" "강도" "강간·강제추행" "절도" ...
 $ cases: int  19 49 191 1870 5534 9 43 184 1733 4534 ...
> dim(data)
[1] 360   3
> summary(data)
```

```
        ym                crime               cases
  Length:360        Length:360          Min.   :   7.00
  Class :character  Class :character    1st Qu.:  44.75
  Mode  :character  Mode  :character    Median :  374.50
                                        Mean   :2087.78
                                        3rd Qu.:4732.00
                                        Max.   :7459.00
```

11,477.08건

📋 **해설** 연도(ym) 항목의 데이터 형식이 문자열이고 연도와 월이 함께 포함되어 있어 이를 (연도, 월)로 구분하여야 한다. strsplit() 함수를 이용하여 구분된 자료(리스트 구조)를 데이터프레임 구조로 변환한 후, data$year(연도), data$month(월) 항목으로 저장한다. sum(), subset() 함수를 이용하여 연도별 범죄 건수의 합(result$total)을 구한다. 그리고 월별 평균 범죄 건수를 구하기 위하여 범죄 건수의 합을 12개월로 나누어 구한다. order() 함수를 이용하여 월평균 범죄 건수를 내림차순 정렬한 후, 첫번째 행의 평균 범죄 건수(11,477.08건)를 출력한다. 월별 평균 범죄 건수를 출력하기 위하여 order(), which() 함수 등을 이용한다.

```
> split_ym <- strsplit(data$ym, split=' ')
> head(split_ym)
[[1]]
[1] "2008." "01"

[[2]]
[1] "2008." "01"

[[3]]
[1] "2008." "01"

[[4]]
[1] "2008." "01"

[[5]]
[1] "2008." "01"

[[6]]
[1] "2008." "02"

> df <- data.frame(a=split_ym[[1]][1])
> df$b <- split_ym[[1]][2]
>
> for (i in 2:360) {
+ df[i,1] <- split_ym[[i]][1]
+ df[i,2] <- split_ym[[i]][2]
+ }
> head(df)
       a  b
1 2008. 01
2 2008. 01
3 2008. 01
4 2008. 01
5 2008. 01
6 2008. 02
> data$year <- df$a
> data$month <- df$b
> head(data)
       ym         crime cases  year month
1 2008. 01        살인    19 2008.    01
2 2008. 01        강도    49 2008.    01
3 2008. 01 강간·강제추행  191 2008.    01
4 2008. 01        절도  1870 2008.    01
5 2008. 01        폭력  5534 2008.    01
6 2008. 02        살인     9 2008.    02
> summary(data)
       ym                crime               cases              year               month
  Length:360        Length:360          Min.   :   7.00   Length:360         Length:360
  Class :character  Class :character    1st Qu.:  44.75   Class :character   Class :character
  Mode  :character  Mode  :character    Median :  374.50  Mode  :character   Mode  :character
                                        Mean   :2087.78
                                        3rd Qu.:4732.00
                                        Max.   :7459.00
```

```
> result <- data.frame(year="2008")
> result$total <- sum(subset(data, year == "2008.")$cases)
> head(result)
  year  total
1 2008 107771
> result[2,1] <- "2009"
> result[2,2] <- sum(subset(data, year == "2009.")$cases)
> result[3,1] <- "2010"
> result[3,2] <- sum(subset(data, year == "2010.")$cases)
> result[4,1] <- "2011"
> result[4,2] <- sum(subset(data, year == "2011.")$cases)
> result[5,1] <- "2012"
> result[5,2] <- sum(subset(data, year == "2012.")$cases)
> result[6,1] <- "2013"
> result[6,2] <- sum(subset(data, year == "2013.")$cases)
> result
  year  total
1 2008 107771
2 2009 115752
3 2010 124447
4 2011 132939
5 2012 137725
6 2013 132966
> result$average <- result$total/12
> result
  year  total   average
1 2008 107771  8980.917
2 2009 115752  9646.000
3 2010 124447 10370.583
4 2011 132939 11078.250
5 2012 137725 11477.083
6 2013 132966 11080.500
> result <- result[order(-result$average),]
> result
  year  total   average
5 2012 137725 11477.083
6 2013 132966 11080.500
4 2011 132939 11078.250
3 2010 124447 10370.583
2 2009 115752  9646.000
1 2008 107771  8980.917
> result[1,3]
[1] 11477.08
> print(result[order(-result$average),][1,3])
[1] 11477.08
>
> max(result$average)
[1] 11477.08

> result[which(result$average == max(result$average)), 3]
[1] 11477.08
```

또는 아래와 같이 apply() 함수를 이용하여 구할 수도 있다. 단, 평균 범죄 건수는 소수점 이하 셋째자리
까지 구하여 해당 조건을 확인한다.

```
> result$average <- round(result$average,3)
> result
  year  total   average
1 2008 107771  8980.917
2 2009 115752  9646.000
3 2010 124447 10370.583
4 2011 132939 11078.250
5 2012 137725 11477.083
6 2013 132966 11080.500
>
> str(result)
'data.frame':   6 obs. of  3 variables:
 $ year   : chr  "2008" "2009" "2010" "2011" ...
 $ total  : int  107771 115752 124447 132939 137725 132966
 $ average: num  8981 9646 10371 11078 11477 ...
>
> max_value <- apply(result, 2, max)
> max_value
      year        total      average
    "2013"     "137725"  "11477.083"
> str(max_value)
 Named chr [1:3] "2013" "137725" "11477.083"
 - attr(*, "names")= chr [1:3] "year" "total" "average"
>
> print(result[result$average == round(as.numeric(max_value[[3]]),3),]$average)
[1] 11477.08
```

아래와 같이 문자열 데이터(data$ym)를 날짜 데이터로 변환하기 위하여 lubridate 패키지를 이용하기도 한다. ym() 함수를 이용하여 character 형식의 데이터를 날짜 형식(연－월－일, 일 단위는 매월 1일로 저장)으로 변환 후, 해당연도 범죄 건수의 합(year() 함수로 분류)과 평균을 구하고 최댓값을 출력한다.

```
> head(data)
        ym      crime cases
1 2008. 01      살인   19
2 2008. 01      강도   49
3 2008. 01 강간·강제추행  191
4 2008. 01      절도 1870
5 2008. 01      폭력 5534
6 2008. 02      살인    9
> str(data)
'data.frame':   360 obs. of  3 variables:
 $ ym   : chr  "2008. 01" "2008. 01" "2008. 01" "2008. 01" ...
 $ crime: chr  "살인" "강도" "강간·강제추행" "절도" ...
 $ cases: int  19 49 191 1870 5534 9 43 184 1733 4534 ...
> install.packages("lubridate")
--- 현재 세션에서 사용할 CRAN 미러를 선택해 주세요 ---
URL 'https://cran.yu.ac.kr/bin/windows/contrib/4.2/lubridate_1.9.2.zip'을 시도합니다
Content type 'application/zip' length 945082 bytes (922 KB)
downloaded 922 KB

패키지 'lubridate'를 성공적으로 압축해제하였고 MD5 sums 이 확인되었습니다

다운로드된 바이너리 패키지들은 다음의 위치에 있습니다
        C:\tmp\RtmpENW8kJ\downloaded_packages
> library(lubridate)

다음의 패키지를 부착합니다: 'lubridate'

The following objects are masked from 'package:base':

    date, intersect, setdiff, union

경고메시지(들):
패키지 'lubridate'는 R 버전 4.2.3에서 작성되었습니다
> data$yearmonth <- ym(data$ym)
> head(data)
        ym      crime cases  yearmonth
1 2008. 01      살인   19 2008-01-01
2 2008. 01      강도   49 2008-01-01
3 2008. 01 강간·강제추행  191 2008-01-01
4 2008. 01      절도 1870 2008-01-01
5 2008. 01      폭력 5534 2008-01-01
6 2008. 02      살인    9 2008-02-01
```

```
> str(data)
'data.frame':    360 obs. of  4 variables:
 $ ym       : chr  "2008. 01" "2008. 01" "2008. 01" "2008. 01" ...
 $ crime    : chr  "살인" "강도" "강간·강제추행" "절도" ...
 $ cases    : int  19 49 191 1870 5534 9 43 184 1733 4534 ...
 $ yearmonth: Date, format: "2008-01-01" "2008-01-01" "2008-01-01" "2008-01-01" ...

> result <- data.frame(year="2008")
> result$total <- sum(data$cases[year(data$yearmonth)=="2008"])
> result
  year  total
1 2008 107771
> result[2,1] <- "2009"
> result[2,2] <- sum(data$cases[year(data$yearmonth)=="2009"])
> result[3,1] <- "2010"
> result[3,2] <- sum(data$cases[year(data$yearmonth)=="2010"])
> result[4,1] <- "2011"
> result[4,2] <- sum(data$cases[year(data$yearmonth)=="2011"])
> result[5,1] <- "2012"
> result[5,2] <- sum(data$cases[year(data$yearmonth)=="2012"])
> result[6,1] <- "2013"
> result[6,2] <- sum(data$cases[year(data$yearmonth)=="2013"])
> result
  year  total
1 2008 107771
2 2009 115752
3 2010 124447
4 2011 132939
5 2012 137725
6 2013 132966
> result$average <- result$total / 12
> result
  year  total    average
1 2008 107771  8980.917
2 2009 115752  9646.000
3 2010 124447 10370.583
4 2011 132939 11078.250
5 2012 137725 11477.083
6 2013 132966 11080.500
> print(result[order(-result$average),][1,3])
[1] 11477.08
```

그리고 dplyr 패키지에서 제공하는 group_by(), summarise(), pipe 연산자(%>%)를 이용하여 연도 별 범죄건수의 합(result)을 구할 수 있다. 소수점 이하 자릿수까지의 결과를 얻기 위해 as.double() 함수를 이용하여 정수형 자료를 실수형 자료로 변환한다.

```
> install.packages("dplyr")
URL 'https://cran.yu.ac.kr/bin/windows/contrib/4.2/dplyr_1.1.2.zip'을 시도합니다
Content type 'application/zip' length 1555133 bytes (1.5 MB)
downloaded 1.5 MB

패키지 'dplyr'를 성공적으로 압축해제하였고 MD5 sums 이 확인되었습니다

다운로드된 바이너리 패키지들은 다음의 위치에 있습니다
        C:\tmp\Rtmpm03DhR\downloaded_packages
> library(dplyr)

다음의 패키지를 부착합니다: 'dplyr'

The following objects are masked from 'package:stats':

    filter, lag

The following objects are masked from 'package:base':

    intersect, setdiff, setequal, union

경고메시지(들):
패키지 'dplyr'는 R 버전 4.2.3에서 작성되었습니다
> setwd("C:/workr")
> data <- read.csv("crime.csv", header=T, fileEncoding="EUC-KR")
> data$yearmonth <- ym(data$ym)
>
> result <- data %>% group_by(year(yearmonth)) %>% summarise(total=sum(cases)) %>% as.data.frame()
> result
  year(yearmonth)  total
1            2008 107771
2            2009 115752
3            2010 124447
4            2011 132939
5            2012 137725
6            2013 132966
> str(result)
'data.frame':    6 obs. of  2 variables:
 $ year(yearmonth): num  2008 2009 2010 2011 2012 ...
 $ total          : int  107771 115752 124447 132939 137725 132966
> result$total <- as.double(result$total)
> str(result)
'data.frame':    6 obs. of  2 variables:
 $ year(yearmonth): num  2008 2009 2010 2011 2012 ...
 $ total          : num  107771 115752 124447 132939 137725 ...


> result$average <- round(result$total/12, 2)
> result
  year(yearmonth)  total  average
1            2008 107771  8980.92
2            2009 115752  9646.00
3            2010 124447 10370.58
4            2011 132939 11078.25
5            2012 137725 11477.08
6            2013 132966 11080.50
> print(result[order(-result$average),][1,3])
[1] 11477.08
```

공공데이터 포털(https://www.data.go.kr)에서 수집한 석면피해진단 데이터(asbestos.csv)는 환자별로 12가지 진단결과의 수(S1~S12)와 성별(sex), 연령대(age)로 구성되어 있다. 랜덤 포레스트와 의사결정나무 분석 모형을 이용하여 주요 다섯가지 진단 결과(S1~S5)를 통해 환자의 연령대(age)를 예측하려고 한다. 분류 결과를 result.csv 파일로 저장하고, 분류 결과에 대한 정확도와 F1 Score(20대 분류 결과)를 출력하시오. 단, 랜덤 포레스트 분석 모형은 randomForest, 의사결정나무 분석은 rpart 패키지를 이용한다.

	A	B	C	D	E	F	G	H	I	J	K	L	M	N	O
1	number	S1	S2	S3	S4	S5	S6	S7	S8	S9	S10	S11	S12	sex	age
2	1	0	0	0	0	0	0	1	0	0	0	0	0	남	10대
3	2	0	0	0	0	0	0	0	0	0	0	0	0	여	10대
4	3	5	0	0	0	0	0	1	0	0	0	0	0	남	20대
5	4	7	0	0	0	0	0	1	0	0	0	0	0	여	20대
6	5	8	0	0	1	0	0	10	0	0	0	0	0	남	30대
7	6	13	1	0	0	0	0	6	0	1	0	0	0	여	30대
8	7	19	8	1	2	9	0	41	2	0	0	0	0	남	20대
9	8	23	11	0	3	3	0	18	0	0	0	0	0	여	40대
10	9	82	59	7	37	90	0	85	13	1	0	0	0	남	50대
11	10	61	69	4	19	58	0	36	5	0	0	0	0	여	50대
12	11	136	270	56	245	365	0	125	75	6	2	3	0	남	60대
13	12	84	158	9	91	234	0	53	14	3	0	0	0	여	60대
14	13	131	259	118	457	585	2	152	115	8	6	5	0	남	70대
15	14	59	88	19	161	349	0	73	21	2	1	1	0	여	70대
16	15	34	76	78	214	242	2	44	66	0	2	5	0	남	80대
17	16	25	38	12	114	209	0	24	20	1	1	0	0	여	80대
18	17	2	4	3	6	10	0	1	5	1	0	3	0	남	90대
19	18	1	4	2	4	29	0	2	1	0	2	2	0	여	90대
20	19	0	0	0	0	0	0	1	0	0	0	0	0	남	10대
21	20	0	0	0	0	0	0	0	0	0	0	0	0	여	10대
22	21	5	0	0	0	0	0	1	0	0	0	0	0	남	20대
23	22	7	0	0	0	0	0	1	0	0	0	0	0	여	20대
24	23	8	0	0	1	0	0	10	0	0	0	0	0	남	30대
25	24	23	11	0	3	3	0	18	0	0	0	0	0	여	40대
26	25	82	59	7	37	95	0	85	13	1	0	0	0	남	20대
27	26	61	69	3	19	58	0	36	5	0	0	0	0	여	50대
28	27	136	270	56	245	365	0	125	75	6	2	3	0	남	60대
29	28	84	158	8	91	234	0	53	14	3	0	0	0	여	60대
30	29	131	259	118	457	585	2	152	115	8	6	5	0	남	70대
31	30	59	88	19	161	349	0	73	21	2	1	1	0	여	70대
32	31	34	76	78	214	242	2	44	66	0	2	5	0	남	80대
33	32	20	38	12	114	209	0	24	20	1	1	0	0	여	80대
34	33	2	4	3	6	10	0	1	5	1	0	3	0	남	90대
35	34	1	4	2	4	29	0	2	1	0	2	2	0	남	90대
36	35	5	0	0	0	0	0	1	0	0	0	0	0	남	20대
37	36	7	0	0	0	0	0	1	0	0	0	0	0	여	20대
38	37	8	0	0	1	0	0	10	0	0	0	0	0	남	30대
39	38	13	1	0	0	0	0	6	0	1	0	0	0	여	30대
40	39	19	8	1	2	10	0	41	2	0	0	0	0	남	20대
41	40	61	69	3	19	58	0	36	5	0	0	0	0	여	50대
42	41	136	270	56	245	365	0	125	75	6	2	3	0	남	60대
43	42	84	158	8	91	234	0	53	14	3	0	0	0	여	60대

```
> setwd("C:/workr")
> data <- read.csv("asbestos.csv", header=T, fileEncoding="EUC-KR")
> head(data)
  number S1 S2 S3 S4 S5 S6 S7 S8 S9 S10 S11 S12 sex  age
1      1  0  0  0  0  0  0  1  0  0   0   0   0  남 10대
2      2  0  0  0  0  0  0  0  0  0   0   0   0  여 10대
3      3  5  0  0  0  0  0  1  0  0   0   0   0  남 20대
4      4  7  0  0  0  0  0  1  0  0   0   0   0  여 20대
5      5  8  0  0  1  0  0 10  0  0   0   0   0  남 30대
6      6 13  1  0  0  0  0  6  0  1   0   0   0  여 30대
> dim(data)
[1] 100  15
> str(data)
'data.frame':    100 obs. of  15 variables:
 $ number: int  1 2 3 4 5 6 7 8 9 10 ...
 $ S1    : int  0 0 5 7 8 13 19 23 82 61 ...
 $ S2    : int  0 0 0 0 0 1 8 11 59 69 ...
 $ S3    : int  0 0 0 0 0 0 1 0 7 4 ...
 $ S4    : int  0 0 0 0 1 0 2 3 37 19 ...
 $ S5    : int  0 0 0 0 0 9 3 90 58 ...
 $ S6    : int  0 0 0 0 0 0 0 0 0 0 ...
 $ S7    : int  1 0 1 1 10 6 41 18 85 36 ...
 $ S8    : int  0 0 0 0 0 0 2 0 13 5 ...
 $ S9    : int  0 0 0 0 0 1 0 0 1 0 ...
 $ S10   : int  0 0 0 0 0 0 0 0 0 0 ...
 $ S11   : int  0 0 0 0 0 0 0 0 0 0 ...
 $ S12   : int  0 0 0 0 0 0 0 0 0 0 ...
 $ sex   : chr  "남" "여" "남" "여" ...
 $ age   : chr  "10대" "10대" "20대" "20대" ...
> summary(data)
     number            S1               S2               S3               S4
 Min.   :  1.00   Min.   :  0.00   Min.   :  0.00   Min.   :  0.00   Min.   :  0.00
 1st Qu.: 25.75   1st Qu.: 11.75   1st Qu.:  4.00   1st Qu.:  1.75   1st Qu.:  3.75
 Median : 50.50   Median : 59.00   Median : 69.00   Median :  8.00   Median : 91.00
 Mean   : 50.50   Mean   : 55.89   Mean   : 93.08   Mean   : 25.09   Mean   :112.19
 3rd Qu.: 75.25   3rd Qu.: 84.00   3rd Qu.:118.00   3rd Qu.: 56.00   3rd Qu.:214.00
 Max.   :100.00   Max.   :136.00   Max.   :270.00   Max.   :123.00   Max.   :457.00
       S5               S6               S7               S8               S9               S10
 Min.   :  0.0    Min.   :0.00     Min.   :  0.00   Min.   :  0.00   Min.   :0.00     Min.   :0.00
 1st Qu.: 10.0    1st Qu.:0.00     1st Qu.: 10.00   1st Qu.:  1.00   1st Qu.:0.00     1st Qu.:0.00
 Median :209.0    Median :0.00     Median : 38.50   Median : 14.00   Median :1.00     Median :0.00
 Mean   :180.5    Mean   :0.31     Mean   : 51.31   Mean   : 27.92   Mean   :1.97     Mean   :1.04
 3rd Qu.:349.0    3rd Qu.:0.00     3rd Qu.: 73.00   3rd Qu.: 66.00   3rd Qu.:3.00     3rd Qu.:2.00
 Max.   :585.0    Max.   :3.00     Max.   :152.00   Max.   :115.00   Max.   :8.00     Max.   :6.00
       S11              S12             sex               age
 Min.   :0.00     Min.   :0        Length:100         Length:100
 1st Qu.:0.00     1st Qu.:0        Class :character   Class :character
 Median :0.00     Median :0        Mode  :character   Mode  :character
 Mean   :1.39     Mean   :0
 3rd Qu.:3.00     3rd Qu.:0
 Max.   :5.00     Max.   :0
```

🔒 **정답** 정답 정확도＝96.67%, F1 Score＝0.857

📋 **해설** 석면피해진단 데이터(asbestos.csv)를 읽어 data에 저장하고, 문자열로 지정된 연령대(data$age) 데이터를 요인형 데이터(as.factor())로 변환하여 저장한다. 전체 데이터들 중 70%의 데이터를 훈련용(train), 30%를 검증용(test)으로 사용하며, randomForest() 함수를 이용하여 랜덤 포레스트 모형을 구축(randomForest 패키지)한다. 여기서 트리의 수(ntree)＝100, proximity＝TRUE(객체들 간의 근접도 행렬 제공) 옵션을 지정한다. 검증용 데이터의 참값(new$actual)과 예측값(new$predict)을 저장하고 혼동행렬 수행 결과를 이용(caret 패키지)하여 정확도(cm$table, 96.67%)와 20대 분류 결과에 대한 F1 Score(cm$byClass, 0.857)를 출력하고 분류 결과를 저장(result_rfmodel) 한다.

```
> data$age <- as.factor(data$age)
> id <- sample(1:nrow(data), as.integer(0.7*nrow(data)))
> train <- data[id,]
> test <- data[-id,]
>
> rfmodel <- randomForest(age~S1+S2+S3+S4+S5, train, ntree=100, proximity=TRUE)
>
> new <- data.frame(actual=test$age)
> new$predict <- predict(rfmodel, test)
>
> head(new)
  actual predict
1   10대    10대
2   30대    30대
3   50대    50대
4   50대    50대
5   60대    60대
6   60대    60대
>
> cm <- confusionMatrix(new$predict, new$actual)
```

```
> cm
Confusion Matrix and Statistics

          Reference
Prediction 10대 20대 30대 40대 50대 60대 70대 80대 90대
      10대    1    0    0    0    0    0    0    0    0
      20대    0    3    0    0    0    0    0    0    1
      30대    0    0    2    0    0    0    0    0    0
      40대    0    0    0    1    0    0    0    0    0
      50대    0    0    0    0    6    0    0    0    0
      60대    0    0    0    0    0    5    0    0    0
      70대    0    0    0    0    0    0    6    0    0
      80대    0    0    0    0    0    0    0    4    0
      90대    0    0    0    0    0    0    0    0    1

Overall Statistics

               Accuracy : 0.9667
                 95% CI : (0.8278, 0.9992)
    No Information Rate : 0.2
    P-Value [Acc > NIR] : < 2.2e-16

                  Kappa : 0.9609

 Mcnemar's Test P-Value : NA

Statistics by Class:

                     Class: 10대 Class: 20대 Class: 30대 Class: 40대 Class: 50대 Class: 60대 Class: 70대
Sensitivity              1.00000     1.0000     1.00000     1.00000         1.0      1.0000         1.0
Specificity              1.00000     0.9630     1.00000     1.00000         1.0      1.0000         1.0
Pos Pred Value           1.00000     0.7500     1.00000     1.00000         1.0      1.0000         1.0
Neg Pred Value           1.00000     1.0000     1.00000     1.00000         1.0      1.0000         1.0
Prevalence               0.03333     0.1000     0.06667     0.03333         0.2      0.1667         0.2
Detection Rate           0.03333     0.1000     0.06667     0.03333         0.2      0.1667         0.2
Detection Prevalence     0.03333     0.1333     0.06667     0.03333         0.2      0.1667         0.2
Balanced Accuracy        1.00000     0.9815     1.00000     1.00000         1.0      1.0000         1.0
                     Class: 80대 Class: 90대
Sensitivity              1.0000     0.50000
Specificity              1.0000     1.00000
Pos Pred Value           1.0000     1.00000
Neg Pred Value           1.0000     0.96552
Prevalence               0.1333     0.06667
Detection Rate           0.1333     0.03333
Detection Prevalence     0.1333     0.03333
Balanced Accuracy        1.0000     0.75000
```

```
> names(cm)
[1] "positive" "table"    "overall"  "byClass"  "mode"     "dots"
> cm$byClass
          Sensitivity Specificity Pos Pred Value Neg Pred Value Precision Recall        F1 Prevalence
Class: 10대         1.0    1.000000           1.00      1.0000000      1.00    1.0 1.0000000 0.03333333
Class: 20대         1.0    0.962963           0.75      1.0000000      0.75    1.0 0.8571429 0.10000000
Class: 30대         1.0    1.000000           1.00      1.0000000      1.00    1.0 1.0000000 0.06666667
Class: 40대         1.0    1.000000           1.00      1.0000000      1.00    1.0 1.0000000 0.03333333
Class: 50대         1.0    1.000000           1.00      1.0000000      1.00    1.0 1.0000000 0.20000000
Class: 60대         1.0    1.000000           1.00      1.0000000      1.00    1.0 1.0000000 0.16666667
Class: 70대         1.0    1.000000           1.00      1.0000000      1.00    1.0 1.0000000 0.20000000
Class: 80대         1.0    1.000000           1.00      1.0000000      1.00    1.0 1.0000000 0.13333333
Class: 90대         0.5    1.000000           1.00      0.9655172      1.00    0.5 0.6666667 0.06666667
          Detection Rate Detection Prevalence Balanced Accuracy
Class: 10대     0.03333333           0.03333333         1.0000000
Class: 20대     0.10000000           0.13333333         0.9814815
Class: 30대     0.06666667           0.06666667         1.0000000
Class: 40대     0.03333333           0.03333333         1.0000000
Class: 50대     0.20000000           0.20000000         1.0000000
Class: 60대     0.16666667           0.16666667         1.0000000
Class: 70대     0.20000000           0.20000000         1.0000000
Class: 80대     0.13333333           0.13333333         1.0000000
Class: 90대     0.03333333           0.03333333         0.7500000
>
> cm$table
          Reference
Prediction 10대 20대 30대 40대 50대 60대 70대 80대 90대
      10대    1   0   0   0   0   0   0   0   0
      20대    0   3   0   0   0   0   0   0   1
      30대    0   0   2   0   0   0   0   0   0
      40대    0   0   0   1   0   0   0   0   0
      50대    0   0   0   0   6   0   0   0   0
      60대    0   0   0   0   0   5   0   0   0
      70대    0   0   0   0   0   0   6   0   0
      80대    0   0   0   0   0   0   0   4   0
      90대    0   0   0   0   0   0   0   0   1
>
> rfaccuracy <- sum(diag(cm$table)) / sum(cm$table) * 100
> print(round(rfaccuracy,3))
[1] 96.667
>
> print(round(cm$byClass[2,"F1"],3))
[1] 0.857


> write.csv(new,"result.csv")
> result_rfmodel <- read.csv("result.csv", header=T, fileEncoding="EUC-KR")
> result_rfmodel
    X actual predict
1   1    10대    10대
2   2    30대    30대
3   3    50대    50대
4   4    50대    50대
5   5    60대    60대
6   6    60대    60대
7   7    80대    80대
8   8    20대    20대
9   9    30대    30대
10 10    40대    40대
11 11    50대    50대
12 12    90대    20대
13 13    20대    20대
14 14    80대    80대
15 15    70대    70대
16 16    60대    60대
17 17    50대    50대
18 18    60대    60대
19 19    70대    70대
20 20    80대    80대
21 21    80대    80대
22 22    90대    90대
23 23    20대    20대
24 24    70대    70대
25 25    50대    50대
26 26    60대    60대
27 27    50대    50대
28 28    70대    70대
29 29    70대    70대
30 30    70대    70대
```

```
> View(result_rfmodel)
```

	X	actual	predict
1	1	10대	10대
2	2	30대	30대
3	3	50대	50대
4	4	50대	50대
5	5	60대	60대
6	6	60대	60대
7	7	80대	80대
8	8	20대	20대
9	9	30대	30대
10	10	40대	40대
11	11	50대	50대
12	12	90대	20대
13	13	20대	20대
14	14	80대	80대
15	15	70대	70대
16	16	60대	60대
17	17	50대	50대
18	18	60대	60대
19	19	70대	70대
20	20	80대	80대
21	21	80대	80대
22	22	90대	90대
23	23	20대	20대
24	24	70대	70대
25	25	50대	50대
26	26	60대	60대
27	27	50대	50대
28	28	70대	70대
29	29	70대	70대
30	30	70대	70대

동일한 (학습, 검증) 데이터에 대한 의사결정나무 분석은 rpart() 함수를 이용(rpart 패키지 이용)하여 모형을 구축한다. 정확도(76.67%)와 F1 Score(0.667) 값이 다소 작아, 분류 성능은 랜덤 포레스트보다 우수하지 않음을 확인할 수 있다.

```
> dtmodel <- rpart(age~S1+S2+S3+S4+S5, data=train)
> rpart.plot(dtmodel)
```

```
> new <- data.frame(actual=test$age)
> new$predict <- predict(dtmodel, newdata=test, type="class")
>
> cm <- confusionMatrix(new$predict, new$actual)
>
> cm$table
          Reference
Prediction 10대 20대 30대 40대 50대 60대 70대 80대 90대
      10대   0    0    0    0    0    0    0    0    0
      20대   0    3    2    1    0    0    0    0    0
      30대   0    0    0    0    0    0    0    0    0
      40대   0    0    0    0    0    0    0    0    0
      50대   0    0    0    0    6    0    0    0    0
      60대   0    0    0    0    0    2    0    0    0
      70대   0    0    0    0    0    3    6    0    0
      80대   0    0    0    0    0    0    0    4    0
      90대   1    0    0    0    0    0    0    0    2
>
> dtaccuracy <- sum(diag(cm$table)) / sum(cm$table) * 100
> print(round(dtaccuracy,3))
[1] 76.667
>
> print(round(cm$byClass[2,"F1"],3))
[1] 0.667
```

```
> write.csv(new, "result.csv")
> result_dtmodel <- read.csv("result.csv", header=T, fileEncoding="EUC-KR")
> result_dtmodel
      X actual predict
1    1    10대    90대
2    2    30대    20대
3    3    50대    50대
4    4    50대    50대
5    5    60대    60대
6    6    60대    70대
7    7    80대    80대
8    8    20대    20대
9    9    30대    20대
10  10    40대    20대
11  11    50대    50대
12  12    90대    90대
13  13    20대    20대
14  14    80대    80대
15  15    70대    70대
16  16    60대    70대
17  17    50대    50대
18  18    60대    70대
19  19    70대    70대
20  20    80대    80대
21  21    80대    80대
22  22    90대    90대
23  23    20대    20대
24  24    70대    70대
25  25    50대    50대
26  26    60대    60대
27  27    50대    50대
28  28    70대    70대
29  29    70대    70대
30  30    70대    70대
```

```
> View(result_dtmodel)
```

공공데이터 포털(https://www.data.go.kr/data/3034077/fileData.do)에서 제공되는 데이터 (bugok.csv)는 국립부곡병원 진료 통계 자료로 (년도, 구분, 환자구분, 성별, 연령대) 항목을 포함한다. 성별(남성, 여성)에 따라 환자구분(정신)에 대한 비율의 차이가 통계적으로 유의한지를 확인하고자 한다. 다음 검정 절차를 수행하시오.

3-1 비율 차이 분석

(1) 환자구분이 "정신"으로 분류된 남성과 여성의 비율을 소수점 이하 둘째 자리까지 출력하시오.

(2) 성별(남성, 여성)에 따른 환자구분(정신)의 비율에 차이가 있는지를 검정하기 위한 카이제곱 검정 통계량을 반올림하여 소수점 이하 셋째 자리까지 출력하시오.

(3) 위의 통계량에 대한 유의확률(p-value)를 출력(반올림하여 소수 넷째자리까지 계산)하고, 유의수준 5%에서 가설검정의 결과(귀무가설 채택/기각) 중 하나를 선택하시오.

	A	B	C	D	E	F	G	H	I	J	K	L
1	년도	구분	환자구분	성별	14세이하	18세이하	29세이하	39세이하	49세이하	59세이하	69세이하	70세이상
2	2014	입원	약물	남성	0	0	1	225	830	277	208	0
3	2014	외래	약물	여성	120	236	1462	2097	4981	4448	1982	1276
4	2014	입원	정신	남성	124	1559	6171	13804	22223	28260	7525	4
5	2014	외래	약물	여성	200	363	1381	1484	2489	3760	2363	1745
6	2015	입원	정신	남성	404	1808	9221	13752	31099	28424	5927	4
7	2015	입원	약물	남성	0	15	1	675	1660	332	211	0
8	2015	외래	정신	여성	143	347	1264	2087	5458	4576	1919	1198
9	2016	입원	정신	남성	321	852	8804	15650	26381	35222	7957	454
10	2016	입원	약물	남성	0	0	1	225	830	277	208	0
11	2016	외래	약물	여성	120	236	1462	2097	4981	4448	1982	1276
12	2017	입원	정신	남성	124	1559	6171	13804	22223	28260	7525	4
13	2017	입원	약물	남성	0	0	66	204	1134	358	86	0
14	2017	외래	약물	여성	129	186	1362	1995	4108	4630	2105	1242
15	2018	입원	정신	남성	239	736	4847	11694	18558	27518	7044	14
16	2018	입원	약물	남성	0	0	56	6	938	386	106	0
17	2018	외래	정신	여성	205	275	1329	1789	3574	4470	2008	1220
18	2019	입원	정신	남성	84	343	5442	8988	19700	24936	9795	8
19	2019	입원	약물	남성	0	0	154	120	928	192	18	0
20	2019	외래	약물	여성	153	288	1340	1413	3265	4072	2126	1373
21	2020	입원	정신	여성	126	421	3258	4908	9709	16250	9907	675
22	2020	입원	약물	남성	0	0	47	127	371	115	31	0
23	2020	외래	정신	여성	130	208	1177	1313	2710	3803	2254	1397
24	2021	입원	정신	여성	539	1452	3883	6848	19722	28940	17352	1509
25	2021	입원	약물	남성	0	35	775	624	1135	1460	63	0
26	2021	외래	약물	여성	200	363	1381	1484	2489	3760	2363	1745
27	2021	외래	약물	남성	0	0	16	8	45	27	3	0
28	2022	입원	정신	여성	239	736	4847	11694	18558	27518	7044	14
29	2022	입원	약물	남성	0	0	56	6	938	386	106	0
30	2022	외래	약물	여성	205	275	1329	1789	3574	4470	2008	1220
31	2022	외래	약물	남성	124	1559	6171	13804	22223	28260	7525	4
32	2022	입원	약물	남성	84	343	5442	8988	19700	24936	9795	8
33	2022	외래	약물	여성	0	0	154	120	928	192	18	0
34	2022	외래	약물	남성	153	288	1340	1413	3265	4072	2126	1373

```
> setwd("C:/workr")
> data <- read.csv("bugok.csv", header=T, fileEncoding="EUC-KR")
> dim(data)
[1] 33 12
> head(data)
    년도 구분 환자구분 성별 X14세이하 X18세이하 X29세이하 X39세이하 X49세이하 X59세이하 X69세이하 X70세이상
1 2014 입원    약물 남성        0        0        1      225      830      277      208        0
2 2014 외래    약물 여성      120      236     1462     2097     4981     4448     1982     1276
3 2014 입원    정신 남성      124     1559     6171    13804    22223    28260     7525        4
4 2014 외래    약물 여성      200      363     1381     1484     2489     3760     2363     1745
5 2015 입원    정신 남성      404     1808     9221    13752    31099    28424     5927        4
6 2015 입원    약물 남성        0       15        1      675     1660      332      211        0
> summary(data)
     년도           구분              환자구분            성별             X14세이하         X18세이하
 Min.   :2014   Length:33         Length:33         Length:33         Min.   :  0.0    Min.   :   0.0
 1st Qu.:2016   Class :character  Class :character  Class :character  1st Qu.:  0.0    1st Qu.:   0.0
 Median :2019   Mode  :character  Mode  :character  Mode  :character  Median :124.0    Median : 275.0
 Mean   :2018                                                         Mean   :126.2    Mean   : 438.9
 3rd Qu.:2021                                                         3rd Qu.:200.0    3rd Qu.: 421.0
 Max.   :2022                                                         Max.   :539.0    Max.   :1808.0
   X29세이하        X39세이하        X49세이하         X59세이하         X69세이하          X70세이상
 Min.   :   1   Min.   :    6   Min.   :   45   Min.   :   27   Min.   :    3   Min.   :   0.0
 1st Qu.: 154   1st Qu.:  225   1st Qu.: 1134   1st Qu.: 386    1st Qu.:  208   1st Qu.:   0.0
 Median :1340   Median : 1789   Median : 3574   Median : 4448   Median : 2105   Median :   8.0
 Mean   :2437   Mean   : 4401   Mean   : 8507   Mean   :10577   Mean   : 3688   Mean   : 538.3
 3rd Qu.:4847   3rd Qu.: 8988   3rd Qu.:18558   3rd Qu.:24936   3rd Qu.: 7044   3rd Qu.:1242.0
 Max.   :9221   Max.   :15650   Max.   :31099   Max.   :35222   Max.   :17352   Max.   :1745.0
> describe(data)
         vars  n    mean       sd median  trimmed     mad min   max range  skew kurtosis      se
년도         1 33 2018.45     2.86   2019 2018.56    4.45 2014  2022     8 -0.18    -1.46    0.50
구분*        2 33    1.58     0.50      2    1.59    0.00    1     2     1 -0.29    -1.97    0.09
환자구분*     3 33    1.36     0.49      1    1.33    0.00    1     2     1  0.54    -1.76    0.09
성별*        4 33    1.42     0.50      1    1.41    0.00    1     2     1  0.29    -1.97    0.09
X14세이하     5 33  126.24   126.84    124  107.48  120.09    0   539   539  1.21     1.64   22.08
X18세이하     6 33  438.88   542.73    275  353.96  407.71    0  1808  1808  1.32     0.40   94.48
X29세이하     7 33 2436.70  2701.07   1340 2081.93 1903.66    1  9221  9220  1.01    -0.19  470.20
X39세이하     8 33 4401.06  5324.59   1789 3776.19 2464.08    6 15650 15644  0.94    -0.82  926.89
X49세이하     9 33 8506.88  9483.53   3574 7399.19 3922.96   45 31099 31054  0.89    -0.82 1650.87
X59세이하    10 33 10576.82 12264.16   4448 9485.74 6183.92   27 35222 35195  0.73    -1.30 2134.92
X69세이하    11 33 3687.58  4181.16   2105 3133.22 2993.37    3 17352 17349  1.26     1.20  727.85
X70세이상    12 33  538.27   670.84      8  472.74   11.86    0  1745  1745  0.54    -1.55  116.78
```

🔒 **정답** (1) 환자구분="정신"인 남성의 비율=0.32
　　　　　　　 환자구분="정신"인 여성의 비율=0.43

📝 **해설** 성별 (남성, 여성)=(n1, n2)=(19,14)의 수를 먼저 구하고, 각각의 성별로 환자구분="정신"에 해당되는 항목의 수((x1,x2)=(6,6))를 구한다. 따라서 환자구분="정신"인 남성의 비율은 0.32(=6/19)이고, 여성의 비율은 0.43(=6/14)이다. prop.test() 함수를 이용하여 (남성, 여성) 비율에 차이가 있는지를 검정하며, 검정 결과의 estimate(prop_result$estimate[]) 항목을 이용하여 각각의 성별 비율을 출력한다.

```
> n1 <- length(which(data$성별=="남성"))
> n1
[1] 19
>
> n2 <- length(which(data$성별=="여성"))
> n2
[1] 14
>
> n <- c(n1, n2)
> n
[1] 19 14
>
> x1 <- length(which(data$성별=="남성" & data$환자구분=="정신"))
> x1
[1] 6
>
> x2 <- length(which(data$성별=="여성" & data$환자구분=="정신"))
> x2
[1] 6
>
> x <- c(x1, x2)
> x
[1] 6 6
>
> prop_result <- prop.test(x, n)
> prop_result
```

```
              2-sample test for equality of proportions with continuity correction

data:  x out of n
X-squared = 0.089722, df = 1, p-value = 0.7645
alternative hypothesis: two.sided
95 percent confidence interval:
 -0.507802  0.282238
sample estimates:
    prop 1    prop 2
0.3157895 0.4285714
```

```
> names(prop_result)
[1] "statistic"   "parameter"   "p.value"     "estimate"   "null.value"   "conf.int"    "alternative"
[8] "method"      "data.name"
> summary(prop_result)
            Length Class  Mode
statistic   1      -none- numeric
parameter   1      -none- numeric
p.value     1      -none- numeric
estimate    2      -none- numeric
null.value  0      -none- NULL
conf.int    2      -none- numeric
alternative 1      -none- character
method      1      -none- character
data.name   1      -none- character
>
> prop_result$estimate
    prop 1    prop 2
0.3157895 0.4285714
>
> print(round(prop_result$estimate[1],2))
prop 1
  0.32
> print(round(prop_result$estimate[2],2))
prop 2
  0.43
```

🔒 **정답** (2) 정답: 0.090

📋 **해설** 검정 분석 모형의 statistic 항목을 이용(prop_result$statistic)하여 카이제곱 검정 통계량을 출력한다.

```
> prop_result$statistic
 X-squared
0.08972207
>
> print(round(prop_result$statistic,3))
X-squared
      0.09
```

🔒 **정답** (3) 유의확률(p−value)=0.7645
　　　 귀무가설 채택(즉, 성별에 따라 환자구분(정신)에 유의한 차이가 있다고 볼 수 없다)

📋 **해설** 검정 결과의 p.value 항목을 이용(prop_result$p.value)하여 유의확률(p−value=0.7645)을 출력한다. p−value=0.7645>0.05이므로 유의수준 5%에서 귀무가설을 기각할 수 없어 주어진 데이터로부터 비율 검정 결과, 성별에 따라 환자구분(정신)에 유의한 차이가 있다고 해석하기는 힘들다.

```
> prop_result$p.value
[1] 0.7645308
>
> print(round(prop_result$p.value,4))
[1] 0.7645
```

3-2 다중선형회귀 분석

R에서 제공되는 airquality 데이터는 1973년 5월에서 9월 사이 뉴욕의 대기질 측정 자료이다. 총 6개 항목[Ozone{오존의 양, ppb(parts per billion)}, Solar.R{태양복사광, Solar Radiation, langley}, Wind{바람세기, mph(miles per hour)}), Temp{온도, Fahrenheit}, Month{측정}), Day{측정일}]에 대한 153개의 측정 자료이다. 결측치(NA)를 포함하는 모든 행을 제거한 후, (Ozone, Solar.R, Wind) 항목을 이용하여 Temp를 예측하는 다중선형회귀 모형을 구축하고 다음 수행 결과를 출력하시오.

(1) Ozone 항목에 대한 회귀계수를 구하시오. 단, 출력문은 print()를 이용하고 소수점 이하 넷째 자리에서 반올림하여 소수점 이하 셋째 자리까지 출력하시오.

(2) Wind 항목에 대한 유의확률(p-value)을 소수점 이하 셋째 자리까지 출력하시오.

(3) (Ozone, Solar.R, Wind)=(13, 27, 10.3)의 경우 Temp(온도)를 예측하고, 예측값에 대한 95% 신뢰구간을 구하시오.

```
> install.packages("psych")
--- 현재 세션에서 사용할 CRAN 미러를 선택해 주세요 ---
URL 'https://cran.yu.ac.kr/bin/windows/contrib/4.2/psych_2.3.6.zip'을 시도합니다
Content type 'application/zip' length 3936224 bytes (3.8 MB)
downloaded 3.8 MB

패키지 'psych'를 성공적으로 압축해제하였고 MD5 sums 이 확인되었습니다

다운로드된 바이너리 패키지들은 다음의 위치에 있습니다
        C:\tmp\RtmpSizkAw\downloaded_packages
> library(psych)
경고메시지(들) :
패키지 'psych'는 R 버전 4.2.3에서 작성되었습니다
> head(airquality)
  Ozone Solar.R Wind Temp Month Day
1    41     190  7.4   67     5   1
2    36     118  8.0   72     5   2
3    12     149 12.6   74     5   3
4    18     313 11.5   62     5   4
5    NA      NA 14.3   56     5   5
6    28      NA 14.9   66     5   6
> dim(airquality)
[1] 153   6
> summary(airquality)
     Ozone          Solar.R           Wind            Temp          Month            Day
 Min.   :  1.00  Min.   :  7.0   Min.   : 1.700   Min.   :56.00  Min.   :5.000  Min.   : 1.0
 1st Qu.: 18.00  1st Qu.:115.8   1st Qu.: 7.400   1st Qu.:72.00  1st Qu.:6.000  1st Qu.: 8.0
 Median : 31.50  Median :205.0   Median : 9.700   Median :79.00  Median :7.000  Median :16.0
 Mean   : 42.13  Mean   :185.9   Mean   : 9.958   Mean   :77.88  Mean   :6.993  Mean   :15.8
 3rd Qu.: 63.25  3rd Qu.:258.8   3rd Qu.:11.500   3rd Qu.:85.00  3rd Qu.:8.000  3rd Qu.:23.0
 Max.   :168.00  Max.   :334.0   Max.   :20.700   Max.   :97.00  Max.   :9.000  Max.   :31.0
 NA's   :37      NA's   :7
> data <- na.omit(airquality)
> summary(data)
     Ozone          Solar.R           Wind            Temp          Month            Day
 Min.   :  1.0   Min.   :  7.0   Min.   : 2.30    Min.   :57.00  Min.   :5.000  Min.   : 1.00
 1st Qu.: 18.0   1st Qu.:113.5   1st Qu.: 7.40    1st Qu.:71.00  1st Qu.:6.000  1st Qu.: 9.00
 Median : 31.0   Median :207.0   Median : 9.70    Median :79.00  Median :7.000  Median :16.00
 Mean   : 42.1   Mean   :184.8   Mean   : 9.94    Mean   :77.79  Mean   :7.216  Mean   :15.95
 3rd Qu.: 62.0   3rd Qu.:255.5   3rd Qu.:11.50    3rd Qu.:84.50  3rd Qu.:8.000  3rd Qu.:22.50
 Max.   :168.0   Max.   :334.0   Max.   :20.70    Max.   :97.00  Max.   :9.000  Max.   :31.00
> dim(data)
[1] 111   6
```

🔒 정답 (1) 정답: 0.172

📋 해설 lm() 함수를 이용하여 다중선형회귀 모형을 구축한다. 온도(Temp)를 예측하기 위한 회귀모형식 (model 수행 결과에서 Coefficients 항목 이용)은 다음과 같다.

Temp = 72.418579 + 0.171966 × Ozone + 0.007276 × Solar.R − 0.322945 × Wind

coefficients(), round(), print() 함수를 이용하여 Ozone 항목에 대한 회귀계수(0.172)를 출력한다.

```
> model <- lm(Temp~Ozone+Solar.R+Wind, data)
> model

Call:
lm(formula = Temp ~ Ozone + Solar.R + Wind, data = data)

Coefficients:
 (Intercept)          Ozone        Solar.R           Wind
   72.418579       0.171966       0.007276      -0.322945

> summary(model)

Call:
lm(formula = Temp ~ Ozone + Solar.R + Wind, data = data)

Residuals:
    Min      1Q  Median      3Q     Max
-20.942  -4.996   1.283   4.434  13.168

Coefficients:
             Estimate Std. Error t value Pr(>|t|)
(Intercept) 72.418579   3.215525  22.522  < 2e-16 ***
Ozone        0.171966   0.026390   6.516 2.42e-09 ***
Solar.R      0.007276   0.007678   0.948    0.345
Wind        -0.322945   0.233264  -1.384    0.169
---
Signif. codes:  0 '***' 0.001 '**' 0.01 '*' 0.05 '.' 0.1 ' ' 1

Residual standard error: 6.834 on 107 degrees of freedom
Multiple R-squared:  0.4999,    Adjusted R-squared:  0.4858
F-statistic: 35.65 on 3 and 107 DF,  p-value: 4.729e-16

> coefficients(summary(model))
                 Estimate  Std. Error    t value     Pr(>|t|)
(Intercept) 72.418579038 3.215524714 22.5215433 2.107000e-42
Ozone        0.171966042 0.026389869  6.5163660 2.423506e-09
Solar.R      0.007275637 0.007677657  0.9476377 3.454492e-01
Wind        -0.322944554 0.233264236 -1.3844581 1.690987e-01
> print(round(coefficients(summary(model))[2,1],3))
[1] 0.172
```

🔒 정답 (2) 정답: 0.169

📋 해설 coefficients(), round(), print() 함수를 이용하여 Wind 항목에 대한 p−value(0.169, 유의확률, Pr(>|t|))를 출력한다. 유의수준 5%에서 귀무가설을 기각할 수 없어 다른 항목과 비교하여 Wind는 온도에 유의한 영향력이 있어 보이지 않는다. 분석 결과, 온도는 Ozone의 영향을 많이 받는 것으로 추정된다.

```
> coefficients(summary(model))
                 Estimate  Std. Error    t value     Pr(>|t|)
(Intercept) 72.418579038 3.215524714 22.5215433 2.107000e-42
Ozone        0.171966042 0.026389869  6.5163660 2.423506e-09
Solar.R      0.007275637 0.007677657  0.9476377 3.454492e-01
Wind        -0.322944554 0.233264236 -1.3844581 1.690987e-01
> print(round(coefficients(summary(model))[4,4],3))
[1] 0.169
```

🔓 정답 (3) 정답 : (Ozone, Solar.R, Wind)＝(13, 27, 10.3)의 경우 Temp(온도) 예측값＝71.524
분석 모형의 예측값(model$fitted.values)에 대한 95% 신뢰구간＝(76.539, 79.046)

📋 해설 predict() 함수를 이용하여 (Ozone, Solar.R, Wind)＝(13, 27, 10.3)에 대한 온도를 예측(71.524)한다. 실제값(data[100,])은 76으로 예측 오차가 5.89%이다. 구축 모형을 이용한 온도 예측값은 model$fitted.values에 저장되어 있으며, 평균(mean()), 표준편차(sd())을 이용하여 95% 신뢰구간 (76.539, 79.046)을 구한다. 그리고 confint() 함수를 이용하여 항목별 회귀계수에 대한 신뢰구간을 구할 수 있으며, Ozone 항목에 대한 95% 신뢰구간＝(0.1197, 0.2243)이다.

```
> data[100,]
    Ozone Solar.R Wind Temp Month Day
141    13      27 10.3   76     9  18
> pred <- predict(model, newdata=data.frame(Ozone=13, Solar.R=27, Wind=10.3))
> pred
       1
71.52425
> print(round(pred,3))
     1
71.524
> data[100,4]
[1] 76
> print((data[100,4]-pred)/data[100,4]*100)
       1
5.889144
>
> names(model)
 [1] "coefficients"  "residuals"     "effects"       "rank"          "fitted.values" "assign"
 [7] "qr"            "df.residual"   "xlevels"       "call"          "terms"         "model"
>
> lower <- mean(model$fitted.values)-1.96*sd(model$fitted.values)/sqrt(nrow(data))
> upper <- mean(model$fitted.values)+1.96*sd(model$fitted.values)/sqrt(nrow(data))
>
> print(round(lower,3))
[1] 76.539
> print(round(upper,3))
[1] 79.046

> confint(model, level=0.95)
                   2.5 %      97.5 %
(Intercept) 66.044176319 78.7929818
Ozone        0.119651205  0.2242809
Solar.R     -0.007944422  0.0224957
Wind        -0.785363697  0.1394746
>
> confint(model, level=0.95)[2,1]
[1] 0.1196512
> confint(model, level=0.95)[2,2]
[1] 0.2242809
```

Ⅰ 작업형 제1유형

01 공공데이터 포털(https://www.data.go.kr)에서 수집한 한국보건의료인 국가시험정보 데이터 (score.csv)는 (year, type, subject, score)＝(연도, 직종, 과목, 점수)로 구성된다. 점수 (score) 데이터에 대해 표준화 작업($Z=$(데이터−평균)/표준편차)을 수행하고 그 값이 0.8 이상 인 행의 개수를 출력하시오.

	A	B	C	D
1	year	type	subject	score
2	2000	간호사	성인간호학	80
3	2000	간호사	모성간호학	40
4	2000	간호사	아동간호학	40
5	2000	간호사	지역사회간호학	40
6	2000	간호사	정신간호학	40
7	2000	간호사	간호관리학	40
8	2000	간호사	기본간호학	30
9	2000	간호사	보건의약관계 법규	20
10	2000	물리치료사	의료관계법규	20
11	2000	물리치료사	공중보건학 개론	20
12	2000	물리치료사	해부생리학 개론	35
13	2000	물리치료사	물리치료학 개요	50
14	2000	물리치료사	운동치료학 개요	50
15	2000	물리치료사	질환별 물리치료학 개요	25
16	2000	물리치료사	물리치료사 실기	100
17	2000	방사선사	의료관계법규	20
18	2000	방사선사	공중보건학 개론	20
19	2000	방사선사	해부생리학 개론	20
20	2000	방사선사	방사선이론	40
21	2000	방사선사	방사선응용	30
22	2000	방사선사	영상진단기술학	40
23	2000	방사선사	방사선치료기술학	15
24	2000	방사선사	핵의학기술학	15
25	2000	방사선사	방사선사 실기	100
26	2000	보건의료정보관리사	의료관계법규	20
27	2000	보건의료정보관리사	의학용어	60
28	2000	보건의료정보관리사	공중보건학 개론	20
29	2000	보건의료정보관리사	의무기록관리학	100
30	2000	보건의료정보관리사	의무기록사 실기	100
31	2000	안경사	의료관계법규	20
32	2000	안경사	안광학	30
33	2000	안경사	안경학	40
34	2000	안경사	안과학	30
35	2000	안경사	안경사 실기	100
36	2000	약사(4년제)	정성분석학	25
37	2000	약사(4년제)	정성분석학	25
38	2000	약사(4년제)	정량분석학	25
39	2000	약사(4년제)	정량분석학	25
40	2000	약사(4년제)	생약학	25

📋 **해설** score.csv 데이터를 data에 저장 후, 데이터 표준화 작업을 수행하기 위한 standard 함수를 정의한다. 그리고 standard(data$score)로 데이터 표준화 수행 후, 이 값을 data$standard 열로 저장한다. 이 값이 0.8 이상인 행의 개수는 총 805개(sum(data$standard >= 0.8))이다.

```
> setwd("C:/workr")
> data <- read.csv("score.csv", header=T, fileEncoding="EUC-KR")
> summary(data)
      year           type              subject              score
 Min.   :2000   Length:4248        Length:4248        Min.   :  2.00
 1st Qu.:2006   Class :character   Class :character   1st Qu.: 20.00
 Median :2012   Mode  :character   Mode  :character   Median : 30.00
 Mean   :2012                                         Mean   : 36.58
 3rd Qu.:2018                                          3rd Qu.: 45.00
 Max.   :2023                                         Max.   :100.00
> standard <- function(x) {
+ return((x-mean(x))/sd(x))
+ }
> data$standard <- standard(data$score)
> summary(data)
      year           type              subject              score            standard
 Min.   :2000   Length:4248        Length:4248        Min.   :  2.00   Min.   :-1.4945
 1st Qu.:2006   Class :character   Class :character   1st Qu.: 20.00   1st Qu.:-0.7166
 Median :2012   Mode  :character   Mode  :character   Median : 30.00   Median :-0.2845
 Mean   :2012                                         Mean   : 36.58   Mean   : 0.0000
 3rd Qu.:2018                                          3rd Qu.: 45.00   3rd Qu.: 0.3637
 Max.   :2023                                         Max.   :100.00   Max.   : 2.7404
> print(sum(data$standard >= 0.8))
[1] 805
```

02 한국보건의료인 국가시험정보 데이터(score.csv)를 이용하여 다음 조건에 해당되는 상관계수를 구하고 그 값이 가장 큰 상관계수와 type을 출력하시오.

(1) 2022년인 데이터만 사용(year＝2022)한다.

(2) (year, subject) 열을 제외하여 (type, score) 데이터를 df 데이터프레임으로 저장한다.

(3) type＝(간호사, 간호조무사, 요양보호사, 의사)인 데이터를 dfnew 데이터프레임으로 저장한다.

(4) 각 type별로 score(점수)에 대한 상관계수를 구하여 correlation 데이터프레임으로 저장한다. 단, 각 type별 데이터의 길이가 서로 다른 경우 길이가 최소인 type에 맞춰 해당 데이터에 대한 상관계수를 구한다.

(5) correlation 데이터프레임에서 상관계수의 값이 가장 큰 값과 큰 값을 가지는 두 개의 type을 출력한다. 단, 음의 상관계수를 가지는 값은 양의 상관계수 값으로 변환하여 크기를 서로 비교한다.

🔒 **정답** (간호사, 의사) 사이의 상관계수＝－0.6599546

📋 **해설** year＝2022인 데이터를 저장(ddd)하고, (year, subject)열을 삭제하여 df 데이터프레임으로 저장한다. df$type 열의 값들에 포함된 문자열 공백값을 삭제(trimws(df$type), trim with spaces, 문자열의 시작과 끝에서 공백 제거)한 후 type이 ('간호사', '간호조무사', '요양보호사', '의사')인 항목만을 선택하여 dfnew로 저장한다.

```
> head(data)
  year            type                  subject score
1 2000 간호사                       성인간호학      80
2 2000 간호사                       모성간호학      40
3 2000 간호사                       아동간호학      40
4 2000 간호사                     지역사회간호학      40
5 2000 간호사                       정신간호학      40
6 2000 간호사                       간호관리학      40
> ddd <- data[data$year==2022,]
> df <- subset(ddd, select=-c(year,subject))
> str(df)
'data.frame':   190 obs. of  2 variables:
 $ type : chr  "1급 장애인재활상담사         " " "1급 장애인재활상담사       " "1급 장애인재활상담사$
 $ score: int  22 22 22 12 17 10 15 24 24 24 ...
> df$type <- trimws(df$type)
> str(df)
'data.frame':   190 obs. of  2 variables:
 $ type : chr  "1급 장애인재활상담사" "1급 장애인재활상담사" "1급 장애인재활상담사" "1급 장애인재활상담사" ...
 $ score: int  22 22 22 12 17 10 15 24 24 24 ...
> unique(df$type)
 [1] "1급 장애인재활상담사"           "1급언어재활사"              "2급 장애인재활상담사"            "2급언어재활사"
 [6] "간호조무사"                     "물리치료사"                  "방사선사"                      "보건교육사 1급"          $
[11] "보건교육사 3급"                 "보건의료정보관리사"          "보조공학사"                    "안경사"                  $
[16] "약사예비시험"                   "영양사"                      "요양보호사"                    "위생사"                  $
[21] "응급구조사2급"                  "의사"                        "의사예비시험 (1차시험-필기)"    "의지보조기기사"          $
[26] "작업치료사"                     "조산사"                      "치과기공사"                    "치과위생사"              $
[31] "치과의사예비시험 (1차시험-필기)" "한약사"                      "한의사"
> dfnew <- df[df$type %in% c('간호사','간호조무사','요양보호사','의사'),]
```

dfnew 데이터프레임에는 네 가지 type(간호사, 간호조무사, 요양보호사, 의사)에 대한 점수(score)가 저장된다.

```
> dfnew
        type score
3964    간호사    70
3965    간호사    35
3966    간호사    35
3967    간호사    35
3968    간호사    35
3969    간호사    35
3970    간호사    30
3971    간호사    20
3972  간호조무사    35
3973  간호조무사    35
3974  간호조무사    15
3975  간호조무사    15
3976  간호조무사    20
3977  간호조무사    20
3978  간호조무사    30
3979  간호조무사    30
4025  요양보호사    35
4026  요양보호사    35
4027  요양보호사    35
4028  요양보호사    35
4029  요양보호사    35
4030  요양보호사    35
4031  요양보호사    35
4032  요양보호사    35
4033  요양보호사    35
4034  요양보호사    35
4035  요양보호사    35
4036  요양보호사    35
4037  요양보호사    45
4038  요양보호사    45
4039  요양보호사    45
4040  요양보호사    45
4041  요양보호사    45
4042  요양보호사    45
4043  요양보호사    45
4044  요양보호사    45
4045  요양보호사    45
4046  요양보호사    45
4047  요양보호사    45
4048  요양보호사    45
4066    의사    20
4067    의사    60
4068    의사    80
4069    의사    80
4070    의사    48
4071    의사    32
```

사용자 정의함수(corr<−function())를 이용하여 각 항목별 상관계수를 구하는 함수를 정의한다.

```
> corr <- function(type1, type2, anadata) {
+ subset1 <- anadata[anadata$type == type1, "score"]
+ subset2 <- anadata[anadata$type == type2, "score"]
+ min_length <- min(length(subset1), length(subset2))
+ subset1 <- subset1[1:min_length]
+ subset2 <- subset2[1:min_length]
+ correlation <- cor(subset1, subset2)
+ return (data.frame(subset1=type1, subset2=type2, correlation=correlation))
+ }
```

type=(간호사, 간호조무사, 요양보호사, 의사)들에 대한 상관계수를 구하고 이를 corrdata 데이터프레임으로 저장한다. 표준편차=0인 항목은 경고메시지가 출력된다.

```
> corrdata <- rbind(
+ corr('간호사', '간호조무사', dfnew),
+ corr('간호사', '요양보호사', dfnew),
+ corr('간호사','의사',dfnew),
+ corr('간호조무사', '요양보호사',dfnew),
+ corr('간호조무사','의사', dfnew),
+ corr('요양보호사', '의사', dfnew)
+ )
경고메시지(들) :
1: cor(subset1, subset2)에서: 표준편차가 0입니다
2: cor(subset1, subset2)에서: 표준편차가 0입니다
3: cor(subset1, subset2)에서: 표준편차가 0입니다
> corrdata
     subset1    subset2 correlation
1     간호사   간호조무사   0.2939270
2     간호사   요양보호사          NA
3     간호사       의사  -0.6599546
4   간호조무사 요양보호사          NA
5   간호조무사     의사  -0.5788185
6   요양보호사     의사          NA
```

표준편차=0인 항목을 제외하고 상관계수의 절대값이 최대가 되는 type은 (간호사, 의사) 사이의 score
이며 상관계수=−0.6599546이다.

```
> filtered <- corrdata[!is.na(corrdata$correlation),]
> filtered
     subset1    subset2 correlation
1     간호사   간호조무사   0.2939270
3     간호사       의사  -0.6599546
5   간호조무사     의사  -0.5788185
>
> max_row <- filtered[which.max(abs(filtered$correlation)),]
> max_row
  subset1 subset2 correlation
3   간호사     의사  -0.6599546
>
> cat("Type 1: ", max_row$subset1, "\n")
Type 1:  간호사
> cat("Type 2: ", max_row$subset2, "\n")
Type 2:  의사
> cat("Correlation: ", max_row$correlation, "\n")
Correlation:  -0.6599546
```

03 한국보건의료인 국가시험정보 데이터(score.csv)를 이용하여 type＝"의사"인 데이터(score)를 이용한다. type＝"의사"인 점수(score)의 이상치의 개수를 출력하시오. 단, 이상치＝(하위 75% score)＋0.1xIQR이고 IQR＝(하위 75%－하위 25%)이다.

```
> head(data)
  year type          subject score
1 2000 간호사        성인간호학   80
2 2000 간호사        모성간호학   40
3 2000 간호사        아동간호학   40
4 2000 간호사      지역사회간호학  40
5 2000 간호사        정신간호학   40
6 2000 간호사        간호관리학   40
> data$type <- trimws(data$type)
> dfnew <- data[data$type=='의사',]
> nrow(dfnew)
[1] 203
> head(dfnew)
    year type         subject score
240 2001 의사           정신과   30
241 2001 의사           소아과   65
242 2001 의사            외과   65
243 2001 의사          산부인과   65
244 2001 의사          예방의학   40
245 2001 의사  보건의약관계 법규   10
> q25 <- quantile(dfnew$score, 0.25)
> q75 <- quantile(dfnew$score, 0.75)
> q25
25%
 31
> q75
75%
 67
> iqr <- q75-q25
> iqr
75%
 36
> result <- dfnew$score >= q75+0.1*iqr
> result
  [1] FALSE FALSE FALSE FALSE FALSE FALSE FALSE FALSE FALSE FALSE FALSE FALSE FALSE FALSE FALSE FALSE FALSE FALSE FALSE FALSE FALSE
 [22] FALSE FALSE FALSE FALSE FALSE FALSE  TRUE FALSE FALSE FALSE FALSE FALSE FALSE FALSE FALSE FALSE FALSE FALSE  TRUE FALSE FALSE
 [43] FALSE FALSE FALSE FALSE FALSE FALSE FALSE  TRUE FALSE FALSE FALSE FALSE FALSE FALSE FALSE FALSE FALSE FALSE FALSE  TRUE FALSE FALSE
 [64] FALSE FALSE FALSE FALSE FALSE FALSE FALSE FALSE  TRUE FALSE FALSE FALSE FALSE FALSE FALSE FALSE FALSE FALSE FALSE FALSE  TRUE FALSE
 [85] FALSE FALSE FALSE FALSE FALSE FALSE FALSE FALSE FALSE  TRUE FALSE FALSE FALSE FALSE FALSE FALSE FALSE FALSE FALSE FALSE FALSE  TRUE
[106] FALSE FALSE FALSE FALSE FALSE FALSE FALSE FALSE FALSE FALSE FALSE FALSE FALSE FALSE FALSE FALSE FALSE FALSE FALSE FALSE FALSE
[127] FALSE FALSE FALSE FALSE FALSE FALSE FALSE FALSE FALSE FALSE FALSE FALSE FALSE FALSE FALSE FALSE FALSE FALSE FALSE FALSE FALSE
[148] FALSE FALSE FALSE FALSE FALSE FALSE FALSE FALSE FALSE FALSE FALSE FALSE FALSE FALSE  TRUE  TRUE FALSE FALSE FALSE FALSE FALSE
[169]  TRUE  TRUE FALSE FALSE FALSE FALSE FALSE FALSE FALSE FALSE FALSE FALSE FALSE FALSE FALSE FALSE FALSE FALSE FALSE FALSE FALSE
[190] FALSE FALSE FALSE FALSE FALSE FALSE  TRUE  TRUE FALSE FALSE FALSE FALSE  TRUE  TRUE  TRUE
> print(sum(result))
[1] 17
```

 정답 17개

해설 trimws()를 이용하여 type 문자열의 공백을 제거한 후 data$type＝'의사'인 데이터를 dfnew로 저장 (203개)한다. quantile() 함수를 이용하여 하위 25%(q25), 하위 75%(q75), iqr＝q75－q25를 구한 다. 이상치의 조건을 result로 지정한 후 result 조건을 만족하는 이상치의 개수(17개)를 출력한다. boxplot() 함수를 이용하여 dfnew$score의 박스플롯을 확인한다.

```
> boxplot(dfnew$score, xlab="Doctor", ylab="Score", col="red")
```

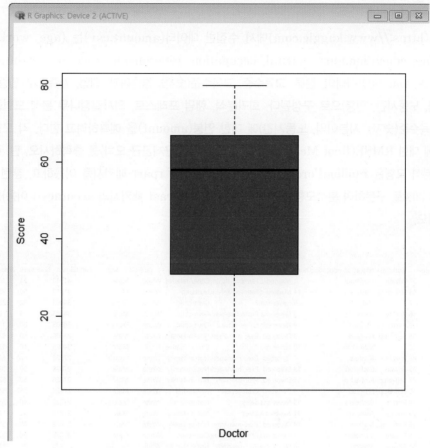

Kaggle(https://www.kaggle.com)에서 수집한 데이터(amount.csv)는 (age, workclass, education, education.num, marital, occupation, relationship, race, sex, capitalgain, hourweek, amount)=(나이, 분류, 교육수준, 교육수준(숫자), 결혼여부, 직업, 가족관계, 인종, 성별, 자본이익, 노동시간, 연봉)으로 구성된다. 회귀분석, 랜덤 포레스트, 의사결정나무 분석 모형을 이용하여 (교육수준(숫자), 자본이익, 노동시간)에 대한 연봉(amount)을 예측하려고 한다. 각 모형의 예측 결과에 대한 RMSE(Root Mean Squared Error, 평균제곱근 오차)를 출력하시오. 단, 랜덤 포레스트 분석 모형은 randomForest, 의사결정나무 분석은 rpart 패키지를 이용하고, 훈련 : 평가 =70% : 30%로 구분하여 분석모형들 사이의 RMSE(forecast 패키지의 accuracy() 이용)를 서로 비교하시오.

	A	B	C	D	E	F	G	H	I	J	K	L
1	age	workclass	education	education.num	marital	occupation	relationship	race	sex	capitalgain	hourweek	amount
2	27	Private	Preschool	1	Married-c	Farming-fishing	Other-relative	White	Male	41310	24	16000
3	63	Self-emp-	Masters	14	Married-c	Farming-fishing	Husband	White	Male	41310	50	35500
4	17	?	10th	6	Never-ma	?	Own-child	White	Female	34095	32	22300
5	18	Private	HS-grad	9	Never-ma	Protective-serv	Own-child	White	Male	34095	3	9900
6	19	Private	HS-grad	9	Never-ma	Other-service	Own-child	White	Female	34095	20	12300
7	55	Self-emp-	HS-grad	9	Divorced	Exec-manageri	Not-in-family	White	Male	34095	60	32000
8	20	?	Some-coll	10	Never-ma	?	Other-relative	Black	Male	34095	10	12500
9	46	Private	Masters	14	Divorced	Exec-manageri	Not-in-family	White	Female	27828	50	52000
10	35	Private	Bachelors	13	Divorced	Exec-manageri	Not-in-family	White	Male	27828	50	52300
11	47	Self-emp-	Prof-scho	15	Divorced	Prof-specialty	Not-in-family	White	Male	27828	50	52400
12	55	Self-emp-	HS-grad	9	Divorced	Craft-repair	Unmarried	White	Male	27828	55	54000
13	34	Private	Bachelors	13	Never-ma	Sales	Not-in-family	White	Male	27828	40	53000
14	25	Private	Assoc-voc	11	Never-ma	Sales	Not-in-family	White	Male	27828	40	52200
15	56	Self-emp-	Masters	14	Divorced	Exec-manageri	Not-in-family	White	Male	27828	60	55500
16	25	Private	Bachelors	13	Never-ma	Farming-fishing	Own-child	White	Male	27828	50	52300
17	41	Private	Masters	14	Never-ma	Prof-specialty	Not-in-family	White	Female	27828	35	51500
18	42	Private	Doctorate	16	Married-s	Other-service	Not-in-family	White	Male	27828	60	52500
19	37	Self-emp-	HS-grad	9	Divorced	Farming-fishing	Not-in-family	White	Male	27828	40	53100
20	47	Private	Masters	14	Divorced	Sales	Not-in-family	White	Male	27828	60	55500
21	36	Private	Prof-scho	15	Never-ma	Exec-manageri	Not-in-family	White	Male	27828	50	52310
22	58	Self-emp-	Prof-scho	15	Never-ma	Prof-specialty	Not-in-family	White	Male	27828	40	52310
23	45	Private	Some-coll	10	Divorced	Craft-repair	Not-in-family	White	Male	27828	56	52500
24	49	Private	Bachelors	13	Divorced	Exec-manageri	Not-in-family	Black	Female	27828	60	53500
25	37	Private	HS-grad	9	Never-ma	Craft-repair	Other-relative	Amer-Indi	Male	27828	48	53400

amount.csv 데이터 내에 포함된 "?" 문자열을 제거하기 위해 NA 저장 후 na.omit()를 이용하여 공백이 포함된 데이터를 제외하여 분석(총 300개의 행 데이터)한다. describe()로 기술통계량을 확인하기 위해 psych 패키지를 이용한다.

```
> setwd("C:/workr")
> data <- read.csv("amount.csv", header=T)
> head(data)
  age         workclass education education.num         marital      occupation    relationship  race    sex capitalgain hourweek
1  27           Private Preschool             1 Married-civ-spouse Farming-fishing Other-relative White   Male       41310       24
2  63 Self-emp-not-inc   Masters            14 Married-civ-spouse Farming-fishing        Husband White   Male       41310       50
3  17                 ?      10th             6     Never-married               ?      Own-child White Female       34095       32
4  18           Private   HS-grad             9     Never-married Protective-serv      Own-child White   Male       34095        3
5  19           Private   HS-grad             9     Never-married   Other-service      Own-child White Female       34095       20
6  55 Self-emp-not-inc   HS-grad             9          Divorced Exec-managerial   Not-in-family White   Male       34095       60
  amount
1  16000
2  35500
3  22300
4   9900
5  12300
6  32000
> data[data=="?"] <- NA
> dfnew <- na.omit(data)
> head(dfnew)
  age         workclass education education.num         marital      occupation    relationship  race    sex capitalgain hourweek
1  27           Private Preschool             1 Married-civ-spouse Farming-fishing Other-relative White   Male       41310       24
2  63 Self-emp-not-inc   Masters            14 Married-civ-spouse Farming-fishing        Husband White   Male       41310       50
4  18           Private   HS-grad             9     Never-married Protective-serv      Own-child White   Male       34095        3
5  19           Private   HS-grad             9     Never-married   Other-service      Own-child White Female       34095       20
6  55 Self-emp-not-inc   HS-grad             9          Divorced Exec-managerial   Not-in-family White   Male       34095       60
8  46           Private   Masters            14          Divorced Exec-managerial   Not-in-family White Female       27828       50
  amount
1  16000
2  35500
4   9900
5  12300
6  32000
8  52000
> str(dfnew)
'data.frame':   300 obs. of  12 variables:
 $ age          : int  27 63 18 19 55 46 35 47 55 34 ...
 $ workclass    : chr  "Private" "Self-emp-not-inc" "Private" "Private" ...
 $ education    : chr  "Preschool" "Masters" "HS-grad" "HS-grad" ...
 $ education.num: int  1 14 9 9 9 14 13 15 9 13 ...
 $ marital      : chr  "Married-civ-spouse" "Married-civ-spouse" "Never-married" "Never-married" ...
 $ occupation   : chr  "Farming-fishing" "Farming-fishing" "Protective-serv" "Other-service" ...
 $ relationship : chr  "Other-relative" "Husband" "Own-child" "Own-child" ...
 $ race         : chr  "White" "White" "White" "White" ...
 $ sex          : chr  "Male" "Male" "Male" "Female" ...
 $ capitalgain  : int  41310 41310 34095 34095 34095 27828 27828 27828 27828 27828 ...
 $ hourweek     : int  24 50 3 20 60 50 50 55 40 ...
 $ amount       : int  16000 35500 9900 12300 32000 52000 52300 52400 54000 53000 ...
 - attr(*, "na.action")= 'omit' Named int [1:10] 3 7 29 53 55 68 73 86 240 306
  ..- attr(*, "names")= chr [1:10] "3" "7" "29" "53" ...
> summary(dfnew)
      age           workclass          education         education.num     marital            occupation        relationship
 Min.   :18.00   Length:300         Length:300         Min.   : 1.00   Length:300         Length:300         Length:300
 1st Qu.:40.00   Class :character   Class :character   1st Qu.:11.00   Class :character   Class :character   Class :character
 Median :47.00   Mode  :character   Mode  :character   Median :13.00   Mode  :character   Mode  :character   Mode  :character
 Mean   :49.19                                         Mean   :12.67
 3rd Qu.:57.25                                         3rd Qu.:14.00
 Max.   :90.00                                         Max.   :16.00
     race               sex             capitalgain        hourweek         amount
 Length:300         Length:300         Min.   :15024   Min.   : 2.00   Min.   : 9900
 Class :character   Class :character   1st Qu.:15024   1st Qu.:40.00   1st Qu.:39300
 Mode  :character   Mode  :character   Median :15024   Median :50.00   Median :41400
                                       Mean   :17872   Mean   :46.98   Mean   :42938
                                       3rd Qu.:20051   3rd Qu.:55.00   3rd Qu.:50003
                                       Max.   :41310   Max.   :99.00   Max.   :59030
> describe(dfnew)
              vars   n     mean      sd median  trimmed     mad  min   max range  skew kurtosis     se
age              1 300    49.19   12.46     47    48.65   11.86   18    90    72  0.45     0.00   0.72
workclass*       2 300     3.48    0.98      3     3.40    0.00    1     6     5  0.75     0.60   0.06
education*       3 300     7.12    2.35      7     7.04    2.97    1    11    10  0.20    -1.00   0.14
education.num    4 300    12.67    2.24     13    12.81    1.48    1    16    15 -0.92     1.37   0.13
marital*         5 300     2.22    0.94      2     2.03    0.00    1     6     5  2.52     6.72   0.05
occupation*      6 300     5.98    3.24      8     5.90    5.93    1    12    11  0.14    -1.52   0.19
relationship*    7 300     1.86    1.66      1     1.45    0.00    1     6     5  1.78     1.49   0.10
race*            8 300     3.89    0.45      4     4.00    0.00    1     4     3 -4.25    18.35   0.03
sex*             9 300     1.85    0.36      2     1.93    0.00    1     2     1 -1.91     1.67   0.02
capitalgain     10 300 17872.46 5086.67  15024 16793.39    0.00 15024 41310 26286  1.82     2.92 293.68
hourweek        11 300    46.98   12.44     50    47.37   14.83    2    99    97 -0.27     2.28   0.72
amount          12 300 42938.36 8921.87  41400 43665.40 11564.28 9900 59030 49130 -0.81     0.75 515.10
```

해설 (다중회귀분석) set.seed(123)으로 난수 생성 시드를 설정하고 sample()을 이용하여 훈련(train)과 평가(test) 데이터를 분류한다. lm()으로 독립변수＝(education.num, capitalgain, hourweek), 종속변수＝amount에 대한 다중회귀 분석모형을 구축한 후 predict()로 평가 데이터에 대한 예측 결과를 new$predict로 저장하여 실제값(new$actual)과 비교한다. forecast 패키지에서 제공하는 accuracy(new$actual, new$predict)를 이용하여 RMSE＝7,353,771을 구한다.

```
> set.seed(123)
> id <- sample(1:nrow(dfnew), as.integer(0.7*nrow(dfnew)))
> train <- dfnew[id,]
> test <- dfnew[-id,]
> lmmodel <- lm(amount ~ education.num+capitalgain+hourweek, train)
> summary(lmmodel)

Call:
lm(formula = amount ~ education.num + capitalgain + hourweek,
    data = train)

Residuals:
      Min        1Q    Median        3Q       Max
 -28062.8   -2823.6     486.5    3820.6   21384.0

Coefficients:
                Estimate Std. Error t value Pr(>|t|)
(Intercept)    5.921e+03  3.692e+03   1.604 0.110253
education.num  6.632e+02  1.982e+02   3.347 0.000971 ***
capitalgain    6.080e-01  9.335e-02   6.513 5.52e-10 ***
hourweek       3.871e+02  3.986e+01   9.713  < 2e-16 ***
---
Signif. codes:  0 '***' 0.001 '**' 0.01 '*' 0.05 '.' 0.1 ' ' 1

Residual standard error: 6671 on 206 degrees of freedom
Multiple R-squared:  0.4019,    Adjusted R-squared:  0.3932
F-statistic: 46.15 on 3 and 206 DF,  p-value: < 2.2e-16

> new <- data.frame(actual=test$amount)
> new$predict <- predict(lmmodel, test)
> head(new)
  actual  predict
1  35500 59679.46
2   9900 33781.68
3  52400 52145.57
4  55500 55353.60
5  52500 56680.05
6  52310 52145.57
> accuracy(new$actual, new$predict)
                   ME     RMSE      MAE      MPE     MAPE
Test set     1458.531 7353.771 5537.076 3.524957 13.27494
```

(랜덤 포레스트) randomForest 패키지 설치 후, randomForest()로 모형을 구축한다. 트리의 수(ntree)＝100, 마지막 노드에 포함된 빈도에 기초하여 객체들 사이의 근접도 행렬을 이용하는 옵션을 지정(proximity＝TRUE)한다. 평가데이터에 대한 분석 결과, RMSE＝6,118.372이다.

```
> rfmodel <- randomForest(amount ~ education.num+capitalgain+hourweek, data=train, ntree=100, proximity=TRUE)
> summary(rfmodel)
                Length Class  Mode
call                 5 -none- call
type                 1 -none- character
predicted          210 -none- numeric
mse                100 -none- numeric
rsq                100 -none- numeric
oob.times          210 -none- numeric
importance           3 -none- numeric
importanceSD         0 -none- NULL
localImportance      0 -none- NULL
proximity        44100 -none- numeric
ntree                1 -none- numeric
mtry                 1 -none- numeric
forest              11 -none- list
coefs                0 -none- NULL
y                  210 -none- numeric
test                 0 -none- NULL
inbag                0 -none- NULL
terms                3 terms  call
> new <- data.frame(actual=test$amount)
> new$predict <- predict(rfmodel, test)
> head(new)
  actual  predict
1  35500 43500.46
2   9900 26804.95
3  52400 51265.08
4  55500 53154.12
5  52500 52980.58
6  52310 51265.08
> accuracy(new$actual, new$predict)
              ME     RMSE      MAE      MPE     MAPE
Test set 1482.261 6118.372 4333.401 4.282861 10.83488
```

plot()을 이용하여 트리의 수(trees)에 따른 Error(Out−of−Bag Error(RMSE), 트리 생성시 사용되지 않은 데이터를 이용한 모형의 성능 평가 결과)를 확인한다. trees의 수가 증가함에 따라 Error가 감소되지만, trees＝40개 이상일 때부터 Error 감소율이 크지 않다. 세 가지 독립변수에 대한 중요도 평가 결과(IncNodePurity, 노드에서의 순도 향상에 기여하는 정도), capitalgain(자본이익)이 amount(연봉)에 가장 큰 영향을 미친다.

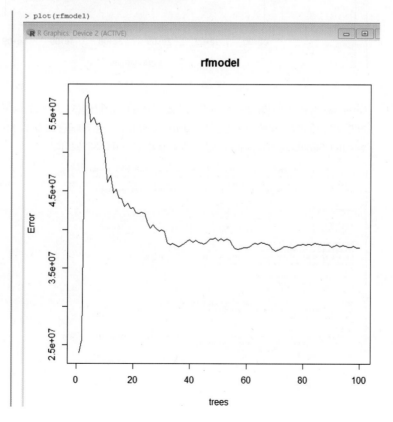

```
> importance(rfmodel)
               IncNodePurity
education.num    1475764482
capitalgain     4980809520
hourweek        4292148669
> varImpPlot(rfmodel)
```

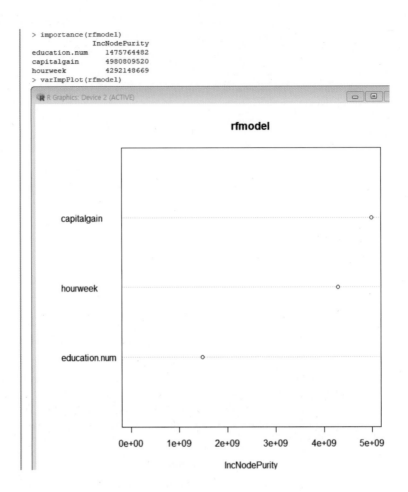

caret 패키지에 포함되어 있는 train() 함수를 이용하여 교차검증(5-fold cross validation)을 적용하면, 평가 데이터에 대한 예측 성능은 RMSE=5,643.18로 평균제곱근 오차가 다소 감소된다. 최적 모형(rfnew$finalModel)에 대한 예측결과값의 결정계수=0.55339964이다.

```
> trainnew <- subset(train, select=c(education.num, capitalgain, hourweek, amount))
> testnew <- subset(test, select=c(education.num, capitalgain, hourweek, amount))
> rfnew <- train(amount~., data=trainnew, method="rf", trControl=trainControl(method="cv", number=5), prox=TRUE, allowParallel=TRUE)
note: only 2 unique complexity parameters in default grid. Truncating the grid to 2 .

> rfnew
Random Forest

210 samples
  3 predictor

No pre-processing
Resampling: Cross-Validated (5 fold)
Summary of sample sizes: 168, 168, 169, 167, 168
Resampling results across tuning parameters:

  mtry  RMSE      Rsquared   MAE
  2     5548.206  0.5660012  3811.185
  3     5601.584  0.5558874  3913.040

RMSE was used to select the optimal model using the smallest value.
The final value used for the model was mtry = 2.
> print(rfnew$finalModel)

Call:
 randomForest(x = x, y = y, mtry = param$mtry, proximity = TRUE,      allowParallel = TRUE)
               Type of random forest: regression
                     Number of trees: 500
No. of variables tried at each split: 2

          Mean of squared residuals: 32358075
                    % Var explained: 55.67
> new <- data.frame(actual=testnew$amount)
> new$predict <- predict(rfnew$finalModel, testnew)
> head(new)
```

```
      actual  predict
1  35500 35147.12
2   9900 24644.89
3  52400 52046.47
4  55500 53881.87
5  52500 53339.22
6  52310 52046.47
> accuracy(new$actual, new$predict)
                ME    RMSE     MAE      MPE     MAPE
Test set 1033.256 5643.18 3963.913 2.689013 10.11749
```

```
> print(mean(rfnew$finalModel$rsq))
[1] 0.5533964
```

(의사결정나무) 의사결정나무 분석기법 중 하나인 rpart(rpart, rpart.plot 패키지 이용) 함수를 이용한
예측 결과는 다음과 같다. 평가 데이터에 대한 RMSE＝6,790.724이다. RMSE는 Metrics 패키지의
rmse(실제값, 예측값)를 이용하여 구할 수도 있다.

```
> rpartmodel <- rpart(amount~education.num+capitalgain+hourweek, trainnew)
> rpartmodel
n= 210

node), split, n, deviance, yval
      * denotes terminal node

 1) root 210 15329100000 43526.37
   2) capitalgain< 19266 147  8917410000 41113.66
     4) hourweek< 58 115  5216450000 38824.94
       8) hourweek< 36.5 8    233499100 25251.25 *
       9) hourweek>=36.5 107  3398788000 39839.79
        18) hourweek< 47.5 61  2260949000 38045.87
          36) education.num< 9.5 10   346395800 31822.00 *
          37) education.num>=9.5 51  1451234000 39266.24 *
        19) hourweek>=47.5 46   681208900 42218.70 *
     5) hourweek>=58 32   933694800 49338.75 *
   3) capitalgain>=19266 63  3559315000 49156.03
     6) hourweek< 27.5 7  1603269000 36985.71 *
     7) hourweek>=27.5 56   789628500 50677.32 *
> rpart.plot(rpartmodel)
```

```
> new <- data.frame(actual=testnew$amount)
> new$predict <- predict(rpartmodel, testnew)
> head(new)
   actual  predict
1  35500 50677.32
2   9900 36985.71
3  52400 50677.32
4  55500 50677.32
5  52500 50677.32
6  52310 50677.32
> accuracy(new$actual, new$predict)
                ME    RMSE     MAE      MPE     MAPE
Test set 831.4062 6790.724 4690.919 1.482635 12.02692
```

```
> rmsevalue <- rmse(new$actual, new$predict)
> rmsevalue
[1] 6790.724
```

공공데이터 포털(https://www.data.go.kr)에서 제공되는 데이터(eduhealth.csv)는 (학교ID, 학년, 건강검진일, 키, 몸무게, 성별)로 우리나라 초등학교 학생들에 대한 건강검진 결과 자료이다. (학년, 키, 몸무게)에 따른 성별을 예측하려고 한다. (학년, 키, 몸무게, 성별)에 대하여 상호 항목별로 상관계수를 구하고 상관계수의 절대값이 가장 큰 값을 출력하시오.

3-1 상관관계 분석

	A	B	C	D	E	F
1	학교ID	학년	건강검진일	키	몸무게	성별
2	Aa01	1	2015-05-12	125.8	27.3	남
3	Aa01	1	2015-04-22	124.3	25.4	남
4	Aa01	1	2015-04-21	119.2	23.5	남
5	Aa01	1	2015-04-21	115	20	남
6	Aa01	1	2015-04-23	120	33.5	남
7	Aa01	1	2015-04-23	112.5	21	남
8	Aa01	1	2015-04-28	126.7	25.8	남
9	Aa01	1	2015-04-22	118.8	25	남
10	Aa01	1	2015-04-22	118.7	23.4	남
11	Aa01	1	2015-04-23	117.4	22	남
12	Aa01	1	2015-04-28	118.4	22	남
13	Aa01	1	2015-05-06	123.3	22	남
14	Aa01	1	2015-04-21	114.5	22.8	남
15	Aa01	1	2015-04-30	119.7	23.3	남
16	Aa01	1	2015-05-01	123.6	27.3	남
17	Aa01	1	2015-05-12	117.2	20.6	남
18	Aa01	1	2015-04-23	126.7	30.4	남
19	Aa01	1	2015-04-22	118.8	19.8	여
20	Aa01	1	2015-04-23	119.9	21.3	여
21	Aa01	1	2015-04-28	121.5	22	여
22	Aa01	1	2015-04-30	122	22.6	여
23	Aa01	1	2015-05-01	120.3	21.3	여
24	Aa01	1	2015-04-21	130	29	여
25	Aa01	1	2015-04-21	118.3	27.1	여

```
> setwd("C:/workr")
> data <- read.csv("eduhealth.csv", header=T, fileEncoding="EUC-KR")
> head(data)
  학교ID 학년 건강검진일     키 몸무게 성별
1  Aa01    1 2015-05-12 125.8   27.3   남
2  Aa01    1 2015-04-22 124.3   25.4   남
3  Aa01    1 2015-04-21 119.2   23.5   남
4  Aa01    1 2015-04-21 115.0   20.0   남
5  Aa01    1 2015-04-23 120.0   33.5   남
6  Aa01    1 2015-04-23 112.5   21.0   남
> summary(data)
    학교ID               학년          건강검진일             키             몸무게           성별
 Length:9686        Min.   :1.000   Length:9686        Min.   :107.7   Min.   : 15.90   Length:9686
 Class :character   1st Qu.:1.000   Class :character   1st Qu.:142.0   1st Qu.: 37.20   Class :character
 Mode  :character   Median :2.000   Mode  :character   Median :158.7   Median : 50.70   Mode  :character
                    Mean   :2.568                      Mean   :154.6   Mean   : 50.21
                    3rd Qu.:3.000                      3rd Qu.:167.2   3rd Qu.: 60.60
                    Max.   :6.000                      Max.   :194.2   Max.   :130.70
                                                                       NA's   :4
> describe(data)
           vars    n   mean    sd median trimmed   mad  min   max range skew kurtosis   se
학교ID*        1 9686  40.02 26.10   38.0   39.62 35.58  1.0  86.0  85.0 0.11    -1.37 0.27
학년           2 9686   2.57  1.41    2.0    2.38  1.48  1.0   6.0   5.0 0.14     0.01
건강검진일*      3 9686  40.93 23.50   40.0   38.51 20.76  1.0 131.0 130.0 1.32     2.66 0.24
키             4 9686 154.56 16.97  158.7  155.72 16.01 107.7 194.2  86.5 -0.57    -0.59 0.17
몸무게          5 9682  50.21 17.08   50.7   49.60 16.90 15.9 130.7 114.8 0.35     0.10 0.17
성별*          6 9686   1.49  0.50    1.0    1.48  0.00  1.0   2.0   1.0 0.05    -2.00 0.01
>
> str(data)
'data.frame':   9686 obs. of  6 variables:
 $ 학교ID    : chr  "Aa01" "Aa01" "Aa01" "Aa01" ...
 $ 학년      : int  1 1 1 1 1 1 1 1 1 1 ...
 $ 건강검진일: chr  "2015-05-12" "2015-04-22" "2015-04-21" "2015-04-21" ...
 $ 키        : num  126 124 119 115 120 ...
 $ 몸무게    : num  27.3 25.4 23.5 20 33.5 21 25.8 25 23.4 22 ...
 $ 성별      : chr  "남" "남" "남" "남" ...
```

🔓 **정답** 0.849

📋 **해설** 결측값(NA)을 제외하여 dfnew로 저장한 후, 명목형 변수(성별)를 정수형 변수(남은 1, 여는 2)로 변환한다. cor() 함수를 이용하여 (학년, 키, 몸무게, 성별) 사이의 상관계수를 구하고 상관계수의 절댓값의 최댓값을 출력한다. 여기서 lower.tri()로 행렬 데이터의 아래 삼각형 부분을 선택한다.

```
> dfnew <- na.omit(data)
> dfnew$성별 <- as.integer(factor(dfnew$성별,levels=c("남","여")))
> head(dfnew)
  학교ID 학년 건강검진일     키 몸무게 성별
1  Aa01    1 2015-05-12 125.8   27.3    1
2  Aa01    1 2015-04-22 124.3   25.4    1
3  Aa01    1 2015-04-21 119.2   23.5    1
4  Aa01    1 2015-04-21 115.0   20.0    1
5  Aa01    1 2015-04-23 120.0   33.5    1
6  Aa01    1 2015-04-23 112.5   21.0    1
> corrmatrix <- cor(dfnew[,c("학년","키","몸무게","성별")])
> corrmatrix
               학년          키       몸무게          성별
학년    1.000000000 -0.1149969 -0.1281702 -0.003337587
키      -0.114996860  1.0000000  0.8490058 -0.180885316
몸무게  -0.128170219  0.8490058  1.0000000 -0.183192937
성별    -0.003337587 -0.1808853 -0.1831929  1.000000000
>
> maxcorr <- max(abs(corrmatrix[lower.tri(corrmatrix)]))
> maxcorr
[1] 0.8490058
>
> print(round(maxcorr, 3))
[1] 0.849
```

Hmisc 패키지의 rcorr() 함수를 이용하여 여러 변수들 사이의 상관계수와 유의확률을 구한다.

```
> df <- data.frame(dfnew$학년, dfnew$키, dfnew$몸무게, dfnew$성별)
> head(df)
  dfnew.학년 dfnew.키 dfnew.몸무게 dfnew.성별
1          1    125.8         27.3          1
2          1    124.3         25.4          1
3          1    119.2         23.5          1
4          1    115.0         20.0          1
5          1    120.0         33.5          1
6          1    112.5         21.0          1
> corrmatrix <- rcorr(as.matrix(df), type="pearson")
> corrmatrix
             dfnew.학년 dfnew.키 dfnew.몸무게 dfnew.성별
dfnew.학년         1.00    -0.11        -0.13       0.00
dfnew.키          -0.11     1.00         0.85      -0.18
dfnew.몸무게      -0.13     0.85         1.00      -0.18
dfnew.성별         0.00    -0.18        -0.18       1.00

n= 9682


P
             dfnew.학년 dfnew.키 dfnew.몸무게 dfnew.성별
dfnew.학년                0.0000    0.0000       0.7426
dfnew.키         0.0000             0.0000       0.0000
dfnew.몸무게    0.0000     0.0000                0.0000
dfnew.성별      0.7426     0.0000    0.0000
> maxcorr <- max(corrmatrix$r[lower.tri(corrmatrix$r, diag=FALSE)])
> print(round(maxcorr, 3))
[1] 0.849
```

3-2 다중 선형회귀 분석

초등학생 건강검진 데이터(eduhealth.csv)를 이용하여 (키, 몸무게) 사이의 관계를 분석한다. 다음 수행 결과를 출력하시오.

(1) 학생의 키를 이용하여 몸무게를 예측하는 모형을 구축하시오. 단 glm() 함수를 이용하시오.

(2) 구축된 모형에 대한 결정계수의 값을 출력하시오.

(3) 몸무게에 대한 키의 오즈비(Odds Ratio, 키의 변화가 몸무게 로그 오즈에 미치는 영향)를 출력하시오.

🔓 정답 결정계수＝0.721

몸무게에 대한 키의 오즈비＝2.35

📑 해설 glm()으로 모형을 구축(model)하고 model$deviance와 model$null.deviance로 결정계수 (rsq＝0.721)을 구한다.

```
> head(dfnew)
   학교ID 학년 건강검진일     키 몸무게 성별
1   Aa01    1 2015-05-12 125.8  27.3    1
2   Aa01    1 2015-04-22 124.3  25.4    1
3   Aa01    1 2015-04-21 119.2  23.5    1
4   Aa01    1 2015-04-21 115.0  20.0    1
5   Aa01    1 2015-04-23 120.0  33.5    1
6   Aa01    1 2015-04-23 112.5  21.0    1
> model <- glm(몸무게~키, data=dfnew)
> model

Call:  glm(formula = 몸무게 ~ 키, data = dfnew)

Coefficients:
(Intercept)            키
   -81.8267       0.8542

Degrees of Freedom: 9681 Total (i.e. Null);  9680 Residual
Null Deviance:     2823000
Residual Deviance: 788100      AIC: 70080
> summary(model)

Call:
glm(formula = 몸무게 ~ 키, data = dfnew)

Coefficients:
              Estimate Std. Error t value Pr(>|t|)
(Intercept) -81.826693   0.840214  -97.39   <2e-16 ***
키            0.854232   0.005404  158.09   <2e-16 ***
---
Signif. codes:  0 '***' 0.001 '**' 0.01 '*' 0.05 '.' 0.1 ' ' 1

(Dispersion parameter for gaussian family taken to be 81.41664)

    Null deviance: 2822865  on 9681  degrees of freedom
Residual deviance:  788113  on 9680  degrees of freedom
AIC: 70077

Number of Fisher Scoring iterations: 2

> rsq <- 1 - (model$deviance/model$null.deviance)
> print(round(rsq, 3))
[1] 0.721
```

몸무게에 대한 키의 오즈비는 키의 회귀계수(coefficient＜－coef(model)["키"]＝0.8542324)를 이용하여 exp(coefficient)로 구한다(회귀계수의 지수승). 오즈비(2.35)가 1보다 커, 키가 증가하는 경우 몸무게가 증가할 확률이 커지는 것으로 해석된다.

```
> coefficient <- coef(model)["키"]
> coefficient
        키
0.8542324
> odds <- exp(coefficient)
> cat("Odds Ratio = ", round(odds, 3), "\n")
Odds Ratio =  2.35
```

3-3 로지스틱 회귀분석

초등학생 건강검진 데이터(eduhealth.csv)를 이용하여 독립변수＝(키, 몸무게)로 성별(남, 여)을 예측하고자 한다. 다음 수행결과를 출력하시오.

(1) (키, 몸무게)를 이용하여 성별(남＝1, 여＝2)을 분류하는 모형을 구축하시오. 단 glm() 함수를 이용하시오.

(2) (키, 몸무게)에 대한 유의확률을 출력하고 최대 유의확률 값을 출력하시오.

(3) 훈련 : 평가＝70% : 30%로 구분하여 평가 데이터에 대한 혼동행렬, 오분류율, ROC, AUC를 출력하시오.

🔓 정답 유의확률: 키＝1.550106e−06, 몸무게＝1.999591e−08
최대 유의확률: 1.550106e−06(키에 대한 유의확률)

📋 해설 glm() 함수를 이용하여 로지스틱 회귀분석 모형을 구축(logistic)한다. (키, 몸무게)에 대한 유의확률은 각각 (1.550106e−06, 1.999591e−08)이고, 두 변수 모두 성별에 유의한 영향을 미치는 변수로 판단되며, 키보다 몸무게에 따라 성별이 더 유의하게 결정된다.

```
> logistic <- glm(성별~키+몸무게, data=dfnew)
> logistic

Call:  glm(formula = 성별 ~ 키 + 몸무게, data = dfnew)

Coefficients:
 (Intercept)            키         몸무게
    2.056636     -0.002675     -0.003106

Degrees of Freedom: 9681 Total (i.e. Null);  9679 Residual
Null Deviance:      2419
Residual Deviance: 2332          AIC: 13700
> summary(logistic)

Call:
glm(formula = 성별 ~ 키 + 몸무게, data = dfnew)

Coefficients:
              Estimate Std. Error t value Pr(>|t|)
(Intercept)  2.0566358  0.0643146  31.978  < 2e-16 ***
키          -0.0026747  0.0005563  -4.808 1.55e-06 ***
몸무게       -0.0031057  0.0005529  -5.617 2.00e-08 ***
---
Signif. codes:  0 '***' 0.001 '**' 0.01 '*' 0.05 '.' 0.1 ' ' 1

(Dispersion parameter for gaussian family taken to be 0.2409536)

    Null deviance: 2418.9  on 9681  degrees of freedom
Residual deviance: 2332.2  on 9679  degrees of freedom
AIC: 13702

Number of Fisher Scoring iterations: 2
```

```
> pvalues <- summary(logistic)$coefficients[, "Pr(>|t|)"]
> pvalues
  (Intercept)            키           몸무게
2.152973e-213  1.550106e-06  1.999591e-08
> print(round(max(pvalues), 3))
[1] 0
> print(max(pvalues))
[1] 1.550106e-06
```

시드 번호 초기화(set.seed(123)) 후, sample()로 훈련:평가 데이터를 분류(70%:30%)한다. glm()으로 로지스틱 회귀분석 모형을 구축(logistic)하고, 평가 데이터에 대한 평가 결과를 new 데이터프레임으로 저장한다.

```
> set.seed(123)
> id <- sample(1:nrow(dfnew), as.integer(0.7*nrow(dfnew)))
> train <- dfnew[id,]
> test <- dfnew[-id,]
> logistic <- glm(성별~키+몸무게, data=train)
> new <- data.frame(actual=test$성별)
> new$predict <- predict(logistic, test)
> head(new)
  actual  predict
1      1  1.687605
2      1  1.655442
3      2  1.666699
4      2  1.616741
5      2  1.653984
6      2  1.668486
> new$predict <- round(new$predict, 0)
> head(new)
  actual predict
1      1       2
2      1       2
3      2       2
4      2       2
5      2       2
6      2       2
```

table()로 분류결과를 확인하거나 caret 패키지를 이용하여 혼동행렬(confusionMatrix())을 출력하여 모형의 성능평가 지표를 확인한다. 정확도＝52.98%이고, 오분류율＝1－0.5298＝0.47(47%)이다.

```
> xtable <- table(new$predict, new$actual)
> xtable

    1   2
1 957 832
2 534 582
> confusionMatrix(xtable)
Confusion Matrix and Statistics

    1   2
1 957 832
2 534 582

               Accuracy : 0.5298
                 95% CI : (0.5114, 0.5481)
    No Information Rate : 0.5133
    P-Value [Acc > NIR] : 0.03889

                  Kappa : 0.0537

 Mcnemar's Test P-Value : 9.294e-16

            Sensitivity : 0.6419
            Specificity : 0.4116
         Pos Pred Value : 0.5349
         Neg Pred Value : 0.5215
             Prevalence : 0.5133
         Detection Rate : 0.3294
   Detection Prevalence : 0.6158
      Balanced Accuracy : 0.5267
```

```
        'Positive' Class : 1

> confusionMatrix(xtable)$overall
      Accuracy          Kappa AccuracyLower AccuracyUpper   AccuracyNull AccuracyPValue
   5.297762e-01   5.374187e-02   5.114320e-01   5.480605e-01   5.132530e-01   3.889467e-02
  McnemarPValue
   9.294250e-16
> confusionMatrix(xtable)$overall["Accuracy"]
 Accuracy
0.5297762
> 1-confusionMatrix(xtable)$overall["Accuracy"]
 Accuracy
0.4702238
> print(round(1-confusionMatrix(xtable)$overall["Accuracy"],3))
Accuracy
    0.47
```

ROC 곡선은 pROC 패키지를 이용하여 작성하며, AUC＝0.527이다.

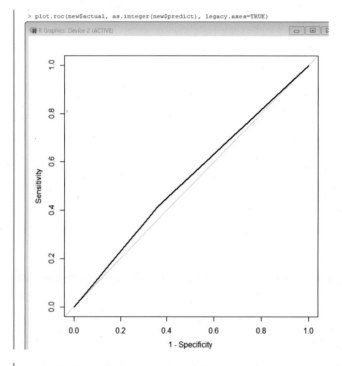

```
> result <- roc(new$actual, new$predict)
Setting levels: control = 1, case = 2
Setting direction: controls < cases
> result

Call:
roc.default(response = new$actual, predictor = new$predict)

Data: new$predict in 1491 controls (new$actual 1) < 1414 cases (new$actual 2).
Area under the curve: 0.5267
> result$auc
Area under the curve: 0.5267
> print(round(result$auc, 3))
[1] 0.527
```

유형별
단원종합문제

작업형 제1유형
작업형 제2유형
작업형 제3유형

유형별 단원종합문제 – 작업형 제1유형

Ⅰ mtcars 데이터세트 활용 작업형 문제

R에서 제공되는 mtcars 데이터세트는 1973년부터 1974년 사이 32개 자동차 모델별 성능 관련 데이터(1974년 Motor Trend US 잡지 게재)로 11개 항목에 대한 차량 정보를 나타낸다. summary( ), describe( ) 함수를 이용하여 항목별 기술통계량의 값을 알 수 있으며, 각 항목에 대한 결측값은 없다. describe( ) 함수를 사용하는 경우 "psych" 패키지를 사전에 설치한다.

- mpg : 연비(miles per gallon)
- cyl : 실린더의 수
- disp : 배기량
- hp : 마력
- drat : 후방차축 비율
- wt : 무게
- qsec : 1/4마일에 도달하는 데 걸린 시간
- vs : 엔진(0 : V−engine, 1 : Straight Engine)
- am : 변속기(0 : 자동, 1 : 수동)
- gear : (전진)기어의 개수
- carb : 카뷰레터 개수

```
> mtcars
                    mpg cyl  disp  hp drat    wt  qsec vs am gear carb
Mazda RX4          21.0   6 160.0 110 3.90 2.620 16.46  0  1    4    4
Mazda RX4 Wag      21.0   6 160.0 110 3.90 2.875 17.02  0  1    4    4
Datsun 710         22.8   4 108.0  93 3.85 2.320 18.61  1  1    4    1
Hornet 4 Drive     21.4   6 258.0 110 3.08 3.215 19.44  1  0    3    1
Hornet Sportabout  18.7   8 360.0 175 3.15 3.440 17.02  0  0    3    2
Valiant            18.1   6 225.0 105 2.76 3.460 20.22  1  0    3    1
Duster 360         14.3   8 360.0 245 3.21 3.570 15.84  0  0    3    4
Merc 240D          24.4   4 146.7  62 3.69 3.190 20.00  1  0    4    2
Merc 230           22.8   4 140.8  95 3.92 3.150 22.90  1  0    4    2
Merc 280           19.2   6 167.6 123 3.92 3.440 18.30  1  0    4    4
Merc 280C          17.8   6 167.6 123 3.92 3.440 18.90  1  0    4    4
Merc 450SE         16.4   8 275.8 180 3.07 4.070 17.40  0  0    3    3
Merc 450SL         17.3   8 275.8 180 3.07 3.730 17.60  0  0    3    3
Merc 450SLC        15.2   8 275.8 180 3.07 3.780 18.00  0  0    3    3
Cadillac Fleetwood 10.4   8 472.0 205 2.93 5.250 17.98  0  0    3    4
Lincoln Continental 10.4  8 460.0 215 3.00 5.424 17.82  0  0    3    4
Chrysler Imperial  14.7   8 440.0 230 3.23 5.345 17.42  0  0    3    4
Fiat 128           32.4   4  78.7  66 4.08 2.200 19.47  1  1    4    1
Honda Civic        30.4   4  75.7  52 4.93 1.615 18.52  1  1    4    2
Toyota Corolla     33.9   4  71.1  65 4.22 1.835 19.90  1  1    4    1
Toyota Corona      21.5   4 120.1  97 3.70 2.465 20.01  1  0    3    1
Dodge Challenger   15.5   8 318.0 150 2.76 3.520 16.87  0  0    3    2
AMC Javelin        15.2   8 304.0 150 3.15 3.435 17.30  0  0    3    2
Camaro Z28         13.3   8 350.0 245 3.73 3.840 15.41  0  0    3    4
Pontiac Firebird   19.2   8 400.0 175 3.08 3.845 17.05  0  0    3    2
Fiat X1-9          27.3   4  79.0  66 4.08 1.935 18.90  1  1    4    1
Porsche 914-2      26.0   4 120.3  91 4.43 2.140 16.70  0  1    5    2
Lotus Europa       30.4   4  95.1 113 3.77 1.513 16.90  1  1    5    2
Ford Pantera L     15.8   8 351.0 264 4.22 3.170 14.50  0  1    5    4
Ferrari Dino       19.7   6 145.0 175 3.62 2.770 15.50  0  1    5    6
Maserati Bora      15.0   8 301.0 335 3.54 3.570 14.60  0  1    5    8
Volvo 142E         21.4   4 121.0 109 4.11 2.780 18.60  1  1    4    2
> dim(mtcars)
[1] 32 11
> str(mtcars)
'data.frame':   32 obs. of  11 variables:
 $ mpg : num  21 21 22.8 21.4 18.7 18.1 14.3 24.4 22.8 19.2 ...
 $ cyl : num  6 6 4 6 8 6 8 4 4 6 ...
 $ disp: num  160 160 108 258 360 ...
 $ hp  : num  110 110 93 110 175 105 245 62 95 123 ...
 $ drat: num  3.9 3.9 3.85 3.08 3.15 2.76 3.21 3.69 3.92 3.92 ...
 $ wt  : num  2.62 2.88 2.32 3.21 3.44 ...
 $ qsec: num  16.5 17 18.6 19.4 17 ...
 $ vs  : num  0 0 1 1 0 1 0 1 1 1 ...
 $ am  : num  1 1 1 0 0 0 0 0 0 0 ...
 $ gear: num  4 4 4 3 3 3 3 4 4 4 ...
 $ carb: num  4 4 1 1 2 1 4 2 2 4 ...
> summary(mtcars)
      mpg             cyl             disp             hp             drat             wt
 Min.   :10.40   Min.   :4.000   Min.   : 71.1   Min.   : 52.0   Min.   :2.760   Min.   :1.513
 1st Qu.:15.43   1st Qu.:4.000   1st Qu.:120.8   1st Qu.: 96.5   1st Qu.:3.080   1st Qu.:2.581
 Median :19.20   Median :6.000   Median :196.3   Median :123.0   Median :3.695   Median :3.325
 Mean   :20.09   Mean   :6.188   Mean   :230.7   Mean   :146.7   Mean   :3.597   Mean   :3.217
 3rd Qu.:22.80   3rd Qu.:8.000   3rd Qu.:326.0   3rd Qu.:180.0   3rd Qu.:3.920   3rd Qu.:3.610
 Max.   :33.90   Max.   :8.000   Max.   :472.0   Max.   :335.0   Max.   :4.930   Max.   :5.424
      qsec             vs               am              gear            carb
 Min.   :14.50   Min.   :0.0000   Min.   :0.0000   Min.   :3.000   Min.   :1.000
 1st Qu.:16.89   1st Qu.:0.0000   1st Qu.:0.0000   1st Qu.:3.000   1st Qu.:2.000
 Median :17.71   Median :0.0000   Median :0.0000   Median :4.000   Median :2.000
 Mean   :17.85   Mean   :0.4375   Mean   :0.4062   Mean   :3.688   Mean   :2.812
 3rd Qu.:18.90   3rd Qu.:1.0000   3rd Qu.:1.0000   3rd Qu.:4.000   3rd Qu.:4.000
 Max.   :22.90   Max.   :1.0000   Max.   :1.0000   Max.   :5.000   Max.   :8.000

> describe(mtcars)
     vars  n   mean     sd median trimmed    mad   min    max  range  skew kurtosis    se
mpg     1 32  20.09   6.03  19.20   19.70   5.41 10.40  33.90  23.50  0.61    -0.37  1.07
cyl     2 32   6.19   1.79   6.00    6.23   2.97  4.00   8.00   4.00 -0.17    -1.76  0.32
disp    3 32 230.72 123.94 196.30  222.52 140.48 71.10 472.00 400.90  0.38    -1.21 21.91
hp      4 32 146.69  68.56 123.00  141.19  77.10 52.00 335.00 283.00  0.73    -0.14 12.12
drat    5 32   3.60   0.53   3.70    3.58   0.70  2.76   4.93   2.17  0.27    -0.71  0.09
wt      6 32   3.22   0.98   3.33    3.15   0.77  1.51   5.42   3.91  0.42    -0.02  0.17
qsec    7 32  17.85   1.79  17.71   17.83   1.42 14.50  22.90   8.40  0.37     0.34  0.32
vs      8 32   0.44   0.50   0.00    0.42   0.00  0.00   1.00   1.00  0.24    -2.00  0.09
am      9 32   0.41   0.50   0.00    0.38   0.00  0.00   1.00   1.00  0.36    -1.92  0.09
gear   10 32   3.69   0.74   4.00    3.62   1.48  3.00   5.00   2.00  0.53    -1.07  0.13
carb   11 32   2.81   1.62   2.00    2.65   1.48  1.00   8.00   7.00  1.05     1.26  0.29
```

Q-01 연비가 높은 순서대로 데이터를 정렬한 후, 연비가 높은 상위 10개 차량에 대한 데이터를 이용한다. 카뷰레터의 수(carb)가 2개인 경우 마력의 평균값과 카뷰레터의 수가 1개인 경우 마력의 평균값의 차이를 출력하시오.

🔒 **정답** 5.2

📋 **해설** order( ) 함수를 이용하여 연비의 내림차순 정렬을 수행한 데이터를 저장(data)한다. 연비가 높은 상위 10개의 데이터를 확인하고, 카뷰레터 수가 2개인 경우(carb=2)의 평균 마력을 c2_hp에 저장한다. 그리고 carb=1개인 경우의 평균 마력을 c1_hp에 저장 후, 평균값의 차이를 구한다.

```
> data <- mtcars[order(-mtcars$mpg),]
> data <- data[1:10,]
> data
                mpg cyl  disp  hp drat    wt  qsec vs am gear carb
Toyota Corolla 33.9   4  71.1  65 4.22 1.835 19.90  1  1    4    1
Fiat 128       32.4   4  78.7  66 4.08 2.200 19.47  1  1    4    1
Honda Civic    30.4   4  75.7  52 4.93 1.615 18.52  1  1    4    2
Lotus Europa   30.4   4  95.1 113 3.77 1.513 16.90  1  1    5    2
Fiat X1-9      27.3   4  79.0  66 4.08 1.935 18.90  1  1    4    1
Porsche 914-2  26.0   4 120.3  91 4.43 2.140 16.70  0  1    5    2
Merc 240D      24.4   4 146.7  62 3.69 3.190 20.00  1  0    4    2
Datsun 710     22.8   4 108.0  93 3.85 2.320 18.61  1  1    4    1
Merc 230       22.8   4 140.8  95 3.92 3.150 22.90  1  0    4    2
Toyota Corona  21.5   4 120.1  97 3.70 2.465 20.01  1  0    3    1
> c2_hp <- mean(data$hp[data$carb == 2])
> c2_hp
[1] 82.6
>
> c1_hp <- mean(data$hp[data$carb == 1])
> c1_hp
[1] 77.4
>
> print(c2_hp - c1_hp)
[1] 5.2
```

Q-02 자동차 변속기가 수동(am＝1)인 차량들 중에서 4기통(cyl＝4개)인 데이터들의 연비 (mpg)의 평균값과 마력(hp)의 표준편차의 합계를 출력하시오.

🔒 **정답** 50.73042

📋 **해설** subset( )을 이용하여 (am＝1, cyl＝4)인 조건을 만족하는 데이터를 저장(data)한다. 그리고 연비의 평균 [mean(data$mpg)]과 마력의 표준편차[sd(data$hp)]를 구한다(result). 또는 "dplyr" 패키지를 설치하여 Pipe Operator(%>%)와 filter( ) 함수를 이용하여 구한다.

```
> data <- subset(mtcars, am == 1 & cyl == 4)
> data
                mpg cyl  disp  hp drat    wt  qsec vs am gear carb
Datsun 710     22.8   4 108.0  93 3.85 2.320 18.61  1  1    4    1
Fiat 128       32.4   4  78.7  66 4.08 2.200 19.47  1  1    4    1
Honda Civic    30.4   4  75.7  52 4.93 1.615 18.52  1  1    4    2
Toyota Corolla 33.9   4  71.1  65 4.22 1.835 19.90  1  1    4    1
Fiat X1-9      27.3   4  79.0  66 4.08 1.935 18.90  1  1    4    1
Porsche 914-2  26.0   4 120.3  91 4.43 2.140 16.70  0  1    5    2
Lotus Europa   30.4   4  95.1 113 3.77 1.513 16.90  1  1    5    2
Volvo 142E     21.4   4 121.0 109 4.11 2.780 18.60  1  1    4    2
> nrow(data)
[1] 8
> result <- mean(data$mpg) + sd(data$hp)
> print(result)
[1] 50.73042
```

```
> data <- mtcars %>% filter(am == 1 & cyl == 4)
> data
                mpg cyl  disp  hp drat    wt  qsec vs am gear carb
Datsun 710     22.8   4 108.0  93 3.85 2.320 18.61  1  1    4    1
Fiat 128       32.4   4  78.7  66 4.08 2.200 19.47  1  1    4    1
Honda Civic    30.4   4  75.7  52 4.93 1.615 18.52  1  1    4    2
Toyota Corolla 33.9   4  71.1  65 4.22 1.835 19.90  1  1    4    1
Fiat X1-9      27.3   4  79.0  66 4.08 1.935 18.90  1  1    4    1
Porsche 914-2  26.0   4 120.3  91 4.43 2.140 16.70  0  1    5    2
Lotus Europa   30.4   4  95.1 113 3.77 1.513 16.90  1  1    5    2
Volvo 142E     21.4   4 121.0 109 4.11 2.780 18.60  1  1    4    2
> print(mean(data$mpg)+sd(data$hp))
[1] 50.73042
```

Q-03 자동 변속기인 차량(am＝0)에 대한 연비의 이상값을 나타내는 차량의 수와 이상값의 평균을 출력하시오[단, 연비의 이상값은 (연비의 평균＋IQR) 이상이거나 (연비의 평균－IQR) 이하인 값이다. 여기서 IQR(Interquartile Range, 사분위 범위, 사분범위)은 (제3사분위 값)－(제1사분위 값)＝(Q3－Q1)이다].

정답 이상값을 가지는 차량의 수＝6개, 이상값의 평균＝18.48333

해설 subset( )으로 자동 변속기(am＝0) 차량 데이터를 저장(data, 총 19개)한다. quantile( ) 함수를 이용하여 사분위수 범위(q[4]－q[2]＝Q3－Q1)를 구하거나 IQR( ) 함수를 이용하여 사분위수 범위(＝4.25)를 구한다. 이상값을 판별하는 데 사용되는 하한값(r1), 상한값(r2)을 구하고 하한값 이하 또는 상한값 이상인 연비를 가지는 차량을 확인(result)한다. 이상값의 합계는 110.9이고 차량의 수는 6개이며, 이상값의 평균은 110.9/6＝18.48333이다.

```
> data <- subset(mtcars, am == 0)
> data
                     mpg cyl  disp  hp drat    wt  qsec vs am gear carb
Hornet 4 Drive      21.4   6 258.0 110 3.08 3.215 19.44  1  0    3    1
Hornet Sportabout   18.7   8 360.0 175 3.15 3.440 17.02  0  0    3    2
Valiant             18.1   6 225.0 105 2.76 3.460 20.22  1  0    3    1
Duster 360          14.3   8 360.0 245 3.21 3.570 15.84  0  0    3    4
Merc 240D           24.4   4 146.7  62 3.69 3.190 20.00  1  0    4    2
Merc 230            22.8   4 140.8  95 3.92 3.150 22.90  1  0    4    2
Merc 280            19.2   6 167.6 123 3.92 3.440 18.30  1  0    4    4
Merc 280C           17.8   6 167.6 123 3.92 3.440 18.90  1  0    4    4
Merc 450SE          16.4   8 275.8 180 3.07 4.070 17.40  0  0    3    3
Merc 450SL          17.3   8 275.8 180 3.07 3.730 17.60  0  0    3    3
Merc 450SLC         15.2   8 275.8 180 3.07 3.780 18.00  0  0    3    3
Cadillac Fleetwood  10.4   8 472.0 205 2.93 5.250 17.98  0  0    3    4
Lincoln Continental 10.4   8 460.0 215 3.00 5.424 17.82  0  0    3    4
Chrysler Imperial   14.7   8 440.0 230 3.23 5.345 17.42  0  0    3    4
Toyota Corona       21.5   4 120.1  97 3.70 2.465 20.01  1  0    3    1
Dodge Challenger    15.5   8 318.0 150 2.76 3.520 16.87  0  0    3    2
AMC Javelin         15.2   8 304.0 150 3.15 3.435 17.30  0  0    3    2
Camaro Z28          13.3   8 350.0 245 3.73 3.840 15.41  0  0    3    4
Pontiac Firebird    19.2   8 400.0 175 3.08 3.845 17.05  0  0    3    2
> nrow(data)
[1] 19
>
> q <- quantile(data$mpg)
> q
   0%   25%   50%   75%  100%
10.40 14.95 17.30 19.20 24.40
> q[4] - q[2]
 75%
4.25
>
> iqr <- IQR(data$mpg)
> iqr
[1] 4.25
>
> r1 <- mean(data$mpg) - iqr
> r1
[1] 12.89737
>
> r2 <- mean(data$mpg) + iqr
> r2
[1] 21.39737
>
> result <- data$mpg <= r1 | data$mpg >= r2
> result
 [1]  TRUE FALSE FALSE FALSE  TRUE  TRUE FALSE FALSE FALSE FALSE FALSE  TRUE  TRUE FALSE  TRUE FALSE
[17] FALSE FALSE FALSE
>
> print(sum(data$mpg[result]))
[1] 110.9
>
> print(sum(result))
[1] 6
>
> print(mean(data$mpg[result]))
[1] 18.48333
```

Q-04 자동 변속기(am=0)인 자동차 중에서 가장 무거운 상위 10개 데이터의 평균 연비를 m1으로 저장한다. 그리고 수동 변속기(am=1)인 자동차 중에서 가장 가벼운 상위 10개 데이터의 평균 연비를 m2로 저장한다. m2-m1의 값을 출력하시오.

 정답 11.86

해설 subset( )으로 am=0(자동 변속기)인 차량을 저장하고 order( ) 함수를 이용하여 자동차 무게 기준으로 내림차순 정렬한다. 무게가 무거운 상위 10개 차량의 평균 연비를 m1에 저장하고 동일한 방법으로 am=1(수동 변속기)인 차량에 대해서도 자동차 무게의 오름차순 정렬된 데이터를 이용하여 상위 10개 차량의 평균 연비를 m2에 저장한다. m1=14.67, m2=26.530이며 m2-m1=11.860이다.

```
> data1 <- subset(mtcars, am == 0)
> data1 <- data1[order(-data1$wt),]
> head(data1)
                   mpg cyl disp  hp drat    wt  qsec vs am gear carb
Lincoln Continental 10.4   8 460.0 215 3.00 5.424 17.82  0  0    3    4
Chrysler Imperial   14.7   8 440.0 230 3.23 5.345 17.42  0  0    3    4
Cadillac Fleetwood  10.4   8 472.0 205 2.93 5.250 17.98  0  0    3    4
Merc 450SE          16.4   8 275.8 180 3.07 4.070 17.40  0  0    3    3
Pontiac Firebird    19.2   8 400.0 175 3.08 3.845 17.05  0  0    3    2
Camaro Z28          13.3   8 350.0 245 3.73 3.840 15.41  0  0    3    4
> m1 <- mean(data1$mpg[1:10])
> m1
[1] 14.67
>
> data2 <- subset(mtcars, am == 1)
> data2 <- data2[order(data2$wt),]
> head(data2)
               mpg cyl disp  hp drat    wt  qsec vs am gear carb
Lotus Europa   30.4   4  95.1 113 3.77 1.513 16.90  1  1    5    2
Honda Civic    30.4   4  75.7  52 4.93 1.615 18.52  1  1    4    2
Toyota Corolla 33.9   4  71.1  65 4.22 1.835 19.90  1  1    4    1
Fiat X1-9      27.3   4  79.0  66 4.08 1.935 18.90  1  1    4    1
Porsche 914-2  26.0   4 120.3  91 4.43 2.140 16.70  0  1    5    2
Fiat 128       32.4   4  78.7  66 4.08 2.200 19.47  1  1    4    1
> m2 <- mean(data2$mpg[1:10])
> m2
[1] 26.53
> print(m2-m1)
[1] 11.86
```

Q-05 (전진)기어의 수가 4개(gear=4)이고 수동 변속기(am=1)인 차량들의 연비와 마력값을 이용하여 이상값을 가지는 차량들의 평균 연비와 마력을 출력하시오(단, 이상값은 다음과 같이 정의한다).

- gear=4이고 am=1인 차량들에 대해 적용한다.
- $r1$은 (연비의 평균)+1.1×(연비의 표준편차)의 값이다.
- $r2$는 (마력의 평균)−1.1×(마력의 표준편차)의 값이다.
- 연비가 $r1$ 이상이거나 또는 마력이 $r2$ 이하인 경우 이상값으로 정의한다.

🔒 **정답** 평균 연비=32.23333, 평균 마력=61

📑 **해설** subset( ) 함수를 이용하여 (gear=4, am=1)인 차량 데이터를 저장(data)한다. r1은 (연비의 평균)+1.1×(연비의 표준편차)=32.23091이고, r2는 (마력의 평균)−1.1×(마력의 표준편차)=57.28295이다. 연비가 r1 이상이거나 또는 마력이 r2 이하인 경우를 만족하는 논리값을 result로 저장[이상값 조건을 만족하는 개수(TRUE의 개수)=3]한다. 그리고 이상값의 조건을 만족하는 차량에 대한 연비의 평균(32.23333)과 마력의 평균(61)을 구한다.

```
> data <- subset(mtcars, gear ==4 & am == 1)
> data
                mpg cyl  disp  hp drat    wt  qsec vs am gear carb
Mazda RX4      21.0   6 160.0 110 3.90 2.620 16.46  0  1    4    4
Mazda RX4 Wag  21.0   6 160.0 110 3.90 2.875 17.02  0  1    4    4
Datsun 710     22.8   4 108.0  93 3.85 2.320 18.61  1  1    4    1
Fiat 128       32.4   4  78.7  66 4.08 2.200 19.47  1  1    4    1
Honda Civic    30.4   4  75.7  52 4.93 1.615 18.52  1  1    4    2
Toyota Corolla 33.9   4  71.1  65 4.22 1.835 19.90  1  1    4    1
Fiat X1-9      27.3   4  79.0  66 4.08 1.935 18.90  1  1    4    1
Volvo 142E     21.4   4 121.0 109 4.11 2.780 18.60  1  1    4    2
> print(mean(data$mpg))
[1] 26.275
>
> print(sd(data$hp))
[1] 24.17459
> r1 <- mean(data$mpg) + 1.1 * sd(data$mpg)
> r1
[1] 32.23091
>
> r2 <- mean(data$hp) - 1.1 * sd(data$hp)
> r2
[1] 57.28295
>
> result <- data$mpg >= r1 | data$hp <= r2
> result
[1] FALSE FALSE FALSE  TRUE  TRUE  TRUE FALSE FALSE
> sum(result)
[1] 3
>
> print(mean(data$mpg[result]))
[1] 32.23333
>
> print(mean(data$hp[result]))
[1] 61
```

Ⅱ iris 데이터세트 활용 작업형 문제

R에 내장된 iris 데이터세트는 Ronald Fisher에 의해 작성된 것으로 붓꽃의 생육 데이터(150개 데이터＝품종별 50개×3개 품종)이다. 꽃잎의 길이(Petal.Length)와 너비(Petal.Width) 그리고 꽃받침의 길이(Sepal.Length)와 너비(Sepal.Width)에 따라 붓꽃의 3가지 품종(setosa, versicolor, virginica)을 구분한다.

[Setosa]   [Versicolor]   [Virginica]

- Sepal.Length : 꽃받침의 길이
- Sepal.Width : 꽃받침의 너비
- Petal.Length : 꽃잎의 길이
- Petal.Width : 꽃잎의 너비
- Species : 붓꽃의 품종(setosa, versicolor, virginica)

```
> head(iris)
  Sepal.Length Sepal.Width Petal.Length Petal.Width Species
1          5.1         3.5          1.4         0.2  setosa
2          4.9         3.0          1.4         0.2  setosa
3          4.7         3.2          1.3         0.2  setosa
4          4.6         3.1          1.5         0.2  setosa
5          5.0         3.6          1.4         0.2  setosa
6          5.4         3.9          1.7         0.4  setosa
> dim(iris)
[1] 150   5
> str(iris)
'data.frame':   150 obs. of  5 variables:
 $ Sepal.Length: num  5.1 4.9 4.7 4.6 5 5.4 4.6 5 4.4 4.9 ...
 $ Sepal.Width : num  3.5 3 3.2 3.1 3.6 3.9 3.4 3.4 2.9 3.1 ...
 $ Petal.Length: num  1.4 1.4 1.3 1.5 1.4 1.7 1.4 1.5 1.4 1.5 ...
 $ Petal.Width : num  0.2 0.2 0.2 0.2 0.2 0.4 0.3 0.2 0.2 0.1 ...
 $ Species     : Factor w/ 3 levels "setosa","versicolor",..: 1 1 1 1 1 1 1 1 1 1
> summary(iris)
  Sepal.Length    Sepal.Width     Petal.Length    Petal.Width          Species
 Min.   :4.300   Min.   :2.000   Min.   :1.000   Min.   :0.100   setosa    :50
 1st Qu.:5.100   1st Qu.:2.800   1st Qu.:1.600   1st Qu.:0.300   versicolor:50
 Median :5.800   Median :3.000   Median :4.350   Median :1.300   virginica :50
 Mean   :5.843   Mean   :3.057   Mean   :3.758   Mean   :1.199
 3rd Qu.:6.400   3rd Qu.:3.300   3rd Qu.:5.100   3rd Qu.:1.800
 Max.   :7.900   Max.   :4.400   Max.   :6.900   Max.   :2.500

> describe(iris)
             vars   n mean   sd median trimmed  mad min max range  skew kurtosis   se
Sepal.Length    1 150 5.84 0.83   5.80    5.81 1.04 4.3 7.9   3.6  0.31    -0.61 0.07
Sepal.Width     2 150 3.06 0.44   3.00    3.04 0.44 2.0 4.4   2.4  0.31     0.14 0.04
Petal.Length    3 150 3.76 1.77   4.35    3.76 1.85 1.0 6.9   5.9 -0.27    -1.42 0.14
Petal.Width     4 150 1.20 0.76   1.30    1.18 1.04 0.1 2.5   2.4 -0.10    -1.36 0.06
Species*        5 150 2.00 0.82   2.00    2.00 1.48 1.0 3.0   2.0  0.00    -1.52 0.07
```

Q-01 붓꽃 꽃잎 길이(Petal.Length)의 (평균＋표준편차)와 꽃잎 너비(Petal.Width)의 (평균＋표준편차)를 출력하시오. 그리고 품종이 setosa인 붓꽃의 Petal.Lengh 값에 대하여 최소−최대척도(Min−Max Scale) 변환 후 평균값과 Z−score 변환(＝(X−평균)/표준편차) 후 평균값을 각각 출력하시오.

⑥ 정답
- Petal.Length의 (평균＋표준편차)＝5.523298
- Petal.Width의 (평균＋표준편차)＝1.961571
- 최소−최대 척도 변환 후 Petal.Length의 평균값＝0.5133333
- Z−score 변환 후 Petal.Length의 평균값＝1.282318×10^{-16}(≈0에 가까운 값)

📖 해설
mean( ), sd( ) 함수로 Petal.Length와 Petal.Width의 (평균＋ 표준편차)를 구하고, subset( )을 이용하여 Species＝"setosa"인 50개 자료를 저장(data)한다. 사용자 정의 함수(function( ))로 최소−최대 척도를 정의(minmax)하고 Petal.Length 데이터 변환 후 평균을 출력(0.5133333)한다. Z−score도 동일한 방법으로 자료 변환 후 평균값(거의 0에 가까운 값)을 출력한다.

```
> print(mean(iris$Petal.Length)+sd(iris$Petal.Length))
[1] 5.523298
>
> print(mean(iris$Petal.Width)+sd(iris$Petal.Width))
[1] 1.961571
>
> data <- iris
> summary(data)
  Sepal.Length    Sepal.Width     Petal.Length    Petal.Width           Species
 Min.   :4.300   Min.   :2.000   Min.   :1.000   Min.   :0.100   setosa    :50
 1st Qu.:5.100   1st Qu.:2.800   1st Qu.:1.600   1st Qu.:0.300   versicolor:50
 Median :5.800   Median :3.000   Median :4.350   Median :1.300   virginica :50
 Mean   :5.843   Mean   :3.057   Mean   :3.758   Mean   :1.199
 3rd Qu.:6.400   3rd Qu.:3.300   3rd Qu.:5.100   3rd Qu.:1.800
 Max.   :7.900   Max.   :4.400   Max.   :6.900   Max.   :2.500
>
> data <- subset(iris, Species == "setosa")
> summary(data)
  Sepal.Length    Sepal.Width     Petal.Length    Petal.Width           Species
 Min.   :4.300   Min.   :2.300   Min.   :1.000   Min.   :0.100   setosa    :50
 1st Qu.:4.800   1st Qu.:3.200   1st Qu.:1.400   1st Qu.:0.200   versicolor: 0
 Median :5.000   Median :3.400   Median :1.500   Median :0.200   virginica : 0
 Mean   :5.006   Mean   :3.428   Mean   :1.462   Mean   :0.246
 3rd Qu.:5.200   3rd Qu.:3.675   3rd Qu.:1.575   3rd Qu.:0.300
 Max.   :5.800   Max.   :4.400   Max.   :1.900   Max.   :0.600
> dim(data)
[1] 50  5
> minmax <- function (x) {
+ return ((x-min(x))/(max(x)-min(x)))
+ }
>
> data$Petal.Length <- minmax(data$Petal.Length)
> summary(data)
  Sepal.Length    Sepal.Width     Petal.Length    Petal.Width           Species
 Min.   :4.300   Min.   :2.300   Min.   :0.0000   Min.   :0.100   setosa    :50
 1st Qu.:4.800   1st Qu.:3.200   1st Qu.:0.4444   1st Qu.:0.200   versicolor: 0
 Median :5.000   Median :3.400   Median :0.5556   Median :0.200   virginica : 0
 Mean   :5.006   Mean   :3.428   Mean   :0.5133   Mean   :0.246
 3rd Qu.:5.200   3rd Qu.:3.675   3rd Qu.:0.6389   3rd Qu.:0.300
 Max.   :5.800   Max.   :4.400   Max.   :1.0000   Max.   :0.600
> mean(data$Petal.Length)
[1] 0.5133333
```

```
> data <- subset(iris, Species == "setosa")
>
> zscore <- function (x) {
+ return ((x-mean(x))/sd(x))
+ }
>
> data$Petal.Length <- zscore(data$Petal.Length)
> summary(data)
  Sepal.Length    Sepal.Width     Petal.Length     Petal.Width           Species
 Min.   :4.300   Min.   :2.300   Min.   :-2.6603   Min.   :0.100   setosa    :50
 1st Qu.:4.800   1st Qu.:3.200   1st Qu.:-0.3570   1st Qu.:0.200   versicolor: 0
 Median :5.000   Median :3.400   Median : 0.2188   Median :0.200   virginica : 0
 Mean   :5.006   Mean   :3.428   Mean   : 0.0000   Mean   :0.246
 3rd Qu.:5.200   3rd Qu.:3.675   3rd Qu.: 0.6507   3rd Qu.:0.300
 Max.   :5.800   Max.   :4.400   Max.   : 2.5221   Max.   :0.600
> mean(data$Petal.Length)
[1] 1.282318e-16
```

Q-02 품종(Species)이 (versicolor, virginica)인 100개의 데이터를 이용한다. 품종이 versicolor인 붓꽃에 대해 Sepal.Length의 값이 중앙값 이상인 붓꽃의 비율을 구하고 virginica 품종에 대해서는 Petal.Length의 값이 중앙값 이상인 붓꽃의 비율을 구한다. (virginica 품종 중 Petal.Length의 값이 중앙값 이상인 붓꽃의 비율)−(versicolor 품종 중 Sepal.Length의 값이 중앙값 이상인 붓꽃의 비율)의 값을 출력하시오.

🔓 **정답** 0.66(66%)

📋 **해설** subset( )으로 붓꽃의 품종이 (versicolor, virginica)인 100개의 데이터를 저장한다. Species＝versicolor인 붓꽃들 중 Sepal.Length의 값이 중앙값 이상인 경우는 총 14개(비율＝14/50 ＝0.28)이고, Species＝virginica인 붓꽃들 중 Petal.Length의 값이 중앙값 이상인 경우는 총 47개(비율＝47/50＝0.94)이다. 따라서 (virginica 품종 중 Petal.Length의 값이 중앙값 이상인 붓꽃의 비율)−(versicolor 품종 중 Sepal.Length의 값이 중앙값 이상인 붓꽃의 비율)＝0.94−0.28＝0.66이다.

```
> data <- subset(iris, Species == "versicolor" | Species == "virginica")
> dim(data)
[1] 100   5
>
> summary(data)
  Sepal.Length    Sepal.Width     Petal.Length    Petal.Width         Species
 Min.   :4.900   Min.   :2.000   Min.   :3.000   Min.   :1.000   setosa    : 0
 1st Qu.:5.800   1st Qu.:2.700   1st Qu.:4.375   1st Qu.:1.300   versicolor:50
 Median :6.300   Median :2.900   Median :4.900   Median :1.600   virginica :50
 Mean   :6.262   Mean   :2.872   Mean   :4.906   Mean   :1.676
 3rd Qu.:6.700   3rd Qu.:3.025   3rd Qu.:5.525   3rd Qu.:2.000
 Max.   :7.900   Max.   :3.800   Max.   :6.900   Max.   :2.500
>
> median_sepal <- median(data$Sepal.Length)
> median_sepal
[1] 6.3
>
> median_petal <- median(data$Petal.Length)
> median_petal
[1] 4.9
>
> result1 <- data$Sepal.Length >= median_sepal & data$Species == "versicolor"
> sum(result1)
[1] 14
>
> result2 <- data$Petal.Length >= median_petal & data$Species == "virginica"
> sum(result2)
[1] 47
>
> nrow(data[data$Species=="versicolor",])
[1] 50
>
> ratio_versicolor <- sum(result1) / nrow(data[data$Species=="versicolor",])
> print(ratio_versicolor)
[1] 0.28
>
> ratio_virginica <- sum(result2) / nrow(data[data$Species=="virginica",])
> print(ratio_virginica)
[1] 0.94
>
> print(ratio_virginica - ratio_versicolor)
[1] 0.66
```

Q-03 setosa 품종(Species＝setosa) 데이터를 이용한다. 새로운 항목으로써 꽃받침 길이 (Sepal.Length)가 꽃받침 길이의 중앙값보다 크면 1, 꽃받침 길이의 중앙값 이하이면 0의 값을 갖는 열(항목)을 추가한다. 새로운 항목이 추가된 데이터세트에 대하여 꽃받침 길이의 중앙값보다 큰 붓꽃에 대한 (꽃받침 길이의 평균)을 출력하시오.

🔒 **정답** 5.313636

📋 **해설** subset( )으로 품종이 setosa인 붓꽃 데이터를 저장(data, 50개)한다. ifelse( ) 함수를 이용하여 꽃받침 길이가 중앙값보다 큰 경우 1, 아니면 0의 값을 갖는 새로운 항목(data$value)을 추가(data$value는 numeric 변수)한다. mean(data$Sepal.Length[data$value==1])을 이용하여 평균(5.313636)을 출력하고, 이 값은 모든 데이터에 대한 평균값(5.0006)과 비교하여 높은 값을 가진다는 것을 알 수 있다. 한편, ifelse( ) 함수 이용 시 꽃받침 길이가 중앙값보다 큰 경우 TRUE, 아니면 FALSE의 값을 갖는 경우로 지정(data$value는 logical 변수)하는 경우 평균은 mean(data$Sepal.Length[data$value])로 지정하여 구할 수 있다.

```
> data <- subset(iris, Species == "setosa")
> head(data)
  Sepal.Length Sepal.Width Petal.Length Petal.Width Species
1          5.1         3.5          1.4         0.2  setosa
2          4.9         3.0          1.4         0.2  setosa
3          4.7         3.2          1.3         0.2  setosa
4          4.6         3.1          1.5         0.2  setosa
5          5.0         3.6          1.4         0.2  setosa
6          5.4         3.9          1.7         0.4  setosa
> dim(data)
[1] 50  5
> summary(data)
  Sepal.Length     Sepal.Width     Petal.Length    Petal.Width          Species
 Min.   :4.300   Min.   :2.300   Min.   :1.000   Min.   :0.100   setosa    :50
 1st Qu.:4.800   1st Qu.:3.200   1st Qu.:1.400   1st Qu.:0.200   versicolor: 0
 Median :5.000   Median :3.400   Median :1.500   Median :0.200   virginica : 0
 Mean   :5.006   Mean   :3.428   Mean   :1.462   Mean   :0.246
 3rd Qu.:5.200   3rd Qu.:3.675   3rd Qu.:1.575   3rd Qu.:0.300
 Max.   :5.800   Max.   :4.400   Max.   :1.900   Max.   :0.600
>
> data$value <- ifelse(data$Sepal.Length > median(data$Sepal.Length), 1, 0)
> head(data)
  Sepal.Length Sepal.Width Petal.Length Petal.Width Species value
1          5.1         3.5          1.4         0.2  setosa     1
2          4.9         3.0          1.4         0.2  setosa     0
3          4.7         3.2          1.3         0.2  setosa     0
4          4.6         3.1          1.5         0.2  setosa     0
5          5.0         3.6          1.4         0.2  setosa     0
6          5.4         3.9          1.7         0.4  setosa     1
> sum(data$value)
[1] 22
>
> class(data$value)
[1] "numeric"
> mean(data$Sepal.Length[data$value==1])
[1] 5.313636
>
> data$value <- ifelse(data$Sepal.Length > median(data$Sepal.Length), TRUE, FALSE)
> class(data$value)
[1] "logical"
>
> mean(data$Sepal.Length[data$value])
[1] 5.313636
> summary(data)
  Sepal.Length     Sepal.Width     Petal.Length    Petal.Width          Species        value
 Min.   :4.300   Min.   :2.300   Min.   :1.000   Min.   :0.100   setosa    :50   Mode :logical
 1st Qu.:4.800   1st Qu.:3.200   1st Qu.:1.400   1st Qu.:0.200   versicolor: 0   FALSE:28
 Median :5.000   Median :3.400   Median :1.500   Median :0.200   virginica : 0   TRUE :22
 Mean   :5.006   Mean   :3.428   Mean   :1.462   Mean   :0.246
 3rd Qu.:5.200   3rd Qu.:3.675   3rd Qu.:1.575   3rd Qu.:0.300
 Max.   :5.800   Max.   :4.400   Max.   :1.900   Max.   :0.600
```

Q-04 꽃잎의 길이(Petal.Length)가 긴 순서대로 정렬하고 상위 50개 데이터를 이용한다. Petal.Length의 길이가 긴 순서대로 상위 10개의 Petal.Length의 길이를 평균값으로 대체한 후 (평균값 대체 전 Petal.Length의 평균)－(평균값 대체 후 Petal.Length의 평균)을 구하시오.

🔒 **정답** 0.164

📋 **해설** order( )로 Petal.Length(꽃잎의 길이)의 내림차순 정렬 데이터를 저장(data)하고 상위 50개 데이터를 이용한다. 데이터 대체 전의 평균을 구하고(mean_before＝5.57), 상위 10개의 Petal.Length 길이를 평균값으로 대체 후, 평균을 구하여(mean_after) 그 차이를 출력한다.

```
> data <- iris[order(-iris$Petal.Length),]
> data <- data[1:50,]
> head(data)
    Sepal.Length Sepal.Width Petal.Length Petal.Width   Species
119          7.7         2.6          6.9         2.3 virginica
118          7.7         3.8          6.7         2.2 virginica
123          7.7         2.8          6.7         2.0 virginica
106          7.6         3.0          6.6         2.1 virginica
132          7.9         3.8          6.4         2.0 virginica
108          7.3         2.9          6.3         1.8 virginica
> dim(data)
[1] 50  5
>
> mean_before <- mean(data$Petal.Length)
> mean_before
[1] 5.57
>
> data[1:10,]
    Sepal.Length Sepal.Width Petal.Length Petal.Width   Species
119          7.7         2.6          6.9         2.3 virginica
118          7.7         3.8          6.7         2.2 virginica
123          7.7         2.8          6.7         2.0 virginica
106          7.6         3.0          6.6         2.1 virginica
132          7.9         3.8          6.4         2.0 virginica
108          7.3         2.9          6.3         1.8 virginica
110          7.2         3.6          6.1         2.5 virginica
131          7.4         2.8          6.1         1.9 virginica
136          7.7         3.0          6.1         2.3 virginica
101          6.3         3.3          6.0         2.5 virginica
>
> data$Petal.Length[1:10] <- mean_before
> data[1:10,]
    Sepal.Length Sepal.Width Petal.Length Petal.Width   Species
119          7.7         2.6         5.57         2.3 virginica
118          7.7         3.8         5.57         2.2 virginica
123          7.7         2.8         5.57         2.0 virginica
106          7.6         3.0         5.57         2.1 virginica
132          7.9         3.8         5.57         2.0 virginica
108          7.3         2.9         5.57         1.8 virginica
110          7.2         3.6         5.57         2.5 virginica
131          7.4         2.8         5.57         1.9 virginica
136          7.7         3.0         5.57         2.3 virginica
101          6.3         3.3         5.57         2.5 virginica
> mean_after <- mean(data$Petal.Length)
> mean_after
[1] 5.406
>
> print(mean_before - mean_after)
[1] 0.164
```

Q-05 품종이 (setosa, virginica)인 100개 데이터(setosa=50개, virginica=50개)를 이용한다. 꽃받침 너비(Sepal.Width) 길이가 긴 순서대로 정렬한 뒤 상위 10개의 Sepal.Width 값을 Sepal.Width의 중앙값으로 대체한다. 그리고 Sepal.Width의 이상값을 (Sepal.Width의 평균값)−IQR(Sepal.Width) 이하값으로 정의한다. 여기서 IQR은 제3사분위 값에서 제1사분위 값을 뺀 값(사분범위)이다. 이상값에 포함되지 않는 Sepal.Width의 평균을 출력하시오.

정답 3.203409

해설 subset( )으로 품종이 (setosa, virginica)인 데이터를 저장(data, 총 100개)한다. order( ) 함수를 이용하여 Sepal.Width 값을 내림차순 정렬 뒤, 상위 10개 Sepal.Width 값을 중앙값으로 대체한다. 이상값(iqr)을 구하고(iqr=2.724), Sepal.Width의 값이 iqr 이하인 행을 result에 저장한다. 이상값을 가지는 행은 12개이고 이상값에 해당되지 않은 행은 88개이며, 이상값에 해당되지 않은 Sepal.Width의 평균=3.203409이다.

```
> data <- subset(iris, Species == "setosa" | Species == "virginica")
> dim(data)
[1] 100   5
> data <- data[order(-data$Sepal.Width),]
> head(data)
   Sepal.Length Sepal.Width Petal.Length Petal.Width Species
16          5.7         4.4          1.5         0.4  setosa
34          5.5         4.2          1.4         0.2  setosa
33          5.2         4.1          1.5         0.1  setosa
15          5.8         4.0          1.2         0.2  setosa
6           5.4         3.9          1.7         0.4  setosa
17          5.4         3.9          1.3         0.4  setosa
> data[1:10,]
   Sepal.Length Sepal.Width Petal.Length Petal.Width Species
16          5.7         4.4          1.5         0.4  setosa
34          5.5         4.2          1.4         0.2  setosa
33          5.2         4.1          1.5         0.1  setosa
15          5.8         4.0          1.2         0.2  setosa
6           5.4         3.9          1.7         0.4  setosa
17          5.4         3.9          1.3         0.4  setosa
19          5.7         3.8          1.7         0.3  setosa
20          5.1         3.8          1.5         0.3  setosa
45          5.1         3.8          1.9         0.4  setosa
47          5.1         3.8          1.6         0.2  setosa
> data$Sepal.Width[1:10] <- median(data$Sepal.Width)
> data[1:10,]
   Sepal.Length Sepal.Width Petal.Length Petal.Width Species
16          5.7         3.2          1.5         0.4  setosa
34          5.5         3.2          1.4         0.2  setosa
33          5.2         3.2          1.5         0.1  setosa
15          5.8         3.2          1.2         0.2  setosa
6           5.4         3.2          1.7         0.4  setosa
17          5.4         3.2          1.3         0.4  setosa
19          5.7         3.2          1.7         0.3  setosa
20          5.1         3.2          1.5         0.3  setosa
45          5.1         3.2          1.9         0.4  setosa
47          5.1         3.2          1.6         0.2  setosa
```

```
> iqr <- mean(data$Sepal.Width) - IQR(data$Sepal.Width)
> iqr
[1] 2.724
>
> result <- data$Sepal.Width <= iqr
> sum(result)
[1] 12
>
> sum(!result)
[1] 88
> mean(data$Sepal.Width[!result])
[1] 3.203409
```

R에서 제공되는 airquality 데이터세트는 1973년 5월에서 8월까지의 뉴욕 일일 대기질 관련 데이터이며, 6개의 항목에 대해 153개의 측정 데이터를 포함한다. summary( )와 describe( ) 함수(psych 패키지 활용)를 이용하여 각 항목들에 대한 기술통계량을 확인한다. Ozone 항목은 37개의 결측값(NA's), Solar.R 항목은 7개의 결측값이 있다.

- Ozone : 평균 오존량
- Wind : 평균 풍속
- Month : 측정 월
- Solar.R : 하루 동안의 태양 복사량
- Temp : 평균 온도
- Day : 측정일

```
> head(airquality)
  Ozone Solar.R Wind Temp Month Day
1    41     190  7.4   67     5   1
2    36     118  8.0   72     5   2
3    12     149 12.6   74     5   3
4    18     313 11.5   62     5   4
5    NA      NA 14.3   56     5   5
6    28      NA 14.9   66     5   6
> summary(airquality)
     Ozone           Solar.R          Wind            Temp          Month
 Min.   :  1.00   Min.   :  7.0   Min.   : 1.700   Min.   :56.00   Min.   :5.000
 1st Qu.: 18.00   1st Qu.:115.8   1st Qu.: 7.400   1st Qu.:72.00   1st Qu.:6.000
 Median : 31.50   Median :205.0   Median : 9.700   Median :79.00   Median :7.000
 Mean   : 42.13   Mean   :185.9   Mean   : 9.958   Mean   :77.88   Mean   :6.993
 3rd Qu.: 63.25   3rd Qu.:258.8   3rd Qu.:11.500   3rd Qu.:85.00   3rd Qu.:8.000
 Max.   :168.00   Max.   :334.0   Max.   :20.700   Max.   :97.00   Max.   :9.000
 NA's   :37       NA's   :7
      Day
 Min.   : 1.0
 1st Qu.: 8.0
 Median :16.0
 Mean   :15.8
 3rd Qu.:23.0
 Max.   :31.0

> dim(airquality)
[1] 153   6

> describe(airquality)
        vars   n   mean    sd median trimmed   mad  min   max range  skew kurtosis   se
Ozone      1 116  42.13 32.99   31.5   37.80 25.95  1.0 168.0   167  1.21     1.11 3.06
Solar.R    2 146 185.93 90.06  205.0  190.34 98.59  7.0 334.0   327 -0.42    -1.00 7.45
Wind       3 153   9.96  3.52    9.7    9.87  3.41  1.7  20.7    19  0.34     0.03 0.28
Temp       4 153  77.88  9.47   79.0   78.28  8.90 56.0  97.0    41 -0.37    -0.46 0.77
Month      5 153   6.99  1.42    7.0    6.99  1.48  5.0   9.0     4  0.00    -1.32 0.11
Day        6 153  15.80  8.86   16.0   15.80 11.86  1.0  31.0    30  0.00    -1.22 0.72
```

Q-01 8월 26일의 오존량(Ozone)과 태양 복사량(Solar.R)을 출력하시오. 8월(Month＝8) 데이터를 data에 저장하고, Ozone값이 8월 26일 오존량 이상인 날(일)의 수와 Solar.R 값이 8월 26일 하루 동안의 태양 복사량 이상인 날의 수의 합계와 해당 조건을 만족하는 (오존량의 평균, 태양 복사량의 평균)을 출력하시오(단, 일수와 평균 계산 시 결측값을 제외한다).

🔒 **정답**
- 8월 26일 오존량(Ozone)＝73
- 8월 26일 태양 복사량(Solar.R)＝215
- 8월 26일 오존량 이상인 일수＝10, 평균 오존량＝100.3
- 8월 26일 태양 복사량 이상인 일수＝11, 평균 태양 복사량＝241.0909
- (오존량 이상인 일의 수)＋(태양 복사량 이상인 일의 수)＝10＋11＝21

📋 **해설** (Month＝8, Day＝26) 조건을 이용하여 8월 26일의 (평균 오존량, 태양 복사량) 값을 출력한다. subset( )으로 8월 자료(Month＝8)를 data에 저장(총 31개)하고, 해당 조건(result1, result2)을 이용하여 각각의 일수와 평균을 구한다.

```
> airquality[airquality$Month == 8 & airquality$Day == 26,]
    Ozone Solar.R Wind Temp Month Day
118    73     215    8   86     8  26
>
> airquality[airquality$Month == 8 & airquality$Day == 26,]$Ozone
[1] 73
>
> airquality[airquality$Month == 8 & airquality$Day == 26,]$Solar.R
[1] 215
>
> d1 <- airquality[airquality$Month == 8 & airquality$Day == 26,]$Ozone
> d2 <- airquality[airquality$Month == 8 & airquality$Day == 26,]$Solar.R
>
> data <- subset(airquality, airquality$Month == 8)
> head(data)
    Ozone Solar.R Wind Temp Month Day
93     39      83  6.9   81     8   1
94      9      24 13.8   81     8   2
95     16      77  7.4   82     8   3
96     78      NA  6.9   86     8   4
97     35      NA  7.4   85     8   5
98     66      NA  4.6   87     8   6
> nrow(data)
[1] 31
> dim(data)
[1] 31  6
> result1 <- data$Ozone >= d1
> result1
 [1] FALSE FALSE FALSE  TRUE FALSE FALSE  TRUE  TRUE  TRUE    NA    NA FALSE FALSE FALSE    NA
[16] FALSE FALSE FALSE FALSE FALSE FALSE FALSE    NA FALSE  TRUE  TRUE    NA  TRUE  TRUE  TRUE
[31]  TRUE
> sum(result1, na.rm=TRUE)
[1] 10

> print(mean(data$Ozone[result1], na.rm=TRUE))
[1] 100.3

> result2 <- data$Solar.R >= d2
> sum(result2, na.rm=TRUE)
[1] 11
> print(mean(data$Solar.R[result2], na.rm=TRUE))
[1] 241.0909
> print(sum(result1, na.rm=TRUE)+sum(result2, na.rm=TRUE))
[1] 21
```

Q-02 Ozone 항목의 결측값을 제거하고, Solar.R 항목(하루 동안의 태양 복사량)의 결측값을 중앙값으로 대체 후, (중앙값 대체 전 Solar.R의 표준편차)−(중앙값 대체 후 Solar.R의 표준편차)의 값을 구하시오.

정답 1.888685

해설 subset( )으로 Ozone 항목의 결측값을 제외한 데이터를 저장(총 116개의 행)한다. summary( ) 함수를 수행하여 Ozone 항목의 결측값이 모두 제거되었고 Solar.R 항목에서 5개의 결측값(NA's)이 있음을 확인한다. Solar.R 항목에 대해 결측값을 대체하기 전 표준편차(sd_before)는 91.15230이고 중앙값=207이다. ifelse( ) 함수를 이용하여 결측값을 중앙값(median)으로 대체한 후 표준편차는 89.26362이다. 따라서 (중앙값 대체 전 Solar.R의 표준편차)−(중앙값 대체 후 Solar.R의 표준편차) = 91.1523−89.26362 = 1.8886850|다.

```
> data <- subset(airquality, Ozone != is.na(Ozone))
> head(data)
  Ozone Solar.R Wind Temp Month Day
1    41     190  7.4   67     5   1
2    36     118  8.0   72     5   2
3    12     149 12.6   74     5   3
4    18     313 11.5   62     5   4
6    28      NA 14.9   66     5   6
7    23     299  8.6   65     5   7
> summary(data)
     Ozone           Solar.R          Wind            Temp           Month
 Min.   :  1.00   Min.   :  7.0   Min.   : 2.300   Min.   :57.00   Min.   :5.000
 1st Qu.: 18.00   1st Qu.:113.5   1st Qu.: 7.400   1st Qu.:71.00   1st Qu.:6.000
 Median : 31.50   Median :207.0   Median : 9.700   Median :79.00   Median :7.000
 Mean   : 42.13   Mean   :184.8   Mean   : 9.862   Mean   :77.87   Mean   :7.198
 3rd Qu.: 63.25   3rd Qu.:255.5   3rd Qu.:11.500   3rd Qu.:85.00   3rd Qu.:8.250
 Max.   :168.00   Max.   :334.0   Max.   :20.700   Max.   :97.00   Max.   :9.000
                  NA's   :5
      Day
 Min.   : 1.00
 1st Qu.: 8.00
 Median :16.00
 Mean   :15.53
 3rd Qu.:22.00
 Max.   :31.00
> dim(data)
[1] 116   6
```

```
> sd_before <- sd(data$Solar.R, na.rm = TRUE)
> sd_before
[1] 91.1523
>
> median <- median(data$Solar.R, na.rm = TRUE)
> median
[1] 207
>
> data$Solar.R <- ifelse(is.na(data$Solar.R), median, data$Solar.R)
> summary(data)
      Ozone             Solar.R           Wind             Temp             Month
 Min.   :  1.00    Min.   :  7.0    Min.   : 2.300   Min.   :57.00    Min.   :5.000
 1st Qu.: 18.00    1st Qu.:117.2    1st Qu.: 7.400   1st Qu.:71.00    1st Qu.:6.000
 Median : 31.50    Median :207.0    Median : 9.700   Median :79.00    Median :7.000
 Mean   : 42.13    Mean   :185.8    Mean   : 9.862   Mean   :77.87    Mean   :7.198
 3rd Qu.: 63.25    3rd Qu.:254.2    3rd Qu.:11.500   3rd Qu.:85.00    3rd Qu.:8.250
 Max.   :168.00    Max.   :334.0    Max.   :20.700   Max.   :97.00    Max.   :9.000
      Day
 Min.   : 1.00
 1st Qu.: 8.00
 Median :16.00
 Mean   :15.53
 3rd Qu.:22.00
 Max.   :31.00
> sd_after <- sd(data$Solar.R)
> sd_after
[1] 89.26362
>
> print(sd_before-sd_after)
[1] 1.888685
```

Q-03 태양 복사열의 양(Solar.R)을 내림차순 정렬한 후 전체 자료들 중 80%의 자료(122개)를 저장(data)한다. data를 이용하여 Ozone 항목의 결측값을 Ozone 항목의 평균값으로 대체한 후 Ozone 항목에 대하여 (평균값 대체 전 중앙값)−(평균값 대체 후 중앙값)을 출력하시오.

🔒 **정답** −10.65217

📋 **해설** order( ) 함수를 이용하여 Solar.R 항목을 내림차순 정렬하고 80%의 데이터를 저장한다. 평균값으로 대체하기 전 중앙값(median_before=37)을 구하고 평균(47.65217)을 결측값으로 대체(ifelse( ) 함수 이용)한 후 중앙값 (47.65217)을 구한다. (평균값 대체 전 중앙값)−(평균값 대체 후 중앙값)=37−47.65217=−10.65217이다.

```
> data <- airquality[order(-airquality$Solar.R),]
> head(data)
   Ozone Solar.R Wind Temp Month Day
16    14     334 11.5   64     5  16
45    NA     332 13.8   80     6  14
41    39     323 11.5   87     6  10
19    30     322 11.5   68     5  19
46    NA     322 11.5   79     6  15
22    11     320 16.6   73     5  22
> summary(data)
     Ozone          Solar.R          Wind            Temp          Month            Day
 Min.   :  1.00   Min.   :  7.0   Min.   : 1.700   Min.   :56.00   Min.   :5.000   Min.   : 1.0
 1st Qu.: 18.00   1st Qu.:115.8   1st Qu.: 7.400   1st Qu.:72.00   1st Qu.:6.000   1st Qu.: 8.0
 Median : 31.50   Median :205.0   Median : 9.700   Median :79.00   Median :7.000   Median :16.0
 Mean   : 42.13   Mean   :185.9   Mean   : 9.958   Mean   :77.88   Mean   :6.993   Mean   :15.8
 3rd Qu.: 63.25   3rd Qu.:258.8   3rd Qu.:11.500   3rd Qu.:85.00   3rd Qu.:8.000   3rd Qu.:23.0
 Max.   :168.00   Max.   :334.0   Max.   :20.700   Max.   :97.00   Max.   :9.000   Max.   :31.0
 NA's   :37       NA's   :7
> data <- data[1:(nrow(data)*0.8),]
> summary(data)
     Ozone          Solar.R          Wind            Temp          Month            Day
 Min.   :  6.00   Min.   : 78.0   Min.   : 2.300   Min.   :57.00   Min.   :5.000   Min.   : 1.00
 1st Qu.: 21.00   1st Qu.:169.0   1st Qu.: 7.400   1st Qu.:75.00   1st Qu.:6.000   1st Qu.: 8.00
 Median : 37.00   Median :224.5   Median : 9.700   Median :81.00   Median :7.000   Median :15.00
 Mean   : 47.65   Mean   :214.9   Mean   : 9.765   Mean   :79.63   Mean   :7.049   Mean   :15.60
 3rd Qu.: 71.50   3rd Qu.:264.0   3rd Qu.:11.500   3rd Qu.:86.00   3rd Qu.:8.000   3rd Qu.:23.75
 Max.   :168.00   Max.   :334.0   Max.   :20.700   Max.   :97.00   Max.   :9.000   Max.   :31.00
 NA's   :30
> dim(data)
[1] 122   6
>
> median_before <- median(data$Ozone, na.rm=TRUE)
> median_before
[1] 37
>
> mean <- mean(data$Ozone, na.rm=TRUE)
> mean
[1] 47.65217
>
> data$Ozone <- ifelse(is.na(data$Ozone), mean, data$Ozone)
> summary(data)
     Ozone          Solar.R          Wind            Temp          Month            Day
 Min.   :  6.00   Min.   : 78.0   Min.   : 2.300   Min.   :57.00   Min.   :5.000   Min.   : 1.00
 1st Qu.: 24.75   1st Qu.:169.0   1st Qu.: 7.400   1st Qu.:75.00   1st Qu.:6.000   1st Qu.: 8.00
 Median : 47.65   Median :224.5   Median : 9.700   Median :81.00   Median :7.000   Median :15.00
 Mean   : 47.65   Mean   :214.9   Mean   : 9.765   Mean   :79.63   Mean   :7.049   Mean   :15.60
 3rd Qu.: 51.50   3rd Qu.:264.0   3rd Qu.:11.500   3rd Qu.:86.00   3rd Qu.:8.000   3rd Qu.:23.75
 Max.   :168.00   Max.   :334.0   Max.   :20.700   Max.   :97.00   Max.   :9.000   Max.   :31.00
>
> median_after <- median(data$Ozone)
> median_after
[1] 47.65217
>
> print(median_before - median_after)
[1] -10.65217
```

Q-04 결측값이 모두 제거된 데이터를 이용하여 Ozone 항목에 대해 quantile( ) 함수로 사분위수를 구한다. Ozone 항목에 대한 상위 25% 이상의 값과 하위 25% 이하의 값을 모두 0으로 대체하고, 대체된 데이터세트를 이용하여 Ozone 항목에 대한 (평균)＋(표준편차)의 값을 출력하시오.

🔓 **정답** 34.53803

📋 **해설** na.omit( )으로 결측값 제거 후 quantile( ) 함수를 이용하여 Ozone 항목에 대한 사분위(q)를 구한다. q[2]는 하위 25%의 값(18), q[4]는 상위 25%의 값(62)이며, ifelse( )로 해당 값을 만족하는 Ozone 항목을 0으로 대체한다. 대체된 데이터세트를 이용하여 평균＋표준편차＝mean(data$Ozone)＋sd(data$Ozone) 값을 출력한다.

```
> data <- na.omit(airquality)
> summary(data)
     Ozone           Solar.R           Wind            Temp           Month           Day
 Min.   :  1.0   Min.   :  7.0   Min.   : 2.30   Min.   :57.00   Min.   :5.000   Min.   : 1.00
 1st Qu.: 18.0   1st Qu.:113.5   1st Qu.: 7.40   1st Qu.:71.00   1st Qu.:6.000   1st Qu.: 9.00
 Median : 31.0   Median :207.0   Median : 9.70   Median :79.00   Median :7.000   Median :16.00
 Mean   : 42.1   Mean   :184.8   Mean   : 9.94   Mean   :77.79   Mean   :7.216   Mean   :15.95
 3rd Qu.: 62.0   3rd Qu.:255.5   3rd Qu.:11.50   3rd Qu.:84.50   3rd Qu.:9.000   3rd Qu.:22.50
 Max.   :168.0   Max.   :334.0   Max.   :20.70   Max.   :97.00   Max.   :9.000   Max.   :31.00
>
> q <- quantile(data$Ozone)
> q
  0%  25%  50%  75% 100%
   1   18   31   62  168
>
> str(q)
 Named num [1:5] 1 18 31 62 168
 - attr(*, "names")= chr [1:5] "0%" "25%" "50%" "75%" ...
>
> data$Ozone <- ifelse(data$Ozone >= q[4] |
+ data$Ozone <= q[2],
+ 0, data$Ozone)
>
> summary(data)
     Ozone           Solar.R           Wind            Temp           Month           Day
 Min.   : 0.00   Min.   :  7.0   Min.   : 2.30   Min.   :57.00   Min.   :5.000   Min.   : 1.00
 1st Qu.: 0.00   1st Qu.:113.5   1st Qu.: 7.40   1st Qu.:71.00   1st Qu.:6.000   1st Qu.: 9.00
 Median : 0.00   Median :207.0   Median : 9.70   Median :79.00   Median :7.000   Median :16.00
 Mean   :15.83   Mean   :184.8   Mean   : 9.94   Mean   :77.79   Mean   :7.216   Mean   :15.95
 3rd Qu.:30.50   3rd Qu.:255.5   3rd Qu.:11.50   3rd Qu.:84.50   3rd Qu.:9.000   3rd Qu.:22.50
 Max.   :61.00   Max.   :334.0   Max.   :20.70   Max.   :97.00   Max.   :9.000   Max.   :31.00
>
> print(mean(data$Ozone) + sd(data$Ozone))
[1] 34.53803
```

Q-05 하루 동안의 태양열 복사량(Solar.R)의 결측값을 Solar.R의 중앙값(결측값을 제외하여 구한 중앙값)으로 대체한다. 대체된 데이터세트를 이용하여 ((평균)−1.1×IQR, (평균)+1.1× IQR))의 범위에 존재하는 Solar.R의 평균을 출력하시오.

정답 202.1143

해설 결측값을 제외한 Solar.R의 중앙값은 205이고, 결측값(7개)을 중앙값으로 대체 후, r1 = (평균) − 1.1×IQR = 37.20392, r2 = (평균)+1.1×IQR = 336.4039이다. 해당 범위에 포함되는 레코드는 140개이며, 평균은 202.1143이다.

```
> median <- median(airquality$Solar.R, na.rm=TRUE)
> median
[1] 205
> data <- airquality
> summary(data)
     Ozone            Solar.R           Wind             Temp           Month
 Min.   :  1.00   Min.   :  7.0   Min.   : 1.700   Min.   :56.00   Min.   :5.000
 1st Qu.: 18.00   1st Qu.:115.8   1st Qu.: 7.400   1st Qu.:72.00   1st Qu.:6.000
 Median : 31.50   Median :205.0   Median : 9.700   Median :79.00   Median :7.000
 Mean   : 42.13   Mean   :185.9   Mean   : 9.958   Mean   :77.88   Mean   :6.993
 3rd Qu.: 63.25   3rd Qu.:258.8   3rd Qu.:11.500   3rd Qu.:85.00   3rd Qu.:8.000
 Max.   :168.00   Max.   :334.0   Max.   :20.700   Max.   :97.00   Max.   :9.000
 NA's   :37       NA's   :7
      Day
 Min.   : 1.0
 1st Qu.: 8.0
 Median :16.0
 Mean   :15.8
 3rd Qu.:23.0
 Max.   :31.0

>
> data$Solar.R <- ifelse(is.na(data$Solar.R), median, data$Solar.R)
> summary(data)
     Ozone            Solar.R           Wind             Temp           Month
 Min.   :  1.00   Min.   :  7.0   Min.   : 1.700   Min.   :56.00   Min.   :5.000
 1st Qu.: 18.00   1st Qu.:120.0   1st Qu.: 7.400   1st Qu.:72.00   1st Qu.:6.000
 Median : 31.50   Median :205.0   Median : 9.700   Median :79.00   Median :7.000
 Mean   : 42.13   Mean   :186.8   Mean   : 9.958   Mean   :77.88   Mean   :6.993
 3rd Qu.: 63.25   3rd Qu.:256.0   3rd Qu.:11.500   3rd Qu.:85.00   3rd Qu.:8.000
 Max.   :168.00   Max.   :334.0   Max.   :20.700   Max.   :97.00   Max.   :9.000
 NA's   :37
      Day
 Min.   : 1.0
 1st Qu.: 8.0
 Median :16.0
 Mean   :15.8
 3rd Qu.:23.0
 Max.   :31.0
> r1 <- mean(data$Solar.R) - 1.1 * IQR(data$Solar.R)
> r1
[1] 37.20392
>
> r2 <- mean(data$Solar.R) + 1.1 * IQR(data$Solar.R)
> r2
[1] 336.4039
>
> result <- data$Solar.R >= r1 & data$Solar.R <= r2
> sum(result)
[1] 140
>
> print(mean(data$Solar.R[result]))
[1] 202.1143
```

ggplot2 패키지를 설치하여 diamonds 데이터세트를 이용한다. 다이아몬드와 관련된 10개 항목에 대한 53,940 개의 데이터를 포함한다.

- carat : 다이아몬드의 무게
- color : 색상
- depth : 깊이의 비율
- price : 가격
- y : 너비

- cut : 커팅의 가치
- clarity : 투명도
- table : 너비의 비율
- x : 길이
- z : 깊이

```
> head(diamonds)
# A tibble: 6 x 10
  carat cut       color clarity depth table price     x     y     z
  <dbl> <ord>     <ord> <ord>   <dbl> <dbl> <int> <dbl> <dbl> <dbl>
1  0.23 Ideal     E     SI2      61.5    55   326  3.95  3.98  2.43
2  0.21 Premium   E     SI1      59.8    61   326  3.89  3.84  2.31
3  0.23 Good      E     VS1      56.9    65   327  4.05  4.07  2.31
4  0.29 Premium   I     VS2      62.4    58   334  4.2   4.23  2.63
5  0.31 Good      J     SI2      63.3    58   335  4.34  4.35  2.75
6  0.24 Very Good J     VVS2     62.8    57   336  3.94  3.96  2.48
> summary(diamonds)
     carat               cut           color        clarity          depth           table
 Min.   :0.2000   Fair     : 1610   D: 6775   SI1    :13065   Min.   :43.00   Min.   :43.00
 1st Qu.:0.4000   Good     : 4906   E: 9797   VS2    :12258   1st Qu.:61.00   1st Qu.:56.00
 Median :0.7000   Very Good:12082   F: 9542   SI2    : 9194   Median :61.80   Median :57.00
 Mean   :0.7979   Premium  :13791   G:11292   VS1    : 8171   Mean   :61.75   Mean   :57.46
 3rd Qu.:1.0400   Ideal    :21551   H: 8304   VVS2   : 5066   3rd Qu.:62.50   3rd Qu.:59.00
 Max.   :5.0100                     I: 5422   VVS1   : 3655   Max.   :79.00   Max.   :95.00
                                    J: 2808   (Other): 2531
     price             x               y               z
 Min.   :  326   Min.   : 0.000   Min.   : 0.000   Min.   : 0.000
 1st Qu.:  950   1st Qu.: 4.710   1st Qu.: 4.720   1st Qu.: 2.910
 Median : 2401   Median : 5.700   Median : 5.710   Median : 3.530
 Mean   : 3933   Mean   : 5.731   Mean   : 5.735   Mean   : 3.539
 3rd Qu.: 5324   3rd Qu.: 6.540   3rd Qu.: 6.540   3rd Qu.: 4.040
 Max.   :18823   Max.   :10.740   Max.   :58.900   Max.   :31.800

> describe(diamonds)
          vars     n    mean      sd  median  trimmed     mad   min      max    range  skew
carat        1 53940    0.80    0.47    0.70     0.73    0.47   0.2     5.01     4.81  1.12
cut*         2 53940    3.90    1.12    4.00     4.04    1.48   1.0     5.00     4.00 -0.72
color*       3 53940    3.59    1.70    4.00     3.55    1.48   1.0     7.00     6.00  0.19
clarity*     4 53940    4.05    1.65    4.00     3.91    1.48   1.0     8.00     7.00  0.55
depth        5 53940   61.75    1.43   61.80    61.78    1.04  43.0    79.00    36.00 -0.08
table        6 53940   57.46    2.23   57.00    57.32    1.48  43.0    95.00    52.00  0.80
price        7 53940 3932.80 3989.44 2401.00  3158.99 2475.94 326.0 18823.00 18497.00  1.62
x            8 53940    5.73    1.12    5.70     5.66    1.38   0.0    10.74    10.74  0.38
y            9 53940    5.73    1.14    5.71     5.66    1.36   0.0    58.90    58.90  2.43
z           10 53940    3.54    0.71    3.53     3.49    0.85   0.0    31.80    31.80  1.52

          kurtosis    se
carat         1.26  0.00
cut*         -0.40  0.00
color*       -0.87  0.01
clarity*     -0.39  0.01
depth         5.74  0.01
table         2.80  0.01
price         2.18 17.18
x            -0.62  0.00
y            91.20  0.00
z            47.08  0.00
> dim(diamonds)
[1] 53940    10
```

Q-01 가격(price) 기준으로 상위 200개 데이터(data)를 이용한다. data에서 cut＝ Premium인 다이아몬드들의 평균 가격을 출력하시오.

🔒 **정답** 18,525.99

📋 **해설** order( )로 가격을 내림차순 정렬하고 상위 200 순위에 해당되는 가격에 대한 행 자료를 저장(data)한다. sub－set( ) 함수를 이용하여 cut＝"Premium"인 데이터를 data_subset에 저장한 후 총 68개의 자료에서 가격의 평균(mean[data_subset$price])을 구한다.

```
> data <- diamonds[order(-diamonds$price),]
> head(data)
# A tibble: 6 x 10
  carat cut         color clarity depth table price     x    y     z
  <dbl> <ord>       <ord> <ord>   <dbl> <dbl> <int> <dbl> <dbl> <dbl>
1  2.29 Premium     I     VS2      60.8    60 18823   8.5  8.47  5.16
2  2    Very Good G     SI1      63.5    56 18818   7.9  7.97  5.04
3  1.51 Ideal       G     IF       61.7    55 18806  7.37  7.41  4.56
4  2.07 Ideal       G     SI2      62.5    55 18804   8.2  8.13  5.11
5  2    Very Good H     SI1      62.8    57 18803  7.95  8     5.01
6  2.29 Premium     I     SI1      61.8    59 18797  8.52  8.45  5.24
> dim(data)
[1] 53940    10
> data <- data[1:200,]
> dim(data)
[1] 200  10

> data_subset <- subset(data, cut == "Premium")
> head(data_subset)
# A tibble: 6 x 10
  carat cut       color clarity depth table price     x    y     z
  <dbl> <ord>     <ord> <ord>   <dbl> <dbl> <int> <dbl> <dbl> <dbl>
1  2.29 Premium I     VS2      60.8    60 18823   8.5  8.47  5.16
2  2.29 Premium I     SI1      61.8    59 18797  8.52  8.45  5.24
3  2.04 Premium H     SI1      58.1    60 18795  8.37  8.28  4.84
4  2    Premium I     VS1      60.8    59 18795  8.13  8.02  4.91
5  1.71 Premium F     VS2      62.3    59 18791  7.57  7.53  4.7
6  2.05 Premium F     SI2      60.2    59 18784  8.28  8.33  5
> dim(data_subset)
[1] 68 10
> mean(data_subset$price)
[1] 18525.99
> summary(data_subset)
     carat            cut         color     clarity        depth           table
 Min.   :1.070   Fair     : 0   D: 3   SI2    :20   Min.   :58.10   Min.   :55.00
 1st Qu.:2.007   Good     : 0   E: 5   SI1    :18   1st Qu.:60.30   1st Qu.:58.00
 Median :2.070   Very Good: 0   F:13   VS2    :16   Median :61.20   Median :59.00
 Mean   :2.153   Premium  :68   G:10   VS1    : 8   Mean   :60.98   Mean   :58.71
 3rd Qu.:2.290   Ideal    : 0   H:12   VVS2   : 3   3rd Qu.:61.80   3rd Qu.:60.00
 Max.   :3.510                  I:15   IF     : 3   Max.   :63.00   Max.   :62.00
                                J:10   (Other): 0
     price             x               y               z
 Min.   :18252   Min.   :6.670   Min.   :6.570   Min.   :4.030
 1st Qu.:18376   1st Qu.:8.107   1st Qu.:8.047   1st Qu.:4.940
 Median :18490   Median :8.275   Median :8.235   Median :5.025
 Mean   :18526   Mean   :8.316   Mean   :8.275   Mean   :5.058
 3rd Qu.:18702   3rd Qu.:8.540   3rd Qu.:8.500   3rd Qu.:5.200
 Max.   :18823   Max.   :9.660   Max.   :9.630   Max.   :6.030
```

Q-02 다이아몬드 깊이와 너비의 비율이 각각 60% 이상인 데이터를 이용한다. 데이터들 중 가격이 높은 순서대로 상위 100개의 데이터들 중에서 다이아몬드 가격의 (최댓값)−(최솟값)을 구하시오.

🔒 **정답** 1,644

📋 **해설** subset( )으로 다이아몬드 깊이(depth)와 너비(table)의 비율이 60% 이상인 데이터를 저장(총 6,400개)한다. 가격을 높은 순서대로 정렬한 후 최솟값(min)과 최댓값(max)을 구하고 그 차이(max−min)를 출력한다.

```
> data <- subset(diamonds, depth >= 60 & table >= 60)
> dim(data)
[1] 6400   10
> data <- data[order(-data$price),]
> head(data)
# A tibble: 6 x 10
  carat cut       color clarity depth table price     x     y     z
  <dbl> <ord>     <ord> <ord>   <dbl> <dbl> <int> <dbl> <dbl> <dbl>
1  2.29 Premium   I     VS2      60.8    60 18823  8.5   8.47  5.16
2  2.03 Very Good H     SI1      63      60 18781  8     7.93  5.02
3  2.55 Premium   I     VS1      61.8    62 18766  8.7   8.65  5.36
4  1.72 Premium   G     VVS2     61.8    60 18730  7.65  7.68  4.74
5  2.18 Premium   F     SI1      61.2    60 18717  8.38  8.3   5.1
6  2.07 Good      I     VS2      61.8    61 18707  8.12  8.16  5.03
> min <- min(data$price[1:100])
> min
[1] 17179
> max <- max(data$price[1:100])
> max
[1] 18823
>
> print(max-min)
[1] 1644
```

Q-03 cut=Ideal인 데이터를 이용한다. 다이아몬드의 (길이, 너비, 깊이)=(x, y, z)와 가격(price) 사이의 상관계수를 구하고, 결과 파일의 마지막 열(항목)에 상관계수의 최댓값을 구하여 그 결과를 cor.csv 파일로 저장하시오.

🔒 **정답** (길이, 너비, 깊이)=(x, y, z)와 가격(price) 사이의 상관계수

(x, price)	(y, price)	(z, price)	최댓값
0.8952186	0.8830704	0.8931604	0.8952186

📋 **해설** subset( )으로 cut=Ideal인 데이터를 저장(data, 총 21,551개)한다. cor( ) 함수를 이용하여 (x, y, z)와 가격(price) 사이의 상관계수와 상관계수의 최댓값을 구하고 데이터 프레임 함수(data.frame( ))를 이용하여 결과값을 저장(result)한다. 작업영역 지정(setwd( )) 후, write.csv( ) 함수를 이용하여 결과 파일을 저장한다. plot( ) 함수를 이용하여 결과를 확인하면, 다이아몬드의 길이(x)가 다른 변수와 비교하여 가격 항목과의 상관계수가 다소 큰 것을 확인할 수 있다.

```
> data <- subset(diamonds, cut == "Ideal")
> head(data)
# A tibble: 6 x 10
  carat cut   color clarity depth table price     x     y     z
  <dbl> <ord> <ord> <ord>   <dbl> <dbl> <int> <dbl> <dbl> <dbl>
1  0.23 Ideal E     SI2      61.5    55   326  3.95  3.98  2.43
2  0.23 Ideal J     VS1      62.8    56   340  3.93  3.9   2.46
3  0.31 Ideal J     SI2      62.2    54   344  4.35  4.37  2.71
4  0.3  Ideal I     SI2      62      54   348  4.31  4.34  2.68
5  0.33 Ideal I     SI2      61.8    55   403  4.49  4.51  2.78
6  0.33 Ideal I     SI2      61.2    56   403  4.49  4.5   2.75
> nrow(data)
[1] 21551
> c1 <- cor(data$x, data$price)
> c1
[1] 0.8952186
> c2 <- cor(data$y, data$price)
> c2
[1] 0.8830704
> c3 <- cor(data$z, data$price)
> c3
[1] 0.8931604
>
> result <- data.frame(c1, c2, c3)
> result
         c1        c2        c3
1 0.8952186 0.8830704 0.8931604
>
> result$max_cor <- max(result)
> result
         c1        c2        c3   max_cor
1 0.8952186 0.8830704 0.8931604 0.8952186
>
> setwd("C:/workr")
> write.csv(result, "cor.csv", row.names=TRUE)
>
> check <- read.csv("cor.csv", header=T, fileEncoding="EUC-KR")
> check
  X        c1        c2        c3   max_cor
1 1 0.8952186 0.8830704 0.8931604 0.8952186
> View(check)
```

	X	c1	c2	c3	max_cor
1	1	0.8952186	0.8830704	0.8931604	0.8952186

```
> par(mfrow=c(1,3))
> plot(data$x, data$price, type="p")
> plot(data$y, data$price, type="l")
> plot(data$z, data$price, type="b")
```

Q-04 cut＝Very Good인 데이터를 이용한다. 가격(price)에 대한 이상값의 평균을 출력하시오[단, 이상값은 중위수(median, 중앙값)에서 IQR의 1.5배를 초과하는 값으로 정의한다].

🔒 **정답** 13,144.55

📋 **해설** subset( ) 함수를 이용하여 cut＝Very Good인 데이터를 저장(data, 총 12,082개)한다. 가격에 대한 이상값의 조건을 저장(check)하고 해당 조건을 만족하는 다이아몬드 1,288개에 대한 가격의 평균(13,144.55)을 출력한다.

```
> data <- subset(diamonds, cut == "Very Good")
> head(data)
# A tibble: 6 x 10
  carat cut       color clarity depth table price     x     y     z
  <dbl> <ord>     <ord> <ord>   <dbl> <dbl> <int> <dbl> <dbl> <dbl>
1  0.24 Very Good J     VVS2     62.8    57   336  3.94  3.96  2.48
2  0.24 Very Good I     VVS1     62.3    57   336  3.95  3.98  2.47
3  0.26 Very Good H     SI1      61.9    55   337  4.07  4.11  2.53
4  0.23 Very Good H     VS1      59.4    61   338  4     4.05  2.39
5  0.3  Very Good J     SI1      62.7    59   351  4.21  4.27  2.66
6  0.23 Very Good E     VS2      63.8    55   352  3.85  3.92  2.48
> dim(data)
[1] 12082    10
>
> summary(data)
     carat                cut           color         clarity         depth
 Min.   :0.2000   Fair      :    0   D:1513   SI1    :3240   Min.   :56.80
 1st Qu.:0.4100   Good      :    0   E:2400   VS2    :2591   1st Qu.:60.90
 Median :0.7100   Very Good:12082   F:2164   SI2    :2100   Median :62.10
 Mean   :0.8064   Premium   :    0   G:2299   VS1    :1775   Mean   :61.82
 3rd Qu.:1.0200   Ideal     :    0   H:1824   VVS2   :1235   3rd Qu.:62.90
 Max.   :4.0000                      I:1204   VVS1   : 789   Max.   :64.90
                                     J: 678   (Other): 352
     table           price              x                y
 Min.   :44.00   Min.   :  336   Min.   : 0.000   Min.   :0.00
 1st Qu.:56.00   1st Qu.:  912   1st Qu.: 4.750   1st Qu.:4.77
 Median :58.00   Median : 2648   Median : 5.740   Median :5.77
 Mean   :57.96   Mean   : 3982   Mean   : 5.741   Mean   :5.77
 3rd Qu.:59.00   3rd Qu.: 5373   3rd Qu.: 6.470   3rd Qu.:6.51
 Max.   :66.00   Max.   :18818   Max.   :10.010   Max.   :9.94

       z
 Min.   : 0.00
 1st Qu.: 2.95
 Median : 3.56
 Mean   : 3.56
 3rd Qu.: 4.02
 Max.   :31.80

> check <- data$price >= (median(data$price)+1.5*IQR(data$price))
> sum(check)
[1] 1288
>
> mean(data$price[check])
[1] 13144.55
```

Q-05 다이아몬드의 무게(carat)가 1 이상이고 cut＝Premium인 데이터를 이용한다. 가격을 높은 순서로 정렬한 뒤 가격 상위 100개의 다이아몬드 자료를 저장(data)한다. 100개의 행으로 구성된 data에서 다이아몬드의 색상(color)이 (F, G, H)에 대한 비율을 각각 구하고 최대 비율값을 새로운 열로 추가하여 color.csv 파일로 저장하시오.

🔒 정답 다이아몬드의 색상(color)에 대한 비율과 최대 비율값

F	G	H	최대 비율값
0.18	0.14	0.22	0.22

📋 해설 subset( )으로 carat이 1 이상이고 cut＝Premium인 자료를 확인하고, 가격을 내림차순 정렬하여 가격 순위 상위 100개의 자료를 저장(data)한다. 다이아몬드의 색상 (F, G, H)에 대한 비율을 각각 구하고 최댓값을 구하여 새로운 열로 추가한 후 데이터 프레임으로 저장한다. 작업영역 지정(setwd( ))후, 결과 파일을 color.csv 파일로 저장한다.

```
> data <- subset(diamonds, carat >=1 & cut == "Premium")
> head(data)
# A tibble: 6 x 10
  carat cut     color clarity depth table price     x     y     z
  <dbl> <ord>   <ord> <ord>   <dbl> <dbl> <int> <dbl> <dbl> <dbl>
1  1.01 Premium F     I1       61.8    60  2781  6.39  6.36  3.94
2  1.01 Premium H     SI2      62.7    59  2788  6.31  6.22  3.93
3  1    Premium I     SI2      58.2    60  2795  6.61  6.55  3.83
4  1.04 Premium G     I1       62.2    58  2801  6.46  6.41  4
5  1    Premium J     SI2      62.3    58  2801  6.45  6.34  3.98
6  1.02 Premium G     I1       60.3    58  2815  6.55  6.5   3.94
> nrow(data)
[1] 6191
>
> data <- data[order(-data$price),][1:100,]
> head(data)
# A tibble: 6 x 10
  carat cut     color clarity depth table price     x     y     z
  <dbl> <ord>   <ord> <ord>   <dbl> <dbl> <int> <dbl> <dbl> <dbl>
1  2.29 Premium I     VS2      60.8    60 18823  8.5   8.47  5.16
2  2.29 Premium I     SI1      61.8    59 18797  8.52  8.45  5.24
3  2.04 Premium H     SI1      58.1    60 18795  8.37  8.28  4.84
4  2    Premium I     VS1      60.8    59 18795  8.13  8.02  4.91
5  1.71 Premium F     VS2      62.3    59 18791  7.57  7.53  4.7
6  2.05 Premium F     SI2      60.2    59 18784  8.28  8.33  5
> nrow(data)
[1] 100
```

유형별 단원종합문제 – 작업형 제1유형 **117**

```
> summary(data)
      carat                  cut         color       clarity         depth
 Min.   :1.070   Fair     :  0    D: 4   SI2    :32    Min.   :58.10
 1st Qu.:2.018   Good     :  0    E: 9   VS2    :26    1st Qu.:60.50
 Median :2.070   Very Good:  0    F:18   SI1    :25    Median :61.20
 Mean   :2.147   Premium  :100    G:14   VS1    :10    Mean   :61.13
 3rd Qu.:2.290   Ideal    :  0    H:22   IF     : 4    3rd Qu.:62.10
 Max.   :3.510                    I:22   VVS2   : 3    Max.   :63.00
                                  J:11   (Other): 0
      table            price              x                 y
 Min.   :53.00   Min.   :18007    Min.   :0.000    Min.   :0.000
 1st Qu.:58.00   1st Qu.:18207    1st Qu.:8.100    1st Qu.:8.040
 Median :59.00   Median :18388    Median :8.220    Median :8.205
 Mean   :58.77   Mean   :18401    Mean   :8.220    Mean   :8.175
 3rd Qu.:60.00   3rd Qu.:18601    3rd Qu.:8.505    3rd Qu.:8.482
 Max.   :62.00   Max.   :18823    Max.   :9.660    Max.   :9.630


        z
 Min.   :0.000
 1st Qu.:4.940
 Median :5.035
 Mean   :4.958
 3rd Qu.:5.180
 Max.   :6.030
```

```
> f <- sum(data$color=="F") / nrow(data)
> f
[1] 0.18
>
> g <- sum(data$color=="G") / nrow(data)
> g
[1] 0.14
>
> h <- sum(data$color=="H") / nrow(data)
> h
[1] 0.22
>
> result <- data.frame(f, g, h, max(f, g, h))
> result
     f    g    h max.f..g..h.
1 0.18 0.14 0.22         0.22
>
> setwd("C:/workr")
> write.csv(result, "color.csv", row.names=FALSE)
>
> check <- read.csv("color.csv", header=T, fileEncoding="EUC-KR")
> check
     f    g    h max.f..g..h.
1 0.18 0.14 0.22         0.22
> View(check)
```

R Data: check			
	f	g	h	max.f..g..h.
1	0.18	0.14	0.22	0.22

Q-01 R의 MASS 패키지에서 제공되는 보스턴(Boston) 데이터세트는 보스턴 지역의 범죄율, 학생·교수 비율, 주택가격 등과 관련된 데이터로서 총 14개 항목에 대한 506개 지역의 레코드를 포함한다. 다음 수행 결과를 출력하시오.

(1) 보스턴 지역의 주택가격(Boston$medv) 항목에 대해 주택가격이 가장 높은 상위 20개 지역의 주택가격을 출력하시오.

(2) 주택가격이 가장 높은(주택가격의 최댓값을 나타내는) 지역의 주택가격을 (주택가격의 중앙값(median))으로 모두 대체하고 그 결과를 출력하시오.

(3) 위 (2)번 데이터세트를 이용하여 1940년 이전 주택의 비율 항목(age)이 80% 이상인 지역에 대한 평균 주택가격을 출력하시오.

> - crim : 범죄율(자치시별 1인기준)
> - zn : 25,000 평방 피트 초과 거주지역 비율
> - indus : 비소매 상업지역 면적(비율)
> - chas : 찰스 강의 경계에 위치한 경우는 1, 아니면 0
> - nox : 일산화질소 농도
> - rm : 주택당 방수
> - age : 1940년 이전에 건축된 주택의 비율(%)
> - dis : 직업센터의 거리
> - rad : 방사형 고속도로까지의 거리
> - tax : 재산세율
> - ptratio : 학생·교수 비율
> - black : 인구 중 흑인 비율
> - lstat : 인구 중하위 계층 비율
> - medv : 본인 소유의 주택가격(중앙값, $1000)

```
> head(Boston)
     crim zn indus chas   nox    rm  age    dis rad tax ptratio  black lstat medv
1 0.00632 18  2.31    0 0.538 6.575 65.2 4.0900   1 296    15.3 396.90  4.98 24.0
2 0.02731  0  7.07    0 0.469 6.421 78.9 4.9671   2 242    17.8 396.90  9.14 21.6
3 0.02729  0  7.07    0 0.469 7.185 61.1 4.9671   2 242    17.8 392.83  4.03 34.7
4 0.03237  0  2.18    0 0.458 6.998 45.8 6.0622   3 222    18.7 394.63  2.94 33.4
5 0.06905  0  2.18    0 0.458 7.147 54.2 6.0622   3 222    18.7 396.90  5.33 36.2
6 0.02985  0  2.18    0 0.458 6.430 58.7 6.0622   3 222    18.7 394.12  5.21 28.7
> summary(Boston)
      crim                zn             indus            chas             nox               rm
 Min.   : 0.00632   Min.   :  0.00   Min.   : 0.46   Min.   :0.00000   Min.   :0.3850   Min.   :3.561
 1st Qu.: 0.08205   1st Qu.:  0.00   1st Qu.: 5.19   1st Qu.:0.00000   1st Qu.:0.4490   1st Qu.:5.886
 Median : 0.25651   Median :  0.00   Median : 9.69   Median :0.00000   Median :0.5380   Median :6.208
 Mean   : 3.61352   Mean   : 11.36   Mean   :11.14   Mean   :0.06917   Mean   :0.5547   Mean   :6.285
 3rd Qu.: 3.67708   3rd Qu.: 12.50   3rd Qu.:18.10   3rd Qu.:0.00000   3rd Qu.:0.6240   3rd Qu.:6.623
 Max.   :88.97620   Max.   :100.00   Max.   :27.74   Max.   :1.00000   Max.   :0.8710   Max.   :8.780
      age              dis              rad              tax            ptratio          black
 Min.   :  2.90   Min.   : 1.130   Min.   : 1.000   Min.   :187.0   Min.   :12.60   Min.   :  0.32
 1st Qu.: 45.02   1st Qu.: 2.100   1st Qu.: 4.000   1st Qu.:279.0   1st Qu.:17.40   1st Qu.:375.38
 Median : 77.50   Median : 3.207   Median : 5.000   Median :330.0   Median :19.05   Median :391.44
 Mean   : 68.57   Mean   : 3.795   Mean   : 9.549   Mean   :408.2   Mean   :18.46   Mean   :356.67
 3rd Qu.: 94.08   3rd Qu.: 5.188   3rd Qu.:24.000   3rd Qu.:666.0   3rd Qu.:20.20   3rd Qu.:396.23
 Max.   :100.00   Max.   :12.127   Max.   :24.000   Max.   :711.0   Max.   :22.00   Max.   :396.90
     lstat            medv
 Min.   : 1.73   Min.   : 5.00
 1st Qu.: 6.95   1st Qu.:17.02
 Median :11.36   Median :21.20
 Mean   :12.65   Mean   :22.53
 3rd Qu.:16.95   3rd Qu.:25.00
 Max.   :37.97   Max.   :50.00
> dim(Boston)
[1] 506  14
>
> str(Boston)
'data.frame':   506 obs. of  14 variables:
 $ crim   : num  0.00632 0.02731 0.02729 0.03237 0.06905 ...
 $ zn     : num  18 0 0 0 0 12.5 12.5 12.5 12.5 ...
 $ indus  : num  2.31 7.07 7.07 2.18 2.18 2.18 7.87 7.87 7.87 7.87 ...
 $ chas   : int  0 0 0 0 0 0 0 0 0 0 ...
 $ nox    : num  0.538 0.469 0.469 0.458 0.458 0.458 0.524 0.524 0.524 0.524 ...
 $ rm     : num  6.58 6.42 7.18 7 7.15 ...
 $ age    : num  65.2 78.9 61.1 45.8 54.2 58.7 66.6 96.1 100 85.9 ...
 $ dis    : num  4.09 4.97 4.97 6.06 6.06 ...
 $ rad    : int  1 2 2 3 3 3 5 5 5 5 ...
 $ tax    : num  296 242 242 222 222 222 311 311 311 311 ...
 $ ptratio: num  15.3 17.8 17.8 18.7 18.7 18.7 15.2 15.2 15.2 15.2 ...
 $ black  : num  397 397 393 395 397 ...
 $ lstat  : num  4.98 9.14 4.03 2.94 5.33 ...
 $ medv   : num  24 21.6 34.7 33.4 36.2 28.7 22.9 27.1 16.5 18.9 ...
```

🔒 정답 17.82542

📋 해설 order( ) 함수를 이용하여 주택가격(Boston$medv)을 내림차순 정렬 후 data에 저장하고, 주택가격이 가장 높은 상위 20개 지역을 출력(print(data$medv[1:20])한다. ifelse( ) 함수를 이용하여 최대 주택가격 값을 중앙값으로 대체한다. age 항목이 80% 이상인 데이터를 data_age80에 저장(총 240개)한 후, data_age80$medv의 평균 가격을 출력($17.82542×1,000)한다. 참고로 Boston 데이터세트에 대한 $age \geq 80\%$인 항목의 주택가격 평균은 19.14542(×1,000 달러)이다.

```
> data <- Boston[order(-Boston$medv),]
> head(data)
       crim zn indus chas   nox    rm  age    dis rad tax ptratio  black lstat medv
162 1.46336  0 19.58    0 0.605 7.489 90.8 1.9709   5 403    14.7 374.43  1.73   50
163 1.83377  0 19.58    1 0.605 7.802 98.2 2.0407   5 403    14.7 389.61  1.92   50
164 1.51902  0 19.58    1 0.605 8.375 93.9 2.1620   5 403    14.7 388.45  3.32   50
167 2.01019  0 19.58    0 0.605 7.929 96.2 2.0459   5 403    14.7 369.30  3.70   50
187 0.05602  0  2.46    0 0.488 7.831 53.6 3.1992   3 193    17.8 392.63  4.45   50
196 0.01381 80  0.46    0 0.422 7.875 32.0 5.6484   4 255    14.4 394.23  2.97   50
>
> print(data$medv[1:20])
 [1] 50.0 50.0 50.0 50.0 50.0 50.0 50.0 50.0 50.0 50.0 50.0 50.0 50.0 50.0 50.0 50.0 48.8 48.5
[19] 48.3 46.7
>
> data$medv <- ifelse(data$medv == max(data$medv), median(data$medv), data$medv)
>
> print(data$medv[1:20])
 [1] 21.2 21.2 21.2 21.2 21.2 21.2 21.2 21.2 21.2 21.2 21.2 21.2 21.2 21.2 21.2 21.2 48.8 48.5
[19] 48.3 46.7
>
> data_age80 <- data[data$age >= 80,]
> dim(data_age80)
[1] 240  14
>
> result <- mean(data_age80$medv)
> print(result)
[1] 17.82542
>
> check <- Boston[Boston$age >= 80,]
> check_mean <- mean(check$medv)
> print(check_mean)
[1] 19.14542
```

Q-02 R에서 제공되는 presidents 데이터는 1945년 1분기부터 1974년 4분기까지 분기별 미국 대통령의 지지율(시계열 데이터, Time-Series)이다. 분석의 편의를 위해 matrix( ) 함수를 이용하여 열이 4개(분기별 자료)인 행렬 자료로 변환한 데이터를 data에 저장한다. data를 이용하여 결측치(NA)가 가장 많은 분기를 출력하시오.

```
> presidents
     Qtr1 Qtr2 Qtr3 Qtr4
1945   NA   87   82   75
1946   63   50   43   32
1947   35   60   54   55
1948   36   39   NA   NA
1949   69   57   57   51
1950   45   37   46   39
1951   36   24   32   23
1952   25   32   NA   32
1953   59   74   75   60
1954   71   61   71   57
1955   71   68   79   73
1956   76   71   67   75
1957   79   62   63   57
1958   60   49   48   52
1959   57   62   61   66
1960   71   62   61   57
1961   72   83   71   78
1962   79   71   62   74
1963   76   64   62   57
1964   80   73   69   69
1965   71   64   69   62
1966   63   46   56   44
1967   44   52   38   46
1968   36   49   35   44
1969   59   65   65   56
1970   66   53   61   52
1971   51   48   54   49
1972   49   61   NA   NA
1973   68   44   40   27
1974   28   25   24   24
```

```
> str(presidents)
 Time-Series [1:120] from 1945 to 1975: NA 87 82 75 63 50 43 32 35 60
> summary(presidents)
   Min. 1st Qu.  Median    Mean 3rd Qu.    Max.    NA's
  23.00   46.00   59.00   56.31   69.00   87.00       6
>
> data <- matrix(presidents, ncol=4, byrow=TRUE)
> data
       [,1] [,2] [,3] [,4]
 [1,]    NA   87   82   75
 [2,]    63   50   43   32
 [3,]    35   60   54   55
 [4,]    36   39   NA   NA
 [5,]    69   57   57   51
 [6,]    45   37   46   39
 [7,]    36   24   32   23
 [8,]    25   32   NA   32
 [9,]    59   74   75   60
[10,]    71   61   71   57
[11,]    71   68   79   73
[12,]    76   71   67   75
[13,]    79   62   63   57
[14,]    60   49   48   52
[15,]    57   62   61   66
[16,]    71   62   61   57
[17,]    72   83   71   78
[18,]    79   71   62   74
[19,]    76   64   62   57
[20,]    80   73   69   69
[21,]    71   64   69   62
[22,]    63   46   56   44
[23,]    44   52   38   46
[24,]    36   49   35   44
[25,]    59   65   65   56
[26,]    66   53   61   52
[27,]    51   48   54   49
[28,]    49   61   NA   NA
[29,]    68   44   40   27
[30,]    28   25   24   24
```

🔒 **정답** 3분기

📋 **해설** 행렬 데이터를 데이터 프레임으로 저장하고 names( ) 함수를 이용하여 열 이름을 변경한다. 그리고 is.na( ) 함수를 이용하여 결측치 값을 확인(TRUE이면 결측값, FALSE이면 결측값이 아님)하고 이를 result에 저장한다. apply( ) 함수를 이용하여 열(분기)별로 결측값의 합계를 구하고 결괏값으로부터 결측값이 가장 많은 항목은 3분기임을 알 수 있다.

```
> data <- data.frame(data)              > names(data) <- c("Qtr1", "Qtr2", "Qtr3", "Qtr4")
> data                                   > data
   X1 X2 X3 X4                              Qtr1 Qtr2 Qtr3 Qtr4
1  NA 87 82 75                           1    NA   87   82   75
2  63 50 43 32                           2    63   50   43   32
3  35 60 54 55                           3    35   60   54   55
4  36 39 NA NA                           4    36   39   NA   NA
5  69 57 57 51                           5    69   57   57   51
6  45 37 46 39                           6    45   37   46   39
7  36 24 32 23                           7    36   24   32   23
8  25 32 NA 32                           8    25   32   NA   32
9  59 74 75 60                           9    59   74   75   60
10 71 61 71 57                           10   71   61   71   57
11 71 68 79 73                           11   71   68   79   73
12 76 71 67 75                           12   76   71   67   75
13 79 62 63 57                           13   79   62   63   57
14 60 49 48 52                           14   60   49   48   52
15 57 62 61 66                           15   57   62   61   66
16 71 62 61 57                           16   71   62   61   57
17 72 83 71 78                           17   72   83   71   78
18 79 71 62 74                           18   79   71   62   74
19 76 64 62 57                           19   76   64   62   57
20 80 73 69 69                           20   80   73   69   69
21 71 64 69 62                           21   71   64   69   62
22 63 46 56 44                           22   63   46   56   44
23 44 52 38 46                           23   44   52   38   46
24 36 49 35 44                           24   36   49   35   44
25 59 65 65 56                           25   59   65   65   56
26 66 53 61 52                           26   66   53   61   52
27 51 48 54 49                           27   51   48   54   49
28 49 61 NA NA                           28   49   61   NA   NA
29 68 44 40 27                           29   68   44   40   27
30 28 25 24 24                           30   28   25   24   24
```

```
> result <- is.na(data)
> head(result)
       Qtr1  Qtr2  Qtr3  Qtr4
[1,]   TRUE FALSE FALSE FALSE
[2,]  FALSE FALSE FALSE FALSE
[3,]  FALSE FALSE FALSE FALSE
[4,]  FALSE FALSE  TRUE  TRUE
[5,]  FALSE FALSE FALSE FALSE
[6,]  FALSE FALSE FALSE FALSE
>
> no_na <- apply(result, 2, sum)
> no_na
Qtr1 Qtr2 Qtr3 Qtr4
   1    0    3    2
>
> print(max(no_na))
[1] 3
>
> summary(data)
      Qtr1            Qtr2            Qtr3            Qtr4
 Min.   :25.00   Min.   :24.00   Min.   :24.00   Min.   :23.00
 1st Qu.:45.00   1st Qu.:48.25   1st Qu.:47.00   1st Qu.:44.00
 Median :63.00   Median :60.50   Median :61.00   Median :55.50
 Mean   :58.45   Mean   :56.43   Mean   :57.22   Mean   :53.07
 3rd Qu.:71.00   3rd Qu.:64.75   3rd Qu.:68.00   3rd Qu.:63.00
 Max.   :80.00   Max.   :87.00   Max.   :82.00   Max.   :78.00
 NA's   :1                       NA's   :3       NA's   :2
```

Q-03 R에서 제공되는 state.x77 데이터는 미국 50개 주에 대한 (인구, 수입, 문맹률, 기대수명, 살인 발생율, 고교 졸업율, 서리 발생일, 면적)＝(Population, Income, Illiteracy, Life Exp, Murder, HS Grad, Frost, Area) 항목의 값이다. describe( ) 함수로 각 항목별 기술통계량 값을 확인하기 위해 "psych" 패키지가 필요하다. describe( ) 수행 결과로부터 수입(Income) 항목에 대해 (평균, 편차, 중앙값, 최대, 최소)＝(4435.8, 614.47, 4519, 6315, 3098)임을 알 수 있다. Income 항목을 최소−최대 척도(Min−Max Scale)와 Z−Score((X−평균)/표준편차)로 변환한 후, 최소−최대 척도 변환의 경우 0.5보다 큰 값을 가지는 레코드의 수를 구하고, Z−Score로 변환한 경우 0보다 큰 값을 가지는 레코드의 수를 구하시오.

```
> head(state.x77)
           Population Income Illiteracy Life Exp Murder HS Grad Frost    Area
Alabama          3615   3624        2.1    69.05   15.1    41.3    20   50708
Alaska            365   6315        1.5    69.31   11.3    66.7   152  566432
Arizona          2212   4530        1.8    70.55    7.8    58.1    15  113417
Arkansas         2110   3378        1.9    70.66   10.1    39.9    65   51945
California      21198   5114        1.1    71.71   10.3    62.6    20  156361
Colorado         2541   4884        0.7    72.06    6.8    63.9   166  103766
> str(state.x77)
 num [1:50, 1:8] 3615 365 2212 2110 21198 ...
 - attr(*, "dimnames")=List of 2
  ..$ : chr [1:50] "Alabama" "Alaska" "Arizona" "Arkansas" ...
  ..$ : chr [1:8] "Population" "Income" "Illiteracy" "Life Exp" ...
> describe(state.x77)
           vars  n     mean      sd    median   trimmed      mad      min      max     range  skew
Population    1 50  4246.42 4464.49   2838.50   3384.28  2890.33   365.00  21198.0  20833.00  1.92
Income        2 50  4435.80  614.47   4519.00   4430.08   581.18  3098.00   6315.0   3217.00  0.20
Illiteracy    3 50     1.17    0.61      0.95      1.10     0.52     0.50      2.8      2.30  0.82
Life Exp      4 50    70.88    1.34     70.67     70.92     1.54    67.96     73.6      5.64 -0.15
Murder        5 50     7.38    3.69      6.85      7.30     5.19     1.40     15.1     13.70  0.13
HS Grad       6 50    53.11    8.08     53.25     53.34     8.60    37.80     67.3     29.50 -0.32
Frost         7 50   104.46   51.98    114.50    106.80    53.37     0.00    188.0    188.00 -0.37
Area          8 50 70735.88 85327.30 54277.00  56575.72 35144.29  1049.00 566432.0 565383.00  4.10
           kurtosis       se
Population     3.75   631.37
Income         0.24    86.90
Illiteracy    -0.47     0.09
Life Exp      -0.67     0.19
Murder        -1.21     0.52
HS Grad       -0.88     1.14
Frost         -0.94     7.35
Area          20.39 12067.10
```

🔒 **정답** • 최소−최대 척도로 변환한 경우 0.5보다 큰 값을 가지는 레코드의 수＝16개
　　　　 • Z−Score로 변환한 경우 0보다 큰 값(양수)을 가지는 레코드의 수＝29개

📄 **해설** 사용자정의 함수[function(x)]를 이용하여 minmax(최소−최대 변환)를 정의하고 state.x77 데이터를 데이터 프레임으로 변환(data)한다. minmax(data$Income)를 이용하여 Income 항목을 최소−최대 스케일로 변환한 후 결괏값이 0.5보다 큰 경우의 수(전체 50개 중 16개)를 구한다. 동일한 방법으로 Z−Score 변환 함수(function(y))를 정의하고 결괏값을 구한 후, 0보다 큰 값을 가지는 경우는 전체 50개 중 29개임을 알 수 있다.

```
> minmax <- function(x) {
+ return ((x-min(x))/(max(x)-min(x)))
+ }
> data <- data.frame(state.x77)
> data
              Population Income Illiteracy Life.Exp Murder HS.Grad Frost    Area
Alabama             3615   3624        2.1    69.05   15.1    41.3    20   50708
Alaska               365   6315        1.5    69.31   11.3    66.7   152  566432
Arizona             2212   4530        1.8    70.55    7.8    58.1    15  113417
Arkansas            2110   3378        1.9    70.66   10.1    39.9    65   51945
California         21198   5114        1.1    71.71   10.3    62.6    20  156361
Colorado            2541   4884        0.7    72.06    6.8    63.9   166  103766
Connecticut         3100   5348        1.1    72.48    3.1    56.0   139    4862
> result <- minmax(data$Income)
> head(result)
[1] 0.16350637 1.00000000 0.44513522 0.08703761 0.62667081 0.55517563
>
> print(sum(result > 0.5))
[1] 16
> length(result)
[1] 50

> zscore <- function(y) {
+ return ((y-mean(y))/sd(y))
+ }
>
> result <- zscore(data$Income)
> head(result)
[1] -1.3211387  3.0582456  0.1533029 -1.7214837  1.1037155  0.7294092
>
> print(sum(result > 0))
[1] 29
```

Q-04 R에서 제공되는 precip 데이터는 미국 70개 도시들에 대한 연간 평균 강수량(inches)이며, 데이터 프레임 형식으로 변환된 data를 이용한다. 강수량(precip)에 대한 이상치를 출력하시오[단, data 항목들 중 precip (inches) 컬럼에 이상치는 IQR(Interquartile Range, 상위 75% 지점의 값과 하위 25% 지점의 값의 차이)를 기준으로 ① (상위 75% 지점의 값)+1.5×IQR 이상의 값 또는 ② (하위 25% 지점의 값)−1.5×IQR 이하의 값으로 정의한다].

```
> precip
            Mobile            Juneau           Phoenix       Little Rock
              67.0              54.7               7.0              48.5
       Los Angeles         Sacramento     San Francisco            Denver
              14.0              17.2              20.7              13.0
          Hartford        Wilmington        Washington      Jacksonville
              43.4              40.2              38.9              54.5
             Miami           Atlanta          Honolulu             Boise
              59.8              48.3              22.9              11.5
           Chicago            Peoria      Indianapolis        Des Moines
              34.4              35.1              38.7              30.8
           Wichita        Louisville       New Orleans          Portland
              30.6              43.1              56.8              40.8
         Baltimore            Boston           Detroit  Sault Ste. Marie
              41.8              42.5              31.0              31.7
            Duluth Minneapolis/St Paul           Jackson       Kansas City
              30.2              25.9              49.2              37.0
          St Louis       Great Falls             Omaha              Reno
              35.9              15.0              30.2               7.2
           Concord      Atlantic City       Albuquerque            Albany
              36.2              45.5               7.8              33.4
           Buffalo          New York         Charlotte           Raleigh
              36.1              40.2              42.7              42.5
           Bismark        Cincinnati         Cleveland          Columbus
              16.2              39.0              35.0              37.0
      Oklahoma City          Portland      Philadelphia         Pittsburg
              31.4              37.6              39.9              36.2
         Providence          Columbia        Sioux Falls          Memphis
              42.8              46.4              24.7              49.1
          Nashville            Dallas           El Paso           Houston
              46.0              35.9               7.8              48.2
     Salt Lake City        Burlington           Norfolk          Richmond
              15.2              32.5              44.7              42.6
     Seattle Tacoma           Spokane        Charleston         Milwaukee
              38.8              17.4              40.8              29.1
          Cheyenne          San Juan
              14.6              59.2
> data <- data.frame(names(precip))
> data$precip <- precip
> head(precip)
    Mobile    Juneau   Phoenix Little Rock Los Angeles  Sacramento
      67.0      54.7       7.0        48.5        14.0        17.2
>
> head(data)
  names.precip. precip
1        Mobile   67.0
2        Juneau   54.7
3       Phoenix    7.0
4   Little Rock   48.5
5   Los Angeles   14.0
6    Sacramento   17.2
> names(data) <- c("US city", "precip")
> head(data)
      US city precip
1      Mobile   67.0
2      Juneau   54.7
3     Phoenix    7.0
4 Little Rock   48.5
5 Los Angeles   14.0
6  Sacramento   17.2
> dim(data)
[1] 70  2
```

🔓 정답 (67.0, 7.0, 7.2, 7.8, 7.8)

📋 해설 quantile( ) 함수를 이용하여 25%, 75% 분위수를 구하고 IQR=(75% 분위수−25% 분위수)를 계산한다. 그리고 이상치 기준(result)을 정의하고 해당되는 이상값을 출력한다. boxplot( ) 함수를 이용하여 data$precip 항목의 대략적인 분포와 이상치를 구분할 수 있다.

```
> summary(data)
   US city              precip
 Length:70          Min.   : 7.00
 Class :character   1st Qu.:29.38
 Mode  :character   Median :36.60
                    Mean   :34.89
                    3rd Qu.:42.77
                    Max.   :67.00
> q25 <- quantile(data$precip, 0.25)
> q25
   25%
29.375
>
> q75 <- quantile(data$precip, 0.75)
> q75
   75%
42.775
>
> iqr <- q75 - q25
> iqr
 75%
13.4
>
> result <- data$precip >= (q75+1.5*iqr) | data$precip <= (q25-1.5*iqr)
> result
 [1]  TRUE FALSE  TRUE FALSE FALSE FALSE FALSE FALSE FALSE FALSE FALSE FALSE FALSE
[14] FALSE FALSE FALSE FALSE FALSE FALSE FALSE FALSE FALSE FALSE FALSE FALSE FALSE
[27] FALSE FALSE FALSE FALSE FALSE FALSE FALSE FALSE FALSE FALSE  TRUE FALSE FALSE  TRUE
[40] FALSE FALSE FALSE FALSE FALSE FALSE FALSE FALSE FALSE FALSE FALSE FALSE FALSE
[53] FALSE FALSE FALSE FALSE FALSE FALSE  TRUE FALSE FALSE FALSE FALSE FALSE FALSE
[66] FALSE FALSE FALSE FALSE FALSE
>
> outlier <- data$precip[result]
> print(outlier)
[1] 67.0  7.0  7.2  7.8  7.8
```

```
> boxplot(data$precip)
```

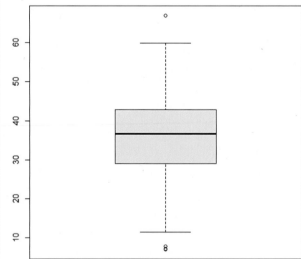

Q-05 다음은 캘리포니아 지역의 주택가격 관련 데이터(housing.csv)로 kaggle 사이트 (www.kaggle.com/camnugent/introduction−to−machine−learning−in−r− tutorial)에서 다운로드할 수 있으며, 이 자료는 캘리포니아 20,640개 지역에 대한 10가지 항목의 조사 내용이다. 아래 순서대로 수행 후 작업 결과를 출력하시오.

(1) 주어진 데이터(data, housing.csv)를 이용하여 total_bedrooms 항목(변수)의 결측값(NA)을 total_bedrooms 항목의 중앙값으로 대체하여 data1에 저장하시오.

(2) total_bedrooms 항목의 평균(m)과 표준편차(n)를 구하시오.

(3) 이상치를 구분하기 위한 하한값과 상한값을 각각 다음과 같이 구하시오.
- 하한값(Low)＝평균−표준편차×1.5＝$m - n \times 1.5$
- 상한값(Upper)＝평균＋표준편자×1.5＝$m + n \times 1.5$

(4) total_bedrooms의 이상값(이상치)들의 평균을 출력하시오. 단, 이상값은 (하한값 이하, 상한값 이상)에 해당되는 값이다.

• longitude : 경도	• latitude : 위도
• housing_median_age : 주택 연수(나이, 중앙값)	• total_rooms : 전체 방의 수
• total_bedrooms : 전체 침대의 수	• population : 인구 수
• households : 세대 수	• median_income : 소득(중앙값)
• median_house_value : 주택 가격(중앙값)	• ocean_proximity : 바다의 근접도

	A	B	C	D	E	F	G	H	I	J	K
1	longitude	latitude	housing_median_age	total_rooms	total_bedrooms	population	households	median_income	median_house_value	ocean_proximity	
2	-122.23	37.88	41	880	129	322	126	8.3252	452600	NEAR BAY	
3	-122.22	37.86	21	7099	1106	2401	1138	8.3014	358500	NEAR BAY	
4	-122.24	37.85	52	1467	190	496	177	7.2574	352100	NEAR BAY	
5	-122.25	37.85	52	1274	235	558	219	5.6431	341300	NEAR BAY	
6	-122.25	37.85	52	1627	280	565	259	3.8462	342200	NEAR BAY	
7	-122.25	37.85	52	919	213	413	193	4.0368	269700	NEAR BAY	
8	-122.25	37.84	52	2535	489	1094	514	3.6591	299200	NEAR BAY	
9	-122.25	37.84	52	3104	687	1157	647	3.12	241400	NEAR BAY	
10	-122.26	37.84	42	2555	665	1206	595	2.0804	226700	NEAR BAY	
11	-122.25	37.84	52	3549	707	1551	714	3.6912	261100	NEAR BAY	
12	-122.26	37.85	52	2202	434	910	402	3.2031	281500	NEAR BAY	
13	-122.26	37.85	52	3503	752	1504	734	3.2705	241800	NEAR BAY	
14	-122.26	37.85	52	2491	474	1098	468	3.075	213500	NEAR BAY	
15	-122.26	37.84	52	696	191	345	174	2.6736	191300	NEAR BAY	
16	-122.26	37.85	52	2643	626	1212	620	1.9167	159200	NEAR BAY	
17	-122.26	37.85	50	1120	283	697	264	2.125	140000	NEAR BAY	
18	-122.27	37.85	52	1966	347	793	331	2.775	152500	NEAR BAY	
19	-122.27	37.85	52	1228	293	648	303	2.1202	155500	NEAR BAY	
20	-122.26	37.84	50	2239	455	990	419	1.9911	158700	NEAR BAY	

```
> data <- read.csv("housing.csv", header=T)
> head(data)
  longitude latitude housing_median_age total_rooms total_bedrooms population households
1  -122.23   37.88                 41         880            129        322        126
2  -122.22   37.86                 21        7099           1106       2401       1138
3  -122.24   37.85                 52        1467            190        496        177
4  -122.25   37.85                 52        1274            235        558        219
5  -122.25   37.85                 52        1627            280        565        259
6  -122.25   37.85                 52         919            213        413        193
  median_income median_house_value ocean_proximity
1        8.3252             452600        NEAR BAY
2        8.3014             358500        NEAR BAY
3        7.2574             352100        NEAR BAY
4        5.6431             341300        NEAR BAY
5        3.8462             342200        NEAR BAY
6        4.0368             269700        NEAR BAY
> dim(data)
[1] 20640    10
> str(data)
'data.frame':   20640 obs. of  10 variables:
 $ longitude         : num  -122 -122 -122 -122 -122 ...
 $ latitude          : num  37.9 37.9 37.9 37.9 37.9 ...
 $ housing_median_age: num  41 21 52 52 52 52 52 52 42 52 ...
 $ total_rooms       : num  880 7099 1467 1274 1627 ...
 $ total_bedrooms    : num  129 1106 190 235 280 ...
 $ population        : num  322 2401 496 558 565 ...
 $ households        : num  126 1138 177 219 259 ...
 $ median_income     : num  8.33 8.3 7.26 5.64 3.85 ...
 $ median_house_value: num  452600 358500 352100 341300 342200 ...
 $ ocean_proximity   : chr  "NEAR BAY" "NEAR BAY" "NEAR BAY" "NEAR BAY" ...
> summary(data)
   longitude         latitude      housing_median_age  total_rooms    total_bedrooms
 Min.   :-124.3   Min.   :32.54   Min.   : 1.00      Min.   :    2   Min.   :   1.0
 1st Qu.:-121.8   1st Qu.:33.93   1st Qu.:18.00      1st Qu.: 1448   1st Qu.: 296.0
 Median :-118.5   Median :34.26   Median :29.00      Median : 2127   Median : 435.0
 Mean   :-119.6   Mean   :35.63   Mean   :28.64      Mean   : 2636   Mean   : 537.9
 3rd Qu.:-118.0   3rd Qu.:37.71   3rd Qu.:37.00      3rd Qu.: 3148   3rd Qu.: 647.0
 Max.   :-114.3   Max.   :41.95   Max.   :52.00      Max.   :39320   Max.   :6445.0
                                                                     NA's   :207
   population      households     median_income    median_house_value ocean_proximity
 Min.   :    3   Min.   :   1.0   Min.   : 0.4999   Min.   : 14999     Length:20640
 1st Qu.:  787   1st Qu.: 280.0   1st Qu.: 2.5634   1st Qu.:119600     Class :character
 Median : 1166   Median : 409.0   Median : 3.5348   Median :179700     Mode  :character
 Mean   : 1425   Mean   : 499.5   Mean   : 3.8707   Mean   :206856
 3rd Qu.: 1725   3rd Qu.: 605.0   3rd Qu.: 4.7432   3rd Qu.:264725
 Max.   :35682   Max.   :6082.0   Max.   :15.0001   Max.   :500001
```

이상치들의 평균=1730.48

결측치를 제외한 total_bedrooms의 중앙값(median)=435이다. 결측값을 중앙값으로 대체한 후 이를 data1에 저장한다. data1의 total_bedrooms 항목의 평균(m=536.8389)과 표준편차(n=419.3919)를 구하고 이상값 판별을 위한 하한값(Low=−92.24896)과 상한값(Upper=1165.927)을 정의한다. 상한값 이상 그리고 하한값 이하인 값들을 이상치로 정의(result)하여 평균[mean(outlier)=1730.48]을 출력한다. boxplot( ) 함수를 이용하여 항목 값들의 이상값을 개략적으로 확인한다.

```
> median <- median(data$total_bedrooms, na.rm=TRUE)
> median
[1] 435
> data$total_bedrooms <- ifelse(is.na(data$total_bedrooms), median, data$total_bedrooms)
> data1 <- data
> summary(data1)
   longitude        latitude     housing_median_age  total_rooms    total_bedrooms     population      households     median_income
 Min.   :-124.3   Min.   :32.54   Min.   : 1.00     Min.   :    2   Min.   :   1.0   Min.   :    3   Min.   :   1.0   Min.   : 0.4999
 1st Qu.:-121.8   1st Qu.:33.93   1st Qu.:18.00     1st Qu.: 1448   1st Qu.: 297.0   1st Qu.:  787   1st Qu.: 280.0   1st Qu.: 2.5634
 Median :-118.5   Median :34.26   Median :29.00     Median : 2127   Median : 435.0   Median : 1166   Median : 409.0   Median : 3.5348
 Mean   :-119.6   Mean   :35.63   Mean   :28.64     Mean   : 2636   Mean   : 536.8   Mean   : 1425   Mean   : 499.5   Mean   : 3.8707
 3rd Qu.:-118.0   3rd Qu.:37.71   3rd Qu.:37.00     3rd Qu.: 3148   3rd Qu.: 643.2   3rd Qu.: 1725   3rd Qu.: 605.0   3rd Qu.: 4.7432
 Max.   :-114.3   Max.   :41.95   Max.   :52.00     Max.   :39320   Max.   :6445.0   Max.   :35682   Max.   :6082.0   Max.   :15.0001
 median_house_value ocean_proximity
 Min.   : 14999    Length:20640
 1st Qu.:119600    Class :character
 Median :179700    Mode  :character
 Mean   :206856
 3rd Qu.:264725
 Max.   :500001
>
> m <- mean(data1$total_bedrooms)
> m
[1] 536.8389
> n <- sd(data1$total_bedrooms)
> n
[1] 419.3919
> Low <- m - n*1.5
> Low
[1] -92.24896
> Upper <- m + n*1.5
> Upper
[1] 1165.927
>
> result <- data1$total_bedrooms >= Upper | data1$total_bedrooms <= Low
> result
  [1] FALSE FALSE FALSE FALSE FALSE FALSE FALSE FALSE FALSE FALSE FALSE FALSE FALSE FALSE FALSE FALSE FALSE FALSE FALSE FALSE FALSE FALSE FALSE
 [24] FALSE FALSE FALSE FALSE FALSE FALSE FALSE FALSE FALSE FALSE FALSE FALSE FALSE FALSE FALSE FALSE FALSE FALSE FALSE FALSE FALSE FALSE FALSE
 [47] FALSE FALSE FALSE FALSE FALSE FALSE FALSE FALSE FALSE FALSE FALSE FALSE FALSE FALSE FALSE FALSE FALSE FALSE FALSE FALSE FALSE FALSE FALSE
 [70] FALSE FALSE FALSE FALSE FALSE FALSE FALSE FALSE FALSE FALSE FALSE FALSE FALSE FALSE FALSE FALSE FALSE FALSE FALSE FALSE FALSE FALSE FALSE
 [93] FALSE FALSE FALSE  TRUE  TRUE FALSE  TRUE FALSE  TRUE  TRUE FALSE FALSE  TRUE FALSE FALSE FALSE FALSE FALSE FALSE  TRUE FALSE FALSE FALSE
[116] FALSE  TRUE FALSE FALSE FALSE FALSE FALSE FALSE FALSE FALSE FALSE FALSE FALSE FALSE FALSE FALSE FALSE FALSE FALSE FALSE FALSE FALSE FALSE
[139] FALSE FALSE FALSE FALSE FALSE FALSE FALSE FALSE FALSE FALSE FALSE FALSE FALSE FALSE FALSE FALSE FALSE FALSE FALSE FALSE FALSE FALSE FALSE
>
> outlier <- data1$total_bedrooms[result]
> outlier
  [1] 2477 1331 1270 1414 1603 1914 1196 1750 1344 2048 1212 1744 2408 1249 2885 1379 1554 1270 2045 1309 1526 1326 1279 1207 1168 1439 2031 1253
 [29] 1516 1374 1273 2993 2708 1407 1376 1818 2861 1492 1294 1823 1247 1375 2098 1540 1207 1249 3864 1588 1373 1390 1576 1207 1294 2074 1344 1510
 [57] 2220 3493 1217 2210 1921 1578 1177 1785 1860 3298 1375 1355 1189 1559 1475 1288 1204 1522 1314 2252 1646 1284 1170 1404 1882 1639 1534 1691
 [85] 1194 1839 1213 1603 2558 1269 1422 1685 1590 1521 1455 1657 2826 1439 1446 1249 1429 1359 1556 1182 1276 2546 1355 1611 2275 1426 1335 1717
[113] 1382 1739 1578 1250 1210 1551 1670 1384 1201 1200 1200 1439 1330 1346 2401 1429 1486 2244 2121 2190 2139 2685 1489 2141 1901 1455 1994 1369
[141] 1517 1597 1653 1600 1257 1182 1482 1692 1657 1492 1636 1514 1188 1653 1480 1286 1443 2139 1664 1872 1653 1506 2355 1525 2387 1209 1464 1537
[169] 2717 1499 1768 2313 1767 1168 1369 2814 1209 1171 1293 1527 1283 1611 2007 1271 1477 1214 1594 1477 1350 1820 1358 1737 1826 1849 1304 1317
[197] 2560 1869 4183 2691 1345 1412 1994 1976 4457 1995 1295 1189 1706 1457 2038 1200 1473 1319 1560 1180 1197 1271 1211 1980 1450 1579 1423 1242
[225] 2793 1301 1803 1452 2446 1646 2158 2961 1715 1171 1367 1215 1190 1263 1678 1197 1200 1944 1256 1438 1282 1201 3179 1196 1168 1176 1345 2610
[253] 2055 1269 1248 1197 1707 2530 2293 1283 1490 1203 1533 1183 1661 1252 2154 1307 1381 1360 1384 1235 1199 1576 1208 1440 1617 1858 1789 1532
[281] 1193 1452 1609 1264 1695 1192 1312 1538 1321 2138 1287 1491 2211 1394 2331 1192 1866 1978 1311 1472 1707 1963 2073 1180 1590 1245 1781 3984
[309] 2062 1174 1716 1270 1186 2077 1231 1436 1417 1299 1169 1605 1465 1488 1222 1856 1169 1985 1997 1549 1763 2370 2274 1253 2005 1659 2474 1176
[337] 1978 1509 1381 2174 1893 1178 2812 5290 1680 1442 2862 2751 3078 4179 1544 1363 1624 1316 1209 1538 1251 1168 2185 1761 1332 1384 2486 1789
[365] 2919 2602 3079 2283 1255 2873 1578 1579 1289 1422 1572 1485 1449 1304 1645 1494 2823 1186 1185 1513 1371 1532 1294 1369 1782 1911 1877
[393] 1180 1489 1489 1367 1263 1335 1409 1538 1623 1277 1852 1628 1224 1464 1960 1773 1221 1371 1454 1231 1538 1359 1663 1372 1332 2265 1797 1180
[421] 1261 1253 1401 1750 1262 1374 1301 1211 1847 1290 1328 1281 1729 1281 1224 1231 1404 3638 3335 1231 1984 1441 1365 1989 1611 1188 3680 3170
> print(mean(outlier))
[1] 1730.48
```

```
> boxplot(data1$total_bedrooms)
```

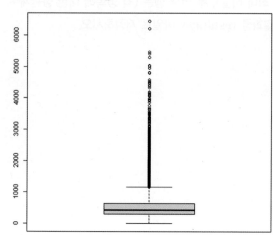

Q-06 다음 자료(train_commerce.csv)는 고객이 주문한 물품이 제 시간에 도착하는지 여부 (Reached.on.Time_Y.N의 값이 1이면 제 시간에 도착, 0이면 제 시간에 도착하지 않음)를 조사한 데이터로 kaggle 사이트(www.kaggle.com/prachi13/customer−analytics?select=Train. csv)에서 다운로드한다. 이 데이터는 (ID, Warehouse_block, Mode_of_Shipment, Customer_care_calls, Customer_rating, Cost_of_the_Product, Prior_purchases, Product_importance, Gender, Discount_offered, Weight_in_gms, Reached.on.Time_ Y.N)의 12가지 항목에 대한 10,999명의 고객 구매 자료이다. 3가지 주요 항목(Customer_care_ calls, Cost_of_the_Product, Weight_in_gms)들에 대한 주문 상품의 제시간 도착여부의 비율 과 상관관계를 알아보기 위해 다음 절차를 수행한다. 각각의 수행 결과를 출력하시오.

(1) 3가지 주요 항목(Customer_care_calls, Cost_of_the_Product, Weight_in_gms)들에 대한 상 위 500개 자료를 추출하여 각각 (d1, d2, d3) 파일에 저장하시오.

(2) 상위 500개 자료들 중 고객이 주문한 물품이 제 시간에 도착(Reached.on.Time_Y.N의 값이 1이면 제 시간에 도착, 0이면 제 시간에 도착하지 않음)한 비율을 각 항목별로 구하고, 최대 비율값을 구하 시오.

(3) 3가지 주요 항목(Customer_care_calls, Cost_of_the_Product, Weight_in_gms)과 도착시간 (Reached.on.Time_Y.N) 사이의 상관계수를 구하고, 최대 상관계수 값을 구하시오.

(4) 첫 번째 행은 (각 항목에 대한 비율, 최대 비율), 두 번째 행은 (각 항목에 대한 상관계수, 최대 상관계 수)를 데이터 프레임으로 저장하고 결과를 result.csv 파일로 저장하시오.

	A	B	C	D	E	F	G	H	I	J	K	L
1	ID	Warehouse_block	Mode_of_Shipment	Customer_care_calls	Customer_rating	Cost_of_the_Product	Prior_purchases	Product_importance	Gender	Discount_offered	Weight_in_gms	Reached.on.Time_Y.N
2	1	D	Flight	4	2	177	3	low	F	44	1233	1
3	2	F	Flight	4	5	216	2	low	M	59	3088	1
4	3	A	Flight	2	2	183	4	low	M	48	3374	1
5	4	B	Flight	3	3	176	4	medium	M	10	1177	1
6	5	C	Flight	2	2	184	3	medium	F	46	2484	1
7	6	F	Flight	3	1	162	3	medium	F	12	1417	1
8	7	D	Flight	3	4	250	3	low	F	3	2371	1
9	8	F	Flight	4	1	233	2	low	F	48	2804	1
10	9	A	Flight	3	4	150	3	low	F	11	1861	1
11	10	B	Flight	3	2	164	3	medium	F	29	1187	1
12	11	C	Flight	3	4	189	2	medium	M	12	2888	1
13	12	F	Flight	4	5	232	3	medium	F	32	3253	1
14	13	D	Flight	3	5	198	3	medium	F	1	3667	1
15	14	F	Flight	4	4	275	3	high	M	29	2602	1

```
> data <- read.csv("train_commerce.csv", header=T, fileEncoding="EUC-KR")
> describe(data)
                   vars     n    mean      sd median trimmed     mad  min   max range  skew kurtosis    se
ID                    1 10999 5500.00 3175.28   5500 5500.00 4077.15    1 10999 10998  0.00    -1.20 30.28
Warehouse_block*      2 10999    3.33    1.49      4    3.42    1.48    1     5     4 -0.28    -1.37  0.01
Mode_of_Shipment*     3 10999    2.52    0.76      3    2.65    0.00    1     3     2 -1.17    -0.25  0.01
Customer_care_calls   4 10999    4.05    1.14      4    3.99    1.48    2     7     5  0.39    -0.31  0.01
Customer_rating       5 10999    2.99    1.41      3    2.99    1.48    1     5     4  0.00    -1.30  0.01
Cost_of_the_Product   6 10999  210.20   48.06    214  211.12   59.30   96   310   214 -0.16    -0.97  0.46
Prior_purchases       7 10999    3.57    1.52      3    3.35    1.48    2    10     8  1.68     4.00  0.01
Product_importance*   8 10999    2.35    0.63      2    2.42    1.48    1     3     2 -0.43    -0.68  0.01
Gender*               9 10999    1.50    0.50      1    1.49    0.00    1     2     1  0.02    -2.00  0.00
Discount_offered     10 10999   13.37   16.21      7    9.79    4.45    1    65    64  1.80     2.00  0.15
Weight_in_gms        11 10999 3634.02 1635.38   4149 3669.94 1974.82 1001  7846  6845 -0.25    -1.45 15.59
Reached.on.Time_Y.N  12 10999    0.60    0.49      1    0.62    0.00    0     1     1 -0.39    -1.84  0.00
```

정답 각 항목에 대한 비율과 최대 비율, (항목, 도착시간)에 대한 상관계수와 최댓값

구 분	Care_calls	Cost_Product	Weight	Max_value
Ratio_onTime	0.620	0.516	0.424	0.620
Correlation	−0.210	−0.129	0.135	0.135

해설 order( ) 함수를 이용하여 각 항목별로 내림차순 정렬하고 상위 500개 자료를 (d1, d2, d3) 파일로 저장한다. 500개 자료들 중 제 시간에 도착(Reached.on.Time_Y.N가 1인 경우)한 비율을 (r1, r2, r3)로 정의하고 최대 비율을 구하여 result1에 저장한다. summary( )의 12번째 열의 값은 Reached.on.Time_Y.N의 비율로서 평균값이 1인 비율이다. 동일한 방법으로 cor( ) 함수를 이용하여 (각 항목, 제시간 도착) 사이의 상관계수와 최대 상관계수 값을 구하여 result2에 저장한다. rbind( ), data.frame( ) 함수를 이용하여 데이터 프레임 형식의 결과(result)를 저장한 후 write.csv( ) 함수를 이용하여 result.csv 파일로 저장한다. plot( )으로 각 항목과 도착시간 사이의 상관관계를 시각적으로 확인한다.

```
> d1 <- data[order(-data$Customer_care_calls),][1:500,]
> d2 <- data[order(-data$Cost_of_the_Product),][1:500,]
> d3 <- data[order(-data$Weight_in_gms),][1:500,]
>
> r1 <- sum(d1$Reached.on.Time_Y.N == 1) / nrow(d1)
> r1
[1] 0.62
>
> summary(d1)[,12]

"Min.    :0.00  " "1st Qu.:0.00  " "Median :1.00  " "Mean    :0.62  " "3rd Qu.:1.00  " "Max.    :1.00  "
>
> r2 <- sum(d2$Reached.on.Time_Y.N == 1) / nrow(d2)
> r2
[1] 0.516
> summary(d2)[,12]

"Min.    :0.000  " "1st Qu.:0.000  " "Median :1.000  " "Mean    :0.516  " "3rd Qu.:1.000  " "Max.    :1.000  "
>
> r3 <- sum(d3$Reached.on.Time_Y.N == 1) / nrow(d3)
> r3
[1] 0.424
> summary(d3)[,12]

"Min.    :0.000  " "1st Qu.:0.000  " "Median :0.000  " "Mean    :0.424  " "3rd Qu.:1.000  " "Max.    :1.000  "
> maxr <- max(r1, r2, r3)
> maxr
[1] 0.62
>
> result1 <- c(r1, r2, r3, maxr)
> result1
[1] 0.620 0.516 0.424 0.620
>
> c1 <- cor(d1$Customer_care_calls, d1$Reached.on.Time_Y.N)
> c1
[1] -0.2103336
>
> c2 <- cor(d2$Cost_of_the_Product, d2$Reached.on.Time_Y.N)
> c2
[1] -0.1291682
>
> c3 <- cor(d3$Weight_in_gms, d3$Reached.on.Time_Y.N)
> c3
[1] 0.1356907
>
> maxc <- max(c1, c2, c3)
> maxc
[1] 0.1356907
>
> result2 <- c(c1, c2, c3, maxc)
> result2
[1] -0.2103336 -0.1291682  0.1356907  0.1356907
>
> result <- data.frame(rbind(result1, result2))
> result
                X1         X2        X3        X4
result1  0.6200000  0.5160000 0.4240000 0.6200000
result2 -0.2103336 -0.1291682 0.1356907 0.1356907
>
> colnames(result) <- c("Care_calls", "Cost_Product", "Weight", "Max_value")
> result
        Care_calls Cost_Product    Weight Max_value
result1  0.6200000    0.5160000 0.4240000 0.6200000
result2 -0.2103336   -0.1291682 0.1356907 0.1356907
> rownames(result) <- c("Ratio_onTime", "Correlation")
> result
             Care_calls Cost_Product    Weight Max_value
Ratio_onTime  0.6200000    0.5160000 0.4240000 0.6200000
Correlation  -0.2103336   -0.1291682 0.1356907 0.1356907
```

```
> setwd("C:/workr")
> write.csv(result, "result.csv", row.names=TRUE)
>
> check <- read.csv("result.csv", header=T, fileEncoding="EUC-KR")
> check
            X Care_calls Cost_Product    Weight Max_value
1 Ratio_onTime  0.6200000    0.5160000 0.4240000 0.6200000
2  Correlation -0.2103336   -0.1291682 0.1356907 0.1356907
>
> View(check)
```

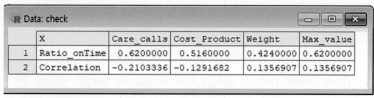

```
> par(mfrow=c(1,3))
> plot(d1$Customer_care_calls, d1$Reached.on.Time_Y.N)
> plot(d2$Cost_of_the_Product, d2$Reached.on.Time_Y.N)
> plot(d3$Weight_in_gms, d3$Reached.on.Time_Y.N)
```

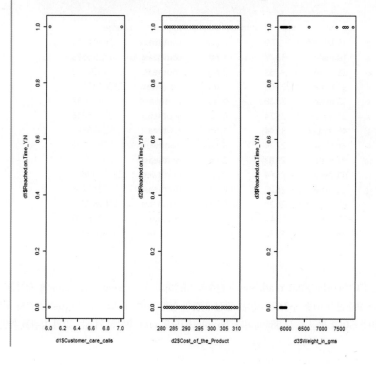

Q-07 아래 데이터(insurance.csv)는 (age, sex, bmi, children, smoker, region, charges) 항목에 대한 1.338명의 보험 관련 자료로 kaggle 사이트(www.kaggle.com/mirichoi0218/insurance/version/1)에서 다운로드한다. 아래 순서대로 수행한 결과를 출력하시오.

(1) 체질량지수(BMI ; Body Mass Index) 항목에 대한 평균(m)과 표준편차(n)를 출력하시오.

(2) 체질량지수(BMI ; Body Mass Index) 항목에 대한 이상값(outlier)의 평균을 출력하시오[단, 이상값은 (평균＋1.5×표준편차＝m＋1.5×n) 이상인 값과 (평균－1.5×표준편차＝m－1.5×n) 이하인 값으로 정의된다].

	A	B	C	D	E	F	G
1	age	sex	bmi	children	smoker	region	charges
2	19	female	27.9	0	yes	southwest	16884.924
3	18	male	33.77	1	no	southeast	1725.5523
4	28	male	33	3	no	southeast	4449.462
5	33	male	22.705	0	no	northwest	21984.47061
6	32	male	28.88	0	no	northwest	3866.8552
7	31	female	25.74	0	no	southeast	3756.6216
8	46	female	33.44	1	no	southeast	8240.5896
9	37	female	27.74	3	no	northwest	7281.5056
10	37	male	29.83	2	no	northeast	6406.4107
11	60	female	25.84	0	no	northwest	28923.13692
12	25	male	26.22	0	no	northeast	2721.3208
13	62	female	26.29	0	yes	southeast	27808.7251
14	23	male	34.4	0	no	southwest	1826.843
15	56	female	39.82	0	no	southeast	11090.7178

정답 32.58595

해설 작업영역을 지정("C:/workr")하고 read.csv( ) 함수를 이용하여 insurance.csv를 data에 저장한다. bmi 항목의 평균(m)과 표준편차(n)를 구하고 이상값 판정 기준의 상한(outlier1)과 하한(outlier2)값을 구한다. 이상값의 합은 5,669.955이고 평균은 32.585950다. boxplot( )으로 bmi 항목이 가지는 값의 범위를 확인한다.

```
> setwd("C:/workr")
> data <- read.csv("insurance.csv", header=T)
>
> head(data)
  age    sex    bmi children smoker    region   charges
1  19 female 27.900        0    yes southwest 16884.924
2  18   male 33.770        1     no southeast  1725.552
3  28   male 33.000        3     no southeast  4449.462
4  33   male 22.705        0     no northwest 21984.471
5  32   male 28.880        0     no northwest  3866.855
6  31 female 25.740        0     no southeast  3756.622
>
> m <- mean(data$bmi)
>
> m
[1] 30.6634
>
> n <- sd(data$bmi)
> n
[1] 6.098187
>
> outlier1 <- m+1.5*n
> outlier1
[1] 39.81068
> outlier2 <- m-1.5*n
> outlier2
[1] 21.51612
>
> result <- (data$bmi >= outlier1) | (data$bmi <= outlier2)
> head(result)
[1] FALSE FALSE FALSE FALSE FALSE FALSE
>
> print(sum(data$bmi[result]))
[1] 5669.955
>
> print(mean(data$bmi[result]))
[1] 32.58595
```

```
> boxplot(data$bmi)
```

Q-08 아래 자료(country.csv)는 연도별 7개 국가들에 대한 인구 10만명 당 결핵 발생 건수 (명)이다. 결측치(NA)를 포함하는 모든 행을 제거한 후, 중국(China)에 대한 상위 60%의 사분위 값을 구하시오.

	A	B	C	D	E	F	G	H
1	year	Ghana	Guam	Greece	Russia	China	Peru	France
2	1990	356	20	27	156	340	35	22
3	1991	400	25	45	200	250	45	35
4	1992	350	30	32	250	150	35	21
5	1993	200	20	32	100	200	20	24
6	1994	250	25	35	150	230	35	23
7	1995	300	30	27	250	200	35	
8	1996	340		30	255	400	40	23
9	1997	200	35	40	155		31	45
10	1998	140	21	42	130	230	44	
11	1999		23	43	130	250		25
12	2000	300	15	32	125	300	32	34
13	2001	300	20	35	132	200	45	23
14	2002	320	30	37	100	450	33	22
15	2003	250		33	150	300	55	
16	2004	320	23	20	150	320	34	35
17	2005	420	25	35	160	400	44	23

🔓 **정답** 242

📋 **해설** 결측치 제거 함수(na.omit( ))와 사분위수 함수(quantile( ))를 이용하여 China 항목(중국, 6번째 열에 해당하는 항목)에 대한 상위 60%(하위 40%) 자료(242)를 출력한다.

```
> setwd("C:/workr")
> data <- read.csv("country.csv", header=T, fileEncoding="EUC-KR")
> head(data)
  year Ghana Guam Greece Russia China Peru France
1 1990   356   20     27    156   340   35     22
2 1991   400   25     45    200   250   45     35
3 1992   350   30     32    250   150   35     21
4 1993   200   20     32    100   200   20     24
5 1994   250   25     35    150   230   35     23
6 1995   300   30     27    250   200   35     NA
>
> q6 <- quantile(na.omit(data)[,6], 0.4)
> print(q6)
40%
242
>
> na.omit(data)
   year Ghana Guam Greece Russia China Peru France
1  1990   356   20     27    156   340   35     22
2  1991   400   25     45    200   250   45     35
3  1992   350   30     32    250   150   35     21
4  1993   200   20     32    100   200   20     24
5  1994   250   25     35    150   230   35     23
11 2000   300   15     32    125   300   32     34
12 2001   300   20     35    132   200   45     23
13 2002   320   30     37    100   450   33     22
15 2004   320   23     20    150   320   34     35
16 2005   420   25     35    160   400   44     23
```

Q-09 아래 자료(country.csv)는 연도별 7개 국가들에 대한 인구 10만명 당 결핵 발생 건수 (명)이다. 2004년도 7개 국가들에 대한 평균 결핵 환자 수는 128.8571명이다. 7개 국가들 중 평균값보다 큰 값의 결핵환자 수를 보인 국가의 수를 구하시오.

	A	B	C	D	E	F	G	H
1	year	Ghana	Guam	Greece	Russia	China	Peru	France
2	1990	356	20	27	156	340	35	22
3	1991	400	25	45	200	250	45	35
4	1992	350	30	32	250	150	35	21
5	1993	200	20	32	100	200	20	24
6	1994	250	25	35	150	230	35	23
7	1995	300	30	27	250	200	35	
8	1996	340		30	255	400	40	23
9	1997	200	35	40	155		31	45
10	1998	140	21	42	130	230	44	
11	1999		23	43	130	250		25
12	2000	300	15	32	125	300	32	34
13	2001	300	20	35	132	200	45	23
14	2002	320	30	37	100	450	33	22
15	2003	250		33	150	300	55	
16	2004	320	23	20	150	320	34	35
17	2005	420	25	35	160	400	44	23

정답 3

해설 apply( ) 함수를 이용하여 2004년도 7개 국가들에 대한 평균 결핵 환자수(128.9명)를 구하고 2004년 각 국가별 자료를 비교(data_naomit[9,i]>m)하여 평균값보다 큰 국가의 수(3개 국가 : Ghana, Russia, China)를 구한 다. 또는 ifelse( ) 함수를 이용하여 평균값보다 큰 값을 가지는 국가를 TRUE로 평균값 이하인 국가를 FALSE의 논리값으로 저장 후, sum( )함수를 이용하여 구할 수 있다. 이 경우 TRUE 값을 보인 (Ghana, Russia, China) 3개국이 평균값보다 큰 값을 보인다.

```
> data_naomit <- na.omit(data)
> data_naomit
   year Ghana Guam Greece Russia China Peru France
1  1990   356   20     27    156   340   35     22
2  1991   400   25     45    200   250   45     35
3  1992   350   30     32    250   150   35     21
4  1993   200   20     32    100   200   20     24
5  1994   250   25     35    150   230   35     23
11 2000   300   15     32    125   300   32     34
12 2001   300   20     35    132   200   45     23
13 2002   320   30     37    100   450   33     22
15 2004   320   23     20    150   320   34     35
16 2005   420   25     35    160   400   44     23
> mean <- apply(data_naomit[9,c(2:8)], 1, mean)
> mean
      15
128.8571
> n <- 0
> for (i in 2:length(data_naomit)) {
+ if (data_naomit[9, i] > mean ) n <- n+1}
> print(n)
[1] 3
> result <- ifelse(data_naomit[9,-1] > mean, TRUE, FALSE)
> result
   Ghana  Guam Greece Russia China  Peru France
15  TRUE FALSE  FALSE   TRUE  TRUE FALSE  FALSE
> print(sum(result))
[1] 3
```

I 범주형 변수의 분류 모형 구축 및 평가

데이터세트 : "mlbench" 패키지에서 제공하는 Ionosphere 데이터는 대기의 이온층(전리층) 상태 (good, bad)를 34가지 항목(V1~V34)을 기준으로 분류한 자료이다. (V1, V2)를 제외한 항목 (V3~V34)을 이용하여 이온층의 상태(Class)를 다음 순서대로 로지스틱 회귀 분석, 서포트벡터머신, 베이지안 분류 기법, 앙상블 분석모형을 이용하여 분류 · 예측하시오.

```
> data(Ionosphere)
> data <- data.frame(Ionosphere)
> head(data)
  V1 V2      V3       V4       V5       V6       V7       V8      V9      V10     V11      V12      V13      V14
1  1  0 0.99539 -0.05889  0.85243  0.02306  0.83398 -0.37708 1.00000  0.03760 0.85243 -0.17755  0.59755 -0.44945
2  1  0 1.00000 -0.18829  0.93035 -0.36156 -0.10868 -0.93597 1.00000 -0.04549 0.50874 -0.67743  0.34432 -0.69707
3  1  0 1.00000 -0.03365  1.00000  0.00485  1.00000 -0.12062 0.88965  0.01198 0.73082  0.05346  0.85443  0.00827
4  1  0 1.00000 -0.45161  1.00000  1.00000  0.71216 -1.00000 0.00000  0.00000 0.00000  0.00000  0.00000  0.00000
5  1  0 1.00000 -0.02401  0.94140  0.06531  0.92106 -0.23255 0.77152 -0.16399 0.52798 -0.20275  0.56409 -0.00712
6  1  0 0.02337 -0.00592 -0.09924 -0.11949 -0.00763 -0.11824 0.14706  0.06637 0.03786 -0.06302  0.00000  0.00000
        V15      V16      V17      V18      V19      V20      V21      V22      V23      V24      V25      V26
1  0.60536 -0.38223  0.84356 -0.38542  0.58212 -0.32192  0.56971 -0.29674  0.36946 -0.47357  0.56811 -0.51171
2 -0.51685 -0.97515  0.05499 -0.62237  0.33109 -1.00000 -0.13151 -0.45300 -0.18056 -0.35734 -0.20332 -0.26569
3  0.54591  0.00299  0.83775 -0.13644  0.75535 -0.08540  0.70887 -0.27502  0.43385 -0.12062  0.57528 -0.40220
4 -1.00000  0.14516  0.54094 -0.39330 -1.00000 -0.54467 -0.69975  1.00000  0.00000  0.00000  1.00000  0.90695
5  0.34395 -0.27457  0.52940 -0.21780  0.45107 -0.17813  0.05982 -0.35575  0.02309 -0.52879  0.03286 -0.65158
6 -0.04572 -0.15540 -0.00343 -0.10196 -0.11575 -0.05414  0.01838  0.03669  0.01519  0.00888  0.03513 -0.01535
        V27      V28      V29      V30      V31      V32      V33      V34 Class
1  0.41078 -0.46168  0.21266 -0.34090  0.42267 -0.54487  0.18641 -0.45300  good
2 -0.20468 -0.18401 -0.19040 -0.11593 -0.16626 -0.06288 -0.13738 -0.02447   bad
3  0.58984 -0.22145  0.43100 -0.17365  0.60436 -0.24180  0.56045 -0.38238  good
4  0.51613  1.00000  1.00000 -0.20099  0.25682  1.00000 -0.32382  1.00000   bad
5  0.13290 -0.53206  0.02431 -0.62197 -0.05707 -0.59573 -0.04608 -0.65697  good
6 -0.03240  0.09223 -0.07859  0.00732  0.00000  0.00000 -0.00039  0.12011   bad
> data <- subset(data, select=c(-V1, -V2))
> head(data)
       V3       V4       V5       V6       V7       V8      V9      V10     V11      V12      V13      V14      V15
1 0.99539 -0.05889  0.85243  0.02306  0.83398 -0.37708 1.00000  0.03760 0.85243 -0.17755  0.59755 -0.44945  0.60536
2 1.00000 -0.18829  0.93035 -0.36156 -0.10868 -0.93597 1.00000 -0.04549 0.50874 -0.67743  0.34432 -0.69707 -0.51685
3 1.00000 -0.03365  1.00000  0.00485  1.00000 -0.12062 0.88965  0.01198 0.73082  0.05346  0.85443  0.00827  0.54591
4 1.00000 -0.45161  1.00000  1.00000  0.71216 -1.00000 0.00000  0.00000 0.00000  0.00000  0.00000  0.00000 -1.00000
5 1.00000 -0.02401  0.94140  0.06531  0.92106 -0.23255 0.77152 -0.16399 0.52798 -0.20275  0.56409 -0.00712  0.34395
6 0.02337 -0.00592 -0.09924 -0.11949 -0.00763 -0.11824 0.14706  0.06637 0.03786 -0.06302  0.00000  0.00000 -0.04572
        V16      V17      V18      V19      V20      V21      V22      V23      V24      V25      V26      V27
1 -0.38223  0.84356 -0.38542  0.58212 -0.32192  0.56971 -0.29674  0.36946 -0.47357  0.56811 -0.51171  0.41078
2 -0.97515  0.05499 -0.62237  0.33109 -1.00000 -0.13151 -0.45300 -0.18056 -0.35734 -0.20332 -0.26569 -0.20468
3  0.00299  0.83775 -0.13644  0.75535 -0.08540  0.70887 -0.27502  0.43385 -0.12062  0.57528 -0.40220  0.58984
4  0.14516  0.54094 -0.39330 -1.00000 -0.54467 -0.69975  1.00000  0.00000  0.00000  1.00000  0.90695  0.51613
5 -0.27457  0.52940 -0.21780  0.45107 -0.17813  0.05982 -0.35575  0.02309 -0.52879  0.03286 -0.65158  0.13290
6 -0.15540 -0.00343 -0.10196 -0.11575 -0.05414  0.01838  0.03669  0.01519  0.00888  0.03513 -0.01535 -0.03240
        V28      V29      V30      V31      V32      V33      V34 Class
1 -0.46168  0.21266 -0.34090  0.42267 -0.54487  0.18641 -0.45300  good
2 -0.18401 -0.19040 -0.11593 -0.16626 -0.06288 -0.13738 -0.02447   bad
3 -0.22145  0.43100 -0.17365  0.60436 -0.24180  0.56045 -0.38238  good
4  1.00000  1.00000 -0.20099  0.25682  1.00000 -0.32382  1.00000   bad
5 -0.53206  0.02431 -0.62197 -0.05707 -0.59573 -0.04608 -0.65697  good
6  0.09223 -0.07859  0.00732  0.00000  0.00000 -0.00039  0.12011   bad
```

```
> summary(data)
      V3                V4                 V5               V6                V7                V8
 Min.   :-1.0000   Min.   :-1.00000   Min.   :-1.0000   Min.   :-1.0000   Min.   :-1.0000   Min.   :-1.00000
 1st Qu.: 0.4721   1st Qu.:-0.06474   1st Qu.: 0.4127   1st Qu.:-0.0248   1st Qu.: 0.2113   1st Qu.:-0.05484
 Median : 0.8711   Median : 0.01631   Median : 0.8092   Median : 0.0228   Median : 0.7287   Median : 0.01471
 Mean   : 0.6413   Mean   : 0.04437   Mean   : 0.6011   Mean   : 0.1159   Mean   : 0.5501   Mean   : 0.11936
 3rd Qu.: 1.0000   3rd Qu.: 0.19418   3rd Qu.: 1.0000   3rd Qu.: 0.3347   3rd Qu.: 0.9692   3rd Qu.: 0.44567
 Max.   : 1.0000   Max.   : 1.00000   Max.   : 1.0000   Max.   : 1.0000   Max.   : 1.0000   Max.   : 1.00000
      V9                V10                V11               V12                V13               V14
 Min.   :-1.00000  Min.   :-1.00000   Min.   :-1.00000   Min.   :-1.00000  Min.   :-1.0000   Min.   :-1.00000
 1st Qu.: 0.08711  1st Qu.:-0.04807   1st Qu.: 0.02112   1st Qu.:-0.06527  1st Qu.: 0.0000   1st Qu.:-0.07372
 Median : 0.68421  Median : 0.01829   Median : 0.66798   Median : 0.02825  Median : 0.6441   Median : 0.03027
 Mean   : 0.51185  Mean   : 0.18135   Mean   : 0.47618   Mean   : 0.15504  Mean   : 0.4008   Mean   : 0.09341
 3rd Qu.: 0.95324  3rd Qu.: 0.53419   3rd Qu.: 0.95790   3rd Qu.: 0.48237  3rd Qu.: 0.9555   3rd Qu.: 0.37486
 Max.   : 1.00000  Max.   : 1.00000   Max.   : 1.00000   Max.   : 1.00000  Max.   : 1.0000   Max.   : 1.00000
      V15               V16                V17               V18                V19               V20
 Min.   :-1.0000   Min.   :-1.0000    Min.   :-1.0000   Min.   :-1.00000   Min.   :-1.0000   Min.   :-1.00000
 1st Qu.: 0.0000   1st Qu.:-0.08170   1st Qu.: 0.0000   1st Qu.:-0.225690  1st Qu.: 0.0000   1st Qu.:-0.23467
 Median : 0.6019   Median : 0.00000   Median : 0.5909   Median : 0.000000  Median : 0.5762   Median : 0.00000
 Mean   : 0.3442   Mean   : 0.07113   Mean   : 0.3819   Mean   :-0.003617  Mean   : 0.3594   Mean   :-0.02402
 3rd Qu.: 0.9193   3rd Qu.: 0.30897   3rd Qu.: 0.9357   3rd Qu.: 0.195285  3rd Qu.: 0.8993   3rd Qu.: 0.13437
 Max.   : 1.0000   Max.   : 1.0000    Max.   : 1.0000   Max.   : 1.000000  Max.   : 1.0000   Max.   : 1.00000
      V21               V22                V23               V24                V25               V26
 Min.   :-1.0000   Min.   :-1.000000  Min.   :-1.0000   Min.   :-1.00000   Min.   :-1.0000   Min.   :-1.00000
 1st Qu.: 0.0000   1st Qu.:-0.243870  1st Qu.: 0.0000   1st Qu.:-0.36689   1st Qu.: 0.0000   1st Qu.:-0.33239
 Median : 0.4991   Median : 0.000000  Median : 0.5318   Median : 0.00000   Median : 0.5539   Median :-0.01505
 Mean   : 0.3367   Mean   : 0.008296  Mean   : 0.3625   Mean   :-0.05741   Mean   : 0.3961   Mean   :-0.07119
 3rd Qu.: 0.8949   3rd Qu.: 0.188760  3rd Qu.: 0.9112   3rd Qu.: 0.16463   3rd Qu.: 0.9052   3rd Qu.: 0.15676
 Max.   : 1.0000   Max.   : 1.000000  Max.   : 1.0000   Max.   : 1.00000   Max.   : 1.0000   Max.   : 1.00000
      V27               V28                V29               V30                V31               V32
 Min.   :-1.0000   Min.   :-1.00000   Min.   :-1.0000   Min.   :-1.00000   Min.   :-1.0000   Min.   :-1.000000
 1st Qu.: 0.2864   1st Qu.:-0.44316   1st Qu.: 0.0000   1st Qu.:-0.23689   1st Qu.: 0.0000   1st Qu.:-0.242595
 Median : 0.7082   Median :-0.01769   Median : 0.0000   Median : 0.00000   Median : 0.4428   Median : 0.000000
 Mean   : 0.5416   Mean   :-0.06954   Mean   : 0.3784   Mean   :-0.02791   Mean   : 0.3525   Mean   :-0.003794
 3rd Qu.: 0.9999   3rd Qu.: 0.15354   3rd Qu.: 0.8835   3rd Qu.: 0.15407   3rd Qu.: 0.8576   3rd Qu.: 0.200120
 Max.   : 1.0000   Max.   : 1.00000   Max.   : 1.0000   Max.   : 1.00000   Max.   : 1.0000   Max.   : 1.000000
      V33               V34             Class
 Min.   :-1.0000   Min.   :-1.00000   bad :126
 1st Qu.: 0.0000   1st Qu.:-0.16535   good:225
 Median : 0.4096   Median : 0.00000
 Mean   : 0.3494   Mean   : 0.01448
 3rd Qu.: 0.8138   3rd Qu.: 0.17166
 Max.   : 1.0000   Max.   : 1.00000
> dim(data)
[1] 351  33
```

Q-01 로지스틱 회귀 분석 : 이온층의 상태(Class)를 분류하기 위하여 데이터세트를 훈련용 (70%)과 검증용(30%)으로 구분하고, glm( ) 함수를 이용하여 로지스틱 회귀 분석을 수행하시오. 그리고 검증용 데이터에 대한 성능분석결과(혼동행렬, 정확도, ROC, AUC)를 출력하시오.

🔒 **정답 및 해설**

① 결측값을 제외한 데이터를 이용하며, glm( ) 함수를 이용하여 로지스틱 회귀모형을 구축(model)하고 (실젯값, 예측값)을 데이터 프레임에 저장(new)한다.

```
> data <- na.omit(data)
> data$Class <- as.numeric(data$Class)
> id <- sample(1:nrow(data), as.integer(0.7*nrow(data)))
> train <- data[id,]
> test <- data[-id,]
>
> model <- glm(Class ~., data=train)
>
> new <- data.frame(actual = test$Class)
> new$predict <- round(predict(model, test), 0)
> head(new)
  actual predict
1      2       2
2      1       1
3      2       2
4      1       1
5      2       2
6      2       2
```

② (실젯값, 예측값)을 저장한 new 데이터 프레임에는 예측값이 0인 행이 있어 이를 제외하고 각각의 항목을 요인변수로 변환한다.

```
> summary(new)
     actual          predict
 Min.   :1.000   Min.   :0.000
 1st Qu.:1.000   1st Qu.:2.000
 Median :2.000   Median :2.000
 Mean   :1.708   Mean   :1.774
 3rd Qu.:2.000   3rd Qu.:2.000
 Max.   :2.000   Max.   :2.000
> new[(new[,2]==0),]
   actual predict
60      1       0
> new <- subset(new, !(new$predict==0))
> summary(new)
     actual          predict
 Min.   :1.000   Min.   :1.00
 1st Qu.:1.000   1st Qu.:2.00
 Median :2.000   Median :2.00
 Mean   :1.714   Mean   :1.79
 3rd Qu.:2.000   3rd Qu.:2.00
 Max.   :2.000   Max.   :2.00
> str(new)
'data.frame':   105 obs. of  2 variables:
 $ actual : num  2 1 2 1 2 2 1 2 2 1 ...
 $ predict: num  2 1 2 1 2 2 2 2 2 1 ...
> new$actual <- as.factor(new$actual)
> new$predict <- as.factor(new$predict)
```

③ 혼동행렬을 이용("caret" 패키지)하여 로지스틱 회귀모형의 정확도는 88.57%임을 알 수 있다.

```
> confusionMatrix(new$predict, new$actual)
Confusion Matrix and Statistics

          Reference
Prediction  1  2
         1 20  2
         2 10 73

               Accuracy : 0.8857
                 95% CI : (0.8089, 0.9395)
    No Information Rate : 0.7143
    P-Value [Acc > NIR] : 2.142e-05

                  Kappa : 0.6957

 Mcnemar's Test P-Value : 0.04331

            Sensitivity : 0.6667
            Specificity : 0.9733
         Pos Pred Value : 0.9091
         Neg Pred Value : 0.8795
             Prevalence : 0.2857
         Detection Rate : 0.1905
   Detection Prevalence : 0.2095
      Balanced Accuracy : 0.8200

       'Positive' Class : 1
```

④ ROC 곡선을 작성하기 위하여 plot.roc( ) 함수를 이용("pROC" 패키지)하며, AUC는 0.820이다.

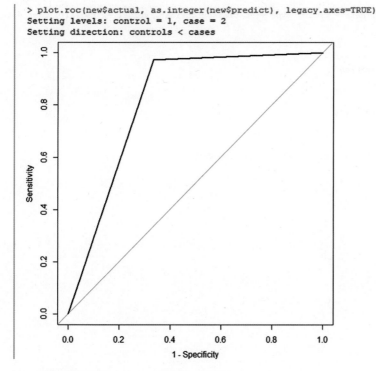

```
> plot.roc(new$actual, as.integer(new$predict), legacy.axes=TRUE)
Setting levels: control = 1, case = 2
Setting direction: controls < cases
```

```
> roc(new$actual, as.integer(new$predict))$auc
Setting levels: control = 1, case = 2
Setting direction: controls < cases
Area under the curve: 0.82
```

서포트벡터머신 : svm( ) 함수를 이용("e1071" 패키지)하여 SVM 모형을 구축하시오. (cost, gamma)＝(10, 0.1)을 이용하고 tune.svm( ) 함수를 이용하여 최적의 파라미터를 구한 후, 기존 모형과의 성능을 비교하시오. 개선된 모형의 성능분석결과(혼동행렬, 정확도, ROC, AUC)를 출력하고 (실젯값, 예측값)을 "생년월일.csv" 파일로 저장하시오.

🔒 정답 및 해설

① "e1071" 패키지 설치 후, 결측치를 제외하고 훈련용(70%)과 검증용(30%) 데이터를 분류한다. 그리고 훈련용 데이터 (train)를 이용하여 서포트벡터머신(SVM) 모형을 구축한다. SVM 모형 구축 시 커널 함수로 방사형 함수(RBF, Radial Basis Function)를 이용하고, 파라미터 (cost, gamma)＝(10, 0.1)를 사용하며 (실젯값, 예측 값)＝(new$actual, new$predict)을 new 데이터 프레임으로 저장한다.

```
> data(Ionosphere)
> data <- data.frame(Ionosphere)
> data <- subset(data, select=c(-V1, -V2))
> data <- na.omit(data)
> id <- sample(1:nrow(data), as.integer(0.7*nrow(data)))
> train <- data[id,]
> test <- data[-id,]
>
> model <- svm(Class~., train, type="C-classification", kernel="radial", cost=10, gamma=0.1)
>
> model

Call:
svm(formula = Class ~ ., data = train, type = "C-classification", kernel = "radial", cost = 10,
    gamma = 0.1)


Parameters:
   SVM-Type:  C-classification
 SVM-Kernel:  radial
       cost:  10

Number of Support Vectors:  135

>
> new <- data.frame(actual=test$Class)
> new$predict <- predict(model, test, decision.values=TRUE)
> head(new)
  actual predict
1    bad     bad
2   good    good
3    bad     bad
4   good    good
5    bad     bad
6    bad     bad
```

② "caret" 패키지 설치 후, 혼동행렬(confusionMatrix( ) 함수 이용)을 구하고 정확도(Accuracy)는 94.34%임을 확인한다.

```
> confusionMatrix(new$predict, new$actual)
Confusion Matrix and Statistics

          Reference
Prediction bad good
      bad   35    3
      good   3   65

               Accuracy : 0.9434
                 95% CI : (0.8809, 0.9789)
    No Information Rate : 0.6415
    P-Value [Acc > NIR] : 2.123e-13

                  Kappa : 0.8769

 Mcnemar's Test P-Value : 1

            Sensitivity : 0.9211
            Specificity : 0.9559
         Pos Pred Value : 0.9211
         Neg Pred Value : 0.9559
             Prevalence : 0.3585
         Detection Rate : 0.3302
   Detection Prevalence : 0.3585
      Balanced Accuracy : 0.9385

       'Positive' Class : bad
```

③ "pROC" 패키지 설치 후, plot.roc( ) 함수를 이용하여 ROC 곡선을 작성하고 AUC의 면적(0.9385)으로 SVM 모형의 성능을 확인한다.

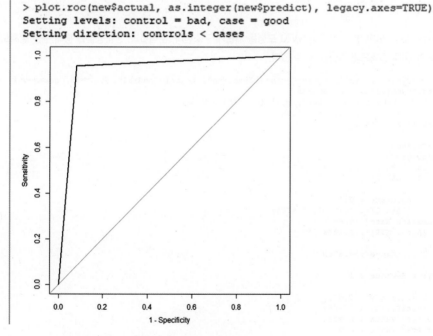

```
> plot.roc(new$actual, as.integer(new$predict), legacy.axes=TRUE)
Setting levels: control = bad, case = good
Setting direction: controls < cases
```

```
> roc(new$actual, as.integer(new$predict))$auc
Setting levels: control = bad, case = good
Setting direction: controls < cases
Area under the curve: 0.9385
```

④ tune.svm( ) 함수를 이용하여 SVM 모형의 성능을 개선하기 위한 최적의 파라미터(cost, gamma) 값을 구한다. gamma＝(0.1, 2), cost＝(5, 15)에 대한 검토 결과, best parameters는 gamma＝0.1, cost＝15이다.

```
> svmtune <- tune.svm(factor(Class) ~., data=train, gamma=c(0.1, 2), cost=c(5, 15))
> svmtune

Parameter tuning of 'svm':

- sampling method: 10-fold cross validation

- best parameters:
 gamma cost
   0.1   15

- best performance: 0.04116667

> summary(svmtune)

Parameter tuning of 'svm':

- sampling method: 10-fold cross validation

- best parameters:
 gamma cost
   0.1   15

- best performance: 0.04116667

- Detailed performance results:
  gamma cost      error dispersion
1   0.1    5 0.04116667 0.03403022
2   2.0    5 0.34366667 0.09514706
3   0.1   15 0.04116667 0.03929196
4   2.0   15 0.34366667 0.09514706
```

⑤ gamma＝0.1, cost＝15 파라미터를 이용하여 SVM 모형을 새롭게 구축한다. 분석결과, 혼동행렬을 통해 구한 정확도는 앞의 결과와 동일하며, 분류 결과도 동일함을 알 수 있다.

```
> model <- svm(Class~., train, type="C-classification", kernel="radial", cost=15, gamma=0.1)
> new <- data.frame(actual=test$Class)
> new$predict <- predict(model, test, decision.values=TRUE)
> confusionMatrix(new$predict, new$actual)
Confusion Matrix and Statistics

          Reference
Prediction bad good
      bad   35    3
      good   3   65

               Accuracy : 0.9434
                 95% CI : (0.8809, 0.9789)
    No Information Rate : 0.6415
    P-Value [Acc > NIR] : 2.123e-13

                  Kappa : 0.8769

 Mcnemar's Test P-Value : 1

            Sensitivity : 0.9211
            Specificity : 0.9559
         Pos Pred Value : 0.9211
         Neg Pred Value : 0.9559
             Prevalence : 0.3585
         Detection Rate : 0.3302
   Detection Prevalence : 0.3585
      Balanced Accuracy : 0.9385

       'Positive' Class : bad
```

⑥ (실젯값, 예측값)이 저장된 new 데이터를 저장하기 위하여 먼저 작업영역을 지정[setwd("C:/workr")]하고 write.
csv( ) 명령어를 이용하여 "980415.csv"로 저장한다. 저장된 파일을 읽어들여 결과 파일을 확인한다.

```
> setwd("C:/workr")
> write.csv(new, "980415.csv")
>
> result <- read.csv("980415.csv", header=T, fileEncoding="EUC-KR")
> View(result)
> |
```

R Data: result			
	X	actual	predict
1	1	bad	bad
2	2	good	good
3	3	bad	bad
4	4	good	good
5	5	bad	bad
6	6	bad	bad
7	7	good	good
8	8	good	good
9	9	good	good
10	10	bad	bad
11	11	good	good
12	12	good	good
13	13	good	good
14	14	good	good
15	15	bad	good
16	16	good	good
17	17	bad	bad
18	18	bad	bad
19	19	good	good
20	20	good	good

🔒 **정답 및 해설**

① 앞에서와 동일한 방법으로 데이터를 저장하고 (훈련용, 검증용) 데이터로 분류한다. 그리고 naiveBays( ) 함수를 이용하여 베이즈 분류 분석모형을 구축한다.

```
> data(Ionosphere)
> data <- data.frame(Ionosphere)
> data <- subset(data, select=c(-V1, -V2))
> data <- na.omit(data)
> id <- sample(1:nrow(data), as.integer(0.7*nrow(data)))
> train <- data[id,]
> test <- data[-id,]
>
> model <- naiveBayes(Class~., train)
> model

Naive Bayes Classifier for Discrete Predictors

Call:
naiveBayes.default(x = X, y = Y, laplace = laplace)

A-priori probabilities:
Y
      bad       good
0.3265306 0.6734694

Conditional probabilities:
      V3
Y            [,1]       [,2]
  bad   0.2679716 0.6633608
  good  0.8313373 0.2056596

> summary(model)
          Length Class  Mode
apriori   2      table  numeric
tables    32     -none- list
levels    2      -none- character
isnumeric 32     -none- logical
call      4      -none- call
```

② (실젯값, 예측값)을 new 데이터 프레임으로 저장하고 혼동행렬을 이용하여 정확도(79.25%)를 평가한다.

```
> new <- data.frame(actual = test$Class)
> new$predict <- predict(model, test)
> confusionMatrix(new$predict, new$actual)
Confusion Matrix and Statistics

          Reference
Prediction bad good
      bad  40   16
      good  6   44

               Accuracy : 0.7925
                 95% CI : (0.7028, 0.8651)
    No Information Rate : 0.566
    P-Value [Acc > NIR] : 8.398e-07

                  Kappa : 0.588

 Mcnemar's Test P-Value : 0.05501

            Sensitivity : 0.8696
            Specificity : 0.7333
         Pos Pred Value : 0.7143
         Neg Pred Value : 0.8800
             Prevalence : 0.4340
         Detection Rate : 0.3774
   Detection Prevalence : 0.5283
      Balanced Accuracy : 0.8014

       'Positive' Class : bad
```

③ new 데이터 프레임을 이용하여 ROC 곡선과 AUC 면적(0.8014)을 구하면 다음과 같다.

```
> plot.roc(new$actual, as.integer(new$predict),legacy.axes=TRUE)
Setting levels: control = bad, case = good
Setting direction: controls < cases
```

```
> roc(new$actual, as.integer(new$predict))$auc
Setting levels: control = bad, case = good
Setting direction: controls < cases
Area under the curve: 0.8014
```

🔒 정답 및 해설

① 배깅(Bagging)

㉠ "adabag" 패키지 설치 후, (훈련용, 검증용) 데이터를 분류하고 bagging( ) 함수를 이용(배깅 반복횟수, mfinal＝10으로 지정)하여 배깅 모형을 구축한다. plot( ), text( ) 함수로 분류 기준을 확인한다.

```
> data(Ionosphere)
> data <- data.frame(Ionosphere)
> data <- subset(data, select=c(-V1, -V2))
> data <- na.omit(data)
> id <- sample(1:nrow(data), as.integer(0.7*nrow(data)))
> train <- data[id,]
> test <- data[-id,]

> bag <- bagging(Class~., train, mfinal=10)
> plot(bag$trees[[10]])
> text(bag$trees[[10]])
```

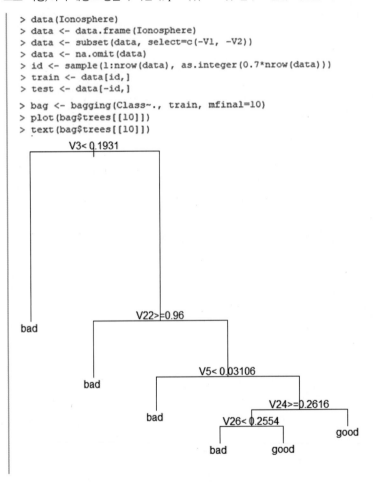

ⓒ 검증용 데이터에 대한 성능 평가결과, 정확도＝90.57%, AUC＝0.8482이다. predict( ) 함수를 이용한 예측결과는 "chr"(문자) 형식으로 저장되어 있어 변수 변환을 통해 요인변수로 변경(as.factor( )) 후, 혼동행렬과 roc( ) 함수를 이용하여 성능을 평가한다.

```
> new <- data.frame(actual = test$Class)
> predict <- predict(bag, test)
> new$predict <- predict$class
> head(new)
  actual predict
1   bad    bad
2   bad    good
3   bad    bad
4   good   good
5   good   good
6   good   good
> str(new)
'data.frame':   106 obs. of  2 variables:
 $ actual : Factor w/ 2 levels "bad","good": 1 1 1 2 2 2 1 1 2 2 ...
 $ predict: chr  "bad" "good" "bad" "good" ...
> new$predict <- as.factor(new$predict)
> str(new)
'data.frame':   106 obs. of  2 variables:
 $ actual : Factor w/ 2 levels "bad","good": 1 1 1 2 2 2 1 1 2 2 ...
 $ predict: Factor w/ 2 levels "bad","good": 1 2 1 2 2 2 1 2 2 ...
> confusionMatrix(new$predict, new$actual)
Confusion Matrix and Statistics

          Reference
Prediction bad good
      bad   22    1
      good   9   74

               Accuracy : 0.9057
                 95% CI : (0.8333, 0.9538)
    No Information Rate : 0.7075
    P-Value [Acc > NIR] : 7.246e-07

                  Kappa : 0.7534

 Mcnemar's Test P-Value : 0.02686

            Sensitivity : 0.7097
            Specificity : 0.9867
         Pos Pred Value : 0.9565
         Neg Pred Value : 0.8916
             Prevalence : 0.2925
         Detection Rate : 0.2075
   Detection Prevalence : 0.2170
      Balanced Accuracy : 0.8482

       'Positive' Class : bad
> roc(new$actual, as.integer(new$predict))$auc
Setting levels: control = bad, case = good
Setting direction: controls < cases
Area under the curve: 0.8482
```

② 부스팅(Boosting)

　㉠ boosting( ) 함수를 이용하여 모형을 구축(bst, AdaBoosting 알고리즘 적용)하면 다음과 같다. 부스팅 반복횟수를 100으로 지정(mfinal＝100)하고 plot( ), text( ) 함수를 이용하여 의사결정나무 구조의 분류 기준을 확인한다.

```
> bst <- boosting(Class~., train, boos=TRUE, mfinal=100)
> plot(bst$trees[[10]])
> text(bst$trees[[10]])
```

　㉡ 부스팅(boosting( )) 모형에 대한 성능분석결과, 정확도는 89.62%, AUC는 0.86040다.

```
> new <- data.frame(actual = test$Class)
> new$predict <- as.factor(predict(bst, test)$class)
> confusionMatrix(new$predict, new$actual)
Confusion Matrix and Statistics

          Reference
Prediction bad good
      bad  24    4
      good  7   71

               Accuracy : 0.8962
                 95% CI : (0.8219, 0.947)
    No Information Rate : 0.7075
    P-Value [Acc > NIR] : 2.708e-06

                  Kappa : 0.7419

 Mcnemar's Test P-Value : 0.5465

            Sensitivity : 0.7742
            Specificity : 0.9467
         Pos Pred Value : 0.8571
         Neg Pred Value : 0.9103
             Prevalence : 0.2925
         Detection Rate : 0.2264
   Detection Prevalence : 0.2642
      Balanced Accuracy : 0.8604

       'Positive' Class : bad

> roc(new$actual, as.integer(new$predict))$auc
Setting levels: control = bad, case = good
Setting direction: controls < cases
Area under the curve: 0.8604
```

ⓒ "ada" 패키지 설치 후, ada( ) 함수로 구축한 모형(Ada 부스팅 알고리즘 적용)의 성능평가 결과는 정확도=88.68%, AUC=0.8632이다.

```
> adabst <- ada(Class~., train, iter=20, nu=1, type="discrete")
> new <- data.frame(actual = test$Class)
> new$predict <- predict(adabst, test)
> confusionMatrix(new$predict, new$actual)
Confusion Matrix and Statistics

          Reference
Prediction bad good
      bad   25    6
      good   6   69

               Accuracy : 0.8868
                 95% CI : (0.8106, 0.9401)
    No Information Rate : 0.7075
    P-Value [Acc > NIR] : 9.198e-06

                  Kappa : 0.7265

 Mcnemar's Test P-Value : 1

            Sensitivity : 0.8065
            Specificity : 0.9200
         Pos Pred Value : 0.8065
         Neg Pred Value : 0.9200
             Prevalence : 0.2925
         Detection Rate : 0.2358
   Detection Prevalence : 0.2925
      Balanced Accuracy : 0.8632

       'Positive' Class : bad

> roc(new$actual, as.integer(new$predict))$auc
Setting levels: control = bad, case = good
Setting direction: controls < cases
Area under the curve: 0.8632
```

③ 랜덤포레스트(Random Forest)

㉠ 랜덤포레스트 모형을 구축하기 위해 "randomForest" 패키지를 이용한다. 데이터를 훈련용(70%, train)과 검증용 (30%, test)으로 구분하고, randomForest( ) 함수를 이용하여 랜덤포레스트 모형을 구축(rfmodel)한다. 트리의 수 (ntree)=100, proximity=TRUE(객체들 간의 근접도 행렬 제공, 동일한 최종 노드에 포함되는 빈도에 기초함)로 지정한다. plot( ) 함수를 이용하여 트리의 수(ntree)에 따른 종속변수(Class)의 오분류율(범주별 및 오류율 시각화) 을 확인한다.

```
> data(Ionosphere)
> data <- data.frame(Ionosphere)
> data <- subset(data, select=c(-V1, -V2))
> data <- na.omit(data)
> id <- sample(1:nrow(data), as.integer(0.7*nrow(data)))
> train <- data[id,]
> test <- data[-id,]
> rfmodel <- randomForest(Class~., train, ntree=100, proximity=TRUE)
> rfmodel

Call:
 randomForest(formula = Class ~ ., data = train, ntree = 100,      proximity = TRUE)
               Type of random forest: classification
                     Number of trees: 100
No. of variables tried at each split: 5

        OOB estimate of  error rate: 6.12%
Confusion matrix:
     bad good class.error
bad   73    8  0.09876543
good   7  157  0.04268293
```

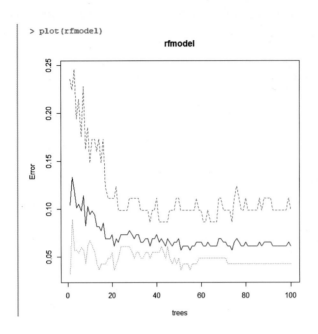

ⓛ 종속변수에 영향을 미치는 정도를 알아보기 위해 varImpPlot( ) 함수를 이용한다. (V5, V27, V7, V3, V8) 항목이
다른 변수와 비교하여 종속변수에 미치는 중요도가 높음을 알 수 있다. plot( ), margin( ) 수행 결과로부터 분류의 정
확도(양의 마진은 정확한 분류, 음의 마진은 잘못 분류된 결과)를 확인한다.

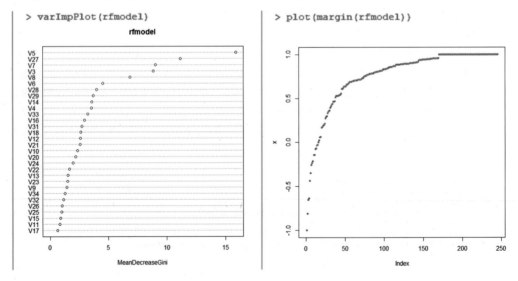

ⓒ 검증용 데이터(test)를 이용한 랜덤포레스트 모형의 성능은 정확도＝88.68%, AUC＝0.8754이다.

```
> new <- data.frame(actual = test$Class)
> new$predict <- predict(rfmodel, test)
> confusionMatrix(new$predict, new$actual)
Confusion Matrix and Statistics

          Reference
Prediction bad good
      bad   36    3
      good   9   58

               Accuracy : 0.8868
                 95% CI : (0.8106, 0.9401)
    No Information Rate : 0.5755
    P-Value [Acc > NIR] : 2.51e-12

                  Kappa : 0.7642

 Mcnemar's Test P-Value : 0.1489

            Sensitivity : 0.8000
            Specificity : 0.9508
         Pos Pred Value : 0.9231
         Neg Pred Value : 0.8657
             Prevalence : 0.4245
         Detection Rate : 0.3396
   Detection Prevalence : 0.3679
      Balanced Accuracy : 0.8754

       'Positive' Class : bad

> roc(new$actual, as.integer(new$predict))$auc
Setting levels: control = bad, case = good
Setting direction: controls < cases
Area under the curve: 0.8754
```

ⓔ "caret" 패키지에서 제공되는 train( ) 함수를 이용하여 구축된 랜덤포레스트 모형의 성능분석결과는 다음과 같다. 여기서 method="rf"(랜덤포레스트), trControl=trainControl( )는 5−fold 교차검증 방법(cv : cross−validation), prox : 객체들 간의 근접도 행렬 제공(proximity), allowParallel : 병렬처리 지정을 의미한다. plot( ) 함수를 이용하여 훈련용 데이터들에 대한 모형의 정확도를 그래프로 확인하며, 검증용 데이터들에 대한 모형 평가 결과, 정확도는 88.68%, AUC는 0.8754이다.

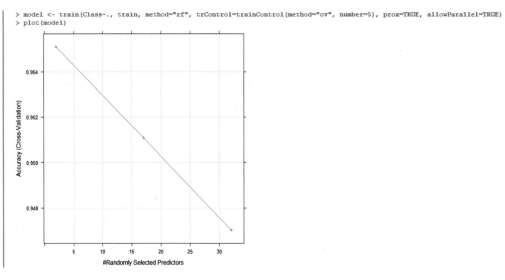

```
> model <- train(Class~., train, method="rf", trControl=trainControl(method="cv", number=5), prox=TRUE, allowParallel=TRUE)
> plot(model)
```

```
> new <- data.frame(actual = test$Class)
> new$predict <- predict(model, test)
> confusionMatrix(new$predict, new$actual)
Confusion Matrix and Statistics

          Reference
Prediction bad good
      bad   36    3
      good   9   58

               Accuracy : 0.8868
                 95% CI : (0.8106, 0.9401)
    No Information Rate : 0.5755
    P-Value [Acc > NIR] : 2.51e-12

                  Kappa : 0.7642

 Mcnemar's Test P-Value : 0.1489

            Sensitivity : 0.8000
            Specificity : 0.9508
         Pos Pred Value : 0.9231
         Neg Pred Value : 0.8657
             Prevalence : 0.4245
         Detection Rate : 0.3396
   Detection Prevalence : 0.3679
      Balanced Accuracy : 0.8754

       'Positive' Class : bad

> roc(new$actual, as.integer(new$predict))$auc
Setting levels: control = bad, case = good
Setting direction: controls < cases
Area under the curve: 0.8754
```

◎ "party" 패키지에서 제공되는 cforest( ) 함수를 이용한 랜덤포레스트 모형의 성능 분석결과는 다음과 같다. 분석결과, 정확도는 86.79%, AUC는 0.8503이며, plot( ) 함수를 이용하여 각각의 범주에 대해 예측한 값의 수를 시각적으로 확인할 수 있다.

```
> model <- cforest(Class~., train)
> predict <- predict(model, newdata=test, OOB=TRUE, type="response")
> new <- data.frame(actual = test$Class)
> new$predict <- predict
> confusionMatrix(new$predict, new$actual)
Confusion Matrix and Statistics

          Reference
Prediction bad good
      bad   33    2
      good  12   59

               Accuracy : 0.8679
                 95% CI : (0.7883, 0.9259)
    No Information Rate : 0.5755
    P-Value [Acc > NIR] : 6.822e-11

                  Kappa : 0.7216

 Mcnemar's Test P-Value : 0.01616

            Sensitivity : 0.7333
            Specificity : 0.9672
         Pos Pred Value : 0.9429
         Neg Pred Value : 0.8310
             Prevalence : 0.4245
         Detection Rate : 0.3113
   Detection Prevalence : 0.3302
      Balanced Accuracy : 0.8503

       'Positive' Class : bad

> roc(new$actual, as.integer(new$predict))$auc
Setting levels: control = bad, case = good
Setting direction: controls < cases
Area under the curve: 0.8503
```

```
> plot(predict)
```

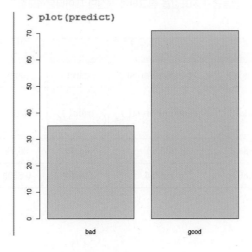

ⓗ 작업영역 지정[setwd("C:/workr")] 후, write.csv( ) 함수를 이용하여 new 파일을 저장한다. read.csv( ) 명령어를 이용하여 저장된 파일을 확인한다.

```
> setwd("C:/workr")
> write.csv(new, "980415.csv")
> result <- read.csv("980415.csv", header=T, fileEncoding="EUC-KR")
> View(result)
>
```

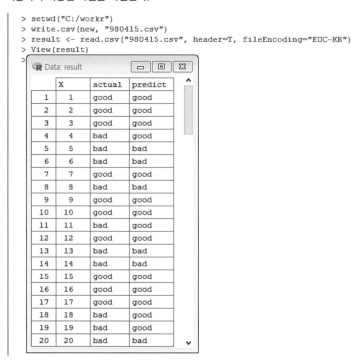

ⓘ 앙상블 분석결과를 요약하면 다음과 같다. 비교 결과, 정확도는 배깅 알고리즘이 가장 높고(90.57%), AUC는 randomForest( )와 train( ) 함수의 수행 결과가 가장 높다(0.8754). 그러나 이 결과는 (훈련용, 검증용) 데이터세트가 바뀌면 달라질 수 있으며, (정확도, AUC)외에도 다른 성능평가 지표값을 참고하여 적절한 데이터분석모형을 선택해야 한다.

구 분	배 깅	부스팅		랜덤포레스트		
패키지	adabag	adabag	ada	randomForest	caret	party
함 수	bagging( )	boosting( ) AdaBoost 알고리즘	ada( )	randomForest( )	train( )	cforest( )
정확도(%)	90.57	89.62	88.68	88.68	88.68	86.79
AUC	0.8482	0.8604	0.8632	0.8754	0.8754	0.8503

데이터세트 : R에서 제공되는 state.x77 데이터세트는 미국 50개 주의 (인구, 수입, 문맹률, 기대수명, 살인발생율, 고교졸업율, 서리 발생일)에 대한 데이터이다. (수입, 문맹률, 기대수명, 살인발생율, 고교졸업율, 서리 발생일)의 독립변수(Income, Illiteracy, Life.Exp, Murder, HS.Grad, Frost)를 이용하여 각 주의 인구(Population)를 예측하고, 다음 순서대로 회귀 분석, 의사결정나무, 인공신경망 모형을 이용하여 성능을 평가하시오.

```
> class(state.x77)
[1] "matrix" "array"
> data <- data.frame(state.x77)
> head(data)
           Population Income Illiteracy Life.Exp Murder HS.Grad Frost    Area
Alabama          3615   3624        2.1    69.05   15.1    41.3    20   50708
Alaska            365   6315        1.5    69.31   11.3    66.7   152  566432
Arizona          2212   4530        1.8    70.55    7.8    58.1    15  113417
Arkansas         2110   3378        1.9    70.66   10.1    39.9    65   51945
California      21198   5114        1.1    71.71    9.3    62.6    20  156361
Colorado         2541   4884        0.7    72.06    6.8    63.9   166  103766
> summary(data)
   Population        Income       Illiteracy       Life.Exp         Murder          HS.Grad          Frost
 Min.   :  365   Min.   :3098   Min.   :0.500   Min.   :67.96   Min.   : 1.400   Min.   :37.80   Min.   :  0.00
 1st Qu.: 1080   1st Qu.:3993   1st Qu.:0.625   1st Qu.:70.12   1st Qu.: 4.350   1st Qu.:48.05   1st Qu.: 66.25
 Median : 2838   Median :4519   Median :0.950   Median :70.67   Median : 6.850   Median :53.25   Median :114.50
 Mean   : 4246   Mean   :4436   Mean   :1.170   Mean   :70.88   Mean   : 7.378   Mean   :53.11   Mean   :104.46
 3rd Qu.: 4968   3rd Qu.:4814   3rd Qu.:1.575   3rd Qu.:71.89   3rd Qu.:10.675   3rd Qu.:59.15   3rd Qu.:139.75
 Max.   :21198   Max.   :6315   Max.   :2.800   Max.   :73.60   Max.   :15.100   Max.   :67.30   Max.   :188.00
      Area
 Min.   :  1049
 1st Qu.: 36985
 Median : 54277
 Mean   : 70736
 3rd Qu.: 81163
 Max.   :566432
> describe(data)
           vars  n     mean       sd   median  trimmed      mad     min      max     range  skew kurtosis       se
Population    1 50  4246.42  4464.49  2838.50  3384.28  2890.33  365.00  21198.0  20833.00  1.92     3.75   631.37
Income        2 50  4435.80   614.47  4519.00  4430.08   581.18 3098.00   6315.0   3217.00  0.20     0.24    86.90
Illiteracy    3 50     1.17     0.61     0.95     1.10     0.52    0.50      2.8      2.30  0.82    -0.47     0.09
Life.Exp      4 50    70.88     1.34    70.67    70.92     1.54   67.96     73.6      5.64 -0.15    -0.67     0.19
Murder        5 50     7.38     3.69     6.85     7.30     5.19    1.40     15.1     13.70  0.13    -1.21     0.52
HS.Grad       6 50    53.11     8.08    53.25    53.34     8.60   37.80     67.3     29.50 -0.32    -0.88     1.14
Frost         7 50   104.46    51.98   114.50   106.80    53.37    0.00    188.0    188.00 -0.37    -0.94     7.35
Area          8 50 70735.88 85327.30 54277.00 56575.72 35144.29 1049.00 566432.0 565383.00  4.10    20.39 12067.10
```

Q-01 회귀 분석 : 다중회귀 분석모형을 구축하고 회귀모형식을 이용하여 Population(인구)에 대한 예측값을 구하시오. accuracy( ) 함수를 이용하여 5개의 성능평가 지표(ME, RMSE, MAE, MPE, MAPE)를 구하시오. 성능지표는 ME(Mean of Errors), RMSE(Root Mean of Squared Errors), MAE(Mean of Absolute Errors), MPE(Mean of Percentage Errors), MAPE(Mean of Absolute Percentage Errors)이다.

🔓 **정답 및 해설**

① 다중회귀 분석을 수행하기 위하여 R에서 제공되는 lm( ) 함수를 이용한다. 인구(Population)에 영향을 미치는 주요 항목으로 (Income, Illiteracy, Life.Exp, Murder, HS.Grad, Frost)＝(수입, 문맹률, 기대수명, 살인발생율, 고교졸업율, 서리 발생일)을 선정하고 이에 대한 회귀모형식을 구축하면 다음과 같다.

```
> model <- lm(Population ~ Income+Illiteracy+Life.Exp+Murder+HS.Grad+Frost, data)
> summary(model)

Call:
lm(formula = Population ~ Income + Illiteracy + Life.Exp + Murder +
    HS.Grad + Frost, data = data)

Residuals:
    Min      1Q  Median      3Q     Max
-5633.4 -2179.9  -818.4  1065.4 11279.2

Coefficients:
            Estimate Std. Error t value Pr(>|t|)
(Intercept) -90796.639  54002.891  -1.681  0.09995 .
Income           2.501      1.135   2.204  0.03292 *
Illiteracy   -3416.368   1665.603  -2.051  0.04638 *
Life.Exp      1353.677    751.103   1.802  0.07852 .
Murder         862.094    294.973   2.923  0.00551 **
HS.Grad       -219.665    106.995  -2.053  0.04618 *
Frost          -25.785     15.328  -1.682  0.09978 .
---
Signif. codes:  0 '***' 0.001 '**' 0.01 '*' 0.05 '.' 0.1 ' ' 1

Residual standard error: 3760 on 43 degrees of freedom
Multiple R-squared:  0.3776,    Adjusted R-squared:  0.2907
F-statistic: 4.348 on 6 and 43 DF,  p-value: 0.00163
```

회귀모형식

$\beta_0 = -90796.639$

$Population = -90796.639 + 2.501 Income - 3416.368 Illiteracy$
$\qquad + 1353.677 Life.exp + 862.094 Murder - 219.665 HS.Grad - 25.785 Frost$

② 회귀모형식을 이용하여 독립변수에 대한 예측값(new$predict)과 실젯값(new$actual)을 비교하면 다음과 같다. "forecast" 패키지에서 제공하는 accuracy( ) 함수를 이용하여 예측 모형(단순 회귀 분석모형)의 성능을 알아보기 위한 5개의 성능지표(ME, RMSE, MAE, MPE, MAPE)를 확인한다. cor( ) 함수를 이용하여 두 값(실젯값, 예측값) 사이의 상관계수(0.6144849)를 구하고 모형의 적절성을 확인하며, 이 값은 1에 가까울수록 분석모형의 성능이 우수함을 나타낸다. 그리고 plot( ), abline( ) 함수를 이용하여 실젯값(new$actual)과 회귀 분석모형을 이용한 예측값(new$predict) 사이의 관계를 시각적으로 확인한다.

```
> new <- data.frame(actual=data$Population)
> new$predict <- -90796.639+2.501*data$Income-3416.368*data$Illiteracy+1353.677*data$Life.Exp+862.094*data$Murder-219.665*data$HS.Grad-25.785*data$Frost
> head(new)
  actual  predict
1   3615 7993.764
2    365 4866.664
3   2212 3460.363
4   2110 5077.948
5  21198 9920.487
6   2541 4118.088
>
> accuracy(new$actual, new$predict)
              ME     RMSE     MAE     MPE    MAPE
Test set 1.516464 3486.766 2522.36 17.70325 66.12539
>
> cor(new$actual, new$predict)
[1] 0.6144849
```

```
> plot(new$actual, new$predict)
> abline(lm(new$predict~new$actual))
```

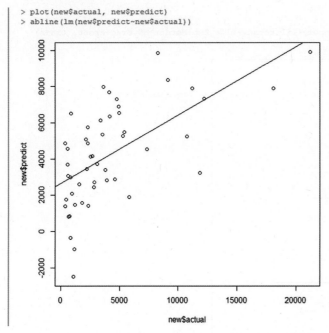

Q-02 의사결정나무 : 의사결정나무 분석모형을 ctree( ), rpart( ), tree( ) 함수를 이용하여 각각 구하고 검증용 데이터를 이용하여 Population 값을 예측하시오. 그리고 accuracy( ) 함수를 이용하여 성능평가 지표를 구하시오[단, 훈련용 데이터는 70%(35개), 검증용 데이터는 30%(15개)로 지정한다].

🔓 정답 및 해설

① 의사결정나무 분석을 이용한 예측 모형을 구축하기 위하여 "party" 패키지에서 제공하는 ctree( ) 함수를 이용한다. state.x77 데이터(총 50개)에서 70%를 훈련용(35개), 30%를 검증 데이터(15개)로 구분하고, 훈련용 데이터를 이용하여 의사결정나무 모형(model)을 구축한다. 의사결정나무 분석결과의 시각화를 위하여 plot( ) 함수를 이용하며, 분류 결과에 대한 Box-plot 결과를 확인한다.

```
> id <- sample(1:nrow(data), as.integer(0.7*nrow(data)))
> train <- data[id,]
> test <- data[-id,]
>
> model <- ctree(Population~Income+Illiteracy+Life.Exp+Murder+HS.Grad+Frost, train)
> plot(model)
```

Node 1 (n = 35)

② 성능을 평가하기 위하여 검증용 데이터의 참값(test$Populaiton)과 예측값(new$predict, 3575.829로 모두 동일)을 비교하면 다음과 같다. accuracy( ) 함수를 이용한 주요 성능지표값을 보면, RMSE는 6132.391로 다소 높으며, plot( ) 함수를 이용한 시각화 결과에서도 참값(new$actual)과 예측값(new$predict) 사이의 차이가 확인된다.

```
> new <- data.frame(actual=test$Population)
> new$predict <- predict(model, test)
> new
   actual Population
1   21198   3575.829
2     579   3575.829
3   11197   3575.829
4    2861   3575.829
5    3387   3575.829
6    4122   3575.829
7    2341   3575.829
8    7333   3575.829
9    2715   3575.829
10  11860   3575.829
11    681   3575.829
12  12237   3575.829
13   1203   3575.829
14    472   3575.829
15   4981   3575.829
> accuracy(new$actual, new$predict)
                ME     RMSE      MAE       MPE     MAPE
Test set -2235.305 6132.391 4150.989 -62.51152 116.0847
> plot(new$actual, new$predict)
> abline(lm(new$predict~new$actual))
```

③ 의사결정나무 분석 기법중 하나인 "rpart"와 "rpart.plot" 패키지를 이용(rpart( ) 함수 이용)한 결과는 다음과 같다.
ctree( ) 함수를 이용한 예측 결과와 비교할 때 RMSE가 다소 감소되어 RMSE는 6,049.809임을 확인할 수 있다.

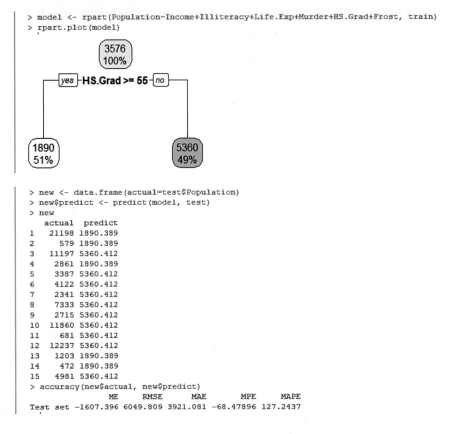

```
> model <- rpart(Population~Income+Illiteracy+Life.Exp+Murder+HS.Grad+Frost, train)
> rpart.plot(model)
```

```
> new <- data.frame(actual=test$Population)
> new$predict <- predict(model, test)
> new
    actual  predict
1    21198 1890.389
2      579 1890.389
3    11197 5360.412
4     2861 1890.389
5     3387 5360.412
6     4122 5360.412
7     2341 5360.412
8     7333 5360.412
9     2715 5360.412
10   11860 5360.412
11     681 5360.412
12   12237 5360.412
13    1203 1890.389
14     472 1890.389
15    4981 5360.412
> accuracy(new$actual, new$predict)
                ME     RMSE      MAE      MPE     MAPE
Test set -1607.396 6049.809 3921.081 -68.47896 127.2437
```

④ tree( ) 함수의 수행 결과("tree" 패키지 이용)는 다음과 같다. RMSE는 6,830.222로 다소 증가됨을 알 수 있다.

```
> model <- tree(Population~Income+Illiteracy+Life.Exp+Murder+HS.Grad+Frost, train)
> plot(model)
> text(model)
```

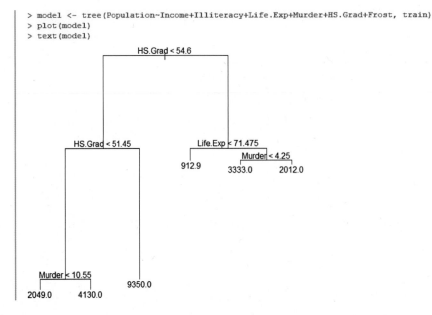

```
> new <- data.frame(actual = test$Population)
> new$predict <- predict(model, test)
> new
   actual  predict
1   21198 2012.200
2     579  912.875
3   11197 9350.167
4    2861 3332.600
5    3387 4130.333
6    4122 9350.167
7    2341 4130.333
8    7333 9350.167
9    2715 9350.167
10  11860 2048.800
11    681 9350.167
12  12237 4130.333
13   1203 2012.200
14    472 2012.200
15   4981 2048.800
> accuracy(new$actual, new$predict)
                 ME     RMSE      MAE       MPE     MAPE
Test set -909.6994 6830.222 4674.661 -88.10136 150.764
```

Q-03 인공신경망 : neuralnet( ) 함수를 이용하여 인공신경망 분석모형을 구축하고 검증용 데이터를 이용하여 Population 값을 예측하시오. 그리고 accuracy( ) 함수를 이용하여 성능평가 지표를 구하시오(단, 훈련용 데이터는 70%, 검증용 데이터는 30%로 지정한다).

정답 및 해설

① 인구(Population)를 예측하기 위하여 (Income, Illiteracy, Life.Exp, Murder, HS.Grad, Frost) 항목을 이용하며, 70%의 훈련 데이터(35개)와 30%의 검증 데이터(15개)를 이용한다. 항목별로 최소−최대 데이터 변환(Min−Max Normalization)을 통해 데이터를 정규화하고 neuralnet 패키지에서 제공하는 neuralnet( ) 함수(은닉층의 수＝1)를 이용하여 모형(model)을 구축한다. plot( )으로 구축 모형을 시각화하며, $\mathrm{Error} = \sum(y_i - \widehat{y_i})^2$는 훈련용 데이터에 대한 (실제값−예측값)^2 의 합(SSE ; Sum of Squared Error)을 나타낸다. 그리고 Steps는 에러함수의 모든 절대 편미분이 임곗값(보통 0.01)보다 작게 될 때까지의 훈련 과정의 수이다.

```
> id <- sample(1:nrow(data), as.integer(0.7*nrow(data)))
> train <- data[id,]
> test <- data[-id,]
>
> normalize <- function (x) {
+ return ((x-min(x))/(max(x)-min(x)))
+ }
>
> norm_train <- as.data.frame(lapply(train, normalize))
> norm_test <- as.data.frame(lapply(test, normalize))
> norm_train$Population <- train$Population
```

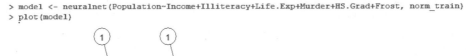

```
> model <- neuralnet(Population~Income+Illiteracy+Life.Exp+Murder+HS.Grad+Frost, norm_train)
> plot(model)
```

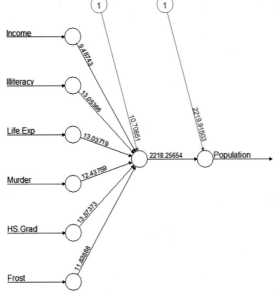

Error: 384493672.485715   Steps: 22203

② 은닉층의 수가 1개인 경우 검증용 데이터(test)를 이용하여 실젯값(참값, new\$actual)과 예측값(new\$predict)을 비교하면 다음과 같다. 15개의 검증용 데이터들에 대한 예측값을 제시한다. "forecast" 패키지 설치 후, accuracy( ) 함수를 이용하여 성능평가 지표를 확인하고, cor( ) 함수를 이용하여 (실젯값, 예측값) 사이의 상관관계(1에 가까울수록 예측의 정확도가 높음)를 확인한다.

```
> new <- data.frame(actual=test$Population)
> new$predict <- compute(model, norm_test[-length(norm_test)])$net.result
> new
   actual  predict
1    3615 4438.172
2    4931 4438.172
3     868 4438.172
4   11197 4438.172
5    2280 4438.172
6    9111 4438.172
7    1544 4438.172
8     812 4438.172
9    2715 4438.172
10   2284 4438.172
11  11860 4438.172
12   2816 4438.172
13    681 4438.172
14    472 4438.172
15   1799 4438.172
> accuracy(new$actual, new$predict)
                ME     RMSE     MAE      MPE     MAPE
Test set 639.1716 3737.232 3218.68 14.40169 72.52266
> cor(new$actual, new$predict)
           [,1]
[1,] 0.1402428
```

③ 인공신경망의 성능을 개선하기 위하여 은닉층의 수를 (3, 3)(2개 은닉층, 각 층마다 3개의 layer)로 구성한 모형은 다음과 같다. 본 예제에서는 은닉층의 수가 1개인 경우와 결과가 동일하여 은닉층의 수를 늘리는 것이 큰 의미가 없음을 확인할 수 있다.

```
> model <- neuralnet(Population~Income+Illiteracy+Life.Exp+Murder+HS.Grad+Frost, norm_train, hidden=c(3,3))
> new <- data.frame(actual=test$Population)
> new$predict <- compute(model, norm_test[-length(norm_test)])$net.result
> new
   actual  predict
1    3615 4438.172
2    4931 4438.172
3     868 4438.172
4   11197 4438.172
5    2280 4438.172
6    9111 4438.172
7    1544 4438.172
8     812 4438.172
9    2715 4438.172
10   2284 4438.172
11  11860 4438.172
12   2816 4438.172
13    681 4438.172
14    472 4438.172
15   1799 4438.172
> accuracy(new$actual, new$predict)
                ME     RMSE     MAE      MPE     MAPE
Test set 639.1716 3737.232 3218.68 14.40169 72.52266
> plot(model)
```

Error: 384493672.485715 Steps: 11120

Q-01 다음의 자료(train_commerce.csv)는 (ID, Warehouse_block, Mode_of_ Shipment, Customer_care_calls, Customer_rating, Cost_of_the_Product, Prior_ purchases, Product_importance, Gender, Discount_offered, Weight_in_gms, Reached. on.Time_Y.N)의 12가지 항목에 대한 10,999명의 고객 구매 자료로 kaggle 사이트(www. kaggle.com/prachi13/customer−analytics?select=Train.csv)에서 다운로드한다. 전체 데 이터들 중 임의로 70%(7,699)를 훈련용 데이터(train)로 저장하고 나머지 3,300의 행 자료를 검증 용 자료(test)로 이용한다.

훈련용 데이터를 이용하여 고객이 주문한 물품이 제 시간에 도착하는지 여부(Reached.on.Time_ Y.N의 값이 1이면 제 시간에 도착, 0이면 제 시간에 도착하지 않음)를 예측한다. 아래 순서대로 작업 을 수행하여 의사결정나무 분석모형을 구축하고 성능분석결과(정확도 및 오류율)를 출력하시오(단, 데이터분석을 위하여 "tree", "e1071", "caret", "pROC" 패키지를 이용한다).

(1) tree( ) 함수를 이용한 의사결정나무 분석모형을 구축하고 검증용 데이터에 대한 예측의 정확도(혼동 행렬 수행 결과)를 평가하시오[단, 독립변수는 (Customer_care_calls, Customer_rating, Cost_ of_the_Product, Prior_purchases, Weight_in_gms)으로 지정하고 종속변수는 Reached. on.Time_Y.N(고객이 주문한 물품이 제 시간에 도착하는지 여부로 Reached.on.Time_Y.N의 값 이 1이면 제 시간에 도착, 0이면 제 시간에 도착하지 않음)으로 5가지 독립변수를 이용하여 종속변수 를 예측한다].

(2) cv.tree( ) 함수를 이용하여 misclass된 size를 식별하고 prune.misclass( ) 함수를 이용하여 과 적합 후 가지치기를 수행한 새로운 의사결정나무 분석모형을 구축하시오.

(3) 가지치기 후, 의사결정나무 분석모형에 대한 정확도(혼동행렬 수행 결과)를 평가하시오. 그리고 (실젯 값, 예측값)을 "(본인)생년월일.csv" 파일로 저장하시오.

(4) 가지치기 후, 구축된 이항형 변수 예측을 위한 의사결정나무 분석모형의 ROC 곡선을 작성하고 AUC 값을 구하시오.

	A	B	C	D	E	F	G	H	I	J	K	L
1	ID	Warehouse_block	Mode_of_Shipment	Customer_care_calls	Customer_rating	Cost_of_the_Product	Prior_purchases	Product_importance	Gender	Discount_offered	Weight_in_gms	Reached.on.Time_Y.N
2	1	D	Flight	4	2	177	3	low	F	44	1233	1
3	2	F	Flight	4	5	216	2	low	M	59	3088	1
4	3	A	Flight	2	2	183	4	low	M	48	3374	1
5	4	B	Flight	3	3	176	4	medium	M	10	1177	1
6	5	C	Flight	2	2	184	3	medium	F	46	2484	1
7	6	F	Flight	3	1	162	3	medium	F	12	1417	1
8	7	D	Flight	3	4	250	3	low	F	3	2371	1
9	8	F	Flight	4	1	233	2	low	F	48	2804	1
10	9	A	Flight	3	4	150	3	low	F	11	1861	1
11	10	B	Flight	3	2	164	3	medium	F	29	1187	1
12	11	C	Flight	3	4	189	2	medium	M	12	2888	1
13	12	F	Flight	4	5	232	3	medium	F	32	3253	1
14	13	D	Flight	3	5	198	3	medium	F	1	3667	1
15	14	F	Flight	4	4	275	3	high	M	29	2602	1

```
>
> data <- read.csv("train_commerce.csv", header=T, fileEncoding="EUC-KR")
> head(data)
  ID Warehouse_block Mode_of_Shipment Customer_care_calls Customer_rating Cost_of_the_Product Prior_purchases Product_importance Gender
1  1               D           Flight                   4               2                 177               3                low      F
2  2               F           Flight                   4               5                 216               2                low      M
3  3               A           Flight                   2               2                 183               4                low      M
4  4               B           Flight                   3               3                 176               4             medium      M
5  5               C           Flight                   2               2                 184               3             medium      F
6  6               F           Flight                   3               1                 162               3             medium      F
  Discount_offered Weight_in_gms Reached.on.Time_Y.N
1               44          1233                   1
2               59          3088                   1
3               48          3374                   1
4               10          1177                   1
5               46          2484                   1
6               12          1417                   1
> dim(data)
[1] 10999    12
> id <- sample(1:nrow(data), as.integer(0.7*nrow(data)))
> train <- data[id, ]
> test <- data[-id, ]
> head(train)
         ID Warehouse_block Mode_of_Shipment Customer_care_calls Customer_rating Cost_of_the_Product Prior_purchases Product_importance Gender
2765   2765               C             Ship                   5               4                 177               4             medium      M
5297   5297               C             Ship                   3               1                 137               5                low      F
2354   2354               F             Ship                   3               2                 264               3             medium      M
5814   5814               F             Ship                   4               5                 274               3             medium      M
10232 10232               F             Ship                   2               1                 232               6                low      F
8170   8170               B             Ship                   5               4                 228               6             medium      M
      Discount_offered Weight_in_gms Reached.on.Time_Y.N
2765                48          1920                   1
5297                 8          4980                   1
2354                43          3439                   1
5814                 5          4773                   0
10232                2          5281                   1
8170                 5          4974                   1
> dim(train)
[1] 7699   12
> head(test)
   ID Warehouse_block Mode_of_Shipment Customer_care_calls Customer_rating Cost_of_the_Product Prior_purchases Product_importance Gender
8   8               F           Flight                   4               1                 233               2                low      F
10 10               B           Flight                   3               2                 164               3             medium      F
13 13               D           Flight                   3               5                 198               3             medium      F
22 22               B             Ship                   3               1                 232               4             medium      F
24 24               F             Ship                   4               3                 211               3               high      M
27 27               A             Ship                   4               1                 172               3               high      F
   Discount_offered Weight_in_gms Reached.on.Time_Y.N
8                48          2804                   1
10               29          1187                   1
13                1          3667                   1
22               51          2899                   1
24               12          3922                   1
27               24          1066                   1
> dim(test)
[1] 3300   12
```

① 작업영역을 지정[setwd("C:/workr")]하고 read.csv( ) 명령어를 이용하여 데이터를 저장(data)한다. 결측값을 제외 (na.omit( ))하고 첫 번째 열(ID)을 제외한 나머지 데이터를 이용하며, 예측할 종속변수인 Reached.on.Time_Y.N의 변수를 요인 변수로 변환(as.factor( ))하여 이용한다.

```
> data <- read.csv("train_commerce.csv", header=T, fileEncoding="EUC-KR")
> data <- na.omit(data)
> data <- data[,-1]
> summary(data)
  Warehouse_block    Mode_of_Shipment   Customer_care_calls Customer_rating Cost_of_the_Product Prior_purchases  Product_importance
 Length:10999       Length:10999       Min.   :2.000       Min.   :1.000   Min.   : 96.0       Min.   : 2.000   Length:10999
 Class :character   Class :character   1st Qu.:3.000       1st Qu.:2.000   1st Qu.:169.0       1st Qu.: 3.000   Class :character
 Mode  :character   Mode  :character   Median :4.000       Median :3.000   Median :214.0       Median : 3.000   Mode  :character
                                       Mean   :4.054       Mean   :2.991   Mean   :210.2       Mean   : 3.568
                                       3rd Qu.:5.000       3rd Qu.:4.000   3rd Qu.:251.0       3rd Qu.: 4.000
                                       Max.   :7.000       Max.   :5.000   Max.   :310.0       Max.   :10.000
    Gender          Discount_offered Weight_in_gms  Reached.on.Time_Y.N
 Length:10999       Min.   : 1.00    Min.   :1001   Min.   :0.0000
 Class :character   1st Qu.: 4.00    1st Qu.:1840   1st Qu.:0.0000
 Mode  :character   Median : 7.00    Median :4149   Median :1.0000
                    Mean   :13.37    Mean   :3634   Mean   :0.5967
                    3rd Qu.:10.00    3rd Qu.:5050   3rd Qu.:1.0000
                    Max.   :65.00    Max.   :7846   Max.   :1.0000
>
> data$Reached.on.Time_Y.N <- as.factor(data$Reached.on.Time_Y.N)
> str(data)
'data.frame':   10999 obs. of  11 variables:
 $ Warehouse_block    : chr  "D" "F" "A" "B" ...
 $ Mode_of_Shipment   : chr  "Flight" "Flight" "Flight" "Flight" ...
 $ Customer_care_calls: int  4 4 2 3 2 3 3 4 3 3 ...
 $ Customer_rating    : int  2 5 2 3 2 1 4 1 4 2 ...
 $ Cost_of_the_Product: int  177 216 183 176 184 162 250 233 150 164 ...
 $ Prior_purchases    : int  3 2 4 4 3 3 3 2 3 3 ...
 $ Product_importance : chr  "low" "low" "low" "medium" ...
 $ Gender             : chr  "F" "M" "M" "M" ...
 $ Discount_offered   : int  44 59 48 10 46 12 3 48 11 29 ...
 $ Weight_in_gms      : int  1233 3088 3374 1177 2484 1417 2371 2804 1861 1187 ...
 $ Reached.on.Time_Y.N: Factor w/ 2 levels "0","1": 2 2 2 2 2 2 2 2 2 2 ...
```

② 전체 데이터들 중 70%(7,699개)를 훈련용으로 나머지 30%(3,300개)를 검증용 데이터로 사용한다. tree( ) 함수를 이용 ("tree" 패키지 설치)하여 의사결정나무 모형을 구축(model)하고 plot( ), text( ) 명령어로 의사결정나무 모형을 이용한 예측 분류의 시각화 결과를 확인한다.

```
> id <- sample(1:nrow(data), as.integer(0.7*nrow(data)))
> train <- data[id, ]
> test <- data[-id, ]
> model <- tree(Reached.on.Time_Y.N ~ Customer_care_calls+Customer_rating+Cost_of_the_Product+Prior_purchases+Weight_in_gms, train)
> summary(model)

Classification tree:
tree(formula = Reached.on.Time_Y.N ~ Customer_care_calls + Customer_rating +
    Cost_of_the_Product + Prior_purchases + Weight_in_gms, data = train)
Variables actually used in tree construction:
[1] "Weight_in_gms"       "Prior_purchases"     "Cost_of_the_Product"
Number of terminal nodes:  5
Residual mean deviance:  1.032 = 7943 / 7694
Misclassification error rate: 0.3173 = 2443 / 7699
>
> names(model)
[1] "frame"   "where"   "terms"   "call"    "y"       "weights"
> nrow(train)
[1] 7699
> nrow(test)
[1] 3300
```

```
> plot(model)
> text(model)
```

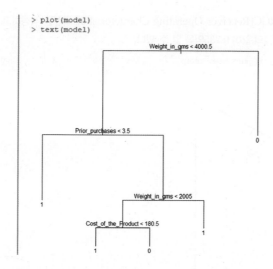

③ 검증용 데이터(test)를 이용하여 (예측값, 실젯값)＝(new$predict, new$actual)을 구하고 혼동행렬 함수
(confusionMatrx( ), "caret" 패키지 이용)를 이용하여 정확도(Accuracy＝0.684)를 구한다.

```
> new <- data.frame(actual = test$Reached.on.Time_Y.N)
> new$predict <- predict(model, test, type='class')
> head(new)
  actual predict
1      1       1
2      1       1
3      1       1
4      1       1
5      1       1
6      1       1
> confusionMatrix(new$predict, new$actual)
Confusion Matrix and Statistics

          Reference
Prediction    0    1
         0 1305 1031
         1   13  951

               Accuracy : 0.6836
                 95% CI : (0.6675, 0.6995)
    No Information Rate : 0.6006
    P-Value [Acc > NIR] : < 2.2e-16

                  Kappa : 0.4161

 Mcnemar's Test P-Value : < 2.2e-16

            Sensitivity : 0.9901
            Specificity : 0.4798
         Pos Pred Value : 0.5586
         Neg Pred Value : 0.9865
             Prevalence : 0.3994
         Detection Rate : 0.3955
   Detection Prevalence : 0.7079
      Balanced Accuracy : 0.7350

       'Positive' Class : 0
```

④ "pROC" 패키지 설치 후, plot.roc( ) 함수를 이용하여 ROC(Receiver Operating Characteristic) 곡선을 작성하고 성능을 평가한다. roc( )로 AUC(Area Under the ROC)의 값이 0.735임을 알 수 있다.

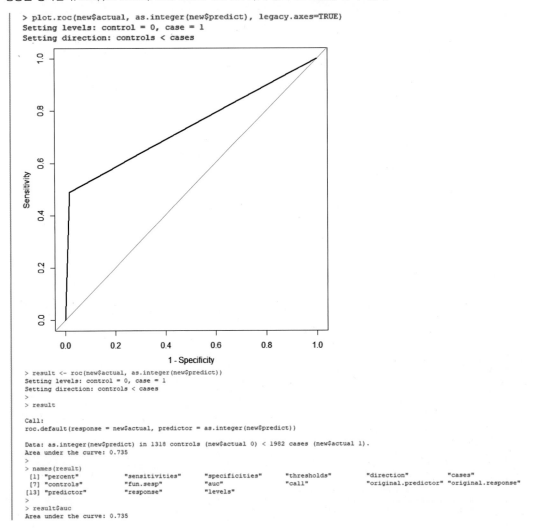

```
> plot.roc(new$actual, as.integer(new$predict), legacy.axes=TRUE)
Setting levels: control = 0, case = 1
Setting direction: controls < cases
```

```
> result <- roc(new$actual, as.integer(new$predict))
Setting levels: control = 0, case = 1
Setting direction: controls < cases
>
> result

Call:
roc.default(response = new$actual, predictor = as.integer(new$predict))

Data: as.integer(new$predict) in 1318 controls (new$actual 0) < 1982 cases (new$actual 1).
Area under the curve: 0.735
>
> names(result)
 [1] "percent"        "sensitivities"   "specificities"   "thresholds"    "direction"          "cases"
 [7] "controls"       "fun.sesp"        "auc"             "call"          "original.predictor" "original.response"
[13] "predictor"      "response"        "levels"
>
> result$auc
Area under the curve: 0.735
```

⑤ 의사결정나무 분석모형의 성능을 개선하기 위하여 과적합 문제를 해결한다. 즉 오차를 크게 하거나 부적절한 추론 규칙을 가지고 있는 불필요한 가지를 제거하기 위하여 cv.tree( ) 함수를 이용한다. 분류가 잘못된(misclass) size를 식별하기 위하여 아래와 같이 FUN＝prune.misclass 옵션을 이용한다. 결과로부터 size가 5 이상의 범위에서 misclass의 수가 가장 작게 됨을 확인할 수 있으므로 이 값을 이용(best＝5)하여 새로운 의사결정나무 모형을 구축한다. prune. misclass( ) 함수(best＝5 이용)를 사용하여 최적의 가지치기 작업을 수행한 의사결정나무 모형을 구축(prunetree)하고 plot( ), text( ) 함수를 이용하여 새로운 의사결정나무 분석모형을 확인한다. 본 예제에서는 가지치기 후에도 동일한 분류기준을 제시하여 앞에서와 동일한 결과를 보인다.

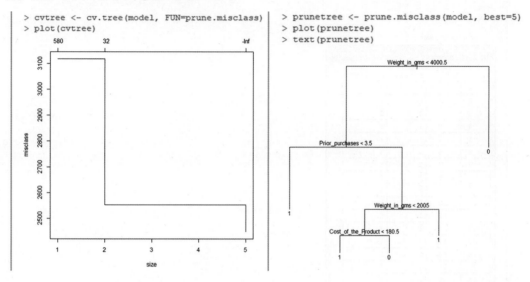

⑥ 가지치기를 수행한 의사결정나무에 대한 성능을 평가하기 위하여 동일한 방법으로 (실젯값, 예측값)을 구한다. 혼동행렬에 대한 평가 결과, 예측결과는 앞의 결과와 다르나, 정확도(0.684)는 동일하다.

```
> new <- data.frame(actual = test$Reached.on.Time_Y.N)
> new$predict <- predict(prunetree, test, type='class')
> head(new)
  actual predict
1      1       1
2      1       1
3      1       1
4      1       1
5      1       1
6      1       1
>
> confusionMatrix(new$predict, new$actual)
Confusion Matrix and Statistics

          Reference
Prediction    0    1
         0 1305 1031
         1   13  951

               Accuracy : 0.6836
                 95% CI : (0.6675, 0.6995)
    No Information Rate : 0.6006
    P-Value [Acc > NIR] : < 2.2e-16

                  Kappa : 0.4161

 Mcnemar's Test P-Value : < 2.2e-16

            Sensitivity : 0.9901
            Specificity : 0.4798
         Pos Pred Value : 0.5586
         Neg Pred Value : 0.9865
             Prevalence : 0.3994
         Detection Rate : 0.3955
   Detection Prevalence : 0.7079
      Balanced Accuracy : 0.7350

       'Positive' Class : 0
```

⑦ 최종적으로 write.csv( ) 명령어를 이용하여 분류 기준의 결과(new)를 "980415.csv" 파일로 저장한다. 이를 확인하기
위해 read.csv( ), View( ) 함수를 이용한다.

```
> write.csv(new, "980415.csv")
> confirm <- read.csv("980415.csv", header=T, fileEncoding="EUC-KR")
> head(confirm)
  X actual predict
1 1      1       1
2 2      1       1
3 3      1       1
4 4      1       1
5 5      1       1
6 6      1       1
>
> View(confirm)
```

Q-01 data.csv는 (고객번호, 성별, 연령대, 직업, 주거지역, 쇼핑액, 이용만족도, 쇼핑1월, 쇼핑2월, 쇼핑3월, 쿠폰사용횟수, 쿠폰선호도, 품질, 가격, 서비스, 배송, 쇼핑만족도, 소득) 자료이다. 주요 변수에 따른 평균의 차이를 검정하시오.

(1) 성별(남자, 여자)에 따라 쇼핑만족도의 차이가 있는지를 검정하시오.

(2) 주거지역(소도시, 중도시)에 따라 쇼핑액의 차이가 있는지를 검정하시오.

(3) 주거지역(소도시, 대도시)에 따라 쇼핑액의 차이가 있는지를 검정하시오.

(4) (쇼핑1월, 쇼핑3월)의 대응 표본에 대한 평균 차이가 있는지를 분석하시오.

(5) (쇼핑2월, 쇼핑3월)의 대응 표본에 대한 평균 차이가 있는지를 분석하시오.

A1				× ✓ fx	고객번호												
A	B	C	D	E	F	G	H	I	J	K	L	M	N	O	P	Q	R
고객번호	성별	연령대	직업	주거지역	쇼핑액	이용만족도	쇼핑1월	쇼핑2월	쇼핑3월	쿠폰사용횟수	쿠폰선호도	품질	가격	서비스	배송	쇼핑만족도	소득
190105	남자	45-49세	회사원	소도시	195.6	4	76.8	64.8	54	3	예	7	7	1	4	4	4300
190106	남자	25-29세	공무원	소도시	116.4	7	44.4	32.4	39.6	6	아니오	4	7	7	7	7	7500
190107	남자	50세 이상	자영업	중도시	183.6	4	66	66	51.6	5	예	4	4	3	3	6	2900
190108	남자	50세 이상	농어업	소도시	168	4	62.4	52.8	52.8	4	아니오	3	3	4	6	5	5300
190109	남자	40-44세	공무원	중도시	169.2	4	63.6	54	51.6	5	아니오	6	4	7	4	5	4000
190110	남자	45-49세	자영업	중도시	171.6	5	52.8	66	52.8	4	아니오	5	4	3	4	5	5100
190111	여자	50세 이상	공무원	중도시	207.6	4	64.8	88.8	54	4	예	7	7	1	4	5	5700
190112	남자	50세 이상	자영업	소도시	201.6	7	56.4	92.4	52.8	3	예	7	7	7	4	4	5900
190113	남자	50세 이상	농어업	중도시	111.6	3	64.8	30	16.8	4	아니오	4	2	4	3	5	5100
190114	여자	45-49세	회사원	중도시	156	4	51.6	51.6	52.8	0	예	1	4	1	7	1	5700
190115	남자	40-44세	회사원	중도시	225.6	5	80.4	92.4	52.8	1	예	5	5	5	5	2	5800
190116	남자	30-34세	공무원	중도시	220.8	4	76.8	90	54	5	아니오	5	5	5	4	6	4300
190117	남자	35-39세	회사원	대도시	244.8	7	76.8	88.8	79.2	6	아니오	7	4	7	7	7	8700
190118	남자	45-49세	농어업	소도시	184.8	6	91.2	67.2	26.4	5	예	5	4	5	6	6	4100

① t.test( )를 이용한 검정 결과 p−value＝0.7073＞0.05이므로 귀무가설을 기각할 수 없어 (남자, 여자) 사이에 쇼핑 만족도의 차이가 없는 것으로 판정된다. 남자의 경우 평균 쇼핑만족도＝5.33, 여자의 경우는 5.2이다.

```
> data <- read.csv("data.csv", header=T, fileEncoding="EUC-KR")
>
> data1 <- subset(data, data$성별=="남자")
> data2 <- subset(data, data$성별=="여자")
>
> describe(data1$쇼핑만족도)
     vars  n mean   sd median trimmed  mad min max range  skew kurtosis   se
X1      1 55 5.33 1.25      5    5.36 1.48   2   7     5 -0.23    -0.79 0.17
>
> describe(data2$쇼핑만족도)
     vars  n mean   sd median trimmed  mad min max range  skew kurtosis   se
X1      1 35 5.2 1.73       5    5.41 1.48   1   7     6 -0.76    -0.17 0.29
>
> t_result <- t.test(data1$쇼핑만족도, data2$쇼핑만족도)
> t_result

        Welch Two Sample t-test

data:  data1$쇼핑만족도 and data2$쇼핑만족도
t = 0.37745, df = 56.39, p-value = 0.7073
alternative hypothesis: true difference in means is not equal to 0
95 percent confidence interval:
 -0.5480988  0.8026443
sample estimates:
mean of x mean of y
 5.327273  5.200000
```

② t.test( )를 이용한 검정 결과 p−value＝0.3151＞0.05이므로 귀무가설을 기각할 수 없어 (소도시, 중도시) 사이에 쇼핑액의 차이가 없는 것으로 판정된다. 소도시의 경우 평균 쇼핑액＝167.7, 중도시의 경우는 178.50이다.

```
> data <- read.csv("data.csv", header=T, fileEncoding="EUC-KR")
>
> data1 <- subset(data, data$주거지역=="소도시")
> data2 <- subset(data, data$주거지역=="중도시")
>
> describe(data1$쇼핑액)
     vars  n   mean    sd median trimmed   mad  min   max range  skew kurtosis   se
X1      1 30 167.68 41.96  169.2   169.3 37.36 80.4 238.8 158.4 -0.35    -0.47 7.66
>
> describe(data2$쇼핑액)
     vars  n  mean    sd median trimmed   mad   min   max range  skew kurtosis   se
X1      1 24 178.5 36.36  172.8  179.52 32.02 111.6 237.6   126 -0.05    -0.94 7.42
>
> t_result <- t.test(data1$쇼핑액, data2$쇼핑액)
> t_result

        Welch Two Sample t-test

data:  data1$쇼핑액 and data2$쇼핑액
t = -1.0144, df = 51.634, p-value = 0.3151
alternative hypothesis: true difference in means is not equal to 0
95 percent confidence interval:
 -32.22713  10.58713
sample estimates:
mean of x mean of y
   167.68    178.50
```

③ t.test( )를 이용한 검정 결과 p−value＝0.3184＞0.05이므로 귀무가설을 기각할 수 없어 (소도시, 대도시) 사이에 쇼핑액의 차이가 없는 것으로 판정된다. 소도시의 경우 평균 쇼핑액＝167.7, 대도시의 경우는 176.8이다.

```
> data <- read.csv("data.csv", header=T, fileEncoding="EUC-KR")
>
> data1 <- subset(data, data$주거지역=="소도시")
> data2 <- subset(data, data$주거지역=="대도시")
>
> describe(data1$쇼핑액)
   vars  n   mean    sd median trimmed   mad  min   max range  skew kurtosis   se
X1    1 30 167.68 41.96  169.2   169.3 37.36 80.4 238.8 158.4 -0.35    -0.47 7.66
>
> describe(data2$쇼핑액)
   vars  n   mean    sd median trimmed   mad   min   max range skew kurtosis   se
X1    1 36 176.77 28.52  176.4  176.08 28.47 112.8 244.8   132 0.24    -0.31 4.75
>
> t_result <- t.test(data1$쇼핑액, data2$쇼핑액)
> t_result

        Welch Two Sample t-test

data:  data1$쇼핑액 and data2$쇼핑액
t = -1.0079, df = 49.544, p-value = 0.3184
alternative hypothesis: true difference in means is not equal to 0
95 percent confidence interval:
 -27.19960   9.02627
sample estimates:
mean of x mean of y
 167.6800  176.7667
```

④ t.test( )를 이용한 대응표본 평균 차이 검정 결과는 다음과 같으며, 대응표본에서는 "paired＝TRUE" 옵션을 이용한다. p−value＝1.021×10^{-8}＜0.05이므로 귀무가설을 기각하게 되어 (쇼핑1월, 쇼핑3월)의 쇼핑액은 차이(평균은 쇼핑1월 ＝64.97, 쇼핑3월＝48.11)가 있는 것으로 보인다.

```
> data <- read.csv("data.csv", header=T, fileEncoding="EUC-KR")
>
> data <- subset(data, select=c(고객번호, 쇼핑1월, 쇼핑3월))
>
> describe(data$쇼핑1월)
   vars  n  mean    sd median trimmed   mad  min  max range  skew kurtosis   se
X1    1 90 64.97 19.22   64.8   65.85 19.57 15.6 92.4  76.8 -0.24    -0.67 2.03
>
> describe(data$쇼핑3월)
   vars  n  mean    sd median trimmed   mad  min  max range skew kurtosis   se
X1    1 90 48.11 17.85   52.8      48 18.68 13.2 92.4  79.2 0.03     0.09 1.88
>
> t_result <- t.test(data$쇼핑1월, data$쇼핑3월, paired=TRUE)
>
> t_result

        Paired t-test

data:  data$쇼핑1월 and data$쇼핑3월
t = 6.3182, df = 89, p-value = 1.021e-08
alternative hypothesis: true mean difference is not equal to 0
95 percent confidence interval:
 11.56236 22.17098
sample estimates:
mean difference
      16.86667
```

⑤ t.test( )를 이용한 대응표본 평균 차이 검정 결과는 다음과 같다. p−value＝6.219×10⁻⁶＜0.05이므로 귀무가설을 기각하게 되어 (쇼핑2월, 쇼핑3월)의 쇼핑액은 차이(평균은 쇼핑2월＝61.12, 쇼핑3월＝48.11)가 있는 것으로 보인다.

```
> data <- read.csv("data.csv", header=T, fileEncoding="EUC-KR")
>
> data <- subset(data, select=c(고객번호, 쇼핑2월, 쇼핑3월))
>
> describe(data$쇼핑2월)
   vars  n  mean    sd median trimmed   mad  min  max range skew kurtosis   se
X1    1 90 61.12 17.85   56.4   60.98 12.45 13.2 92.4  79.2 0.22    -0.36 1.88
>
> describe(data$쇼핑3월)
   vars  n  mean    sd median trimmed   mad  min  max range skew kurtosis   se
X1    1 90 48.11 17.85   52.8      48 18.68 13.2 92.4  79.2 0.03     0.09 1.88
>
> t_result <- t.test(data$쇼핑2월, data$쇼핑3월, paired=TRUE)
>
> t_result

        Paired t-test

data:  data$쇼핑2월 and data$쇼핑3월
t = 4.8056, df = 89, p-value = 6.219e-06
alternative hypothesis: true mean difference is not equal to 0
95 percent confidence interval:
  7.632691 18.393975
sample estimates:
mean difference
       13.01333
```

Q-02 iris는 붓꽃의 생육 데이터(150개 데이터＝품종별 50개×3개 품종)이다. 꽃잎의 길이 (Petal.Length)와 너비(Petal.Width) 그리고 꽃받침의 길이(Sepal.Length)와 너비(Sepal. Width)에 따라 붓꽃의 3가지 품종(setosa, versicolor, virginica)을 구분한다. 각 품종에 대한 꽃 잎과 꽃받침의 평균 길이에 대한 차이가 유의한지를 검정하시오.

(1) setosa와 versicolor 품종에 대한 꽃잎의 길이의 차이가 있는지를 검정하시오.

(2) setosa와 virginica 품종에 대한 꽃잎의 길이의 차이가 있는지를 검정하시오.

(3) setosa 품종에 대하여 꽃잎과 꽃받침의 길이의 차이가 있는지를 검정하시오.

(4) setosa 품종에 대하여 꽃잎과 꽃받침의 너비의 크기가 차이가 있는지를 검정하시오.

```
> head(iris)
  Sepal.Length Sepal.Width Petal.Length Petal.Width Species
1          5.1         3.5          1.4         0.2  setosa
2          4.9         3.0          1.4         0.2  setosa
3          4.7         3.2          1.3         0.2  setosa
4          4.6         3.1          1.5         0.2  setosa
5          5.0         3.6          1.4         0.2  setosa
6          5.4         3.9          1.7         0.4  setosa
```

```
> data <- subset(iris, select=c(Sepal.Length, Petal.Length))
> head(data)
  Sepal.Length Petal.Length
1          5.1          1.4
2          4.9          1.4
3          4.7          1.3
4          4.6          1.5
5          5.0          1.4
6          5.4          1.7
```

① t.test( ) 검정 결과, p−value＝2.2×10^{-16}＜0.05이므로 귀무가설을 기각하여 (setosa, versicolor) 품종 사이 꽃잎의 길이(Petal.Length)에 차이가 있는 것으로 판정(setosa＝1.46, versicolor＝4.26)된다.

```
> data1 <- subset(iris, iris$Species == "setosa")
> data2 <- subset(iris, iris$Species == "versicolor")
>
> describe(data1$Petal.Length)
   vars  n mean   sd median trimmed  mad min max range skew kurtosis   se
X1    1 50 1.46 0.17    1.5    1.46 0.15   1 1.9   0.9  0.1     0.65 0.02
>
> describe(data2$Petal.Length)
   vars  n mean   sd median trimmed  mad min max range  skew kurtosis   se
X1    1 50 4.26 0.47   4.35    4.29 0.52   3 5.1   2.1 -0.57    -0.19 0.07
>
> t_result <- t.test(data1$Petal.Length, data2$Petal.Length)
> t_result

        Welch Two Sample t-test

data:  data1$Petal.Length and data2$Petal.Length
t = -39.493, df = 62.14, p-value < 2.2e-16
alternative hypothesis: true difference in means is not equal to 0
95 percent confidence interval:
 -2.939618 -2.656382
sample estimates:
mean of x mean of y
    1.462     4.260
```

② t.test( ) 검정 결과, p−value＝2.2×10^{-16}＜0.05이므로 귀무가설을 기각하여 (setosa, virginica) 품종 사이 꽃잎의 길이(Petal.Length)에 차이가 있는 것으로 판정(setosa＝1.46, versicolor＝5.55)된다.

```
> data1 <- subset(iris, iris$Species == "setosa")
> data2 <- subset(iris, iris$Species == "virginica")
>
> describe(data1$Petal.Length)
   vars  n mean   sd median trimmed  mad min max range skew kurtosis   se
X1    1 50 1.46 0.17    1.5    1.46 0.15   1 1.9   0.9  0.1     0.65 0.02
>
> describe(data2$Petal.Length)
   vars  n mean   sd median trimmed  mad min max range skew kurtosis   se
X1    1 50 5.55 0.55   5.55    5.51 0.67 4.5 6.9   2.4 0.52    -0.37 0.08
>
> t_result <- t.test(data1$Petal.Length, data2$Petal.Length)
> t_result

        Welch Two Sample t-test

data:  data1$Petal.Length and data2$Petal.Length
t = -49.986, df = 58.609, p-value < 2.2e-16
alternative hypothesis: true difference in means is not equal to 0
95 percent confidence interval:
 -4.253749 -3.926251
sample estimates:
mean of x mean of y
    1.462     5.552
```

③ 대응표본에 대한 t.test( ) 검정 결과, p−value=$2.2 \times 10^{-16} < 0.05$이므로 귀무가설을 기각하여 setosa 품종에서 (꽃잎의 길이(Petal.Length), 꽃받침의 길이(Sepal.Length))에 차이가 있는 것으로 판정(Petal.Length=1.46, Sepal.Length=5.01)된다.

```
> data <- subset(iris, Species=="setosa")
> data <- subset(data, select=c(Petal.Length, Sepal.Length))
>
> describe(data)
             vars  n mean   sd median trimmed  mad min max range skew kurtosis   se
Petal.Length    1 50 1.46 0.17    1.5    1.46 0.15 1.0 1.9   0.9 0.10     0.65 0.02
Sepal.Length    2 50 5.01 0.35    5.0    5.00 0.30 4.3 5.8   1.5 0.11    -0.45 0.05
>
> t_result <- t.test(data$Petal.Length, data$Sepal.Length, paired=TRUE)
> t_result

        Paired t-test

data:  data$Petal.Length and data$Sepal.Length
t = -71.835, df = 49, p-value < 2.2e-16
alternative hypothesis: true mean difference is not equal to 0
95 percent confidence interval:
 -3.643143 -3.444857
sample estimates:
mean difference
        -3.544
```

④ 대응표본에 대한 t.test( ) 검정 결과, p−value=$2.2 \times 10^{-16} < 0.05$이므로 귀무가설을 기각하여 setosa 품종에서 (꽃잎의 너비(Petal.Width), 꽃받침의 너비(Sepal.Width))에 차이가 있는 것으로 판정(Petal.Width=0.25, Sepal.Width=3.43)된다.

```
> data <- subset(iris, Species=="setosa")
> data <- subset(data, select=c(Petal.Width, Sepal.Width))
>
> describe(data)
            vars  n mean   sd median trimmed  mad min max range skew kurtosis   se
Petal.Width    1 50 0.25 0.11    0.2    0.24 0.00 0.1 0.6   0.5 1.18     1.26 0.01
Sepal.Width    2 50 3.43 0.38    3.4    3.42 0.37 2.3 4.4   2.1 0.04     0.60 0.05
>
> t_result <- t.test(data$Petal.Width, data$Sepal.Width, paired=TRUE)
> t_result

        Paired t-test

data:  data$Petal.Width and data$Sepal.Width
t = -60.967, df = 49, p-value < 2.2e-16
alternative hypothesis: true mean difference is not equal to 0
95 percent confidence interval:
 -3.286884 -3.077116
sample estimates:
mean difference
        -3.182
```

Q-03 mtcars는 1974년 Motor Trend US 잡지에 게재되었던 자료로 1973~1974년 사이 32개 자동차 모델에 대한 성능 데이터이다. 데이터들 중 mpg(연비), hp(마력), wt(무게, 1000 lbs), vs(엔진 유형, 0은 V-shaped, 1은 Straight), am(트랜스미션 유형, 0은 automatic, 1은 manual) 항목을 이용하여 항목들 사이의 유의성 검정을 수행하시오.

(1) 엔진 유형(vs)에 따라 연비(mpg)의 차이가 있는지를 검정하시오.

(2) 트랜스미션 유형(am)에 따라 연비(mpg)의 차이가 있는지를 검정하시오.

(3) 차량 모델에 따라 차량 무게(wt)의 차이가 있는지를 검정하시오.

(4) 차량 모델에 따라 마력(hp)의 차이가 있는지를 검정하시오.

```
> head(mtcars)
                   mpg cyl disp  hp drat    wt  qsec vs am gear carb
Mazda RX4         21.0   6  160 110 3.90 2.620 16.46  0  1    4    4
Mazda RX4 Wag     21.0   6  160 110 3.90 2.875 17.02  0  1    4    4
Datsun 710        22.8   4  108  93 3.85 2.320 18.61  1  1    4    1
Hornet 4 Drive    21.4   6  258 110 3.08 3.215 19.44  1  0    3    1
Hornet Sportabout 18.7   8  360 175 3.15 3.440 17.02  0  0    3    2
Valiant           18.1   6  225 105 2.76 3.460 20.22  1  0    3    1
```

```
> data <- subset(mtcars, select=c(hp, wt, vs, am))
> head(data)
                   hp    wt vs am
Mazda RX4         110 2.620  0  1
Mazda RX4 Wag     110 2.875  0  1
Datsun 710         93 2.320  1  1
Hornet 4 Drive    110 3.215  1  0
Hornet Sportabout 175 3.440  0  0
Valiant           105 3.460  1  0
```

① t.test( ) 검정 결과, p−value=0.0001098<0.05이므로 귀무가설을 기각하여 엔진 유형(0 혹은 1)에 따라 연비(mpg)에 차이가 있는 것으로 판정[16.62(vs=0), 24.56(vs=1)]된다.

```
> data1 <- subset(mtcars, mtcars$vs == 0)
> data2 <- subset(mtcars, mtcars$vs == 1)
>
> describe(data1$mpg)
   vars  n  mean   sd median trimmed  mad  min max range skew kurtosis   se
X1    1 18 16.62 3.86  15.65   16.42 2.97 10.4  26  15.6 0.48    -0.05 0.91
>
> describe(data2$mpg)
   vars  n  mean   sd median trimmed mad  min  max range skew kurtosis   se
X1    1 14 24.56 5.38   22.8   24.34   6 17.8 33.9  16.1 0.41     -1.4 1.44
>
> t_result <- t.test(data1$mpg, data2$mpg)
> t_result

        Welch Two Sample t-test

data:  data1$mpg and data2$mpg
t = -4.6671, df = 22.716, p-value = 0.0001098
alternative hypothesis: true difference in means is not equal to 0
95 percent confidence interval:
 -11.462508  -4.418445
sample estimates:
mean of x mean of y
 16.61667  24.55714
```

② t.test( ) 검정 결과, p−value=0.001374<0.05이므로 귀무가설을 기각하여 트랜스미션 유형(0 혹은 1)에 따라 연비(mpg)에 차이가 있는 것으로 판정[17.15(am=0), 24.39(am=1)]된다.

```
> data1 <- subset(mtcars, mtcars$am == 0)
> data2 <- subset(mtcars, mtcars$am == 1)
>
> describe(data1$mpg)
   vars  n  mean   sd median trimmed  mad  min  max range skew kurtosis   se
X1    1 19 17.15 3.83   17.3   17.12 3.11 10.4 24.4    14 0.01     -0.8 0.88
>
> describe(data2$mpg)
   vars  n  mean   sd median trimmed  mad min  max range skew kurtosis   se
X1    1 13 24.39 6.17   22.8   24.38 6.67  15 33.9  18.9 0.05    -1.46 1.71
>
> t_result <- t.test(data1$mpg, data2$mpg)
> t_result

        Welch Two Sample t-test

data:  data1$mpg and data2$mpg
t = -3.7671, df = 18.332, p-value = 0.001374
alternative hypothesis: true difference in means is not equal to 0
95 percent confidence interval:
 -11.280194  -3.209684
sample estimates:
mean of x mean of y
 17.14737  24.39231
```

③ t.test( ) 검정 결과, p−value＝4.625×10^{-9}＜0.05이므로 귀무가설을 기각하여 자동차 유형(data$id)에 따라 무게 (data$wt)가 차이가 있는 것으로 판정된다.

```
> data <- mtcars
> data$id <- as.integer(as.factor(rownames(data)))
>
> t_result <- t.test(data$id, data$wt)
> t_result

        Welch Two Sample t-test

data:  data$id and data$wt
t = 7.9666, df = 31.674, p-value = 4.625e-09
alternative hypothesis: true difference in means is not equal to 0
95 percent confidence interval:
 9.885184 16.680316
sample estimates:
mean of x mean of y
 16.50000   3.21725

>
> describe(data$wt)
   vars  n mean   sd median trimmed  mad  min  max range skew kurtosis   se
X1    1 32 3.22 0.98   3.33    3.15 0.77 1.51 5.42  3.91 0.42    -0.02 0.17
> describe(data)
     vars  n   mean     sd median trimmed    mad   min    max  range  skew kurtosis    se
mpg     1 32  20.09   6.03  19.20   19.70   5.41 10.40  33.90  23.50  0.61    -0.37  1.07
cyl     2 32   6.19   1.79   6.00    6.23   2.97  4.00   8.00   4.00 -0.17    -1.76  0.32
disp    3 32 230.72 123.94 196.30  222.52 140.48 71.10 472.00 400.90  0.38    -1.21 21.91
hp      4 32 146.69  68.56 123.00  141.19  77.10 52.00 335.00 283.00  0.73    -0.14 12.12
drat    5 32   3.60   0.53   3.70    3.58   0.70  2.76   4.93   2.17  0.27    -0.71  0.09
wt      6 32   3.22   0.98   3.33    3.15   0.77  1.51   5.42   3.91  0.42    -0.02  0.17
qsec    7 32  17.85   1.79  17.71   17.83   1.42 14.50  22.90   8.40  0.37     0.34  0.32
vs      8 32   0.44   0.50   0.00    0.42   0.00  0.00   1.00   1.00  0.24    -2.00  0.09
am      9 32   0.41   0.50   0.00    0.38   0.00  0.00   1.00   1.00  0.36    -1.92  0.09
gear   10 32   3.69   0.74   4.00    3.62   1.48  3.00   5.00   2.00  0.53    -1.07  0.13
carb   11 32   2.81   1.62   2.00    2.65   1.48  1.00   8.00   7.00  1.05     1.26  0.29
id     12 32  16.50   9.38  16.50   16.50  11.86  1.00  32.00  31.00  0.00    -1.31  1.66
```

④ 동일한 방법으로 t.test( ) 검정 결과, p−value＝4.555×10^{-12}＜0.05이므로 귀무가설을 기각하여 자동차 유형(data$id)에 따라 마력(data$hp)에 차이가 있는 것으로 판정된다.

```
> t_result <- t.test(data$id, data$hp)
> t_result

        Welch Two Sample t-test

data:  data$id and data$hp
t = -10.642, df = 32.16, p-value = 4.555e-12
alternative hypothesis: true difference in means is not equal to 0
95 percent confidence interval:
 -155.1009 -105.2741
sample estimates:
mean of x mean of y
  16.5000  146.6875
```

Q-04 data.csv 파일을 이용하여 다음 비율차이 분석(카이제곱 검정)을 수행하시오.

(1) 주거지역(소도시, 중도시)에 따른 쿠폰선호도의 비율차이를 분석하시오.

(2) 주거지역(소도시, 대도시)에 따른 쿠폰선호도의 비율차이를 분석하시오.

정답 및 해설

① prop.test(x, n)를 이용하여 비율에 차이가 있는지를 분석한다. $p-value = 0.3371 > 0.05$로 귀무가설을 기각할 수 없어 (소도시, 중도시) 쿠폰선호도에는 비율 차이가 없다. 소도시 쿠폰선호도 비율은 20/30=0.67, 중도시 쿠폰선호도 비율은 12/24=0.5이다.

```
> setwd("C:/workr")
> data <- read.csv("data.csv", header=T, fileEncoding="EUC-KR")
> n1 <- length(which(data$주거지역=="소도시"))
> n2 <- length(which(data$주거지역=="중도시"))
> n <- c(n1, n2)
> n
[1] 30 24
>
> x1 <- length(which(data$주거지역=="소도시" & data$쿠폰선호도=="예"))
> x2 <- length(which(data$주거지역=="중도시" & data$쿠폰선호도=="예"))
> x <- c(x1, x2)
> x
[1] 20 12
>
> prop_result <- prop.test(x, n)
> prop_result

        2-sample test for equality of proportions with continuity correction

data:  x out of n
X-squared = 0.92141, df = 1, p-value = 0.3371
alternative hypothesis: two.sided
95 percent confidence interval:
 -0.1325019  0.4658352
sample estimates:
   prop 1    prop 2
0.6666667 0.5000000
```

② prop.test(x, n)를 이용한 검정결과, p−value＝0.1194＞0.05로 귀무가설을 기각할 수 없어 (소도시, 대도시) 쿠폰선호
도에는 비율 차이가 없다. 소도시 쿠폰선호도 비율은 20/30＝0.67, 대도시 쿠폰선호도 비율은 16/36＝0.44이다.

```
> setwd("C:/workr")
> data <- read.csv("data.csv", header=T, fileEncoding="EUC-KR")
> n1 <- length(which(data$주거지역=="소도시"))
> n2 <- length(which(data$주거지역=="대도시"))
> n <- c(n1, n2)
> n
[1] 30 36
>
> x1 <- length(which(data$주거지역=="소도시" & data$쿠폰선호도=="예"))
> x2 <- length(which(data$주거지역=="대도시" & data$쿠폰선호도=="예"))
> x <- c(x1, x2)
> x
[1] 20 16
>
> prop_result <- prop.test(x, n)
> prop_result

        2-sample test for equality of proportions with continuity correction

data:  x out of n
X-squared = 2.4246, df = 1, p-value = 0.1194
alternative hypothesis: two.sided
95 percent confidence interval:
 -0.04243311  0.48687755
sample estimates:
   prop 1    prop 2
0.6666667 0.4444444
```

Q-05 Titanic 데이터는 타이타닉호의 생존자들에 대한 (Class, Sex, Age, Survived, Freq)=(선박등급, 성별, 연령대(유아, 성인), 생존여부(Yes, No), 인원수)이다. 주요 변수에 따른 비율차이 분석을 수행하시오.

(1) 성별(Male, Female)에 따른 생존여부(Yes, No)의 비율차이 분석을 수행하시오.

(2) 선박등급(1st, 2nd)에 따른 생존여부(Yes, No)의 비율차이 분석을 수행하시오.

```
> x <- data.frame(Titanic)        17   1st   Male  Child  Yes    5
> x                               18   2nd   Male  Child  Yes   11
   Class    Sex   Age Survived Freq 19   3rd   Male  Child  Yes   13
1    1st   Male Child       No    0 20  Crew   Male  Child  Yes    0
2    2nd   Male Child       No    0 21   1st Female  Child  Yes    1
3    3rd   Male Child       No   35 22   2nd Female  Child  Yes   13
4   Crew   Male Child       No    0 23   3rd Female  Child  Yes   14
5    1st Female Child       No    0 24  Crew Female  Child  Yes    0
6    2nd Female Child       No    0 25   1st   Male  Adult  Yes   57
7    3rd Female Child       No   17 26   2nd   Male  Adult  Yes   14
8   Crew Female Child       No    0 27   3rd   Male  Adult  Yes   75
9    1st   Male Adult       No  118 28  Crew   Male  Adult  Yes  192
10   2nd   Male Adult       No  154 29   1st Female  Adult  Yes  140
11   3rd   Male Adult       No  387 30   2nd Female  Adult  Yes   80
12  Crew   Male Adult       No  670 31   3rd Female  Adult  Yes   76
13   1st Female Adult       No    4 32  Crew Female  Adult  Yes   20
14   2nd Female Adult       No   13
15   3rd Female Adult       No   89
16  Crew Female Adult       No    3
```

① prop.test( )를 이용한 검정결과, p-value=1>0.05로 귀무가설을 기각할 수 없어 (남성, 여성)의 생존 여부의 비율 차이가 없다(생존비율=8/16=0.5).

```
> nl <- length(which(x$Sex=="Male"))
> n2 <- length(which(x$Sex=="Female"))
> n <- c(nl, n2)
> n
[1] 16 16
>
> yl <- length(which(x$Sex=="Male" & x$Survived=="Yes"))
> y2 <- length(which(x$Sex=="Female" & x$Survived=="Yes"))
> y <- c(yl, y2)
> y
[1] 8 8
>
> prop_result <- prop.test(y, n)
> prop_result

        2-sample test for equality of proportions without continuity correction

data:  y out of n
X-squared = 0, df = 1, p-value = 1
alternative hypothesis: two.sided
95 percent confidence interval:
 -0.346476  0.346476
sample estimates:
prop 1 prop 2
   0.5    0.5
```

② prop.test( )를 이용한 검정결과, p-value=1>0.05로 귀무가설을 기각할 수 없어 선박등급(1st, 2nd)에 따른 생존 여부의 비율 차이가 없다(생존비율: 1st=2nd=0.5).

```
> nl <- length(which(x$Class == "1st"))
> n2 <- length(which(x$Class == "2nd"))
> n <- c(nl, n2)
> n
[1] 8 8
>
> yl <- length(which(x$Class == "1st" & x$Survived == "Yes"))
> y2 <- length(which(x$Class == "2nd" & x$Survived == "Yes"))
> y <- c(yl, y2)
> y
[1] 4 4
>
> prop_result <- prop.test(y, n)
경고메시지(들) :
prop.test(y, n)에서: 카이제곱 approximation은 정확하지 않을수도 있습니다
> prop_result

        2-sample test for equality of proportions without continuity correction

data:  y out of n
X-squared = 0, df = 1, p-value = 1
alternative hypothesis: two.sided
95 percent confidence interval:
 -0.489991  0.489991
sample estimates:
prop 1 prop 2
   0.5    0.5
```

Q-06 data.csv는 (고객번호, 성별, 연령대, 직업, 주거지역, 쇼핑액, 이용만족도, 쇼핑1월, 쇼핑2월, 쇼핑3월, 쿠폰사용횟수, 쿠폰선호도, 품질, 가격, 서비스, 배송, 쇼핑만족도, 소득)에 대한 자료이다. 주요 변수에 대한 분산 분석을 수행하시오.

(1) 주거지역(소도시, 중도시, 대도시)에 따른 이용만족도의 차이가 있는지를 일원배치 분산 분석 수행 결과를 나타내시오.

(2) 주거지역(소도시, 중도시, 대도시)에 따른 쇼핑만족도의 차이가 있는지를 일원배치 분산 분석 수행 결과를 나타내시오.

(3) 고객별로 (이용만족도, 쇼핑만족도)의 차이가 있는지를 반복측정 분산 분석 수행 결과를 나타내시오.

(4) 고객별로 (품질, 가격, 서비스, 배송) 만족도의 차이가 있는지를 반복측정 분산 분석 수행 결과를 나타내시오.

R30	▼	ⅰ	× ✓ fx	2700													
⚠	A	B	C	D	E	F	G	H	I	J	K	L	M	N	O	P	Q	R
1	고객번호	성별	연령대	직업	주거지역	쇼핑액	이용만족도	쇼핑1월	쇼핑2월	쇼핑3월	쿠폰사용횟	쿠폰선호도	품질	가격	서비스	배송	쇼핑만족도	소득
2	190105	남자	45-49세	회사원	소도시	195.6	4	76.8	64.8	54	3	예	7	7	1	4	4	4300
3	190106	남자	25-29세	공무원	소도시	116.4	7	44.4	32.4	39.6	6	아니오	7	4	7	7	7	7500
4	190107	남자	50세 이상	자영업	중도시	183.6	4	66	66	51.6	5	예	4	4	3	3	6	2900
5	190108	남자	50세 이상	농어업	소도시	168	4	62.4	52.8	52.8	4	아니오	3	3	4	6	5	5300
6	190109	남자	40-44세	공무원	중도시	169.2	4	63.6	54	51.6	5	아니오	6	4	7	4	6	4000
7	190110	남자	45-49세	자영업	중도시	171.6	5	52.8	66	52.8	4	아니오	5	4	3	4	5	5100
8	190111	여자	50세 이상	공무원	중도시	207.6	4	64.8	88.8	54	4	예	7	7	1	4	5	5700
9	190112	남자	50세 이상	자영업	소도시	201.6	7	56.4	92.4	52.8	3	예	7	7	7	4	4	5900
10	190113	남자	50세 이상	농어업	중도시	111.6	3	64.8	30	16.8	4	아니오	4	2	4	3	5	5100
11	190114	여자	45-49세	회사원	중도시	156	4	51.6	51.6	52.8	0	예	1	4	1	7	1	5700
12	190115	남자	40-44세	회사원	중도시	225.6	5	80.4	92.4	52.8	1	예	5	5	5	5	2	5800
13	190116	남자	30-34세	공무원	중도시	220.8	4	76.8	90	54	5	아니오	5	5	5	4	4	4300
14	190117	남자	35-39세	아니오	대도시	244.8	7	76.8	88.8	79.2	6	아니오	7	4	7	7	7	8700
15	190118	남자	45-49세	농어업	소도시	184.8	6	91.2	67.2	26.4	5	예	5	4	5	6	6	4100

① p−value(Pr(>F))=0.106>0.05(유의확률)이므로 귀무가설(집단 간 차이가 없다)을 기각할 수 없어 "주거지역별로 이용만족도에는 차이가 없다"로 해석된다.

```
> setwd("C:/workr")
> data <- read.csv("data.csv", header=T, fileEncoding="EUC-KR")
> data <- subset(data, select=c(주거지역, 이용만족도))
> head(data)
   주거지역 이용만족도
1    소도시         4
2    소도시         7
3    중도시         4
4    소도시         4
5    중도시         4
6    중도시         5
>
> data1 <- subset(data, data$주거지역=="소도시")
> data2 <- subset(data, data$주거지역=="중도시")
> data3 <- subset(data, data$주거지역=="대도시")
>
> describe(data1$이용만족도)
    vars  n mean   sd median trimmed  mad min max range skew kurtosis   se
X1     1 30 5.27 1.23      5    5.25 1.48   3   7     4 0.15    -1.34 0.22
>
> describe(data2$이용만족도)
    vars  n mean   sd median trimmed  mad min max range  skew kurtosis   se
X1     1 24 4.79 1.41      5    4.85 1.48   1   7     6 -0.27     0.34 0.29
>
> describe(data3$이용만족도)
    vars  n mean   sd median trimmed  mad min max range  skew kurtosis   se
X1     1 36 5.58 1.52      6    5.77 1.48   2   7     5 -0.82    -0.38 0.25
>
> aov_result <- aov(이용만족도~주거지역, data)
> aov_result
Call:
    aov(formula = 이용만족도 ~ 주거지역, data = data)

Terms:
                 주거지역 Residuals
Sum of Squares      9.025   170.575
Deg. of Freedom         2        87

Residual standard error: 1.400226
Estimated effects may be unbalanced
> summary(aov_result)
            Df Sum Sq Mean Sq F value Pr(>F)
주거지역      2   9.03   4.513   2.302  0.106
Residuals   87 170.57   1.961
```

② p−value(Pr(>F))＝0.204＞0.05(유의확률)이므로 귀무가설(집단 간 차이가 없다)을 기각할 수 없어 "주거지역별로 쇼핑만족도에는 차이가 없다"로 해석된다.

```
> setwd("C:/workr")
> data <- read.csv("data.csv", header=T, fileEncoding="EUC-KR")
> data <- subset(data, select=c(주거지역, 쇼핑만족도))
>
> aov_result <- aov(쇼핑만족도~주거지역, data)
> aov_result
Call:
    aov(formula = 쇼핑만족도 ~ 주거지역, data = data)

Terms:
                  주거지역 Residuals
Sum of Squares     6.67222 179.38333
Deg. of Freedom          2        87

Residual standard error: 1.435924
Estimated effects may be unbalanced
>
> summary(aov_result)
              Df Sum Sq Mean Sq F value Pr(>F)
주거지역        2   6.67   3.336   1.618  0.204
Residuals     87 179.38   2.062
```

③ p−value(Pr(>F))＝0.959＞0.05(유의확률)이므로 귀무가설(집단 간 차이가 없다)을 기각할 수 없어 "조사 구분별(이용 및 쇼핑 만족도)로 만족도에는 차이가 없다"로 해석된다.

```
> setwd("C:/workr")
> data <- read.csv("data.csv", header=T, fileEncoding="EUC-KR")
>
> aov_data <- as.data.frame(rbind(cbind(data$이용만족도, 1), cbind(data$쇼핑만족도, 2)))
> colnames(aov_data) <- c("만족도", "구분")
> head(aov_data)
  만족도 구분
1     4    1
2     7    1
3     4    1
4     4    1
5     4    1
6     5    1
>
> aov_result <- aov(만족도~구분, aov_data)
> aov_result
Call:
   aov(formula = 만족도 ~ 구분, data = aov_data)

Terms:
                  구분 Residuals
Sum of Squares   0.0056  365.6556
Deg. of Freedom       1       178

Residual standard error: 1.433264
Estimated effects may be unbalanced
>
> summary(aov_result)
              Df Sum Sq Mean Sq F value Pr(>F)
구분            1    0.0  0.0056   0.003  0.959
Residuals     178 365.7  2.0542
```

④ p−value(Pr(>F))=0.000167<0.05(유의확률)이므로 귀무가설(집단 간 차이가 없다)을 기각하게 되어 "조사 구분별 (품질, 가격, 서비스, 배송 만족도)로 만족도에는 차이가 있다"로 해석된다.

```
> setwd("C:/workr")
> data <- read.csv("data.csv", header=T, fileEncoding="EUC-KR")
>
> aov_data <- as.data.frame(rbind(cbind(data$품질,1), cbind(data$가격,2), cbind(data$서비스,3), cbind(data$배송,4)))
> colnames(aov_data) <- c("만족도","구분")
> head(aov_data)
  만족도 구분
1     7    1
2     7    1
3     4    1
4     3    1
5     6    1
6     5    1
>
> aov_result <- aov(만족도~구분, aov_data)
> aov_result
Call:
   aov(formula = 만족도 ~ 구분, data = aov_data)

Terms:
                   구분 Residuals
Sum of Squares  33.8939  837.9700
Deg. of Freedom       1       358

Residual standard error: 1.529934
Estimated effects may be unbalanced
> summary(aov_result)
             Df Sum Sq Mean Sq F value   Pr(>F)
구분           1   33.9   33.89   14.48 0.000167 ***
Residuals   358  838.0    2.34
---
Signif. codes:  0 '***' 0.001 '**' 0.01 '*' 0.05 '.' 0.1 ' ' 1
```

Q-07 제공된 데이터(Titanicex.csv)는 타이타닉호의 침몰 사건에서 생존한 승객 및 사망한 승객의 정보를 포함한 자료이다. 아래 데이터를 이용하여 생존여부(Survived)를 예측하고자 한다. 각 문항의 답을 [제출형식]에 맞춰 답안 작성 페이지에 입력하시오. (단, 벌점화(penalty)는 부여하지 않는다.)

- PassengerId : 승객 번호
- Survived : 생존 여부 (0: 사망, 1: 생존)
- Pclass : 좌석 클래스 (1: 1등석, 2: 2등석, 3: 3등석)
- Name : 승객 이름
- Gender : 성별 (male: 남성, female: 여성)
- Age : 연령
- SibSp : 동반한 형제/자매 및 배우자 수
- Parch : 동반한 부모 및 자녀 수
- Ticket : 티켓번호
- Fare : 티켓의 요금(달러)
- Cabin : 객실 번호
- Embarked : 탑승지 위치 (C : Cherbourg, Q : Queenstown, S : Southampton)

	A	B	C	D	E	F	G	H	I	J	K	L
1	PassengerId	Survived	Pclass	Name	Gender	Age	SibSp	Parch	Ticket	Fare	Cabin	Embarked
2	1	0	3	Braund, Mr. Owen Harris	male	22	1	0	A/5 21171	7.25		S
3	2	1	1	Cumings, Mrs. John Bradley (F	female	38	1	0	PC 17599	71.2833	C85	C
4	3	1	3	Heikkinen, Miss. Laina	female	26	0	0	STON/O2. 310	7.925		S
5	4	1	1	Futrelle, Mrs. Jacques Heath (I	female	35	1	0	113803	53.1	C123	S
6	5	0	3	Allen, Mr. William Henry	male	35	0	0	373450	8.05		S
7	6	0	3	Moran, Mr. James	male		0	0	330877	8.4583		Q
8	7	0	1	McCarthy, Mr. Timothy J	male	54	0	0	17463	51.8625	E46	S
9	8	0	3	Palsson, Master. Gosta Leona	male	2	3	1	349909	21.075		S
10	9	1	3	Johnson, Mrs. Oscar W (Elisat	female	27	0	2	347742	11.1333		S
11	10	1	2	Nasser, Mrs. Nicholas (Adele	female	14	1	0	237736	30.0708		C
12	11	1	3	Sandstrom, Miss. Marguerite	female	4	1	1	PP 9549	16.7	G6	S
13	12	1	1	Bonnell, Miss. Elizabeth	female	58	0	0	113783	26.55	C103	S
14	13	0	3	Saundercock, Mr. William Her	male	20	0	0	A/5. 2151	8.05		S
15	14	0	3	Andersson, Mr. Anders Johan	male	39	1	5	347082	31.275		S
16	15	0	3	Vestrom, Miss. Hulda Amand	female	14	0	0	350406	7.8542		S
17	16	1	2	Hewlett, Mrs. (Mary D Kingco	female	55	0	0	248706	16		S
18	17	0	3	Rice, Master. Eugene	male	2	4	1	382652	29.125		Q
19	18	1	2	Williams, Mr. Charles Eugene	male		0	0	244373	13		S
20	19	0	3	Vander Planke, Mrs. Julius (En	female	31	1	0	345763	18		S
21	20	1	3	Masselmani, Mrs. Fatima	female		0	0	2649	7.225		C

(1) Gender와 Survived 변수 간의 독립성 검정을 실시하였을 때, 카이제곱 통계량은? (소수 넷째 자리에서 반올림하여 소수 셋째 자리까지 계산)

(2) Gender, SibSp, Parch, Fare를 독립변수로 사용하여 로지스틱 회귀모형을 실시하였을 때, Parch 변수의 계수값은? (소수 넷째 자리에서 반올림하여 소수 셋째 자리까지 계산)

(3) 위 (2)번 문제에서 추정된 로지스틱 회귀모형에서 SibSp 변수가 한 단위 증가할 때 생존할 오즈비 (Odds ratio) 값은? (소수 넷째 자리에서 반올림하여 소수 셋째 자리까지 계산)

🔒 정답 및 해설

① ifelse()를 이용하여 data$Gender의 값이 'male'인 경우 1, 'female'인 경우 0으로 저장한다. table()를 이용하여 성별에 따른 생존여부(0,1)에 대한 인원수를 구하고 chisq.test()로 독립성 검정을 수행한다. 카이제곱 검정통계량은 chi_result$statistic=260.717이고, 유의수준은 chi_result$p.value=$1.197357 \times 10-58$이다. 따라서 유의수준<0.01이므로 귀무가설을 기각하게 되어 성별(Gender)은 생존여부에 주요하게 영향을 미쳤음이 확인된다.

```
> data <- read.csv("Titanicex.csv", header=T)
> head(data)
  PassengerId Survived Pclass                                          Name Gender Age SibSp Parch       Ticket    Fare
1           1        0      3                       Braund, Mr. Owen Harris   male  22     1     0    A/5 21171  7.2500
2           2        1      1 Cumings, Mrs. John Bradley (Florence Briggs Thayer) female  38     1     0     PC 17599 71.2833
3           3        1      3                        Heikkinen, Miss. Laina female  26     0     0 STON/O2. 3101282  7.9250
4           4        1      1     Futrelle, Mrs. Jacques Heath (Lily May Peel) female  35     1     0       113803 53.1000
5           5        0      3                      Allen, Mr. William Henry   male  35     0     0       373450  8.0500
6           6        0      3                              Moran, Mr. James   male  NA     0     0       330877  8.4583
  Cabin Embarked
1             S
2   C85        C
3             S
4  C123        S
5             S
6             Q
> data$Gender <- ifelse(data$Gender == 'male', 1, 0)
> cross_table <- table(data$Gender, data$Survived)
> print(cross_table)

      0   1
  0  81 233
  1 468 109
> chi_result <- chisq.test(cross_table)
> print(round(chi_result$statistic, 3))
X-squared
  260.717
> print(chi_result$p.value)
[1] 1.197357e-58
```

② 독립변수(X)와 종속변수(y)를 정의하고 데이터 전처리 후(X_scaled), glm()으로 로지스틱 회귀모형을 구축(penalty 미설정)한다. predict()와 ifelse()로 생존여부를 예측(로지스틱 함수의 값이 0.5 이상인 경우 생존)하고 table()을 이용하여 예측값과 실제값의 차이를 확인한다. coef()로 각 독립변수에 대한 계수값을 확인할 수 있으며, 'Parch' 변수에 대한 계수값= −0.022이다.

```
> X <- data[c('Gender', 'SibSp', 'Parch', 'Fare')]
> y <- data$Survived
> X_scaled <- scale(X)
> print(X_scaled[1:10])
 [1]  0.737281 -1.354813 -1.354813 -1.354813  0.737281  0.737281  0.737281  0.737281 -1.354813 -1.354813
>
> model <- glm(y ~ X_scaled, data=data)
> summary(model)

Call:
glm(formula = y ~ X_scaled, data = data)

Coefficients:
                Estimate Std. Error t value Pr(>|t|)
(Intercept)      0.38384    0.01330  28.867  < 2e-16 ***
X_scaledGender  -0.25916    0.01385 -18.707  < 2e-16 ***
X_scaledSibSp   -0.05236    0.01467  -3.570 0.000376 ***
X_scaledParch   -0.02186    0.01512  -1.446 0.148638
X_scaledFare     0.09104    0.01380   6.598 7.15e-11 ***
---
Signif. codes:  0 '***' 0.001 '**' 0.01 '*' 0.05 '.' 0.1 ' ' 1

(Dispersion parameter for gaussian family taken to be 0.1575308)

    Null deviance: 210.73  on 890  degrees of freedom
Residual deviance: 139.57  on 886  degrees of freedom
AIC: 888.85

Number of Fisher Scoring iterations: 2

> y_pred <- predict(model, data)
> print(y_pred[1:10])
        1         2         3         4         5         6         7         8         9        10
0.1347513 0.7942478 0.7256585 0.7609366 0.1836979 0.1844458 0.2639609 0.0379908 0.6772848 0.7187479
> predicted <- ifelse(y_pred >= 0.5, 1, 0)
> print(predicted[1:10])
 1  2  3  4  5  6  7  8  9 10
 0  1  1  1  0  0  0  0  1  1
> xtable <- table(predicted, y)
> xtable
         y
predicted   0   1
        0 467 108
        1  82 234
> coefs <- coef(model)
> str(coefs)
 Named num [1:5] 0.3838 -0.2592 -0.0524 -0.0219 0.091
 - attr(*, "names")= chr [1:5] "(Intercept)" "X_scaledGender" "X_scaledSibSp" "X_scaledParch" ...
> print(round(coefs['X_scaledParch'],3))
X_scaledParch
       -0.022
```

③ SibSp 변수에 대한 계수값= −0.05240이고 Odds ratio=exp(계수값)=0.949이다. 따라서 오즈비가 1보다 작아 SibSp 변수(동반한 형제/자매 및 배우자 수)가 한 단위 증가하는 경우 종속변수가 1에 속할 확률(생존할 확률)이 감소하게 됨을 알 수 있다.

```
> sibspcoef <- coefs['X_scaledSibSp']
> print(sibspcoef)
X_scaledSibSp
  -0.0523593
> oddsr <- exp(sibspcoef)
> print(round(oddsr, 3))
X_scaledSibSp
        0.949
```

MEMO

제1과목
R과 데이터 분석

제1장 R 설치 및 실행
제2장 R 기본 문법

R 설치 및 실행

1 R 설치 방법

(1) R 다운로드 및 설치

① R의 공식 웹사이트(www.r−project.org)에서 R을 무료로 설치할 수 있다.
② R의 공식 웹사이트에서 "download R"을 선택한다.

[Home]

Download

CRAN

R Project

About R
Logo
Contributors
What's New?
Reporting Bugs
Conferences
Search
Get Involved: Mailing Lists
Get Involved: Contributing
Developer Pages
R Blog

R Foundation

Foundation
Board
Members
Donors
Donate

Help With R

Getting Help

Documentation

Manuals

The R Project for Statistical Computing

Getting Started

R is a free software environment for statistical computing and graphics. It compiles and runs on a wide variety of UNIX platforms, Windows and MacOS. To download R, please choose your preferred CRAN mirror.

If you have questions about R like how to download and install the software, or what the license terms are, please read our answers to frequently asked questions before you send an email.

News

- **R version 4.2.0 (Vigorous Calisthenics) has been released on 2022-04-22.**
- **R version 4.1.3 (One Push-Up) was released on 2022-03-10.**
- Thanks to the organisers of useR! 2020 for a successful online conference. Recorded tutorials and talks from the conference are available on the R Consortium YouTube channel.
- You can support the R Foundation with a renewable subscription as a supporting member

News via Twitter

The R Foundation Retweeted

Peter Dalgaard
@pdalgd
#rstats 4.2.0 "Vigorous Calisthenics" (source version) has been released. (For the impatient: Look in cran.r-project.org/src/base/R-4/)

♡ [→]   Apr 22, 2022

The R Foundation
@_R_Foundation
New #rstats blog entry from Deepayan Sarkar and Kurt Hornik: Enhancements to HTML Documentation

③ 나라별로 제공되는 미러(Mirror) 사이트(CRAN ; Comprehensive R Archive Network)를 이용하여 윈도우 버전을 설치할 수 있으며, Korea에서 5개의 미러 사이트들 중 하나를 선택한다.

Indonesia	
https://repo.bppt.go.id/cran/	Agency for The Application and Assessment of Technology
Iran	
https://cran.um.ac.ir/	Ferdowsi University of Mashhad
https://cran.bardia.tech/	Bardia Moshiri
Ireland	
https://ftp.heanet.ie/mirrors/cran.r-project.org/	HEAnet,Dublin
Italy	
https://cran.mirror.garr.it/CRAN/	Garr Mirror, Milano
https://cran.stat.unipd.it/	University of Padua
Japan	
https://cran.ism.ac.jp/	The Institute of Statistical Mathematics, Tokyo
https://ftp.yz.yamagata-u.ac.jp/pub/cran/	Yamagata University
Korea	
https://ftp.harukasan.org/CRAN/	Information and Database Systems Laboratory, Pukyong National University
https://cran.yu.ac.kr/	Yeungnam University
https://cran.seoul.go.kr/	Bigdata Campus, Seoul Metropolitan Government
http://healthstat.snu.ac.kr/CRAN/	Graduate School of Public Health, Seoul National University, Seoul
https://cran.biodisk.org/	The Genome Institute of UNIST (Ulsan National Institute of Science and Technology)
Malaysia	
https://mirrors.upm.edu.my/CRAN/	Universiti Putra Malaysia
Mexico	
https://cran.itam.mx/	Instituto Tecnologico Autonomo de Mexico
Morocco	
https://mirror.marwan.ma/cran/	MARWAN
Netherlands	
https://mirror.lyrahosting.com/CRAN/	Lyra Hosting
New Zealand	
https://cran.stat.auckland.ac.nz/	University of Auckland
Norway	
https://cran.uib.no/	University of Bergen
Poland	
https://cran.mi2.ai/	MI2.ai, Warsaw University of Technology
Portugal	
https://cran.radicaldevelop.com/	RadicalDevelop, Lda
Russia	
https://mirror.truenetwork.ru/CRAN/	Truenetwork
South Africa	
https://cran.mirror.ac.za/	TENET, Johannesburg

④ R 윈도우 버전을 설치하기 위해 "Download R for Windows"를 선택한다.

The Comprehensive R Archive Network

Download and Install R

Precompiled binary distributions of the base system and contributed packages, **Windows and Mac** users most likely want one of these versions of R:

- Download R for Linux (Debian, Fedora/Redhat, Ubuntu)
- Download R for macOS
- Download R for Windows

R is part of many Linux distributions, you should check with your Linux package management system in addition to the link above.

Source Code for all Platforms

Windows and Mac users most likely want to download the precompiled binaries listed in the upper box, not the source code. The sources have to be compiled before you can use them. If you do not know what this means, you probably do not want to do it!

- The latest release (2022-04-22, Vigorous Calisthenics) R-4.2.0.tar.gz, read what's new in the latest version.
- Sources of R alpha and beta releases (daily snapshots, created only in time periods before a planned release).
- Daily snapshots of current patched and development versions are available here. Please read about new features and bug fixes before filing corresponding feature requests or bug reports.
- Source code of older versions of R is available here.
- Contributed extension packages

Questions About R

- If you have questions about R like how to download and install the software, or what the license terms are, please read our answers to frequently asked questions before you send an email.

⑤ "install R for the first time"을 선택하여 가장 최신 버전의 R을 설치한다.

R for Windows

CRAN
Mirrors
What's new?
Search

About R
R Homepage
The R Journal

Subdirectories:

base	Binaries for base distribution. This is what you want to install R for the first time.
contrib	Binaries of contributed CRAN packages (for R >= 3.4.x).
old contrib	Binaries of contributed CRAN packages for outdated versions of R (for R < 3.4.x).
Rtools	Tools to build R and R packages. This is what you want to use if you want to build your own packages on Windows, or to build R itself.

Please do not submit binaries to CRAN. Package developers might want to contact Uwe Ligges directly in case of questions / suggestions related to Windows binaries.

You may also want to read the R FAQ and R for Windows FAQ.

Note: CRAN does some checks on these binaries for viruses, but cannot give guarantees. Use the normal precautions with downloaded executables.

⑥ "Download R 4.2.0 for Windows"를 선택하여 가장 최신 버전(R4.2.0, 2022년 4월 22일 Release)의 R을 다운로드한다. 64비트용 컴퓨터에 설치가능하며 79Mbytes의 메모리가 필요하다.

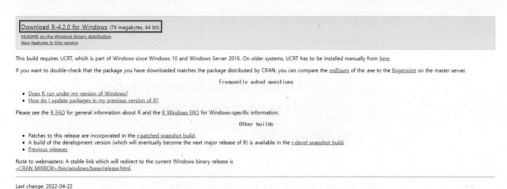

⑦ 설치 언어(한국어) 선택 후, "다음" 버튼으로 설치를 진행한다.

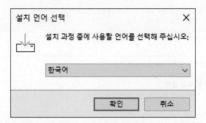

⑧ 설치할 폴더의 위치(C:\Program Files\R\R4.2.0)를 지정하고 설치 구성요소 선택 후 "다음" 버튼을 누른다.

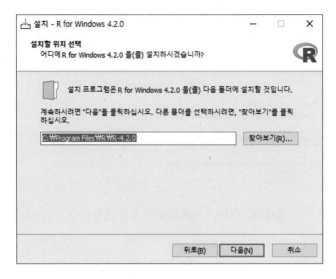

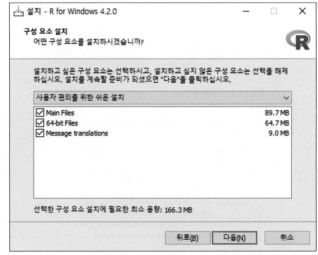

⑨ 스타트업(시작) 옵션은 "No(기본값) 사용"을 지정하고 바로가기 시작메뉴(R) 지정 후 "다음" 버튼을 누른다.

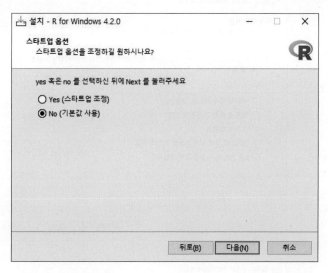

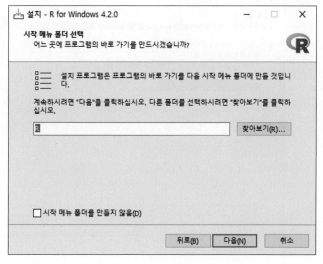

⑩ 바탕화면에 아이콘을 생성하고 "다음" 버튼을 선택하면, 압축 파일을 풀면서 설치를 진행한다.

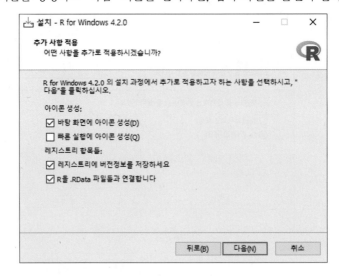

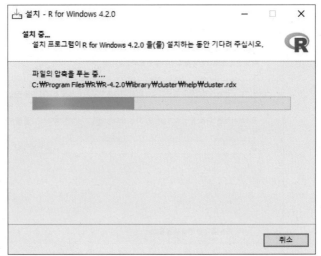

⑪ 모든 설치가 완료되면 "R for Windows 4.2.0 설치 완료" 메시지가 나오고 바탕화면에 "R 4.2.0" 아이콘이 생성된다.

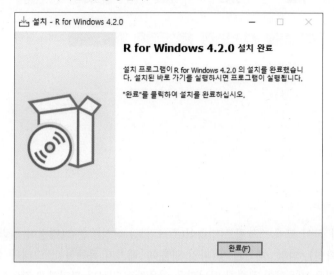

⑫ 무료로 제공되는 R 소프트웨어는 기본적으로 R console을 이용한 명령어 입력 방식으로 R 명령어 코드가 길어지는 경우 다소 불편하다. 이를 해결하기 위하여 R studio(www.rstudio.com)를 추가적으로 설치(무료 및 유료 버전 제공)한다. R studio를 이용하여 console 창과 함께 여러 종류의 윈도우를 활용할 수 있으며 문서화 작업(보고서 작성), 그래프 활용 시각화, 웹 연동 등의 기능을 이용할 수 있다.

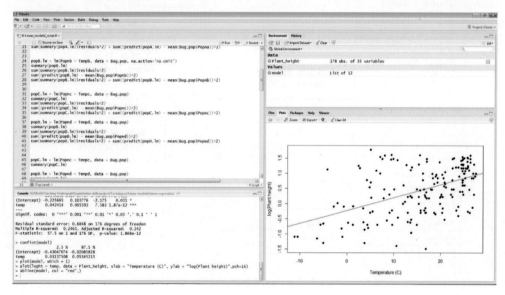

⑬ R studio를 실행하면 아래와 같이 크게 스크립트[명령어(스크립트) 작성], 콘솔(명령어 입력 및 결과 출력), 환경(변수, 값 확인), 파일, 패키지 등(파일 입출력, 패키지 목록설치, 그래픽 실행 결과 확인) 4개의 윈도우 화면을 이용하여 콘솔창 하나만을 이용하는 것보다 편리하게 작업할 수 있다.

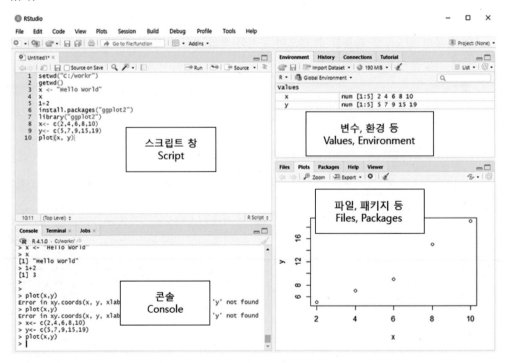

스크립트 (Script)	스크립트 작성 및 저장
콘솔 (Console)	R 명령어 입력 및 결과 출력
환경 (Environment)	콘솔에 입력한 변수, 값
히스토리 (History)	현재까지 실행한 명령어
파일 (File)	외부 파일 입출력
그래픽 (Plots)	R 실행 결과(그래픽 출력)
패키지 (Packages)	패키지 목록과 설치
도움말 (Help)	R 관련 정보
뷰어 (Viewer)	웹 문서 출력

(2) 패키지와 라이브러리

① R에서 패키지(packages)는 R 함수들을 모아 놓은 컬렉션(collection)이며, 라이브러리 (library)는 R 패키지가 저장되는 폴더이다.

② 패키지는 R 설치 시에 자동적으로 설치되는 기본 패키지(Base packages)와 추천 패키지 (Recommended packages)로 분류되고, 추가 기능이 필요할 때 별도로 install해야 하는 기타 패키지(Other packages)가 있다.

〈R 패키지 유형〉

구 분		R 명령어 사용 방법	설 치
Base system	기본 (Base)	• R로 불러오기(로딩) 불필요 • base, compiler, datasets, graphics, grDevices, grid, methods, parallel, splines, stats, tcltk, tools, translations, utils 등	Base system에 자동 포함되어 설치되므로 별도로 설치할 필요 없음
	추천 (Recommended)	• R로 불러오기(로딩) 필요 • library("패키지명") • KernSmooth, MASS, Matrix, boot, class, cluster, codetools, foreign, lattice, mgcv, nlme, rpart, spatial, survival 등	
기타(Other)		• R로 불러오기(로딩) 필요 • library("패키지명") • ggplot2, nnet, e1071, abind, rpart, party, neuralnet, tree, caret, arules, multilinguer, sna, topicmodels, stringr, descr, igraph 등	CRAN 사이트에서 추가 설치 install.packages("패키지명")

③ R 설치 시 자동으로 설치되는 패키지들 중 기본 패키지는 별도의 로딩 과정 없이 사용 가능하지만, 추천 패키지는 library("패키지명") 명령어를 통한 로딩 과정이 요구된다.

④ 기타 패키지들을 사용하기 위해서는 R 미러(Mirror) 사이트(CRAN ; Comprehensive R Archive Network, cran.r−project.org/web/packages/available_packages_by_name. html)를 이용하며 install.packages("패키지명") 명령어를 수행한다.

2 R 실행 및 패키지

(1) R 실행

① 바탕화면 R 아이콘(R 4.2.0)의 오른쪽 마우스를 이용하여 "관리자 권한으로 실행"한다. R을 최초로 설치 시 기본 패키지들이 포함되어 일부 통계분석 기능을 제공하지만, 빅데이터 분석을 위한 함수들은 대부분 이들 함수들을 제공하는 관련 패키지들을 사전에 설치해서 사용해야 한다. R 패키지 설치는 윈도우에 새로운 파일을 설치하는 관리자의 보안 권한이 필요하기 때문에 관리자 권한으로 실행한다.

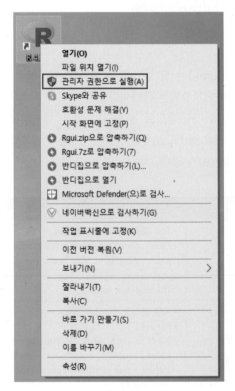

② R을 수행했을 때 초기화면은 다음과 같다. R console 창에 "＞"으로 명령어를 입력한다.

③ 변수 x에 "Hello World" 문자를 할당하기 위해 ＜－, ＜＜－, ＝의 기호를 사용(주로＜－ 사용)한다. 변수에 저장된 값을 출력하기 위하여 변수명을 입력하고 Enter 키를 누르면 결괏값이 출력된다. 그리고 1＋2의 수치계산을 위하여 "1＋2"를 입력하고 Enter 키를 누르면 결괏값(3)이 출력된다. R 명령어 실행에 대한 출력 결과는 항상 "[1]"부터 나타내며, 이를 통해 출력결과인 데이터에 대한 Index로 결과의 자릿수를 확인한다.

④ [파일] 메뉴에서 파일 저장, 불러오기, 인쇄하기 기능을 수행하고, [편집] 메뉴에서 복사, 붙여넣기, GUI 설정 등을 수행한다.

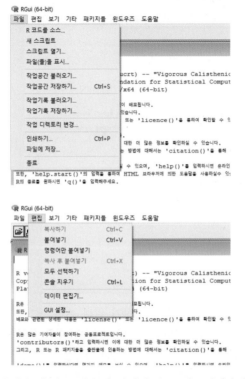

㉠ R 명령어를 console 창에 ">" 기호 이후에 입력할 수도 있으나 [파일] － [새 스크립트] 메뉴를 이용하여 스크립트 파일로 저장(파일 확장자는 *.R)하여 사용(코드가 긴 경우)할 수도 있다. 기존 스크립트 파일을 불러들이기 위하여 [스크립트 열기] 또는 [R 코드를 소스] 메뉴를 이용한다. 만약, [R 코드를 소스] 메뉴를 이용하는 경우 source( ) 함수가 적용되어 기존 스크립트 명령어의 코드를 불러온다.

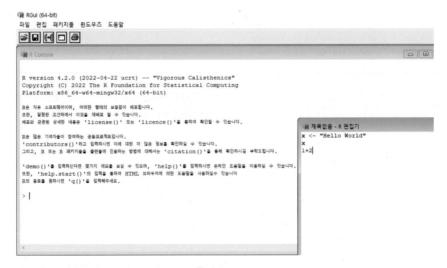

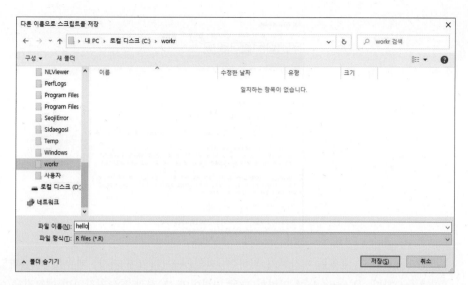

ⓛ 작업공간(Working Directory)이란 R 프로그래밍 과정에서 실행되는 Script, Dataset가 저장되는 작업 폴더(디렉토리)이다. 데이터 분석을 위해 가장 먼저 해야 하는 작업은 "현재 작업공간이 어디인지 확인 후. 저장 작업 공간을 설정"하고 R 스크립트와 데이터세트를 저장하는 것이다. 작업공간을 저장하기 위하여 [파일] — [작업공간 저장하기] 메뉴를 이용(파일 확장자는 *.RData)하며, 기존 파일의 작업공간을 불러오기 위하여 [작업공간 불러오기] 메뉴를 사용한다. 작업공간이 저장되면 save.image( ) 명령어가 수행되고 기존 작업공간을 불러오면 load( ) 명령어가 console에서 자동 실행된다.

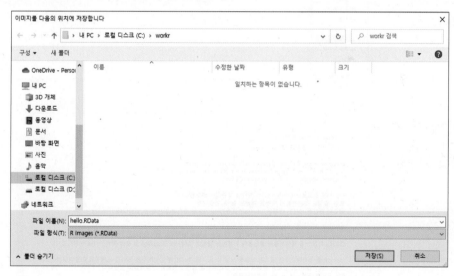

ⓒ R console의 내용을 저장하기 위하여 [파일] ― [파일에 저장] 메뉴를 이용(파일 확장자는 *.txt)한다. R console에 입력한 모든 명령어와 그 결괏값을 저장하며 메모장을 이용하여 파일을 확인할 수 있다.

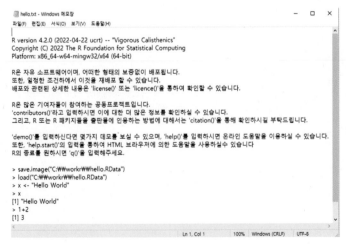

⑤ [보기] 상태바 메뉴를 이용하여 R 버전을 확인하고 [기타] 메뉴를 이용하여 연산 중단, 기본 수행 기능(단어 및 파일명 완성 등)들을 이용한다.

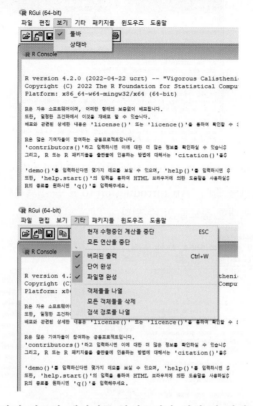

⑥ [패키지들] 메뉴를 이용하여 필요한 패키지를 불러오거나 설치 및 업데이터를 진행하며 [윈도우즈] 메뉴의 정렬 기능을 이용하여 가로 및 세로 정렬 기능을 수행한다.

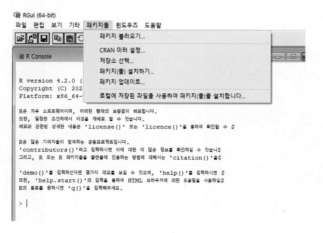

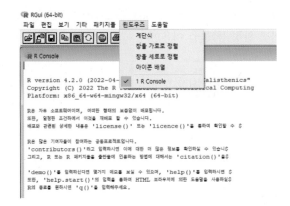

⑦ [도움말]을 이용하여 필요한 R 함수를 찾고 "PDF 형식의 매뉴얼"을 이용하여 R의 다양한 사용 방법을 확인한다. 예를 들어 "An Introduction to R"을 선택하여 R에 대한 기본적인 사용 방법과 관련 패키지들에 대한 정보를 알 수 있다.

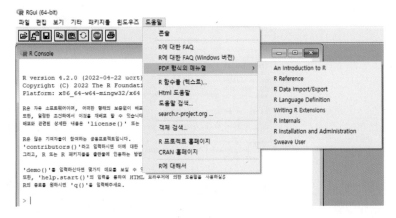

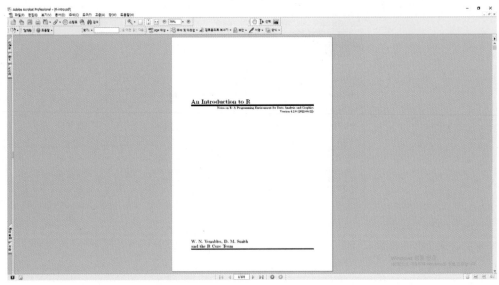

(2) R 작업 디렉토리 설정

① R에서 파일을 저장하고 자료를 불러들이거나 수행 결과를 외부 파일로 내보내기 위하여 파일 탐색기를 이용하여 작업 폴더(C:\workr)를 생성한다.

② 생성된 폴더(C:₩workr)를 작업 디렉토리로 지정하기 위하여 R의 [파일] − [작업 디렉토리 변경] 메뉴에서 "C:₩workr" 폴더 선택 후 [확인]을 누른다.

③ 설정된 작업 폴더를 확인하기 위하여 getwd( ) 명령을 수행한다. 또는 R console에서
setwd("C:/workr") 명령어를 이용하여 작업 폴더를 지정한다.

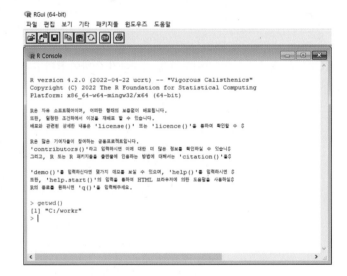

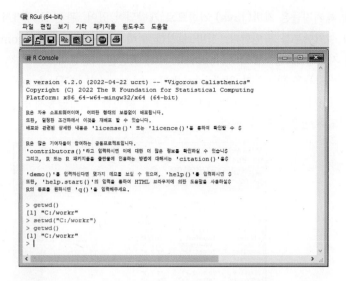

(3) R 패키지 설치

① R 패키지를 설치하기 위해 install.packages("패키지명") 명령어를 수행한다.

② 예를 들어 다양한 기술통계 분석을 지원하는 "prettyR" 패키지를 설치하기 위하여 R console에서 install.packages("prettyR") 명령어를 수행하고 CRAN 미러 사이트를 선택[Korea(Seoul 1)]한다.

③ R의 특정 패키지들은 자바(Java) 기반으로 개발되어 있어, 관련 R 패키지 활용을 위해 자바 실행환경의 설치여부를 확인한다. 자바 설치를 위해 관련 사이트(java.com/ko/download)에서 윈도우용 자바 JDK(Java Development Kit) 버전을 이용한다.

④ 설치된 패키지들을 확인하기 위해 installed.packages( )[,c("Package","Version")] 명령어를 이용한다. Package 이름과 버전에 대한 정보를 확인하고, 기술통계 분석을 위한 prettyR 패키지도 설치되어 있음을 알 수 있다.

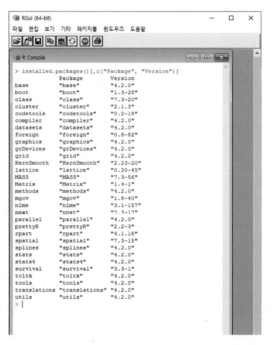

⑤ 이미 설치된 패키지들을 이용하기 위해 library(패키지명) 명령어를 실행한다. 예를 들어 최빈값(mode, 전체들 중 가장 많이 관측되는 값)을 구하는 Mode( ) 함수의 사용 방법은 다음과 같다. 여기서 '#' 표시는 주석문(comments)이며 프로그램 수행에 영향을 주지 않는다.

- 패키지(prettyR) 설치
- prettyR 패키지 사용(library(패키지명) 수행)
- a는 14개의 원소를 가짐
- 최빈값 구하기(Mode(a))
- 결괏값 = 4

⑥ 기술통계, 추론통계, 데이터마이닝, 데이터 분석, 그래프 작성 등을 위해 사용되는 R 패키지와 함수들은 다음과 같다. 단, 패키지들 중 일부(DMwR, tm 등)는 CRAN repository에서 제외되어 의존 패키지 설치 후, 이용하거나 GitHub에서 개발자가 제공하는 오픈소스를 이용한다.

〈R 패키지 및 주요 함수〉

패키지	함 수	기 능	패키지	함 수	기 능
aplpack	faces( )	체르노프 페이스 시각화 지원	nnet	nnet( )	인공신경망 분석 (분류 분석)
arules	apriori( )	연관성 분석	party	ctree( )	의사결정나무 분석 (예측 분석)
	plot( )	연관성 분석모형 그래픽 지원	plotly	ggplotly( )	인터랙티브 그래프
caret	confusion Matrix( )	데이터마이닝 결과 분류표 제공	prettyR	Mode( )	최빈값
descr	freq( )	빈도 분석	psych	describe( )	기술 분석
DMwR	kNN( )	k-최근접 이웃 분석	QuantPsyc	lm.beta( )	회귀분석 표준화 계수
downloader	plot.nnet( )	인공신경망 분석 모형 그래픽 지원	rart	rpart( )	의사결정나무 분석 (분류 분석)
dplyr	groupby( )	그룹 분석	raster	raster( )	지도 맵핑 시각화
e1071	naiveBayes( )	나이브베이즈 분류 분석	RColor Brewer	display.crewer. all( )	컬러 설정
	svm( )	서포트 벡터 머신	readxl	read_excel( )	엑셀 파일 불러오기
fBasics	kurtosis( )	첨도 분석	rgl	open3d( )	그래프 차트 작성 (3D 데이터)
	skewness( )	왜도 분석	rpart.plot	rpart.plot( )	의사결정나무 분석 모형 그래픽
ggmap	ggmap( )	구글 지도 맵핑 시각화	rvest	html_text( )	웹 크롤링
ggplot2	ggplot2( )	고급 그래프 시각화	sna	sna( )	그래프 수식 처리 패키지
gmodels	CrossTable( )	교차 분석	stringr	str_replace_ all( )	문자열 처리
Hmisc	rcorr( )	상관분석	tm	Corpus( )	말뭉치 작성
igraph	graph.density ( )	그래프 차트 작성	topicmodels	LDA( )	토픽 모델링

KoNLP	extractNoun( )	한글 자연어 명사 추출	tree	tree( )	의사결정나무 분석 (이항형 예측 분석)
lattice	dist( )	계층적 군집분석	treemap	treemap( )	트리맵 시각화 지원
	kmeans( )	k-평균 군집분석	wordcloud	wordcloud( )	워드 클라우드 그래프
MASS	isoMDS( )	다차원 척도 분석	WriteXLS	WriteXLS( )	엑셀 파일로 내보내기
neuralnet	neuralnet( )	인공신경망분석 (예측 분석)	XML	xml TreeParse( )	XML 파일 처리

⑦ R 패키지 설치 스크립트 파일은 사이트(ssra.or.kr/bigdata/packages.R)에서 확인한다. 아래 파일을 복사하고 R에서 붙여넣기를 실행하여 주요 R 패키지 및 함수들을 이용한다.

〈패키지 설치 스크립트(ssra.or.kr/bigdata/packages.R)〉

```
install.packages("psych")
install.packages("descr")
install.packages("gmodels")
install.packages("MASS")
install.packages("Hmisc")
install.packages("dplyr")
install.packages("fBasics")
install.packages("QuantPsyc")
install.packages("prettyR")
install.packages("e1071")
install.packages('abind')
install.packages('zoo')
install.packages('xts')
install.packages('quantmod')
install.packages('ROCR')
install.packages("https://cran.r-project.org/src/
contrib/Archive/DMwR/DMwR_0.4.1.tar.gz",
repos = NULL, type="source")
install.packages("rpart")
install.packages("rpart.plot")
install.packages("party")
install.packages("nnet")
install.packages("downloader")
install.packages("neuralnet")
install.packages("tree")
install.packages("caret")
install.packages("arules")
install.packages("arulesViz")
install.packages("lattice")
install.packages("topicmodels")
install.packages("wordcloud")
install.packages("RColorBrewer")
```

```
install.packages("sna")
install.packages("igraph")
install.packages("rgl")
install.packages("rvest")
install.packages("stringr")
install.packages("XML")
install.packages("readxl")
install.packages("WriteXLS")
# rJava 설치
install.packages("multilinguer")
library(multilinguer)
install_jdk()
# KoNLP 패키지 설치 시 참조 또는 이용되는 패키지
설치
install.packages(c("hash", "tau", "Sejong",
"RSQLite", "devtools", "bit", "rex", "lazyeval",
"htmlwidgets", "crosstalk", "promises", "later",
"sessioninfo", "xopen", "bit64", "blob", "DBI",
"memoise", "plogr", "covr", "DT", "rcmdcheck",
"rversions"), type = "binary")
# 깃허브의 KoNLP 패키지 설치
install.packages("remotes")
remotes::install_github('haven-jeon/KoNLP',
upgrade = "never", INSTALL_opts=c("--no-
multiarch"))
# 텍스트마이닝을 위한 tm 패키지 설치
require(remotes)
install_version("tm", version = "0.7-5", repos =
"http://cran.us.r-project.org")
install.packages("ggplot2")
install.packages("treemap")
install.packages("aplpack")
install.packages("raster")
install.packages("rgeos")
install.packages("rgdal")
install.packages("ggmap")
```

제 2 장 R 기본 문법

1 R 기초

(1) 데이터 유형 및 변수 할당

① 변수에 할당되는 값인 데이터 유형(Data Type)은 숫자형, 문자형, 논리형, 복소수형, 날짜형 및 특수형으로 분류된다.

〈데이터 유형〉

데이터 유형	세부 유형	사용 예
숫자형 (numeric)	• 정수(integer) • 실수(double)	• x<−10 • x<−10.5
문자형 (character)	• 문자 또는 문자열	• x<−"홍길동"
논리형 (logical)	• 참(true), 거짓(false)	• x<−TRUE
복소수형 (complex number)	• 복소수	• x<−2+3i
날짜형 (Date)	• 날짜 형식의 문자열	• x<−as.Date("2021−08−15")
특수형	• NULL	• 객체(object)로서 존재하지 않는 객체 지정 시 사용
	• NA	• Not Available의 약자로 결측치(missing value)
	• NaN	• Not Available Number의 약자로 수학적으로 계산이 불가능한 수
	• Inf	• Infinite의 약자로 양의 무한대
	• −Inf	• −Infinite로 음의 무한대

② 변수에 할당된 다양한 데이터 유형의 사용 예는 다음과 같다.

```
> x <- 10
> y <- 10.5
> a <- "홍길동"
> z <- TRUE
> t <- 2+3i
> b <- as.Date("2020-08-15")
> Obj <- NULL
> MV <- NULL
> MVnum <- NA
> N <- NaN
> P <- Inf
> Q <- -Inf
```

```
> x
[1] 10
> y
[1] 10.5
> a
[1] "홍길동"
> z
[1] TRUE
> t
[1] 2+3i
> b
[1] "2020-08-15"
> Obj
NULL
> MV
NULL
> MVnum
[1] NA
> N
[1] NaN
> P
[1] Inf
> Q
[1] -Inf
```

③ 변수의 데이터 유형을 확인하기 위하여 mode( )를 이용한다. 그리고 해당 변수가 숫자형인지를 확인하기 위하여 is.numeric( )을 이용하고, 문자형인지는 is.character( ), 논리형인지는 is.logical( ) 함수를 사용한다.

```
> mode(x)
[1] "numeric"
> mode(y)
[1] "numeric"
> mode(a)
[1] "character"
> mode(z)
[1] "logical"
> mode(t)
[1] "complex"
> mode(b)
[1] "numeric"
> mode(Obj)
[1] "NULL"
> mode(MV)
[1] "NULL"
```

```
> mode(MVnum)
[1] "logical"
> mode(N)
[1] "numeric"
> mode(P)
[1] "numeric"
> mode(Q)
[1] "numeric"
> is.numeric(x)
[1] TRUE
> is.character(y)
[1] FALSE
> is.logical(z)
[1] TRUE
> is.null(MV)
[1] TRUE
```

(2) 연산자

① 복잡한 데이터 분석을 수행하기 위해 프로그래밍 기법에서와 동일하게 변수를 이용한다.

② 변수(Variable)란 데이터 값을 일시적으로 보관하기 위해 사용되는 메모리 내의 한 장소의 이름으로서 일반적으로 문자로 시작된다.

③ 변수는 a~z, A~Z, 숫자 0~9, ".", "_" 등의 조합으로 구성하며, 변수의 첫 글자는 항상 문자로 시작해야 한다.

④ 변수는 한글도 가능하나 가능한 한 영문자로 시작하여 사용하는 것이 바람직하다.

⑤ 변수 이름은 R의 명령어(if, else, for, while, c, pi 등)들을 사용할 수 없다.

⑥ 변수에 값을 배정하는 것을 할당(assign)이라 하고, R에서의 할당은 =, <−, <<− 등의 기호들을 사용할 수 있으나 주로 <−가 사용된다.

⑦ 값이 할당된 변수들은 다음과 같이 산술 연산이 가능하며, 변수명을 입력하면 변수의 값이 출력된다.

```
> x <- 6
> y <- 3
> z <- x+y
> z
[1] 9
> .a <- 10
> .b <- 15
> .a + .b
[1] 25
> 9a <- 10
에러: 예상하지 못한 기호(symbol)입니다. in "9a"

> _a <- 10
에러: 예상하지 못한 입력입니다. in "_"
> if <- a
에러: 예상하지 못한 할당(assignment)입니다. in "if <-"
> word <- "Hello World"
> word
[1] "Hello World"
> 한글변수명 <- 10
> 한글변수명
[1] 10
```

⑧ 연산자는 값을 할당하는 할당(대입) 연산자, 사칙연산 등을 위한 산술 연산자, 값들의 크기를 비교하기 위한 비교 연산자, 참과 거짓에 대한 논리적 판단을 위한 논리 연산자로 분류된다.

〈R 연산자〉

구 분	유 형	기 호	사용 예	결괏값
할당 연산자	할당(대입)	<−	x<−6 x	6
산술 연산자	더하기	+	3+4	7
	빼 기	−	11−5	6
	곱하기	*	4*2	8
	나누기	/	10/5	2
	거듭제곱	^, **	3^2	9
	나머지	%%	13%%3	1
	몫	%/%	13%/%3	4
비교 연산자	작 다	<	x<−5 x < 11	TRUE
	작기니 같디 (이하)	<−	x<−5 x <= 11	TRUE
	크 다	>	x<−5 x > 11	FALSE
	크거나 같다 (이상)	>=	x<−5 x >= 11	FALSE
	같 다	==	x<−5 x == 11	FALSE
	같지 않다	!=	x<−5 x != 11	TRUE
논리 연산자	논리합	|	a<−TRUE b<−FALSE a | b	TRUE
	논리곱	&	a<−TRUE b<−FALSE a & b	FALSE
	논리 부정	!	a<−FALSE !a	TRUE
	진위(참, 거짓) 판별	isTRUE( )	a<−FALSE isTRUE(a)	FALSE

⑨ 연산자들에 대한 명령어 수행 결과는 다음과 같다.

```
> x <- 6
> x
[1] 6
> 3+4
[1] 7
> 11-5
[1] 6
> 4*2
[1] 8
> 10/5
[1] 2
> 3^2
[1] 9
> 13%%3
[1] 1
> 13%/%3
[1] 4
> x <- 5
> x < 11
[1] TRUE
```

```
> x > 11
[1] FALSE
> x >= 11
[1] FALSE
> x == 11
[1] FALSE
> x != 11
[1] TRUE
> a <- TRUE
> b <- FALSE
> a | b
[1] TRUE
> a & b
[1] FALSE
> a <- FALSE
> !a
[1] TRUE
> isTRUE(a)
[1] FALSE
```

⑩ 데이터 전달

pipe operator(%>% 또는 chain operator)를 이용하여 데이터를 효율적으로 전달하고 필요한 연산을 동시에 수행한다. 물길을 연결하는 파이프처럼 데이터와 데이터를 연결하는 dplyr 패키지의 핵심 연산자이며, 앞서 연산된 결괏값이나 데이터를 다음으로 전달하는 역할을 수행한다. 다음의 예에서는 library(dplyr) 명령어 수행 후 a의 값을 1부터 10까지 저장(a<−c(1:10))하고 이를 제곱한 값을 b에 저장(a<−b²)한다. 'a %>% mean( )' 명령어를 통해 a의 값을 mean( ) 연산에 전달하여 평균값(1부터 10까지의 평균=5.5)을 구한다. 그리고 'a%>% plot(b)' 명령어를 통해 a의 값을 x축으로 하고 b의 값을 y축으로 하여 그래프를 작성한다.

```
> library(dplyr)

다음의 패키지를 부착합니다: 'dplyr'

The following objects are masked from 'package:stats':

    filter, lag

The following objects are masked from 'package:base':

    intersect, setdiff, setequal, union

>
> a <- c(1:10)
> b <- a^2
>
> a %>% mean()
[1] 5.5
>
> a %>% plot(b)
```

A를	전달	받아서 B를 처리
A	%>%	B

(3) 수치계산 및 함수

① R 기본 기능으로 산술연산자나 함수를 이용하여 주어진 자료들에 대한 수치계산을 수행한다.

② 함수나 변수에 사용되는 문자는 대소 문자가 구분되어 서로 다른 값으로 인식되므로 사용 시 유의해야 한다.

③ 기본적인 연산, 수학 함수, 파일 입출력 관련 함수들의 수행 방법과 결괏값을 요약하면 다음과 같다.

〈R 수치계산 및 함수〉

연산 및 함수	기 능	사용 예	결괏값
기본 연산	연산자 활용	• 5 + 4^2	• 21
	숫자 표현	• 1:7	• 1 2 3 4 5 6 7
수학 함수	절댓값	• abs(−7)	−
	벡터값 저장	• x<−c(1, 2, 3) • x	• 1 2 3
	지수 함수	• exp(2)	• 7.389056
	자연 로그(밑이 e인 로그)	• log(7.389056)	• 2
	상용 로그	• log10(1000)	• 3
	• 최댓값 • 최솟값	• max(1:10) • min(1:10)	• 10 • 1
	• 표본값 생성 • 표본의 최댓값	• sample(5) • max(sample(5))	• 5개의 표본 생성 • 표본들 중 최댓값(5)
	평 균	• mean(1:10)	• 5.5
	• 표준정규 분포 난수값 생성 • 평균값 계산	• rnorm(6) • mean(rnorm(6))	• N(0,1)의 난수값 생성 • (6개 난수)
	중앙값	• median(1:11)	• 6
	표준편차	• sd(1:10)	• 3.02765
	제곱근	• sqrt(10)	• 3.162278
	합 계	• sum(1:15)	• 120
	분 산	• var(1:10)	• 9.166667
데이터 및 파일 입출력	데이터 및 데이터세트 출력	• print( ) • a<−c(1, 2, 3) • print(a) • print(mtcars)	• [1] 1 2 3 • mtcars 데이터세트 자료 출력
	CSV 형식의 데이터 파일 읽기	• read.csv("data.csv", header=TRUE)	• data.csv 파일 읽기 • 첫 행은 항목명으로 인식

	파일 저장	• write.csv(df, "data.csv",
		  row.names=TRUE)
			• 데이터 프레임 df 파일을
			  data.csv로 저장
			• 첫 행의 데이터를 항목명
			  으로 설정

④ 수치 계산 및 주요 함수의 수행 결과는 다음과 같다.

```
> 5 + 4^2
[1] 21
> 1:7
[1] 1 2 3 4 5 6 7
> abs(-7)
[1] 7
> x <- c(1, 2, 3)
> x
[1] 1 2 3
> exp(2)
[1] 7.389056
> log(7.389056)
[1] 2
> log10(1000)
[1] 3
> max(1:10)
[1] 10
> min(1:10)
[1] 1
> sample(5)
[1] 4 1 5 2 3
```

```
> max(sample(5))
[1] 5
> min(sample(5))
[1] 1
> mean(1:10)
[1] 5.5
> rnorm(6)
[1] -0.62363606 -0.04430285 -0.80273529 -0.43558603 -1.17512852  1.01748756
> mean(rnorm(6))
[1] -0.3370097
> median(1:11)
[1] 6
> sd(1:10)
[1] 3.02765
> sqrt(10)
[1] 3.162278
> sum(1:15)
[1] 120
> var(1:10)
[1] 9.166667
```

⑤ 변숫값을 출력하기 위해 변수명을 입력하거나 print( ) 명령어를 이용한다. 그리고 csv 형식의
  데이터(파일)를 읽기 위해 read.csv( ) 명령어를 이용한다[단, 해당 파일(아래 예에서는 data.
  csv)은 이전에 설정(setwd( ))된 작업 디렉토리에 반드시 저장되어 있어야 한다].

```
> a <- c(1, 2, 3, 4)
> a
[1] 1 2 3 4
> print(a)
[1] 1 2 3 4
>
> x <- array(1:12, dim=c(2, 3, 2))
>
> x
, , 1

     [,1] [,2] [,3]
[1,]    1    3    5
[2,]    2    4    6

, , 2

     [,1] [,2] [,3]
[1,]    7    9   11
[2,]    8   10   12

> print(x)
, , 1

     [,1] [,2] [,3]
[1,]    1    3    5
[2,]    2    4    6

, , 2

     [,1] [,2] [,3]
[1,]    7    9   11
[2,]    8   10   12
```

```
> read.csv("data.csv", header=TRUE)
```

	고객번호	성별	연령대	직업	주거지역	쇼핑액	이용만족도	쇼핑1월	쇼핑2월	쇼핑3월
1	190105	남자	45-49세	회사원	소도시	195.6	4	76.8	64.8	54.0
2	190106	남자	25-29세	공무원	소도시	116.4	7	44.4	32.4	39.6
3	190107	남자	50세 이상	자영업	중도시	183.6	4	66.0	66.0	51.6
4	190108	남자	50세 이상	농어업	소도시	168.0	4	62.4	52.8	52.8
5	190109	남자	40-44세	공무원	중도시	169.2	4	63.6	54.0	51.6
6	190110	남자	45-49세	자영업	중도시	171.6	5	52.8	66.0	52.8
7	190111	여자	50세 이상	공무원	중도시	207.6	4	64.8	88.8	54.0
8	190112	남자	50세 이상	자영업	소도시	201.6	7	56.4	92.4	52.8
9	190113	남자	50세 이상	농어업	중도시	111.6	3	64.8	30.0	16.8
10	190114	여자	45-49세	회사원	중도시	156.0	4	51.6	51.6	52.8
11	190115	남자	40-44세	회사원	중도시	225.6	5	80.4	92.4	52.8
12	190116	남자	30-34세	공무원	중도시	220.8	4	76.8	90.0	54.0
13	190117	남자	35-39세	회사원	대도시	244.8	7	76.8	88.8	79.2
14	190118	남자	45-49세	농어업	소도시	184.8	6	91.2	67.2	26.4
15	190119	남자	45-49세	회사원	중도시	194.4	5	88.8	52.8	52.8
16	190120	남자	50세 이상	회사원	대도시	200.4	7	55.2	52.8	92.4
17	190121	남자	50세 이상	농어업	소도시	153.6	4	44.4	56.4	52.8
18	190122	남자	30-34세	자영업	대도시	170.4	3	51.6	64.8	54.0
19	190123	남자	50세 이상	농어업	소도시	184.8	5	52.8	52.8	79.2
20	190124	남자	30-34세	공무원	소도시	232.8	5	88.8	78.0	66.0
21	190125	남자	50세 이상	공무원	중도시	134.4	5	40.8	40.8	52.8
22	190126	남자	50세 이상	농어업	소도시	160.8	5	56.4	64.8	39.6
23	190127	남자	50세 이상	전문직	대도시	230.4	6	88.8	64.8	76.8

⑥ R에서 제공되는 주요 시각화 함수들의 사용 방법과 출력 결과는 다음과 같다. 여기서 women(Average heights and weights for American Women), quakes(Locations of Earthquakes of Fiji)는 R에서 제공되는 기본 데이터세트이다.

<주요 시각화 함수>

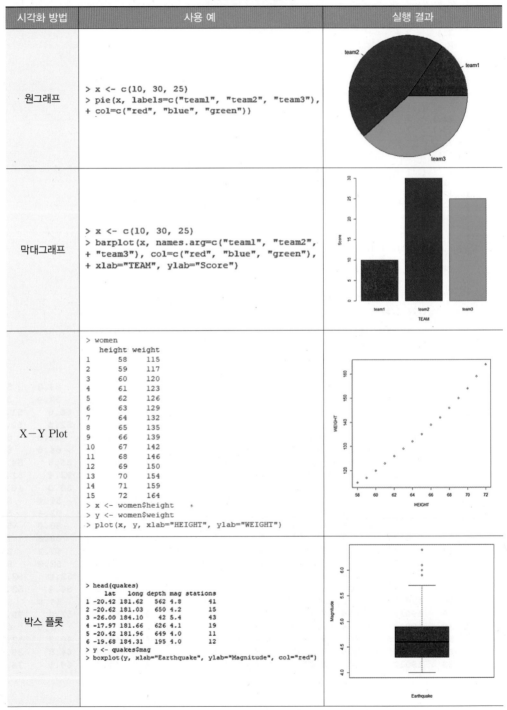

시각화 방법	사용 예	실행 결과

원그래프	`> x <- c(10, 30, 25)`
	`> pie(x, labels=c("team1", "team2", "team3"),`
	`+ col=c("red", "blue", "green"))`	

막대그래프	`> x <- c(10, 30, 25)`
	`> barplot(x, names.arg=c("team1", "team2",`
	`+ "team3"), col=c("red", "blue", "green"),`
	`+ xlab="TEAM", ylab="Score")`	

X−Y Plot	`> women`
	`  height weight`
	`1    58   115`
	`2    59   117`
	`3    60   120`
	`4    61   123`
	`5    62   126`
	`6    63   129`
	`7    64   132`
	`8    65   135`
	`9    66   139`
	`10   67   142`
	`11   68   146`
	`12   69   150`
	`13   70   154`
	`14   71   159`
	`15   72   164`
	`> x <- women$height`
	`> y <- women$weight`
	`> plot(x, y, xlab="HEIGHT", ylab="WEIGHT")`	

박스 플롯	`> head(quakes)`
	`    lat    long depth mag stations`
	`1 -20.42 181.62   562 4.8      41`
	`2 -20.62 181.03   650 4.2      15`
	`3 -26.00 184.10    42 5.4      43`
	`4 -17.97 181.66   626 4.1      19`
	`5 -20.42 181.96   649 4.0      11`
	`6 -19.68 184.31   195 4.0      12`
	`> y <- quakes$mag`
	`> boxplot(y, xlab="Earthquake", ylab="Magnitude", col="red")`	

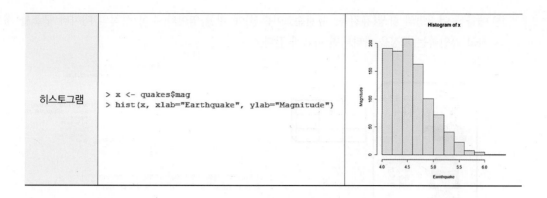

| 히스토그램 | ```
> x <- quakes$mag
> hist(x, xlab="Earthquake", ylab="Magnitude")
``` | |

2 데이터 구조

(1) 데이터 형식

① R에서 사용되는 데이터는 스칼라(scalar), 벡터(vector), 행렬(matrix), 배열(array), 리스트 (list), 데이터 프레임(data frame), 요인(factor)의 자료 구조로 나뉜다.

② 스칼라(scalar)는 하나의 값을 변수에 저장하는 경우이며, 동일한 데이터 유형을 가지는 여러 개의 데이터를 한 번에 저장하기 위하여 벡터, 행렬, 배열 구조를 이용한다. 만약 벡터 구조에서 문자 형식의 데이터를 저장하는 경우 한 번에 저장되는 모든 데이터를 문자로 인식(숫자도 문자로 인식)하게 된다.

③ 다양한 형식(숫자, 문자 등)의 데이터를 저장하기 위하여 리스트(list) 구조를 이용하며, 동일한 속성들로 구성되는 여러 개 개체들을 표현하는 2차원 표 형식의 데이터 프레임 구조로 여러 데이터 유형을 저장한다.

④ 요인(factor)은 변수가 명목척도(남녀 구별, 결혼 여부, 선호 색상, 출신 지역 등과 같이 서로 다른 이산형 자료나 범주형 자료에 해당되는 척도)일 때 사용된다. 요인형 자료구조에서는 실질적으로 문자형 자료들도 내부적으로는 숫자 벡터로 인식되어 수치계산이 가능하다.

〈R 데이터 구조〉

구 분	데이터 개수	데이터 종류	함수 및 사용 예
스칼라	한 개	동일 데이터 유형	x<−70
벡 터	여러 개	동일 데이터 유형	x<−c( )
행 렬	여러 개	동일 데이터 유형	x<−matrix( )
배 열	여러 개	동일 데이터 유형	x<−array( )
리스트	여러 개	다양한 형태의 데이터 유형	x<−list( )
데이터 프레임	여러 개	동일한 속성들로 구성되는 여러 개체들을 표현하는 2차원 표 형식(행 : 각 개체, 열 : 각 개체를 설명하는 속성)	x<−data.frame( )
요 인	여러 개	문자 벡터에 대한 카테고리(범주) 저장	x<−factor( )
```

⑤ 예를 들어 3명의 학생(홍길동, 유관순, 이순신)에 대한 영어와 수학 성적의 데이터 구조를 저장하고 확인하는 과정을 나타내면 다음과 같다.

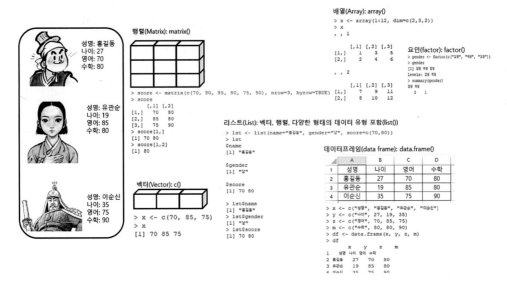

출처 : (故 신동우 화백), 문화 포털 www.culture.go.kr/mov/culturePdList.do
원광보건대 캘린더www.tomystudio.com/gboard/bbs/board.php?bo_table=caricature&wr_id=328&page=2
[R 데이터 구조 사용 예]

㉠ 벡터(Vector)

가장 기본적인 데이터 구조로 동일한 자료형을 갖는 값들로 구성된 1차원 자료구조이며, 다음과 같이 단일 값들이 서로 이어져 일차원적으로 연결된(concatenated) 값들을 통해 만들어진다. 단, 숫자형 벡터에 문자가 들어가 있는 경우 전체가 문자형으로 인식된다. 따라서 "홍길동"이 문자 데이터이므로 나머지 27, 70, 80은 문자형으로 인식되어 문자형 데이터의 합 계산 시 에러 메시지가 출력되며, 합을 구하고자 할 때 as.numeric( ) 함수를 이용하여 문자를 숫자형 데이터로 변환한 후 연산을 수행한다.

```
> x <- c(80, 80, 90)
> x
[1] 80 80 90
> x <- c(1:10)
> x
 [1]  1  2  3  4  5  6  7  8  9 10
> x <- c("홍길동", 27, 70, 80)
> x
[1] "홍길동" "27"     "70"     "80"
```

```
> x <- c(1, 2, 3)
> x[2] + x[3]
[1] 5
> x <- c("홍길동", 27, 70, 80)
> x[2] + x[3]
x[2] + x[3]에서 다음과 같은 에러가 발생했습니다:이항연산자에 수치가 아닌 인수입니다
> as.numeric(x[2]) + as.numeric(x[3])
[1] 97
```

ⓛ 행렬(Matrix)

- 벡터와 같이 동일한 데이터 유형의 자료들로 구성된 2차원 형태의 자료구조이다. 행렬 구조의 변수는 행과 열로 구성되며, matrix( ) 함수를 이용하여 만든다. matrix( ) 함수의 옵션인 nrow=3은 행의 개수가 3인 행렬(열의 개수는 ncol 옵션 사용)이다. 행렬이 만들어질 때 기본적으로 행부터 자료들을 채우며, "byrow=TRUE" 옵션을 사용할 경우 자료를 열부터 채운다.
- 여러 개의 벡터형 변수들을 합쳐서 행렬을 구성할 때는 cbind( ), rbind( ) 함수를 이용한다. cbind( )는 열(column) 결합을 수행하고 rbind( )는 행(row) 결합을 수행한다.

```
> x <- 1:9
> x
[1] 1 2 3 4 5 6 7 8 9
> y <- matrix(x, nrow=3)
> y
     [,1] [,2] [,3]
[1,]    1    4    7
[2,]    2    5    8
[3,]    3    6    9
> y <- matrix(x, ncol=3, byrow=TRUE)
> y
     [,1] [,2] [,3]
[1,]    1    2    3
[2,]    4    5    6
[3,]    7    8    9
```

```
> a <- c(1, 2, 3, 4)
> b <- c(5, 6, 7, 8)
> c <- c(9, 10, 11, 12)
> cbind(a, b, c)
     a b  c
[1,] 1 5  9
[2,] 2 6 10
[3,] 3 7 11
[4,] 4 8 12
> rbind(a, b, c)
  [,1] [,2] [,3] [,4]
a    1    2    3    4
b    5    6    7    8
c    9   10   11   12
> z <- rbind(a, b, c)
> z[2, 3]
b
7
> as.numeric(z[2, 3])
[1] 7
> z[3, 2]
 c
10
> as.numeric(z[3, 2])
[1] 10
>
> as.numeric(z[2, 3]) + as.numeric(z[3, 2])
[1] 17
>
> names(z[3,2])
[1] "c"
```

© 배열(Array)

배열은 행렬과 동일하나 2차원 이상의 항목을 가진다. 예를 들어 배열 구조의 변수는 3차원 배열로 구성할 수 있으며, array( ) 함수를 이용한다.

```
> x <- array(1:36, c(4, 3, 3)) #4x3x3 array
> x
, , 1

     [,1] [,2] [,3]
[1,]    1    5    9
[2,]    2    6   10
[3,]    3    7   11
[4,]    4    8   12

, , 2

     [,1] [,2] [,3]
[1,]   13   17   21
[2,]   14   18   22
[3,]   15   19   23
[4,]   16   20   24

, , 3

     [,1] [,2] [,3]
[1,]   25   29   33
[2,]   26   30   34
[3,]   27   31   35
[4,]   28   32   36

> x[2,2,1] + x[3, 1, 2] + x[4, 3, 3]
[1] 57
```

② 리스트(List)

벡터, 행렬, 배열은 모두 동일한 자료 유형들에 대해서 표현이 가능하다. 다양한 형태의 데이터 유형을 갖는 개체들을 표현하기 위하여 리스트를 이용한다. 리스트는 순서가 있는 서로 다른 기본 자료형을 가질 수 있는 자료구조로 벡터, 행렬, 배열을 구성 요소로 가질 수 있으며, list( ) 함수를 사용한다.

```
> record <- "My Record"
> names <- c("홍길동", "유관순", "이순신")
> ages <- c(27, 19, 35)
> eng <- c(70, 85, 75)
> math <- c(80, 80, 90)
> numbers <- matrix(1:9, nrow=3)
> mylist <- list(record, names, ages, eng, math, numbers)
> mylist
[[1]]
[1] "My Record"

[[2]]
[1] "홍길동" "유관순" "이순신"

[[3]]
[1] 27 19 35

[[4]]
[1] 70 85 75

[[5]]
[1] 80 80 90

[[6]]
     [,1] [,2] [,3]
[1,]    1    4    7
[2,]    2    5    8
[3,]    3    6    9
```

```
> mylist[[2]][2]
[1] "유관순"
> mylist[[3]][3]
[1] 35
> mylist[[4]][1]
[1] 70
> mylist[[6]][2,3]
[1] 8
```

⑩ 데이터 프레임(Data Frame)

행렬과 같은 2차원 자료이지만, 모든 데이터가 동일한 유형이 아닌 열(column)마다 서로 다른 유형의 항목을 가진다. 데이터 프레임에서 행은 각 개체를 나타내며, 열은 각 개체를 설명하는 속성들로 나열된다. 데이터 프레임은 엑셀 시트나 SPSS 파일 구조와 유사하여 통계분석 시 유용하게 사용되며, R 통계분석에서 가장 많이 사용된다. 데이터 프레임을 만들기 위하여 data.frame( ) 함수를 이용한다.

```
> names <- c("김구", "안중근", "홍범도")
> ages <- c(55, 40, 37)
> eng <- c(95, 75, 87)
> math <- c(85, 90, 75)
> df <- data.frame(names, ages, eng, math)
> df
   names ages eng math
1   김구   55  95   85
2 안중근   40  75   90
3 홍범도   37  87   75
> df[1]
   names
1   김구
2 안중근
3 홍범도
> df[3]
  eng
1  95
2  75
3  87
> df[1,]
  names ages eng math
1  김구   55  95   85

> df[2,]
   names ages eng math
2 안중근   40  75   90
> df[1,3]
[1] 95
> df[3,2]
[1] 37
> df$name
[1] "김구"   "안중근" "홍범도"
> df$eng
[1] 95 75 87
> rownames(df)
[1] "1" "2" "3"
> colnames(df)
[1] "names" "ages"  "eng"   "math"
```

ⓑ 요인(Factor)

요인은 변수가 명목 척도일 때 사용된다. 요인 자료구조를 정의하기 위하여 factor( ) 함수를 이용하며 문자 벡터에 카테고리(category)를 저장한다. rep( ) 함수를 이용하여 "male" 데이터 10개, "female" 데이터 15개를 생성(replicate)하여 gender 문자형 변수 저장 후, summary( ) 함수를 이용하여 통계 요약 정보를 확인하는 경우 총 25개의 문자형 데이터임을 알 수 있다. 그러나 factor( ) 함수를 이용하여 요인 자료구조로 변경 후 summary(gender)로 확인하면 "female" 명목형 데이터가 15개, "male" 데이터가 10개로 저장된다.

```
> gender <- c(rep("male", 10), rep("female", 15))
> gender
 [1] "male"   "male"   "male"   "male"   "male"   "male"   "male"   "male"   "male"   "male"
[11] "female" "female" "female" "female" "female" "female" "female" "female" "female" "female"
[21] "female" "female" "female" "female" "female"
> summary(gender)
   Length     Class      Mode
       25 character character
> gender <- factor(gender)
> gender
 [1] male   male   male   male   male   male   male   male   male   male   female female female
[14] female female female female female female female female female female female female
Levels: female male
> summary(gender)
female   male
    15     10
```

⑥ 데이터 구조 함수

㉠ R은 벡터, 행렬, 배열, 리스트, 데이터 프레임 자료 구조 값들을 서로 결합하거나 다른 자료형으로 변환시키는 등의 다양한 기능을 수행하는 함수를 제공한다.

㉡ 데이터 구조와 관련된 주요 함수들과 사용 예는 다음과 같다.

함수	사용 방법	설명
length( )	```> length(quakes)
[1] 5
> names(quakes)
[1] "lat"   "long"   "depth"   "mag"   "stations"
> length(quakes$lat)
[1] 1000```	• 자료가 가진 항목의 개수 • 데이터(quakes) 항목(변수)의 개수는 5개(lat, long, depth, mag, staitons) • 데이터의 수(행의 개수)는 1,000개
str( )	```> str(quakes)
'data.frame':   1000 obs. of 5 variables:
$ lat   : num -20.4 -20.6 -26 -18 -20.4 ...
$ long   : num 182 181 184 182 182 ...
$ depth   : int 562 650 42 626 649 195 82 194 211 622 ...
$ mag   : num 4.8 4.2 5.4 4.1 4 4 4.8 4.4 4.7 4.3 ...
$ stations: int 41 15 43 19 11 12 43 15 35 19 ...```	• 자료 구조 요약 • 5가지 항목(변수), 1,000 데이터 • 각 항목의 데이터 유형 및 데이터
class( )	```> class(quakes)
[1] "data.frame"
>
> class(quakes$mag)
[1] "numeric"
> class(quakes$depth)
[1] "integer"```	• 데이터 형태 요약 • quakes는 데이터 프레임 구조 • mag 항목은 숫자(numeric, 실수) • depth 항목은 정수(integer)
names( )	```> names(women)
[1] "height" "weight"```	• 자료 객체들의 이름 • 데이터세트(women)의 항목(변수)은 키(height), 몸무게(weight)
c( )	```> c(2, 4, 6, 8, 10)
[1] 2 4 6 8 10
> c(women)
$height
[1] 58 59 60 61 62 63 64 65 66 67 68 69 70 71 72
$weight
[1] 115 117 120 123 126 129 132 135 139 142 146 150 154 159 164```	• 자료(벡터)값 생성 • c(데이터세트명)의 경우 각 항목에 대한 값 출력

| seq( ) | ```
> seq(1:10)
 [1]  1  2  3  4  5  6  7  8  9 10
> seq(1, 10, by=2)
 [1] 1 3 5 7 9
``` | • 숫자형 벡터 연속 생성(sequence)<br>• 'by' 옵션을 이용하여 초깃값(1)에서 2만큼 더한 값(9까지) 출력 |
| rep( ) | ```
> rep(5, 10)
 [1] 5 5 5 5 5 5 5 5 5 5
>
> rep("male", 5)
[1] "male" "male" "male" "male" "male"
``` | • 특정값 반복 생성(replicate)<br>• rep(5, 10)은 5를 10번 생성한 값 출력 |
| cbind( ) | ```
> a <- c(1, 2, 3, 4)
> b <- c(5, 6, 7, 8)
> z <- cbind(a, b)
> z
     a b
[1,] 1 5
[2,] 2 6
[3,] 3 7
[4.1 4 8
``` | • 열로 자료 결합(column bind) |
| rbind( ) | ```
> a <- c(1, 2, 3, 4)
> b <- c(5, 6, 7, 8)
> z <- rbind(a, b)
>
> z
  [,1] [,2] [,3] [,4]
a    1    2    3    4
b    5    6    7    8
``` | • 행으로 자료 결합(row bind) |
| ls( ) | ```
> ls(quakes)
[1] "depth"    "lat"      "long"     "mag"      "stations"
>
> ls(women)
[1] "height" "weight"
``` | • 자료의 목록 출력(항목값의 알파벳 순서대로 출력) |
| rm( ) | ```
> a <- c(1, 2, 3, 4)
> a
[1] 1 2 3 4
> rm(a)
> a
에러: 객체 'a'를 찾을 수 없습니다
``` | • 자료 삭제<br>• a값 저장(1, 2, 3, 4) 후 rm(a)를 수행하면 객체 a값이 삭제됨 |
| mode( ) | ```
> a <- c(1, 2, 3, 4)
> mode(a)
[1] "numeric"
>
> a <- c(1, "male", 3, "female")
> mode(a)
[1] "character"
``` | • 데이터 형식 출력<br>• 문자와 같이 저장된 숫자는 모두 문자 데이터 형식으로 인식 |
| is.numeric( ) | ```
> a <- 12
> is.numeric(a)
[1] TRUE
> a <- "male"
> is.numeric(a)
[1] FALSE
``` | • 자료가 숫자형인지 판별 |
| is.character( ) | ```
> a <- 12
> is.character(a)
[1] FALSE
> a <- "male"
> is.character(a)
[1] TRUE
``` | • 자료가 문자형인지 판별 |
```

| is.logical ( ) | ```
> a <- TRUE
> is.logical(a)
[1] TRUE
>
> a <- 10
> is.logical(a)
[1] FALSE
``` | • 자료가 논리값인지 판별 |
| as.numeri c( ) | ```
> a <- c(1, "male", 3, "female")
> mode(a)
[1] "character"
> a[1] + a[3]
a[1] + a[3]에서 다음과 같은 에러가 발생했습니다:이항연산자에 수치가 아닌 인$
>
> as.numeric(a[1]) + as.numeric(a[3])
[1] 4
``` | • 숫자형 데이터로 변환<br>• 문자형 데이터의 연산 수행 시 에러 메시지 출력<br>• 문자형 데이터를 숫자형으로 변환 후 연산 수행 |
| paste( ) | ```
> a <- "Hello"
> b <- "World"
> z <- paste(a, b)
> z
[1] "Hello World"
``` | • 문자열 결합 |
| na.omit( ) | ```
> summary(airquality)
     Ozone           Solar.R           Wind             Temp           Month
 Min.   :  1.00   Min.   :  7.0   Min.   : 1.700   Min.   :56.00   Min.   :5.000
 1st Qu.: 18.00   1st Qu.:115.8   1st Qu.: 7.400   1st Qu.:72.00   1st Qu.:6.000
 Median : 31.50   Median :205.0   Median : 9.700   Median :79.00   Median :7.000
 Mean   : 42.13   Mean   :185.9   Mean   : 9.958   Mean   :77.88   Mean   :6.993
 3rd Qu.: 63.25   3rd Qu.:258.8   3rd Qu.:11.500   3rd Qu.:85.00   3rd Qu.:8.000
 Max.   :168.00   Max.   :334.0   Max.   :20.700   Max.   :97.00   Max.   :9.000
 NA's   :37       NA's   :7
      Day
 Min.   : 1.0
 1st Qu.: 8.0
 Median :16.0
 Mean   :15.8
 3rd Qu.:23.0
 Max.   :31.0
> summary(na.omit(airquality))
     Ozone          Solar.R           Wind            Temp           Month
 Min.   :  1.0   Min.   :  7.0   Min.   : 2.30   Min.   :57.00   Min.   :5.000
 1st Qu.: 18.0   1st Qu.:113.5   1st Qu.: 7.40   1st Qu.:71.00   1st Qu.:6.000
 Median : 31.0   Median :207.0   Median : 9.70   Median :79.00   Median :7.000
 Mean   : 42.1   Mean   :184.8   Mean   : 9.94   Mean   :77.79   Mean   :7.216
 3rd Qu.: 62.0   3rd Qu.:255.5   3rd Qu.:11.50   3rd Qu.:84.50   3rd Qu.:9.000
 Max.   :168.0   Max.   :334.0   Max.   :20.70   Max.   :97.00   Max.   :9.000
      Day
 Min.   : 1.00
 1st Qu.: 9.00
 Median :16.00
 Mean   :15.95
 3rd Qu.:22.50
 Max.   :31.00
``` | • 결측값 제외<br>• Ozone 항목의 37개 결측치와 Solar.R 항목의 7개 결측값을 제외하여 요약 |
| as.charact er( ) | ```
> a <- c(1, 2, 3, 4)
> mode(a)
[1] "numeric"
>
> z <- paste(as.character(a[1]), as.character(a[3]))
> z
[1] "1 3"
``` | • 문자형 데이터 변환<br>• paste( ) 함수를 이용하여 문자열 연산(더하기) 수행 결과 출력 |
| as.logical ( ) | ```
> a <- 0
> as.logical(a)
[1] FALSE
>
> a <- 1
> as.logical(a)
[1] TRUE
>
> a <- 2
> as.logical(a)
[1] TRUE
>
> a <- 115
> as.logical(a)
[1] TRUE
``` | • 논리형 데이터 변환<br>• a=0은 FALSE 논리값으로, 0이 아닌 값은 TRUE로 변환 |

| as.vector ( ) | ```
> a <- matrix(c(1, 2, 3, 4), nrow=2)
> a
     [,1] [,2]
[1,]    1    3
[2,]    2    4
> a <- as.vector(a)
> a
[1] 1 2 3 4
``` | • 벡터 형식의 데이터 변환<br>• 행렬 데이터(matrix, $2 \times 2$ 행렬)를 벡터로 변환 |
| as.matrix ( ) | ```
> as.matrix(1:10)
      [,1]
 [1,]    1
 [2,]    2
 [3,]    3
 [4,]    4
 [5,]    5
 [6,]    6
 [7,]    7
 [8,]    8
 [9,]    9
[10,]   10
> matrix(1:12, nrow=3)
     [,1] [,2] [,3] [,4]
[1,]    1    4    7   10
[2,]    2    5    8   11
[3,]    3    6    9   12
``` | • 행렬 형식의 데이터 변환<br>• matrix( ) 함수를 이용하여 행의 개수(또는 열의 개수) 지정 |
| as.data. frame( ) | ```
> a <- c(1, 2, 3, 4)
> b <- c("a", "b", "c", "d")
> z <- as.data.frame(a, b)
> z
  a
a 1
b 2
c 3
d 4
>
> z <- data.frame(a, b)
> z
  a b
1 1 a
2 2 b
3 3 c
4 4 d
``` | • 데이터 프레임 형식 변환<br>• as.data.frame( )의 경우 첫 번째 a 값은 1열의 자료로 저장되며 두 번째 b 값은 행 번호로 지정<br>• data.frame( )의 경우 첫 번째 a 값은 1열의 자료로 저장되고 두 번째 b 값은 2열의 자료로 저장 |
| append( ) | ```
> a <- c(1, 2, 3, 4)
> a
[1] 1 2 3 4
> a <- append(a, c(5, 6, 7, 8))
> a
[1] 1 2 3 4 5 6 7 8
``` | • 벡터에 항목 추가 |
| stack( ) unstack( ) | ```
> a <- data.frame("a"=c(1, 2, 3), "b"=c(4, 5, 6), "c"=c(7, 8, 9))
> a
  a b c
1 1 4 7
2 2 5 8
3 3 6 9
>
> s <- stack(a)
> s
  values ind
1      1   a
2      2   a
3      3   a
4      4   b
5      5   b
6      6   b
7      7   c
8      8   c
9      9   c
> s[1, 1] + s[2, 1]
[1] 3
> s <- unstack(s)
> s
  a b c
1 1 4 7
2 2 5 8
3 3 6 9
``` | • 여러 벡터를 하나의 벡터로 결합<br>• 데이터 프레임에 저장된 값을 하나로 결합하여 출력<br>• 키 값은 ind로 출력<br>• unstack( ) 명령어를 이용하여 이전 벡터의 형식으로 분해 |
```

nrow( )	<pre>> nrow(quakes)
	[1] 1000
	> nrow(women)
	[1] 15</pre>
		• 데이터 프레임의 행의 개수
		• quakes 데이터세트는 1,000개
		• women 데이터세트는 15개의 자료로 구성

ncol( )	<pre>> ncol(quakes)
	[1] 5
	>
	> ncol(women)
	[1] 2</pre>
		• 데이터 프레임의 열의 개수
		• quakes 데이터세트는 5개
		• women 데이터세트는 2개의 항목으로 구성

rownames( )	<pre>> rownames(quakes)
	[1] "1" "2" "3" "4" "5" "6" "7" "8" "9" "10" "11" "12" "13" "14"
	[15] "15" "16" "17" "18" "19" "20" "21" "22" "23" "24" "25" "26" "27" "28"
	[29] "29" "30" "31" "32" "33" "34" "35" "36" "37" "38" "39" "40" "41" "42"
	[43] "43" "44" "45" "46" "47" "48" "49" "50" "51" "52" "53" "54" "55" "56"
	[57] "57" "58" "59" "60" "61" "62" "63" "64" "65" "66" "67" "68" "69" "70"
	> rownames(women)
	[1] "1" "2" "3" "4" "5" "6" "7" "8" "9" "10" "11" "12" "13" "14" "15"</pre>
		• 데이터 프레임의 행의 이름
		• quakes와 women 데이터세트에서는 일련번호 출력

colnames( )	<pre>> colnames(quakes)
	[1] "lat" "long" "depth" "mag" "stations"
	>
	> colnames(women)
	[1] "height" "weight"</pre>
		• 데이터 프레임의 열의 이름
		• quakes, women 데이터세트에서의 각 항목의 이름 출력

dim( )	<pre>> dim(quakes)
	[1] 1000 5
	>
	> dim(women)
	[1] 15 2</pre>
		• 데이터 프레임의 행과 열의 개수
		• quakes 데이터세트는 행=1000, 열=5개로 구성
		• women 데이터세트는 행=15, 열=2개로 구성

head( )	<pre>> head(quakes)
	     lat long depth mag stations
	1 -20.42 181.62 562 4.8 41
	2 -20.62 181.03 650 4.2 15
	3 -26.00 184.10 42 5.4 43
	4 -17.97 181.66 626 4.1 19
	5 -20.42 181.96 649 4.0 11
	6 -19.68 184.31 195 4.0 12
	> head(women)
	  height weight
	1 58 115
	2 59 117
	3 60 120
	4 61 123
	5 62 126
	6 63 129</pre>
		• 데이터의 앞부분(6개) 출력

tail( )	<pre>> tail(quakes)
	       lat long depth mag stations
	995 -17.70 188.10 45 4.2 10
	996 -25.93 179.54 470 4.4 22
	997 -12.28 167.06 248 4.7 35
	998 -20.13 184.20 244 4.5 34
	999 -17.40 187.80 40 4.5 14
	1000 -21.59 170.56 165 6.0 119
	>
	> tail(women)
	   height weight
	10 67 142
	11 68 146
	12 69 150
	13 70 154
	14 71 159
	15 72 164</pre>
		• 데이터의 뒷부분(6개) 출력

date( ) Sys.Date( ) as.Date( )	``` > date() [1] "Mon Aug 23 01:15:20 2021" > Sys.Date() [1] "2021-08-23" > mydates <- as.Date(c("2021-08-23", "2021-04-12")) > mydates[1] [1] "2021-08-23" > mydates[2] [1] "2021-04-12" > days <- mydates[1] - mydates[2] > days Time difference of 133 days ```	• 현재 날짜, 시간 출력 • date( )는 현재 날짜, 시간 출력 • Sys.Date( )는 컴퓨터 시스템 일자 출력 • as.Date( )는 문자열 자료를 날짜·시간 데이터로 변환
format( )	``` > format(Sys.Date(), format="%B %d %Y") [1] "8월 23 2021" > > format(Sys.Date(), format="%b %d %y") [1] "8 23 21" ```	• 자료 출력 형식 지정 • %B는 비단축 월 표시(8월) • %b는 단축형 월 표시(8) • %d는 일 형식 표시 • %Y는 4자리 연도 표시(2021) • %y는 2자리 연도 표시(21)
order( ) sort( )	``` > x <- c(5, 1, 3, 2, 3, 4) > x [1] 5 1 3 2 3 4 > order(x) [1] 2 4 3 5 6 1 > > sort(x) [1] 1 2 3 3 4 5 > > order(-x) [1] 1 6 3 5 4 2 > sort(-x) [1] -5 -4 -3 -3 -2 -1 ```	• order( ) : 정렬(기본 : 오름차순)의 색인(indexing) 값 • x (순서(indexing), 입력값) 	순서	1	2	3	4	5	6
---	---	---	---	---	---	---
x	5	1	3	2	3	4 | • order(x) 결과 | order(x)순서 index-ing	2	4	3	5	6	1
---	---	---	---	---	---	---
x sort(x)	1	2	3	3	4	5	 • order(−x) : 내림차순 indexing • sort(x) : 정렬(기본 : 오름차순)값을 순서대로 출력 • sort(−x) : (−x)값 오름차순 정렬

quantile( )	```
	> head(iris)
	  Sepal.Length Sepal.Width Petal.Length Petal.Width Species
	1 5.1 3.5 1.4 0.2 setosa
	2 4.9 3.0 1.4 0.2 setosa
	3 4.7 3.2 1.3 0.2 setosa
	4 4.6 3.1 1.5 0.2 setosa
	5 5.0 3.6 1.4 0.2 setosa
	6 5.4 3.9 1.7 0.4 setosa
	> quantile(iris$Sepal.Length)
	  0% 25% 50% 75% 100%
	 4.3 5.1 5.8 6.4 7.9
	>
	> quantile(iris$Sepal.Length, probs=c(0.15, 0.35, 0.6, 0.95))
	  15% 35% 60% 95%
	5.000 5.500 6.100 7.255
	``
		• 사분위수 : 크기순 정렬(오름차순)된 데이터의 $100p\%(0 \leq p \leq 1)$에 해당하는 데이터 출력
		• quantile( ) : 데이터를 순서대로 정렬할 때 $25\%(Q_1,$ 제1사분위수), $50\%(Q_2,$ 제2사분위수, 중앙값), $75\%(Q_3,$ 제3사분위수) 해당 값 출력

IQR( )	``` > quantile(iris$Sepal.Length, 0.75) 75% 6.4 > quantile(iris$Sepal.Length, 0.25) 25% 5.1 > > IQR(iris$Sepal.Length) [1] 1.3 ```	• 사분위수 범위($Q_3 - Q_1 = 6.4 - 5.1 = 1.3$)

ⓒ 날짜 및 시간 데이터는 format( ) 함수를 이용하여 다양한 형식으로 표현한다.

형 식	사용 방법	출력 결과
%d	`> format(date(), format="%a %B %d %Y")` `[1] "Mon Aug 23 01:22:39 2021"`	• 일 형식 표시(23)

%a
%A
	`> format(Sys.Date(), format= "%a %b %d %Y")`
	`[1] "월 8 23 2021"`
	`> format(Sys.Date(), format ="%A %b %d %Y")`
	`[1] "월요일 8 23 2021"`
		• %a : 단축형 요일 표시(월)
		• %A : 비단축형 요일 표시(월요일)

%m	`> format(Sys.Date(), format = "%A %m %d %Y")` `[1] "월요일 08 23 2021"`	• 월 형식 표시(8)

%b
%B
	`> format(Sys.Date(), format = "%b %d %Y")`
	`[1] "8 23 2021"`
	`>`
	`> format(Sys.Date(), format = "%B %d %Y")`
	`[1] "8월 23 2021"`
		• %b : 단축형 월 표시(8)
		• %B : 비단축형 월 표시(8월)

%y
%Y
	`> format(Sys.Date(), format="%B %d %y")`
	`[1] "8월 23 21"`
	`> format(Sys.Date(), format="%B %d %Y")`
	`[1] "8월 23 2021"`
		• %y : 2자리 연도 표시(21)
		• %Y : 4자리 연도 표시(2021)

(2) 데이터세트

① 데이터세트(Data set, 데이터셋, 데이터집합)란 자료 집합 또는 자료의 모임이다.

② 데이터세트는 하나의 데이터베이스 테이블의 내용이나 하나의 통계적 자료 행렬과 일치하며 여기에서 테이블의 모든 컬럼(column, 열)은 특정 변수를 대표하고 각 행(row)은 데이터세트의 주어진 멤버(member)와 일치한다.

③ 데이터세트는 변수 개개의 값들을 나열하는데, 예를 들어 데이터세트의 각 멤버에 대한 물체의 높이와 무게를 들 수 있다. 여기서 각각의 값은 자료(data)라고 부른다.

④ 데이터세트는 하나 이상의 멤버에 대한 데이터로 구성되며, 행의 수와 일치한다.

⑤ 데이터세트라는 용어는 특정한 실험이나 이벤트에 상응하는 밀접히 관계된 테이블 모임 내의 데이터를 가리키기도 한다.

⑥ 데이터 분석(특히 학습용)을 위해 데이터가 반드시 필요하며, 이를 위해 R에서 기본적으로 내장형 데이터세트(datasets 패키지에 내장됨)와 각각의 패키지별로 필요한 데이터세트를 제공한다.

⑦ R 콘솔에서 data( ) 명령어를 수행하여 R에 내장된 기본 데이터세트 목록과 요약 내용을 확인할 수 있다.

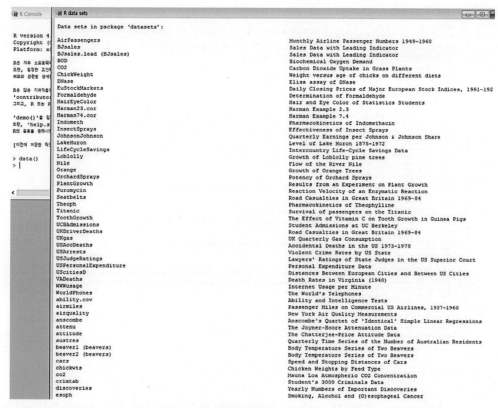

[R 데이터세트]

⑧ 데이터세트의 이름을 입력하여 해당 자료를 확인하고, help(데이터세트 이름)을 입력하여 데이터세트의 주요 내용을 확인한다. 예를 들어 quakes 데이터는 피지(Fiji) 지역에서 발생된 지진에 대한 정보[지진 발생 위도(lat), 경도(long), 깊이(depth), 진도 규모(mag), 관측지점(stations)]이다. R 콘솔에서 help(quakes)를 입력하여 quakes 데이터세트의 세부 정보를 확인한다.

```
> quakes
     lat   long depth mag stations
1  -20.42 181.62   562 4.8      41
2  -20.62 181.03   650 4.2      15
3  -26.00 184.10    42 5.4      43
4  -17.97 181.66   626 4.1      19
5  -20.42 181.96   649 4.0      11
6  -19.68 184.31   195 4.0      12
7  -11.70 166.10    82 4.8      43
8  -28.11 181.93   194 4.4      15
9  -28.74 181.74   211 4.7      35
10 -17.47 179.59   622 4.3      19
11 -21.44 180.69   583 4.4      13
12 -12.26 167.00   249 4.6      16
13 -18.54 182.11   554 4.4      19
14 -21.00 181.66   600 4.4      10
15 -20.70 169.92   139 6.1      94
```

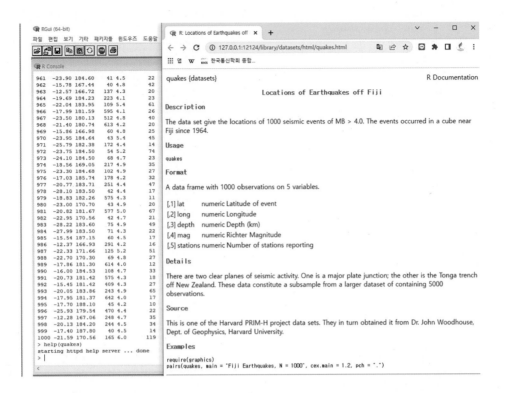

⑨ names(quakes) 명령어로 quakes 데이터세트의 변수명(첫 번째 행)을 확인하고 head(quakes)로 앞 부분(6개)의 데이터 값을 확인한다.

```
> names(quakes)
[1] "lat"       "long"      "depth"     "mag"       "stations"
```

```
> head(quakes)
    lat    long depth mag stations
1 -20.42 181.62   562 4.8       41
2 -20.62 181.03   650 4.2       15
3 -26.00 184.10    42 5.4       43
4 -17.97 181.66   626 4.1       19
5 -20.42 181.96   649 4.0       11
6 -19.68 184.31   195 4.0       12
```

⑩ 데이터세트에 저장된 데이터들은 아래와 같이 행렬(또는 배열) 구조 또는 '데이터세트명$변수명'으로 해당 자료들을 불러들여 사용한다.

```
> quakes[3,4]
[1] 5.4
> quakes[5,1]
[1] -20.42
> quakes$depth[4]
[1] 626
> quakes$mag[6]
[1] 4
> quakes$depth[1] + quakes$depth[2]
[1] 1212
```

(3) 구조적 프로그래밍

① 구조적 프로그래밍(Structured Programming)이란, 프로그래밍을 위해 최초로 적용된 패러다임으로서 1968년 네덜란드의 컴퓨터 과학자인 Edsger Wybe Dijkstra에 의해 제안되었다.

② 구조화 프로그래밍이라고도 불리며, 절차적 프로그래밍의 하위 개념이다. 절차적 프로그래밍이란 단순히 순차적인 명령 수행이 아니라 루틴, 서브 루틴, 메소드, 함수 등을 이용한 프로그래밍 기법을 의미한다.

③ 절차적 프로그래밍에서 중요한 점은 반복될 가능성이 있는 모듈을 재사용 가능한 프로시저 단위 (함수 단위)로 나누는 데 있다.

④ 절차적 프로그래밍의 발전 형식이 구조적 프로그래밍이다. 절차적 프로그래밍이 함수를 기준으로 나눈다면, 구조적 프로그래밍에서는 모듈을 기준으로 나눈다. 구조적 프로그래밍에서는 GOTO문을 없애고 GOTO 문에 대한 의존성을 줄여 효율적인 프로그래밍이 가능하다.

⑤ 구조적 프로그래밍에서는 다음과 같이 순차, 선택, 반복의 세 가지 논리만으로 구성한다. 여기서 사각형은 처리, 마름모는 조건(판단), 화살표는 처리의 흐름을 의미한다.

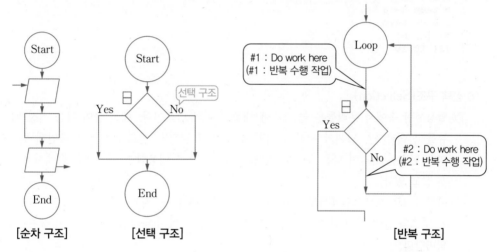

[순차 구조]　　　　[선택 구조]　　　　　　　　[반복 구조]

㉠ 순차 구조(Sequence) : 하나의 일이 수행된 후 다음의 일이 순서적으로 수행된다.

㉡ 선택 구조(Selection) : 어떤 조건이 만족되면 다음의 일이 수행되고, 그렇지 않은 경우에는 다른 일이 수행된다.

㉢ 반복 구조(Iteration, Loop) : 조건이 만족될 때까지 특정한 일이 반복 수행된다.

⑥ 순차 구조(Sequence) : 다른 프로그래밍 언어와 동일하게 R에서도 명령어는 입력된 순서대로 처리된다. 즉 먼저 입력된 명령어 처리 후, 다음 명령어를 순서대로 처리한다. 예를 들어 아래와 같이 두 변수에 저장된 값을 서로 치환하기 위한 R 프로그래밍에서 'temp <- a' 명령어 수행 순서를 서로 다르게 지정하는 경우 a, b에 저장된 값이 다르기 때문에(즉 a, b 값이 서로 치환되지 않는 결과를 얻을 수 있음을 유의해야 함) 명령어 처리 순서를 고려한 순차적 구조의 프로그래밍 방법이 중요하다.

```
> a <- 5
> b <- 10
> temp <- a
> a <- b
> b <- temp
> c(a, b)
[1] 10  5
```

```
> a <- 5
> b <- 10
> a <- b
> temp <- a
> b <- temp
> c(a, b)
[1] 10 10
```

⑦ 선택 구조(Selection)

㉠ 일상생활 속에서 우리들은 늘 조건에 대한 선택의 연속이다. 예를 들어 다음 식사 때 어떤 메뉴를 선택할까?, 날씨가 더운데 어떤 옷을 입고 갈까?, 신호등이 빨간 불인데 멈추어야 할까?, 휘발유 가격이 다른 곳보다 싼데 여기 주유소를 이용할까? 등 생활 속에서 늘 선택하면서 살고 있다.

㉡ 마찬가지로 프로그램에서도 선택 구조를 많이 사용한다. 자동차를 예로 들면 아래와 같이 순차 구조와 달리 선택 구조는 자동차가 2가지의 길 중에서 하나를 선택하여 주행하는 교차로를 의미한다.

[순차 구조]　　　　　　[선택 구조]

ⓒ R에서는 조건(선택) 구조를 작성하기 위해 if, else, ifelse 등의 명령어를 수행한다. 조건(선택)문에 대한 수행 결과는 다음과 같다.

〈R 조건문 사용 방법〉

연산자	R 조건문	수행 결과	설 명

if	```> a <- 4```
	```> b <- 6```
	```> z <- 1```
	```> if (a>b)```
	```+ { z <- 2```
	```+ }```
	```>```
	```> z```
	```[1] 1```
		z＝1	'if ( )'에서 ( )안에 조건이 참이면 실행, 참이 아니면 수행되지 않음

if
else
	```> a <- 4```
	```> b <- 6```
	```> if (a>b)```
	```+ { z <- 2```
	```+ } else```
	```+ { z <- 3```
	```+ }```
	```>```
	```> z```
	```[1] 3```
		z＝3	'else' 문을 사용하여 조건이 참이 아닌 경우(즉 조건이 거짓) 별도로 수행문을 작성함

if
else if
	```> a <- 4```
	```> b <- 6```
	```> if (a==b)```
	```+ { z <- 1```
	```+ } else if (a>b)```
	```+ { z <- 2```
	```+ } else```
	```+ { z <- 3```
	```+ }```
	```>```
	```>```
	```> z```
	```[1] 3```
		z＝3	'else if' 문을 사용하여 연속적으로 조건이 참인가를 확인하여 수행문을 작성함

ifelse	```> a <- 4```
	```> b <- 6```
	```> z <- ifelse((a>b), 1, 2)```
	```>```
	```> z```
	```[1] 2```
		z＝2	'ifelse( )' 문의 조건이 참이면 앞부분 문장을 실행하고, 거짓이면 뒷 부분 문장을 실행함

⑧ 반복 구조(Iteration)

㉠ 자동차 도로에서 반복 구조는 기본적인 구조를 서로 연결(조건과 순차)하여 실행되는 문장이다. 즉 아래와 같이 자동차는 동일한 길을 10번 주행(조건)한 후, 원래 이동하던 도로를 주행(순차)하는 형태의 프로그래밍 구조이다.

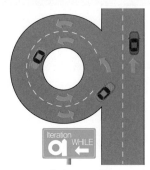

[반복 구조]

㉡ 반복문이란 특정한 부분의 명령어들이 반복적으로 수행될 수 있도록 하는 명령어로 R에서는 for문, while문 그리고 repeat문을 사용한다.

연산자	R 반복문	수행 결과	설 명

for	```
	> sum <- 0
	> for (i in 1:10) {
	+ sum <- sum + i
	+ }
	>
	> sum
	[1] 55
	``
		sum=55	• 정해진 반복 횟수(i의 값이 1부터 10까지) 만큼 실행
			• 1부터 10까지의 합계(sum=55) 구하기

while	```
	> sum <- 0
	> i <- 1
	> while (i<= 10) {
	+ sum <- sum + i
	+ i <- i+1
	+ }
	>
	> sum
	[1] 55
	``
		sum=55	• 특정 조건(i<=10)이 만족되는 동안 실행
			• 1부터 10까지의 합계(sum=55) 구하기

repeat	```
	> sum <- 0
	> i <- 1
	> repeat {
	+ sum <- sum + i
	+ if (i>=10) break
	+ i <- i+1
	+ }
	>
	> sum
	[1] 55
	``
		sum=55	• 반복하며 실행 중 조건이 참이면 break 문을 수행하여 실행 중단
			• 1부터 10까지의 합계(sum=55) 구하기

ⓒ for 문은 조건이 만족되지 않을 때까지 명령문을 수행하며 초깃값이 주어지고, 이 값이 주어진 조건을 만족시키는 동안 실행된다. for 문의 반복 조건은 반복변수(i)와 반복값(1:10)들로 구성한다. for 문의 실행 범위는 조건문에서와 동일하게 { }로 묶어 수행될 명령어들을 작성한다. 명령어들은 for 문이 실행될 때 반복값들이 차례로 반복변수에 저장되어 실행된다.

ⓓ while 문은 조건이 맞으면 { } 내의 명령어를 수행한다. 즉 ( ) 안의 조건문이 거짓일 때 반복문 수행을 종료한다. 이처럼 while 문은 조건이 참인 동안은 계속해서 반복문이 실행되고 조건이 거짓이 되면 while 반복문을 벗어난다. 따라서 while 문 실행 범위의 명령어들에서는 조건의 결과를 변하게 하는 변수가 반드시 포함($i < -i+1$)된다. 이를 지정하지 않으면 무한 반복 루프(infinite loop)에 빠지는 오류가 발생한다.

ⓔ repeat 문은 무조건 반복하여 명령어를 실행한다. 그리고 실행 도중에 조건이 만족되면 break 문을 이용하여 실행을 중단시킨다. repeat 문에서도 반복적으로 수행되는 명령어들을 { }로 묶어 사용한다.

ⓕ 반복문을 이용한 프로그래밍에서 해당 변숫값을 이용하기 위해 첨자[ ]를 사용한다. R에서 제공되는 quakes(Fiji 지진 데이터) 데이터세트에 대하여 아래와 같이 총 1,000개의 데이터를 사용하여 진도 규모를 분석한다. 진도 규모 5.5 이상 발생 건수는 38건(sum1=38), 진도 규모 4.5 이하 발생 건수는 484건(sum2=484)을 구하기 위하여 데이터세트의 mag 변숫값을 참조하며, 'quakes$mag[i]'처럼 첨자[i]를 이용한다.

```
> quakes
        lat    long depth mag stations
1   -20.42 181.62   562 4.8       41
2   -20.62 181.03   650 4.2       15
3   -26.00 184.10    42 5.4       43
4   -17.97 181.66   626 4.1       19
5   -20.42 181.96   649 4.0       11
6   -19.68 184.31   195 4.0       12
7   -11.70 166.10    82 4.8       43
8   -28.11 181.93   194 4.4       15
9   -28.74 181.74   211 4.7       35
10  -17.47 179.59   622 4.3       19
11  -21.44 180.69   583 4.4       13
12  -12.26 167.00   249 4.6       16
13  -18.54 182.11   554 4.4       19
14  -21.00 181.66   600 4.4       10
15  -20.70 169.92   139 6.1       94
16  -15.94 184.95   306 4.3       11
17  -13.64 165.96    50 6.0       83
18  -17.83 181.50   590 4.5       21
19  -23.50 179.78   570 4.4       13
20  -22.63 180.31   598 4.4       18
21  -20.84 181.16   576 4.5       17
22  -10.98 166.32   211 4.2       12
23  -23.30 180.16   512 4.4       18
24  -30.20 182.00   125 4.7       22
25  -19.66 180.28   431 5.4       57
26  -17.94 181.49   537 4.0       15
27  -14.72 167.51   155 4.6       18
28  -16.46 180.79   498 5.2       79
29  -20.97 181.47   582 4.5       25
30  -19.84 182.37   328 4.4       17
```

```
> sum1 <- 0
> sum2 <- 0
> N <- length(quakes$mag)
> N
[1] 1000
> for (i in 1:N) {
+ if (quakes$mag[i] >= 5.5)
+ {sum1 <- sum1 + 1}
+ else if (quakes$mag[i] <= 4.5)
+ {sum2 <- sum2 + 1}
+ }
>
> sum1
[1] 38
> sum2
[1] 484
```

(4) 사용자 정의 함수

① 필요에 따라 사용자 정의 함수 작성 기능을 이용하여 함수를 만들 수 있다.

② 사용자 정의 함수란, R 프로그램을 통해 사용자가 직접 제작한 함수이며, 일반적으로 처리해야 할 자료나 변수들을 조금씩 변경해가면서 반복적인 작업을 하는 경우 유용하게 사용된다.

③ 함수를 정의하여 사용하면 반복적으로 동일한 기능을 수행하는 기능의 코딩을 작성하지 않고 함수명만 다시 불러들여 사용할 수 있다. 검증된 함수는 신뢰할 수 있기 때문에 효율적인 코딩이 가능하게 되고, 만들어진 이후에는 R 내장함수처럼 반복적으로 사용할 수 있다.

④ 예를 들어 밑변 a와 높이 b로 표현되는 삼각형의 면적(area)을 구하는 함수와 사용 예는 다음과 같다. 사용자 정의 함수는 function( ) 명령어로 만들고 ( )안에 필요한 인수(argument)를 지정한다. 함수 수행은 함수명(인수) 즉, getArea(5, 10) 명령어로 밑변(a=5), 높이(b=10) 값을 지정하여 면적(area)=a*b/2=5*10/2=25을 출력한다. function( )으로 만드는 사용자 정의 함수에서는 출력값을 return(출력값) 명령어로 지정한다.

```
> getArea <- function(a, b) {
+ area <- a*b/2
+ return(area)
+ }

> getArea(5, 10)
[1] 25
```

⑤ 사용자 정의 함수 생성 및 실행

　㉠ 사용자 정의 함수를 만들기 위하여 function( ) 명령어를 이용하고 function( )에는 입력 변수로 인수(argument)들을 지정한다.

> function_name< −function(arg_1, arg_2, ...) {
>   함수 본문
>   }

　㉡ 예를 들어 평균온도가 24도 이상과 24도 미만인 일수를 구하는 사용자 정의 함수(Get_temperature_days( ))를 정의하고 실행하면 다음과 같다. 사용자 정의 함수 내에서 return( ) 명령어를 사용하지 않고 원하는 결괏값을 직접 출력(c( ) 등)하기도 한다. function( )에서 지정되는 인수는 아래와 같이 벡터, 행렬, 배열, 리스트 등 다양한 자료구조의 사용이 가능하다.

```
> Get_temperature_days <- function(x, y) {
+ N <- length(x)
+ low_days <- 0
+ high_days <- 0
+ for(i in 1:N) {
+ if (x[i] >= y)
+ {high_days <- high_days +1}
+ else
+ {low_days <- low_days + 1}
+ }
+ c(high_days, low_days)
+ }

> temperature <- c(18.5, 24.1, 24.0, 22.1, 24.3, 20.2, 20.8, 24.6, 18.2, 20.0, 24.8)
> Get_temperature_days(temperature, 24)
[1] 5 6
> new_temperature <- c(24.9, 18.8, 25.2, 22.7, 30.5, 19.4, 20.6, 23.9, 26.2, 17.8, 14.6)
> Get_temperature_days(new_temperature, 24)
[1] 4 7
```

MEMO

제2과목
데이터 수집 및 분석

제1장 데이터 수집과 전처리
제2장 기술통계 분석

데이터 수집과 전처리

1 데이터 수집

(1) 데이터 생성

① 데이터 수집 및 전처리를 위하여 다음 패키지를 이용한다.

install.packages("readxl")	#엑셀 파일(.xls, .xlsx) 읽기
install.packages("psych")	#describe( ) 함수를 이용한 기술통계량 확인
library(readxl)	–
library(psych)	–

② R에서는 데이터분석을 위해 엑셀 및 SPSS 파일에서 사용하는 형식과 유사한 데이터 프레임 (Dataframe) 자료를 주로 이용한다.

③ data.frame( )과 edit( ) 함수를 이용하여 엑셀 및 SPSS 파일 형식의 데이터 입력 및 편집이 가능하며, 변수와 자료값을 저장한다.

```
> sample_data <- data.frame()
> sample_data <- edit(sample_data)
```

	ID	Gender	Age	Job	Residence	Shopping
1	190105	Male	47	Office	Rural	195.6
2						
3						
4						
5						
6						
7						
8						
9						
10						
11						
12						
13						
14						
15						
16						
17						
18						
19						

④ data.frame( )과 edit( ) 함수를 이용한 변수 및 자료값 생성은 비교적 소규모 데이터 입력 시 편리하다. 많은 양의 변수와 데이터를 입력하거나 기존 엑셀 파일 또는 csv 파일 등을 이용한 데이터 분석 작업을 위해서는 외부 데이터 불러오기 명령어를 이용한다.

(2) 외부 데이터 불러오기

① 파일 형식에 따라 read.csv( ) 또는 read.excel( ) 함수를 이용하여 외부 데이터를 불러오며 데이터 불러오기 수행 시 기본적으로 데이터 프레임 구조의 R 데이터로 생성된다.

② csv 파일 불러오기 : 파일의 확장자가 ".csv"인 파일을 읽어오기 위하여 "C:/workr" 작업 폴더에 저장되어 있는 "data.csv" 파일을 이용한다. data.csv는 (고객번호, 성별, 연령대, 직업, 주거지역, 쇼핑액, 이용만족도, 쇼핑1월, 쇼핑2월, 쇼핑3월, 쿠폰사용회수, 쿠폰선호도, 품질, 가격, 서비스, 배송, 쇼핑만족도, 소득)에 대한 백화점 고객정보이다.

	A	B	C	D	E	F	G	H	I	J	K	L	M	N	O	P	Q	R
1	고객번호	성별	연령대	직업	주거지역	쇼핑액	이용만족도	쇼핑1월	쇼핑2월	쇼핑3월	쿠폰사용회수	쿠폰선호도	품질	가격	서비스	배송	쇼핑만족도	소득
2	190105	남자	45-49세	회사원	소도시	195.6	4	76.8	64.8	54	3	예	7	7	1	4	4	4300
3	190106	남자	25-29세	공무원	소도시	116.4	7	44.4	32.4	39.6	6	아니오	7	4	7	7	7	7500
4	190107	남자	50세 이상	자영업	중도시	183.6	4	66	66	51.6	5	예	4	4	3	3	6	2900
5	190108	남자	50세 이상	농어업	소도시	168	4	62.4	52.8	52.8	4	아니오	3	3	4	6	5	5300
6	190109	남자	40-44세	공무원	중도시	169.2	4	63.6	54	51.6	5	아니오	6	4	7	4	6	4000
7	190110	남자	45-49세	자영업	중도시	171.6	5	52.8	66	52.8	4	아니오	5	4	7	4	5	5100
8	190111	여자	50세 이상	공무원	중도시	207.6	4	64.8	88.8	54	4	예	7	7	1	4	5	5700
9	190112	남자	50세 이상	자영업	소도시	201.6	7	56.4	92.4	52.8	3	예	7	7	7	4	4	5900
10	190113	남자	50세 이상	농어업	중도시	111.6	3	64.8	30	16.8	4	아니오	2	4	3	3	5	5100
11	190114	여자	45-49세	회사원	중도시	156	4	51.6	51.6	52.8	0	예	1	4	1	7	1	5700
12	190115	남자	40-44세	회사원	중도시	225.6	5	80.4	92.4	52.8	1	예	5	5	5	5	2	5800
13	190116	남자	30-34세	공무원	중도시	220.8	4	76.8	90	54	5	아니오	5	5	5	4	6	4300
14	190117	남자	35-39세	회사원	대도시	244.8	7	76.8	88.8	79.2	6	아니오	7	4	7	7	7	8700
15	190118	남자	45-49세	농어업	소도시	184.8	6	91.2	67.2	26.4	5	예	5	5	6	6	6	4100
16	190119	남자	45-49세	회사원	중도시	194.4	5	88.8	52.8	52.8	3	예	5	4	4	4	4	6600
17	190120	남자	50세 이상	회사원	대도시	200.4	7	55.2	52.8	92.4	6	아니오	7	1	5	5	7	6100
18	190121	남자	50세 이상	농어업	소도시	153.6	4	44.4	56.4	52.8	3	예	5	5	4	4	6	6300
19	190122	남자	30-34세	자영업	대도시	170.4	3	51.6	64.8	54	3	예	5	4	4	3	4	9200
20	190123	남자	50세 이상	농어업	소도시	184.8	5	52.8	52.8	79.2	4	아니오	3	5	4	3	5	7700

㉠ setwd( ) 함수를 이용하여 "data.csv" 파일이 저장되어 있는 작업 폴더(영역)를 지정하고 read.csv( )로 파일을 읽어온다. read.csv( ) 사용 시 지정하는 "header=T"는 불러올 파일(data.csv)의 첫 번째 행(줄)은 자료들에 대한 변수명(항목)으로 지정함을 의미한다. fileEncoding="EUC-KR"은 data.csv 파일이 한글로 인코딩된 자료임을 나타낸다.

```
> setwd("C:/workr")
> getwd()
[1] "C:/workr"
>
> data <- read.csv("data.csv", header=T, fileEncoding="EUC-KR")
> head(data)
  고객번호 성별    연령대   직업 주거지역 쇼핑액 이용만족도 쇼핑1월 쇼핑2월 쇼핑3월
1   190105 남자   45-49세 회사원   소도시  195.6         4    76.8   64.8   54.0
2   190106 남자   25-29세 공무원   소도시  116.4         7    44.4   32.4   39.6
3   190107 남자 50세 이상 자영업   중도시  183.6         4    66.0   66.0   51.6
4   190108 남자 50세 이상 농어업   소도시  168.0         4    62.4   52.8   52.8
5   190109 남자   40-44세 공무원   중도시  169.2         4    63.6   54.0   51.6
6   190110 남자   45-49세 자영업   중도시  171.6         5    52.8   66.0   52.8
  쿠폰사용회수 쿠폰선호도 품질 가격 서비스 배송 쇼핑만족도 소득
1            3             예    7    7      1    4          4 4300
2            6           아니오   7    4      7    7          7 7500
3            5             예    4    4      3    3          6 2900
4            4           아니오   3    3      4    6          5 5300
5            5           아니오   6    4      7    4          6 4000
6            4           아니오   5    4      3    4          5 5100
```

```
> summary(data)
    고객번호            성별                연령대                직업                주거지역
 Min.   :190105   Length:90          Length:90          Length:90          Length:90
 1st Qu.:190127   Class :character   Class :character   Class :character   Class :character
 Median :190150   Mode  :character   Mode  :character   Mode  :character   Mode  :character
 Mean   :190150
 3rd Qu.:190172
 Max.   :190194
     쇼핑액           이용만족도           쇼핑1월              쇼핑2월              쇼핑3월
 Min.   : 80.4   Min.   :1.000   Min.   :15.60   Min.   :13.20   Min.   :13.20
 1st Qu.:155.1   1st Qu.:4.000   1st Qu.:52.80   1st Qu.:52.80   1st Qu.:38.70
 Median :172.8   Median :5.000   Median :64.80   Median :56.40   Median :52.80
 Mean   :174.2   Mean   :5.267   Mean   :64.97   Mean   :61.12   Mean   :48.11
 3rd Qu.:195.6   3rd Qu.:7.000   3rd Qu.:80.10   3rd Qu.:67.20   3rd Qu.:52.80
 Max.   :244.8   Max.   :7.000   Max.   :92.40   Max.   :92.40   Max.   :92.40
   쿠폰사용회수     쿠폰선호도             품질                가격                서비스
 Min.   :0.000   Length:90          Min.   :1.000   Min.   :1.000   Min.   :1.0
 1st Qu.:3.000   Class :character   1st Qu.:5.000   1st Qu.:4.000   1st Qu.:4.0
 Median :4.000   Mode  :character   Median :5.000   Median :5.000   Median :5.0
 Mean   :4.278                      Mean   :5.422   Mean   :4.744   Mean   :4.9
 3rd Qu.:5.750                      3rd Qu.:7.000   3rd Qu.:6.000   3rd Qu.:6.0
 Max.   :6.000                      Max.   :7.000   Max.   :7.000   Max.   :7.0
      배송           쇼핑만족도            소득
 Min.   :1.000   Min.   :1.000   Min.   : 400
 1st Qu.:4.000   1st Qu.:4.000   1st Qu.:4000
 Median :4.000   Median :5.000   Median :5100
 Mean   :4.456   Mean   :5.278   Mean   :5202
 3rd Qu.:5.000   3rd Qu.:6.750   3rd Qu.:6100
 Max.   :7.000   Max.   :7.000   Max.   :9500
```

ⓛ read.csv( )로 R에서 데이터 프레임 형식으로 불러온 파일(data)에 대하여 edit(data) 함수를 이용하여 데이터 확인, 편집 및 저장이 가능하다.

```
> edit(data)
   고객번호 성별    연령대   직업 주거지역 쇼핑액 이용만족도 쇼핑1월 쇼핑2월 쇼핑3월 쿠폰사용회수
1    190105 남자   45-49세 회사원   소도시  195.6         4    76.8    64.8    54.0            3
2    190106 남자   25-29세 공무원   소도시  116.4         7    44.4    32.4    39.6            6
3    190107 남자 50세 이상 자영업   중도시  183.6         4    66.0    66.0    51.6            5
4    190108 남자 50세 이상 농어업   소도시  168.0         4    62.4    52.8    52.8            4
5    190109 남자   40-44세 공무원   중도시  169.2         4    63.6    54.0    51.6            5
6    190110 남자   45-49세 자영업   중도시  171.6         5    52.8    66.0    52.8            4
7    190111 여자 50세 이상 공무원   중도시  207.6         4    64.8    88.8    54.0            4
8    190112 남자 50세 이상 자영업   소도시  201.6         7    56.4    92.4    52.8            3
9    190113 남자 50세 이상 농어업   중도시  111.6         3    64.8    30.0    16.8            4
10   190114 여자   45-49세 회사원   중도시  156.0         4    51.6    51.6    52.8            0
```

	고객번호	성별	연령대	직업	주거지역	쇼핑액	이용만족도	쇼핑1월	쇼핑2월	쇼핑3월
1	190105	남자	45-49세	회사원	소도시	195.6	4	76.8	64.8	54
2	190106	남자	25-29세	공무원	소도시	116.4	7	44.4	32.4	39.6
3	190107	남자	50세 이상	자영업	중도시	183.6	4	66	66	51.6
4	190108	남자	50세 이상	농어업	소도시	168	4	62.4	52.8	52.8
5	190109	남자	40-44세	공무원	중도시	169.2	4	63.6	54	51.6
6	190110	남자	45-49세	자영업	중도시	171.6	5	52.8	66	52.8
7	190111	여자	50세 이상	공무원	중도시	207.6	4	64.8	88.8	54
8	190112	남자	50세 이상	자영업	소도시	201.6	7	56.4	92.4	52.8
9	190113	남자	50세 이상	농어업	중도시	111.6	3	64.8	30	16.8
10	190114	여자	45-49세	회사원	중도시	156	4	51.6	51.6	52.8

③ excel(.xlsx 또는 .xls) 파일 불러오기 : 파일 확장자가 ".xlsx" 또는 ".xls"(엑셀 97-2003 버전)인 엑셀 파일을 불러오기 위해 "C:/workr" 폴더에 저장되어 있는 pollution_air.xlsx을 이용한다. pollution_air.xlsx은 대기오염 측정자료로 (dataTime, stationName, so2Value, coValue, o3Value, no2Value, pm10Value) 항목으로 구성되며, 하나의 sheet(sheet이름은 pollution_air)로 되어 있다.

	A	B	C	D	E	F	G	H
1		dataTime	stationName	so2Value	coValue	o3Value	no2Value	pm10Value
2	1	2021-02-28 20:00	소사본동	0.004	0.7	0	0.052	59
3	2	2021-02-28 20:00	내동	0.004	0.5	0.005	0.052	72
4	3	2021-02-28 20:00	중2동	0.004	0.7	0.001	0.052	47
5	4	2021-02-28 20:00	오정동	0.006	0.6	0.003	0.05	51
6	5	2021-02-28 20:00	송내대로(중동)	0.005	0.6	0.003	0.051	47
7	6	2021-02-28 20:00	신풍동	0.003	0.5	0.015	0.038	32
8	7	2021-02-28 20:00	인계동	0.003	0.6	0.017	0.038	31
9	8	2021-02-28 20:00	광교동	0.002	0.6	0.012	0.044	34
10	9	2021-02-28 20:00	영통동	0.002	0.6	0.021	0.031	33
11	10	2021-02-28 20:00	천천동	0.002	0.5	0.012	0.043	35
12	11	2021-02-28 20:00	경수대로(동수원)	0.002	0.6	0.01	0.035	35
13	12	2021-02-28 20:00	고색동	0.003	0.6	0.015	0.036	49
14	13	2021-02-28 20:00	호매실동	0.002	0.5	0.014	0.035	38
15	14	2021-02-28 20:00	대왕판교로(백현동)	0.007	1.1	-	0.053	30
16	15	2021-02-28 20:00	단대동	0.003	0.5	0.009	0.045	30
17	16	2021-02-28 20:00	정자동	0.002	0.6	0.005	0.045	31
18	17	2021-02-28 20:00	수내동	0.002	0.6	0.004	0.048	26
19	18	2021-02-28 20:00	성남대로(모란역)	0.004	0.7	0.004	0.052	37
20	19	2021-02-28 20:00	복정동	0.001	0.7	0.008	0.048	36
21	20	2021-02-28 20:00	운중동	0.002	0.6	0.006	0.048	32
22	21	2021-02-28 20:00	상대원동	0.003	0.6	0.005	0.045	30
23	22	2021-02-28 20:00	의정부동	0.005	0.6	0.006	0.048	32
24	23	2021-02-28 20:00	의정부1동	0.005	0.7	0.006	0.053	45
25	24	2021-02-28 20:00	송산3동	0.004	0.5	0.004	0.042	25
26	25	2021-02-28 20:00	안양6동	0.003	0.4	0.01	0.042	43
27	26	2021-02-28 20:00	부림동	0.004	0.6	0.009	0.041	41
28	27	2021-02-28 20:00	호계동	0.004	0.4	0.012	0.039	35
29	28	2021-02-28 20:00	안양2동	0.003	0.5	0.012	0.049	51
30	29	2021-02-28 20:00	철산동	0.004	0.5	0.007	0.042	42
31	30	2021-02-28 20:00	소하동	0.003	0.4	0.013	0.033	48
32								

pollution_air   ⊕

㉠ 파일(.xlsx, .xls)을 읽어오기 위해 install.packages("readxl")을 이용하여 "readxl" 패키지를 설치한다. read_excel( ) 함수를 이용하며, sheet 이름(sheet="pollution_air")과 col_names=TRUE(파일 첫 번째 행(줄)은 열이름(변수명))을 지정한다. View(data) 명령어를 이용하여 데이터 프레임 형식의 자료를 확인한다.

```
> setwd("C:/workr")
> getwd()
[1] "C:/workr"
> install.packages("readxl")
--- 현재 세션에서 사용할 CRAN 미러를 선택해 주세요 ---
URL 'https://cran.yu.ac.kr/bin/windows/contrib/4.1/readxl_1.3.1.zip'을 시도합니다
Content type 'application/zip' length 1717258 bytes (1.6 MB)
downloaded 1.6 MB

package 'readxl' successfully unpacked and MD5 sums checked

The downloaded binary packages are in
        C:\Users\임영미\AppData\Local\Temp\RtmpAR6bJm\downloaded_packages
> library(readxl)
경고메시지(들):
패키지 'readxl'는 R 버전 4.1.2에서 작성되었습니다

> data <- read_excel("pollution_air.xlsx", sheet="pollution_air", col_names=TRUE)
New names:
* `` -> ...1

> data
# A tibble: 30 x 8
     ...1 dataTime            stationName  so2Value coValue o3Value  no2Value pm10Value
    <dbl> <dttm>              <chr>           <dbl>   <dbl> <chr>       <dbl>    <dbl>
1       1 2021-02-28 20:00:00 소사본동         0.004     0.7 0           0.052       59
2       2 2021-02-28 20:00:00 내동            0.004     0.5 5.0000000~  0.052       72
3       3 2021-02-28 20:00:00 중2동           0.004     0.7 1E-3        0.052       47
4       4 2021-02-28 20:00:00 오정동          0.006     0.6 3.0000000~  0.05        51
5       5 2021-02-28 20:00:00 송내대로(중동)    0.005     0.6 6.0000000~  0.051       47
6       6 2021-02-28 20:00:00 신흥동          0.003     0.5 1.4999999~  0.038       32
7       7 2021-02-28 20:00:00 인계동          0.003     0.6 1.7000000~  0.038       31
8       8 2021-02-28 20:00:00 광교동          0.002     0.6 1.2E-2      0.044       34
9       9 2021-02-28 20:00:00 영통동          0.002     0.6 2.1000000~  0.031       33
10     10 2021-02-28 20:00:00 천천동          0.002     0.5 1.2E-2      0.043       35
# ... with 20 more rows

> summary(data)
      ...1           dataTime                   stationName         so2Value
 Min.   : 1.00   Min.   :2021-02-28 20:00:00   Length:30          Min.   :0.001000
 1st Qu.: 8.25   1st Qu.:2021-02-28 20:00:00   Class :character   1st Qu.:0.002000
 Median :15.50   Median :2021-02-28 20:00:00   Mode  :character   Median :0.003000
 Mean   :15.50   Mean   :2021-02-28 20:00:00                      Mean   :0.003367
 3rd Qu.:22.75   3rd Qu.:2021-02-28 20:00:00                      3rd Qu.:0.004000
 Max.   :30.00   Max.   :2021-02-28 20:00:00                      Max.   :0.007000
    coValue         o3Value             no2Value          pm10Value
 Min.   :0.4000   Length:30          Min.   :0.03100    Min.   :25.00
 1st Qu.:0.5000   Class :character   1st Qu.:0.03950    1st Qu.:32.00
 Median :0.6000   Mode  :character   Median :0.04500    Median :35.50
 Mean   :0.5867                      Mean   :0.04433    Mean   :39.23
 3rd Qu.:0.6000                      3rd Qu.:0.04975    3rd Qu.:46.50
 Max.   :1.1000                      Max.   :0.05300    Max.   :72.00
```

ⓛ R 화면(console)에 출력할 항목(변수)이 많은 경우 여러 행에 출력된다. 각 항목별로 하나의 행(라인)에 출력하고자 하는 경우 각 라인의 폭(500)을 지정하고, options("width"=500)을 이용한다.

• options를 사용하지 않은 경우 : 여러 행에 항목 출력

```
> setwd("C:/workr")
> getwd()
[1] "C:/workr"
> data <- read.csv("data.csv", header=T, fileEncoding="EUC-KR")
> head(data)
  고객번호 성별   연령대   직업 주거지역 쇼핑액 이용만족도 쇼핑1월 쇼핑2월 쇼핑3월
1  190105 남자  45-49세 회사원   소도시  195.6         4   76.8   64.8   54.0
2  190106 남자  25-29세 공무원   소도시  116.4         7   44.4   32.4   39.6
3  190107 남자 50세 이상 자영업   중도시  183.6         4   66.0   66.0   51.6
4  190108 남자 50세 이상 농어업   소도시  168.0         4   62.4   52.8   52.8
5  190109 남자  40-44세 공무원   중도시  169.2         4   63.6   54.0   51.6
6  190110 남자  45-49세 자영업   중도시  171.6         5   52.8   66.0   52.8
  쿠폰사용회수 쿠폰선호도 품질 가격 서비스 배송 쇼핑만족도 소득
1           3        예   7    7      1    4          4 4300
2           6      아니오   7    4      7    7          7 7500
3           5        예   4    4      3    3          6 2900
4           4      아니오   3    3      4    6          5 5300
5           5      아니오   6    4      7    4          6 4000
6           4      아니오   5    4      3    4          5 5100
```

• options를 사용하는 경우 : 한 행에 모든 항목 출력

```
> options("width"=500)
> data <- read.csv("data.csv", header=T, fileEncoding="EUC-KR")
> head(data)
  고객번호 성별    연령대       직업 주거지역 쇼핑액 이용만족도 쇼핑1월 쇼핑2월 쇼핑3월 쿠폰사용회수 쿠폰선호도 품질 가격 서비스 배송 쇼핑만족도 소득
1  190105 남자  45-49세  회사원    소도시  195.6         4   76.8   64.8   54.0            3        예    7    1      4        4300
2  190106 남자  25-29세  공무원    소도시  116.4         7   44.4   32.4   39.6            6      아니오    7    4      7    7  7 7500
3  190107 남자  50세 이상  자영업  중도시  183.6         4   66.0   66.0   51.6            5        예    4    4      3    3  6 2900
4  190108 남자  50세 이상  농어업  소도시  168.0         4   62.4   52.8   52.8                     아니오    3    3      4    6  5 5300
5  190109 남자  40-44세  공무원    중도시  169.2         4   63.6   54.0   51.6            5      아니오    6    4      7    4  6 4000
6  190110 남자  45-49세  자영업  중도시  171.6         5   52.8   66.0   52.8            4      아니오    5    4      3    4  5 5100
```

④ 데이터 생성 및 외부 데이터 불러오기(csv, xls, xlsx 등) 외에도 datasets의 기본 패키지에서 제공하는 여러 가지 다양한 데이터를 이용할 수 있다. 대표적으로 많이 사용되는 데이터세트는 다음과 같다.

1949~1960년 월별 항공 이용 승객수 [연도, 월 (항공 이용 승객수)]	붓꽃 생육 데이터 [꽃받침, 꽃잎 길이(cm), 붓꽃의 품종]
``> AirPassengers
Jan Feb Mar Apr May Jun Jul Aug Sep Oct Nov Dec
1949 112 118 132 129 121 135 148 148 136 119 104 118
1950 115 126 141 135 125 149 170 170 158 133 114 140
1951 145 150 178 163 172 178 199 199 184 162 146 166
1952 171 180 193 181 183 218 230 242 209 191 172 194
1953 196 196 236 235 229 243 264 272 237 211 180 201```	```> iris
Sepal.Length Sepal.Width Petal.Length Petal.Width Species
1   5.1   3.5   1.4   0.2 setosa
2   4.9   3.0   1.4   0.2 setosa
3   4.7   3.2   1.3   0.2 setosa
4   4.6   3.1   1.5   0.2 setosa
5   5.0   3.6   1.4   0.2 setosa```
1973~1974년 자동차 모델(32개) 성능 데이터 [(1974년 Motor Trend US 잡지 게재 데이터)]	**타이타닉 호 생존자 수** [선박 등급(1,2,3,승무원), 성별, 연령대, 생존 여부]
``> mtcars
                   mpg cyl disp hp drat   wt qsec vs am gear carb
Mazda RX4   21.0   6 160.0 110 3.90 2.620 16.46 0 1   4   4
Mazda RX4 Wag   21.0   6 160.0 110 3.90 2.875 17.02 0 1   4   4
Datsun 710   22.8   4 108.0 93 3.85 2.320 18.61 1 1   4   1
Hornet 4 Drive   21.4   6 258.0 110 3.08 3.215 19.44 1 0   3   1
Hornet Sportabout 18.7   8 360.0 175 3.15 3.440 17.02 0 0   3   2
Valiant   18.1   6 225.0 105 2.76 3.460 20.22 1 0   3   1``` | ```> Titanic
, , Age = Child, Survived = No

       Sex
Class Male Female
  1st   0   0
  2nd   0   0
  3rd   35   17
  Crew   0   0``` |
| **미국 각 주의 인구, 수입, 문맹률, 기대수명, 살인발생율, 고교졸업율, 서리 발생일, 면적** | **미국 여성(30~39세)들의 평균 키와 몸무게** |
| ```> state.x77
           Population Income Illiteracy Life Exp Murder HS Grad Frost
Alabama   3615   3624   2.1   69.05   15.1   41.3   20
Alaska   365   6315   1.5   69.31   11.3   66.7   152
Arizona   2212   4530   1.8   70.55   7.8   58.1   15
Arkansas   2110   3378   1.9   70.66   10.1   39.9   65
California   21198   5114   1.1   71.71   10.3   62.6   20``` | ```> women
   height weight
1   58   115
2   59   117
3   60   120
4   61   123
5   62   126
6   63   129
7   64   132
8   65   135
9   66   139
10   67   142
11   68   146
12   69   150
13   70   154
14   71   159
15   72   164``` |

⑤ 기본 datasets 패키지 외에 패키지를 추가 설치하여 다른 데이터를 활용한다. 예를 들어 "MASS" 패키지[install.packages("MASS")]와 라이브러리(library(MASS)]를 이용하여 미국 보스턴 지역의 집값 관련 데이터(Boston)를 이용할 수 있다.

```
> install.packages("MASS")
--- 현재 세션에서 사용할 CRAN 미러를 선택해 주세요 ---
URL 'https://cran.yu.ac.kr/bin/windows/contrib/4.1/MASS_7.3-54.zip'을 시도합니다
Content type 'application/zip' length 1191016 bytes (1.1 MB)
downloaded 1.1 MB

package 'MASS' successfully unpacked and MD5 sums checked

The downloaded binary packages are in

> library(MASS)
경고메시지(들) :
패키지 'MASS'는 R 버전 4.1.2에서 작성되었습니다
> Boston
      crim   zn indus chas   nox    rm   age    dis rad tax ptratio  black lstat medv
1  0.00632 18.0  2.31    0 0.5380 6.575  65.2 4.0900   1 296    15.3 396.90  4.98 24.0
2  0.02731  0.0  7.07    0 0.4690 6.421  78.9 4.9671   2 242    17.8 396.90  9.14 21.6
3  0.02729  0.0  7.07    0 0.4690 7.185  61.1 4.9671   2 242    17.8 392.83  4.03 34.7
4  0.03237  0.0  2.18    0 0.4580 6.998  45.8 6.0622   3 222    18.7 394.63  2.94 33.4
5  0.06905  0.0  2.18    0 0.4580 7.147  54.2 6.0622   3 222    18.7 396.90  5.33 36.2
6  0.02985  0.0  2.18    0 0.4580 6.430  58.7 6.0622   3 222    18.7 394.12  5.21 28.7
7  0.08829 12.5  7.87    0 0.5240 6.012  66.6 5.5605   5 311    15.2 395.60 12.43 22.9
8  0.14455 12.5  7.87    0 0.5240 6.172  96.1 5.9505   5 311    15.2 396.90 19.15 27.1
9  0.21124 12.5  7.87    0 0.5240 5.631 100.0 6.0821   5 311    15.2 386.63 29.93 16.5
10 0.17004 12.5  7.87    0 0.5240 6.004  85.9 6.5921   5 311    15.2 386.71 17.10 18.9
```

⑥ 외부 데이터 : 국내외 여러 기관에서는 다음과 같이 빅데이터 분석, 머신러닝, 딥러닝 등의 연구 및 교육을 지원하기 위하여 다양한 데이터를 제공한다. 대표적으로 우리나라 공공데이터 포털 (www.data.go.kr)은 카테고리, 국가중점데이터, 제공기관별로 파일(csv, txt 등), RSS 및 오픈 API 형태의 자료를 제공한다.

데이터 제공 기관	주 소	주요 특징
공공데이터 포털	www.data.go.kr 	• 공공데이터 개방 • 카테고리(교육, 국토관리, 행정, 금융 등) • 국가중점데이터(건축, 교통사고, 건강 등) • 제공기관유형(행정, 자치, 교육, 입법 등) • 파일 데이터, RSS, 오픈 API 형태 제공
국가통계 포털	kosis.kr/index/index.do 	• 국내외 주요 통계 자료 • 북한 통계 자료 • 통계청에서 제공하는 One-Stop 서비스 • 경제, 사회, 환경 등 관련 데이터 • 파일 데이터, RSS, 오픈 API 형태 자료

서울열린 데이터 광장	data.seoul.go.kr 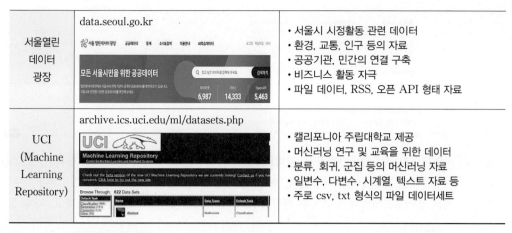	• 서울시 시정활동 관련 데이터 • 환경, 교통, 인구 등의 자료 • 공공기관, 민간의 연결 구축 • 비즈니스 활동 자극 • 파일 데이터, RSS, 오픈 API 형태 자료
UCI (Machine Learning Repository)	archive.ics.uci.edu/ml/datasets.php	• 캘리포니아 주립대학교 제공 • 머신러닝 연구 및 교육을 위한 데이터 • 분류, 회귀, 군집 등의 머신러닝 자료 • 일변수, 다변수, 시계열, 텍스트 자료 등 • 주로 csv, txt 형식의 파일 데이터세트

⑦ 공공데이터 포털 자료 수집

　㉠ 공공데이터포털(www.data.go.kr)에 접속하여 "평택시 환경 데이터"로 검색하는 경우 아래
　　와 같이 파일데이터, 오픈API, 표준데이터세트로 구분하여 관련 기관에서 제공하는 데이터
　　를 확인한다. CSV, XML, JSON, 텍스트 파일 등 다양한 형태의 데이터를 수집할 수 있고
　　오픈API의 경우 "활용신청" 메뉴를 이용하여 해당 기관으로부터 데이터를 직접 제공받을 수
　　있다.

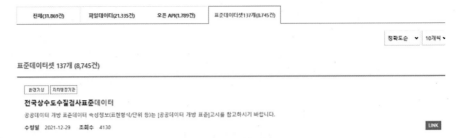

ⓛ 파일데이터 중 "한국가스공사_평택LNG기지 해상환경 데이터"를 다운로드하여 "C:/workr"
작업폴더에 "pt.csv"로 저장한다. 해상환경 데이터는 한국가스공사 평택기지본부 2부두에 설
치된 접안보조설비에서 취득한 해상환경 데이터(시간에 따른 풍향, 풍속, 파고, 파향 등)이다.

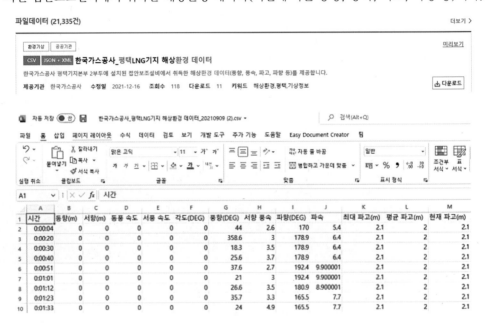

ⓒ 작업영역을 지정[setwd("C:/workr")]하고 한 행에 모든 항목이 보이도록 설정
[options("width"=500)]한 후, 데이터 프레임 형태의 자료(data)를 확인한다.
summary(data) 명령어를 수행하여 각 항목(변수)들에 대한 기술통계량을 확인한다.

```
> setwd("C:/workr")
> getwd()
[1] "C:/workr"
> options("width"=500)
> data <- read.csv("pt.csv", header=T, fileEncoding="EUC-KR")
```

```
> summary(data)
    시간             동향.m.            서향.m.              동틈.속도    서틈.속도   각도.DEG.       동향.DEG.          서향.풍속          파향.DEG.
 Length:3229      Min.   :0       Min.   :-0.3000000   Min.   :0   Min.   :0   Min.   :0   Min.   :  0.10   Min.   :0.100   Min.   :  0.0
 Class :character 1st Qu.:0       1st Qu.: 0.0000000   1st Qu.:0   1st Qu.:0   1st Qu.:0   1st Qu.: 19.80   1st Qu.:1.700   1st Qu.: 30.2
 Mode  :character Median :0       Median : 0.0000000   Median :0   Median :0   Median :0   Median : 28.80   Median :2.600   Median : 63.6
                  Mean   :0       Mean   :-0.0003407   Mean   :0   Mean   :0   Mean   :0   Mean   : 56.65   Mean   :2.648   Mean   :113.9
                  3rd Qu.:0       3rd Qu.: 0.0000000   3rd Qu.:0   3rd Qu.:0   3rd Qu.:0   3rd Qu.: 42.20   3rd Qu.:3.600   3rd Qu.:180.0
                  Max.   :0       Max.   : 0.0000000   Max.   :0   Max.   :0   Max.   :0   Max.   :360.00   Max.   :7.500   Max.   :359.8
    파속               최대.파고.m.        평균.파고.m.        현재.파고.m.
 Min.   :  0.20   Min.   :0.100   Min.   :-0.800   Min.   :0.000
 1st Qu.:  3.60   1st Qu.:0.100   1st Qu.:-0.300   1st Qu.:0.000
 Median :  6.10   Median :1.000   Median : 1.000   Median :1.000
 Mean   : 20.38   Mean   :1.338   Mean   : 1.118   Mean   :1.272
 3rd Qu.: 11.60   3rd Qu.:2.400   3rd Qu.: 2.400   3rd Qu.:2.300
 Max.   :364.50   Max.   :4.200   Max.   : 4.100   Max.   :4.200
```

ㄹ "psych" 패키지 설치 후, describe(data) 명령어를 이용하여 추가적인 기술통계량(분산 및 표준편차, 데이터개수, 왜도, 첨도 등)을 확인한다.

```
> install.packages("psych")
--- 현재 세션에서 사용할 CRAN 미러를 선택해 주세요 ---
URL 'https://cran.yu.ac.kr/bin/windows/contrib/4.1/psych_2.1.9.zip'을 시도합니다
Content type 'application/zip' length 4244266 bytes (4.0 MB)
downloaded 4.0 MB

package 'psych' successfully unpacked and MD5 sums checked

The downloaded binary packages are in
        C:\Users\임영미\AppData\Local\Temp\RtmpYzAyDq\downloaded_packages
> library(psych)
경고메시지(들) :
패키지 'psych'는 R 버전 4.1.2에서 작성되었습니다
```

```
> describe(data)
             vars    n    mean      sd median trimmed     mad  min    max  range  skew kurtosis    se
시간*            1 3229 1615.00  932.28 1615.0 1615.00 1196.46  1.0 3229.0 3228.0  0.00    -1.20 16.41
동향.m.          2 3229    0.00    0.00    0.0    0.00    0.00  0.0    0.0    0.0   NaN      NaN  0.00
서향.m.          3 3229    0.00    0.01    0.0    0.00    0.00 -0.3    0.0    0.3 -29.24   864.74  0.00
동틈.속도         4 3229    0.00    0.00    0.0    0.00    0.00  0.0    0.0    0.0   NaN      NaN  0.00
서틈.속도         5 3229    0.00    0.00    0.0    0.00    0.00  0.0    0.0    0.0   NaN      NaN  0.00
각도.DEG.        6 3229    0.00    0.00    0.0    0.00    0.00  0.0    0.0    0.0   NaN      NaN  0.00
동향.DEG.        7 3229   56.65   84.17   28.8   33.18   15.72  0.1  360.0  359.9  2.71     1.62  1.48
서향.풍속         8 3229    2.65    1.30    2.6    2.62    1.33  0.1    7.5    7.4  0.20    -0.38  0.02
파향.DEG.        9 3229  113.89  104.75   63.6   99.09   65.83  0.0  359.8  359.8  0.96    -0.36  1.84
파속            10 3229   20.38   45.09    6.1    8.31    4.45  0.2  364.5  364.3  3.93    16.85  0.79
최대.파고.m.      11 3229    1.34    1.25    1.0    1.22    1.33  0.1    4.2    4.1  0.55    -1.16  0.02
평균.파고.m.      12 3229    1.12    1.46    1.0    1.05    1.93 -0.8    4.1    4.9  0.28    -1.27  0.03
현재.파고.m.      13 3229    1.27    1.27    1.0    1.15    1.48  0.0    4.2    4.2  0.53    -1.17  0.02
```

2 데이터 전처리

(1) 데이터 탐색

① 데이터 프레임을 새로 생성했거나, 외부에서 파일을 불러오거나, R 패키지에 내장되어 있는 데이터세트를 활용할 때 데이터 객체들의 현황 및 특성들에 대해 파악하여야 한다. 이를 위해 다양한 R 함수가 있으며, 대표적으로 str( ), head( ), tail( ), dim( ), length( ), names( ), class( ) 함수를 이용한다.

② str( ) : 데이터 구조, 변수 개수, 변수 명칭, 관찰값 개수, 관찰값의 미리보기 등을 지원한다. data.csv(고객별 쇼핑정보) 파일이 저장된 폴더를 지정(setwd( ))하고 데이터 프레임으로 저장(read.csv( )) 후, str( ) 명령어를 수행한 결과는 다음과 같다. data.frame 구조로서 18개의 변수(항목)에 대한 90개의 관찰값(행의 값), 각 변수(항목)에 대한 데이터유형, 예시 자료를 확인할 수 있다.

```
> setwd("C:/workr")
> getwd()
[1] "C:/workr"
```

```
> data <- read.csv("data.csv", header=T, fileEncoding="EUC-KR")
> str(data)
'data.frame':   90 obs. of  18 variables:
 $ 고객번호  : int  190105 190106 190107 190108 190109 190110 190111 190112 190113 190114 ...
 $ 성별      : chr  "남자" "남자" "남자" "남자" ...
 $ 연령대    : chr  "45-49세" "25-29세" "50세 이상" "50세 이상" ...
 $ 직업      : chr  "회사원" "공무원" "자영업" "농어업" ...
 $ 주거지역  : chr  "소도시" "소도시" "중도시" "소도시" ...
 $ 쇼핑액    : num  196 116 184 168 169 ...
 $ 이용만족도: int  4 7 4 4 5 4 7 3 4 ...
 $ 쇼핑1월   : num  76.8 44.4 66 62.4 63.6 52.8 64.8 56.4 64.8 51.6 ...
 $ 쇼핑2월   : num  64.8 32.4 66 52.8 54 66 88.8 92.4 30 51.6 ...
 $ 쇼핑3월   : num  54 39.6 51.6 52.8 51.6 52.8 54 52.8 16.8 52.8 ...
 $ 쿠폰사용회수: int  3 6 5 4 5 4 4 3 4 0 ...
 $ 쿠폰선호도 : chr  "예" "아니오" "예" "아니오" ...
 $ 품질      : int  7 7 4 3 6 5 7 7 4 1 ...
 $ 가격      : int  7 4 4 3 4 4 7 7 2 4 ...
 $ 서비스    : int  1 7 3 4 7 3 1 7 4 1 ...
 $ 배송      : int  4 7 3 6 4 4 4 4 3 7 ...
 $ 쇼핑만족도: int  4 7 6 5 6 5 5 4 5 1 ...
 $ 소득      : int  4300 7500 2900 5300 4000 5100 5700 5900 5100 5700 ...
```

③ **head( ), tail( )** : head( )는 상위 6개 자료를 tail( )은 하위 6개 자료를 보여준다. 항목에 대한 상위 및 하위 자료를 확인할 때 유용하게 사용된다.

```
> head(data)
  고객번호 성별   연령대   직업 주거지역  쇼핑액 이용만족도 쇼핑1월 쇼핑2월 쇼핑3월 쿠폰사용회수 쿠폰선호도
1   190105 남자  45-49세 회사원   소도시  195.6         4    76.8    64.8    54.0            3        예
2   190106 남자  25-29세 공무원   소도시  116.4         7    44.4    32.4    39.6            6      아니오
3   190107 남자 50세 이상 자영업   중도시  183.6         4    66.0    66.0    51.6            5        예
4   190108 남자 50세 이상 농어업   소도시  168.0         4    62.4    52.8    52.8            4      아니오
5   190109 남자  40-44세 공무원   중도시  169.2         4    63.6    54.0    51.6            5      아니오
6   190110 남자  45-49세 자영업   중도시  171.6         5    52.8    66.0    52.8            4      아니오
  품질 가격 서비스 배송 쇼핑만족도 소득
1    7    7      1    4          4 4300
2    7    4      7    7          7 7500
3    4    4      3    3          6 2900
4    3    3      4    6          5 5300
5    6    4      7    4          6 4000
6    5    4      3    4          5 5100
```

```
> tail(data)
   고객번호 성별   연령대   직업 주거지역  쇼핑액 이용만족도 쇼핑1월 쇼핑2월 쇼핑3월 쿠폰사용회수 쿠폰선호도
85   190189 여자  35-39세 회사원   대도시  165.6         5    75.6    63.6    26.4            4        예
86   190190 여자  45-49세 자영업   중도시  231.6         4    88.8    90.0    52.8            3        예
87   190191 여자  45-49세 전문직   소도시  168.0         7    51.6    88.8    27.6            6        예
88   190192 여자  45-49세 회사원   대도시  216.0         2    88.8    88.8    38.4            1      아니오
89   190193 남자  45-49세 농어업   중도시  205.2         5    90.0    90.0    25.2            4      아니오
90   190194 남자  45-49세 전문직   소도시  217.2         4    75.6    74.4    67.2            2        예
   품질 가격 서비스 배송 쇼핑만족도 소득
85    5    5      5    4          5 6050
86    6    6      6    4          4 7300
87    7    6      7    6          7 7700
88    2    3      1    1          2 6200
89    7    3      4    4          5 5000
90    7    7      4    4          3 5900
```

④ **dim( )** : 데이터 객체의 차원(행 및 열의 개수, 즉 관측값과 변수(항목)의 개수)을 확인한다. 데이터 프레임에 저장된 data 파일은 90개의 관측값과 18개의 변수(항목)로 구성되어 있고, R 패키지에 저장되어 있는 데이터세트들의 차원도 확인할 수 있다.

```
> dim(data)
[1] 90 18
> dim(mtcars)
[1] 32 11

> dim(iris)
[1] 150   5
> dim(women)
[1] 15  2
```

⑤ length( ) : 데이터세트들의 항목(변수)의 개수를 확인하기 위해서 length( )를 이용하며, length( )의 결과는 dim( ) 함수 수행 결과의 두 번째 결과와 일치한다.

```
> length(data)
[1] 18
> length(mtcars)
[1] 11

> length(iris)
[1] 5
> length(women)
[1] 2
```

⑥ names( ) : 데이터 항목의 이름(변수명)을 보여준다. 예를 들어 R에 내장되어 있는 women 데이터세트는 키(height)와 몸무게(weight) 변수로 구성되어 있다.

```
> names(data)
 [1] "고객번호"     "성별"       "연령대"      "직업"       "주거지역"
 [6] "쇼핑액"       "이용만족도"  "쇼핑1월"     "쇼핑2월"     "쇼핑3월"
[11] "쿠폰사용회수" "쿠폰선호도"  "품질"        "가격"        "서비스"
[16] "배송"         "쇼핑만족도"  "소득"
> names(mtcars)
 [1] "mpg"  "cyl"  "disp" "hp"   "drat" "wt"   "qsec" "vs"   "am"   "gear" "carb"

> names(iris)
[1] "Sepal.Length" "Sepal.Width"  "Petal.Length" "Petal.Width"  "Species"
>
> names(women)
[1] "height" "weight"
```

⑦ class( ) : 데이터의 자료구조 유형을 나타낸다. data, mtcars, iris, women은 dataframe 구조이며, Titanic은 테이블(table) 구조이다. data.frame(Titanic) 명령어를 수행하여 데이터 프레임 구조로 변경할 수 있으며, head(Titanic) 명령어를 이용하여 6개 상위 자료를 확인한다.

```
> class(data)
[1] "data.frame"
>
> class(mtcars)
[1] "data.frame"
>
> class(iris)
[1] "data.frame"
>
> class(women)
[1] "data.frame"
```

```
> class(Titanic)
[1] "table"
>
> head(Titanic)
, , Age = Child, Survived = No

       Sex
Class  Male Female
  1st    0      0
  2nd    0      0
  3rd   35     17
  Crew   0      0

, , Age = Adult, Survived = No

       Sex
Class  Male Female
  1st  118      4
  2nd  154     13
  3rd  387     89
  Crew 670      3

, , Age = Child, Survived = Yes

       Sex
Class  Male Female
  1st    5      1
  2nd   11     13
  3rd   13     14
  Crew   0      0

, , Age = Adult, Survived = Yes

       Sex
Class  Male Female
  1st   57    140
  2nd   14     80
  3rd   75     76
  Crew 192     20

> Titanic <- data.frame(Titanic)
> head(Titanic)
   Class    Sex   Age Survived Freq
1   1st   Male Child       No    0
2   2nd   Male Child       No    0
3   3rd   Male Child       No   35
4  Crew   Male Child       No    0
5   1st Female Child       No    0
6   2nd Female Child       No    0
> class(Titanic)
[1] "data.frame"
```

(2) 데이터 관리

① 데이터 프레임 형식으로 저장된 자료에 대하여 신규 변수 생성, 데이터 분할, 결합 및 정렬 등의 작업을 수행한다.

② 변수 생성 : "C:/workr" 폴더에 저장되어 있는 data.csv 파일을 데이터 프레임으로 저장(data)하고 (쇼핑1월, 쇼핑2월, 쇼핑3월)의 합계(data$sum<−data$쇼핑1월+data$쇼핑2월+data$쇼핑3월)와 평균(data$avg <− apply(data[,8:10], 1, mean)에 대한 변수(쇼핑1월, 2월, 3월의 평균)를 새로 추가한다. 그리고 data$Gender<−data$성별 명령어를 수행하여 변수명을 "성별"에서 "Gender"로 수정하여 새로운 열을 추가할 수 있다.

```
> setwd("C:/workr")
> options("width"=500)
> data <- read.csv("data.csv", header=T, fileEncoding="EUC-KR")
> head(data)
  고객번호 성별  연령대   직업 주거지역 쇼핑액 이용만족도 쇼핑1월 쇼핑2월 쇼핑3월 쿠폰사용회수 쿠폰선호도 품질 가격 서비스 배송 쇼핑만족도 소득
1  190105 남자 45-49세 회사원   소도시  195.6      4       76.8   64.8   54.0         3          예    7    7           1    4              4 4300
2  190106 남자 25-29세 공무원   소도시  116.4      7       44.4   32.4   39.6         6        아니오   7    4           7    7              7 7500
3  190107 남자 50세 이상 자영업 중도시  183.6      4       66.0   66.0   51.6         5          예    4    4           3    3              6 2900
4  190108 남자 50세 이상 농어업 소도시  168.0      4       62.4   52.8   52.8         4        아니오   3    3           4    6              5 5300
5  190109 남자 40-44세 공무원   중도시  169.2      4       63.6   54.0   51.6         5        아니오   6    4           7    4              6 4000
6  190110 남자 45-49세 자영업   중도시  171.6      5       52.8   66.0   52.8         4        아니오   5    4           3    4              5 5100

> data$sum <- data$쇼핑1월+data$쇼핑2월+data$쇼핑3월
> data$avg <- apply(data[,8:10], 1, mean)
> head(data)
  고객번호 성별  연령대   직업 주거지역 쇼핑액 이용만족도 쇼핑1월 쇼핑2월 쇼핑3월 쿠폰사용회수 쿠폰선호도 품질 가격 서비스 배송 쇼핑만족도 소득   sum   avg
1  190105 남자 45-49세 회사원   소도시  195.6      4       76.8   64.8   54.0         3          예    7    7           1    4              4 4300 195.6 65.2
2  190106 남자 25-29세 공무원   소도시  116.4      7       44.4   32.4   39.6         6        아니오   7    4           7    7              7 7500 116.4 38.8
3  190107 남자 50세 이상 자영업 중도시  183.6      4       66.0   66.0   51.6         5          예    4    4           3    3              6 2900 183.6 61.2
4  190108 남자 50세 이상 농어업 소도시  168.0      4       62.4   52.8   52.8         4        아니오   3    3           4    6              5 5300 168.0 56.0
5  190109 남자 40-44세 공무원   중도시  169.2      4       63.6   54.0   51.6         5        아니오   6    4           7    4              6 4000 169.2 56.4
6  190110 남자 45-49세 자영업   중도시  171.6      5       52.8   66.0   52.8         4        아니오   5    4           3    4              5 5100 171.6 57.2

> data$Gender <- data$성별
> head(data)
  고객번호 성별  연령대   직업 주거지역 쇼핑액 이용만족도 쇼핑1월 쇼핑2월 쇼핑3월 쿠폰사용회수 쿠폰선호도 품질 가격 서비스 배송 쇼핑만족도 소득   sum   avg Gender
1  190105 남자 45-49세 회사원   소도시  195.6      4       76.8   64.8   54.0         3          예    7    7           1    4              4 4300 195.6 65.2   남자
2  190106 남자 25-29세 공무원   소도시  116.4      7       44.4   32.4   39.6         6        아니오   7    4           7    7              7 7500 116.4 38.8   남자
3  190107 남자 50세 이상 자영업 중도시  183.6      4       66.0   66.0   51.6         5          예    4    4           3    3              6 2900 183.6 61.2   남자
4  190108 남자 50세 이상 농어업 소도시  168.0      4       62.4   52.8   52.8         4        아니오   3    3           4    6              5 5300 168.0 56.0   남자
5  190109 남자 40-44세 공무원   중도시  169.2      4       63.6   54.0   51.6         5        아니오   6    4           7    4              6 4000 169.2 56.4   남자
6  190110 남자 45-49세 자영업   중도시  171.6      5       52.8   66.0   52.8         4        아니오   5    4           3    4              5 5100 171.6 57.2   남자
```

③ **변수 변환** : 예를 들어 "성별(남자, 여자)"과 같은 명목 척도인 항목(변수)에 대하여 as.factor(data$Gender) 명령어를 이용하여 요인화하고 새로운 변수에 저장(data$GenderNum)한 후, as.numeric(data$GenderNum) 함수를 이용하여 성별이 남자인 경우 1, 여자인 경우 2의 값을 data$GenderNum 변수에 저장한다. 명목 척도 자료를 정수값으로 저장한 후 sum( ), mean( ) 함수를 이용하여 남자의 수(55명), 여자의 수(35명), 남자의 비율(55/90=61.1%), 여자의 비율(35/90=38.9%)을 구한다. 또는 sum(data$성별=="남자")에서 "성별" 항목을 이용하여 동일한 결과를 얻을 수 있다.

```
> head(data)
  고객번호 성별  연령대   직업 주거지역 쇼핑액 이용만족도 쇼핑1월 쇼핑2월 쇼핑3월 쿠폰사용회수 쿠폰선호도 품질 가격 서비스 배송 쇼핑만족도 소득   sum   avg Gender
1  190105 남자 45-49세 회사원   소도시  195.6      4       76.8   64.8   54.0         3          예    7    7           1    4              4 4300 195.6 174.2   남자
2  190106 남자 25-29세 공무원   소도시  116.4      7       44.4   32.4   39.6         6        아니오   7    4           7    7              7 7500 116.4 174.2   남자
3  190107 남자 50세 이상 자영업 중도시  183.6      4       66.0   66.0   51.6         5          예    4    4           3    3              6 2900 183.6 174.2   남자
4  190108 남자 50세 이상 농어업 소도시  168.0      4       62.4   52.8   52.8         4        아니오   3    3           4    6              5 5300 168.0 174.2   남자
5  190109 남자 40-44세 공무원   중도시  169.2      4       63.6   54.0   51.6         5        아니오   6    4           7    4              6 4000 169.2 174.2   남자
6  190110 남자 45-49세 자영업   중도시  171.6      5       52.8   66.0   52.8         4        아니오   5    4           3    4              5 5100 171.6 174.2   남자

> data$GenderNum <- as.factor(data$Gender)
> head(data)
  고객번호 성별  연령대   직업 주거지역 쇼핑액 이용만족도 쇼핑1월 쇼핑2월 쇼핑3월 쿠폰사용회수 쿠폰선호도 품질 가격 서비스 배송 쇼핑만족도 소득   sum   avg Gender GenderNum
1  190105 남자 45-49세 회사원   소도시  195.6      4       76.8   64.8   54.0         3          예    7    7           1    4              4 4300 195.6 174.2   남자     남자
2  190106 남자 25-29세 공무원   소도시  116.4      7       44.4   32.4   39.6         6        아니오   7    4           7    7              7 7500 116.4 174.2   남자     남자
3  190107 남자 50세 이상 자영업 중도시  183.6      4       66.0   66.0   51.6         5          예    4    4           3    3              6 2900 183.6 174.2   남자     남자
4  190109 남자 40-44세 공무원   중도시  169.2      4       63.6   54.0   51.6         5        아니오   6    4           7    4              6 5300 168.0 174.2   남자     남자
5  190109 남자 40-44세 공무원   중도시  169.2      4       63.6   54.0   51.6         5        아니오   6    4           7    4              6 4000 169.2 174.2   남자     남자
6  190110 남자 45-49세 자영업   중도시  171.6      5       52.8   66.0   52.8         4        아니오   5    4           3    4              5 5100 171.6 174.2   남자     남자

> data$GenderNum <- as.numeric(data$GenderNum)
> head(data)
  고객번호 성별  연령대   직업 주거지역 쇼핑액 이용만족도 쇼핑1월 쇼핑2월 쇼핑3월 쿠폰사용회수 쿠폰선호도 품질 가격 서비스 배송 쇼핑만족도 소득   sum   avg Gender GenderNum
1  190105 남자 45-49세 회사원   소도시  195.6      4       76.8   64.8   54.0         3          예    7    7           1    4              4 4300 195.6 174.2   남자        1
2  190106 남자 25-29세 공무원   소도시  116.4      7       44.4   32.4   39.6         6        아니오   7    4           7    7              7 7500 116.4 174.2   남자        1
3  190107 남자 50세 이상 자영업 중도시  183.6      4       66.0   66.0   51.6         5          예    4    4           3    3              6 2900 183.6 174.2   남자        1
4  190108 남자 50세 이상 농어업 소도시  168.0      4       62.4   52.8   52.8         4        아니오   3    3           4    6              5 5300 168.0 174.2   남자        1
5  190109 남자 40-44세 공무원   중도시  169.2      4       63.6   54.0   51.6         5        아니오   6    4           7    4              6 4000 169.2 174.2   남자        1
6  190110 남자 45-49세 자영업   중도시  171.6      5       52.8   66.0   52.8         4        아니오   5    4           3    4              5 5100 171.6 174.2   남자        1

> data$GenderNum
  [1] 1 1 1 1 1 2 1 1 2 1 2 1 1 1 1 1 1 1 1 1 1 1 1 1 1 1 1 1 2 2 1 2 2 2 2 1 2 2 2 1 1 1 1 1 1 2 1 2 1 2 1 2 1 2 1 1 1 2 2 1 2 1 2 2 2 2 2 2 1 1 1 1 2

> sum(data$GenderNum==1)
[1] 55
> sum(data$GenderNum==2)
[1] 35
> mean(data$GenderNum==1)
[1] 0.6111111
> mean(data$GenderNum==2)
[1] 0.3888889
```

④ **데이터 분할** : 데이터 프레임으로 저장된 데이터는 subset( ) 함수를 이용하여 분할한다. 예를 들어 성별이 남자(data$GenderNum==1)인 경우에 대한 데이터 프레임을 dataM에, 성별이 여자(data$GenderNum==2)인 경우의 데이터 프레임을 dataF에 저장하면 다음과 같다. 데이터 프레임에서 일부 항목(변수)을 선택하여 새로운 데이터 프레임에 저장하고자 하는 경우 subset( )에서 select 옵션을 지정(select=c(고객번호, 성별, 쇼핑액, 소득))한다.

```
> dataM <- subset(data, data$GenderNum==1)
> head(dataM)
   고객번호 성별  연령대    직업 주거지역 쇼핑액 이용만족도 쇼핑1월 쇼핑2월 쇼핑3월 쿠폰사용회수 쿠폰선호도 품질 가격 서비스 배송 쇼핑만족도 소득   sum  avg Gender GenderNum
1  190105 남자 45-49세 회사원   소도시  195.6      4    76.8  64.8  54.0      3       예   7    7    1    4         4 4300 195.6 174.2   남자        1
2  190106 남자 25-29세 공무원   소도시  116.4      7    44.4  32.4  39.6      6     아니오   7    4    7    7         7 7500 116.4 174.2   남자        1
3  190107 남자  50세 이상 자영업   중도시  183.6      4    66.0  66.0  51.6      5       예   4    4    3    4         6 2900 183.6 174.2   남자        1
4  190108 남자  50세 이상 농어업   소도시  168.0      4    62.4  52.8  52.8      4     아니오   3    3    4    6         5 5300 168.0 174.2   남자        1
5  190109 남자 40-44세 공무원   중도시  169.2      4    63.6  54.0  51.6      5     아니오   6    4    7    4         6 4000 169.2 174.2   남자        1
6  190110 남자 45-49세 자영업   중도시  171.6      5    52.8  66.0  52.8      4     아니오   5    4    3    4         5 5100 171.6 174.2   남자        1

> dataF <- subset(data, data$GenderNum==2)
> head(dataF)
    고객번호 성별  연령대    직업 주거지역 쇼핑액 이용만족도 쇼핑1월 쇼핑2월 쇼핑3월 쿠폰사용회수 쿠폰선호도 품질 가격 서비스 배송 쇼핑만족도 소득   sum  avg Gender GenderNum
7   190111 여자  50세 이상 공무원   중도시  207.6      4    64.8  88.8  54.0      4       예   7    7    1    4         5 5700 207.6 174.2   여자        2
10  190114 여자 45-49세 회사원   중도시  156.0      4    51.6  51.6  52.8      0       예   1    4    1    7         1 5700 156.0 174.2   여자        2
32  190136 여자 45-49세 회사원   중도시  111.6      4    31.2  43.2  37.2      4       예   5    4    2    4         5 2600 111.6 174.2   여자        2
33  190137 여자 40-44세 전문직   중도시  163.2      4    55.2  55.2  52.8      3       예   4    4    4    4         4 2300 163.2 174.2   여자        2
35  190139 여자 25-29세 회사원   대도시  160.8      7    75.6  54.0  31.2      3       예   4    4    7    7         4 7400 160.8 174.2   여자        2
36  190140 여자 45-49세 전문직   대도시  210.0      7    90.0  67.2  52.8      6     아니오   7    6    7    4         7 8200 210.0 174.2   여자        2

> part_data <- subset(data, select=c(고객번호, 성별, 쇼핑액, 소득))
> head(part_data)
   고객번호 성별 쇼핑액 소득
1  190105 남자  195.6 4300
2  190106 남자  116.4 7500
3  190107 남자  183.6 2900
4  190108 남자  168.0 5300
5  190109 남자  169.2 4000
6  190110 남자  171.6 5100
```

⑤ **데이터 결합** : 데이터 프레임 구조의 자료 결합은 서로 다른 항목(변수)를 가진 데이터 프레임의 결합(수직적 결합)과 동일한 항목에 대한 행의 결합(수평적 결합)으로 구분된다. 수직적 결합을 위해 cbind( ), 수평적 결합을 위해 rbind( ) 함수를 이용한다.

ㄱ (성별, 직업)으로 만들어진 데이터 프레임(part_data1)과 (쇼핑액, 이용만족도)로 구성된 데이터 프레임(part_data2)을 결합하기 위하여 cbind(part_data1, part_data2) 함수를 이용하며, 결합된 데이터를 combination 데이터 프레임으로 저장한다.

```
> head(data)
   고객번호 성별  연령대    직업 주거지역 쇼핑액 이용만족도 쇼핑1월 쇼핑2월 쇼핑3월 쿠폰사용회수 쿠폰선호도 품질 가격 서비스 배송 쇼핑만족도 소득   sum  avg Gender GenderNum
1  190105 남자 45-49세 회사원   소도시  195.6      4    76.8  64.8  54.0      3       예   7    7    1    4         4 4300 195.6 174.2   남자        1
2  190106 남자 25-29세 공무원   소도시  116.4      7    44.4  32.4  39.6      6     아니오   7    4    7    7         7 7500 116.4 174.2   남자        1
3  190107 남자  50세 이상 자영업   중도시  183.6      4    66.0  66.0  51.6      5       예   4    4    3    4         6 2900 183.6 174.2   남자        1
4  190108 남자  50세 이상 농어업   소도시  168.0      4    62.4  52.8  52.8      4     아니오   3    3    4    6         5 5300 168.0 174.2   남자        1
5  190109 남자 40-44세 공무원   중도시  169.2      4    63.6  54.0  51.6      5     아니오   6    4    7    4         6 4000 169.2 174.2   남자        1
6  190110 남자 45-49세 자영업   중도시  171.6      5    52.8  66.0  52.8      4     아니오   5    4    3    4         5 5100 171.6 174.2   남자        1

> part_data1 <- subset(data, select=c(성별, 직업))
> head(part_data1)
   성별    직업
1  남자  회사원
2  남자  공무원
3  남자  자영업
4  남자  농어업
5  남자  공무원
6  남자  자영업

> part_data2 <- subset(data, select=c(쇼핑액, 이용만족도))
> head(part_data2)
   쇼핑액 이용만족도
1  195.6      4
2  116.4      7
3  183.6      4
4  168.0      4
5  169.2      4
6  171.6      5
```

```
> combination <- cbind(part_data1, part_data2)
> head(combination)
   성별   직업  쇼핑액 이용만족도
1 남자 회사원  195.6        4
2 남자 공무원  116.4        7
3 남자 자영업  183.6        4
4 남자 농어업  168.0        4
5 남자 공무원  169.2        4
6 남자 자영업  171.6        5
```

ⓛ 데이터 프레임에 자료를 추가하고자 하는 경우 rbind( ) 함수를 이용한다. data에서 성별이
남자인 경우(dataM)와 성별이 여자인 경우(dataF)로 구분된 데이터 프레임을 하나로 결합
하고자 하는 경우 rbind(dataM, dataF) 명령어를 수행하며, 이를 bind_data에 저장한다.
bind_data는 성별로 분할되기 전 데이터(data)와 동일한 자료가 된다.

```
> head(data)
   고객번호 성별     연령대   직업 주거지역 쇼핑액 이용만족도 쇼핑1월 쇼핑2월 쇼핑3월 쿠폰사용회수 쿠폰선호도 품질 가격 서비스 배송 쇼핑만족도 소득    sum   avg Gender GenderNum
1   190105 남자   45-49세 회사원   소도시  195.6         4    76.8   64.8    54.0            3        예    7    7      1    4            4 4300 195.6 174.2   남자         1
2   190106 남자   25-29세 공무원   소도시  116.4         7    44.4   32.4    39.6            6      아니오    7    4      7    7            7 7500 116.4 174.2   남자         1
3   190107 남자 50세 이상 자영업   중도시  183.6         4    66.0   66.0    51.6            5      아니오    4    4      3    3            6 2900 183.6 174.2   남자         1
4   190108 남자 50세 이상 농어업   소도시  168.0         4    62.4   52.8    52.8            4      아니오    3    3      4    6            5 5300 168.0 174.2   남자         1
5   190109 남자   40-44세 공무원   중도시  169.2         4    63.6   54.0    51.6            4      아니오    6    4      7    4            6 4000 169.2 174.2   남자         1
6   190110 남자   45-49세 자영업   중도시  171.6         5    52.8   66.0    52.8            4      아니오    5    4      3    4            5 5100 171.6 174.2   남자         1

> dataM <- subset(data, data$성별=="남자")
> head(dataM)
   고객번호 성별     연령대   직업 주거지역 쇼핑액 이용만족도 쇼핑1월 쇼핑2월 쇼핑3월 쿠폰사용회수 쿠폰선호도 품질 가격 서비스 배송 쇼핑만족도 소득    sum   avg Gender GenderNum
1   190105 남자   45-49세 회사원   소도시  195.6         4    76.8   64.8    54.0            3        예    7    7      1    4            4 4300 195.6 174.2   남자         1
2   190106 남자   25-29세 공무원   소도시  116.4         7    44.4   32.4    39.6            6      아니오    7    4      7    7            7 7500 116.4 174.2   남자         1
3   190107 남자 50세 이상 자영업   중도시  183.6         4    66.0   66.0    51.6            5      아니오    4    4      3    3            6 2900 183.6 174.2   남자         1
4   190108 남자 50세 이상 농어업   소도시  168.0         4    62.4   52.8    52.8            4      아니오    3    3      4    6            5 5300 168.0 174.2   남자         1
5   190109 남자   40-44세 공무원   중도시  169.2         4    63.6   54.0    51.6            4      아니오    6    4      7    4            6 4000 169.2 174.2   남자         1
6   190110 남자   45-49세 자영업   중도시  171.6         5    52.8   66.0    52.8            4      아니오    5    4      3    4            5 5100 171.6 174.2   남자         1

> dataF <- subset(data, data$성별=="여자")
> head(dataF)
   고객번호 성별     연령대   직업 주거지역 쇼핑액 이용만족도 쇼핑1월 쇼핑2월 쇼핑3월 쿠폰사용회수 쿠폰선호도 품질 가격 서비스 배송 쇼핑만족도 소득    sum   avg Gender GenderNum
7   190111 여자 50세 이상 자영업   중도시  207.6         4    64.8   88.8    54.0            4        예    7    7      1    4            5 5700 207.6 174.2   여자         2
10  190114 여자   45-49세 회사원   중도시  156.0         4    51.6   51.6    52.8            0      아니오    1    4      1    2            5 1700 156.0 174.2   여자         2
32  190136 여자   45-49세 회사원   중도시  111.6         4    31.2   43.2    37.2            4        예    5    4      4    2            5 2600 111.6 174.2   여자         2
33  190137 여자   40-44세 전문직   중도시  163.2         4    55.2   55.2    52.8            4      아니오    4    4      4    4            4 2300 163.2 174.2   여자         2
35  190139 여자   25-29세 회사원   대도시  160.8         4    75.6   54.0    31.2            3        예    4    7      7    7            4 7400 160.8 174.2   여자         2
36  190140 여자   45-49세 전문직   대도시  210.0         4    90.0   67.2    52.8            4      아니오    7    6      7    4            7 8200 210.0 174.2   여자         2

> head(bind_data)
   고객번호 성별     연령대   직업 주거지역 쇼핑액 이용만족도 쇼핑1월 쇼핑2월 쇼핑3월 쿠폰사용회수 쿠폰선호도 품질 가격 서비스 배송 쇼핑만족도 소득    sum   avg Gender GenderNum
1   190105 남자   45-49세 회사원   소도시  195.6         4    76.8   64.8    54.0            3        예    7    7      1    4            4 4300 195.6 174.2   남자         1
2   190106 남자   25-29세 공무원   소도시  116.4         7    44.4   32.4    39.6            6      아니오    7    4      7    7            7 7500 116.4 174.2   남자         1
3   190107 남자 50세 이상 자영업   중도시  183.6         4    66.0   66.0    51.6            5      아니오    4    4      3    3            6 2900 183.6 174.2   남자         1
4   190108 남자 50세 이상 농어업   소도시  168.0         4    62.4   52.8    52.8            4      아니오    3    3      4    6            5 5300 168.0 174.2   남자         1
5   190109 남자   40-44세 공무원   중도시  169.2         4    63.6   54.0    51.6            4      아니오    6    4      7    4            6 4000 169.2 174.2   남자         1
6   190110 남자   45-49세 자영업   중도시  171.6         5    52.8   66.0    52.8            4      아니오    5    4      3    4            5 5100 171.6 174.2   남자         1
> tail(bind_data)
   고객번호 성별     연령대   직업 주거지역 쇼핑액 이용만족도 쇼핑1월 쇼핑2월 쇼핑3월 쿠폰사용회수 쿠폰선호도 품질 가격 서비스 배송 쇼핑만족도 소득    sum   avg Gender GenderNum
82  190186 여자 30-34세 회사원   대도시  216.0         7    88.8   88.8    38.4            5      아니오    6    4      5    6            6 7200 216.0 174.2   여자         2
84  190188 여자   45-49세 자영업   소도시  238.8         4    92.4   92.4    54.0            3        예    7    4      7    4            4 4300 238.8 174.2   여자         2
85  190189 여자   35-39세 회사원   대도시  165.6         5    75.6   63.6    26.4            4        예    5    5      3    6            5 6050 165.6 174.2   여자         2
86  190190 여자   45-49세 자영업   중도시  231.6         4    88.8   90.0    52.8            3        예    6    4      4    6            4 7300 231.6 174.2   여자         2
87  190191 여자   45-49세 전문직   소도시  168.0         7    51.6   88.8    27.6            6        예    7    6      7    6            7 7700 168.0 174.2   여자         2
88  190192 여자   45-49세 회사원   대도시  216.0         2    88.8   88.8    38.4            4      아니오    2    3      1    3            2 6200 216.0 174.2   여자         2
```

⑥ 데이터 정렬 : 데이터 프레임에서 특정 항목(변수)에 대한 오름차순 및 내림차순 정렬을 수행하
기 위해 order( ) 함수를 이용한다. (성별, 직업, 쇼핑액, 이용만족도) 항목을 저장한 데이터 프레임
(combination)에 대해 쇼핑액의 오름차순 정렬을 위해 combination(order(combination$쇼핑
액),) 명령어를 수행한다. 쇼핑액이 동일한 경우 이용만족도 기준으로 오름차순 정렬 결과를 출
력하기 위하여 다음 정렬 기준을 지정한다. 만약 동일한 쇼핑액에 대하여 이용만족도가 높은 값
을 먼저 출력(이용만족도의 내림차순 정렬)하기 위하여 해당 항목의 변수명에 "-"를 지정한다.

```
> head(combination)
   성별   직업  쇼핑액 이용만족도
1 남자 회사원  195.6        4
2 남자 공무원  116.4        7
3 남자 자영업  183.6        4
4 남자 농어업  168.0        4
5 남자 공무원  169.2        4
6 남자 자영업  171.6        5
```

○ 쇼핑액의 오름차순 정렬

```
> order_combination <- combination[order(combination$쇼핑액),]
> order_combination
     성별   직업  쇼핑액 이용만족도
52   여자  전문직   80.4          3
66   남자  공무원   81.6          6
72   여자  전문직   96.0          5
9    남자  농어업  111.6          3
32   여자  회사원  111.6          4
58   여자  회사원  112.8          7
2    남자  공무원  116.4          7
77   여자  전문직  117.6          6
75   남자  회사원  126.0          4
21   남자  공무원  134.4          5
70   여자  전문직  134.4          7
67   여자  회사원  135.6          7
78   여자  자영업  138.0          4
42   여자  회사원  142.8          5
50   여자  공무원  145.2          7
81   여자  회사원  145.2          5
74   남자  자영업  146.4          7
39   남자  전문직  147.6          5
65   여자  자영업  147.6          2
76   남자  회사원  151.2          4
```

○ 쇼핑액의 오름차순, 이용만족도 오름차순 정렬

```
> order_combination <- combination[order(combination$쇼핑액, combination$이용만족도), ]
> order_combination
     성별   직업  쇼핑액 이용만족도
52   여자  전문직   80.4          3
66   남자  공무원   81.6          6
72   여자  전문직   96.0          5
9    남자  농어업  111.6          3
32   여자  회사원  111.6          4
58   여자  회사원  112.8          7
2    남자  공무원  116.4          7
77   여자  전문직  117.6          6
75   남자  회사원  126.0          4
21   남자  공무원  134.4          5
70   여자  전문직  134.4          7
67   여자  회사원  135.6          7
78   여자  자영업  138.0          4
42   여자  회사원  142.8          5
81   여자  회사원  145.2          5
50   여자  공무원  145.2          7
74   남자  자영업  146.4          7
65   여자  자영업  147.6          2
39   남자  전문직  147.6          5
76   남자  회사원  151.2          4
17   남자  농어업  153.6          4
46   남자  자영업  154.8          6
55   남자  회사원  154.8          6
10   여자  회사원  156.0          4
59   남자  공무원  159.6          4
47   남자  전문직  159.6          5
```

ⓒ 쇼핑액의 오름차순, 이용만족도 내림차순 정렬

```
> order_combination <- combination[order(combination$쇼핑액,  -combination$이용만족도),]
> order_combination
      성별  직업  쇼핑액 이용만족도
52  여자 전문직   80.4      3
66  남자 공무원   81.6      6
72  여자 전문직   96.0      5
32  여자 회사원  111.6      4
9   남자 농어업  111.6      3
58  여자 회사원  112.8      7
2   남자 공무원  116.4      7
77  여자 전문직  117.6      6
75  남자 회사원  126.0      4
70  여자 전문직  134.4      7
21  남자 공무원  134.4      5
67  여자 회사원  135.6      7
78  여자 자영업  138.0      4
42  여자 회사원  142.8      5
50  여자 공무원  145.2      7
81  여자 회사원  145.2      5
74  남자 자영업  146.4      7
39  남자 전문직  147.6      5
65  여자 자영업  147.6      2
76  남자 회사원  151.2      4
17  남자 농어업  153.6      4
46  남자 자영업  154.8      6
55  남자 회사원  154.8      6
10  여자 회사원  156.0      4
47  남자 전문직  159.6      5
59  남자 공무원  159.6      4
```

⑦ 데이터 프레임의 행 및 열의 값 요약 : apply( ) 함수를 이용하여 데이터 프레임의 데이터(행 및 열)에 대한 기술통계량을 구한다.

ⓐ apply( )의 사용 방법은 다음과 같다.

apply(data, dim, function)
- data : 행렬 또는 데이터 프레임 이름
- dim＝1이면 데이터 프레임 각 행(row)에 function 적용
- dim＝2이면 데이터 프레임 각 열(column)에 function 적용
- function : 적용 함수(sum, mean, max, min 등)

ⓑ data에서 (쇼핑1월, 쇼핑2월, 쇼핑3월) 항목을 새로운 데이터 프레임으로 저장(month_shop)한다. 고객별로 월별 쇼핑금액의 합계(쇼핑1월＋쇼핑2월＋쇼핑3월)를 구하기 위해 apply(month_shop, 1, sum)을 수행한다. dim＝2 지정으로 월별 쇼핑금액의 평균[apply(month_shop, 2, mean)]과 합계[apply(month_shop, 2, sum)]를 구한다.

```
> head(data)
  고객번호 성별   연령대     직업 주거지역 쇼핑액 이용만족도 쇼핑1월 쇼핑2월 쇼핑3월 주문사용회수 쿠폰선호도 쿠폰 가격 서비스 배송 쇼핑만족도 소득  sum  avg Gender GenderNum
1  190105 남자 45~49세 회사원 소도시 195.6      4     76.8   64.8   54.0      3       예     7    7    1    4      4 4300 195.6 174.2 남자   1
2  190106 남자 25~29세 공무원 소도시 116.4      7     44.4   32.4   39.6      6      아니오   7    4    7    4      7 7500 116.4 174.2 남자   1
3  190107 남자 50세 이상 자영업 중도시 183.6      5     66.0   66.0   51.6      5       예     4    3    3    4      6 2900 183.6 174.2 남자   1
4  190108 남자 50세 이상 농어업 소도시 168.0      4     62.4   52.8   52.8      4      아니오   3    3    4    6      5 5300 168.0 174.2 남자   1
5  190109 남자 40~44세 공무원 중도시 169.2      4     63.6   54.0   51.6      4      아니오   6    4    7    4      6 4000 169.2 174.2 남자   1
6  190110 남자 45~49세 자영업 중도시 171.6      5     52.8   66.0   52.8      4      아니오   5    4    3    4      5 5100 171.6 174.2 남자   1

> month_shop <- subset(data, select=c(쇼핑1월, 쇼핑2월, 쇼핑3월))
> head(month_shop)
  쇼핑1월 쇼핑2월 쇼핑3월
1  76.8   64.8   54.0
2  44.4   32.4   39.6
3  66.0   66.0   51.6
4  62.4   52.8   52.8
5  63.6   54.0   51.6
6  52.8   66.0   52.8
```

- 고객별 쇼핑1월＋쇼핑2월＋쇼핑3월 합계 금액

```
> apply(month_shop, 1, sum)
    1     2     3     4     5     6     7     8     9    10    11    12    13    14    15    16    17    18    19    $
195.6 116.4 183.6 168.0 169.2 171.6 207.6 201.6 111.6 156.0 225.6 220.8 244.8 184.8 194.4 200.4 153.6 170.4 184.8 232$
   84    85    86    87    88    89    90
238.8 165.6 231.6 168.0 216.0 205.2 217.2
```

- 월별 쇼핑 금액의 평균 및 합계

```
> apply(month_shop, 2, mean)
 쇼핑1월  쇼핑2월  쇼핑3월
64.97333 61.12000 48.10667
> apply(month_shop, 2, sum)
쇼핑1월 쇼핑2월 쇼핑3월
 5847.6  5500.8  4329.6
```

(3) 결측값 처리

① airquality는 1973년 5월에서 9월 사이 뉴욕의 대기질 측정 자료이다. 총 6개의 항목[Ozone{오존의 양, ppb(parts per billion)}, Solar.R(태양복사광, Solar Radiation, langley), Wind{바람세기, mph(miles per hour)}, Temp(온도, Fahrenheit), Month(측정월), Day(측정일)]에 대해 153개의 측정 자료를 가진다. 아래와 같이 summary( ), describe( ) ("psych" 패키지 이용) 명령어를 이용하여 기술통계량을 확인한다. summary( ) 수행 결과, Ozone, Solar.R 항목에 대한 결측값(NA's)이 각각 37개, 7개가 있음을 알 수 있다.

```
> head(airquality)
  Ozone Solar.R Wind Temp Month Day
1    41     190  7.4   67     5   1
2    36     118  8.0   72     5   2
3    12     149 12.6   74     5   3
4    18     313 11.5   62     5   4
5    NA      NA 14.3   56     5   5
6    28      NA 14.9   66     5   6
> str(airquality)
'data.frame':   153 obs. of  6 variables:
 $ Ozone  : int  41 36 12 18 NA 28 23 19 8 NA ...
 $ Solar.R: int  190 118 149 313 NA NA 299 99 19 194 ...
 $ Wind   : num  7.4 8 12.6 11.5 14.3 14.9 8.6 13.8 20.1 8.6 ...
 $ Temp   : int  67 72 74 62 56 66 65 59 61 69 ...
 $ Month  : int  5 5 5 5 5 5 5 5 5 5 ...
 $ Day    : int  1 2 3 4 5 6 7 8 9 10 ...
> summary(airquality)
     Ozone           Solar.R           Wind             Temp           Month            Day
 Min.   :  1.00   Min.   :  7.0   Min.   : 1.700   Min.   :56.00   Min.   :5.000   Min.   : 1.0
 1st Qu.: 18.00   1st Qu.:115.8   1st Qu.: 7.400   1st Qu.:72.00   1st Qu.:6.000   1st Qu.: 8.0
 Median : 31.50   Median :205.0   Median : 9.700   Median :79.00   Median :7.000   Median :16.0
 Mean   : 42.13   Mean   :185.9   Mean   : 9.958   Mean   :77.88   Mean   :6.993   Mean   :15.8
 3rd Qu.: 63.25   3rd Qu.:258.8   3rd Qu.:11.500   3rd Qu.:85.00   3rd Qu.:8.000   3rd Qu.:23.0
 Max.   :168.00   Max.   :334.0   Max.   :20.700   Max.   :97.00   Max.   :9.000   Max.   :31.0
 NA's   :37       NA's   :7
> describe(airquality)
        vars   n   mean    sd median trimmed   mad min   max range  skew kurtosis   se
Ozone      1 116  42.13 32.99   31.5   37.80 25.95 1.0 168.0   167  1.21     1.11 3.06
Solar.R    2 146 185.93 90.06  205.0  190.34 98.59 7.0 334.0   327 -0.42    -1.00 7.45
Wind       3 153   9.96  3.52    9.7    9.87  3.41 1.7  20.7    19  0.34     0.03 0.28
Temp       4 153  77.88  9.47   79.0   78.28  8.90 56.0  97.0    41 -0.37    -0.46 0.77
Month      5 153   6.99  1.42    7.0    6.99  1.48 5.0   9.0     4  0.00    -1.32 0.11
Day        6 153  15.80  8.86   16.0   15.80 11.86 1.0  31.0    30  0.00    -1.22 0.72
> dim(airquality)
[1] 153   6
```

② 결측값이 있는 데이터들은 na.omit( ) 명령어를 이용하여 결측값을 제외하여 사용한다. 아래와 같이 airquality 데이터 저장(data) 후, na.omit(data) 명령어를 수행하면 결측값이 있는 행(레코드)이 제외(153－111＝42개 행 삭제)된 데이터를 얻는다.

```
> data <- airquality
> summary(data)
     Ozone          Solar.R           Wind            Temp           Month            Day
 Min.   :  1.00   Min.   :  7.0   Min.   : 1.700   Min.   :56.00   Min.   :5.000   Min.   : 1.0
 1st Qu.: 18.00   1st Qu.:115.8   1st Qu.: 7.400   1st Qu.:72.00   1st Qu.:6.000   1st Qu.: 8.0
 Median : 31.50   Median :205.0   Median : 9.700   Median :79.00   Median :7.000   Median :16.0
 Mean   : 42.13   Mean   :185.9   Mean   : 9.958   Mean   :77.88   Mean   :6.993   Mean   :15.8
 3rd Qu.: 63.25   3rd Qu.:258.8   3rd Qu.:11.500   3rd Qu.:85.00   3rd Qu.:8.000   3rd Qu.:23.0
 Max.   :168.00   Max.   :334.0   Max.   :20.700   Max.   :97.00   Max.   :9.000   Max.   :31.0
 NA's   :37       NA's   :7
> data <- na.omit(data)
> summary(data)
     Ozone          Solar.R           Wind            Temp           Month            Day
 Min.   :  1.0    Min.   :  7.0   Min.   : 2.30    Min.   :57.00   Min.   :5.000   Min.   : 1.00
 1st Qu.: 18.0    1st Qu.:113.5   1st Qu.: 7.40    1st Qu.:71.00   1st Qu.:6.000   1st Qu.: 9.00
 Median : 31.0    Median :207.0   Median : 9.70    Median :79.00   Median :7.000   Median :16.00
 Mean   : 42.1    Mean   :184.8   Mean   : 9.94    Mean   :77.79   Mean   :7.216   Mean   :15.95
 3rd Qu.: 62.0    3rd Qu.:255.5   3rd Qu.:11.50    3rd Qu.:84.50   3rd Qu.:8.000   3rd Qu.:22.50
 Max.   :168.0    Max.   :334.0   Max.   :20.70    Max.   :97.00   Max.   :9.000   Max.   :31.00
> dim(data)
[1] 111    6
```

③ 결측값을 다른 값으로 대체(예를 들어 중앙값으로 대체)하는 경우 아래와 같이 결측값을 제외한 옵션(na.rm＝TRUE)을 이용하여 대체값(중앙값, median)을 먼저 구하고, ifelse( ) 함수를 이용하여 결측값을 대체한다. Ozone 항목의 결측값 37개가 중앙값(31.5)으로 대체되었음을 알 수 있다.

```
> data <- airquality
> summary(data)
     Ozone          Solar.R           Wind            Temp           Month            Day
 Min.   :  1.00   Min.   :  7.0   Min.   : 1.700   Min.   :56.00   Min.   :5.000   Min.   : 1.0
 1st Qu.: 18.00   1st Qu.:115.8   1st Qu.: 7.400   1st Qu.:72.00   1st Qu.:6.000   1st Qu.: 8.0
 Median : 31.50   Median :205.0   Median : 9.700   Median :79.00   Median :7.000   Median :16.0
 Mean   : 42.13   Mean   :185.9   Mean   : 9.958   Mean   :77.88   Mean   :6.993   Mean   :15.8
 3rd Qu.: 63.25   3rd Qu.:258.8   3rd Qu.:11.500   3rd Qu.:85.00   3rd Qu.:8.000   3rd Qu.:23.0
 Max.   :168.00   Max.   :334.0   Max.   :20.700   Max.   :97.00   Max.   :9.000   Max.   :31.0
 NA's   :37       NA's   :7
> median <- median(data$Ozone, na.rm=TRUE)
> data$Ozone <- ifelse(is.na(data$Ozone), median, data$Ozone)
> summary(data)
     Ozone          Solar.R           Wind            Temp           Month            Day
 Min.   :  1.00   Min.   :  7.0   Min.   : 1.700   Min.   :56.00   Min.   :5.000   Min.   : 1.0
 1st Qu.: 21.00   1st Qu.:115.8   1st Qu.: 7.400   1st Qu.:72.00   1st Qu.:6.000   1st Qu.: 8.0
 Median : 31.50   Median :205.0   Median : 9.700   Median :79.00   Median :7.000   Median :16.0
 Mean   : 39.56   Mean   :185.9   Mean   : 9.958   Mean   :77.88   Mean   :6.993   Mean   :15.8
 3rd Qu.: 46.00   3rd Qu.:258.8   3rd Qu.:11.500   3rd Qu.:85.00   3rd Qu.:8.000   3rd Qu.:23.0
 Max.   :168.00   Max.   :334.0   Max.   :20.700   Max.   :97.00   Max.   :9.000   Max.   :31.0
                  NA's   :7
> describe(data)
        vars   n   mean     sd median trimmed   mad  min   max range  skew kurtosis   se
Ozone      1 153  39.56  29.05   31.5   35.21 18.53  1.0 168.0   167  1.60     2.70 2.35
Solar.R    2 146 185.93  90.06  205.0  190.34 98.59  7.0 334.0   327 -0.42    -1.00 7.45
Wind       3 153   9.96   3.52    9.7    9.87  3.41  1.7  20.7    19  0.34     0.03 0.28
Temp       4 153  77.88   9.47   79.0   78.28  8.90 56.0  97.0    41 -0.37    -0.46 0.77
Month      5 153   6.99   1.42    7.0    6.99  1.48  5.0   9.0     4  0.00    -1.32 0.11
Day        6 153  15.80   8.86   16.0   15.80 11.86  1.0  31.0    30  0.00    -1.22 0.72
> median
[1] 31.5
```

④ 만약 Solar.R 항목의 결측값을 평균(avg=185.9315)으로 대체하는 경우 아래와 같이 수행한다.

```
> avg <- mean(data$Solar.R, na.rm=TRUE)
> avg
[1] 185.9315
> data$Solar.R <- ifelse(is.na(data$Solar.R), avg, data$Solar.R)
> summary(data)
     Ozone          Solar.R          Wind            Temp           Month            Day
 Min.   : 1.00   Min.   : 7.0   Min.   : 1.700   Min.   :56.00   Min.   :5.000   Min.   : 1.0
 1st Qu.: 21.00  1st Qu.:120.0  1st Qu.: 7.400   1st Qu.:72.00   1st Qu.:6.000   1st Qu.: 8.0
 Median : 31.50  Median :194.0  Median : 9.700   Median :79.00   Median :7.000   Median :16.0
 Mean   : 39.56  Mean   :185.9  Mean   : 9.958   Mean   :77.88   Mean   :6.993   Mean   :15.8
 3rd Qu.: 46.00  3rd Qu.:256.0  3rd Qu.:11.500   3rd Qu.:85.00   3rd Qu.:8.000   3rd Qu.:23.0
 Max.   :168.00  Max.   :334.0  Max.   :20.700   Max.   :97.00   Max.   :9.000   Max.   :31.0
> describe(data)
        vars   n   mean    sd median trimmed   mad  min   max range  skew kurtosis   se
Ozone      1 153  39.56 29.05   31.5   35.21 18.53  1.0 168.0   167  1.60     2.70 2.35
Solar.R    2 153 185.93 87.96  194.0  190.44 96.37  7.0 334.0   327 -0.43    -0.91 7.11
Wind       3 153   9.96  3.52    9.7    9.87  3.41  1.7  20.7    19  0.34     0.03 0.28
Temp       4 153  77.88  9.47   79.0   78.28  8.90 56.0  97.0    41 -0.37    -0.46 0.77
Month      5 153   6.99  1.42    7.0    6.99  1.48  5.0   9.0     4  0.00    -1.32 0.11
Day        6 153  15.80  8.86   16.0   15.80 11.86  1.0  31.0    30  0.00    -1.22 0.72
```

⑤ 결측값이 제외된 데이터(data$Ozone)를 이용하여 사분위수(quantile( ))를 구하면 다음과 같다. quantile(data$Ozone, 0.25)는 1사분위, quantile(data$Ozone, 0.75)는 3사분위이고 사분위수 범위[제3사분위수-제1사분위수, IQR(Interquantile Range)]를 구하기 위해 IQR( ) 함수를 이용한다. 또는 quantile( ) 함수로 구한 사분위값을 이용하여 (q[4]-q[2])로 구할 수도 있다.

```
> summary(data)
     Ozone          Solar.R          Wind            Temp           Month            Day
 Min.   : 1.00   Min.   : 7.0   Min.   : 1.700   Min.   :56.00   Min.   :5.000   Min.   : 1.0
 1st Qu.: 21.00  1st Qu.:120.0  1st Qu.: 7.400   1st Qu.:72.00   1st Qu.:6.000   1st Qu.: 8.0
 Median : 31.50  Median :194.0  Median : 9.700   Median :79.00   Median :7.000   Median :16.0
 Mean   : 39.56  Mean   :185.9  Mean   : 9.958   Mean   :77.88   Mean   :6.993   Mean   :15.8
 3rd Qu.: 46.00  3rd Qu.:256.0  3rd Qu.:11.500   3rd Qu.:85.00   3rd Qu.:8.000   3rd Qu.:23.0
 Max.   :168.00  Max.   :334.0  Max.   :20.700   Max.   :97.00   Max.   :9.000   Max.   :31.0
> describe(data)
        vars   n   mean    sd median trimmed   mad  min   max range  skew kurtosis   se
Ozone      1 153  39.56 29.05   31.5   35.21 18.53  1.0 168.0   167  1.60     2.70 2.35
Solar.R    2 153 185.93 87.96  194.0  190.44 96.37  7.0 334.0   327 -0.43    -0.91 7.11
Wind       3 153   9.96  3.52    9.7    9.87  3.41  1.7  20.7    19  0.34     0.03 0.28
Temp       4 153  77.88  9.47   79.0   78.28  8.90 56.0  97.0    41 -0.37    -0.46 0.77
Month      5 153   6.99  1.42    7.0    6.99  1.48  5.0   9.0     4  0.00    -1.32 0.11
Day        6 153  15.80  8.86   16.0   15.80 11.86  1.0  31.0    30  0.00    -1.22 0.72
>
> q <- quantile(data$Ozone)
> q
    0%   25%   50%   75%  100%
   1.0  21.0  31.5  46.0 168.0
> q1 <- quantile(data$Ozone, 0.25)
> q1
25%
 21
> q3 <- quantile(data$Ozone, 0.75)
> q3
75%
 46
> iqr <- q3 - q1
> iqr
75%
 25
> IQR <- IQR(data$Ozone)
> IQR
[1] 25
> str(q)
 Named num [1:5] 1 21 31.5 46 168
 - attr(*, "names")= chr [1:5] "0%" "25%" "50%" "75%" ...
> q[4] - q[2]
75%
 25
```

⑥ 사분위수 범위(IQR( ))를 이용하여 두 경계값(r1＝평균－IQR＝14.55882), r2＝평균
＋IQR＝64.55882)을 구한다. data$Ozone 항목이 r1 이하이거나 r2 이상인 값을 result(논리
데이터 형식)에 저장하고 이들의 개수를 sum(result)로 구하면 총 51개이다. 이에 해당되는
data$Ozone의 합계는 2,740, 평균은 2740/51＝53.72549이다. 임곗값 (r1 이하, r2 이상)에 해
당되는 data$Solar.R의 평균은 175.8587이다.

```
> summary(data)
      Ozone            Solar.R           Wind             Temp            Month            Day
 Min.   :  1.00   Min.   :  7.0   Min.   : 1.700   Min.   :56.00   Min.   :5.000   Min.   : 1.0
 1st Qu.: 21.00   1st Qu.:120.0   1st Qu.: 7.400   1st Qu.:72.00   1st Qu.:6.000   1st Qu.: 8.0
 Median : 31.50   Median :194.0   Median : 9.700   Median :79.00   Median :7.000   Median :16.0
 Mean   : 39.56   Mean   :185.9   Mean   : 9.958   Mean   :77.88   Mean   :6.993   Mean   :15.8
 3rd Qu.: 46.00   3rd Qu.:256.0   3rd Qu.:11.500   3rd Qu.:85.00   3rd Qu.:8.000   3rd Qu.:23.0
 Max.   :168.00   Max.   :334.0   Max.   :20.700   Max.   :97.00   Max.   :9.000   Max.   :31.0
>
> r1 <- mean(data$Ozone) - IQR(data$Ozone)
> r2 <- mean(data$Ozone) + IQR(data$Ozone)
>
> r1
[1] 14.55882
> r2
[1] 64.55882
>
> result <- data$Ozone <= r1 | data$Ozone >= r2
> result
  [1] FALSE FALSE  TRUE FALSE FALSE FALSE FALSE FALSE  TRUE FALSE  TRUE FALSE  TRUE  TRUE FALSE  TRUE
 [17] FALSE  TRUE FALSE  TRUE  TRUE  TRUE  TRUE FALSE FALSE FALSE FALSE FALSE FALSE  TRUE FALSE FALSE
 [33] FALSE FALSE FALSE FALSE FALSE FALSE  TRUE FALSE FALSE FALSE FALSE FALSE FALSE FALSE  TRUE FALSE
 [49] FALSE  TRUE  TRUE FALSE FALSE FALSE FALSE FALSE FALSE FALSE FALSE FALSE FALSE  TRUE FALSE FALSE
 [65] FALSE FALSE FALSE  TRUE  TRUE  TRUE  TRUE FALSE  TRUE FALSE  TRUE FALSE FALSE FALSE FALSE  TRUE
 [81] FALSE FALSE FALSE FALSE  TRUE FALSE  TRUE FALSE FALSE  TRUE FALSE FALSE FALSE  TRUE FALSE  TRUE
 [97] FALSE  TRUE  TRUE  TRUE  TRUE FALSE FALSE FALSE FALSE  TRUE FALSE FALSE FALSE FALSE FALSE FALSE
[113] FALSE  TRUE FALSE FALSE  TRUE  TRUE FALSE  TRUE  TRUE  TRUE  TRUE  TRUE  TRUE  TRUE  TRUE FALSE
[129] FALSE FALSE FALSE FALSE FALSE FALSE FALSE FALSE  TRUE  TRUE FALSE FALSE  TRUE FALSE FALSE  TRUE
[145] FALSE FALSE  TRUE  TRUE FALSE FALSE  TRUE FALSE FALSE
> sum(result)
[1] 51
> sum(data$Ozone[result])
[1] 2740
> mean(data$Ozone[result])
[1] 53.72549

> avgSolar.R <- mean(data$Solar.R[result])
> avgSolar.R
[1] 175.8587
```

(4) 데이터 변환

① 데이터 분석 수행 전, 데이터 변환 작업을 수행한다. 대표적으로 최소−최대 정규화 변환(Min−Max Normalization$=(x-\min(x))/(\max(x)-\min(x))$) 작업 수행 결과(사용자 정의 함수 function( ) 이용)는 다음과 같다. 결측값을 제외한 airquality 데이터에서 Ozone 항목에 대한 최소−최대 변환 작업 수행 후, 최솟값$=0$, 최댓값$=1$로 변환(정규화)되었음을 알 수 있다.

```
> data <- na.omit(airquality)
> summary(data)
      Ozone           Solar.R          Wind           Temp          Month           Day
 Min.   :  1.0   Min.   :  7.0   Min.   : 2.30   Min.   :57.00   Min.   :5.000   Min.   : 1.00
 1st Qu.: 18.0   1st Qu.:113.5   1st Qu.: 7.40   1st Qu.:71.00   1st Qu.:6.000   1st Qu.: 9.00
 Median : 31.0   Median :207.0   Median : 9.70   Median :79.00   Median :7.000   Median :16.00
 Mean   : 42.1   Mean   :184.8   Mean   : 9.94   Mean   :77.79   Mean   :7.216   Mean   :15.95
 3rd Qu.: 62.0   3rd Qu.:255.5   3rd Qu.:11.50   3rd Qu.:84.50   3rd Qu.:9.000   3rd Qu.:22.50
 Max.   :168.0   Max.   :334.0   Max.   :20.70   Max.   :97.00   Max.   :9.000   Max.   :31.00
>
> head(data)
  Ozone Solar.R Wind Temp Month Day
1    41     190  7.4   67     5   1
2    36     118  8.0   72     5   2
3    12     149 12.6   74     5   3
4    18     313 11.5   62     5   4
7    23     299  8.6   65     5   7
8    19      99 13.8   59     5   8
>
> minmax <- function(x) {
+ return ((x-min(x))/(max(x)-min(x)))
+ }
>
> data$Ozone <- minmax(data$Ozone)
>
> head(data)
       Ozone Solar.R Wind Temp Month Day
1 0.23952096     190  7.4   67     5   1
2 0.20958084     118  8.0   72     5   2
3 0.06586826     149 12.6   74     5   3
4 0.10179641     313 11.5   62     5   4
7 0.13173653     299  8.6   65     5   7
8 0.10778443      99 13.8   59     5   8
> summary(data)
      Ozone           Solar.R          Wind           Temp          Month           Day
 Min.   :0.0000   Min.   :  7.0   Min.   : 2.30   Min.   :57.00   Min.   :5.000   Min.   : 1.00
 1st Qu.:0.1018   1st Qu.:113.5   1st Qu.: 7.40   1st Qu.:71.00   1st Qu.:6.000   1st Qu.: 9.00
 Median :0.1796   Median :207.0   Median : 9.70   Median :79.00   Median :7.000   Median :16.00
 Mean   :0.2461   Mean   :184.8   Mean   : 9.94   Mean   :77.79   Mean   :7.216   Mean   :15.95
 3rd Qu.:0.3653   3rd Qu.:255.5   3rd Qu.:11.50   3rd Qu.:84.50   3rd Qu.:9.000   3rd Qu.:22.50
 Max.   :1.0000   Max.   :334.0   Max.   :20.70   Max.   :97.00   Max.   :9.000   Max.   :31.00
```

② data\$Solar.R에 대한 Z−score 변환(Z−점수 변환=$(x-mean(x))/sd(x)=(x-$평균$)/$표준편차) 결과는 다음과 같다. Z−score 변환 후, 평균값 이상인 경우 양수, 평균값보다 작은 경우 음수값을 가지며, 평균=0인 정규 분포에 근사하도록 값을 변환하게 된다.

```
> zscore <- function(x) {
+ return (x-mean(x))/sd(x)
+ }
>
> summary(data)
     Ozone            Solar.R          Wind            Temp           Month            Day
 Min.   :0.0000   Min.   :  7.0   Min.   : 2.30   Min.   :57.00   Min.   :5.000   Min.   : 1.00
 1st Qu.:0.1018   1st Qu.:113.5   1st Qu.: 7.40   1st Qu.:71.00   1st Qu.:6.000   1st Qu.: 9.00
 Median :0.1796   Median :207.0   Median : 9.70   Median :79.00   Median :7.000   Median :16.00
 Mean   :0.2461   Mean   :184.8   Mean   : 9.94   Mean   :77.79   Mean   :7.216   Mean   :15.95
 3rd Qu.:0.3653   3rd Qu.:255.5   3rd Qu.:11.50   3rd Qu.:84.50   3rd Qu.:9.000   3rd Qu.:22.50
 Max.   :1.0000   Max.   :334.0   Max.   :20.70   Max.   :97.00   Max.   :9.000   Max.   :31.00
>
> data$Solar.R <- zscore(data$Solar.R)
> summary(data)
     Ozone            Solar.R           Wind            Temp           Month            Day
 Min.   :0.0000   Min.   :-177.8   Min.   : 2.30   Min.   :57.00   Min.   :5.000   Min.   : 1.00
 1st Qu.:0.1018   1st Qu.: -71.3   1st Qu.: 7.40   1st Qu.:71.00   1st Qu.:6.000   1st Qu.: 9.00
 Median :0.1796   Median :  22.2   Median : 9.70   Median :79.00   Median :7.000   Median :16.00
 Mean   :0.2461   Mean   :   0.0   Mean   : 9.94   Mean   :77.79   Mean   :7.216   Mean   :15.95
 3rd Qu.:0.3653   3rd Qu.:  70.7   3rd Qu.:11.50   3rd Qu.:84.50   3rd Qu.:9.000   3rd Qu.:22.50
 Max.   :1.0000   Max.   : 149.2   Max.   :20.70   Max.   :97.00   Max.   :9.000   Max.   :31.00
>
> describe(data)
        vars   n  mean    sd median trimmed   mad    min   max range  skew kurtosis   se
Ozone      1 111  0.25  0.20   0.18    0.22  0.15    0.0   1.0   1.0  1.23     1.13 0.02
Solar.R    2 111  0.00 91.15  22.20    4.96 91.92 -177.8 149.2 327.0 -0.48    -0.97 8.65
Wind       3 111  9.94  3.56   9.70    9.81  3.41    2.3  20.7  18.4  0.45     0.22 0.34
Temp       4 111 77.79  9.53  79.00   78.02 10.38   57.0  97.0  40.0 -0.22    -0.71 0.90
Month      5 111  7.22  1.47   7.00    7.27  1.48    5.0   9.0   4.0 -0.29    -1.28 0.14
Day        6 111 15.95  8.71  16.00   15.96 10.38    1.0  31.0  30.0 -0.01    -1.08 0.83
```

제2장 기술통계 분석

1 기술통계와 빈도 분석

(1) 기술통계의 이해

① 기술통계 분석을 위해 다음 패키지를 이용한다.

install.packages("descr")	#빈도 분석표 함수(freq( )) 이용
install.packages("fBasics")	#왜도 및 첨도 구하기(skewness( ), kutosis( ))
install.packages("prettyR")	#최빈값(Mode( )) 구하기
install.packages("psych")	#기술통계량(describe( )) 구하기
library(descr)	—
library(fBasics)	—
library(prettyR)	—
library("psych")	—

② 기술통계(Descriptive Statistics)란, 수집 자료에 대한 정리, 표현, 요약, 해석 등을 통해 자료의 특성을 규명하는 통계기법이며, 수집된 데이터를 이용하여 의미 있는 현상을 기술하거나 설명하는 것을 주요 목적으로 한다.

③ 특정한 조사와 방법을 이용하여 구한 기술통계량(또는 기술통계값)은 조사의 결과물로 활용된다.

④ 그리고 다양한 자료분석 기법인 탐색적 자료 분석(EDA ; Exploratory Data Analysis)을 수행하기 위한 기법으로도 활용된다.

⑤ 자료의 특성을 기술하거나 설명하기 위한 주요 기술통계 기법은 빈도 분석, 기술 분석, 교차 분석, 다차원척도법 등이 있으며, 최근 빅데이터에 대한 효과적인 기술 분석을 위하여 그룹 분석과 탐색적 자료 분석 도구들이 많이 활용된다. 주요 기술통계 기법을 요약하면 다음과 같다.

〈기술통계 방법〉

구 분	요 약
빈도 분석	• Frequency Analysis • 범주형 자료(성별, 연령대 등)의 분포적 특성 파악 • 한 개의 변수에 대한 빈도 측정 • 빈도표 작성(막대 그래프, 파이 차트, 히스토그램 등) • 자료의 분포 현황을 파악하여 분포적 특성을 찾아냄

기술 분석	• Descriptive Analysis • 연속형 자료(소득, 생활비 등)의 주요 특성값 파악 • 자료의 개략적 특성을 쉽게 파악할 수 있도록 묘사 • 수집된 자료의 중심 경향성(평균, 중앙값, 최빈값 등) 파악 • 수집된 자료의 변동성(범위, 사분위편차, 분산, 표준편차 등) 파악
교차 분석	• Cross Tabulation Analysis • 범주형 자료인 두 개 이상의 변수에 대해 교차되는 빈도를 표로 나타냄 • 두 개의 변수를 교차한 자료에 대한 빈도 측정
다차원척도법	• Multi−Dimensional Scaling(MDS) • 자료들 사이 근접성을 시각화하여 자료 속에 잠재해 있는 패턴이나 구조 분석 • 자료들 사이 유사성(또는 비유사성) 측정 • 유사성(또는 비유사성)을 2차원 또는 3차원 공간상에 점으로 표현
그룹 분석	• Group Analysis • 범주형 자료별로 그룹 함수를 적용한 분석 방법 • 자료를 집단별로 나누어 그룹함수 적용 • 그룹별 빈도와 함께 그룹별 특정 값에 대한 합계, 평균, 표준편차 등 분석
탐색적 자료 분석	• Exploratory Data Analysis(EDA) • 박스플롯, 산포도, 히스토그램 등과 같은 도구를 이용한 탐색적 분석 기법 • 수집된 자료만으로도 충분한 정보를 제공할 수 있음

(2) 빈도 분석

① 자료의 특정 변수에 대하여 차지하는 측정값들의 수량 즉, 빈도와 비율을 산출한다.

② 예를 들어 투표에 참여한 유권자들에 대한 빈도 분석은 성별, 연령, 출신 지역 등의 특정 변수들에 대하여 남녀의 수는 몇 명이고, (20대, 30대, 40대, 50대, 60대 이상)의 연령대의 수와 비율은 얼마이며, 출신 지역별 인원수 등의 빈도와 비율을 분석한다.

③ 빈도 분석은 가장 기초적인 기술통계 분석 기법으로서 자료의 전체적인 분포를 이해하는 데 도움을 주는 분포적 특성 정보를 제공한다.

④ 일반적으로 범주형 변수에 대하여 실행하며, 범주형 변수에 대한 빈도표(Frequency Table, 또는 빈도 분석 표)를 작성하고, 막대 그래프, 파이 차트, 히스토그램 등과 같은 시각화 도구를 이용하여 표현한다.

⑤ 빈도 분석을 통해 자료 분포 현황을 파악하고 분포적 특성을 이해한다.

⑥ 빈도표에는 해당 분석변수의 항목별 빈도(Frequency), 상대 비율(Relative Percentage, 퍼센트 또는 유효 퍼센트), 누적 비율(Cumulative Percentage)을 같이 표현하기도 한다.

⑦ 설문 응답자들에 대한 응답자 전공의 빈도표와 막대 그래프를 나타내면 다음과 같다.

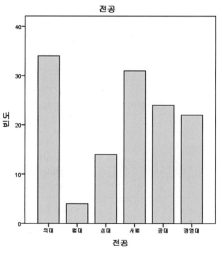

전공

		빈도	퍼센트	유효 퍼센트	누적퍼센트
유효	의대	34	26.4	26.4	26.4
	법대	4	3.1	3.1	29.5
	상대	14	10.9	10.9	40.3
	사범	31	24.0	24.0	64.3
	공대	24	18.6	18.6	82.9
	경영대	22	17.1	17.1	100.0
	합계	129	100.0	100.0	

[빈도 분석표]

[막대 그래프]

[빈도 분석표와 막대 그래프 예시]

⑧ 아래 중고차정보(C:/workr/usedcars.csv) 파일을 이용(총 70개 중고차에 대한 차량명, 연식, 연료, 주행거리, 가격, 제조사 데이터)하여 범주형 자료인 연료(fuel : 가솔린, 디젤)와 제조사(maker)에 대한 빈도 분석을 수행한다.

	A	B	C	D	E	F	G
1		title	year	fuel	km	price	maker
2	1	현대 제네시스 BH330 럭셔리 프라임팩	08/09(09년형)	가솔린	260000	690	현대
3	2	제네시스 더 올 뉴 G80 3.5 T-GDi AWD	20/06(21년형)	가솔린	10000	렌트	제네시스
4	3	기아 K7 프리미어 3.0 GDI 시그니처	19/07(20년형)	가솔린	20000	3350	기아
5	4	기아 더 뉴 K7 3.0 GDI 프레스티지	01월 15일	가솔린	90000	1990	기아
6	5	현대 갤로퍼2 숏바디 이노베이션 밴 인터쿨러 엑시드	02월 10일	디젤	160000	550	현대
7	6	기아 올 뉴 카니발 3.3 GDi 9인승 하이리무진 노블레스	16/09(17년형)	가솔린	120000	3080	기아
8	7	기아 모하비 KV300 4WD 상시4WD	01월 15일	디젤	140000	1960	기아
9	8	현대 포터2 초장축 슈퍼캡 CRDi 기본형	16/04(17년형)	디젤	180000	990	현대
10	9	현대 코나 1.6 T-GDi 2WD 모던 테크	17/08(18년형)	가솔린	50000	1650	현대
11	10	현대 아반떼AD 1.6 T-GDi 스포츠 익스트림 셀렉션	07월 18일	가솔린	70000	1790	현대
12	11	제네시스 G90 3.3 T-GDi AWD 프레스티지	06월 19일	가솔린	10000	8500	제네시스
13	12	제네시스 G70 2.0 T-GDi 슈프림	05월 18일	가솔린	20000	3100	제네시스
14	13	제네시스 더 올 뉴 G80 2.5 T-GDi AWD	20/09(21년형)	가솔린	5000		제네시스
15	14	현대 아반떼AD 1.6 e-VGT 스마트 스페셜	15/11(16년형)	디젤	20000	1200	현대
16	15	현대 뉴스타렉스 점보 밴 TCI 6인승 GRX 윈도우밴 고급형	04월 03일	디젤	80000	295	현대

중고차 정보(usedcars.csv)
- title : 차량명
- year : 연식(제조연도)
- fuel : 연료 구분(가솔린, 디젤)
- km : 주행거리
- price : 가격(만원)
- maker : 제조사

㉠ 작업 파일(usedcars.csv)이 저장된 폴더("C:/workr")를 설정하고 read.csv( )로 usedcars. csv를 데이터 프레임으로 저장(usedcars)한다. maker(자동차 제조사)와 fuel(자동차 연료) 범주형 자료에 대한 빈도 분석을 수행하기 위해 전체 데이터들 중 (maker, fuel)에 대한 데이터를 별도의 데이터 프레임으로 저장(data)한다.

```
> setwd("C:/workr")
> getwd()
[1] "C:/workr"
> usedcars <- read.csv("usedcars.csv", header=T, fileEncoding="EUC-KR")
>
> head(usedcars)
  X                                                       title        year fuel   km price  maker
1 1                        현대 제네시스 BH330 럭셔리 프라임팩 08/09(09년형) 가솔린 260000  690    현대
2 2                        제네시스 더 올 뉴 G80 3.5 T-GDi AWD 20/06(21년형) 가솔린  10000  렌트  제네시스
3 3                           기아 K7 프리미어 3.0 GDI 시그니처 19/07(20년형) 가솔린  20000  3350   기아
4 4                               기아 더 뉴 K7 3.0 GDI 프레스티지    15/01 가솔린  90000  1990   기아
5 5   현대 갤로퍼2 숏바디 이노베이션 밴 인터쿨러 엑시드            02/10 디젤 160000  550    현대
6 6 기아 올 뉴 카니발 3.3 GDi 9인승 하이리무진 노블레스 16/09(17년형) 가솔린 120000  3080   기아

> data <- subset(usedcars, select=c(maker, fuel))
> head(data)
   maker   fuel
1    현대  가솔린
2  제네시스 가솔린
3    기아  가솔린
4    기아  가솔린
5    현대   디젤
6    기아  가솔린
```

㉡ 빈도 분석을 위하여 table( )과 prob.table( )을 이용한다. table( ) 함수를 이용하여 입력 벡터에 대한 범주별 빈도수를 구하고, prob.table( )로 입력 빈도에 대한 백분율을 산출한다. 열결합 함수(cbind( ))를 이용하여 자동차 제조사 항목(maker)별 빈도 분석표(table_frequency)를 구하면 다음과 같다.

```
> maker_freq <- table(data$maker)
> maker_freq

        GM대우             기아          르노삼성           쉐보레         쎄미시스코
           4               21              2               3               1
아리아워크스투엔           오딧          제네시스          케이씨            현대
           1                1              9               1              27
>
> maker_prob <- prop.table(maker_freq)*100
> maker_prob

        GM대우             기아          르노삼성           쉐보레         쎄미시스코
      5.714286         30.000000       2.857143        4.285714        1.428571
아리아워크스투엔           오딧          제네시스          케이씨            현대
      1.428571         1.428571        12.857143       1.428571       38.571429
> maker_prob_round <- round(maker_prob, 1)
> maker_prob_round

        GM대우             기아          르노삼성           쉐보레         쎄미시스코
         5.7             30.0           2.9             4.3             1.4
아리아워크스투엔           오딧          제네시스          케이씨            현대
         1.4             1.4            12.9            1.4            38.6
```

```
> table_frequency <- cbind(frequency=maker_freq, percent=maker_prob_round)
>
> table_frequency
            frequency percent
GM대우            4     5.7
기아             21    30.0
르노삼성           2     2.9
쉐보레            3     4.3
쎄미시스코          1     1.4
아리아워크스투밴      1     1.4
오딧             1     1.4
제네시스           9    12.9
케이씨            1     1.4
현대            27    38.6
```

ⓒ freq( )를 이용하면 좀 더 간편하게 빈도 분석을 수행할 수 있다. freq( ) 함수를 사용하기 위해 install.packages("descr"), library(descr)로 descr 패키지를 설치한다. freq( )는 다음과 같이 빈도 분석을 수행할 데이터(x, 벡터값)와 그래프 생성 여부(plot)를 지정한다.

freq(x, plot= ,....)
- x : 숫자형 벡터값
- plot : 그래프 생성 여부 TRUE(FALSE) (기본값은 TRUE)

```
> install.packages("descr")
--- 현재 세션에서 사용할 CRAN 미러를 선택해 주세요 ---
URL 'https://cran.yu.ac.kr/bin/windows/contrib/4.1/descr_1.1.5.zip'를 시도합니다
Content type 'application/zip' length 182717 bytes (178 KB)
downloaded 178 KB

package 'descr' successfully unpacked and MD5 sums checked

The downloaded binary packages are in
        C:\Users\임영미\AppData\Local\Temp\RtmpqUJnJZ\downloaded_packages
> library(descr)
> table1 <- freq(data$maker, plot=FALSE)
> table1
data$maker
            Frequency Percent
GM대우            4     5.714
기아             21    30.000
르노삼성           2     2.857
쉐보레            3     4.286
쎄미시스코          1     1.429
아리아워크스투밴      1     1.429
오딧             1     1.429
제네시스           9    12.857
케이씨            1     1.429
현대            27    38.571
Total           70   100.000
```

```
> table2 <- freq(data$maker, plot=TRUE)
```

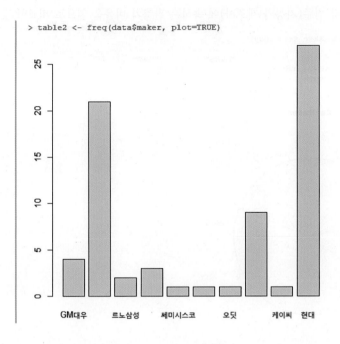

㉣ 데이터 시각화를 위해 barplot( )을 이용하여 막대 그래프를 작성한다.

```
> maker_frequency <- table(data$maker)
> head(maker_frequency)
```

GM대우	기아	르노삼성	쉐보레	쎄미시스코
4	21	2	3	1

애리아워크스투밴
          1

```
> barplot(maker frequency, main="MAKER", xlab="NumberofSamples")
```

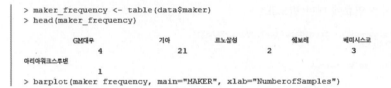

ⓜ 파이 차트(pie( ))로 각 범주(자동차 제조사)에 속하는 관측치 비율을 원으로 비교할 수 있다.

```
> labels <- rownames(maker_frequency)
> labels
 [1] "GM대우"          "기아"           "르노삼성"        "쉐보레"
 [5] "쎄미시스코"       "아리아워크스루벤"  "오딧"           "제네시스"
 [9] "케이씨"          "현대"
> pie(maker_frequency, labels=labels, main="Car Maker")
```

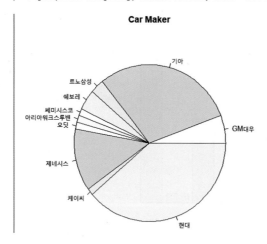

⑨ 데이터(data)에 저장된 자동차별 연료(data$fuel)에 대한 빈도 분석결과는 다음과 같다.
  ㉠ 자동차별 사용 연료에 대한 빈도표

```
> fuel_frequency <- freq(data$fuel, plot=FALSE)
> fuel_frequency
data$fuel
         Frequency Percent
LPG              2   2.857
가솔린           42  60.000
디젤             25  35.714
전기              1   1.429
Total            70 100.000
```

  ㉡ 막대 그래프, barplot( )

```
> fuel_table <- table(data$fuel)
> fuel_table

  LPG 가솔린   디젤    전기
    2     42     25      1
> barplot(fuel_table, main="FUEL", xlab="NumberofSamples")
```

© 파이 차트 작성

```
> lables <- rownames(fuel_table)
> labels <- rownames(fuel_table)
> labels
[1] "LPG"      "가솔린"  "디젤"    "전기"
>
> pie(fuel_table, labels=labels, main="Car Fuel")
```

② 파이 차트, pie( )

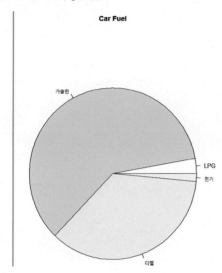

2 기술통계 기법

(1) 기술통계량

① 기술통계량을 통해 자료의 특징을 쉽게 파악할 수 있다. 자료의 특성을 파악하기 위해 평균, 최솟값, 최댓값, 중앙값, 분산 및 표준편차, 왜도, 첨도 등을 이용한다. 아래는 중고차 가격(data$price)에 대한 기술통계량이다.

변 수	표본 수	평 균	최솟값	최댓값	표준편차	왜 도	첨 도	변동계수
중고차 가격	70	2422.157	160	8500	2059.669	1.034954	0.082055	0.850345

② 기술통계량은 자료들의 중심 경향성을 파악하기 위한 평균값, 중앙값, 최빈값 등과 자료의 변동을 측정하기 위한 최댓값, 최솟값, 범위, 분산, 표준편차, 변동계수, 왜도 및 첨도 등으로 구분되며 일반적으로 수치계산이 가능한 연속형 자료를 대상으로 한다.

③ 중고차 가격(만원)과 주행거리(km)에 대한 기술통계량을 구하면 다음과 같다. length( )는 표본의 수, mean( )은 평균, min( )은 최솟값, max( )는 최댓값, range( )는 범위(최솟값, 최댓값), median( )은 중앙값, var( )은 분산, sd( )는 표준편차이다. CV(Coefficient of Variation)는 변동계수로 표준편차를 평균값으로 나누어 구하며, 측정단위가 서로 다른 자료를 비교하는 데 유용하게 사용된다.

```
> usedcars <- read.csv("usedcars.csv", header=T, fileEncoding="EUC-KR")
> data <- subset(usedcars, select=c(km, price))
> head(data)
      km price
1 260000   690
2  10000   700
3  20000  3350
4  90000  1990
5 160000   550
6 120000  3080
> length(data$price)
[1] 70
> mean(data$price)
[1] 2422.157
> min(data$price)
[1] 160
> max(data$price)
[1] 8500
>
> range(data$price)
[1]  160 8500
> median(data$price)
[1] 1635
> var(data$price)
[1] 4242235
> sd(data$price)
[1] 2059.669
> CV <- sd(data$price)/mean(data$price)
> CV
[1] 0.8503448

> length(data$km)
[1] 70
> mean(data$km)
[1] 86267.71
> min(data$km)
[1] 13
> max(data$km)
[1] 290000
>
> range(data$km)
[1]      13 290000
> median(data$km)
[1] 80000
> var(data$km)
[1] 4776551807
> sd(data$km)
[1] 69112.6
> CV <- sd(data$km)/mean(data$km)
> CV
[1] 0.801141
```

④ 사분위수를 구하기 위해 quantile( ) 함수를 이용한다. quantile(data$price, 0.05)는 자동차 가격의 하위 5%에 해당되는 값이며, quantile(data$price, 0.5)는 제50백분위수로서 중앙값(media)과 동일하다. 사분위편차(QD ; Quartile Deviation)는 자료의 최대치와 최소치의 양극 변량의 차이로 자료의 중앙부에서 반으로 나눈 즉, 상위·하위로 25% 위치에 해당하는 점수의 범위이다. 따라서 사분위 편차는 자료들이 얼마나 중간부분에 위치하고 있는지를 나타내는 퍼짐 정도의 정보를 제공한다. quantile( ) 함수의 probs 옵션을 이용하여 각 분위별 사분위값을 구하기도 한다.

```
> quantile(data$price)
     0%     25%     50%     75%    100%
  160.0   750.0  1635.0  3847.5  8500.0
> quantile(data$price, 0.05)
    5%
396.05
> quantile(data$price, 0.5)
  50%
1635
> quantile(data$price, 0.95)
   95%
5959.5
> Q1 <- quantile(data$price, 0.25)
> Q3 <- quantile(data$price, 0.75)
> QD <- (Q3-Q1)/2
> QD
    75%
1548.75
> quantile(data$price, probs=c(0.05, 0.1, 0.25, 0.5, 0.75, 0.9, 0.95))
     5%     10%     25%     50%     75%     90%     95%
 396.05  568.00  750.00 1635.00 3847.50 5508.00 5959.50


> quantile(data$km)
     0%     25%     50%     75%    100%
     13   30000   80000  127500  290000
> quantile(data$km, 0.05)
  5%
780
> quantile(data$km, 0.5)
  50%
80000
> quantile(data$km, 0.95)
   95%
195500
> Q1 <- quantile(data$km, 0.25)
> Q3 <- quantile(data$km, 0.75)
> QD <- (Q3-Q1)/2
> QD
  75%
48750
> quantile(data$km, probs=c(0.05, 0.1, 0.25, 0.5, 0.75, 0.9, 0.95))
    5%    10%    25%    50%    75%    90%    95%
   780   9500  30000  80000 127500 161000 195500
```

⑤ 최빈값(가장 많이 관측되는 값)을 구하기 위하여 사용자 함수를 사용하거나 "prettyR" 패키지를 설치한 후 Mode( ) 함수를 이용한다.

```
> Mode <- function(x) {
+ u <- unique(x)
+ u[which.max(tabulate(match(x,u)))]
+ }
> Mode(data$price)
[1] 750
> Mode(data$km)
[1] 10000
```

```
> install.packages("prettyR")
URL 'https://cran.yu.ac.kr/bin/windows/contrib/4.1/prettyR_2.2-3.zip'을 시도합니다
Content type 'application/zip' length 157084 bytes (153 KB)
downloaded 153 KB

package 'prettyR' successfully unpacked and MD5 sums checked

The downloaded binary packages are in
        C:\Users\임영미\AppData\Local\Temp\RtmpqUJnJZ\downloaded_packages
> library(prettyR)

다음의 패키지를 부착합니다: 'prettyR'

The following object is masked _by_ '.GlobalEnv':

    Mode

The following object is masked from 'package:descr':

    freq

> Mode(data$price)
[1] 750
> Mode(data$km)
[1] 10000
```

⑥ summary( )를 이용하여 특정 변수에 대한 최솟값, 사분위값(하위 25%, 75%), 평균, 최댓값을
확인한다.

```
> summary(data$price)
   Min. 1st Qu.  Median    Mean 3rd Qu.    Max.
    160     750    1635    2422    3848    8500

  summary(data$km)
   Min. 1st Qu.  Median    Mean 3rd Qu.    Max.
     13   30000   80000   86268  127500  290000
```

⑦ 왜도(Skewness)란 자료 분포의 대칭 정도를 말하며, 자료들이 중심으로부터 좌우 대칭일 경우
왜도는 0이다. 왜도 값이 0보다 크면 오른쪽으로 치우친 분포(양의 왜도)이고, 0보다 작으면 왼
쪽으로 치우친 분포(음의 왜도)가 된다. 왜도를 구하기 위한 skewness( )와 첨도를 구하기 위한
kurtosis( ) 함수를 이용하기 위하여 "fBasics" 패키지를 이용한다.

```
> install.packages("fBasics")
'timeSeries', 'gss', 'stabledist' (등)을 또한 설치합니다.

URL 'https://cran.yu.ac.kr/bin/windows/contrib/4.1/timeSeries_3062.100.zip'을 시도합니다
Content type 'application/zip' length 1831607 bytes (1.7 MB)
downloaded 1.7 MB

URL 'https://cran.yu.ac.kr/bin/windows/contrib/4.1/gss_2.2-3.zip'을 시도합니다
Content type 'application/zip' length 1785483 bytes (1.7 MB)
downloaded 1.7 MB

URL 'https://cran.yu.ac.kr/bin/windows/contrib/4.1/stabledist_0.7-1.zip'을 시도합니다
Content type 'application/zip' length 76003 bytes (74 KB)
downloaded 74 KB

URL 'https://cran.yu.ac.kr/bin/windows/contrib/4.1/fBasics_3042.89.1.zip'을 시도합니다
Content type 'application/zip' length 2730812 bytes (2.6 MB)
downloaded 2.6 MB

package 'timeSeries' successfully unpacked and MD5 sums checked
package 'gss' successfully unpacked and MD5 sums checked
package 'stabledist' successfully unpacked and MD5 sums checked
package 'fBasics' successfully unpacked and MD5 sums checked

The downloaded binary packages are in
        C:\Users\임영미\AppData\Local\Temp\RtmpqUJnJZ\downloaded_packages
> library(fBasics)
필요한 패키지를 로딩중입니다: timeDate
필요한 패키지를 로딩중입니다: timeSeries
```

```
> skewness(data$price)
[1] 1.034954
attr(,"method")
[1] "moment"
> skewness(data$km)
[1] 0.8179382
attr(,"method")
[1] "moment"
```

⑧ 첨도(Kurtosis)는 자료 분포에서 뾰족한 정도를 말하며, 정규 분포(연속적이고 좌우대칭인 종 모양의 확률분포로서 실생활에서 관측되는 대부분의 자료들은 정규 분포와 비슷한 형태를 가짐) 의 첨도는 0이다. 정규 분포보다 중심이 높아 뾰족한 경우는 첨도값이 양수이고(양의 첨도), 중 심이 정규 분포보다 낮고 분포가 비교적 퍼져 있으며 꼬리 부분이 짧은 경우는 음수값(음의 첨 도)을 가진다.

```
> kurtosis(data$price)
[1] 0.08205552
attr(,"method")
[1] "excess"
```

```
> kurtosis(data$km)
[1] 0.3624662
attr(,"method")
[1] "excess"
```

⑨ describe( )를 이용하여 다양한 기술통계량 값들을 확인할 수 있다. describe( ) 함수를 이용하 기 위하여 "psych" 패키지를 설치한다. 사용 방법은 아래와 같으며, 평균, 표준편차, 중앙값, 최 솟값, 최댓값, 범위, 왜도, 첨도, 표준오차 등의 기술통계량을 한 번에 확인한다.

> **describe(x, na.rm=TRUE, skew=TRUE, ranges=TRUE, trim=1, type=3, quant=NULL)**
> • x : 분석 대상 숫자형 벡터값
> • na.rm : 결측값 삭제 여부
> • skew, ranges : 왜도 및 범위 값 포함 여부(TRUE이면 포함)
> • trim : 결괏값 절사
> • quant : 사분위값 지정 여부

```
> install.packages("psych")
'tmvnsim', 'mnormt' (들)을 또한 설치합니다.

URL 'https://cran.yu.ac.kr/bin/windows/contrib/4.1/tmvnsim_1.0-2.zip'을 시도합니다
Content type 'application/zip' length 37073 bytes (36 KB)
downloaded 36 KB

URL 'https://cran.yu.ac.kr/bin/windows/contrib/4.1/mnormt_2.0.2.zip'을 시도합니다
Content type 'application/zip' length 193615 bytes (189 KB)
downloaded 189 KB

URL 'https://cran.yu.ac.kr/bin/windows/contrib/4.1/psych_2.1.9.zip'을 시도합니다
Content type 'application/zip' length 4244205 bytes (4.0 MB)
downloaded 4.0 MB

package 'tmvnsim' successfully unpacked and MD5 sums checked
package 'mnormt' successfully unpacked and MD5 sums checked
package 'psych' successfully unpacked and MD5 sums checked

The downloaded binary packages are in
        C:\Users\임영미\AppData\Local\Temp\RtmpqUJnJZ\downloaded_packages
> library(psych)

다음의 패키지를 부착합니다: 'psych'

The following objects are masked from 'package:prettyR':

    describe, skew

The following object is masked from 'package:fBasics':

    tr

The following object is masked from 'package:timeSeries':

    outlier

> price_result <- describe(data$price)
> price_result
   vars  n    mean      sd median trimmed     mad min  max range skew kurtosis     se
X1    1 70 2422.16 2059.67   1635 2151.38 1460.36 160 8500  8340 1.03     0.08 246.18
> km_result <- describe(data$km)
> km_result
   vars  n     mean       sd median trimmed    mad min     max  range skew kurtosis      se
X1    1 70 86267.71 69112.6  80000 79642.86 74130  13  290000 289987 0.82     0.36 8260.54
> head(data)
      km price
1 260000   690
2  10000   700
3  20000  3350
4  90000  1990
5 160000   550
6 120000  3080
>
> all_result <- describe(data)
> all_result
      vars  n     mean       sd median  trimmed      mad min     max  range skew kurtosis      se
km       1 70 86267.71 69112.60  80000 79642.86 74130.00  13  290000 289987 0.82     0.36 8260.54
price    2 70  2422.16  2059.67   1635  2151.38  1460.36 160    8500   8340 1.03     0.08  246.18
```

- n : 표본 수
- mean : 평균
- sd : 표준편차
- median : 중앙값
- trimmed : 절사평균
- mad : 중앙값 절대 편차
- min : 최솟값

- max : 최댓값
- range : 범위
- skew : 왜도
- kurtosis : 첨도
- se : 표준오차(standard error=표준편차/$\sqrt{n}$, data$km의 경우 se=69112.6/$\sqrt{n}$=8260.54)

(2) 탐색적 자료 분석

① 탐색적 자료(또는 데이터) 분석(EDA ; Exploratory Data Analysis)은 기존 통계학이 정보의 추출에서 가설 검정 등에 치우쳐 자료가 가지고 있는 본연의 의미를 찾는 데 어려움이 있어, 이를 보완하기 위해 개발한 방법이다. 주어진 자료만 가지고도 충분한 정보를 찾을 수 있도록 제공된 다양한 자료 분석 기법을 이용하여 수행되는 데이터 분석 방법이다.

② 탐색적 데이터 분석을 위하여 박스 플롯, 산포도 및 히스토그램 등과 같은 시각적 도구를 활용한다.

③ 탐색적 데이터 분석을 위해 아래 데이터(data.csv)를 이용한다. data.csv는 (고객번호, 성별, 연령대, 직업, 주거지역, 쇼핑액, 이용만족도, 쇼핑1월, 쇼핑2월, 쇼핑3월, 쿠폰사용회수, 쿠폰선호도, 품질, 가격, 서비스, 배송, 쇼핑만족도, 소득) 자료이다.

A1	:	$\times$	$\checkmark$	f_x	고객번호

	A	B	C	D	E	F	G	H	I	J	K	L	M	N	O	P	Q	R
1	고객번호	성별	연령대	직업	주거지역	쇼핑액	이용만족도	쇼핑1월	쇼핑2월	쇼핑3월	쿠폰사용회	쿠폰선호도	품질	가격	서비스	배송	쇼핑만족도	소득
2	190105	남자	45-49세	회사원	소도시	195.6	4	76.8	64.8	54	3	예	7	7	1	4	4	4300
3	190106	남자	25-29세	공무원	소도시	116.4	7	44.4	32.4	39.6	6	아니오	7	4	7	7	7	7500
4	190107	남자	50세 이상	자영업	중도시	183.6	4	66	66	51.6	5	예	4	4	3	3	6	2900
5	190108	남자	50세 이상	농어업	소도시	168	4	62.4	52.8	52.8	4	아니오	3	3	4	6	5	5300
6	190109	남자	40-44세	공무원	중도시	169.2	4	63.6	54	51.6	5	아니오	6	4	7	4	6	4000
7	190110	남자	45-49세	자영업	중도시	171.6	5	52.8	66	52.8	4	아니오	5	4	3	4	5	5100
8	190111	여자	50세 이상	공무원	중도시	207.6	4	64.8	88.8	54	4	예	7	7	1	4	5	5700
9	190112	남자	50세 이상	자영업	소도시	201.6	7	56.4	92.4	52.8	3	예	7	7	7	4	4	5900
10	190113	남자	50세 이상	농어업	중도시	111.6	3	64.8	30	16.8	4	아니오	3	3	4	3	5	5100
11	190114	여자	45-49세	회사원	중도시	156	4	51.6	51.6	52.8	0	예	1	4	1	7	1	5700
12	190115	남자	40-44세	회사원	중도시	225.6	5	80.4	92.4	52.8	1	예	5	5	5	5	2	5800
13	190116	남자	30-34세	공무원	중도시	220.8	4	76.8	90	54	6	아니오	5	4	6	4	6	4300
14	190117	남자	35-39세	회사원	대도시	244.8	7	76.8	88.8	79.2	6	아니오	7	4	7	7	7	8700
15	190118	남자	45-49세	농어업	소도시	184.8	6	91.2	67.2	26.4	5	예	5	4	5	6	6	4100

④ 박스 플롯(Box plot)을 이용하여 월별 쇼핑액(1월, 2월, 3월)을 한 눈에 비교할 수 있다. 박스 플롯은 그림을 이용해 자료 집합의 범위와 중앙값을 확인하기 위한 용도로 사용된다. 그리고 통계적으로 이상치(Outlier)가 있는지도 확인할 수 있다. 박스 플롯을 작성하기 위하여 먼저, data.csv을 데이터 프레임(data)으로 저장하고 각 월의 쇼핑액을 변수 (x, y, z)에 저장한 후, boxplot( ) 함수를 이용한다.

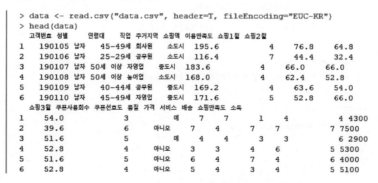

```
> data <- read.csv("data.csv", header=T, fileEncoding="EUC-KR")
> head(data)
  고객번호 성별     연령대   직업 주거지역 쇼핑액 이용만족도 쇼핑1월 쇼핑2월
1   190105 남자    45-49세 회사원   소도시  195.6          4    76.8   64.8
2   190106 남자    25-29세 공무원   소도시  116.4          7    44.4   32.4
3   190107 남자 50세 이상 자영업   중도시  183.6          4    66.0   66.0
4   190108 남자 50세 이상 농어업   소도시  168.0          4    62.4   52.8
5   190109 남자    40-44세 공무원   중도시  169.2          4    63.6   54.0
6   190110 남자    45-49세 자영업   중도시  171.6          5    52.8   66.0
  쇼핑3월 쿠폰사용회수 쿠폰선호도 품질 가격 서비스 배송 쇼핑만족도 소득
1    54.0            3        예    7    7      1    4          4 4300
2    39.6            6      아니오  7    4      7    7          7 7500
3    51.6            5        예    4    4      3    3          6 2900
4    52.8            4      아니오  3    3      4    6          5 5300
5    51.6            5      아니오  6    4      7    4          6 4000
6    52.8            4      아니오  5    4      3    4          5 5100
```

```
> x <- data$쇼핑1월
> y <- data$쇼핑2월
> z <- data$쇼핑3월
> boxplot(x, y, z, names=c("January", "February", "March"))
```

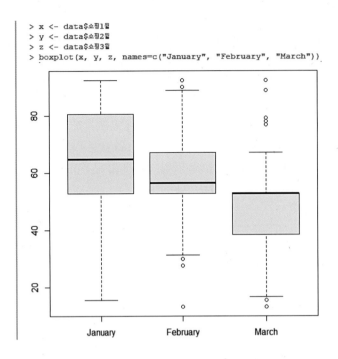

⑤ 아래와 같이 박스 플롯은 박스와 바깥의 선(Whisker)으로 이루어진다. 박스 플롯을 이용하여 최 댓값(Maximum observation), 최솟값(Minimum observation), 중앙값(Median), 1사분위 수(25th percentile), 3사분위수(75th percentile) 값을 알 수 있다. 범위를 넘어가는 이상치 (Outlier)들은 작은 원 형태의 점으로 표시된다.

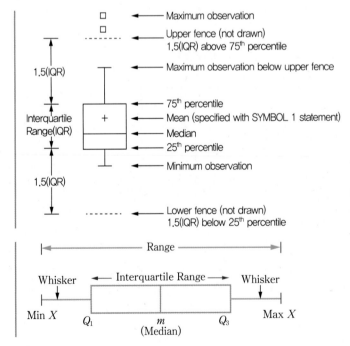

⑥ plot( )으로 변수들 사이 산포도(Scatter plot)를 작성한다. 산포도는 두 변수 사이의 영향력을 나타내기 위하여 가로와 세로축에 자료를 점으로 그린다. lm( ) 함수를 이용하여 회귀계수를 구한 후 abline( ) 함수를 이용하여 산포도 그림에 회귀계수의 선을 추가하여 회귀식을 같이 표현하기도 한다.

```
> x <- data$쇼핑1월
> y <- data$쇼핑2월
> plot(x, y, xlab="January", ylab="February")
```

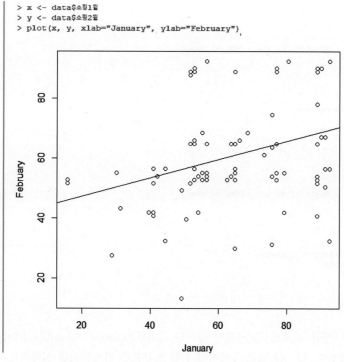

```
> k=lm(y~x)
> abline(k)
```

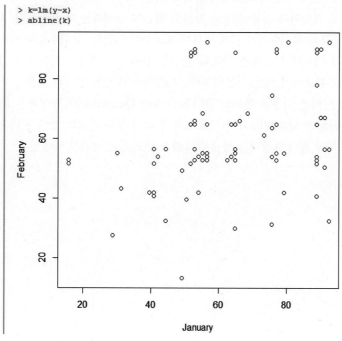

⑦ stem( ) 함수를 이용하여 줄기 잎 도표(Stem and leaf diagram)를 작성한다. 줄기 잎 도표는 줄기에 해당되는 단위를 정하고 그 단위 아래의 자료를 잎의 크기 순서로 배열한 도표이다. 줄기 잎 도표는 자료 분포의 개략적인 형태를 제공하며, 분포가 좌우대칭의 형태인지, 편향(Skewed) 되었는지, 봉우리(Modal)는 하나인지 다수인지와 이상치의 존재 여부를 쉽게 파악할 수 있다.

```
> x <- data$쇼핑1월
> y <- data$쇼핑2월
> stem(x)

  The decimal point is 1 digit(s) to the right of the |

  1 | 66
  2 | 9
  3 | 01
  4 | 01111244499
  5 | 0222233333333444555666666
  6 | 244555555568
  7 | 33666677777799
  8 | 0999999999999
  9 | 0001112222

> stem(y)

  The decimal point is 1 digit(s) to the right of the |

  1 | 3
  2 | 8
  3 | 0122
  4 | 0111222239
  5 | 02222333333334444444455555566666666
  6 | 11455555555555667788
  7 | 48
  8 | 89999999
  9 | 0000022222
```

⑧ qqnorm( ) 함수를 이용(정규 분포의 경우)하여 Q−Q 도표(Quantile−Quanile Plot, 분위 수−분위수 도표)를 작성한다. Q−Q 도표는 데이터가 특정 분포를 따르는지를 시각적으로 검토하는 방법이며, 일반적으로 데이터가 정규 분포를 따르고 있는지 분석하는 데 이용된다. Q−Q 도표는 비교하고자 하는 분포의 분위수끼리 좌표 평면에 표시하여 그린다. 분위수들을 차트에 작성하고 데이터의 분위수와 비교하고자 하는 분포의 분위수 간에 직선관계가 있는지 확인한다. qqline( )을 이용하여 정규 분포에서 1Q(1사분위수)와 3Q(3사분위수)를 지나는 선을 그려 표현한다. 다음 그림에서 X축은 이론적 정규 분포의 값(Teoretical Quantiles)이고 Y축은 1월과 2월의 쇼핑액에 대한 값(Sample Quantiles)이다. 쇼핑액의 값이 정규 분포의 값에 거의 비례하여 증가하는 것으로 보여 해당 월의 쇼핑액은 정규 분포를 이루고 있는 것으로 예측된다.

```
> x <- data$쇼핑1월
> y <- data$쇼핑2월
> qqnorm(x, main="January")
```

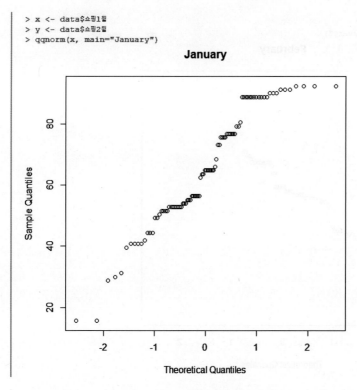

```
> qqline(x)
```

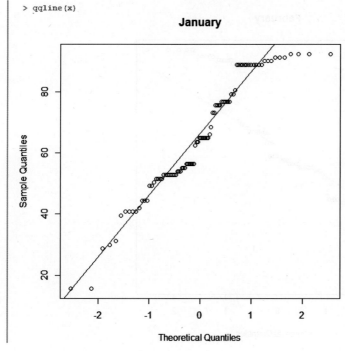

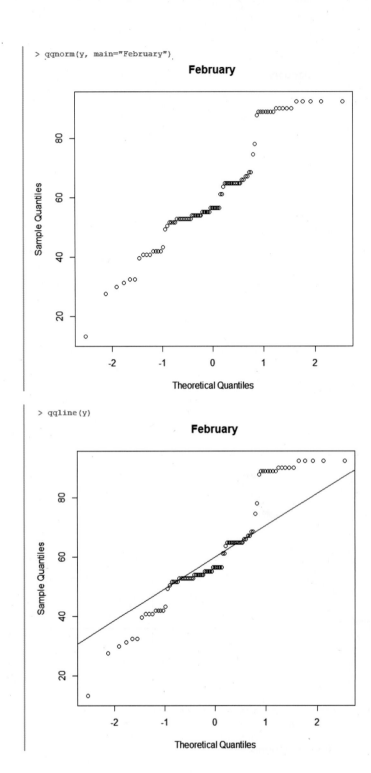

⑨ R에서 제공되는 주요 분포 함수들을 요약(난수 발생, 확률밀도, 분포, 분위수 함수)하면 다음과 같다.

〈주요 확률 분포들에 대한 R 함수〉

확률 분포	난수 발생 함수	확률 밀도 함수	분포 함수	분위수 함수
이항 분포	rbinom	dbinom	pbinom	qbinom
F 분포	rf	df	pf	qf
기하 분포	rgeom	dgeom	pgeom	qgeom
초기하 분포	rhyper	dhyper	phyper	qyper
음이항 분포	rnbinom	dnbinom	pnbinom	qnbinom
정규 분포	rnorm	dnorm	pnorm	qnorm
포아송 분포	rpois	dpois	ppois	qpois
t 분포	rt	dt	pt	qt
연속균등 분포	runif	dunif	punif	qunif

MEMO

제3과목
데이터 모형 구축

제1장 상관관계 분석

제2장 회귀 분석

제3장 로지스틱 회귀 분석

제4장 의사결정나무

제5장 인공신경망

제6장 서포트벡터머신

제7장 베이지안 기법

제8장 앙상블 분석

제 1 장 상관관계 분석

1 상관관계 분석의 이해

(1) 상관관계 분석을 위해 다음 패키지를 이용한다.

install.packages("Hmisc")	#rcorr( ) 함수 사용 (상관관계 분석)
library(Hmisc)	−

(2) 상관관계 분석(Correlation Analysis)이란, 데이터 내의 두 변수 사이에 어떠한 관련성(특히 선형적 관계)이 있는지를 알아보기 위한 분석 기법이다.

(3) 두 변수 간에 관계를 알아보기 위해 상관계수를 이용하며, 연속형 자료 또는 순위형 자료를 대상으로 한다. 상관계수(r)=(X와 Y가 함께 변하는 정도)/(X와 Y가 각각 변하는 정도)의 개념을 가지며, 공분산과 표본 상관계수는 다음과 같이 구한다.

① 공분산($Cov(X,Y)$)

$$Cov(X,Y) = \frac{\sum(X_i - \overline{X})(Y_i - \overline{Y})}{n-1}$$

② 표본 상관계수(r)

$$r = \frac{Cov(X,Y)}{Sd(X)Sd(Y)} = \frac{S_{XY}}{\sqrt{S_{XX}S_{YY}}}$$
$$S_{XY} = \sum(X_i - \overline{X})(Y_i - \overline{Y})$$
$$S_{XX} = \sum(X_i - \overline{X})^2$$
$$S_{YY} = \sum(Y_i - \overline{Y})^2$$
$$Sd(X)\text{는 } X\text{의 표준편차, } Sd(Y)\text{는 } Y\text{의 표준편차}$$

(4) 공분산(Covariance)이란, 2개 확률변수의 선형관계를 나타내는 값으로 2개의 변수 중 하나의 값이 상승하는 경향을 보일 때 다른 값도 상승하는 선형 상관성이 있다면 양수의 공분산, 반대로 다른 값이 하강하는 선형 상관성을 보일 때 음수의 공분산 값을 가진다.

(5) 상관관계 분석은 두 변수 사이의 선형적 관계에 대해서만 파악하며, 함수적 관계를 분석하기 위해서는 회귀 분석을 실시한다. 상관관계 분석은 (교육 수준, 급여), (통화 증가율, 물가 상승률) 등 서로 관계가 있는 변수들 사이의 관계를 분석할 때 이용된다.

(6) 양의 상관관계가 있다는 것은 한 변수의 값이 증가할 때 다른 변수의 값도 증가하는 경향을 보이는 것이며, 음의 상관관계가 있다는 것은 한 변수의 값이 증가할 때 다른 변수의 값이 감소하는 경향을 보이는 것으로 해석한다.

(7) 상관관계가 없다는 것은 한 변수의 값의 변화에 무관하게 다른 변수의 값이 변하는 관계를 뜻한다.

2 산점도 및 상관계수

(1) 두 변수 사이의 관계를 알아보기 위해 산점도를 이용하며, 산점도를 통해 시각적으로 두 변수 사이의 관계를 알아볼 수 있다.

(2) 아래 그림에서처럼 (키, 몸무게)를 볼 때 양의 상관관계, (차량의 무게, 연비)는 음의 상관관계가 있다.

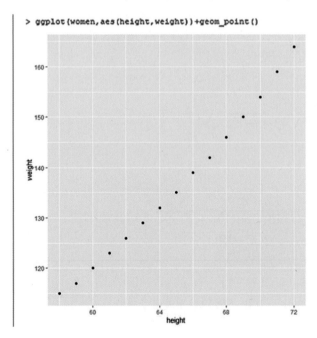

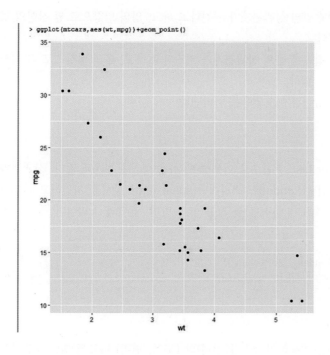

```
> ggplot(mtcars,aes(wt,mpg))+geom_point()
```

(3) 피어슨 상관계수(Pearson Correlation Coefficient) : 등간 척도 자료 사이의 관계를 알아보기 위해 사용되며, 연속형 변수 사이의 선형적 관계를 나타낸다.

(4) 켄달(또는 켄달타우) 상관계수(Kendalltau Correlation Coefficient) : 범주형 자료(서열 척도)인 두 변수 사이의 상관관계를 측정하기 위해 사용되며, 비모수적 통계 분석 기법으로서 순위 상관계수(Rank Correlation Coefficient)의 한 종류이다.

(5) 스피어만 상관계수(Spearman Correlation Coefficient) : 범주형 자료(서열 척도)인 두 변수의 상관관계를 측정하기 위해 사용되며, 다음과 같이 순위 데이터에 대해 적용된다.

$$r=\frac{\sum(r_x^i-\overline{r_x})(r_y^i-\overline{r_y})}{\sqrt{\sum(r_x^i-\overline{r_x})^2}\sqrt{\sum(r_y^i-\overline{r_y})^2}}$$

여기에서 r_x : x 자료의 순위, r_y : y 자료의 순위

(6) 상관계수의 성질

① 상관계수 r은 $-1 \leq r \leq 1$의 범위에 있다.

② 상관계수 r이 0보다 크다($r>0$)는 것은 x값이 증가하면 y의 값도 증가하고 x의 값이 감소하면 y의 값도 감소한다는 것을 의미한다. 회귀 분석 시에 직선의 기울기가 양수인 경우이다.

③ 상관계수 r이 0보다 작다($r<0$)는 것은 x의 값이 증가하면 y의 값이 감소하고 x의 값이 감소하면 y의 값이 증가한다는 것을 의미한다. 회귀 분석 시에 직선의 기울기가 음수인 경우이다.

④ 상관계수 r이 $+1$로 가까이 갈수록 양의 상관관계가 커진다고 하고, 양의 방향으로 된 직선의 경향이 강하게 나타난다고 할 수 있다.

⑤ 상관계수 r의 값이 -1로 가까이 갈수록 음의 상관관계가 커진다고 하고, 음의 방향으로 된 직선의 경향이 강하게 나타난다고 할 수 있다.

⑥ 상관계수 $r=0$은 두 변수 사이의 상관관계가 없음을 나타낸다.

(7) 피어슨 상관관계 분석

① 상관관계 분석을 위해 cor( )과 cor.test( ) 함수를 이용하며, 사용 형식은 다음과 같다. 상관관계 분석 유형은 피어슨(pearson), 컨달(kendall), 스피어만(spearman) 방식을 지원하고 기본적으로 피어슨 상관분석 방법(분석 자료가 연속형)을 사용한다. 반면, 켄달과 스피어만 방식은 자료가 범주형 자료일 때 적용된다.

```
cor(x, y, method=c("pearson", "kendall", "spearman"))
cor.test(x, y, method=c("pearson", "kendall", "spearman"))
 • x, y : 분석 변수
 • method : 상관관계 분석 유형
```

② cov( ), cor( ), cor.test( ) 함수를 이용하여 (키, 몸무게)와 (무게, 연비) 자료에 대한 상관관계(공분산 및 상관계수)를 분석하면 다음과 같다. 상관계수는 cor( ) 함수를 이용하며, 신뢰구간(confidence interval)과 유의확률(p-value)을 함께 구하기 위해 cor.test( )를 이용한다.

```
> cov(women$height,women$weight)
[1] 69
> cor(women$height, women$weight)
[1] 0.9954948
>
> cov(mtcars$wt, mtcars$mpg)
[1] -5.116685
> cor(mtcars$wt, mtcars$mpg)
[1] -0.8676594


> cor.test(women$height, women$weight)

        Pearson's product-moment correlation

data:  women$height and women$weight
t = 37.855, df = 13, p-value = 1.091e-14
alternative hypothesis: true correlation is not equal to 0
95 percent confidence interval:
 0.9860970 0.9985447
sample estimates:
      cor
0.9954948

> cor.test(mtcars$wt, mtcars$mpg)

        Pearson's product-moment correlation

data:  mtcars$wt and mtcars$mpg
t = -9.559, df = 30, p-value = 1.294e-10
alternative hypothesis: true correlation is not equal to 0
95 percent confidence interval:
 -0.9338264 -0.7440872
sample estimates:
      cor
-0.8676594
```

③ cor.test( ) 수행 결과는 두 변수 사이의 가설검정 결과를 포함한다. 귀무가설은 "두 변수 사이 상관관계가 없다. 즉, 상관계수=0이다"이고, 이에 대한 유의확률(p−value)은 1.091×10^{-14}로 유의수준(5%, 1%)보다 작으므로 귀무가설은 기각되어 두 변수 사이 상관관계가 존재함을 알 수 있다.

④ 한 번에 여러 변수들에 대한 상관관계 분석을 동시에 수행하는 경우 Hmisc 패키지의 rcorr( ) 함수를 이용하며, 사용 방법은 다음과 같다.

> rcorr(x, y, type = c("pearson", "spearman"))
> - x : 행렬 자료
> - y : x와 결합된 벡터 또는 매트릭스형 자료
> - type : 상관계수 종류(pearson, spearman)

⑤ Hmisc 패키지를 설치(install.packages("Hmisc"))하고 data.frame( )을 이용하여 mtcars 데이터의 주요 분석 대상 변수(mpg, wt, qsec, disp, drat)를 data에 저장한다.

⑥ Hmisc 패키지를 호출(library(Hmisc))하고 rcorr( ) 함수를 이용하여 5개 변수들에 대한 상관관계 분석결과를 얻는다.

```
> data <- data.frame(mtcars$mpg, mtcars$wt, mtcars$qsec, mtcars$disp, mtcars$drat)
> data
   mtcars.mpg mtcars.wt mtcars.qsec mtcars.disp mtcars.drat
1       21.0     2.620       16.46       160.0        3.90
2       21.0     2.875       17.02       160.0        3.90
3       22.8     2.320       18.61       108.0        3.85
4       21.4     3.215       19.44       258.0        3.08
5       18.7     3.440       17.02       360.0        3.15
6       18.1     3.460       20.22       225.0        2.76
7       14.3     3.570       15.84       360.0        3.21
8       24.4     3.190       20.00       146.7        3.69
9       22.8     3.150       22.90       140.8        3.92
10      19.2     3.440       18.30       167.6        3.92
11      17.8     3.440       18.90       167.6        3.92
12      16.4     4.070       17.40       275.8        3.07
13      17.3     3.730       17.60       275.8        3.07
14      15.2     3.780       18.00       275.8        3.07
15      10.4     5.250       17.98       472.0        2.93
16      10.4     5.424       17.82       460.0        3.00
17      14.7     5.345       17.42       440.0        3.23
18      32.4     2.200       19.47        78.7        4.08
19      30.4     1.615       18.52        75.7        4.93
20      33.9     1.835       19.90        71.1        4.22
21      21.5     2.465       20.01       120.1        3.70
22      15.5     3.520       16.87       318.0        2.76
23      15.2     3.435       17.30       304.0        3.15
24      13.3     3.840       15.41       350.0        3.73
25      19.2     3.845       17.05       400.0        3.08
26      27.3     1.935       18.90        79.0        4.08
27      26.0     2.140       16.70       120.3        4.43
28      30.4     1.513       16.90        95.1        3.77
29      15.8     3.170       14.50       351.0        4.22
30      19.7     2.770       15.50       145.0        3.62
31      15.0     3.570       14.60       301.0        3.54
32      21.4     2.780       18.60       121.0        4.11

> library(Hmisc)
> pearson_result <- rcorr(as.matrix(data), type="pearson")
> pearson_result
            mtcars.mpg mtcars.wt mtcars.qsec mtcars.disp mtcars.drat
mtcars.mpg        1.00     -0.87        0.42       -0.85        0.68
mtcars.wt        -0.87      1.00       -0.17        0.89       -0.71
mtcars.qsec       0.42     -0.17        1.00       -0.43        0.09
mtcars.disp      -0.85      0.89       -0.43        1.00       -0.71
mtcars.drat       0.68     -0.71        0.09       -0.71        1.00

n= 32


P
            mtcars.mpg mtcars.wt mtcars.qsec mtcars.disp mtcars.drat
mtcars.mpg             0.0000    0.0171      0.0000      0.0000
mtcars.wt   0.0000               0.3389      0.0000      0.0000
mtcars.qsec 0.0171     0.3389                0.0131      0.6196
mtcars.disp 0.0000     0.0000    0.0131                  0.0000
mtcars.drat 0.0000     0.0000    0.6196      0.0000
```

⑦ 출력 결과는 5개 변수들 사이 상관계수, n＝32개(표본 수), 유의확률(p)을 나타낸다. 예를 들어 유의수준은 5%인 경우 유의확률(p＝0.3389)이 0.05 이상인 (자동차 무게(wt), 1/4마일 가는 데 소요시간(qsec))에 대해 두 변수 사이 "상관관계가 없다"의 귀무가설을 기각할 수 없다(즉, 자동차 무게와 1/4마일 가는 데 소요시간 사이에는 상관관계가 존재하지 않음).

(8) 스피어만 상관관계 분석

① 범주형 자료(서열 척도 등)의 경우 두 변수들 사이의 상관관계를 분석하기 위해 스피어만 상관계수(Spearman Corelation Coefficient)를 이용한다.

② 다음은 6명 학생에 대한 과목별 순위 데이터이다. 수학과 영어 과목 성적 사이의 상관관계를 알아보기 위해 data.frame( ) 자료로 데이터를 저장한다.

학생ID	성 별	학 년	국 어	수 학	영 어	사 회	과 학
1	여성	1	2	2	3	2	2
2	남성	1	6	3	4	6	6
3	남성	2	4	6	5	5	5
4	여성	2	3	5	2	4	4
5	남성	3	1	1	1	1	1
6	남성	3	5	4	6	3	3

```
> kor <- c(2, 6, 4, 3, 1, 5)
> math <- c(2, 3, 6, 5, 1, 4)
> eng <- c(3, 4, 5, 2, 1, 6)
> soc <- c(2, 6, 5, 4, 1, 3)
> sci <- c(2, 6, 5, 4, 1, 3)
>
> data <- data.frame(kor, math, eng, soc, sci)
>
> data
  kor math eng soc sci
1   2    2   3   2   2
2   6    3   4   6   6
3   4    6   5   5   5
4   3    5   2   4   4
5   1    1   1   1   1
6   5    4   6   3   3
>
> ggplot(data, aes(math, eng))+geom_point()
```

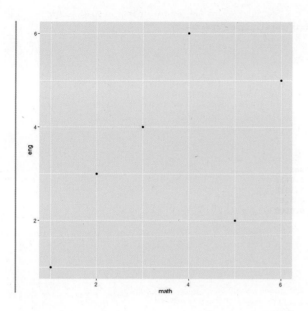

③ 수학(data$math)과 영어 성적(data$eng) 사이 공분산은 1.9, 상관계수는 0.5429로 양의 상관
관계가 있다. 그러나 cor.test( )를 이용한 가설검정 결과, p−value＝0.2972로 유의수준＝1%
에서 귀무가설을 기각할 수 없다.

④ rcorr( )를 이용한 과목들 사이의 분석결과, 유의수준＝5%에서는 (국어, 사회), (국어, 과학) 과목
순위 사이, 유의수준＝1%에서는 (사회, 과학) 과목 사이 순위에서 유의한 상관관계가 존재한다.

```
> cov(data$math, data$eng, method="spearman")
[1] 1.9
>
> cor(data$math, data$eng, method="spearman")
[1] 0.5428571
>
> cor.test(data$math, data$eng, method="spearman")

        Spearman's rank correlation rho

data:  data$math and data$eng
S = 16, p-value = 0.2972
alternative hypothesis: true rho is not equal to 0
sample estimates:
      rho
0.5428571
```

```
> spearman_result <- rcorr(as.matrix(data), type="spearman")
>
> spearman_result
      kor math eng soc sci
kor  1.00 0.49 0.77 0.83 0.83
math 0.49 1.00 0.54 0.66 0.66
eng  0.77 0.54 1.00 0.49 0.49
soc  0.83 0.66 0.49 1.00 1.00
sci  0.83 0.66 0.49 1.00 1.00

n= 6


P
      kor    math   eng    soc    sci
kor          0.3287 0.0724 0.0416 0.0416
math 0.3287         0.2657 0.1562 0.1562
eng  0.0724 0.2657         0.3287 0.3287
soc  0.0416 0.1562 0.3287         0.0000
sci  0.0416 0.1562 0.3287 0.0000
```

제 2 장 회귀 분석

1 회귀 분석의 이해

(1) 회귀 분석의 성능평가(예측 모형)를 위해 다음 패키지를 이용한다.

install.packages("forecast")	#회귀 분석모형(예측)의 성능평가 (RMSE, MAPE 등)
library(forecast)	–

(2) 회귀 분석(Regression Analysis)은 변수들 사이의 인과관계를 규명하는 통계분석 방법으로서 일반적으로 회귀 분석에서 다른 변수에 영향을 주는 원인에 해당하는 변수를 독립변수라 하고, 영향을 받는 결과에 해당하는 변수를 종속변수라 한다.

① **독립변수**(Independent Variable) : 다른 변수에 영향을 주는 변수로 보통 x로 표기하고 설명변수(Explanatory Variable), 예측변수(Predictor Variable)라고 한다.

② **종속변수**(Dependent Variable) : 다른 변수로부터 영향을 받는 변수이며, y로 표기하고 반응변수(Response Variable), 결과변수(Outcome Variable)라고 한다.

(3) 회귀 분석을 통해 영향을 주는 독립변수(x)와 영향을 받는 종속변수(y) 사이의 함수적 관계를 규명한다. 즉, 회귀 분석은 독립변수와 종속변수 사이의 회귀식을 근간으로 종속변수에 대한 독립변수들의 영향이 유의한지의 여부를 파악하는 데 주 목적이 있다.

(4) 회귀 분석을 위해서는 종속변수와 독립변수 모두 등간 척도 또는 비율 척도와 같은 연속형 변수들로 측정된 자료를 이용한다.

2 단순 및 다중회귀 분석

(1) 단순회귀 분석

① 독립변수와 종속변수가 각각 1개인 경우 독립변수와 종속변수 사이의 선형방정식(Linear Equation)인 회귀식을 근간으로 종속변수에 대한 독립변수의 영향이 유의한지 여부를 판단한다.

② 단순회귀 분석모형은 다음과 같다.

$y = \beta_0 + \beta_1 x + \varepsilon$
- x : 독립변수
- y : 종속변수
- β_0, β_1, ε : 오차항

③ 회귀 분석을 위해 사용되는 함수는 lm( )이다. lm( )(Linear Models)의 사용 형식은 다음과 같다.

lm(formula, data, subset, weights, na.action, method="qr", model=TRUE, x=FALSE, y=FALSE, qr=TRUE, singular.ok=TRUE, contrasts=NULL, offset, ...)
- formula : 식(종속변수~독립변수1+독립변수2+독립변수3+...)
- data : 적용할 모델의 변수를 포함하는 선택적 데이터 프레임
- subset : 관측치의 서브 세트를 지정하는 선택적 벡터
- weights : 가중치의 선택적 벡터

④ 키와 몸무게 사이의 관계를 알아보기 위해 women 데이터에 대한 산점도를 그리면 다음과 같다. 키(height, inches)에 대한 몸무게(weight, pounds) 변화를 보면, 키(독립변수)가 클수록 몸무게(종속변수의 값)도 증가함을 알 수 있다.

```
> women
   height weight
1      58    115
2      59    117
3      60    120
4      61    123
5      62    126
6      63    129
7      64    132
8      65    135
9      66    139
10     67    142
11     68    146
12     69    150
13     70    154
14     71    159
15     72    164
```

```
> plot(women$height,women$weight,xlab="Height(inches)",ylab="Weight(pounds)",type="o")
```

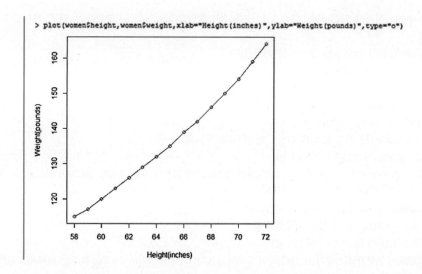

⑤ lm( )으로 regression_result를 구하고 summary( )로 회귀 분석모형을 확인한다. 그리고 confint( ) 함수(confidence interval)를 이용하여 추정값(y절편, 기울기)들에 대한 신뢰구간을 구한다.

```
> regression_result <- lm(weight~height, women)
> summary(regression_result)

Call:
lm(formula = weight ~ height, data = women)

Residuals:
    Min      1Q  Median      3Q     Max
-1.7333 -1.1333 -0.3833  0.7417  3.1167

Coefficients:
             Estimate Std. Error t value Pr(>|t|)
(Intercept) -87.51667    5.93694  -14.74 1.71e-09 ***
height        3.45000    0.09114   37.85 1.09e-14 ***
---
Signif. codes:  0 '***' 0.001 '**' 0.01 '*' 0.05 '.' 0.1 ' ' 1

Residual standard error: 1.525 on 13 degrees of freedom
Multiple R-squared:  0.991,     Adjusted R-squared:  0.9903
F-statistic:  1433 on 1 and 13 DF,  p-value: 1.091e-14

> confint(regression_result, level=0.95)
                  2.5 %      97.5 %
(Intercept) -100.342655 -74.690679
height         3.253112   3.646888
```

- 오차항(Residuals, 잔차)에 대한 최솟값(Min), 1사분위(1Q), 중앙값(Median), 3사분위(3Q), 최댓값(Max)
- 회귀모형식

  $\beta_0 = -87.51667$(y절편, Intercept), $\beta_1 = 3.45$(기울기)

  $y = \beta_0 + \beta_1 x = -87.51667 + 3.45x$
- x(height)=67인 경우 예측값(y, weight)=143.63

  $y = \beta_0 + \beta_1 x = -87.51667 + 3.45x$

  $\quad = -87.51667 + 3.45 \times 67 = 143.63$
- x(height)=67(inches)인 경우 실제 몸무게(y, 데이터세트)=142(pounds)
- 오차(예측값−실젯값)=143.63−142= 1.63
- 결정계수(R−squared=0.99)의 값이 1에 가까울수록 산점도에서 점들이 직선 주위에 밀집되어 나타남. 즉 예측 회귀모형식이 실젯값과 잘 들어 맞음을 의미함
- t value=Estimate/Std. Error (추정치/표준오차)

  t값은 자유도가 n−2(15−2=13)인 t 분포를 따름
- p−value(Pr>$|t|$))=1.091×10^{-14}(유의확률)

  유의수준(5%)에서 귀무가설(기울기=0, 회귀식이 유의하지 않다) 기각(p−value<0.05), 즉 키는 몸무게에 유의한 영향력이 있음
- 기울기에 대한 95% 신뢰구간은 (3.253, 3.647)

  $3.45 \pm 1.96 \times 0.09114 = (3.3, 3.6)$으로도 구할 수 있음

⑥ 단순회귀 분석모형식을 이용하여 height(키)=67(inches)일 때 몸무게를 예측(predict( ) 함수 이용)하면 weight(몸무게)=143.63(pounds)이다. 실젯값은 142 pounds로서 예측값은 실젯값과 비교하여 약 1.15%의 차이가 있다. coef( ) 함수를 이용하여 회귀계수만을 별도로 확인할 수 있으며 회귀계수 값을 이용하여 몸무게를 예측할 수도 있다.

```
> pred <- predict(regression_result, newdata=data.frame(height=67))
> pred
       1
143.6333
> coef(regression_result)
 (Intercept)      height
  -87.51667     3.45000
> pred_value <- -87.51667+3.45*67
> pred_value
[1] 143.6333
> (women$weight[10]-pred_value)/women$weight[10]*100
[1] -1.150232
```

- predict( ) 함수를 이용하여 height=67(inches)에 대한 몸무게 예측
- coef( ) 함수를 이용하여 회귀계수 출력
- 회귀계수를 직접 이용하여 height=67(inches)에 대한 몸무게(weight)=143.63(pounds) 예측
- 실젯값과 비교하여 약 1.15%의 차이가 있음

(2) 다중회귀 분석

① 독립변수가 2개 이상인 경우 종속변수를 예측하기 위하여 다중회귀 분석을 이용한다.
② 다중회귀 분석의 모형은 다음과 같다.

$y = \beta_0 + \beta_1 x_1 + \beta_2 x_2 + \ldots + \beta_n x_n + \varepsilon$

• x : 독립변수

• y : 종속변수

• β_i : 회귀계수, ε : 오차항($N(0,\sigma^2), iid$)

③ R에 내장된 Seatbelts 데이터는 영국에서 1969~1984년 사이 발생한 교통사고 관련 데이터이다. (사고발생 건수, 앞좌석 승객수, 뒷좌석 승객수, 주행거리, 휘발유 가격)=(drivers, front, rear, kms, PetrolPrice)의 독립변수들과 사망자수(DriversKilled, 종속변수) 사이의 다중 회귀 분석모형을 설정하기 위해 데이터 프레임 구조로 자료를 저장(data)한다.

④ (사고발생건수, 앞좌석 승객수, 사망자수) 사이의 산점도(drivers, front, DriversKilled)는 다음과 같다. 앞좌석 승객수(front)에 비하여 사고발생 건수(drivers) 요인이 사망자수(DriversKilled)에 다소 많은 영향을 미치는 것으로 해석(즉, 사고가 많이 발생할수록 사망자수 증가)된다.

```
> head(Seatbelts)
     DriversKilled drivers front rear   kms PetrolPrice VanKilled law
[1,]           107    1687   867  269  9059   0.1029718         12   0
[2,]            97    1508   825  265  7685   0.1023630          6   0
[3,]           102    1507   806  319  9963   0.1020625         12   0
[4,]            87    1385   814  407 10955   0.1008733          8   0
[5,]           119    1632   991  454 11823   0.1010197         10   0
[6,]           106    1511   945  427 12391   0.1005812         13   0
> data <- data.frame(Seatbelts)
>
> par(mfrow=c(3,3))
> plot(data$drivers, data$drivers, type="p")
> plot(data$drivers, data$front, type="p")
> plot(data$drivers, data$DriversKilled, type="p")
> plot(data$front, data$drivers, type="p")
> plot(data$front, data$front, type="p")
> plot(data$front, data$DriversKilled, type="p")
> plot(data$DriversKilled, data$drivers, type="p")
> plot(data$DriversKilled, data$front, type="p")
> plot(data$DriversKilled, data$DriversKilled, type="p")
```

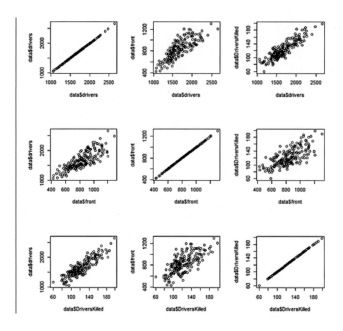

⑤ lm( )을 실행하여 regression_result를 구하고 summary( )로 다중회귀 분석모형을 확인한다.
confint( ) 함수를 이용하여 추정값(y절편, 기울기)들에 대한 신뢰구간을 구한다.

```
> regression_result <- lm(DriversKilled~drivers+front+rear+kms+PetrolPrice, data)
> summary(regression_result)

Call:
lm(formula = DriversKilled ~ drivers + front + rear + kms + PetrolPrice,
    data = data)

Residuals:
    Min      1Q  Median      3Q     Max
-28.338  -7.737  -0.435   6.760  35.948

Coefficients:
              Estimate Std. Error t value Pr(>|t|)
(Intercept) -1.952e+01  1.402e+01  -1.393    0.165
drivers      8.499e-02  5.234e-03  16.239   <2e-16 ***
front       -1.468e-02  1.330e-02  -1.104    0.271
rear         1.899e-02  2.046e-02   0.928    0.355
kms          4.981e-04  4.668e-04   1.067    0.287
PetrolPrice -2.346e+01  8.583e+01  -0.273    0.785
---
Signif. codes:  0 '***' 0.001 '**' 0.01 '*' 0.05 '.' 0.1 ' ' 1

Residual standard error: 11.55 on 186 degrees of freedom
Multiple R-squared:  0.7982,     Adjusted R-squared:  0.7928
F-statistic: 147.2 on 5 and 186 DF,  p-value: < 2.2e-16

>
> confint(regression_result, level=0.95)
                    2.5 %       97.5 %
(Intercept) -4.717412e+01 8.128334e+00
drivers      7.466641e-02 9.531741e-02
front       -4.093119e-02 1.156255e-02
rear        -2.137796e-02 5.936245e-02
kms         -4.228110e-04 1.418925e-03
PetrolPrice -1.927873e+02 1.458648e+02
```

- 오차항(*Residuals*, 잔차)에 대한 최솟값(Min), 1사분위(1*Q*), 중앙값(Median), 3사분위(3*Q*), 최댓값(Max)
- 회귀모형식

$\beta_0 = -1.952 \times 10$

$DriversKilled = -19.52 + 0.08499 drivers$

$-0.01468 front + 0.01899 rear$

$+0.0004981 kms - 23.46 PetrolPrice$

- 결정계수(R−squared)의 값이 1에 가까울수록 산점도에서 점들이 직선 주위에 밀집되어 나타남. 즉 예측 회귀 모형식이 실젯값과 잘 들어 맞음
- t value=Estimate/Std. Error (추정치/표준오차)

t 값은 자유도가 n−2(192−2=190)인 t 분포를 따름
- 사고발생 건수(drivers)에 대한

$p-value(Pr(>|t|)) = 2 \times 10^{-16}$(유의확률)

유의수준(5%)에서 귀무가설(기울기=0, 회귀식이 유의하지 않다) 기각($p-value < 0.05$), 즉 사고발생 건수는 사망자 수에 유의한 영향력이 있음
- 사고발생 건수(기울기)에 대한 95% 신뢰구간은 (0.07467, 0.09532)

$0.08499z1.96 \times 0.00523 = (0.07, 0.09)$로도 구할 수 있음

⑥ 종속변수 : (drivers, front, rear, kms, PetrolPrice)=(1632, 991, 454, 11823, 0.1010197)에 대한 예측값(DriversKilles, 사망자수)은 116.77명으로 실젯값(actual_value=119명)과 약 1.87%의 차이가 있다.

```
> data <- data.frame(Seatbelts)
> regression_result <- lm(DriversKilled~drivers+front+rear+kms+PetrolPrice, data)
> coef(regression_result)
  (Intercept)        drivers          front           rear            kms    PetrolPrice
-1.952289e+01   8.499191e-02  -1.468432e-02   1.899225e-02   4.980569e-04  -2.346127e+01
> pred <- predict(regression_result, newdata=data.frame(drivers=1632, front=991,
+ rear=454, kms=11823, PetrolPrice=0.1010197))
> pred
       1
116.7727
> actual_value=data$DriversKilled[5]
> actual_value
[1] 119
> (actual_value-pred)/actual_value*100
       1
1.871688
```

- coef( ) 명령어를 이용하여 회귀계수 확인
- predict( )로 독립변수들에 대한 종속변수(사망자수, DriversKilled) 값 예측(pred=116.7727)
- 실젯값(actual_value)은 DriversKilled[5]에 저장되어 있음
- 예측값(pred)과 실젯값(actual_value)의 차이는 약 1.87%로 평가됨

(3) 회귀 분석을 포함하여 여러 데이터 분석모형(n개의 데이터, 참값(실젯값) y_i에 대한 예측값 $\widehat{y_i}$, 오차 $e_i = y_i - \widehat{y_i}$)의 성능을 평가하기 위해 다양한 평가 지표들이 사용된다.

〈예측 데이터 분석모형의 성능평가 지표〉

구 분	성능평가 지표
평균 예측 오차 ME(Mean of Errors)	• 예측오차의 산술 평균 • $ME = \dfrac{\sum\limits_{i=1}^{n}(y_i - \widehat{y_i})}{n}$
표준오차 RMSE(Root Mean of Squared Errors)	• 평균제곱오차(MSE) : 오차를 제곱하여 n으로 나눈 값 • $MSE = \dfrac{\sum\limits_{i=1}^{n}(y_i - \widehat{y_i})^2}{n}$ • 평균제곱오차를 제곱근하여 구함 • $RMSE = \sqrt{MSE} = \sqrt{\dfrac{\sum\limits_{i=1}^{n}(y_i - \widehat{y_i})^2}{n}}$
평균 절대오차 MAE(Mean of Absolute Errors)	• 오차의 절댓값에 대한 평균 • $MAE = \dfrac{\sum\limits_{i=1}^{n}\lvert y_i - \widehat{y_i}\rvert}{n}$
평균 백분오차 비율 MPE(Mean of Percentage Errors)	• 상대적 의미의 오차 크기에 대한 평균 • $MPE = \dfrac{1}{n}\sum\limits_{i=1}^{n}\dfrac{y_i - \widehat{y_i}}{y_i}$
평균 절대 백분오차 비율 MAPE(Mean of Absolute Percentage Errors)	• 예측오차에 절댓값 • 상대적 오차 크기에 대한 절댓값의 평균 • $MAPE = \dfrac{1}{n}\sum\limits_{i=1}^{n}\left\lvert \dfrac{y_i - \widehat{y_i}}{y_i}\right\rvert$
평균 절대 척도 비율 MASE(Mean of Absolute Scaled Errors)	• 데이터를 척도화한 기준값 • 기준값들에 대한 예측오차의 절댓값 평균 • 오차(예측값과 실젯값의 차이)를 평소에 움직이는 평균 변동폭으로 나눈 값 • $MASE = \dfrac{1}{n}\sum\limits_{i=1}^{n}\dfrac{\lvert e_i\rvert}{\dfrac{1}{n-1}\sum\limits_{i=2}^{n}\lvert y_i - y_{i-1}\rvert} = \dfrac{\sum\limits_{i=1}^{n}\lvert y_i - \widehat{y_i}\rvert}{\dfrac{n}{n-1}\sum\limits_{i=2}^{n}\lvert y_i - y_{i-1}\rvert}$

(4) lm( )을 이용하여 구축된 회귀모형식에 대한 성능평가 지표를 구하면 다음과 같다. 여기서 참값(실 젯값)은 data$DriversKilled이고 예측값은 data$pred 항목으로 저장[데이터 프레임(data)의 마 지막 열(항목)에 추가]하여 성능을 분석한다.

$$\beta_0 = -1.952 \times 10$$
$$DriversKilled = -19.52 + 0.08499 drivers$$
$$-0.01468 front + 0.01899 rear$$
$$+0.0004981 kms - 23.46 PetrolPrice$$

```
> data <- data.frame(Seatbelts)
> head(data)
  DriversKilled drivers front rear   kms PetrolPrice VanKilled law
1           107    1687   867  269  9059   0.1029718        12   0
2            97    1508   825  265  7685   0.1023630         6   0
3           102    1507   806  319  9963   0.1020625        12   0
4            87    1385   814  407 10955   0.1008733         8   0
5           119    1632   991  454 11823   0.1010197        10   0
6           106    1511   945  427 12391   0.1005812        13   0
> data$pred <- -19.52 + 0.08499*data$drivers - 0.01468*data$front +
+ 0.01899*data$rear + 0.0004981*data$kms - 23.46*data$PetrolPrice
>
> head(data)
  DriversKilled drivers front rear   kms PetrolPrice VanKilled law      pred
1           107    1687   867  269  9059   0.1029718        12   0 118.33545
2            97    1508   825  265  7685   0.1023630         6   0 102.99273
3           102    1507   806  319  9963   0.1020625        12   0 105.35384
4            87    1385   814  407 10955   0.1008733         8   0  97.06076
5           119    1632   991  454 11823   0.1010197        10   0 116.77637
6           106    1511   945  427 12391   0.1005812        13   0 106.94834
> me <- mean(data$DriversKilled - data$pred)
> me
[1] -0.003203468
>
> mse <- mean((data$DriversKilled - data$pred)*(data$DriversKilled - data$pred))
> mse
[1] 129.2874
> rmse <- sqrt(mse)
>
> rmse
[1] 11.37046
>
> mae <- mean(abs(data$DriversKilled - data$pred))
> mae
[1] 9.007766
>
> mpe <- mean((data$DriversKilled-data$pred)/data$DriversKilled)
> mpe
[1] -0.009292959
>
> mape <- mean(abs((data$DriversKilled-data$pred)/data$DriversKilled))
> mape
[1] 0.07651542
```

(5) 예측 모형에 대한 성능평가 지표는 accuracy( ) 함수를 이용하여 구할 수도 있다. accuracy( ) 함수를 이용하기 위하여 "forecast" 패키지를 이용(install.packages("forecast"), library(forecast))하며, 수행 결과에서 MPE와 MAPE는 비율 값(%)이다.

```
> data <- data.frame(Seatbelts)
> head(data)
  DriversKilled drivers front rear   kms PetrolPrice VanKilled law
1           107    1687   867  269  9059   0.1029718        12   0
2            97    1508   825  265  7685   0.1023630         6   0
3           102    1507   806  319  9963   0.1020625        12   0
4            87    1385   814  407 10955   0.1008733         8   0
5           119    1632   991  454 11823   0.1010197        10   0
6           106    1511   945  427 12391   0.1005812        13   0
> regression_model <- lm(DriversKilled~drivers+front+rear+kms+PetrolPrice, data)
> names(regression_model)
 [1] "coefficients"  "residuals"    "effects"      "rank"         "fitted.values" "assign"
 [7] "qr"            "df.residual"  "xlevels"      "call"         "terms"         "model"
> summary(regression_model)

Call:
lm(formula = DriversKilled ~ drivers + front + rear + kms + PetrolPrice,
    data = data)

Residuals:
    Min      1Q  Median      3Q     Max
-28.338  -7.737  -0.435   6.760  35.948

Coefficients:
              Estimate Std. Error t value Pr(>|t|)
(Intercept) -1.952e+01  1.402e+01  -1.393    0.165
drivers      8.499e-02  5.234e-03  16.239   <2e-16 ***
front       -1.468e-02  1.330e-02  -1.104    0.271
rear         1.899e-02  2.046e-02   0.928    0.355
kms          4.981e-04  4.668e-04   1.067    0.287
PetrolPrice -2.346e+01  8.583e+01  -0.273    0.785
---
Signif. codes:  0 '***' 0.001 '**' 0.01 '*' 0.05 '.' 0.1 ' ' 1

Residual standard error: 11.55 on 186 degrees of freedom
Multiple R-squared:  0.7982,    Adjusted R-squared:  0.7928
F-statistic: 147.2 on 5 and 186 DF,  p-value: < 2.2e-16

> accuracy(regression_model)
                       ME     RMSE      MAE        MPE     MAPE      MASE
Training set -6.661338e-16 11.37046 9.007509 -0.9265679 7.651157 0.4420346
```

3 변수선택 방법

(1) 다중회귀 분석모형을 구축할 때 회귀모형식에 대한 유의성 검정을 통해 종속변수를 설명할 수 있는 유의한 독립변수를 선택하여 회귀모형식을 만든다.

(2) 유의한 변수를 선택하기 위해 전진선택법, 후진제거법, 단계별 선택법을 사용한다.

〈회귀모형에서의 변수 선택 방법〉

구 분	변수 선택 방법
전진선택법 (Forward Selection)	• 모든 변수 중에서 가장 유의한 변수를 하나씩 선택 • 변수를 선택하기 위해 F−통계량, AIC(Akaike Information Criterion) 값을 이용
후진제거법 (Backward Elimination)	• 독립변수 모두를 이용해서 회귀 모형식 설정 • 제곱합의 기준으로 가장 적은 영향을 주는 변수부터 하나씩 제거 • 더 이상 유의하지 않은 변수가 없을 때까지 독립변수를 제거하면서 회귀모형식 설정
단계별 선택법 (Stepwise Method)	• 전진선택법으로 시작해서 중요도가 약해지면 해당 변수 제거 • 기준통계치에 영향이 적은 변수를 삭제하거나 회귀모형식에서 빠진 변수들 중에서 모형식을 개선시키기 위한 작업을 반복적으로 수행하며 변수 선택

(3) 전진선택법(Forward Selection)

```
> data <- data.frame(Seatbelts)
> head(data)
  DriversKilled drivers front rear   kms PetrolPrice VanKilled law
1           107    1687   867  269  9059   0.1029718        12   0
2            97    1508   825  265  7685   0.1023630         6   0
3           102    1507   806  319  9963   0.1020625        12   0
4            87    1385   814  407 10955   0.1008733         8   0
5           119    1632   991  454 11823   0.1010197        10   0
6           106    1511   945  427 12391   0.1005812        13   0
> step(lm(DriversKilled~drivers+front+rear+kms+PetrolPrice, data, direction="forward"))
Start:  AIC=945.51
DriversKilled ~ drivers + front + rear + kms + PetrolPrice

              Df Sum of Sq   RSS    AIC
- PetrolPrice  1        10 24833 943.59
- rear         1       115 24938 944.40
- kms          1       152 24975 944.68
- front        1       163 24986 944.76
<none>                   24823 945.51
- drivers      1     35192 60015 1113.01

Step:  AIC=943.59
DriversKilled ~ drivers + front + rear + kms

          Df Sum of Sq   RSS    AIC
- rear     1       106 24939 942.41
- kms      1       150 24983 942.75
- front    1       155 24988 942.78
<none>               24833 943.59
- drivers  1     35276 60109 1111.31

Step:  AIC=942.41
DriversKilled ~ drivers + front + kms

          Df Sum of Sq   RSS    AIC
- front    1        51 24990 940.80
<none>               24939 942.41
- kms      1       846 25786 946.81
- drivers  1     35974 60913 1111.87

Step:  AIC=940.8
DriversKilled ~ drivers + kms

          Df Sum of Sq    RSS     AIC
<none>                24990  940.80
- kms      1       845 25835  945.18
- drivers  1     85355 110345 1223.94

Call:
lm(formula = DriversKilled ~ drivers + kms, data = data, direction = "forward")

Coefficients:
(Intercept)      drivers          kms
  -2.531e+01    8.150e-02    7.992e-04
```

- Seatbelts 데이터 이용
- 독립변수 : drivers(사고발생 건수), front(앞좌석 승객수), rear(뒷좌석 승객수), kms(주행거리), PetrolPrice(휘발유 가격)
- 종속변수 : DriversKilled(사망자수)
- direction＝"forward" 지정(전진선택법)
- RSS는 잔차제곱합(Residual Sum of Squares)
- 1차 평가(Start) : AIC=945.51
  AIC 값이 가장 작은 PetrolPrice 제거(943.59)
- 2차 평가(Step) : AIC=943.59
  AIC 값이 가장 작은 rear 제거(942.41)
- 3차 평가(Step) : AIC=942.41
  AIC 값이 가장 작은 front 제거(940.8)
- 최종 평가(Step) : AIC=940.8
- 사망자수(DrivesKilled)는 사고발생건수(drivers)와 주행거리(kms)의 독립변수에 유의함
- 다중회귀모형식

$$y = -25.31 + 0.0815 drivers + 0.0007992 kms$$

(4) 후진제거법(Backward Elimination)

```
> data <- data.frame(attitude)
> head(data)
  rating complaints privileges learning raises critical advance
1     43         51         30       39     61       92      45
2     63         64         51       54     63       73      47
3     71         70         68       69     76       86      48
4     61         63         45       47     54       84      35
5     81         78         56       66     71       83      47
6     43         55         49       44     54       49      34
> step(lm(rating~complaints+privileges+learning+critical, data, direction="backwartd"))
Start:  AIC=121.27
rating ~ complaints + privileges + learning + critical

             Df Sum of Sq    RSS    AIC
- critical    1      0.11 1224.6 119.28
- privileges  1     30.14 1254.7 120.00
<none>                    1224.5 121.27
- learning    1    137.30 1361.8 122.46
- complaints  1   1299.80 2524.3 140.98

Step:  AIC=119.28
rating ~ complaints + privileges + learning

             Df Sum of Sq    RSS    AIC
- privileges  1     30.03 1254.7 118.00
<none>                    1224.6 119.28
- learning    1    137.25 1361.9 120.46
- complaints  1   1321.28 2545.9 139.23

Step:  AIC=118
rating ~ complaints + learning

             Df Sum of Sq    RSS    AIC
<none>                    1254.7 118.00
- learning    1    114.73 1369.4 118.63
- complaints  1   1370.91 2625.6 138.16

Call:
lm(formula = rating ~ complaints + learning, data = data, direction = "backwartd")

Coefficients:
(Intercept)  complaints     learning
     9.8709      0.6435       0.2112
```

- attitude 데이터세트 이용
- 금융 기관 사무직 종업원들에 대한 설문조사 결과(종업원 평가 결과)
- 독립변수 : 민원건수(complaints), 특권(privileges), 학습기회(learning), 비평건수(critical)
- 종속변수 : rating(전반적인 평가 결과)
- direction＝"backward" 지정(후진제거법)
- 1차 평가(Start) : AIC＝121.27

  AIC 값이 가장 작은 critical 제거(119.28)
- 2차 평가(Step) : AIC＝119.28

  AIC 값이 가장 작은 privileges 제거(118)
- 최종 평가(Step) : AIC＝118
- 종업원 평가결과(rating)는 민원건수(complaints)와 학습기회(learning)의 독립변수에 유의함
- 다중회귀모형식

  $y=9.8709+0.6435complaints+0.2112learning$

(5) 단계별 선택법(Stepwise Method)

```
> data <- data.frame(mtcars)
> head(data)
                  mpg cyl disp  hp drat    wt  qsec vs am gear carb
Mazda RX4        21.0   6  160 110 3.90 2.620 16.46  0  1    4    4
Mazda RX4 Wag    21.0   6  160 110 3.90 2.875 17.02  0  1    4    4
Datsun 710       22.8   4  108  93 3.85 2.320 18.61  1  1    4    1
Hornet 4 Drive   21.4   6  258 110 3.08 3.215 19.44  1  0    3    1
Hornet Sportabout 18.7 8  360 175 3.15 3.440 17.02  0  0    3    2
Valiant          18.1   6  225 105 2.76 3.460 20.22  1  0    3    1
> step(lm(mpg~cyl+hp+wt+qsec+carb, data, direction="both"))
Start: AIC=66.14
mpg ~ cyl + hp + wt + qsec + carb

       Df Sum of Sq    RSS    AIC
- qsec  1     0.372 174.10 64.205
- carb  1     1.490 175.22 64.410
- hp    1     2.323 176.05 64.562
<none>              173.73 66.136
- cyl   1    12.303 186.03 66.326
- wt    1    65.118 238.85 74.323

Step: AIC=64.2
mpg ~ cyl + hp + wt + carb

       Df Sum of Sq    RSS    AIC
- carb  1     2.519 176.62 62.665
- hp    1     3.298 177.40 62.805
<none>              174.10 64.205
- cyl   1    20.646 194.75 65.791
- wt    1   114.643 288.75 78.394

Step: AIC=62.66
mpg ~ cyl + hp + wt

       Df Sum of Sq    RSS    AIC
<none>              176.62 62.665
- hp    1    14.551 191.17 63.198
- cyl   1    18.427 195.05 63.840
- wt    1   115.354 291.98 76.750

Call:
lm(formula = mpg ~ cyl + hp + wt, data = data, direction = "both")

Coefficients:
(Intercept)          cyl           hp           wt
   38.75179     -0.94162     -0.01804     -3.16697
```

- mtcars 데이터세트 이용
- 1973~1974년 자동차 모델(32개) 성능 데이터 (1974년 Motor Trend US 잡지 게재 데이터)
- 독립변수 : 실린더수(cyl), 마력(hp), 무게(wt), 0.25마일 주행시간(qsec), 카뷰레이터수(carb)
- 종속변수 : mpg(연비, miles per gallon)
- direction="both" 지정(단계별선택법)
- 1차 평가(Start) : AIC=66.14
  AIC 값이 가장 작은 qsec 제거(64.2)
- 2차 평가(Step) : AIC=64.2
  AIC 값이 가장 작은 car 제거(62.665)
- 최종 평가(Step) : AIC=62.66
- 연비(mpg)는 실린더의 수(cyl), 마력(hp), 무게(wt)의 독립변수에 유의함
- 다중회귀모형식
  $y = 38.75179 - 0.94162cyl$
  $- 0.01804hp - 3.16697wt$

■1 로지스틱 회귀 분석의 이해

(1) 로지스틱 회귀 분석을 위해 다음 패키지를 이용한다.

install.packages("pROC")	#ROC(Receiver Operating Characteristics) 분석
install.packages("caret")	#confusionMatrix(혼동행렬) 작성
library(pROC)	—
library(caret)	—

(2) 종속변수가 수치형 자료가 아닌 범주형 자료[(남, 여), (성공, 실패), (A, B, O, AB) 등]로 주어진 경우 로지스틱 회귀 분석(Logistic Regression Analysis)을 사용한다.

(3) iris 데이터는 Ronald Fisher에 의해 작성된 것으로 붓꽃의 생육 데이터(150개 데이터＝품종별 50 개×3개 품종)이다. 꽃잎의 길이(Petal.Length)와 너비(Petal.Width) 그리고 꽃받침의 길이 (Sepal.Length)와 너비(Sepal.Width)에 따라 붓꽃의 3가지 품종(setosa, versicolor, virginica) 을 구분한다.

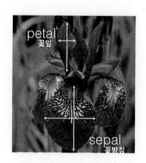

```
> head(iris)
  Sepal.Length Sepal.Width Petal.Length Petal.Width Species
1          5.1         3.5          1.4         0.2  setosa
2          4.9         3.0          1.4         0.2  setosa
3          4.7         3.2          1.3         0.2  setosa
4          4.6         3.1          1.5         0.2  setosa
5          5.0         3.6          1.4         0.2  setosa
6          5.4         3.9          1.7         0.4  setosa
> summary(iris)
  Sepal.Length    Sepal.Width     Petal.Length    Petal.Width
 Min.   :4.300   Min.   :2.000   Min.   :1.000   Min.   :0.100
 1st Qu.:5.100   1st Qu.:2.800   1st Qu.:1.600   1st Qu.:0.300
 Median :5.800   Median :3.000   Median :4.350   Median :1.300
 Mean   :5.843   Mean   :3.057   Mean   :3.758   Mean   :1.199
 3rd Qu.:6.400   3rd Qu.:3.300   3rd Qu.:5.100   3rd Qu.:1.800
 Max.   :7.900   Max.   :4.400   Max.   :6.900   Max.   :2.500
        Species
 setosa    :50
 versicolor:50
 virginica :50
```

[Setosa]　　　　　[Versicolor]　　　　　[Virginica]

- 독립변수(cm)
  - 꽃받침의 길이(Sepal.Length), 너비(Sepal.Width)
  - 꽃잎의 길이(Petal.Length), 너비(Petal.Width)
- 종속변수(붓꽃의 품종, Species)
  setosa(1), versicolor(2), virginica(3)

(4) 로지스틱 회귀 분석모형을 통해 네 가지 독립변수의 값(꽃받침과 꽃잎의 길이 및 너비)을 이용하여 해당 붓꽃이 세 가지 품종(setosa, versicolor, virginica) 중 어느 품종인지를 예측한다.

2 로지스틱 회귀모형

(1) glm( ) 함수(Generalized Linear Models)를 이용한 로지스틱 회귀 분석 수행 결과는 다음과 같다. Coefficients의 값을 이용하여 독립변수들에 대한 회귀계수를 구한 후, 로지스틱 회귀모형식을 구축한다.

```
> logistic_result <- glm(as.integer(Species)~., data=iris)
>
> logistic_result

Call:  glm(formula = as.integer(Species) ~ ., data = iris)

Coefficients:
 (Intercept)   Sepal.Length   Sepal.Width   Petal.Length   Petal.Width
     1.18650       -0.11191      -0.04008        0.22865       0.60925

Degrees of Freedom: 149 Total (i.e. Null);  145 Residual
Null Deviance:        100
Residual Deviance: 6.961           AIC: -22.87
> summary(logistic_result)

Call:
glm(formula = as.integer(Species) ~ ., data = iris)

Deviance Residuals:
     Min        1Q    Median        3Q       Max
-0.59215  -0.15368   0.01268   0.11089   0.55077

Coefficients:
               Estimate Std. Error t value Pr(>|t|)
(Intercept)    1.18650    0.20484   5.792 4.15e-08 ***
Sepal.Length  -0.11191    0.05765  -1.941   0.0542 .
Sepal.Width   -0.04008    0.05969  -0.671   0.5030
Petal.Length   0.22865    0.05685   4.022 9.26e-05 ***
Petal.Width    0.60925    0.09446   6.450 1.56e-09 ***
---
Signif. codes:  0 '***' 0.001 '**' 0.01 '*' 0.05 '.' 0.1 ' ' 1

(Dispersion parameter for gaussian family taken to be 0.04800419)

    Null deviance: 100.0000  on 149  degrees of freedom
Residual deviance:   6.9606  on 145  degrees of freedom
AIC: -22.874

Number of Fisher Scoring iterations: 2
```

- 사용 방법
  glm(as.integer(Species)~., data=iris)
  Species(범주형 종속변수)를 정수형으로 변환
- 로지스틱 회귀모형식(Coefficients 값 이용)
- 유의수준 5%의 경우
  - Petal.Length, Petal.Width이 종속변수에 유의한 영향력이 있음($Pr(>|t|)<0.05$)
  - Sepal.Length, Sepal.Width은 상대적으로 유의하지 않음($Pr(>|t|)>0.05$)

(2) summary( )로 독립변수들의 유의성을 검정한다. 이 경우 유의확률(p−value=$Pr(>|t|)$)이 유의수준보다 작은 경우(p−value<0.05) 귀무가설(회귀식이 유의하지 않다)을 기각한다.

(3) 종속변수=1(setosa)의 경우 독립변수들의 값(평균)을 로지스틱 회귀모형식에 적용한 결과는 다음과 같다.

```
> unique(iris$Species)
[1] setosa     versicolor virginica
Levels: setosa versicolor virginica
> as.integer(unique(iris$Species))
[1] 1 2 3
>
> setosa_stat <- subset(iris, Species==c("setosa"))
> summary(setosa_stat)
  Sepal.Length    Sepal.Width     Petal.Length    Petal.Width
 Min.   :4.300   Min.   :2.300   Min.   :1.000   Min.   :0.100
 1st Qu.:4.800   1st Qu.:3.200   1st Qu.:1.400   1st Qu.:0.200
 Median :5.000   Median :3.400   Median :1.500   Median :0.200
 Mean   :5.006   Mean   :3.428   Mean   :1.462   Mean   :0.246
 3rd Qu.:5.200   3rd Qu.:3.675   3rd Qu.:1.575   3rd Qu.:0.300
 Max.   :5.800   Max.   :4.400   Max.   :1.900   Max.   :0.600
       Species
 setosa    :50
 versicolor: 0
 virginica : 0

> SL <- 5.006
> SW <- 3.428
> PL <- 1.462
> PW <- 0.246
>
> Setosa_value <- 1.1865-0.11191*SL-0.04008*SW+0.22865*PL+0.60925*PW
> Setosa_value
[1] 0.9730461
```

- unique(iris$Species) : iris 데이터의 Species 변수는 3가지 값을 가짐
  setosa, versicolor, virginica
- as.integer(unique(iris$Species)) : 각각의 범주형 자료에 대한 정수값 할당
  setosa＝1, versicolor＝2, virginica＝3
- Species＝"setosa"의 경우 50개 데이터에 대한 각 독립변수들의 기본 통계값(summary( ))
- 독립변수들의 평균(Mean)
  − Sepal.Length＝5.006, Sepal.Width＝3.428
  − Petal.Length＝1.462, Petal.Width＝0.246
- 로지스틱 회귀모형식에 독립변수들의 평균을 적용한 결괏값(Setosa_value＝0.9730461)은 1에 가까운 값(범주형 자료인 setosa의 정수값＝1)을 가짐

(4) 종속변수＝2(versicolor)의 경우 독립변수들의 평균을 로지스틱 회귀모형식에 적용한 결과는 다음 과 같다.

```
> versicolor_stat <- subset(iris, Species==c("versicolor"))
> summary(versicolor_stat)
  Sepal.Length    Sepal.Width     Petal.Length    Petal.Width
 Min.   :4.900   Min.   :2.000   Min.   :3.00    Min.   :1.000
 1st Qu.:5.600   1st Qu.:2.525   1st Qu.:4.00    1st Qu.:1.200
 Median :5.900   Median :2.800   Median :4.35    Median :1.300
 Mean   :5.936   Mean   :2.770   Mean   :4.26    Mean   :1.326
 3rd Qu.:6.300   3rd Qu.:3.000   3rd Qu.:4.60    3rd Qu.:1.500
 Max.   :7.000   Max.   :3.400   Max.   :5.10    Max.   :1.800
       Species
 setosa    : 0
 versicolor:50
 virginica : 0


>
>
> SL <- 5.936
> SW <- 2.77
> PL <- 4.26
> PW <- 1.326
>
> Versicolor_value <- 1.1865-0.11191*SL-0.04008*SW+0.22865*PL+0.60925*PW
> Versicolor_value
[1] 2.193095
```

- Species＝"versicolor"의 경우 50개의 데이터에 대한 독립변수들의 기본 통계값(summary( ))
- 독립변수들의 평균(Mean)
  - epal.Length＝5.936, Sepal.Width＝2.77
  - Petal.Length＝4.26, Petal.Width＝1.326
- 로지스틱 회귀모형식에 독립변수들의 평균을 적용한 결괏값(Versicolor_value＝2.193095)은 2에 가까운 값(범주형 자료인 versicolor의 정수값＝2)을 가짐

(5) 종속변수＝3(virginica)의 경우 독립변수들의 평균을 로지스틱 회귀모형식에 적용한 결과는 다음과 같다.

```
> virginica_stat <- subset(iris, Species==c("virginica"))
> summary(virginica_stat)
  Sepal.Length    Sepal.Width     Petal.Length     Petal.Width
 Min.   :4.900   Min.   :2.200   Min.   :4.500   Min.   :1.400
 1st Qu.:6.225   1st Qu.:2.800   1st Qu.:5.100   1st Qu.:1.800
 Median :6.500   Median :3.000   Median :5.550   Median :2.000
 Mean   :6.588   Mean   :2.974   Mean   :5.552   Mean   :2.026
 3rd Qu.:6.900   3rd Qu.:3.175   3rd Qu.:5.875   3rd Qu.:2.300
 Max.   :7.900   Max.   :3.800   Max.   :6.900   Max.   :2.500
        Species
 setosa    : 0
 versicolor: 0
 virginica :50


> SL <- 6.588
> SW <- 2.974
> PL <- 5.552
> PW <- 2.026
>
> Verginica_value <- 1.1865-0.11191*SL-0.04008*SW+0.22865*PL+0.60925*PW
> Verginica_value
[1] 2.833844
```

- Species＝"virginica"의 경우 50개의 데이터에 대한 독립변수들의 기본 통계값(summary( ))
- 독립변수들의 평균(Mean)
  - Sepal.Length＝6.588, Sepal.Width＝2.974
  - Petal.Length＝5.552, Petal.Width＝2.026
- 로지스틱 회귀모형식에 독립변수들의 평균을 적용한 결괏값(Virginica_value＝2.833844)은 3에 가까운 값(범주형 자료인 virginica의 정수값＝3)을 가짐

(6) 적용 결과 분석

① 독립변수들의 평균을 이용하여 glm( ), predict( ) 함수로 종속변수(품종)를 예측하면 다음과 같다.

```
> logistic_model <- glm(as.integer(Species)~., data=iris)
>
> SL <- 5.006
> SW <- 3.428
> PL <- 1.462
> PW <- 0.246
>
> data <- data.frame(rbind(c(SL, SW, PL, PW)))
> names(data) <- names(iris)[1:4]
> data
  Sepal.Length Sepal.Width Petal.Length Petal.Width
1        5.006       3.428        1.462       0.246
>
> predicted <- predict(logistic_model, data)
> predicted
        1
0.9730571
```

- Species="setosa"의 경우 독립변수들의 평균에 대한 종속변수 예측 결과
- 네 가지 독립변수 값(SL, SW, PL, PW)을 데이터 프레임 구조로 저장
- names( ) 함수를 이용하여 변수명 변경
- predict( ) 함수를 이용하여 로지스틱 회귀모형식으로 예측 모형 적용 및 대상 데이터(data) 저장
- 예측 결과(predicted)=0.9730571(1에 가까운 값으로 setosa 품종)로 예측

```
> logistic_model <- glm(as.integer(Species)~., data=iris)
>
> SL <- 5.936
> SW <- 2.77
> PL <- 4.26
> PW <- 1.326
>
> data <- data.frame(rbind(c(SL, SW, PL, PW)))
> names(data) <- names(iris)[1:4]
> data
  Sepal.Length Sepal.Width Petal.Length Petal.Width
1        5.936        2.77         4.26        1.326
>
> predicted <- predict(logistic_model, data)
> predicted
       1
2.193098
```

- Species="versicolor"의 경우 독립변수들의 평균에 대한 종속변수 예측 결과
- 네 가지 독립변수 값(SL, SW, PL, PW)을 데이터 프레임 구조로 저장
- names( ) 함수를 이용하여 변수명 변경
- predict( ) 함수를 이용하여 로지스틱 회귀모형식으로 예측 모형 적용 및 대상 데이터(data) 저장
- 예측 결과(predicted)=2.193098(2에 가까운 값으로 versicolor 품종)로 예측

```
> logistic_model <- glm(as.integer(Species)~., data=iris)
>
> SL <- 6.588
> SW <- 2.974
> PL <- 5.552
> PW <- 2.026
>
> data <- data.frame(rbind(c(SL, SW, PL, PW)))
> names(data) <- names(iris)[1:4]
> data
  Sepal.Length Sepal.Width Petal.Length Petal.Width
1        6.588       2.974        5.552        2.026
>
> predicted <- predict(logistic_model, data)
> predicted
       1
2.833845
```

- Species="virginica"의 경우 독립변수들의 평균에 대한 종속변수 예측 결과
- 네 가지 독립변수 값(SL, SW, PL, PW)을 데이터 프레임 구조로 저장
- names( ) 함수를 이용하여 변수명 변경
- predict( ) 함수를 이용하여 로지스틱 회귀모형식으로 예측 모형 적용 및 대상 데이터(data) 저장
- 예측 결과(predicted)=2.833845(3에 가까운 값으로 virginica 품종)로 예측

② 네 가지 독립변수의 값이 (SL, SW, PL, PW)＝(6, 3, 4, 1)인 경우 glm( ), predict( ) 함수를
이용하여 종속변수(붓꽃의 품종)를 예측한 결과는 다음과 같다.

```
> logistic_model <- glm(as.integer(Species)~., data=iris)
>
> SL <- 6
> SW <- 3
> PL <- 4
> PW <- 1
> data <- data.frame(rbind(c(SL, SW, PL, PW)))
> names(data) <- names(iris)[1:4]
> data
  Sepal.Length Sepal.Width Petal.Length Petal.Width
1            6           3            4           1
>
> predicted <- predict(logistic_model, data)
> predicted
       1
1.918654
```

- 네 가지 독립변수 값(SL, SW, PL, PW)을 데이터 프레임 구조로 저장
  SL＝6, SW＝3, PL＝4, PW＝1
- names( ) 함수를 이용하여 변수명 변경
- predict( ) 함수를 이용하여 로지스틱 회귀모형식으로 예측 모형 적용 및 대상 데이터(data) 저장
- 예측 결과(predicted)＝1.918654(2에 가까운 값으로 veisicolor 품종)로 예측

③ iris 데이터 전체에 대한 예측 결과는 다음과 같다.

```
> logistic_model <- glm(as.integer(Species)~., data=iris)
>
> data <- iris[,1:4]
> head(data)
  Sepal.Length Sepal.Width Petal.Length Petal.Width
1          5.1         3.5          1.4         0.2
2          4.9         3.0          1.4         0.2
3          4.7         3.2          1.3         0.2
4          4.6         3.1          1.5         0.2
5          5.0         3.6          1.4         0.2
6          5.4         3.9          1.7         0.4
>
> predicted <- predict(logistic_model, data)
> head(predicted)
        1         2         3         4         5         6
0.9174506 0.9598716 0.9513723 1.0122999 0.9246333 1.0582910
>
> predicted <- round(predicted, 0)
>
> predicted
  1   2   3   4   5   6   7   8   9  10  11  12  13  14  15  16  17  18  19
  1   1   1   1   1   1   1   1   1   1   1   1   1   1   1   1   1   1   1
 20  21  22  23  24  25  26  27  28  29  30  31  32  33  34  35  36  37  38
  1   1   1   1   1   1   1   1   1   1   1   1   1   1   1   1   1   1   1
 39  40  41  42  43  44  45  46  47  48  49  50  51  52  53  54  55  56  57
  1   1   1   1   1   1   1   1   1   1   1   1   2   2   2   2   2   2   2
 58  59  60  61  62  63  64  65  66  67  68  69  70  71  72  73  74  75  76
  2   2   2   2   2   2   2   2   2   2   2   2   3   2   2   2   2   2   2
 77  78  79  80  81  82  83  84  85  86  87  88  89  90  91  92  93  94  95
  2   2   2   2   2   2   3   2   2   3   2   2   2   2   2   2   2   2   2
 96  97  98  99 100 101 102 103 104 105 106 107 108 109 110 111 112 113 114
  2   2   2   2   2   3   3   3   3   3   3   3   3   3   3   3   3   3   3
115 116 117 118 119 120 121 122 123 124 125 126 127 128 129 130 131 132 133
  2   2   2   2   3   3   3   3   3   3   3   3   3   3   3   3   3   3   3
134 135 136 137 138 139 140 141 142 143 144 145 146 147 148 149 150
  3   3   3   3   2   3   3   3   3   3   3   3   3   3   3   3   3
```

- glm( ) 함수를 이용하여 로지스틱 회귀모형 분석 모델 저장
- iris 데이터 네 가지 독립변수의 데이터를 별도로 저장 : data<－iris[,1:4]
- predict( ) 함수를 이용하여 종속변수 예측
- round(predicted, 0) 함수를 이용하여 종속변수 값을 반올림함
- 종속변수 예측값(predicted) 출력
  1(setosa), 2(versicolor), 3(virginica) 중 하나로 품종 예측 결과 출력

④ 실제 데이터와 예측 결과와의 차이를 분석하면 다음과 같으며, 정확도(Accuracy)는 97.3%이다.

```
> logistic_model <- glm(as.integer(Species)~., data=iris)
>
> data <- iris[,1:4]
> predicted <- predict(logistic_model, data)
> predicted <- round(predicted, 0)
>
> actual <- as.integer(iris[,5])
> head(actual)
[1] 1 1 1 1 1 1
>
> accuracy <- as.logical(predicted==actual)
> accuracy
  [1]  TRUE  TRUE  TRUE  TRUE  TRUE  TRUE  TRUE  TRUE  TRUE  TRUE  TRUE  TRUE
 [13]  TRUE  TRUE  TRUE  TRUE  TRUE  TRUE  TRUE  TRUE  TRUE  TRUE  TRUE  TRUE
 [25]  TRUE  TRUE  TRUE  TRUE  TRUE  TRUE  TRUE  TRUE  TRUE  TRUE  TRUE  TRUE
 [37]  TRUE  TRUE  TRUE  TRUE  TRUE  TRUE  TRUE  TRUE  TRUE  TRUE  TRUE  TRUE
 [49]  TRUE  TRUE  TRUE  TRUE  TRUE  TRUE  TRUE  TRUE  TRUE  TRUE  TRUE  TRUE
 [61]  TRUE  TRUE  TRUE  TRUE  TRUE  TRUE  TRUE  TRUE  TRUE  TRUE FALSE  TRUE
 [73]  TRUE  TRUE  TRUE  TRUE  TRUE  TRUE  TRUE  TRUE  TRUE  TRUE  TRUE FALSE
 [85]  TRUE  TRUE  TRUE  TRUE  TRUE  TRUE  TRUE  TRUE  TRUE  TRUE  TRUE  TRUE
 [97]  TRUE  TRUE  TRUE  TRUE  TRUE  TRUE  TRUE  TRUE  TRUE  TRUE  TRUE  TRUE
[109]  TRUE  TRUE  TRUE  TRUE  TRUE  TRUE  TRUE  TRUE  TRUE  TRUE  TRUE FALSE
[121]  TRUE  TRUE  TRUE  TRUE  TRUE  TRUE  TRUE  TRUE  TRUE  TRUE  TRUE  TRUE
[133]  TRUE FALSE  TRUE  TRUE  TRUE  TRUE  TRUE  TRUE  TRUE  TRUE  TRUE  TRUE
[145]  TRUE  TRUE  TRUE  TRUE  TRUE  TRUE
>
> sum(accuracy)
[1] 146
> 150-sum(accuracy)
[1] 4
>
> mean(accuracy)
[1] 0.9733333
```

- iris 데이터세트 마지막 열에 저장된 Species 변수(종속변수) 저장
  actual<-as.integer(iris[,5])
- 로지스틱 회귀모형을 이용하여 예측한 결과(predicted)와 실제 품종값(actual) 비교
  accuracy<-as.logical(predicted==actual)
- accuracy를 출력하면 TRUE인 경우 예측된 결과와 실젯값이 일치하는 경우(예측=실젯값)이며 반대로 FALSE인 경우 실젯값과 다르게 예측한 결과임을 알 수 있음
  FALSE : 71, 84, 120, 134번 붓꽃으로서 4개 값을 잘못 예측하고 150-4=146개의 품종을 정확히 예측함
- mean(accuracy) 함수를 이용하여 로지스틱 회귀모형의 정확도(Accuracy)=146/150=97.3%를 구함

⑤ 유의한 변수인 꽃잎의 길이(Petal.Length)에 대한 데이터 분포(밀도함수)와 붓꽃 품종(Species)과의 관계(박스 플롯)를 나타내면 다음과 같다. Petal.Length가 1~2cm, 4~6cm인 붓꽃이 많고 꽃잎의 길이는 virginica 품종이 가장 길며, setosa 품종이 비교적 길이가 짧음을 알 수 있다.

```
> PetalLength_pdf <- density(iris$Petal.Length, na.rm=TRUE)
> plot(PetalLength_pdf, "Petal.Length", col="black", lty=5)
>
> rug(iris$Petal.Length)
```

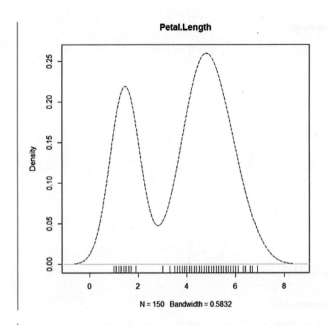

Petal.Length

N = 150 Bandwidth = 0.5832

```
> boxplot(iris$Petal.Length~iris$Species, data=iris)
```

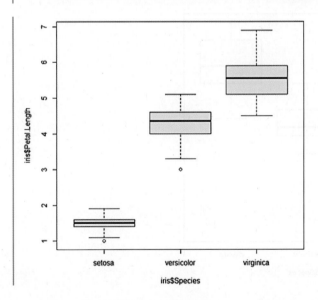

⑥ 꽃잎의 너비(Peral.Width)에 대한 데이터 분포(밀도함수)와 붓꽃의 품종(Species)과의 관계(박스 플롯)는 다음과 같다. Petal.Width은 비교적 짧으며(1보다 작음), 1~2cm인 붓꽃이 많고 꽃잎의 너비는 virginica 품종이 가장 길며, setosa 품종이 비교적 너비가 짧다.

```
> PetalWidth_pdf <- density(iris$Petal.Width, na.rm=TRUE)
> plot(PetalWidth_pdf, "Petal.Width", col="black", lty=5)
>
> rug(iris$Petal.Width)
```

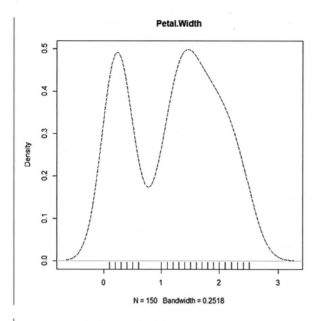

> boxplot(iris$Petal.Width~iris$Species, data=iris)

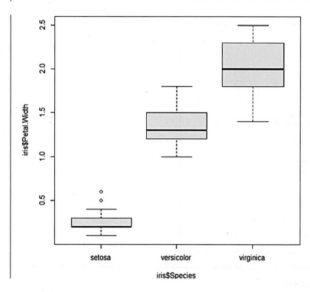

(7) ROC 및 AUC 분석

① 혼동행렬(Confusion Matirx)

　㉠ 로지스틱 회귀모형의 성능을 평가하기 위하여 혼동행렬을 이용하며, 이를 위해 "caret" 패키지를 설치한다.

　㉡ confusionMatrix( ) 함수를 이용한 혼동행렬 분석 과정은 다음과 같다.

```
> iris_data <- subset(iris, Species=="versicolor" | Species=="virginica")
> head(iris_data)
   Sepal.Length Sepal.Width Petal.Length Petal.Width    Species
51          7.0         3.2          4.7         1.4 versicolor
52          6.4         3.2          4.5         1.5 versicolor
53          6.9         3.1          4.9         1.5 versicolor
54          5.5         2.3          4.0         1.3 versicolor
55          6.5         2.8          4.6         1.5 versicolor
56          5.7         2.8          4.5         1.3 versicolor
>
> logistic_model <- glm(as.integer(Species)~., data=iris_data)
>
> data <- iris_data[,1:4]
> predicted <- predict(logistic_model, data)
>
> predicted <- round(predicted, 0)
> class(predicted)
[1] "numeric"
> predicted <- as.factor(predicted)
>
> actual <- as.integer(iris_data[,5])
>
> xtable <- table(predicted, actual)
> xtable
         actual
predicted  2  3
        2 48  1
        3  2 49

> confusionMatrix(xtable)
Confusion Matrix and Statistics

         actual
predicted  2  3
        2 48  1
        3  2 49

              Accuracy : 0.97
                95% CI : (0.9148, 0.9938)
   No Information Rate : 0.5
   P-Value [Acc > NIR] : <2e-16

                 Kappa : 0.94

 Mcnemar's Test P-Value : 1

           Sensitivity : 0.9600
           Specificity : 0.9800
        Pos Pred Value : 0.9796
        Neg Pred Value : 0.9608
            Prevalence : 0.5000
        Detection Rate : 0.4800
  Detection Prevalence : 0.4900
     Balanced Accuracy : 0.9700

      'Positive' Class : 2
```

- "caret" 패키지 설치

  install.packages("caret"), library(caret)
- iris 데이터 중에서 품종(Species)이 "versicolor"과 "virginica"인 데이터를 iris_data로 저장(subset( ) 함수 이용)
- glm( ) 함수를 이용하여 로지스틱 회귀모형식 설정
- iris_data 데이터를 이용한 예측 모델 적용
- 실젯값(actual＝as.integer(iris_data[,5])과 예측값(predicted)에 대한 분석모형 평가(table( ) 함수 이용)
- 혼동행렬(confusion matrix) 분석(confusionMatrix( ))을 통해 성능평가 지표 분석

  정확도(Accuracy)＝(48＋49)/(48＋2＋1＋49)＝0.97

  Sensitivity＝0.9600, Specificity＝0.9800

  Kappa＝0.94

② ROC(Receiver Operating Characteristics) Curve

    ㉠ ROC 곡선을 작성하기 위하여 필요한 패키지(install.packages("pROC"), library(pROC))를 설치한다.

    ㉡ 실젯값(actual)과 예측값(predicted를 정수값으로 변환)을 이용한 ROC 곡선은 다음과 같다. legacy.axes＝TRUE 옵션을 이용하여 1－Speificity(＝1－특이도＝FP rate)에 대한 TP rate(Sensitivity)의 변화를 확인한다. legacy.axes＝FALSE으로 지정하는 경우 x축은 Specificity(특이도)가 된다.

```
> plot.roc(actual, as.integer(predicted), legacy.axes=TRUE)
```

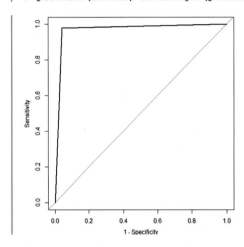

③ AUC(Area under the ROC Curve)

    ㉠ AUC는 ROC 곡선의 아래 면적으로 분석모형의 성능을 나타내는 지표이며, AUC＝0.9~1.0 사이의 값일때 분석모형의 성능이 뛰어나고, AUC＝0.8~0.9 사이일 때 우수 모형, AUC＝0.7~0.8일 때 분석모형의 성능은 보통(양호)으로 평가한다.

    ㉡ 로지스틱 회귀모형에 대한 AUC 값은 roc( ) 함수를 이용한다.

```
> result_validation <- roc(actual, as.integer(predicted))
Setting levels: control = 2, case = 3
Setting direction: controls < cases
> result_validation

Call:
roc.default(response = actual, predictor = as.integer(predicted))

Data: as.integer(predicted) in 50 controls (actual 2) < 50 cases (actual 3).
Area under the curve: 0.97
>
> result_validation$auc
Area under the curve: 0.97
```

- roc( )를 이용하여 AUC=0.97을 구하며, 설정된 로지스틱 회귀모형식의 성능이 매우 우수함으로 평가
- roc( ) 함수 결과의 auc 변수를 이용하여 result_validation$auc로 auc 값만 출력할 수 있음

(8) 고려사항

① 로지스틱 회귀 분석은 종속변수가 범주형 자료인 경우 적용하며, 만약 종속변수가 문자형으로 주어진 경우 이를 숫자로 변환 후(as.integer( ) 함수 이용) 회귀 분석을 수행한다.

② 마찬가지로 범주형 자료가 요인(factor) 변수로 명목 척도(남녀 구별, 결혼 여부, 선호 색상, 출신 지역 등) 변수인 경우에도 as.integer( ) 함수를 이용하여 숫자로 변환 후 회귀 분석을 실시한다.

③ iris 데이터의 Species 종속변수(붓꽃의 품종)는 요인(factor) 변수이며, 아래와 같이 as.integer( ) 함수를 이용하여 숫자로 변환 후, 로지스틱 회귀모형식을 적용한다.

```
> class(iris$Species)
[1] "factor"
> head(iris$Species)
[1] setosa setosa setosa setosa setosa setosa
Levels: setosa versicolor virginica
> as.integer(iris$Species)
  [1] 1 1 1 1 1 1 1 1 1 1 1 1 1 1 1 1 1 1 1 1 1 1 1 1 1 1 1 1 1 1 1 1 1 1 1 1
 [37] 1 1 1 1 1 1 1 1 1 1 1 1 1 1 2 2 2 2 2 2 2 2 2 2 2 2 2 2 2 2 2 2 2 2 2 2
 [73] 2 2 2 2 2 2 2 2 2 2 2 2 2 2 2 2 2 2 2 2 2 2 2 2 2 2 3 3 3 3 3 3 3 3 3 3
[109] 3 3 3 3 3 3 3 3 3 3 3 3 3 3 3 3 3 3 3 3 3 3 3 3 3 3 3 3 3 3 3 3 3 3 3 3
[145] 3 3 3 3 3 3
```

1 의사결정나무의 이해

(1) 의사결정나무 분석을 위해 다음 패키지를 이용한다.

install.packages("rpart")	#의사결정나무 분류 패키지
install.packages("rpart.plot")	#의사결정나무 그래픽 작성
install.packages("caret")	#confusionMatrix 행렬 작성
install.packages("MASS")	#Boston(보스턴 주택가격) 데이터세트
install.packages("tree")	#tree 함수를 이용한 의사결정나무 분석
install.packages("pROC")	#ROC 곡선 작성
library(rpart)	−
library(rpart.plot)	−
library(caret)	−
library(MASS)	−
library(tree)	−
library(pROC)	−

(2) 의사결정나무 분석(Decision Tree Analysis)은 의사결정 규칙(Decision Tree)을 도식화하여 전체 집단을 2개의 소집단으로 분류하면서 예측을 수행하는 분석 기법으로 목표변수(종속변수)의 분류나 예측에 영향을 미치는 독립변수들의 속성 기준값에 따라 트리구조의 형태로 뿌리 노드부터 잎(리프) 노드까지 뻗어 나가며 모델링한다.

(3) 분석 과정이 다음 그림에서처럼 나무(Tree) 구조에 의해서 표현되기 때문에 이해하기 쉽고, 설명변수(독립변수, 입력변수)의 특징이나 기준값에 따라 각 노드가 if−then의 형태로 분기되며 트리구조를 따라감으로써, 각 데이터의 속성값이 주어졌을 때 어떠한 카테고리로 분류되는지 쉽게 파악할 수 있다.

(4) '나이'라고 되어 있는 원 모형의 노드가 뿌리(루트, Root) 노드이며, 이는 대출실행 여부를 판별하는데 있어 '나이'가 가장 유의한 변수라는 의미로 해석된다. 각 가지의 제일 마지막에 있는 사각형 형태로 된 노드가 잎(리프, Leaf) 노드이다. 붓꽃의 품종은 꽃잎의 길이에 따라 결정되며 세 가지 품종을 결정하기 위하여 의사결정나무 분석을 수행할 수 있다. 그리고 사회경제적 지위, 방의 개수, 공기오염 등의 조건을 이용하여 주택가격 동향을 파악(예측)하는 데 의사결정나무 분석모형을 사용하기도 한다.

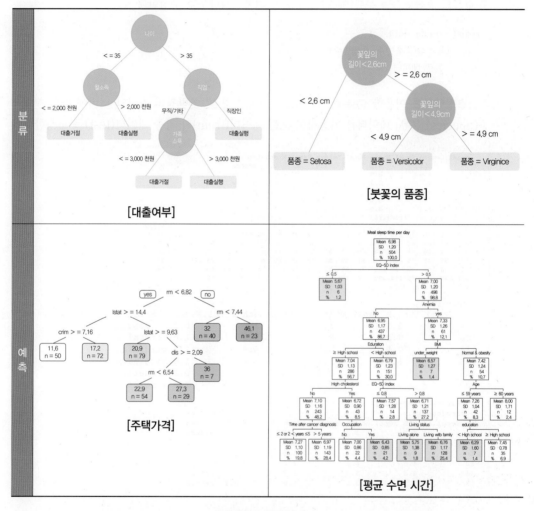

[의사결정나무 예시]

(5) 의사결정나무 분석은 분류 또는 예측(회귀 등의 수치예측 문제 등)을 위해 사용되며, 분류(또는 예측)의 정확도보다는 분석 과정에 대한 설명이 필요한 경우 더 유용하게 사용된다.

(6) 주요 활용 분야로는 고객 신용등급 평가, 고객 만족도 분석에 따른 이탈 예측, 고객관계관리, 기업의 부도 예측, 주가 예측, 환율 예측, 경제 전망(시장 및 광고 조사 등), 마케팅, 제약 및 의료 연구, 제품 생산 및 품질관리, 금융업의 고객 신용 점수화, 신용카드 부정 사용 적발 등이 있다.

2 의사결정나무 모형

(1) iris 데이터를 이용한 붓꽃의 분류

① 의사결정나무 분석을 위해 사용되는 함수는 rpart( ) (Recursive Partitioning and Regression Trees)이다. rpart( ) 함수의 사용 형식은 다음과 같다. 훈련 데이터(data)를 이용하고 독립변수 값으로 종속변수를 분류(예측)하기 위한 의사결정나무를 구성한다.

> **rpart(formula, data, ...)**
> • formula : 식(종속변수~독립변수)
> • data : 훈련 데이터

② 의사결정나무를 이용한 분류분석의 예로서 iris[꽃잎 및 꽃받침의 길이와 너비에 따른 붓꽃의 품종(Species) 분류] 데이터를 이용하여 훈련 데이터(train)와 검증 데이터(test)를 구성한다.

```
> head(iris)
  Sepal.Length Sepal.Width Petal.Length Petal.Width Species
1          5.1         3.5          1.4         0.2  setosa
2          4.9         3.0          1.4         0.2  setosa
3          4.7         3.2          1.3         0.2  setosa
4          4.6         3.1          1.5         0.2  setosa
5          5.0         3.6          1.4         0.2  setosa
6          5.4         3.9          1.7         0.4  setosa
> id <- sample(1:nrow(iris), as.integer(0.7*nrow(iris)))
> id
 [1]    1 126 132 135  41 123 129  26 134  65 149  56 112  27 101  71  62  11
[19]   61 105 130  53  87   2 150  90  52 141  20  73  15  55  85 137   5  77
[37]    4 136  74  30  84  60 118  25  29  83 117 145 140 102 127 121  47  35
[55]   58  45  75  66  31  94  89  51  72  48 110  68   9  16 125 124   6  34
[73]   13 148  82  17 114  22  54  37  28  76 106  19 103  69  40  86 119  80
[91]  128  70  96 143 142  57  10 111  91  64  21  67 109  92  42
> train <- iris[id,]
> head(train)
    Sepal.Length Sepal.Width Petal.Length Petal.Width   Species
1            5.1         3.5          1.4         0.2    setosa
126          7.2         3.2          6.0         1.8 virginica
132          7.9         3.8          6.4         2.0 virginica
135          6.1         2.6          5.6         1.4 virginica
41           5.0         3.5          1.3         0.3    setosa
123          7.7         2.8          6.7         2.0 virginica

> test <- iris[-id, ]
> head(test)
   Sepal.Length Sepal.Width Petal.Length Petal.Width Species
3           4.7         3.2          1.3         0.2  setosa
7           4.6         3.4          1.4         0.3  setosa
8           5.0         3.4          1.5         0.2  setosa
12          4.8         3.4          1.6         0.2  setosa
14          4.3         3.0          1.1         0.1  setosa
18          5.1         3.5          1.4         0.3  setosa
```

> • iris는 붓꽃의 3가지 유형(setosa, versicolor, virginica)에 대한 꽃잎의 길이(Petal.Length)와 너비(Petal. Width) 그리고 꽃받침의 길이(Sepal.Length)와 너비(Sepal.Width) 데이터(품종별 50개씩 총 150개의 데이터)
> • iris 데이터로부터 105개[$=150 \times 0.7(70\%)$]의 표본 추출(sample( ), nrow(iris)$=150$)하여 훈련용 데이터 (train)에 저장(train$<-$iris[id,])
> • 나머지 데이터[$150-105=45(30\%)$]를 검증용 데이터로 사용(test$<-$iris[$-$id,])
> • 훈련용 데이터(train)와 검증용 데이터(test)의 구성에 따라 의사결정나무 분석결과는 다름

③ rpart( )와 훈련 데이터(train)를 이용하여 의사결정나무 분석모형(decision_model)을 구축한다.

```
> sum(train$Species=="setosa")
[1] 34
> sum(train$Species=="versicolor")
[1] 35
> sum(train$Species=="virginica")
[1] 36
>
> decision_model <- rpart(Species~., data=train)
> decision_model
n= 105

node), split, n, loss, yval, (yprob)
      * denotes terminal node

1) root 105 69 virginica (0.32380952 0.33333333 0.34285714)
  2) Petal.Length< 2.45 34  0 setosa (1.00000000 0.00000000 0.00000000) *
  3) Petal.Length>=2.45 71 35 virginica (0.00000000 0.49295775 0.50704225)
    6) Petal.Width< 1.75 38  4 versicolor (0.00000000 0.89473684 0.10526316) *
    7) Petal.Width>=1.75 33  1 virginica (0.00000000 0.03030303 0.96969697) *
```

- 학습 데이터(train) 구성 : 105개의 행 자료

  setosa=34개, versicolor=35개, virginica=36개
- 의사결정나무 분석모형 구축

  decision_model<−rpart(Species~., data=train)
- 품종 분류를 위한 유의 변수(독립변수)로 꽃잎의 길이(Petal.Length)를 기준으로 함

  Petal.Length<2.45cm이면 Species=setosa(34개)

  Petal.Length≥2.45cm인 71개 붓꽃에 대하여

  Petal.Length<1.75cm이면 Species=versicolor(38개)

  Petal.Length≥1.75cm이면 Species=virginica(33개)
- 훈련 데이터(train)에서 총 105개의 데이터들 중 3가지 품종에 대한 각각의 개수는 종단 노드(terminal node, *로 표기)의 값으로도 확인할 수 있음

  setosa=34, versicolor=38, virginica=33
- 독립변수 값에 따른 분류 시 종속변수(품종)에 따른 확률((yprob)) 값 제공

  Petal.Length≥1.75cm이면 Species=virginica(33개)의 분류 결과에 대한 확률값은 다음과 같이 33개의 품종에 대한 결괏값으로 구한 33개 품종들 중 (setosa, versicolor, virginica)의 개수=(0, 1, 32)로부터 확률값 (0/33, 1/33, 32/33)=(0, 0.03030303, 0.96969697)을 구함
- 의사결정나무 분석결과(decisiontree_model)에 대한 결괏값을 순서적으로 해석하면 다음과 같음
  - 총 105개의 훈련 데이터(train)들 중 setosa+virginica=67개, versicolor=105−67=38개, 따라서 versicolor 품종의 분포(확률)은 38/105=0.36190476
  - setosa+virginica=67개들 중, setosa=105×0.32380952=34개, virginica=105×0.3142857=33개
  - 총 105개의 데이터들 중 Petal.Length<2.45cm인 붓꽃은 34개(setosa), Petal.Length≥2.45cm인 붓꽃 은 105−34=71개(versicolor+virginica)
  - 71개의 데이터들 중 Petal.Length<1.75cm인 붓꽃은 38개(versicolor), Petal.Length≥1.75cm인 붓꽃 은 33개(virginica)
  - 훈련 데이터(train)는 (setosa, versicolor, virginica) =(34, 35, 36)로 구성되고, 의사결정나무 모형을 이 용한 훈련 데이터 학습 후(Petal.Length 변숫값에 따른 분류 결과) 데이터의 구성은 (setosa, versicolor, virginica) = (34, 38, 33)으로 예측
  - 따라서 versicolor 품종들 중 3개(=38−35), virginica 품종들 중 3개(=36−335)에 대한 분류분석에 대 한 오류로 제시된 의사결정나무 분석모형은 (105−6)/105=0.9429(약 94.3%)의 정확도를 갖는 모형(train 학습 데이터의 경우)으로 평가

④ decision_model를 그림(의사결정나무)으로 나타내면 다음과 같다. rpart.plot( ) 함수를 사용하기 위해 install.packages("rpart.plot"), library(rpart.plot)의 패키지 설치작업이 필요하다. 훈련 데이터(train)에 대한 품종의 분포[(setosa, versicolor, virginica)=(34, 35, 36)=(0.32, 0.33, 0.34)]에 대하여 의사결정나무 분석모형을 이용한 데이터 학습 후(Petal.Length의 값에 따른 품종 분류) 최종 분류 결과는 [(setosa, versicolo, virginica)=(34, 38, 33)=(0.32, 0.36, 0.31)]이다.

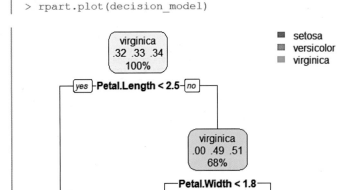

```
> rpart.plot(decision_model)
```

⑤ 의사결정나무 모형(decision_model)을 검증 데이터(test, iris 데이터들 중 30% 데이터 이용)에 적용한 결과는 다음과 같다. 검증 데이터에 저장된 품종(test$Species)을 data.frame( ) 구조를 이용하여 dt_result에 저장하고, predict( ) 함수와 검증용 데이터(test)를 이용하여 예측한 품종값(dt_result$pred)을 저장한다.

```
> dt_result <- data.frame(actual=test$Species)
> dt_result$pred <- predict(decision_model, newdata=test, type="class")
> dt_result
       actual        pred
1      setosa      setosa
2      setosa      setosa
3      setosa      setosa
4      setosa      setosa
5      setosa      setosa
6      setosa      setosa
7      setosa      setosa
8      setosa      setosa
9      setosa      setosa
10     setosa      setosa
11     setosa      setosa
12     setosa      setosa
13     setosa      setosa
14     setosa      setosa
15     setosa      setosa
16     setosa      setosa
```

```
17 versicolor versicolor
18 versicolor versicolor
19 versicolor versicolor
20 versicolor versicolor
21 versicolor versicolor
22 versicolor versicolor
23 versicolor versicolor
24 versicolor versicolor
25 versicolor versicolor
26 versicolor versicolor
27 versicolor versicolor
28 versicolor versicolor
29 versicolor versicolor
30 versicolor versicolor
31 versicolor versicolor
32  virginica  virginica
33  virginica  virginica
34  virginica  virginica
35  virginica  virginica
36  virginica  virginica
37  virginica  virginica
38  virginica  virginica
39  virginica  virginica
40  virginica versicolor
41  virginica  virginica
42  virginica  virginica
43  virginica  virginica
44  virginica  virginica
45  virginica  virginica
> result <- ifelse(dt_result$actual==dt_result$pred, 1, 0)
> accuracy <- sum(result) / nrow(dt_result) * 100
> accuracy
[1] 97.77778
```

- 검증용 데이터의 품종(참값, actual＝test$Species)을 데이터 프레임 구조를 이용하여 dt_result에 저장
- predict( ) 함수, 검증 데이터(test)를 이용하여 품종 예측
- 예측값의 유형은 type＝"class" (품종) 지정

  type은 vector, prob, class, matrix 중 하나로 지정
- 예측값(dt_result$pred)을 dt_result에 저장
- dt_result 데이터는 (actual, pred) 두 가지 항목으로 구성되며, actual(참값)과 pred(예측값)를 비교할 수 있음
- 총 45개의 검증 데이터에 대한 의사결정나무 분석결과, 참값과 예측값의 오류가 발생한 붓꽃(1개 품종)은 다음 과 같음

  40번 actual＝virginica, pred＝versicolor
- 즉 실제 품종은 virginica이지만 versicolor로 잘못 예측한 경우는 1개
- 총 1개의 품종에 대하여 잘못 예측하고, 나머지 45－1＝44개의 품종을 정확히 예측함으로써 97.8%(＝44/45×100)의 정확도를 나타냄

⑥ table( )을 이용하여 dt_result 데이터세트의 두 가지 항목(dt_result$pred, dt_result$actual)을 서로 비교하여 예측의 정확도를 나타내는 테이블(predict_table)을 작성한다.

```
> predict_table <- table(dt_result$pred, dt_result$actual)
> predict_table

             setosa versicolor virginica
  setosa         16          0         0
  versicolor      0         15         1
  virginica       0          0        13
>
> names(dimnames(predict_table)) <- c("predicted", "actual")
> predict_table
             actual
predicted    setosa versicolor virginica
  setosa         16          0         0
  versicolor      0         15         1
  virginica       0          0        13
```

- 의사결정나무 분석모형을 이용한 붓꽃 품종의 예측값(dt_result$pred)과 참값(dt_result$actual) 비교 결과를 table( ) 함수를 이용하여 요약
- names( ), dimnames( ) 함수를 이용하여 행의 이름(predicted, 예측값), 열의 이름(actual, 참값)을 지정

⑦ 실젯값(참값)과 예측값을 비교한 결과(dt_result$result는 예측값이 정확하면 "Y", 잘못 예측한 경우 "N"의 값을 가짐)를 dt_result 데이터세트에 새롭게 추가한다. sum( ), length( ) 함수를 이용하여 예측의 정확도(predict_prob)를 구한다.

```
> dt_result$result <- ifelse(dt_result$actual==dt_result$pred, "Y", "N")
> dt_result
       actual       pred result
1      setosa     setosa      Y
2      setosa     setosa      Y
3      setosa     setosa      Y
4      setosa     setosa      Y
5      setosa     setosa      Y
6      setosa     setosa      Y
7      setosa     setosa      Y
8      setosa     setosa      Y
9      setosa     setosa      Y
10     setosa     setosa      Y
11     setosa     setosa      Y
12     setosa     setosa      Y
13     setosa     setosa      Y
14     setosa     setosa      Y
15     setosa     setosa      Y
16     setosa     setosa      Y
17 versicolor versicolor      Y
18 versicolor versicolor      Y
19 versicolor versicolor      Y
20 versicolor versicolor      Y
21 versicolor versicolor      Y
22 versicolor versicolor      Y
23 versicolor versicolor      Y
24 versicolor versicolor      Y
25 versicolor versicolor      Y
26 versicolor versicolor      Y
27 versicolor versicolor      Y
28 versicolor versicolor      Y
29 versicolor versicolor      Y
30 versicolor versicolor      Y
31 versicolor versicolor      Y
32  virginica  virginica      Y
33  virginica  virginica      Y
34  virginica  virginica      Y
35  virginica  virginica      Y
36  virginica  virginica      Y
37  virginica  virginica      Y
38  virginica  virginica      Y
39  virginica  virginica      Y
40  virginica versicolor      N
41  virginica  virginica      Y
42  virginica  virginica      Y
43  virginica  virginica      Y
44  virginica  virginica      Y
45  virginica  virginica      Y
> predict_prob <- sum(dt_result$result=="Y") / length(dt_result$result)
> predict_prob
[1] 0.9777778
```

- ifelse( ) 함수를 이용하여 품종의 실젯값(dt_result$actual)과 의사결정나무 분석을 이용한 예측값(dt_result$pred)을 서로 비교하여 일치하는 경우 "Y", 일치하지 않은 경우 "N"을 dt_result$result 변수에 저장
- length( )를 이용하여 검증 데이터의 개수(45개)를 구함
- sum( )을 이용하여 예측값이 정확한 경우의 개수(44개)를 구함
- 예측값이 정확한 경우의 비율(정확도, predict_prob)이 97.8%임을 알 수 있음

⑧ confusionMatrix( ) 함수를 이용하여 혼동행렬(Confusion Matrix)을 구한다. 혼동행렬 수행 결과, 의사결정나무 분석의 정확도는 97.8%이다. confusionMatrix( ) 함수를 이용하기 위해 사전에 install.packages("caret"), library(caret)의 패키지가 필요하다.

```
> confusionMatrix(predict_table)
Confusion Matrix and Statistics

           actual
predicted   setosa versicolor virginica
  setosa      16         0         0
  versicolor   0        15         1
  virginica    0         0        13


Overall Statistics

               Accuracy : 0.9778
                 95% CI : (0.8823, 0.9994)
    No Information Rate : 0.3556
    P-Value [Acc > NIR] : < 2.2e-16

                  Kappa : 0.9666

 Mcnemar's Test P-Value : NA

Statistics by Class:

                     Class: setosa Class: versicolor Class: virginica
Sensitivity                 1.0000            1.0000           0.9286
Specificity                 1.0000            0.9667           1.0000
Pos Pred Value              1.0000            0.9375           1.0000
Neg Pred Value              1.0000            1.0000           0.9688
Prevalence                  0.3556            0.3333           0.3111
Detection Rate              0.3556            0.3333           0.2889
Detection Prevalence        0.3556            0.3556           0.2889
Balanced Accuracy           1.0000            0.9833           0.9643
```

- table( )를 이용하여 구한 predict_table의 결과와 동일한 비교표(예측 및 참값의 비교)를 구할 수 있음
- Accuracy(정확도) = 0.9778(97.78%)

  정확도=(16+15+13)/(16+15+1+13)=44/45=0.9778(97.8%)로 평가

⑨ 의사결정나무 분석모형에 대한 ROC 곡선과 ACU 분석결과("pROC" 패키지 이용)는 다음과 같다. ROC 곡선 아래 부분의 면적(AUC ; Area under the curve)은 1로서 모형의 성능이 우수하다.

```
> plot.roc(dt_result$actual, as.integer(dt_result$pred), legacy.axes=TRUE)
Setting levels: control = setosa, case = versicolor
Setting direction: controls < cases
```

```
> result <- roc(dt_result$actual, as.integer(dt_result$pred))
Setting levels: control = setosa, case = versicolor
Setting direction: controls < cases
경고메시지(들):
roc.default(dt_result$actual, as.integer(dt_result$pred))에서:
  'response' has more than two levels. Consider setting 'levels' explicitly or using 'multiclass.roc' instead
> result

Call:
roc.default(response = dt_result$actual, predictor = as.integer(dt_result$pred))

Data: as.integer(dt_result$pred) in 16 controls (dt_result$actual setosa) < 15 cases (dt_result$actual versicolor).
Area under the curve: 1
> result$auc
Area under the curve: 1
> names(result)
 [1] "percent"            "sensitivities"      "specificities"
 [4] "thresholds"         "direction"          "cases"
 [7] "controls"           "fun.sesp"           "auc"
[10] "call"               "original.predictor" "original.response"
[13] "predictor"          "response"           "levels"
```

(2) Boston 데이터세트를 이용한 집값(중앙값) 예측

① Boston 데이터를 이용하기 위하여 install.packages("MASS"), library(MASS) 명령어를 이용하여 MASS 패키지를 설치한다.

② Boston 데이터는 14개 항목(변수)에 대한 506개의 데이터를 포함한다. 주요 변수로는 crim(범죄율), zn(주택용지 비율), indus(non－retail 비즈니스 영역 비율), nox(질소 산화물 비율), rm(주택당 평균 방의 개수), dis(5개의 주요지점과의 가중평균 거리), ptratio(초중학교 선생님 비율), black(흑인의 비율), lstat(사회경제적 지위), medv(주택가격의 median(중앙값)) 등의 항목으로 구성되어 있다.

```
> head(Boston)
     crim zn indus chas   nox    rm  age    dis rad tax ptratio  black lstat
1 0.00632 18  2.31    0 0.538 6.575 65.2 4.0900   1 296    15.3 396.90  4.98
2 0.02731  0  7.07    0 0.469 6.421 78.9 4.9671   2 242    17.8 396.90  9.14
3 0.02729  0  7.07    0 0.469 7.185 61.1 4.9671   2 242    17.8 392.83  4.03
4 0.03237  0  2.18    0 0.458 6.998 45.8 6.0622   3 222    18.7 394.63  2.94
5 0.06905  0  2.18    0 0.458 7.147 54.2 6.0622   3 222    18.7 396.90  5.33
6 0.02985  0  2.18    0 0.458 6.430 58.7 6.0622   3 222    18.7 394.12  5.21
  medv
1 24.0
2 21.6
3 34.7
4 33.4
5 36.2
6 28.7
> str(Boston)
'data.frame':   506 obs. of  14 variables:
 $ crim   : num  0.00632 0.02731 0.02729 0.03237 0.06905 ...
 $ zn     : num  18 0 0 0 0 12.5 12.5 12.5 12.5 ...
 $ indus  : num  2.31 7.07 7.07 2.18 2.18 2.18 7.87 7.87 7.87 7.87 ...
 $ chas   : int  0 0 0 0 0 0 0 0 0 0 ...
 $ nox    : num  0.538 0.469 0.469 0.458 0.458 0.458 0.524 0.524 0.524 0.524 ..
 $ rm     : num  6.58 6.42 7.18 7 7.15 ...
 $ age    : num  65.2 78.9 61.1 45.8 54.2 58.7 66.6 96.1 100 85.9 ...
 $ dis    : num  4.09 4.97 4.97 6.06 6.06 ...
 $ rad    : int  1 2 2 3 3 3 5 5 5 5 ...
 $ tax    : num  296 242 242 222 222 222 311 311 311 311 ...
 $ ptratio: num  15.3 17.8 17.8 18.7 18.7 18.7 15.2 15.2 15.2 15.2 ...
 $ black  : num  397 397 393 395 397 ...
 $ lstat  : num  4.98 9.14 4.03 2.94 5.33 ...
 $ medv   : num  24 21.6 34.7 33.4 36.2 28.7 22.9 27.1 16.5 18.9 ...
```

- Boston 데이터를 이용하기 위하여 MASS 패키지 설치
  install.packages("MASS"), library(MASS)
- 14개 변수들에 대한 506개의 데이터
  - crim : 범죄율
  - zn : 주택용지 비율
  - indus : non－retail 비즈니스 영역 비율
  - chas : Charles 강의 경계 여부(0 또는 1)
  - nox : 질소 산화물 비율
  - rm : 주택당 평균 방의 개수
  - age : 1940년 이전 소유자(건설자) 점유 비율
  - dis : 5개 주요 지점과의 가중평균 거리
  - rad : 고속도로 접근성 지수
  - tax : 재산세 비율
  - ptratio : 초중학교 선생님 비율
  - black : 흑인의 비율
  - lstat : 사회경제적 지위(lower status of the population, %)
  - medv : 주택가격의 중앙값(median)

③ Boston 데이터에서 훈련용 데이터와 검증용 데이터를 구분하기 위한 id[데이터 행(레코드) 번호]를 sample( ) 함수를 이용하여 구한다. 전체 506개의 데이터들 중 70%의 데이터를 훈련용으로 사용한다.

```
> id <- sample(1:nrow(Boston), as.integer(0.7*nrow(Boston)))
> id
  [1] 486 324 378 143 184 307 319  39 305 288 392 204 329 156 366 336 175 309 169 206
 [21] 494  80  94 162 394 413 251 331 300 342  51  27 253  30 506 274 376 136 493 255
 [41] 211  32 242 382  83 272  58 367 449 371 368 231 130 134 199  59 296 100 107  62
 [61] 411 491 213 110 485 266 460 306  41 480 294 260 173  55  20 403 243 230 249 183
 [81]  36 265 164 291 482 379 458 117 492 105 212 420   7 389 406 170 323 335 194 279
[101] 453  99 147  52 268 381  50 354 250 418 490  87  31 264 201 346 428 129 245 256
[121] 172  63 171 304 293   5 467 311 195 197 496 222 151  95 176 128  96 469 437 450
[141] 445  43 187 433 121   9 421  97 405 233 432  73 478 263 412 236  26 290 133 292
[161] 310 320  49 444 477 229 104 398  14 159 322 289 116 189  76 247 345 144 316 308
[181] 207 456   8 120 287 252 281 338 390 483 383  24 232 125 119 475 203 102  15 397
[201] 138 448 278 141 363 149 501 461 285 196 427 246 395 111 115 118   1  64 334 190
[221] 423 370 321 234 122 409  13 425 447  91  18 182 359 400 299 103 462  46 446   6
[241] 466 137  92 153 410 352 217  38  16 158 178  48 487 238   2 219 393 295 454  19
[261] 422  71 339 455 429 108 220  42 167  56 146 216 127 473 452  22  78 210 180 152
[281] 497 227 356 215 361 481 435 275 391 430 407  84   4 369 375 214 401  75 198 327
[301] 106  57 476 226 503 154  66 148 377 218 135 114  70 192 358 303 209 426 244  81
[321] 273 459 280 360  54 325 385 123 474 113 500 267 417 208 380  23  12 200  40 258
[341]  88 185 221 344 416 239  44 441 317 434 505  29 502 235
>
> str(id)
 int [1:354] 486 324 378 143 184 307 319 39 305 288 ...
```

- Boston 전체 데이터 개수 = 506개
- 506*0.7 = 354개(70%)의 데이터(레코드)를 훈련용 데이터로 활용

④ id를 이용하여 훈련용 데이터(train)와 검증용 데이터(test)를 구분한다.

```
> train <- Boston[id, ]
> head(train)
       crim zn indus chas   nox    rm   age    dis rad tax ptratio  black lstat medv
486 3.67367  0 18.10    0 0.583 6.312  51.9 3.9917  24 666    20.2 388.62 10.58 21.2
324 0.28392  0  7.38    0 0.493 5.708  74.3 4.7211   5 287    19.6 391.13 11.74 18.5
378 9.82349  0 18.10    0 0.671 6.794  98.8 1.3580  24 666    20.2 396.90 21.24 13.3
143 3.32105  0 19.58    1 0.871 5.403 100.0 1.3216   5 403    14.7 396.90 26.82 13.4
184 0.10008  0  2.46    0 0.488 6.563  95.6 2.8470   3 193    17.8 396.90  5.68 32.5
307 0.07503 33  2.18    0 0.472 7.420  71.9 3.0992   7 222    18.4 396.90  6.47 33.4
>
> test <- Boston[-id, ]
> head(test)
      crim   zn indus chas   nox    rm   age    dis rad tax ptratio  black lstat medv
3  0.02729  0.0  7.07    0 0.469 7.185  61.1 4.9671   2 242    17.8 392.83  4.03 34.7
10 0.17004 12.5  7.87    0 0.524 6.004  85.9 6.5921   5 311    15.2 386.71 17.10 18.9
11 0.22489 12.5  7.87    0 0.524 6.377  94.3 6.3467   5 311    15.2 392.52 20.45 15.0
17 1.05393  0.0  8.14    0 0.538 5.935  29.3 4.4986   4 307    21.0 386.85  6.58 23.1
21 1.25179  0.0  8.14    0 0.538 5.570  98.1 3.7979   4 307    21.0 376.57 21.02 13.6
25 0.75026  0.0  8.14    0 0.538 5.924  94.1 4.3996   4 307    21.0 394.33 16.30 15.6
```

- Boston[id,] 명령어를 이용하여 훈련용 데이터(train) 지정
- Boston[−id,] 명령어를 이용하여 검증용 데이터(test) 지정

⑤ rpart( ) 함수와 훈련용 데이터(train)를 이용하여 의사결정나무 모형(decisiontree_model)을 구축하고 rpart.plot( )으로 그래프를 작성한다. 주택가격을 결정하는 주요 변수로 lstat(사회경제적 지위), rm(주택당 평균 방의 개수), nox(질소산화물 비율)를 선정하고 이에 따른 주택가격을 예측한다. 끝마디(잎, Leaf 노드) 값은 해당 조건을 만족하는 독립변수(medv값)의 평균과 비율이다.

⑥ 분석결과로부터 lstat 값이 작을수록, rm이 클수록, nox 값이 작을수록 주택가격이 커짐을 예측할 수 있다.

```
> decisiontree_model <- rpart(medv~., data=train)
> decisiontree_model
n= 354

node), split, n, deviance, yval
       * denotes terminal node

 1) root 354 29079.7000 22.52373
   2) lstat>=7.565 250  7212.9680 18.51440
     4) lstat>=14.805 119  2357.0900 15.04202
       8) nox>=0.603 74    936.8034 12.99054
        16) lstat>=19.08 39    313.4508 10.81538 *
        17) lstat< 19.08 35    233.2229 15.41429 *
       9) nox< 0.603 45    596.7191 18.41556 *
     5) lstat< 14.805 131  2117.6420 21.66870
      10) rm< 6.6045 116  1151.2090 20.89741 *
      11) rm>=6.6045 15    363.7733 27.63333 *
   3) lstat< 7.565 104  8187.7660 32.16154
     6) rm< 7.4545 86  3300.8130 29.14535
      12) rm< 6.6805 45    970.1898 25.74222 *
      13) rm>=6.6805 41  1237.4640 32.88049 *
     7) rm>=7.4545 18    366.5561 46.57222 *
```

```
> rpart.plot(decisiontree_model)
```

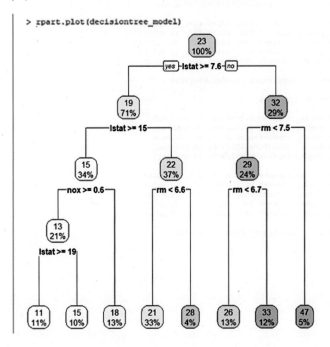

⑦ summary( )로 주택가격에 영향을 미치는 주요 변수(요인)를 확인(Variable Importance 결괏값)한다. 중요도의 크기는 lstat(30) > rm(20) > indus(11)＝age(11) > nox(10)이다.

```
> summary(decisiontree_model)
Call:
rpart(formula = medv ~ ., data = train)
  n= 354

          CP nsplit rel error   xerror      xstd
1 0.47039571      0 1.0000000 1.0047518 0.10119676
2 0.15544854      1 0.5296043 0.6349252 0.06561054
3 0.09416316      2 0.3741558 0.5022560 0.05889875
4 0.03759182      3 0.2799926 0.3792132 0.05094474
5 0.02832104      4 0.2424008 0.3726702 0.05287878
6 0.02072439      5 0.2140797 0.3509142 0.05309210
7 0.01341588      6 0.1933553 0.3359279 0.04933616
8 0.01000000      7 0.1799395 0.3217654 0.04892633

Variable importance
  lstat      rm   indus     age     nox      zn    crim     dis ptratio     tax
     30      20      11      11      10       8       3       3       2       1

Node number 1: 354 observations,     complexity param=0.4703957
  mean=22.52373, MSE=82.14605
  left son=2 (250 obs) right son=3 (104 obs)
  Primary splits:
      lstat   < 7.565    to the right, improve=0.4703957, (0 missing)
      rm      < 6.9715   to the left,  improve=0.4527008, (0 missing)
      indus   < 6.66     to the right, improve=0.2789901, (0 missing)
      ptratio < 19.65    to the right, improve=0.2573666, (0 missing)
      crim    < 6.88166  to the right, improve=0.2354640, (0 missing)
  Surrogate splits:
      rm      < 6.5455   to the left,  agree=0.825, adj=0.404, (0 split)
      age     < 41.3     to the right, agree=0.811, adj=0.356, (0 split)
      zn      < 15.25    to the left,  agree=0.799, adj=0.317, (0 split)
      indus   < 5.04     to the right, agree=0.799, adj=0.317, (0 split)
      nox     < 0.4885   to the right, agree=0.791, adj=0.288, (0 split)

Node number 2: 250 observations,     complexity param=0.09416316
  mean=18.5144, MSE=28.85187
  left son=4 (119 obs) right son=5 (131 obs)
  Primary splits:
      lstat < 14.805   to the right, improve=0.3796269, (0 missing)
      crim  < 5.84803  to the right, improve=0.3721709, (0 missing)
      nox   < 0.657    to the right, improve=0.3173391, (0 missing)
      dis   < 2.0754   to the left,  improve=0.3084750, (0 missing)
      indus < 16.57    to the right, improve=0.2936827, (0 missing)
  Surrogate splits:
      age   < 88.55    to the right, agree=0.792, adj=0.563, (0 split)
      dis   < 2.47805  to the left,  agree=0.752, adj=0.479, (0 split)
      crim  < 4.69963  to the right, agree=0.740, adj=0.454, (0 split)
      indus < 16.57    to the right, agree=0.740, adj=0.454, (0 split)
      nox   < 0.5765   to the right, agree=0.736, adj=0.445, (0 split)

Node number 3: 104 observations,     complexity param=0.1554485
```

```
Node number 3: 104 observations,     complexity param=0.1554485
  mean=32.16154, MSE=78.72852
  left son=6 (86 obs) right son=7 (18 obs)
  Primary splits:
      rm     < 7.4545   to the left,  improve=0.5520916, (0 missing)
      lstat  < 4.65     to the right, improve=0.3141764, (0 missing)
      crim   < 0.515985 to the left,  improve=0.2734888, (0 missing)
      nox    < 0.574    to the left,  improve=0.2543082, (0 missing)
      dis    < 3.2666   to the right, improve=0.2473859, (0 missing)
  Surrogate splits:
      ptratio < 14.75   to the right, agree=0.865, adj=0.222, (0 split)
      lstat   < 3.195   to the right, agree=0.846, adj=0.111, (0 split)
      indus   < 18.84   to the left,  agree=0.837, adj=0.056, (0 split)

Node number 4: 119 observations,     complexity param=0.02832104
  mean=15.04202, MSE=19.80748
  left son=8 (74 obs) right son=9 (45 obs)
  Primary splits:
      nox     < 0.603   to the right, improve=0.3494001, (0 missing)
      crim    < 5.7819  to the right, improve=0.3458560, (0 missing)
      tax     < 551.5   to the right, improve=0.3438993, (0 missing)
      dis     < 2.00445 to the left,  improve=0.3080903, (0 missing)
      ptratio < 19.65   to the right, improve=0.2982869, (0 missing)
  Surrogate splits:
      indus   < 15.995  to the right, agree=0.882, adj=0.689, (0 split)
      tax     < 397     to the right, agree=0.874, adj=0.667, (0 split)
      dis     < 2.79085 to the left,  agree=0.824, adj=0.533, (0 split)
      crim    < 1.690825 to the right, agree=0.815, adj=0.511, (0 split)
      ptratio < 19.65   to the right, agree=0.773, adj=0.400, (0 split)

Node number 5: 131 observations,     complexity param=0.02072439
  mean=21.6687, MSE=16.1652
  left son=10 (116 obs) right son=11 (15 obs)
  Primary splits:
      rm      < 6.6045  to the left,  improve=0.2845898, (0 missing)
      indus   < 3.985   to the right, improve=0.1836111, (0 missing)
      lstat   < 9.84    to the right, improve=0.1492419, (0 missing)
      ptratio < 18.65   to the right, improve=0.1282967, (0 missing)
      tax     < 298     to the right, improve=0.0998812, (0 missing)
  Surrogate splits:
      ptratio < 13.85   to the right, agree=0.908, adj=0.200, (0 split)
      indus   < 2.32    to the right, agree=0.893, adj=0.067, (0 split)

Node number 6: 86 observations,     complexity param=0.03759182
  mean=29.14535, MSE=38.38155
  left son=12 (45 obs) right son=13 (41 obs)
  Primary splits:
      rm    < 6.6805    to the left,  improve=0.3311787, (0 missing)
      age   < 90.75     to the left,  improve=0.2872048, (0 missing)
      lstat < 5.44      to the right, improve=0.2716337, (0 missing)
      nox   < 0.589     to the left,  improve=0.2254995, (0 missing)
```

⑧ 의사결정나무 분석모형의 성능을 평가하기 위해 참값과 예측값의 평균제곱오차(MSE ; Mean Squared Error, (예측값-참값)^{2}의 평균)를 구하면 26.359이다. 참값은 검증 데이터의 medv(dt_result$actual, test$medv)이고 예측값은 predict( ) 함수로 구하며(dt_result$pred), 이를 dt_result 데이터세트에 저장(dt_result$actual, dt_result$pred)하여 평균제곱오차를 구한다(mean((dt_result$pred-dt_result$actual)^2)).

```
> dt_result <- data.frame(actual=test$medv)
> dt_result$pred <- predict(decisiontree_model, newdata=test, type="vector")
> head(dt_result)
  actual     pred
1   34.7 32.88049
2   18.9 18.41556
3   15.0 18.41556
4   23.1 25.74222
5   13.6 18.41556
6   15.6 18.41556
> str(dt_result)
'data.frame':   152 obs. of  2 variables:
$ actual: num  34.7 18.9 15 23.1 13.6 15.6 14.8 13.2 13.1 13.5 ...
$ pred  : num  32.9 18.4 18.4 25.7 18.4 ...
```

```
> mean((dt_result$pred-dt_result$actual)^2)
[1] 26.35912
>
>
> summary(dt_result)
     actual              pred
 Min.   : 5.00   Min.   :10.82
 1st Qu.:17.10   1st Qu.:18.42
 Median :21.15   Median :20.90
 Mean   :22.55   Mean   :22.90
 3rd Qu.:24.85   3rd Qu.:25.74
 Max.   :50.00   Max.   :46.57
```

(3) tree( ) 함수 활용

① tree( ) 함수를 이용한 의사결정나무 분석을 수행하기 위하여 "tree" 패키지를 설치[install.packages("tree"), library(tree)]한다.

② 훈련용 데이터(train)와 tree( ) 함수를 이용하여 의사결정나무 모형(tree_model)을 구축한다. summary(tree_model) 결과를 보면, 주택가격(medv) 설명을 위해 lstat(사회경제적 지위), rm(주택당 평균 방의 개수), age(1940년 이전 소유자(건설자) 점유 비율), nox(질소산화물 비율)의 4개 변수가 모델링에 활용되었음을 알 수 있다.

```
> tree_model <- tree(medv~., data=train)
> tree_model
node), split, n, deviance, yval
      * denotes terminal node

 1) root 354 29080.0 22.52
   2) lstat < 7.565 104  8188.0 32.16
     4) rm < 7.4545 86  3301.0 29.15
       8) rm < 6.6805 45   970.2 25.74
        16) lstat < 4.46 5   378.3 33.24 *
        17) lstat > 4.46 40   275.7 24.81 *
       9) rm > 6.6805 41  1237.0 32.88
        18) age < 90.75 36   491.5 31.63 *
        19) age > 90.75 5   286.8 41.86 *
     5) rm > 7.4545 18   366.6 46.57 *
   3) lstat > 7.565 250  7213.0 18.51
     6) lstat < 14.805 131  2118.0 21.67
      12) rm < 6.6045 116  1151.0 20.90 *
      13) rm > 6.6045 15   363.8 27.63 *
     7) lstat > 14.805 119  2357.0 15.04
      14) nox < 0.603 45   596.7 18.42 *
      15) nox > 0.603 74   936.8 12.99
        30) lstat < 19.08 35   233.2 15.41 *
        31) lstat > 19.08 39   313.5 10.82 *

> summary(tree_model)

Regression tree:
tree(formula = medv ~ ., data = train)
Variables actually used in tree construction:
[1] "lstat" "rm"    "age"   "nox"
Number of terminal nodes:  10
Residual mean deviance:  12.96 = 4457 / 344
Distribution of residuals:
     Min.   1st Qu.    Median      Mean   3rd Qu.      Max.
-12.630000 -1.883000 -0.009643  0.000000  2.103000 16.760000
```

③ 분석결과의 시각화를 위하여 plot( ) 함수를 이용하여 그래프를 작성한다. 출력결과로부터 주택가격에 가장 큰 영향을 미치는 요인으로 lstat(사회경제적 지위), rm(주택당 평균 방의 개수), nox(질소산화물 비율), age(1940년 이전 소유자 점유 비율)가 선정되었다.

④ 분석결과로부터 lstat 값이 작을수록, rm이 클수록, nox가 작을수록, age가 클수록 주택가격이 큰 값을 가지는 것을 알 수 있다.

```
> plot(tree_model)
> text(tree_model)
```

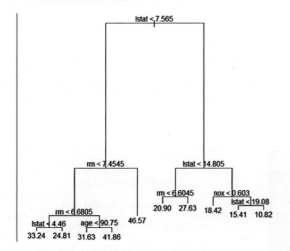

⑤ 검증 데이터의 참값(tree_result$actual, test$medv)과 predict( ) 함수를 이용하여 구한 예측값(tree_result$pred)의 차이(평균제곱오차)를 구하면 27.703으로 rpart( ) 함수의 결과(MSE=26.359)와 큰 차이가 없다.

```
> tree_result <- data.frame(actual=test$medv)
> tree_result$pred <- predict(tree_model, newdata=test, type="vector")
> head(tree_result)
  actual     pred
1   34.7 31.63333
2   18.9 18.41556
3   15.0 18.41556
4   23.1 24.80500
5   13.6 18.41556
6   15.6 18.41556
> str(tree_result)
'data.frame':   152 obs. of  2 variables:
 $ actual: num  34.7 18.9 15 23.1 13.6 15.6 14.8 13.2 13.1 13.5 ...
 $ pred  : num  31.6 18.4 18.4 24.8 18.4 ...

> mean((tree_result$pred-tree_result$actual)^2)
[1] 27.70358
>
> summary(tree_result)
     actual           pred
 Min.   : 5.00   Min.   :10.82
 1st Qu.:17.10   1st Qu.:18.42
 Median :21.15   Median :20.90
 Mean   :22.55   Mean   :22.74
 3rd Qu.:24.85   3rd Qu.:24.80
 Max.   :50.00   Max.   :46.57
```

제 5 장 인공신경망

1 인공신경망의 이해

(1) 인공신경망 분석을 위해 다음 패키지를 이용한다.

install.packages("nnet")	#인공신경망 분석 패키지
install.packages("downloader")	#신경망 분석모형 시각화
install.packages("caret")	#confusionMatrix 행렬 작성
install.packages("neuralnet")	#연속형변수 예측 인공신경망 분석 패키지
install.packages("ModelMetrics")	#MSE(혹은 RMSE) 성능평가 지표 계산
library(nnet)	–
library(downloader)	–
library(caret)	–
library(neuralnet)	–
library(ModelMetrics)	–

(2) 인공신경망 또는 신경망 분석(Artificial Neural Network Analysis)은 인간의 두뇌에서 이루어지는 학습과 기억의 과정을 모방하여 다층 구조에서 학습을 통해 문제해결을 위한 최적의 모형을 구축하여 예측하는 분석 기법이다.

(3) 사람 뇌의 뉴런 작용 형태에서 모티브를 얻은 기법으로서, 입력 노드와 은닉 노드, 출력 노드를 구성하여 복잡한 분류나 수치예측 문제를 해결한다.

(4) 생물체의 뇌가 감각 입력 자극에 어떻게 반응하는지에 대한 이해로부터 얻은 힌트를 바탕으로 생물체의 신경망을 모사하여, 입력 신호와 출력 신호 간의 관계를 모형화한다. 즉 뉴런(Neuron), 시냅스(Synapse), 네트워크(Network)로 구성되어 있는 생물학적 신경 시스템이 정보 수용, 연산, 출력의 기능을 수행하며 복잡한 정보를 효율적으로 처리하고 학습하는 기능을 모방한다.

(5) 뇌가 뉴런이라는 세포들의 방대한 연결을 통해 신호를 처리하듯, 인공신경망은 이를 모사한 인공 뉴런(노드)의 네트워크를 구성하여 모형화한다. 생물체의 신경망과 인공신경망을 비교하면 다음과 같다.

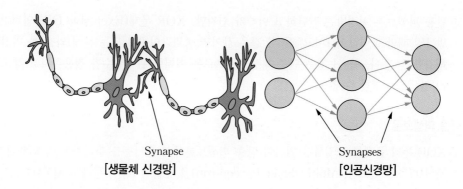

Synapse

[생물체 신경망]

Synapses

[인공신경망]

(6) 활성함수(Activation Function) 및 단층 퍼셉트론

① 인공신경망 모형은 단순하게 표현하면 입력 신호(X1, X2, X3)들을 중요도에 따라 가중치(w1, w2, w3)를 부여하여 가중합을 계산하고, 계산된 값에 활성함수(f)를 적용하여 결괏값(y)을 출력하는 형태이다. 이를 표현한 것이 아래의 그림처럼 단층 퍼셉트론(Single Layer Perceptron)이다.

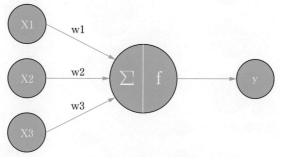

[단층 퍼셉트론 신경망]

② 결괏값(y)은 $y(X) = f(\sum w_i X_i)$의 형태를 가지며, 가중치 w_i로 각 X_i 값을 가중합하여 활성함수 f를 적용한다. 활성함수 $f(x)$는 선형함수, 시그모이드 함수, 포화 선형함수, 쌍곡선 탄젠트 함수, 가우시안 함수 등을 이용한다.

③ 특히 시그모이드 함수(Sigmoid Function)가 많이 사용되며, 시그모이드 함수는 단극성 시그모이드 함수와 양극성 시그모이드 함수가 있다. 단극성 시그모이드 함수는 로지스틱 회귀 분석에서 사용되는 로지스틱 함수와 동일한 형태의 곡선($f(x) = \dfrac{1}{1+e^{-x}}$ $0 \leq f(x) \leq 1$)이다. 로지스틱 함수는 x값이 작은 영역에서 입력에 민감하게 출력이 크게 변하고, x값이 큰 영역에서는 입력에 덜 민감하게 출력이 변하게 되는 특성을 가진다.

④ 반면, 양극성 시그모이드 함수는 $f(x) = \dfrac{1-e^{-x}}{1+e^{-x}}$ 형태의 곡선으로서, $-1 \leq f(x) \leq 1$의 출력값을 가진다.

⑤ 단층 퍼셉트론 신경망은 간단하고 이해가 쉽지만, XOR 문제(Exclusive OR, 입력값 중 한 쪽만 1일 때만 출력값이 1이고, 둘 다 같은 값이면 출력값이 0이 되는 문제)와 같은 비선형 문제는 해결할 수 없다. 즉 이 경우 단층 퍼셉트론으로는 어떠한 활성함수를 적용한다고 해도 XOR 논리 연산을 수행할 수 없다.

(7) 다층 퍼셉트론

① XOR 논리 문제를 해결하기 위하여 단층 퍼셉트론에서 은닉층을 추가하여 아래와 같이 다층 신경망(다층 퍼셉트론, Multi-layer Perceptron)을 만들어 XOR 문제를 해결한다.

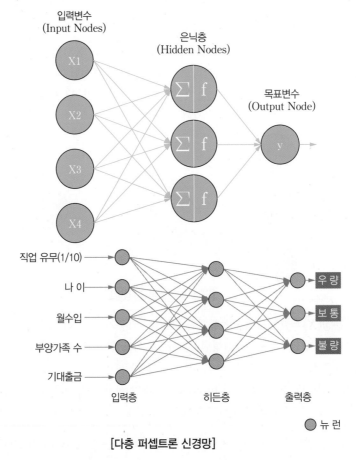

[다층 퍼셉트론 신경망]

② 다층 퍼셉트론 신경망은 입력층(Input Layer), 히든층(Hidden Layer), 출력층(Output Layer)으로 구성된다. 입력층은 입력변수에 일대일로 대응되는 노드인 뉴런(Neuron)들로 구성되며, 히든층에는 입력층의 뉴런과 이들 뉴런의 가중치(Weight)의 결합으로 생성되는 히든층의 뉴런들이 존재한다.

③ 히든층에서의 층(Layer)의 개수에 따라 모형의 복잡도가 결정되며 히든층의 층수가 2개 이상이 되는 경우 다층(Multi Layer) 구조라 한다. 출력층에는 히든층에서의 뉴런과 그들의 가중치가 결합하여 생성되는 뉴런들이 존재하며, 예측하고자 하는 종속변수의 형태에 따라 출력층의 개수

가 정해진다. 히든층과 출력층에 존재하는 뉴런은 이전 층에서의 입력값과 가중치의 합을 계산하는 기능과 뉴런의 가중치합을 입력값으로 신호를 출력하는 활성화 함수 기능을 수행한다.

④ 활성 함수(Activation Function, 또는 활성화 함수)는 뉴런의 핵심중에서도 가장 중요한 요소로 신경망을 통과해 온 값을 최종적으로 어떤 값으로 만들지를 결정한다. 인공신경망 분석 기법은 종속변수를 연속형, 이항형 또는 명목형으로 사용하는가에 따라 예측 분석 또는 분류 분석으로 구분된다.

⑤ 복잡한 비선형 분류나 예측 문제가 주어졌을 때 은닉층을 적절히 추가하면 효과적으로 결괏값을 도출하는 인공신경망 모형을 구축할 수 있다. 은닉층을 여러 개 설정한 인공신경망을 딥 신경망이라고 하며, 최근 인공지능 분야에서 많이 활용되고 있다.

⑥ 목표변수에 해당하는 출력층의 노드 수는 목표변수의 속성(클래스) 분류의 수에 의존적이다. 즉, 이항 분류의 경우는 출력층에 단 한 개의 노드를 가지게 되며, K개 속성 클래스의 경우 출력층에 K개의 노드를 가진다.

⑦ 다층 퍼셉트론 신경망에서는 모델을 훈련시키기 위해 역전파 알고리즘(Backpropagation Algorithm)을 이용하여 학습한다. 즉, 훈련 데이터를 이용한 모델 학습 시 실젯값과 예측값 사이의 예측 에러들이 네트워크에 역으로 피드백되어, 이러한 예측 에러를 최소화하기 위해 노드에 연결된 각 네트워크에 가중치를 다시 부여한다. 이러한 프로세스는 예측 에러가 사전에 정의된 임계치 미만으로 낮아질 때까지 반복적으로 수행된다.

(8) 인공신경망 분석의 활용

① 분석결과의 통찰력을 수립하거나 해석하는 것보다 정교한 예측이 필요한 분야에 적용된다. 분류나 수치예측 문제에 모두 사용되며, 복잡한 비선형 분류 문제에서 우수한 성능을 보인다.

② 음성 및 필기체 인식, 이미지 인식, 주식 흐름 예측, 기후 예측 등의 분야에 많이 활용되고 있다.

③ 최근에는 많은 은닉층을 활용한 딥러닝이 개발되면서 영상 인식, 무인자동차 운전, 드론, 스마트 기기의 자동화 서비스 등 인공지능 서비스 영역으로 확장되고 있다.

(1) iris 데이터를 이용한 붓꽃의 분류

① 인공신경망 분석을 위해 사용되는 기본 함수는 nnet( )이다. nnet( ) 함수의 사용-("nnet" 패키지 설치) 형식은 다음과 같다. 훈련 데이터와 히든층의 개수를 이용하여 종속변수를 분류(예측)하기 위한 인공신경망을 구성한다.

> **nnet(formula, data, size ...)**
> • formula : 식(종속변수~독립변수)
> • data : 훈련 데이터
> • size : 히든층의 개수

② R에서 제공하는 iris[꽃잎 및 꽃받침의 길이와 너비값에 따른 붓꽃의 품종(Species) 분류] 데이터를 이용하여 훈련 데이터(train)와 검증 데이터(test)를 구성하면 다음과 같다.

```
> head(iris)
  Sepal.Length Sepal.Width Petal.Length Petal.Width Species
1          5.1         3.5          1.4         0.2  setosa
2          4.9         3.0          1.4         0.2  setosa
3          4.7         3.2          1.3         0.2  setosa
4          4.6         3.1          1.5         0.2  setosa
5          5.0         3.6          1.4         0.2  setosa
6          5.4         3.9          1.7         0.4  setosa
>
> id <- sample(1:nrow(iris), as.integer(0.7*nrow(iris)))
> id
  [1] 135   8  27  11   4 112  84  59 108 144  80   9   7 111  10  87  28  41  36
 [20]   2 129  33  97  83  32  14  29  31  67  51  53 146 103 128 120 133  44  48
 [39] 149  79  45  57  23  82  35  76  20  34  24  26  17  37  21  68  85 113 131
 [58]  71 101 141 123 150   1 148  46  75 134  89 138  49 145 126 137  40 127   6
 [77]  63  19  58  88  47 130 140  55  30 115  99 136  90  94  39  69  12  52 122
 [96] 125  43  72  15 124  96  86  54  66 119
>
> train <- iris[id, ]
> head(train)
    Sepal.Length Sepal.Width Petal.Length Petal.Width   Species
135          6.1         2.6          5.6         1.4 virginica
8            5.0         3.4          1.5         0.2    setosa
27           5.0         3.4          1.6         0.4    setosa
11           5.4         3.7          1.5         0.2    setosa
4            4.6         3.1          1.5         0.2    setosa
112          6.4         2.7          5.3         1.9 virginica
>
> test <- iris[-id, ]
> head(test)
   Sepal.Length Sepal.Width Petal.Length Petal.Width Species
3           4.7         3.2          1.3         0.2  setosa
5           5.0         3.6          1.4         0.2  setosa
13          4.8         3.0          1.4         0.1  setosa
16          5.7         4.4          1.5         0.4  setosa
18          5.1         3.5          1.4         0.3  setosa
22          5.1         3.7          1.5         0.4  setosa
```

• iris는 붓꽃의 3가지 유형(setosa, versicolor, virginica)에 대한 꽃잎의 길이(Petal.Length)와 너비(Petal. Width) 그리고 꽃받침의 길이(Sepal.Length)와 너비(Sepal.Width) 데이터(품종별 50개씩 총 150개의 데이터)
• iris 데이터로부터 105개[=150×0.7(70%)]의 표본을 추출(sample( ), nrow(iris)=150)하여 훈련용 데이터 (train)에 저장(train<−iris[id,])
• 나머지 데이터[150−105=45(30%)]를 검증용 데이터로 사용(test<−iris[−id,])
• 훈련용 데이터(train)와 검증용 데이터(test)의 구성에 따라 인공신경망 분석결과는 서로 다름

③ nnet( ) 함수와 훈련 데이터(train)를 이용하여 인공신경망 모형을 구축한다. 모형에서 히든층의 개수(size)를 2개로 지정한다.

```
> nn_model <- nnet(Species~., data=train, size=2)
# weights:  19
initial  value 115.125072
iter  10 value 30.620320
iter  20 value 4.949310
iter  30 value 1.437658
iter  40 value 0.084209
iter  50 value 0.067018
iter  60 value 0.059453
iter  70 value 0.034012
iter  80 value 0.032859
iter  90 value 0.032803
iter 100 value 0.030573
final  value 0.030573
stopped after 100 iterations
> summary(nn_model)
a 4-2-3 network with 19 weights
options were - softmax modelling
  b->h1  i1->h1  i2->h1  i3->h1  i4->h1
   8.68    0.08    0.63   -1.70   -1.97
  b->h2  i1->h2  i2->h2  i3->h2  i4->h2
  -7.52    6.32  -99.60  157.32   58.14
  b->o1  h1->o1  h2->o1
-213.09  292.59   -2.41
  b->o2  h1->o2  h2->o2
  12.08   24.12   34.76
  b->o3  h1->o3  h2->o3
 201.33 -316.63  -32.98
> names(nn_model)
 [1] "n"             "nunits"       "nconn"        "conn"
 [5] "nsunits"       "decay"        "entropy"      "softmax"
 [9] "censored"      "value"        "wts"          "convergence"
[13] "fitted.values" "residuals"    "lev"          "call"
[17] "terms"         "coefnames"    "xlevels"
```

- 패키지 설치
  install.packages("nnet"), library(nnet)
- nnet( ) 함수를 이용하여 인공신경망 모형(nn_model) 구축
- 종속변수를 붓꽃의 품종(Species)으로 지정하고 훈련 데이터(train)와 히든층의 개수(size=2) 설정
  nnet(Species~., data=train, size=2)
- 19개의 가중치(weights) 설정
- 노드의 수는 (4개-2개-3개)로 설정
- 각 링크별(노드와 노드 연결) 가중치 출력(summary( ) 명령어 이용)

④ 인공신경망 시각화(그래프 작성)를 위하여 깃허브(Github) 소스를 이용한다. 먼저, 패키지를 설치(install.packages("downloader"), library(downloader))하고 source_url( ) 함수를 이용하여 프로그램의 위치를 지정한다. 그리고 plot.nnet(nn_model) 명령어를 이용하여 신경망 그래프를 작성한다.

㉠ 깃허브(Github) 지원 프로그램 소스의 위치를 지정한다.

source_url("https://gist.githubusercontent.com/fawda123/5086859/raw/17fd6d2adec4dbcf5ce750cbd1f3e0f4be9d8b19/nnet_plot_fun.r", prompt=FALSE)

```
> source_url("https://gist.githubusercontent.com/fawda123/5086859/raw/17fd6d2adec4dbcf5ce750cbd1f3e0f4be9d8b19/nnet_plot_fun.r", prompt=FALSE)
URL 'https://gist.githubusercontent.com/fawda123/5086859/raw/17fd6d2adec4dbcf5ce750cbd1f3e0f4be9d8b19/nnet_plot_fun.r'를 시도합니다
Content type 'text/plain; charset=utf-8' length 8222 bytes
downloaded 8222 bytes

Not checking SHA-1 of downloaded file.
> plot.nnet(nn_model)
필요한 패키지를 로딩중입니다: scales
```

ⓛ 인공신경망 시각화 : plot.nnet(nn_model) 수행 결과이다.

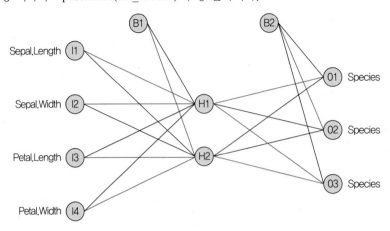

⑤ 인공신경망 분석모형(nn_model)을 검증 데이터(test)에 적용한 결과는 다음과 같다. 검증 데이터에 저장된 품종값(test$Species)을 data.frame( ) 구조를 이용하여 nn_result에 저장하고, predict( ) 함수와 검증용 데이터(test)를 이용하여 예측 품종(nn_result$pred)을 저장한다.

```
> nn_result <- data.frame(actual=test$Species)
> nn_result$pred <- predict(nn_model, newdata=test, type="class")
> nn_result
      actual        pred
1     setosa      setosa
2     setosa      setosa
3     setosa      setosa
4     setosa      setosa
5     setosa      setosa
6     setosa      setosa
7     setosa      setosa
8     setosa      setosa
9     setosa      setosa
10    setosa      setosa
11    setosa      setosa
12    setosa      setosa
13    setosa      setosa
14    setosa      setosa
15    setosa      setosa
16    setosa      setosa
17    setosa      setosa
18 versicolor versicolor
19 versicolor versicolor
20 versicolor versicolor
21 versicolor versicolor
22 versicolor versicolor
23 versicolor versicolor
24 versicolor versicolor
25 versicolor versicolor
26 versicolor  virginica
27 versicolor  virginica
28 versicolor versicolor
29 versicolor versicolor
30 versicolor versicolor
31 versicolor versicolor
32  virginica  virginica
33  virginica versicolor
34  virginica  virginica
35  virginica  virginica
36  virginica  virginica
37  virginica  virginica
38  virginica  virginica
```

```
39  virginica  virginica
40  virginica  virginica
41  virginica  virginica
42  virginica  virginica
43  virginica  virginica
44  virginica  virginica
45  virginica  virginica
```

- 검증용 데이터(test)의 품종(참값, actual＝test$Species)을 데이터 프레임 구조를 이용하여 nn_result에 저장
- predict( ) 함수와 검증 데이터(test)를 이용하여 품종 예측
- 예측값의 유형은 type＝"class" (품종) 지정
- 예측값(nn_result$pred)을 nn_result에 저장
- nn_result 데이터는 (actual, pred) 두 가지 항목으로 구성되며, actual(참값)과 pred(예측값)를 비교할 수 있음
- 총 45개의 검증 데이터에 대한 인공신경망 분석 수행 결과, 참값과 예측값의 오류가 발생한 붓꽃은 다음과 같음

  26번 actual＝versicolor, pred＝virginica

  27번 actual＝versicolor, pred＝virginica

  33번 actual＝virginica, pred＝versicolor
- 즉 실제 품종은 versicolor이지만 virginica로 잘못 예측한 경우가 2개
- 실제 품종은 virginica이지만 versicolor로 잘못 예측한 경우가 1개
- 총 3개의 품종에 대하여 잘못 예측하고, 나머지 45－3＝42개의 품종을 정확히 예측함으로써 93.3% (＝42/45×100)의 정확도를 보임

⑥ table( )로 nn_result 데이터의 두 가지 항목(nn_result$pred, nn_result$actual)을 서로 비교하여 예측의 정확도를 나타내는 테이블(predict_table)을 작성한다.

```
> predict_table <- table(nn_result$pred, nn_result$actual)
> predict_table

             setosa versicolor virginica
  setosa        17          0          0
  versicolor     0         12          1
  virginica      0          2         13
>
> names(dimnames(predict_table)) <- c("predicted", "actual")
> predict_table
            actual
predicted    setosa versicolor virginica
  setosa        17          0          0
  versicolor     0         12          1
  virginica      0          2         13
> nrow(test)
[1] 45
> sum(diag(predict_table))
[1] 42
>
> accuracy <- sum(diag(predict_table)) / nrow(test) * 100
> accuracy
[1] 93.33333
```

- 붓꽃 품종의 예측값(nn_result$pred)과 참값(nn_result$actual)의 비교 결과를 table( ) 함수를 이용하여 요약함
- names( ), dimnames( ) 함수를 이용하여 행의 이름(predicted, 예측값), 열의 이름(actual, 참값)을 지정
- sum( ), diag( )로 예측의 정확도(93.3%) 평가

⑦ 실젯값(참값)과 예측값을 비교한 결과(nn_result$result는 예측값이 정확하면 "Y", 잘못 예측한 경우 "N"의 값을 가짐)를 nn_result 데이터에 추가한다. sum( ), length( )로 예측의 정확도 (predict_prob)를 구한다.

```
> nn_result$result <- ifelse(nn_result$actual==nn_result$pred, "Y", "N")
> nn_result
        actual      pred result
1       setosa    setosa     Y
2       setosa    setosa     Y
3       setosa    setosa     Y
4       setosa    setosa     Y
5       setosa    setosa     Y
6       setosa    setosa     Y
7       setosa    setosa     Y
8       setosa    setosa     Y
9       setosa    setosa     Y
10      setosa    setosa     Y
11      setosa    setosa     Y
12      setosa    setosa     Y
13      setosa    setosa     Y
14      setosa    setosa     Y
15      setosa    setosa     Y
16      setosa    setosa     Y
17      setosa    setosa     Y
18  versicolor versicolor    Y
19  versicolor versicolor    Y
20  versicolor versicolor    Y
21  versicolor versicolor    Y
22  versicolor versicolor    Y
23  versicolor versicolor    Y
24  versicolor versicolor    Y
25  versicolor versicolor    Y
26  versicolor  virginica    N
27  versicolor  virginica    N
28  versicolor versicolor    Y
29  versicolor versicolor    Y
30  versicolor versicolor    Y
31  versicolor versicolor    Y
32   virginica  virginica    Y
33   virginica versicolor    N
34   virginica  virginica    Y
35   virginica  virginica    Y
36   virginica  virginica    Y
37   virginica  virginica    Y
38   virginica  virginica    Y
39   virginica  virginica    Y
40   virginica  virginica    Y
41   virginica  virginica    Y
42   virginica  virginica    Y
43   virginica  virginica    Y
44   virginica  virginica    Y
45   virginica  virginica    Y
> predict_prob <- sum(nn_result$result=="Y") / length(nn_result$result)
> predict_prob
[1] 0.9333333
```

- ifelse( ) 함수를 이용하여 품종의 실젯값(nn_result$actual)과 인공신경망 분석을 이용하여 예측한 예측값 (nn_result$pred)을 서로 비교하여 일치하는 경우 "Y", 일치하지 않은 경우 "N"을 nn_result$result 변수에 저장
- length( ) 함수를 이용하여 검증 데이터의 개수(45개)를 구함
- sum( ) 함수를 이용하여 예측값이 정확한 경우의 개수(42개)를 구함
- 예측값이 참값과 동일한(정확하게 예측한) 경우의 비율(정확도, predict_prob)은 93.3%

⑧ confusionMatrix( )를 이용하여 혼동행렬(Confusion Matrix)을 구한다. 혼동행렬 수행 결과, 인공신경망 분석의 정확도(Accuracy)는 93.3%이다. confusionMatrix( ) 함수를 이용하기 위해 install.packages("caret"), library(caret)의 패키지를 설치한다.

```
> confusionMatrix(predict_table)
Confusion Matrix and Statistics

           actual
predicted   setosa versicolor virginica
  setosa       17         0         0
  versicolor    0        12         1
  virginica     0         2        13


Overall Statistics

               Accuracy : 0.9333
                 95% CI : (0.8173, 0.986)
    No Information Rate : 0.3778
    P-Value [Acc > NIR] : 6.255e-15

                  Kappa : 0.8996

 Mcnemar's Test P-Value : NA

Statistics by Class:

                     Class: setosa Class: versicolor Class: virginica
Sensitivity                 1.0000            0.8571           0.9286
Specificity                 1.0000            0.9677           0.9355
Pos Pred Value              1.0000            0.9231           0.8667
Neg Pred Value              1.0000            0.9375           0.9667
Prevalence                  0.3778            0.3111           0.3111
Detection Rate              0.3778            0.2667           0.2889
Detection Prevalence        0.3778            0.2889           0.3333
Balanced Accuracy           1.0000            0.9124           0.9320
```

- table( ) 함수를 이용하여 구한 predict_table의 결과와 동일한 비교표(예측 및 참값의 비교)를 구할 수 있음
- Accuracy(정확도) = 0.9333(93.3%)
  $0.9333((17+12+13)/(17+12+1+2+13)=42/45=0.9333(93.3\%))$로 평가

(2) 연속형 변숫값(콘크리트 강도, Strength)을 예측하기 위한 인공신경망

① 연속형 변숫값을 예측하기 위한 인공신경망 분석을 위하여 "neuralnet" 패키지를 이용한다. 연속형 예측 신경망 분석을 위하여 사용되는 함수는 neuralnet( )이며, 사용 방법은 다음과 같다.

neuralnet(formula, data, ...)
- formula : 식(종속변수~독립변수)
- data : 훈련 데이터

② 예시 자료는 UCI에서 제공하는 데이터(archive.ics.uci.edu/ml/datasets/Concrete +Compressive+Strength)를 이용한다. Concrete_Data.csv는 연속형 변수인 콘크리트의 강도(Strength)에 영향을 미치는 것으로 추정되는 요소들인 시멘트(Cement), 슬래그(Slag, 용재(찌꺼기)), 애쉬(Ash, 재), 물(Water), 고성능 감수제(Superplasticizer), 굵은 골재 (Coarseagg), 미세 골재(Fineagg), 기간(Age), 콘크리트 강도(Strength) 항목으로 총 1,030 개의 자료를 포함한다.

- Cement : 시멘트
- Slag : 슬래그
- Ash : 애쉬(재)
- Water : 물
- Superplasticizer : 고성능 감수제
- Coarseagg : 굵은 골재
- Fineagg : 미세 골재
- Age : 기간
- Strength : 콘크리트 강도

	A	B	C	D	E	F	G	H	I
1	Cement	Slag	Ash	Water	Superplas	Coarseag(	Fineagg	Age	Strength
2	540	0	0	162	2.5	1040	676	28	79.99
3	540	0	0	162	2.5	1055	676	28	61.89
4	332.5	142.5	0	228	0	932	594	270	40.27
5	332.5	142.5	0	228	0	932	594	365	41.05
6	198.6	132.4	0	192	0	978.4	825.5	360	44.3
7	266	114	0	228	0	932	670	90	47.03
8	380	95	0	228	0	932	594	365	43.7
9	380	95	0	228	0	932	594	28	36.45
10	266	114	0	228	0	932	670	28	45.85
11	475	0	0	228	0	932	594	28	39.29
12	198.6	132.4	0	192	0	978.4	825.5	90	38.07
13	198.6	132.4	0	192	0	978.4	825.5	28	28.02
14	427.5	47.5	0	228	0	932	594	270	43.01
15	190	190	0	228	0	932	670	90	42.33

```
> setwd("C:/workr")
> data <- read.csv("Concrete_Data.csv", header=T, fileEncoding="EUC-KR")
> head(data)
  Cement  Slag Ash Water Superplasticizer Coarseagg Fineagg Age Strength
1  540.0   0.0   0   162              2.5    1040.0   676.0  28    79.99
2  540.0   0.0   0   162              2.5    1055.0   676.0  28    61.89
3  332.5 142.5   0   228              0.0     932.0   594.0 270    40.27
4  332.5 142.5   0   228              0.0     932.0   594.0 365    41.05
5  198.6 132.4   0   192              0.0     978.4   825.5 360    44.30
6  266.0 114.0   0   228              0.0     932.0   670.0  90    47.03
> summary(data)
     Cement          Slag            Ash            Water       Superplasticizer   Coarseagg
 Min.   :102.0   Min.   :  0.0   Min.   :  0.00   Min.   :121.8   Min.   : 0.000   Min.   : 801.0
 1st Qu.:192.4   1st Qu.:  0.0   1st Qu.:  0.00   1st Qu.:164.9   1st Qu.: 0.000   1st Qu.: 932.0
 Median :272.9   Median : 22.0   Median :  0.00   Median :185.0   Median : 6.400   Median : 968.0
 Mean   :281.2   Mean   : 73.9   Mean   : 54.19   Mean   :181.6   Mean   : 6.205   Mean   : 972.9
 3rd Qu.:350.0   3rd Qu.:142.9   3rd Qu.:118.30   3rd Qu.:192.0   3rd Qu.:10.200   3rd Qu.:1029.4
 Max.   :540.0   Max.   :359.4   Max.   :200.10   Max.   :247.0   Max.   :32.200   Max.   :1145.0
    Fineagg          Age           Strength
 Min.   :594.0   Min.   :  1.00   Min.   : 2.33
 1st Qu.:731.0   1st Qu.:  7.00   1st Qu.:23.71
 Median :779.5   Median : 28.00   Median :34.45
 Mean   :773.6   Mean   : 45.66   Mean   :35.82
 3rd Qu.:824.0   3rd Qu.: 56.00   3rd Qu.:46.13
 Max.   :992.6   Max.   :365.00   Max.   :82.60
> dim(data)
[1] 1030    9
```

③ 전체 중 70%(721개)를 훈련용 데이터(train), 나머지 30%(309개)를 검증용 데이터(test)로 분류한다. 연속형 자료에 대한 정규화 작업을 수행하기 위하여 normalize 변환(Min−max 척도 변환)을 정의하고 각각의 항목에 대한 정규화 자료를 저장하며, 종속변수(Strength)에 대한 값은 정규화 이전의 자료를 학습용 데이터에 저장한다.

```
> id <- sample(1:nrow(data), as.integer(0.7*nrow(data)))
> train <- data[id,]
> test <- data[-id,]
>
> normalize <- function (x) {
+ return ((x-min(x))/(max(x)-min(x)))
+ }
>
> norm_train <- as.data.frame(lapply(train, normalize))
> norm_test <- as.data.frame(lapply(test, normalize))
>
> summary(norm_train)
    Cement           Slag             Ash            Water         Superplasticizer   Coarseagg
 Min.   :0.0000   Min.   :0.00000   Min.   :0.0000   Min.   :0.0000   Min.   :0.0000   Min.   :0.0000
 1st Qu.:0.2016   1st Qu.:0.00000   1st Qu.:0.0000   1st Qu.:0.3442   1st Qu.:0.0000   1st Qu.:0.3930
 Median :0.3744   Median :0.05565   Median :0.0000   Median :0.5048   Median :0.1988   Median :0.5011
 Mean   :0.4001   Mean   :0.19662   Mean   :0.2849   Mean   :0.4768   Mean   :0.1948   Mean   :0.5145
 3rd Qu.:0.5639   3rd Qu.:0.37841   3rd Qu.:0.5912   3rd Qu.:0.5607   3rd Qu.:0.3106   3rd Qu.:0.6823
 Max.   :1.0000   Max.   :1.00000   Max.   :1.0000   Max.   :1.0000   Max.   :1.0000   Max.   :1.0000
    Fineagg           Age            Strength
 Min.   :0.0000   Min.   :0.00000   Min.   :0.0000
 1st Qu.:0.3588   1st Qu.:0.03571   1st Qu.:0.2661
 Median :0.4691   Median :0.07418   Median :0.3921
 Mean   :0.4585   Mean   :0.12812   Mean   :0.4124
 3rd Qu.:0.5883   3rd Qu.:0.15110   3rd Qu.:0.5422
 Max.   :1.0000   Max.   :1.00000   Max.   :1.0000
> norm_train$Strength <- train$Strength
> summary(norm_train)
    Cement           Slag             Ash            Water         Superplasticizer   Coarseagg
 Min.   :0.0000   Min.   :0.00000   Min.   :0.0000   Min.   :0.0000   Min.   :0.0000   Min.   :0.0000
 1st Qu.:0.2016   1st Qu.:0.00000   1st Qu.:0.0000   1st Qu.:0.3442   1st Qu.:0.0000   1st Qu.:0.3930
 Median :0.3744   Median :0.05565   Median :0.0000   Median :0.5048   Median :0.1988   Median :0.5011
 Mean   :0.4001   Mean   :0.19662   Mean   :0.2849   Mean   :0.4768   Mean   :0.1948   Mean   :0.5145
 3rd Qu.:0.5639   3rd Qu.:0.37841   3rd Qu.:0.5912   3rd Qu.:0.5607   3rd Qu.:0.3106   3rd Qu.:0.6823
 Max.   :1.0000   Max.   :1.00000   Max.   :1.0000   Max.   :1.0000   Max.   :1.0000   Max.   :1.0000
    Fineagg           Age            Strength
 Min.   :0.0000   Min.   :0.00000   Min.   : 2.33
 1st Qu.:0.3588   1st Qu.:0.03571   1st Qu.:23.69
 Median :0.4691   Median :0.07418   Median :33.80
 Mean   :0.4585   Mean   :0.12812   Mean   :35.43
 3rd Qu.:0.5883   3rd Qu.:0.15110   3rd Qu.:45.85
 Max.   :1.0000   Max.   :1.00000   Max.   :82.60
```

④ 정규화된 훈련용 데이터(norm_train)를 이용하여 신경망 예측 모형을 구축(neuralnet( ), 은닉층 수(hidden)의 기본값=1)한다. names(model) 명령어로 모형 결과를 확인하며, 연속형 변숫값을 예측하기 위하여 "net.result" 항목을 이용한다.

```
> model <- neuralnet(Strength
+ ~ Cement + Slag + Ash + Water + Superplasticizer + Coarseagg + Fineagg + Age, norm_train)
> str(model)
List of 14
 $ call             : language neuralnet(formula = Strength ~ Cement + Slag + Ash + Water + Superplasticizer + Coarse$
 $ response         : num [1:721, 1] 33 44.5 40.9 33.7 39.1 ...
 ..- attr(*, "dimnames")=List of 2
 .. ..$ : chr [1:721] "1" "2" "3" "4" ...
 .. ..$ : chr "Strength"
 $ covariate        : num [1:721, 1:8] 0.526 0.416 0.482 0.4 0.153 ...
 ..- attr(*, "dimnames")=List of 2
 .. ..$ : NULL
 .. ..$ : chr [1:8] "Cement" "Slag" "Ash" "Water" ...
 $ model.list       :List of 2
 ..$ response : chr "Strength"
 ..$ variables: chr [1:8] "Cement" "Slag" "Ash" "Water" ...
 $ err.fct          :function (x, y)
 ..- attr(*, "type")= chr "sse"
 $ act.fct          :function (x)
 ..- attr(*, "type")= chr "logistic"
 $ linear.output    : logi TRUE
```

```
$ data              :'data.frame':   721 obs. of  9 variables:
 ..$ Cement          : num [1:721] 0.526 0.416 0.482 0.4 0.153 ...
 ..$ Slag            : num [1:721] 0.3965 0.0417 0.4035 0 0.1174 ...
 ..$ Ash             : num [1:721] 0 0.705 0 0 0.621 ...
 ..$ Water           : num [1:721] 0.848 0.457 0.453 0.553 0.292 ...
 ..$ Superplasticizer: num [1:721] 0 0.171 0.248 0 0.335 ...
> summary(model)
                   Length Class      Mode
call                    3 -none-     call
response              721 -none-     numeric
covariate            5768 -none-     numeric
model.list              2 -none-     list
err.fct                 1 -none-     function
act.fct                 1 -none-     function
linear.output           1 -none-     logical
data                    9 data.frame list
exclude                 0 -none-     NULL
net.result              1 -none-     list
weights                 1 -none-     list
generalized.weights     1 -none-     list
startweights            1 -none-     list
result.matrix          14 -none-     numeric
> names(model)
 [1] "call"                "response"            "covariate"           "model.list"          "err.fct"
 [6] "act.fct"             "linear.output"       "data"                "exclude"             "net.result"
[11] "weights"             "generalized.weights" "startweights"        "result.matrix"
```

⑤ 검증용 데이터(test)를 이용하여 인공신경망 모형의 예측값과 실젯값(참값)을 비교한다. 검증 데이터의 참값(test$Strength)을 데이터 프레임 형식으로 저장(new$actual)하고, 예측값(compute( ) 함수 이용)을 new$predict 항목으로 저장한다. 인공신경망 예측 모형에서는 예측값을 산출하기 위하여 compute( )$net.result 항목을 이용(norm_test 데이터에서 test$Strength 항목을 제외하여 예측)한다. plot( )으로 신경망 구조를 시각화하여 나타내며, $Error = \sum(y_i - \widehat{y_i})^2$은 훈련용 데이터에 대한 (실젯값−예측값)^{2}의 합(Sum of Squared Error, SSE)이며, Steps는 에러함수에 대한 편미분의 조건을 달성하기까지의 훈련과정의 수이다.

```
> new <- data.frame(actual = test$Strength)
> new$predict <- compute(model, norm_test[-length(norm_test)])$net.result
>
> head(new)
  actual  predict
1  44.30 53.58431
2  43.70 53.58502
3  38.07 44.99624
4  43.01 53.57772
5  52.52 53.58470
6  38.60 27.63598
> summary(new)
     actual          predict.V1
 Min.   : 4.57   Min.   : 5.92588
 1st Qu.:23.79   1st Qu.:25.84849
 Median :35.30   Median :37.20314
 Mean   :36.72   Mean   :35.73623
 3rd Qu.:46.23   3rd Qu.:47.35548
 Max.   :81.75   Max.   :53.58502
```

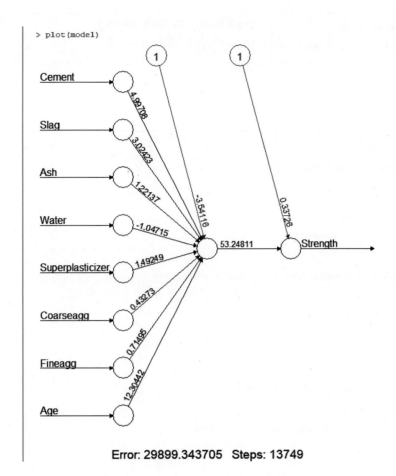

```
> plot(model)
```

Cement
Slag
Ash
Water
Superplasticizer
Coarseagg
Fineagg
Age

4.92708
3.02423
1.22137
-1.04715
1.49249
0.43273
0.71495
12.30442

-3.54116

53.24811

0.33726

Strength

Error: 29899.343705 Steps: 13749

⑥ 인공신경망 분석(예측)모형의 성능을 평가하기 위해 아래 지표값을 평가한다. 그리고 cor( ) 함수를 이용하여 예측값과 실젯값의 상관관계를 확인하고, 이 값이 1에 가까울수록 예측의 정확도가 높음을 알 수 있으며, 구축 모형은 0.8295307 정도로 성능이 우수하다.

구 분	성능평가 지표
평균 예측 오차 ME(Mean of Errors)	• 예측오차의 산술 평균 • $ME = \dfrac{\sum_{i=1}^{n}(y_i - \widehat{y_i})}{n}$
표준오차 RMSE(Root Mean of Squared Errors)	• 평균제곱오차(MSE) : 오차를 제곱하여 n으로 나눈 값 • $MSE = \dfrac{\sum_{i=1}^{n}(y_i - \widehat{y_i})^2}{n}$ • 평균제곱오차를 제곱근하여 구함 • $ZMSE = \sqrt{MSE} = \sqrt{\dfrac{\sum_{i=1}^{n}(y_i - \widehat{y_i})^2}{n}}$
평균 절대오차 MAE(Mean of Absolute Errors)	• 오차의 절댓값에 대한 평균 • $MAE = \dfrac{\sum_{i=1}^{n}|y_i - \widehat{y_i}|}{n}$

평균 백분오차 비율 MPE(Mean of Percentage Errors)	• 상대적 의미의 오차 크기에 대한 평균 • $MPE = \dfrac{1}{n}\sum\limits_{i=1}^{n}\dfrac{y_i - \widehat{y_i}}{y_i}$
평균 절대 백분오차 비율 MAPE(Mean of Absolute Percentage Errors)	• 예측오차에 절댓값 • 상대적 오차 크기에 대한 절댓값의 평균 • $MAPE = \dfrac{1}{n}\sum\limits_{i=1}^{n}\left\lvert\dfrac{y_i - \widehat{y_i}}{y_i}\right\rvert$

```
> sum(new$actual-new$predict)
[1] 303.2154
> sum(abs(new$actual-new$predict))
[1] 2271.201
>
> cor(new$predict, new$actual)
          [,1]
[1,] 0.8295307
>
> me <- mean(new$actual-new$predict)
> me
[1] 0.9812795
>
> mse <- mean((new$actual-new$predict)*(new$actual-new$predict))
> mse
[1] 98.54377
> rmse <- sqrt(mse)
> rmse
[1] 9.926921
>
> mae <- mean(abs(new$actual-new$predict))
> mae
[1] 7.350165
>
> mpe <- mean((new$actual-new$predict)/new$actual)
> mpe
[1] -0.05402467
>
> mape <- mean(abs((new$actual-new$predict)/new$actual))
> mape
[1] 0.2236057
```

⑦ plot( ), abline( ), lm( ) 함수를 이용하여 실젯값(X축, new$actual)과 예측값(Y축, new$predict) 사이의 관계를 시각화하여 확인한다.

```
> plot(new$actual, new$predict)
> abline(lm(new$predict ~ new$actual))
```

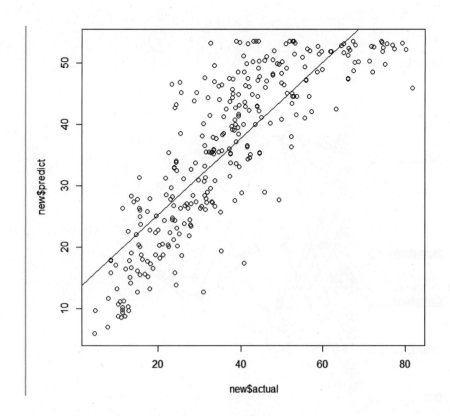

⑧ 은닉층의 수(hidden=c(3,2))를 조정(첫 번째 은닉층 3개 layer, 두 번째 은닉층 2개 layer)하여 모형을 구축하면 다음과 같다. "ModelMetrics' 패키지를 이용하면 예측 분석모형에 대한 성능평가 지표인 MSE(Mean of Squared Errors)와 RMSE(Root MSE)를 함수로 구할 수 있다. 본 예제에서는 은닉층의 수를 늘리더라도 성능이 개선되지 않으며, 주어진 데이터에 대하여 경험적 과정을 거쳐 최적(혹은 바람직한)의 은닉층 수를 찾는 일이 필요하다.

```
> model <- neuralnet(Strength
+ ~ Cement + Slag + Ash + Water + Superplasticizer + Coarseagg + Fineagg + Age, data=norm_train, hidden=c(3,2))
>
> plot(model)
```

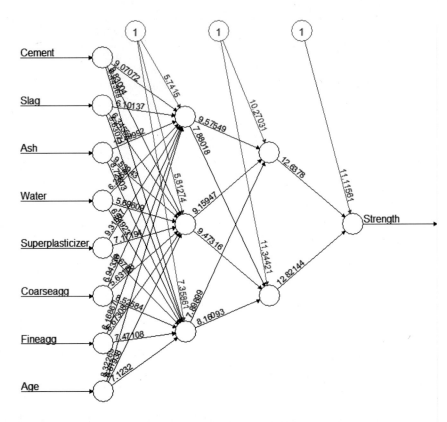

Error: 101343.388303   Steps: 153

```
> new <- data.frame(actual=test$Strength)
> new$predict <- compute(model, norm_test[-length(norm_test)])$net.result
>
> mse(new$actual, new$predict)
[1] 275.3349
>
> rmse(new$actual, new$predict)
[1] 16.59322
```

제6장 서포트벡터머신

1 서포트벡터머신의 이해

(1) 서포트벡터머신 분석을 위해 다음 패키지를 이용한다.

install.packages("e1071")	#SVM 분석
install.packages("psych")	#기술통계량 분석
install.packages("caret")	#혼동행렬(confusion matrix) 분석
install.packages("pROC")	#ROC(Receiver Operating Characteristic) Curve 분석
library(e1071)	—
library(psych)	—
library(caret)	—
library(pROC)	—

(2) 서포트벡터머신(SVM ; Support Vector Machine)은 입력 데이터를 집단으로 분리하고 분석하는 기계학습 알고리즘으로서 데이터 분리를 위해 데이터의 반대 집단에서 가장 멀리 떨어진 서포트 벡터(Support Vector)를 찾아 두 집단으로 나누는 기준인 초평면(Hyperplane)을 설정하고, 여백 (Margin)을 고려하여 분류하는 기법이다.

(3) SVM에서는 서로 다른 분류에 속한 데이터들 사이의 간격(Margin)이 최대화되는 평면을 찾아 이를 기준으로 분류 결과를 찾는다.

(4) 분류 경계와 실제 데이터들 사이의 거리가 가장 크도록 하는 것으로 다음과 같이 크게 선형 분류와 비선형 분류로 구분된다. 선형 분류기에서는 두 개의 그룹을 분류할 때, 두 그룹 간 margin이 최대가 되게 하는 하이퍼플레인(Hyperplane)을 찾는다. 반면 선형 분리가 불가능한 경우 고차원의 특정 공간에서 데이터를 분리하는 커널(Kernel) 함수를 사용(Kernel Trick)하여 비선형 문제를 해결한다. 커널 함수란 주어진 데이터를 고차원 특정 공간으로 사상(Mapping)해주는 함수이다.

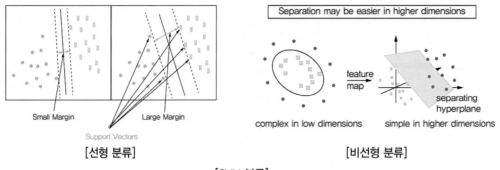

[선형 분류]   [비선형 분류]

[SVM 분류]

(5) SVM은 기계학습 분야 중 하나로 텍스트 분류, 패턴인식, 자료분석을 위한 지도 학습 모형이며, 주로 분류와 회귀 분석을 위해 사용된다. 두 카테고리 중 어느 하나에 속한 데이터의 집합이 주어졌을 때, SVM 알고리즘은 주어진 데이터 집합을 바탕으로 하여 새로운 데이터가 어느 카테고리에 속할지 판단하는 비확률적 이진 선형 분류 모델을 제공한다.

(6) SVM은 예측의 정확도가 비교적 높고 사용이 쉽다는 장점을 가지고 있으며, 신경망과 비교하여 과적합(Overfitting)의 정도가 덜하다는 특징이 있다. 반면, 커널 함수의 적절한 파라미터를 설정하기 위해 여러 번 테스트해야 최적화 모형을 만들 수 있어 모형 구축시간이 오래 걸린다는 단점과 결과에 대한 설명력이 다른 기법들에 비하여 다소 떨어진다는 특징을 가진다.

2 서포트벡터머신 모형

(1) SVM 분석을 위해 e1071 패키지의 svm( ) 함수를 이용한다. svm( )은 분류 분석과 회귀(예측)분석을 지원하며, 훈련용 데이터(data), 분석 유형(type), 커널 함수 형식(kernel) 및 관련 파라미터(cost, gamma)를 설정한다.

> **svm(formula, data, type=, kernel=, cost=, gamma=)**
> • formula : 식(종속변수~독립변수)
> • data : 훈련 데이터
> • type : 분석 유형
>   − 분류 분석 : C−classification
>   − 예측(회귀) 분석 : eps−regression
> • kernel : 커널 함수 형식
>   − 선형 : linear
>   − 방사형 : radial
>   − 다항 : polynomial
>   − 시그모이드 : sigmoid
> • cost, gamma : 커널 함수 파라미터

(2) 선형 분류의 경우 별도의 파라미터를 지정하지 않는다. 비선형 분류 즉, 커널 함수를 이용하는 경우 커널 함수의 형식과 관련된 파라미터를 지정한다. 커널 함수는 방사형(RBF ; Radial Basis Function), 다항(Polynomial), 시그모이드(Sigmoid) 방식 등이 있으며, 파라미터에 대한 세부적인 정의는 다음과 같다. 각 파라미터들은 커널 함수의 변수(모수)에 해당되며, 커널 함수와 관련된 파라미터 값을 입력받아 수식을 구성하고 분류 작업을 수행한다.

구 분		주요 파라미터
선형 분류(Linear)		커널 함수를 적용하지 않는 방식
비선형 분류(Nonlinear) (Kernel 함수 이용)	방사형(RBF)	cost, gamma
	다항(Polynomial)	cost, gamma, coef, degree
	시그모이드(Sigmoid)	cost, gamma, coef

- cost : 과적합 방지 정도를 지정하는 파라미터(기본값=1)
- gamma : 하나의 데이터 표본이 영향력을 행사하는 거리를 결정하는 파라미터(기본값=1)
- degree : 특성 공간(feature space)의 차원 개수로 다항 커널 함수 수식의 모수(기본값=3)
- coef : 다항과 시그모이드 커널 함수 수식의 모수(기본값=0)

(3) 대표적인 사용 예를 보면, 선형 분류는 주로 텍스트마이닝에서의 문서 분류에서 주로 발생하는 희박 행렬(Sparse Matrix) 방식의 자료 처리에 사용된다. 비선형 분류 방법들 중 방사형(RBF)은 자료에 관한 사전 정보가 없을 때 일반적으로 사용되며, 다항(Polynomial) 비선형 분류기는 이미지 처리, 시그모이드 커널 함수는 딥러닝 신경망에 대한 프록시(Proxy, 딥러닝에서 신경망 기법을 이용한 주 분석 이전에 처리하는 역할로, 일종의 전처리에 해당)에서 주로 사용된다.

(4) SVM 분석

① iris 데이터를 이용한 SVM 분석을 위하여 e1071 패키지를 설치(install.packages("e1071"), library(e1071))한다. iris 데이터는 꽃잎의 길이(Petal.Length)와 너비(Petal.Width) 그리고 꽃받침의 길이(Sepal.Length)와 너비(Sepal.Width)에 따라 붓꽃의 3가지 품종(setosa, versicolor, virginica)을 구분한다. "psych" 패키지 설치 후, describe( ) 함수를 이용하여 각 항목(변수)들에 대한 기술통계량을 확인한다.

```
> install.packages("e1071")
--- 현재 세션에서 사용할 CRAN 미러를 선택해 주세요 ---
URL 'https://cran.yu.ac.kr/bin/windows/contrib/4.1/e1071_1.7-9.zip'을 시도합니다
Content type 'application/zip' length 1023786 bytes (999 KB)
downloaded 999 KB

package 'e1071' successfully unpacked and MD5 sums checked

The downloaded binary packages are in
        C:\Users\Public\Documents\ESTsoft\CreatorTemp\Rtmpmiaxpm\downloaded_packages
> library(e1071)
경고메시지(들) :
패키지 'e1071'는 R 버전 4.1.2에서 작성되었습니다
```

```
> head(iris)
  Sepal.Length Sepal.Width Petal.Length Petal.Width Species
1          5.1         3.5          1.4         0.2  setosa
2          4.9         3.0          1.4         0.2  setosa
3          4.7         3.2          1.3         0.2  setosa
4          4.6         3.1          1.5         0.2  setosa
5          5.0         3.6          1.4         0.2  setosa
6          5.4         3.9          1.7         0.4  setosa
> summary(iris)
  Sepal.Length    Sepal.Width     Petal.Length    Petal.Width
 Min.   :4.300   Min.   :2.000   Min.   :1.000   Min.   :0.100
 1st Qu.:5.100   1st Qu.:2.800   1st Qu.:1.600   1st Qu.:0.300
 Median :5.800   Median :3.000   Median :4.350   Median :1.300
 Mean   :5.843   Mean   :3.057   Mean   :3.758   Mean   :1.199
 3rd Qu.:6.400   3rd Qu.:3.300   3rd Qu.:5.100   3rd Qu.:1.800
 Max.   :7.900   Max.   :4.400   Max.   :6.900   Max.   :2.500
       Species
 setosa    :50
 versicolor:50
 virginica :50

> install.packages("psych")
'tmvnsim', 'mnormt' (들)을 또한 설치합니다.

URL 'https://cran.yu.ac.kr/bin/windows/contrib/4.1/tmvnsim_1.0-2.zip'을 시도$
Content type 'application/zip' length 37073 bytes (36 KB)
downloaded 36 KB

URL 'https://cran.yu.ac.kr/bin/windows/contrib/4.1/mnormt_2.0.2.zip'을 시도$
Content type 'application/zip' length 193615 bytes (189 KB)
downloaded 189 KB

URL 'https://cran.yu.ac.kr/bin/windows/contrib/4.1/psych_2.1.9.zip'을 시도함$
Content type 'application/zip' length 4244266 bytes (4.0 MB)
downloaded 4.0 MB

package 'tmvnsim' successfully unpacked and MD5 sums checked
package 'mnormt' successfully unpacked and MD5 sums checked
package 'psych' successfully unpacked and MD5 sums checked

The downloaded binary packages are in
        C:\Users\Public\Documents\ESTsoft\CreatorTemp\RtmpwXs39j\downloaded_$
> library(psych)
경고메시지(들) :
패키지 'psych'는 R 버전 4.1.2에서 작성되었습니다

> describe(iris)
             vars   n mean   sd median trimmed  mad min max range  skew
Sepal.Length    1 150 5.84 0.83   5.80    5.81 1.04 4.3 7.9   3.6  0.31
Sepal.Width     2 150 3.06 0.44   3.00    3.04 0.44 2.0 4.4   2.4  0.31
Petal.Length    3 150 3.76 1.77   4.35    3.76 1.85 1.0 6.9   5.9 -0.27
Petal.Width     4 150 1.20 0.76   1.30    1.18 1.04 0.1 2.5   2.4 -0.10
Species*        5 150 2.00 0.82   2.00    2.00 1.48 1.0 3.0   2.0  0.00
             kurtosis   se
Sepal.Length    -0.61 0.07
Sepal.Width      0.14 0.04
Petal.Length    -1.42 0.14
Petal.Width     -1.36 0.06
Species*        -1.52 0.07
```

② iris 데이터를 data(데이터 프레임)에 저장하고 표본 추출값을 고정(set.seed(1234))한다. data 의 70%(150×0.7=105개)를 훈련용 데이터(train)로 저장하기 위하여 sample( ) 함수를 이용 하고 나머지 30%(45개)의 데이터를 검증용 데이터(test)로 분류한다.

```
> data <- iris
> set.seed(1234)
> idxs <- sample(1:nrow(data), as.integer(0.7*nrow(data)))
> head(idxs)
[1]  28  80 101 111 137 133
> idxs
  [1]  28  80 101 111 137 133 144 132  98 103  90  70  79 116  14 126  62   4
 [19] 143  40  93 122   5  66 135  47 131 123  84  48 108   3  87  41 115 100
 [37]  72  32  42  43   2 138  54  49 102  56  51   6 107 130  96 106  57   8
 [55]  26  17  63  97  22  35 117 149 119  86 142  10  55  92  25  88  50 139
 [73]  20 140  94  71  61 104 109  27 121  60  65  36 150  19   9 134  30  52
 [91]  95  38  83 141  21 105 113  13  69 110 118  73  16  11  67

> train <- data[idxs,]
> test <- data[-idxs,]
> head(train)
    Sepal.Length Sepal.Width Petal.Length Petal.Width    Species
28           5.2         3.5          1.5         0.2     setosa
80           5.7         2.6          3.5         1.0 versicolor
101          6.3         3.3          6.0         2.5  virginica
111          6.5         3.2          5.1         2.0  virginica
137          6.3         3.4          5.6         2.4  virginica
133          6.4         2.8          5.6         2.2  virginica
> head(test)
   Sepal.Length Sepal.Width Petal.Length Petal.Width Species
1           5.1         3.5          1.4         0.2  setosa
7           4.6         3.4          1.4         0.3  setosa
12          4.8         3.4          1.6         0.2  setosa
15          5.8         4.0          1.2         0.2  setosa
18          5.1         3.5          1.4         0.3  setosa
23          4.6         3.6          1.0         0.2  setosa
```

③ svm( ) 함수를 이용하여 품종(Species)에 대한 분류 분석(type="C-classification")을 수행
한다. 커널 함수로 방사형(RBF)을 이용하는 경우 필요한 파라미터로 cost=10, gamma=0.1
로 지정한다.

```
> svmModel <- svm(Species~., train, type="C-classification", kernel="radial", cost=10, gamma=0.1)
> svmModel

Call:
svm(formula = Species ~ ., data = train, type = "C-classification", kernel = "radial", cost = 10,
    gamma = 0.1)


Parameters:
   SVM-Type:  C-classification
 SVM-Kernel:  radial
       cost:  10

Number of Support Vectors:  26


> summary(svmModel)

Call:
svm(formula = Species ~ ., data = train, type = "C-classification", kernel = "radial", cost = 10,
    gamma = 0.1)


Parameters:
   SVM-Type:  C-classification
 SVM-Kernel:  radial
       cost:  10

Number of Support Vectors:  26

 ( 3 13 10 )


Number of Classes:  3

Levels:
 setosa versicolor virginica
```

④ 분류 분석에 대한 정확도 검증을 위하여 검증용 데이터(test)를 이용한다. 검증용 데이터의 품종 (test$Species)을 새로운 데이터(new 데이터 프레임의 actual)로 저장하고 SVM 분석을 통해 예측된 품종(new 데이터 프레임의 predict)을 예측값(new$predict)으로 저장한다. 45개의 검증용 데이터들에 대한 분석결과, 26번과 35번 데이터에 대하여 잘못된 분류 결과를 보여줌을 알 수 있다. 즉 26번 데이터의 실젯값은 versicolor 품종이지만 virginica로 잘못 분류하였고, 35번 데이터는 실젯값="virginica", 예측값="versicolor"이다. 따라서 $(45-2)/45 \times 100 = 43/45 \times 100$은 95.6%의 정확도를 보인다.

```
> new <- data.frame(actual=test$Species)
> new$predict <- predict(svmModel, test, decision.values=TRUE)
> new
      actual    predict
1     setosa     setosa
2     setosa     setosa
3     setosa     setosa
4     setosa     setosa
5     setosa     setosa
6     setosa     setosa
7     setosa     setosa
8     setosa     setosa
9     setosa     setosa
10    setosa     setosa
11    setosa     setosa
12    setosa     setosa
13    setosa     setosa
14    setosa     setosa
15    setosa     setosa
16    setosa     setosa
17 versicolor versicolor
18 versicolor versicolor
19 versicolor versicolor
20 versicolor versicolor
21 versicolor versicolor
22 versicolor versicolor
23 versicolor versicolor
24 versicolor versicolor
25 versicolor versicolor

26 versicolor  virginica
27 versicolor versicolor
28 versicolor versicolor
29 versicolor versicolor
30 versicolor versicolor
31 versicolor versicolor
32 versicolor versicolor
33  virginica  virginica
34  virginica  virginica
35  virginica versicolor
36  virginica  virginica
37  virginica  virginica
38  virginica  virginica
39  virginica  virginica
40  virginica  virginica
41  virginica  virginica
42  virginica  virginica
43  virginica  virginica
44  virginica  virginica
45  virginica  virginica
```

⑤ table( )로 predict_table을 작성한다. 실젯값(actual)과 예측값(predict)의 성능을 확인할 수 있으며, 실젯값은 versicolor이지만 virginica로 잘못 분류한 경우(26번 데이터)와 실젯값이 virginica인 데 versicolor로 잘못 분류한 경우(35번 데이터)가 확인된다. 행과 열의 이름을 작성하기 위하여 names( ), dimnames( ) 함수를 이용한다. 분류 예측의 정확도를 계산하기 위하여 new$result 항목을 새로 정의하여 정확하게 분류한 경우 "Y", 잘못 분류한 경우에 대해 "N"으로 저장(ifelse( ) 함수 이용)한다. new$result="Y"인 경우의 합이 정확하게 예측한 경우이며, 예측한 총 데이터의 수는 length(new$result)이므로 정확도=sum(new$result=="Y")/length(new$result)는 95.6%이다.

```
> predict_table <- table(new$predict, new$actual)
> predict_table

            setosa versicolor virginica
  setosa       16         0          0
  versicolor    0        15          1
  virginica     0         1         12
> names(dimnames(predict_table)) <- c("predicted", "actual")
> predict_table
          actual
predicted  setosa versicolor virginica
  setosa       16         0          0
  versicolor    0        15          1
  virginica     0         1         12

> new$result <- ifelse(new$actual==new$predict, "Y", "N")
> head(new)
  actual predict result
1 setosa  setosa      Y
2 setosa  setosa      Y
3 setosa  setosa      Y
4 setosa  setosa      Y
5 setosa  setosa      Y
6 setosa  setosa      Y
> summary(new)
       actual          predict          result
 setosa    :16   setosa    :16    Length:45
 versicolor:16   versicolor:16    Class :character
 virginica :13   virginica :13    Mode  :character
> predict_prob <- sum(new$result=="Y") / length(new$result)
> predict_prob
[1] 0.9555556
> sum(new$result=="Y")
[1] 43
> length(new$result)
[1] 45
```

⑥ 혼동행렬(confusion matrix)을 구하기 위해 "caret" 패키지를 설치한다. confusionMatrix( ) 함수를 이용하여 predict_table 결과와 동일한 테이블을 얻을 수 있으며, Accuracy＝0.9556이 분류 예측의 성능(정확도)이다.

```
> install.packages("caret")
'listenv', 'parallelly', 'future', 'globals', 'future.apply', 'progressr', 'numDe:

URL 'https://cran.yu.ac.kr/bin/windows/contrib/4.1/listenv_0.8.0.zip'을 시도합니다
Content type 'application/zip' length 106787 bytes (104 KB)
downloaded 104 KB

URL 'https://cran.yu.ac.kr/bin/windows/contrib/4.1/parallelly_1.30.0.zip'을 시도합니다
Content type 'application/zip' length 284851 bytes (278 KB)
downloaded 278 KB

URL 'https://cran.yu.ac.kr/bin/windows/contrib/4.1/future_1.23.0.zip'을 시도합니다
Content type 'application/zip' length 693361 bytes (677 KB)
downloaded 677 KB

URL 'https://cran.yu.ac.kr/bin/windows/contrib/4.1/globals_0.14.0.zip'을 시도합니다
Content type 'application/zip' length 95521 bytes (93 KB)
> library(caret)
필요한 패키지를 로딩중입니다: ggplot2

다음의 패키지를 부착합니다: 'ggplot2'

The following objects are masked from 'package:psych':


> confusionMatrix(predict_table)
Confusion Matrix and Statistics

          actual
predicted  setosa versicolor virginica
  setosa       16          0         0
  versicolor    0         15         1
  virginica     0          1        12

Overall Statistics

               Accuracy : 0.9556
                 95% CI : (0.8485, 0.9946)
    No Information Rate : 0.3556
    P-Value [Acc > NIR] : < 2.2e-16

                  Kappa : 0.933

 Mcnemar's Test P-Value : NA

Statistics by Class:

                     Class: setosa Class: versicolor Class: virginica
Sensitivity                 1.0000            0.9375           0.9231
Specificity                 1.0000            0.9655           0.9688
Pos Pred Value              1.0000            0.9375           0.9231
Neg Pred Value              1.0000            0.9655           0.9688
Prevalence                  0.3556            0.3556           0.2889
Detection Rate              0.3556            0.3333           0.2667
Detection Prevalence        0.3556            0.3556           0.2889
Balanced Accuracy           1.0000            0.9515           0.9459
```

⑦ ROC(Receiver Operating Characteristic) Curve를 작성하기 위하여 "pROC" 패키지를 이용한다. 실젯값(new$actual)과 예측값(new$predict를 정수값으로 변환)을 이용한 ROC 곡선은 다음과 같다. legacy.axes＝TRUE 옵션을 이용하여 1－Speificity(＝1－특이도＝FP rate)의 값에 대한 TP rate(Sensitivity)의 변화를 확인한다. legacy.axes＝FALSE인 경우 x축은 Specificity(특이도)가 된다.

```
> install.packages("pROC")
URL 'https://cran.yu.ac.kr/bin/windows/contrib/4.1/pROC_1.18.0.zip'을 시도합니다
Content type 'application/zip' length 1531876 bytes (1.5 MB)
downloaded 1.5 MB

package 'pROC' successfully unpacked and MD5 sums checked
경고: cannot remove prior installation of package 'pROC'
경고: restored 'pROC'

The downloaded binary packages are in
        C:\Users\Public\Documents\ESTsoft\CreatorTemp\RtmpwXs39j\downloaded_packages
경고메시지(들) :
file.copy(savedcopy, lib, recursive = TRUE)에서:
  C:\Program Files\R\R-4.1.1\library\00LOCK\pROC\libs\x64\pROC.dll를 C:\Program Files\
> library(pROC)
Type 'citation("pROC")' for a citation.

다음의 패키지를 부착합니다: 'pROC'

The following objects are masked from 'package:stats':

    cov, smooth, var

경고메시지(들) :
패키지 'pROC'는 R 버전 4.1.2에서 작성되었습니다


> plot.roc(new$actual, as.integer(new$predict), legacy.axes=TRUE)
```

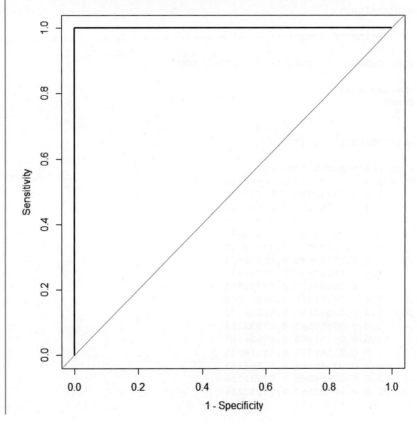

⑧ SVM 모형의 성능을 개선하기 위하여 튜닝(Tuning) 작업을 수행한다. 즉, 여러 번의 테스트 작업을 거쳐 RBF 커널 함수에서 지정된 cost, gamma 파라미터들에 대한 최적의 값을 도출한다. 이를 위하여 tune( ) 함수를 이용하며, cost_range( )와 gamma_range( )의 범위 값을 지정하여 최적의 파라미터 값을 구한다. tune( ) 함수 수행 결과 cost=1, gamma=0.1이 최적(best parameters)임을 알 수 있다.

```
> cost_range <- 10^(-1:2)
> cost_range
[1]   0.1   1.0  10.0 100.0
> gamma_range <- c(.1, 5, 1, 2)
> gamma_range
[1] 0.1 5.0 1.0 2.0
> svmTune <- tune(svm, train.x = Species ~ ., data=train, kernel="radial", ranges=list(cost=cost_range, gamma=gamma_range))
> svmTune

Parameter tuning of 'svm':

- sampling method: 10-fold cross validation

- best parameters:
 cost gamma
    1   0.1

- best performance: 0.03727273
```

```
> summary(svmTune)

Parameter tuning of 'svm':

- sampling method: 10-fold cross validation

- best parameters:
 cost gamma
    1   0.1

- best performance: 0.03727273

- Detailed performance results:
      cost gamma      error dispersion
1      0.1   0.1 0.13272727 0.06627987
2      1.0   0.1 0.03727273 0.06448923
3     10.0   0.1 0.04636364 0.06505631
4    100.0   0.1 0.05545455 0.07719247
5      0.1   5.0 0.72181818 0.13539725
6      1.0   5.0 0.09363636 0.09791678
7     10.0   5.0 0.09363636 0.09791678
8    100.0   5.0 0.09363636 0.09791678
9      0.1   1.0 0.14181818 0.09941980
10     1.0   1.0 0.06545455 0.06236832
11    10.0   1.0 0.07454545 0.07232210
12   100.0   1.0 0.06454545 0.07526507
13     0.1   2.0 0.22545455 0.18170704
14     1.0   2.0 0.07545455 0.05861111
15    10.0   2.0 0.07454545 0.07232210
16   100.0   2.0 0.07454545 0.07232210
```

⑨ cost=1, gamma=0.1로 지정하여 새로운 모형(newsvmModel)의 성능을 분석하면 다음과 같다. 본 데이터세트에 대해서는 성능이 개선되지 않고 앞의 모형(svmModel)과 성능이 동일하다.

```
> newsvmModel <- svm(Species~., train, type="C-classification", kernel="radial", cost=1, gamma=0.1)

> predict_table <- table(new$actual, new$predict)
> predict_table

             setosa versicolor virginica
  setosa        16          0         0
  versicolor     0         15         1
  virginica      0          1        12
> confusionMatrix(predict_table)
Confusion Matrix and Statistics

             setosa versicolor virginica
  setosa        16          0         0
  versicolor     0         15         1
  virginica      0          1        12

Overall Statistics

               Accuracy : 0.9556
                 95% CI : (0.8485, 0.9946)
    No Information Rate : 0.3556
    P-Value [Acc > NIR] : < 2.2e-16

                  Kappa : 0.933

 Mcnemar's Test P-Value : NA

Statistics by Class:

                     Class: setosa Class: versicolor Class: virginica
Sensitivity                 1.0000            0.9375           0.9231
Specificity                 1.0000            0.9655           0.9688
Pos Pred Value              1.0000            0.9375           0.9231
Neg Pred Value              1.0000            0.9655           0.9688
Prevalence                  0.3556            0.3556           0.2889
Detection Rate              0.3556            0.3333           0.2667
Detection Prevalence        0.3556            0.3556           0.2889
Balanced Accuracy           1.0000            0.9515           0.9459
```

제 7 장 베이지안 기법

1 베이지안 기법의 이해

(1) 단순 베이즈 분류 분석을 위해 다음 패키지를 이용한다.

install.packages("e1071")	#단순 베이즈 분류 분석 패키지 설치
install.packages("caret")	#confusionMatrix(혼동행렬) 분석
install.packages("pROC")	#ROC 곡선 작성
library(e1071)	–
library(caret)	–
library(pROC)	–

(2) 분류 기법은 설명하고자 하는 종속변수(혹은 목적변수, 반응변수, 결과변수, 표적변수)가 이산형이나 명목형 형태의 특정 속성 카테고리로 구분할 수 있는 경우 사용되며, 머신러닝 기반 데이터 분석에서 가장 일반적이고 자주 접하게 되는 문제이다.

(3) 분류목적의 머신러닝 알고리즘은 광범위한 일상영역 및 비즈니스 문제에 활용된다. 주요 분야는 스팸 메일 분류, 기업 부도 및 정상 예측, 고객 이탈 및 유지 예측, 고객 신용등급 판별, 특정 질병(예 암, 심장병 등) 발생 여부 예측, 특정 마케팅 이벤트에 대한 고객 반응여부 예측, 고객의 구매 여부 예측 등이 있다.

(4) 단순 베이즈 분류 분석(Naive Bayes Classifier)은 기계학습의 지도 학습을 이용한 가장 단순한 분석 기법이다. 분류를 위하여 베이즈의 정리(Bayes's Theorem)를 기본으로 하며, 사용되는 자료의 특성값들이 서로 독립적이라고 가정하여 처리한다.

(5) 베이즈 정리에 근거하여, 종속변수가 발생할 조건부 확률을 사전확률과 우도 함수의 곱으로 표현하여 어떤 분류항목에 속할지 확률이 높게 계산되는 쪽으로 분류하는 기법으로서 모든 관측값은 서로 다른 관측값과 통계적으로 독립적으로 발생한다고 가정[별다른 확신없이 가정하므로 Naive(지식이 없는, 경험이 없는, 단순한) 모형이라고 함]한다.

(6) iris는 Ronald Fisher에 의해 작성된 것으로 붓꽃의 생육 데이터(150개 데이터＝품종별 50개×3개 품종)이다. 꽃잎의 길이(Petal.Length)와 너비(Petal.Width) 그리고 꽃받침의 길이(Sepal.Length)와 너비(Sepal.Width)에 따라 붓꽃의 3가지 품종(setosa, versicolor, virginica)을 구분한다.

(7) 단순 베이즈 분류 분석모형을 통해 네 가지 독립변수(꽃받침과 꽃잎의 길이 및 너비)를 이용하여 해당 붓꽃이 세 가지 품종(setosa, versicolor, virginica) 중 어느 품종인지를 예측한다.

2 단순 베이즈 분류 분석(Naive Bayes Classifier)

(1) 단순 베이즈 분류 분석을 위해 사용되는 기본 함수는 naiveBayes( )이다. naiveBayes( ) 함수의 사용 형식은 다음과 같다. 훈련 데이터(data)와 독립변수를 이용하여 종속변수를 분류하기 위한 단순 베이즈 분류 분석모형을 구축한다.

> **naiveBayes(formula, data, ...)**
> - formula : 식(종속변수~독립변수)
> - data : 훈련 데이터

(2) iris 데이터를 훈련 데이터(train)와 검증 데이터(test)로 분류하면 다음과 같다.

```
> head(iris)
  Sepal.Length Sepal.Width Petal.Length Petal.Width Species
1          5.1         3.5          1.4         0.2  setosa
2          4.9         3.0          1.4         0.2  setosa
3          4.7         3.2          1.3         0.2  setosa
4          4.6         3.1          1.5         0.2  setosa
5          5.0         3.6          1.4         0.2  setosa
6          5.4         3.9          1.7         0.4  setosa
> id <- sample(1:nrow(iris), as.integer(0.7*nrow(iris)))
> train <- iris[id, ]
> head(train)
    Sepal.Length Sepal.Width Petal.Length Petal.Width    Species
48           4.6         3.2          1.4         0.2     setosa
91           5.5         2.6          4.4         1.2 versicolor
115          5.8         2.8          5.1         2.4  virginica
13           4.8         3.0          1.4         0.1     setosa
131          7.4         2.8          6.1         1.9  virginica
88           6.3         2.3          4.4         1.3 versicolor

> test <- iris[-id, ]
> head(test)
   Sepal.Length Sepal.Width Petal.Length Petal.Width Species
2           4.9         3.0          1.4         0.2  setosa
3           4.7         3.2          1.3         0.2  setosa
6           5.4         3.9          1.7         0.4  setosa
9           4.4         2.9          1.4         0.2  setosa
21          5.4         3.4          1.7         0.2  setosa
22          5.1         3.7          1.5         0.4  setosa
```

- iris는 붓꽃의 3가지 유형(setosa, versicolor, virginica)에 대한 꽃잎의 길이(Petal.Length)와 너비(Petal.Width) 그리고 꽃받침의 길이(Sepal.Length)와 너비(Sepal.Width) 데이터를 나타냄(품종별 50개씩 총 150개의 데이터)
- iris 데이터로부터 105개[$=150 \times 0.7(70\%)$]의 표본을 추출(sample( ), nrow(iris)=150)하여 훈련용 데이터 (train)에 저장(train<−iris[id,])
- 나머지 데이터[150−105=45(30%)]를 검증용 데이터로 사용(test<−iris[−id,])
- 훈련용 데이터(train)와 검증용 데이터(test)의 구성에 따라 분류 분석결과는 서로 다름

(3) naiveBayes( ) 함수를 이용하기 위해 "e1071" 패키지를 설치한다. naiveBayes( )와 훈련 데이터 (train)를 이용하여 단순 베이즈 분류 분석모형을 구축한다.

```
> naive_model <- naiveBayes(Species~., train)
> naive_model

Naive Bayes Classifier for Discrete Predictors

Call:
naiveBayes.default(x = X, y = Y, laplace = laplace)

A-priori probabilities:
Y
    setosa versicolor  virginica
 0.3809524  0.2952381  0.3238095

Conditional probabilities:
            Sepal.Length
Y              [,1]      [,2]
  setosa     5.000000 0.3580574
  versicolor 5.867742 0.4819316
  virginica  6.600000 0.6928203

            Sepal.Width
Y              [,1]      [,2]
  setosa     3.430000 0.3949684
  versicolor 2.722581 0.3575003
  virginica  2.964706 0.3365442

            Petal.Length
Y              [,1]      [,2]
  setosa     1.435000 0.1494434
  versicolor 4.180645 0.4672040
  virginica  5.547059 0.5899334

            Petal.Width
Y              [,1]      [,2]
  setosa     0.237500 0.1054599
  versicolor 1.296774 0.2167700
  virginica  2.002941 0.2757747

> summary(naive_model)
          Length Class  Mode
apriori   3      table  numeric
tables    4      -none- list
levels    3      -none- character
isnumeric 4      -none- logical
call      4      -none- call
```

- 세 가지 품종에 대한 사전확률(priori probabilities) 값 출력
- 조건부 확률(conditional probabilities) 출력
  - 꽃받침의 길이(Sepal.Length)
  - 꽃받침의 너비(Sepal.Width)
  - 꽃잎의 길이(Petal.Length)
  - 꽃잎의 너비(Petal.Width)에 따른 품종(setosa, versicolor, virginica)별 조건부 확률 출력(사후 확률)
- summary( )로 naive_model 출력 결과 요약 정보 확인

(4) 실젯값(actual)을 new 데이터 프레임에 저장하고 predict( ) 함수와 검증 데이터(test)를 이용하여 예측값(pred)을 구한다.

```
> new <- data.frame(actual=test$Species)
> head(new)
  actual
1 setosa
2 setosa
3 setosa
4 setosa
5 setosa
6 setosa
>
> new$pred <- predict(naive_model, test)
> head(new)
  actual   pred
1 setosa setosa
2 setosa setosa
3 setosa setosa
4 setosa setosa
5 setosa setosa
6 setosa setosa
```

- test 데이터의 Species 열의 값을 new 데이터 프레임에 저장(actual)
- predict( )와 test 데이터를 이용하여 단순 베이즈 분류 분석모형의 예측값(new$pred)을 new 데이터 프레임에 저장
- new 데이터에 실젯값(actual)과 예측값(pred)이 저장되어 서로 비교할 수 있음

(5) table( )로 new 데이터의 두 가지 항목(new$actual, new$pred)을 서로 비교하여 예측의 정확도를 나타내는 테이블(predict_table)을 작성한다.

```
> predict_table <- table(new$pred, new$actual)
> predict_table

            setosa versicolor virginica
  setosa        10          0         0
  versicolor     0         17         1
  virginica      0          2        15
> names(dimnames(predict_table)) <- c("predicted", "observed")
> predict_table
            observed
predicted    setosa versicolor virginica
  setosa        10          0         0
  versicolor     0         17         1
  virginica      0          2        15
```

- 붓꽃 품종의 참값(new$actual)과 나이브 베이즈 분류 분석을 이용한 예측값(new$pred)의 비교 결과를 table( ) 함수를 이용하여 요약
- names( ), dimnames( ) 함수를 이용하여 행의 이름(observed, 참값), 열의 이름(predicted, 예측값)을 지정

(6) 실젯값(참값)과 예측값을 비교한 결과(new$result는 예측값이 정확하면 "Y", 잘못 예측한 경우 "N"의 값을 가짐)를 new 데이터에 새롭게 추가한다. sum( ), length( )로 예측의 정확도(predict_ prob)를 구한다.

```
> new$result <- ifelse(new$actual==new$pred, "Y", "N")
> new
      actual       pred result
1     setosa     setosa      Y
2     setosa     setosa      Y
3     setosa     setosa      Y
4     setosa     setosa      Y
5     setosa     setosa      Y
6     setosa     setosa      Y
7     setosa     setosa      Y
8     setosa     setosa      Y
9     setosa     setosa      Y
10    setosa     setosa      Y
11 versicolor versicolor      Y
12 versicolor versicolor      Y
13 versicolor versicolor      Y
14 versicolor versicolor      Y
15 versicolor versicolor      Y
16 versicolor versicolor      Y
17 versicolor versicolor      Y
18 versicolor versicolor      Y
19 versicolor versicolor      Y
20 versicolor  virginica      N
21 versicolor  virginica      N
22 versicolor versicolor      Y
23 versicolor versicolor      Y
24 versicolor versicolor      Y
25 versicolor versicolor      Y
26 versicolor versicolor      Y
27 versicolor versicolor      Y
28 versicolor versicolor      Y
29 versicolor versicolor      Y
30  virginica  virginica      Y
31  virginica  virginica      Y
32  virginica  virginica      Y
33  virginica  virginica      Y
34  virginica  virginica      Y
35  virginica  virginica      Y
36  virginica  virginica      Y
37  virginica  virginica      Y
38  virginica  virginica      Y
39  virginica versicolor      N
40  virginica  virginica      Y
41  virginica  virginica      Y
42  virginica  virginica      Y
43  virginica  virginica      Y
44  virginica  virginica      Y
45  virginica  virginica      Y
> predict_prob <- sum(new$result=="Y") / length(new$result)
> predict_prob
[1] 0.9333333
```

- ifelse( ) 함수를 이용하여 품종의 실젯값(new$actual)과 나이브 베이즈 분류 분석을 이용한 예측값(new$pred)을 서로 비교하여 일치하는 경우 "Y", 일치하지 않은 경우 "N"을 new$result 변수에 저장
- length( ) 함수를 이용하여 검증 데이터의 개수(45개)를 구함
- sum( ) 함수를 이용하여 예측값이 정확한 경우의 개수(42개)를 구함
- 예측값이 정확한 경우의 비율(정확도, predict_prob)은 93.3%임

(7) confusionMatrix( )를 이용한 혼동행렬(Confusion Matrix)을 구한다. 수행 결과, 분석모형의 정확도(Accuracy)는 93.3%이다. confusionMatrix( ) 함수를 이용하기 위해 사전에 install.packages("caret"), library(caret)의 패키지가 필요하다.

```
> confusionMatrix(predict_table)
Confusion Matrix and Statistics

           observed
predicted  setosa versicolor virginica
  setosa      10        0         0
  versicolor   0       17         1
  virginica    0        2        15

Overall Statistics

               Accuracy : 0.9333
                 95% CI : (0.8173, 0.986)
    No Information Rate : 0.4222
    P-Value [Acc > NIR] : 5.399e-13

                  Kappa : 0.897

 Mcnemar's Test P-Value : NA

Statistics by Class:

                     Class: setosa Class: versicolor Class: virginica
Sensitivity                 1.0000            0.8947           0.9375
Specificity                 1.0000            0.9615           0.9310
Pos Pred Value              1.0000            0.9444           0.8824
Neg Pred Value              1.0000            0.9259           0.9643
Prevalence                  0.2222            0.4222           0.3556
Detection Rate              0.2222            0.3778           0.3333
Detection Prevalence        0.2222            0.4000           0.3778
Balanced Accuracy           1.0000            0.9281           0.9343
```

- table( ) 함수를 이용하여 구한 predict_table의 결과와 동일한 비교표(예측 및 참값의 비교)를 구할 수 있음
- Accuracy(정확도) = 0.9333(93.3%)

  0.93333((10+17+15)/(10+17+1+2+15)=42/45=0.9333(93.3%))으로 평가

(8) 신규 자료(new_iris)에 대한 예측 결과(setosa)를 출력하면 다음과 같다.

```
> new_iris <- data.frame(5.1, 3.7, 1.5, 0.3)
> names(new_iris) <- c("Sepal.Width", "Sepal.Length", "Petal.width", "Petal.length")
> new_iris
  Sepal.Width Sepal.Length Petal.width Petal.length
1         5.1          3.7         1.5          0.3
> predict(naive_model, new_iris)
[1] setosa
Levels: setosa versicolor virginica
```

- 새로운 데이터(new_iris) 구성
  - Sepal.Width = 5.1
  - Sepal.Length = 3.7
  - Petal.Width = 1.5
  - Petal.Length = 0.3
- 단순 베이즈 모형을 이용하여 예측한 값은 setosa임을 알 수 있음

(9) ROC(Receiver Operating Characteristic) Curve

① ROC 곡선을 작성하기 위하여 필요한 패키지(install.packages("pROC"), library(pROC))를 설치한다.

② 실젯값(actual)과 예측값(predicted를 정수값으로 변환)을 이용한 ROC 곡선은 다음과 같다. legacy.axes=TRUE 옵션을 이용하여 1−Speificity(=1−특이도=FP rate)의 값에 대한 TP rate(Sensitivity)의 변화를 확인한다. legacy.axes=FALSE으로 지정하는 경우 x축은 Specificity(특이도)가 된다.

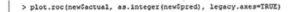

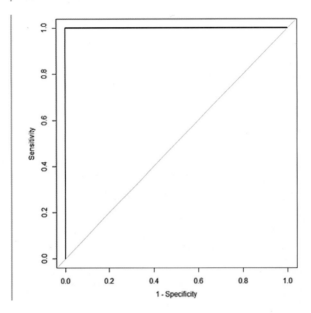

(10) AUC(Area under the ROC Curve)

① AUC는 ROC 곡선의 아래 부분의 면적으로 분석모형의 성능을 나타내는 지표이며, AUC=0.9~1.0 사이의 값을 가질 때 분석모형의 성능이 뛰어나고, AUC=0.8~0.9일 때 우수한 모형으로 평가하며, AUC=0.7~0.8일 때 분석모형의 성능은 보통(양호)으로 평가한다.

② AUC 값은 roc( ) 함수를 이용하여 구한다.

```
> result_validation <- roc(new$actual, as.integer(new$pred))
Setting levels: control = setosa, case = versicolor
Setting direction: controls < cases
경고메시지(들):
roc.default(new$actual, as.integer(new$pred))에서:
  'response' has more than two levels. Consider setting 'levels' explicitly or using 'multiclass.roc' instead
> result_validation

Call:
roc.default(response = new$actual, predictor = as.integer(new$pred))

Data: as.integer(new$pred) in 10 controls (new$actual setosa) < 19 cases (new$actual versicolor).
Area under the curve: 1
> result_validation$auc
Area under the curve: 1
```

- roc( ) 함수로 AUC=1의 값을 구하며, 단순 베이즈 분류 모형식의 성능이 매우 우수한 것으로 판정
- roc( ) 함수 결과값의 auc 변수를 이용하여 result_validation$auc로 auc 값만 출력할 수 있음

제8장 앙상블 분석

1 앙상블 분석의 이해

(1) 앙상블 분석을 위하여 다음 패키지를 이용한다.

install.packages("adabag")	#배깅 및 부스팅 분석
install.packages("ada")	#부스팅 분석(Ada 알고리즘)
install.packages("randomForest")	#랜덤포레스트(Random Forest) 분석
install.packages("caret")	#랜덤포레스트(train( )) 분석
install.packages("party")	#랜덤포레스트(cforest( )) 분석
library(adabag)	–
library(ada)	–
library(randomForest)	–
library(caret)	–
library(party)	–

(2) 앙상블(Ensemble, 프랑스어)은 2인 이상이 하는 노래나 연주를 뜻하며, 조화, 전체적인 어울림 등을 의미하는 용어로 사용된다.

(3) 앙상블 분석(Ensemble Analysis)에서는 여러 분류 모형에 의한 결과를 종합하여 분류의 정확도를 높인다. 이를 위해 새로운 자료에 대한 분류 예측값들의 가중 투표(Weighted Vote)를 통한 분류를 수행한다. 그리고 표본 추출에 있어 데이터에서 여러 개의 훈련용 데이터세트를 만들어 각각의 데이터세트에서 하나의 분류기를 만드는 과정으로 분석을 수행한다.

(4) 일반적으로 어떤 데이터의 값을 분류(또는 예측)할 때, 하나의 모형을 사용하는 것보다 여러 개의 모형을 조화롭게 학습시켜 그 모형들의 분류 결과들을 이용하면 더 정확한 분류 모형이 된다.

(5) 앙상블 분석에서 데이터를 조절하는 방법(또는 데이터 학습)으로 배깅(Bagging)과 부스팅(Boosting) 기법이 있으며, 대표적으로 랜덤포레스트(Random Forest)는 배깅과 Feature의 임의 선택(Random Selection)을 결합한 앙상블 분석 기법 중 하나이다.

(6) 배깅(Bagging)은 Bootstrap Aggregation을 의미하며 샘플을 여러 번 뽑아(Bootstrap) 각 모형을 학습시켜 결과물을 집계(Aggregation)한다.

(7) 부스팅(Boosting)은 가중치를 활용하여 약 분류기를 강 분류기로 만든다. 부스팅에서는 처음 모형이 분류(또는 예측)를 하면 그 분류 결과에 따라 데이터에 가중치가 부여되고, 부여된 가중치가 다음 모형에 영향을 준다. 잘못 분류된 데이터에 집중하여 새로운 분류 규칙을 만드는 단계를 반복한다. 배깅, 부스팅 및 랜덤포레스트에 대한 개념을 요약하면 다음과 같다.

<배깅, 부스팅 및 랜덤포레스트 개념>

구 분	주요 개념
배깅 및 부스팅	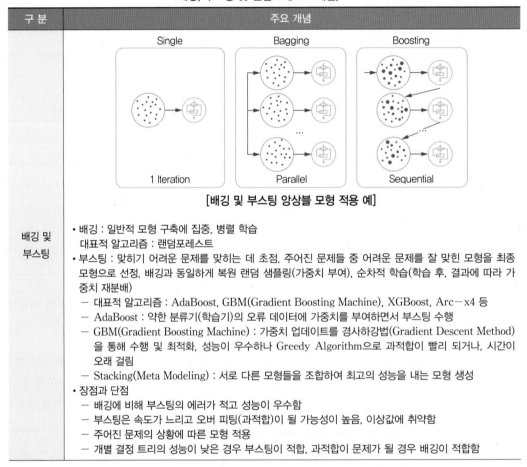 [배깅 및 부스팅 앙상블 모형 적용 예] • 배깅 : 일반적 모형 구축에 집중, 병렬 학습 대표적 알고리즘 : 랜덤포레스트 • 부스팅 : 맞히기 어려운 문제를 맞히는 데 초점, 주어진 문제들 중 어려운 문제를 잘 맞힌 모형을 최종 모형으로 선정, 배깅과 동일하게 복원 랜덤 샘플링(가중치 부여), 순차적 학습(학습 후, 결과에 따라 가중치 재분배) − 대표적 알고리즘 : AdaBoost, GBM(Gradient Boosting Machine), XGBoost, Arc−x4 등 − AdaBoost : 약한 분류기(학습기)의 오류 데이터에 가중치를 부여하면서 부스팅 수행 − GBM(Gradient Boosting Machine) : 가중치 업데이트를 경사하강법(Gradient Descent Method)을 통해 수행 및 최적화, 성능이 우수하나 Greedy Algorithm으로 과적합이 빨리 되거나, 시간이 오래 걸림 − Stacking(Meta Modeling) : 서로 다른 모형들을 조합하여 최고의 성능을 내는 모형 생성 • 장점과 단점 − 배깅에 비해 부스팅의 에러가 적고 성능이 우수함 − 부스팅은 속도가 느리고 오버 피팅(과적합)이 될 가능성이 높음, 이상값에 취약함 − 주어진 문제의 상황에 따른 모형 적용 − 개별 결정 트리의 성능이 낮은 경우 부스팅이 적합, 과적합이 문제가 될 경우 배깅이 적합함

랜덤 포레스트	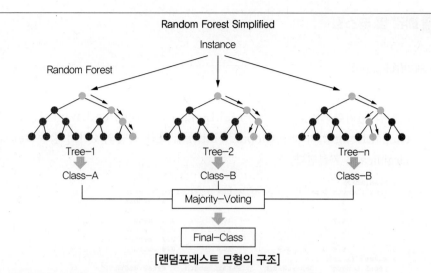 [랜덤포레스트 모형의 구조] • 배깅의 개념과 속성(또는 변수)의 임의 선택(Random Selection)을 결합 • 배깅에 랜덤 과정 추가 : 훈련과정에서 구성한 다수의 결정트리로부터 분류 결과 출력 • 원 자료 → 부트스트랩 샘플 추출 → 각 부트스트랩 샘플에 대해 트리 형성 → 예측변수 임의 추출 → 　추출된 변수 내에서 최적의 분할 구축 • 새로운 자료에 대한 예측 : 분류의 경우 다수결(Majority Voting), 회귀의 경우 평균 • 의사결정나무 생성 방법을 이용하여 결과를 Majority Voting 등의 방법을 통해 종합 • 알고리즘이 비교적 단순, 과적합의 가능성이 낮음 • 의사결정나무를 만들기 위한 메모리 사용량이 많음 • 학습 데이터의 양이 증가한다고 해도 성능이 급격하게 향상되지 않음

(1) 배깅(Bagging)

① iris는 Ronald Fisher에 의해 작성된 것으로 붓꽃의 생육 데이터(150개 데이터＝품종별 50개×3개 품종)이다. 꽃잎의 길이(Petal.Length)와 너비(Petal.Width) 그리고 꽃받침의 길이(Sepal.Length)와 너비(Sepal.Width)에 따라 붓꽃의 3가지 품종(setosa, versicolor, virginica)을 구분한다.

```
> head(iris)
  Sepal.Length Sepal.Width Petal.Length Petal.Width Species
1          5.1         3.5          1.4         0.2  setosa
2          4.9         3.0          1.4         0.2  setosa
3          4.7         3.2          1.3         0.2  setosa
4          4.6         3.1          1.5         0.2  setosa
5          5.0         3.6          1.4         0.2  setosa
6          5.4         3.9          1.7         0.4  setosa
> summary(iris)
  Sepal.Length    Sepal.Width     Petal.Length    Petal.Width
 Min.   :4.300   Min.   :2.000   Min.   :1.000   Min.   :0.100
 1st Qu.:5.100   1st Qu.:2.800   1st Qu.:1.600   1st Qu.:0.300
 Median :5.800   Median :3.000   Median :4.350   Median :1.300
 Mean   :5.843   Mean   :3.057   Mean   :3.758   Mean   :1.199
 3rd Qu.:6.400   3rd Qu.:3.300   3rd Qu.:5.100   3rd Qu.:1.800
 Max.   :7.900   Max.   :4.400   Max.   :6.900   Max.   :2.500
       Species
 setosa    :50
 versicolor:50
 virginica :50
```

[Setosa]　　　　　[Versicolor]　　　　　[Virginica]

- 독립변수(cm)
  - 꽃받침의 길이(Sepal.Length), 너비(Sepal.Width)
  - 꽃잎의 길이(Petal.Length), 너비(Petal.Width)
- 종속변수(붓꽃의 품종, Species)
  setosa(1), versicolor(2), virginica(3)

② bagging( ) 함수를 사용하기 위해 "adabag" 패키지를 이용한다. bagging( ) 함수의 사용 형식은 다음과 같다. 종속변수(Species, 붓꽃 품종), 데이터(iris), 반복횟수(mfinal)는 10으로 지정한다.

> **bagging(종속변수~., data＝, mfinal＝)**
> - 종속변수 : 분류(예측)하고자 하는 변수명
> - data : 데이터세트
> - mfinal : 배깅(또는 부스팅) 반복 횟수(사용되는 트리의 개수)로 정수값을 가짐

```
> install.packages("adabag")
--- 현재 세션에서 사용할 CRAN 미러를 선택해 주세요 ---
URL 'https://cran.yu.ac.kr/bin/windows/contrib/4.1/adabag_4.2.zip'을 시도합니다
Content type 'application/zip' length 121881 bytes (119 KB)
downloaded 119 KB

package 'adabag' successfully unpacked and MD5 sums checked

The downloaded binary packages are in
        C:\Users\Public\Documents\ESTsoft\CreatorTemp\RtmpcDr2qp\downloaded_packages
> library(adabag)
필요한 패키지를 로딩중입니다: rpart
필요한 패키지를 로딩중입니다: caret
필요한 패키지를 로딩중입니다: ggplot2
필요한 패키지를 로딩중입니다: lattice
필요한 패키지를 로딩중입니다: foreach
필요한 패키지를 로딩중입니다: doParallel
필요한 패키지를 로딩중입니다: iterators
필요한 패키지를 로딩중입니다: parallel
경고메시지(들):
1: 패키지 'adabag'는 R 버전 4.1.2에서 작성되었습니다
2: 패키지 'caret'는 R 버전 4.1.2에서 작성되었습니다
3: 패키지 'foreach'는 R 버전 4.1.2에서 작성되었습니다
4: 패키지 'doParallel'는 R 버전 4.1.2에서 작성되었습니다
5: 패키지 'iterators'는 R 버전 4.1.2에서 작성되었습니다


> bag <- bagging(Species~., data=iris, mfinal=10)
> summary(bag)
          Length Class    Mode
formula      3   formula  call
trees       10   -none-   list
votes      450   -none-   numeric
prob       450   -none-   numeric
class      150   -none-   character
samples   1500   -none-   numeric
importance   4   -none-   numeric
terms        3   terms    call
call         4   -none-   call
> head(bag)
$formula
Species ~ .

$trees
$trees[[1]]
n= 150

node), split, n, loss, yval, (yprob)
      * denotes terminal node

1) root 150 91 virginica (0.30666667 0.30000000 0.39333333)
  2) Petal.Length< 2.45 46   0 setosa (1.00000000 0.00000000 0.00000000) *
  3) Petal.Length>=2.45 104 45 virginica (0.00000000 0.43269231 0.56730769)
    6) Petal.Width< 1.55 44   2 versicolor (0.00000000 0.95454545 0.04545455) *
    7) Petal.Width>=1.55 60   3 virginica (0.00000000 0.05000000 0.95000000) *

$trees[[2]]
n= 150

node), split, n, loss, yval, (yprob)
      * denotes terminal node

1) root 150 83 setosa (0.4466667 0.2933333 0.2600000)
  2) Petal.Length< 2.6 67   0 setosa (1.0000000 0.0000000 0.0000000) *
  3) Petal.Length>=2.6 83 39 versicolor (0.0000000 0.5301205 0.4698795)
    6) Petal.Length< 4.75 43   0 versicolor (0.0000000 1.0000000 0.0000000) *
    7) Petal.Length>=4.75 40   1 virginica (0.0000000 0.0250000 0.9750000) *
```

③ 배깅 모형(bag) 수행 결과 중, bag$importance는 분류 작업에서 변수의 상대적 중요도이며, bag$trees는 배깅 반복횟수에 따른 의사결정나무 구조이다. 반복횟수(mfinal)는 10으로 최종적인 분류 결과는 bag$trees[[10]]에 저장된다. plot( ), text( ) 함수를 이용하여 분류결과를 나타내며, Petal.Length<2.6인 경우 setosa 품종, Petal.Length<4.95인 경우 versicolot 품종, 그리고 나머지는 virginica 품종으로 분류된다.

```
> bag$importance
Petal.Length  Petal.Width Sepal.Length  Sepal.Width
    82.49497     17.50503      0.00000      0.00000
> bag$trees[[1]]
n= 150

node), split, n, loss, yval, (yprob)
      * denotes terminal node

1) root 150 91 virginica (0.30666667 0.30000000 0.39333333)
  2) Petal.Length< 2.45 46  0 setosa (1.00000000 0.00000000 0.00000000) *
  3) Petal.Length>=2.45 104 45 virginica (0.00000000 0.43269231 0.56730769)
    6) Petal.Width< 1.55 44  2 versicolor (0.00000000 0.95454545 0.04545455) *
    7) Petal.Width>=1.55 60  3 virginica (0.00000000 0.05000000 0.95000000) *
>
> bag$trees[[10]]
n= 150

node), split, n, loss, yval, (yprob)
      * denotes terminal node

1) root 150 88 setosa (0.41333333 0.29333333 0.29333333)
  2) Petal.Length< 2.6 62  0 setosa (1.00000000 0.00000000 0.00000000) *
  3) Petal.Length>=2.6 88 44 versicolor (0.00000000 0.50000000 0.50000000)
    6) Petal.Width< 1.65 46  3 versicolor (0.00000000 0.93478261 0.06521739) *
    7) Petal.Width>=1.65 42  1 virginica (0.00000000 0.02380952 0.97619048) *
```

```
> plot(bag$trees[[10]])
> text(bag$trees[[10]])
```

④ 배깅 모형(bag)의 성능을 평가하기 위해 iris 데이터에 대한 분류결과를 나타내면 다음과 같다. 성능분석결과, 분류의 정확도(Accuracy)는 97.3%, 에러율(Error)은 2.7%이다. confusionMatrix( ) 함수를 이용하여 혼동행렬을 구하며, 동일한 결과를 확인한다.

```
> predict_bagging <- predict(bag, newdata=iris)
> cross_table <- table(predict_bagging$class, iris[,5])
> cross_table

            setosa versicolor virginica
  setosa       50          0         0
  versicolor    0         47         1
  virginica     0          3        49
> accuracy <- sum(diag(cross_table)) / sum(cross_table) * 100
> accuracy
[1] 97.33333
> error <- 100 - accuracy
> error
[1] 2.666667

> conf <- confusionMatrix(cross_table)
> conf
Confusion Matrix and Statistics

            setosa versicolor virginica
  setosa       50          0         0
  versicolor    0         47         1
  virginica     0          3        49

Overall Statistics

               Accuracy : 0.9733
                 95% CI : (0.9331, 0.9927)
    No Information Rate : 0.3333
    P-Value [Acc > NIR] : < 2.2e-16

                  Kappa : 0.96

 Mcnemar's Test P-Value : NA

Statistics by Class:

                     Class: setosa Class: versicolor Class: virginica
Sensitivity                 1.0000            0.9400           0.9800
Specificity                 1.0000            0.9900           0.9700
Pos Pred Value              1.0000            0.9792           0.9423
Neg Pred Value              1.0000            0.9706           0.9898
Prevalence                  0.3333            0.3333           0.3333
Detection Rate              0.3333            0.3133           0.3267
Detection Prevalence        0.3333            0.3200           0.3467
Balanced Accuracy           1.0000            0.9650           0.9750
```

⑤ 반복횟수(mfinal)를 100으로 조정한 결과는 다음과 같다. Petal.Length<2.45인 경우로 변경되어 분류됨을 알 수 있으나, 정확도(Accuracy)는 97.3%로 동일한 결과를 얻는다. 반복횟수를 적절히 조절하여 정확도가 개선되는 최적의 반복횟수를 찾아 배깅 모형을 구축한다.

```
> bag2 <- bagging(Species~., data=iris, mfinal=100)
> bag2$importance
Petal.Length  Petal.Width Sepal.Length  Sepal.Width
    76.95083     23.04917      0.00000      0.00000
```

```
> bag2$trees[[100]]
n= 150

node), split, n, loss, yval, (yprob)
        * denotes terminal node

1) root 150 95 setosa (0.36666667 0.35333333 0.28000000)
   2) Petal.Length< 2.45 55  0 setosa (1.00000000 0.00000000 0.00000000) *
   3) Petal.Length>=2.45 95 42 versicolor (0.00000000 0.55789474 0.44210526)
      6) Petal.Width< 1.65 52  2 versicolor (0.00000000 0.96153846 0.03846154) *
      7) Petal.Width>=1.65 43  3 virginica (0.00000000 0.06976744 0.93023256) *
> plot(bag2$trees[[100]])
> text(bag2$trees[[100]])
```

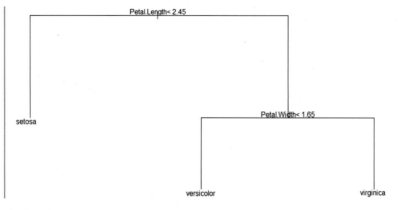

```
> predict2 <- predict(bag2, newdata=iris)
> cross_table2 <- table(bag2$class, iris[,5])
> cross_table2

            setosa versicolor virginica
  setosa        50          0         0
  versicolor     0         47         1
  virginica      0          3        49
>
> accuracy <- sum(diag(cross_table2)) / sum(cross_table2) * 100
> error <- 100 - accuracy
> error
[1] 2.666667


> confusionMatrix(cross_table2)
Confusion Matrix and Statistics

            setosa versicolor virginica
  setosa        50          0         0
  versicolor     0         47         1
  virginica      0          3        49

Overall Statistics

               Accuracy : 0.9733
                 95% CI : (0.9331, 0.9927)
    No Information Rate : 0.3333
    P-Value [Acc > NIR] : < 2.2e-16

                  Kappa : 0.96

 Mcnemar's Test P-Value : NA

Statistics by Class:

                     Class: setosa Class: versicolor Class: virginica
Sensitivity                 1.0000            0.9400           0.9800
Specificity                 1.0000            0.9900           0.9700
Pos Pred Value              1.0000            0.9792           0.9423
Neg Pred Value              1.0000            0.9706           0.9898
Prevalence                  0.3333            0.3333           0.3333
Detection Rate              0.3333            0.3133           0.3267
Detection Prevalence        0.3333            0.3200           0.3467
Balanced Accuracy           1.0000            0.9650           0.9750
```

(2) 부스팅(Boosting)

① 배깅과 유사하나 Bootstrap(부트스트랩) 표본을 구성하는 재 표본 과정에서 각 자료에 동일한 확률을 부여하는 것이 아니라 분류가 잘못된 데이터에 더 큰 가중을 두어 표본을 추출한다.

② 부스팅에서는 부트스트랩 표본을 추출하여 분류기를 만든 후, 그 분류결과를 이용하여 각 데이터가 추출될 확률을 조정하고, 다음 부트스트랩 표본을 추출하는 과정을 반복한다.

③ "adabag" 패키지에 있는 boosting( ) 함수를 이용(AdaBoosting 알고리즘 적용)한다. 종속변수(Species), 데이터(iris), 부스팅 반복횟수(10회)를 지정하여 부스팅 모형(bst)를 구축한다.

> **boosting(종속변수~., data=, boos=TRUE, mfinal=)**
> - 종속변수 : 분류(예측)하고자 하는 변수명
> - data : 데이터세트
> - boos : 부트스트랩 표본의 가중치 지정
> - mfinal : 배깅(또는 부스팅) 반복 횟수(사용되는 트리의 개수)로 정수값을 가짐

```
> bst <- boosting(Species~., data=iris, boos=TRUE, mfinal=10)
> str(bst)
List of 9
 $ formula   :Class 'formula'  language Species ~ .
 .. ..- attr(*, ".Environment")=<environment: R_GlobalEnv>
 $ trees     :List of 10
 ..$ :List of 14
 .. ..$ frame        :'data.frame':    5 obs. of  9 variables:
 .. .. ..$ var       : chr [1:5] "Petal.Length" "<leaf>" "Petal.Length"
 .. .. ..$ n         : int [1:5] 150 50 100 66 34
 .. .. ..$ wt        : num [1:5] 150 50 100 66 34
 .. .. ..$ dev       : num [1:5] 87 0 37 4 1
 .. .. ..$ yval      : num [1:5] 2 1 2 2 3
 .. .. ..$ complexity: num [1:5] 0.575 0.01 0.368 0 0
 .. .. ..$ ncompete  : int [1:5] 3 0 3 0 0
 .. .. ..$ nsurrogate: int [1:5] 3 0 3 0 0
 .. .. ..$ yval2     : num [1:5, 1:8] 2 1 2 2 3 50 50 0 0 0 ...
 .. .. .. ..- attr(*, "dimnames")=List of 2

> summary(bst)
          Length Class    Mode
formula    3     formula  call
trees     10     -none-   list
weights   10     -none-   numeric
votes    450     -none-   numeric
prob     450     -none-   numeric
class    150     -none-   character
importance 4     -none-   numeric
terms      3     terms    call
call       5     -none-   call
```

④ 부스팅 모형(bst) 수행 결과 중, bst$importance는 분류 작업에서 변수의 상대적 중요도이며, bst$trees는 부스팅 반복횟수에 따른 의사결정나무의 구조이다. 반복횟수(mfinal)는 10이므로 최종적인 분류 결괏값은 bst$trees[[10]]에 저장된다.

```
> bst$importance
Petal.Length  Petal.Width Sepal.Length  Sepal.Width
   55.753834    31.109383     5.022094     8.114689
>
> bst$trees
[[1]]
n= 150

node), split, n, loss, yval, (yprob)
        * denotes terminal node

1) root 150 87 versicolor (0.33333333 0.42000000 0.24666667)
  2) Petal.Length< 2.45 50   0 setosa (1.00000000 0.00000000 0.00000000) *
  3) Petal.Length>=2.45 100 37 versicolor (0.00000000 0.63000000 0.37000000)
    6) Petal.Length< 5.05 66   4 versicolor (0.00000000 0.93939394 0.06060606) *
    7) Petal.Length>=5.05 34   1 virginica (0.00000000 0.02941176 0.97058824) *

[[2]]
n= 150

node), split, n, loss, yval, (yprob)
        * denotes terminal node

 1) root 150 85 virginica (0.28666667 0.28000000 0.43333333)
   2) Petal.Width< 1.65 88 45 setosa (0.48863636 0.46590909 0.04545455)
     4) Petal.Length< 2.45 43   0 setosa (1.00000000 0.00000000 0.00000000) *
     5) Petal.Length>=2.45 45   4 versicolor (0.00000000 0.91111111 0.08888889)
      10) Petal.Length< 4.95 38   0 versicolor (0.00000000 1.00000000 0.00000000) *
      11) Petal.Length>=4.95 7   3 virginica (0.00000000 0.42857143 0.57142857) *
   3) Petal.Width>=1.65 62   1 virginica (0.00000000 0.01612903 0.98387097) *


[[10]]
n= 150

node), split, n, loss, yval, (yprob)
        * denotes terminal node

 1) root 150 70 virginica (0.1266667 0.3400000 0.5333333)
   2) Petal.Length< 2.6 19   0 setosa (1.0000000 0.0000000 0.0000000) *
   3) Petal.Length>=2.6 131 51 virginica (0.0000000 0.3893130 0.6106870)
     6) Petal.Width< 1.65 67 25 versicolor (0.0000000 0.6268657 0.3731343)
      12) Petal.Length< 4.95 26   0 versicolor (0.0000000 1.0000000 0.0000000) *
      13) Petal.Length>=4.95 41 16 virginica (0.0000000 0.3902439 0.6097561)
        26) Petal.Width>=1.55 21   5 versicolor (0.0000000 0.7619048 0.2380952) *
        27) Petal.Width< 1.55 20   0 virginica (0.0000000 0.0000000 1.0000000) *
     7) Petal.Width>=1.65 64   9 virginica (0.0000000 0.1406250 0.8593750)
      14) Petal.Width< 1.85 33   9 virginica (0.0000000 0.2727273 0.7272727)
        28) Sepal.Length>=6.45 7   1 versicolor (0.0000000 0.8571429 0.1428571) *
        29) Sepal.Length< 6.45 26   3 virginica (0.0000000 0.1153846 0.8846154) *
      15) Petal.Width>=1.85 31   0 virginica (0.0000000 0.0000000 1.0000000) *
```

⑤ plot( ), text( ) 함수를 이용하여 의사결정나무 분류결과를 나타내며, Petal.Length<2.6인 경우 setosa 품종, (Petal.Widthh<1.65, Petal.Length<4.95)인 경우 versicolot 품종 등으로 배깅의 결과와 비교하여 부스팅 모형에서보다 더 세부적으로 붓꽃의 품종이 분류된다. 그리고 배깅 결과와 유사하게 처음 분류 기준인 Petal.Length가 가장 높은 중요도를 가짐을 알 수 있다.

```
> plot(bst$trees[[10]])
> text(bst$trees[[10]])
```

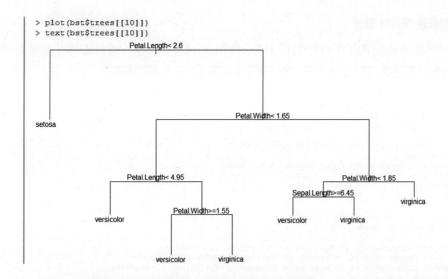

⑥ 부스팅 수행 결과, 모든 품종의 붓꽃을 정확하게 분류하였다. 정확도는 100%(에러율＝0%)이며 혼동행렬에서도 동일한 결과가 확인된다.

```
> predict_bst <- predict(bst, newdata=iris)
> cross_table <- table(predict_bst$class, iris[,5])
> cross_table

             setosa versicolor virginica
  setosa         50          0         0
  versicolor      0         50         0
  virginica       0          0        50
> accuracy <- sum(diag(cross_table)) / sum(cross_table) * 100
> accuracy
[1] 100
>
> error <- 100 - accuracy
> error
[1] 0

> conf <- confusionMatrix(cross_table)
> conf
Confusion Matrix and Statistics

             setosa versicolor virginica
  setosa         50          0         0
  versicolor      0         50         0
  virginica       0          0        50

Overall Statistics

               Accuracy : 1
                 95% CI : (0.9757, 1)
    No Information Rate : 0.3333
    P-Value [Acc > NIR] : < 2.2e-16

                  Kappa : 1

 Mcnemar's Test P-Value : NA

Statistics by Class:

                     Class: setosa Class: versicolor Class: virginica
Sensitivity                 1.0000            1.0000           1.0000
Specificity                 1.0000            1.0000           1.0000
Pos Pred Value              1.0000            1.0000           1.0000
Neg Pred Value              1.0000            1.0000           1.0000
Prevalence                  0.3333            0.3333           0.3333
Detection Rate              0.3333            0.3333           0.3333
Detection Prevalence        0.3333            0.3333           0.3333
Balanced Accuracy           1.0000            1.0000           1.0000
```

(3) 훈련용 및 검증용 데이터 활용

① 전체 데이터를 훈련용(70%의 데이터)과 검증용(30%의 데이터)으로 구분하고 배깅 모형을 이용
(bagging( ))한 분류 결과는 다음과 같다. 분류결과의 정확도는 93.3%이다.

```
> set.seed(1234)
> ids <- sample(1:nrow(iris), as.integer(0.7*nrow(iris)))
> train <- iris[ids,]
> test <- iris[-ids,]
>
> bag <- bagging(Species~., data=train, mfinal=10)
> bag$importance
Petal.Length  Petal.Width Sepal.Length  Sepal.Width
    89.27133     10.72867      0.00000      0.00000
> bag$trees[[10]]
n= 105

node), split, n, loss, yval, (yprob)
      * denotes terminal node

1) root 105 65 virginica (0.32380952 0.29523810 0.38095238)
  2) Petal.Length< 2.6 34  0 setosa (1.00000000 0.00000000 0.00000000) *
  3) Petal.Length>=2.6 71 31 virginica (0.00000000 0.43661972 0.56338028)
    6) Petal.Length< 4.75 31  1 versicolor (0.00000000 0.96774194 0.03225806)
    7) Petal.Length>=4.75 40  1 virginica (0.00000000 0.02500000 0.97500000)
>
> model <- predict(bag, test)
> new <- data.frame(actual=test$Species)
> new$predict <- model$class
> head(new)
  actual predict
1 setosa  setosa
2 setosa  setosa
3 setosa  setosa
4 setosa  setosa
5 setosa  setosa
6 setosa  setosa
> summary(new)
       actual       predict
 setosa    :16   Length:45
 versicolor:16   Class :character
 virginica :13   Mode  :character
> cross_table <- table(new$predict, new$actual)
> cross_table

            setosa versicolor virginica
  setosa        16          0         0
  versicolor     0         14         1
  virginica      0          2        12
> accuracy <- sum(diag(cross_table)) / sum(cross_table)
> accuracy
[1] 0.9333333
```

② 전체 데이터를 훈련용(70%의 데이터)과 검증용(30%의 데이터)으로 구분하고 부스팅 모형을 이
용(boosting( ))한 분류 결과는 다음과 같다. 분류결과의 정확도는 95.6%이다.

```
> set.seed(1234)
> ids <- sample(1:nrow(iris), as.integer(0.7*nrow(iris)))
> train <- iris[ids,]
> test <- iris[-ids,]
>
> bst <- boosting(Species~., data=train, mfinal=10)
> bst$importance
Petal.Length  Petal.Width Sepal.Length  Sepal.Width
   61.180449    23.010693     9.508298     6.300560
> bst$trees[[10]]
n= 105

node), split, n, loss, yval, (yprob)
      * denotes terminal node
```

```
  1) root 105 49 virginica (0.06666667 0.40000000 0.53333333)
    2) Petal.Length< 5 55 23 versicolor (0.12727273 0.58181818 0.29090909)
      4) Sepal.Length>=5.45 38  6 versicolor (0.00000000 0.84210526 0.15789474)
      5) Sepal.Length< 5.45 17  7 virginica (0.41176471 0.00000000 0.58823529)
    3) Petal.Length>=5 50 10 virginica (0.00000000 0.20000000 0.80000000)
      6) Sepal.Length< 6.05 10  0 versicolor (0.00000000 1.00000000 0.00000000)
      7) Sepal.Length>=6.05 40  0 virginica (0.00000000 0.00000000 1.00000000)
> model <- predict(bst, test)
> new <- data.frame(actual=test$Species)
> new$predict <- model$class
> head(new)
   actual predict
1 setosa  setosa
2 setosa  setosa
3 setosa  setosa
4 setosa  setosa
5 setosa  setosa
6 setosa  setosa
> summary(new)
      actual       predict
 setosa    :16   Length:45
 versicolor:16   Class :character
 virginica :13   Mode  :character
> cross_table <- table(new$predict, new$actual)
> cross_table

            setosa versicolor virginica
  setosa        16          0         0
  versicolor     0         15         1
  virginica      0          1        12
> accuracy <- sum(diag(cross_table) / sum(cross_table)
+ )
> accuracy
[1] 0.9555556
```

(4) Ada 알고리즘을 적용한 부스팅 방법

① Ada 알고리즘을 적용한 부스팅 방법의 성능을 분석하기 위해 "ada" 패키지를 이용한다. iris 데이터에서 setosa 품종을 제외한 (versicolor, virginica) 두 가지 품종에 대한 데이터를 저장(data)한다.

```
> install.packages("ada")
URL 'https://cran.yu.ac.kr/bin/windows/contrib/4.1/ada_2.0-5.zip'를 시도합니다
Content type 'application/zip' length 735142 bytes (717 KB)
downloaded 717 KB

package 'ada' successfully unpacked and MD5 sums checked

The downloaded binary packages are in
        C:\Users\Public\Documents\ESTsoft\CreatorTemp\Rtmpaml77g\downloaded_packages
> library(ada)
경고메시지(들) :
패키지 'ada'는 R 버전 4.1.2에서 작성되었습니다
```

```
> data <- iris[iris$Species != 'setosa',]
> summary(data)
  Sepal.Length    Sepal.Width    Petal.Length    Petal.Width         Species
 Min.   :4.900   Min.   :2.000   Min.   :3.000   Min.   :1.000   setosa    : 0
 1st Qu.:5.800   1st Qu.:2.700   1st Qu.:4.375   1st Qu.:1.300   versicolor:50
 Median :6.300   Median :2.900   Median :4.900   Median :1.600   virginica :50
 Mean   :6.262   Mean   :2.872   Mean   :4.906   Mean   :1.676
 3rd Qu.:6.700   3rd Qu.:3.025   3rd Qu.:5.525   3rd Qu.:2.000
 Max.   :7.900   Max.   :3.800   Max.   :6.900   Max.   :2.500
> str(data)
'data.frame':   100 obs. of  5 variables:
 $ Sepal.Length: num  7 6.4 6.9 5.5 6.5 5.7 6.3 4.9 6.6 5.2 ...
 $ Sepal.Width : num  3.2 3.2 3.1 2.3 2.8 2.8 3.3 2.4 2.9 2.7 ...
 $ Petal.Length: num  4.7 4.5 4.9 4 4.6 4.5 4.7 3.3 4.6 3.9 ...
 $ Petal.Width : num  1.4 1.5 1.5 1.3 1.5 1.3 1.6 1 1.3 1.4 ...
 $ Species     : Factor w/ 3 levels "setosa","versicolor",..: 2 2 2 2 2 2 2 2 2
> head(data)
   Sepal.Length Sepal.Width Petal.Length Petal.Width    Species
51          7.0         3.2          4.7         1.4 versicolor
52          6.4         3.2          4.5         1.5 versicolor
53          6.9         3.1          4.9         1.5 versicolor
54          5.5         2.3          4.0         1.3 versicolor
55          6.5         2.8          4.6         1.5 versicolor
56          5.7         2.8          4.5         1.3 versicolor
```

② as.factor( ), as.numeric( ) 함수를 이용하여 두 개의 품종으로 요인화한다.

```
> data[,5]
  [1] versicolor versicolor versicolor versicolor versicolor versicolor versicolor versicolor versicolor versicolor
 [11] versicolor versicolor versicolor versicolor versicolor versicolor versicolor versicolor versicolor versicolor
 [21] versicolor versicolor versicolor versicolor versicolor versicolor versicolor versicolor versicolor versicolor
 [31] versicolor versicolor versicolor versicolor versicolor versicolor versicolor versicolor versicolor versicolor
 [41] versicolor versicolor versicolor versicolor versicolor versicolor versicolor versicolor versicolor versicolor
 [51] virginica  virginica  virginica  virginica  virginica  virginica  virginica  virginica  virginica  virginica
 [61] virginica  virginica  virginica  virginica  virginica  virginica  virginica  virginica  virginica  virginica
 [71] virginica  virginica  virginica  virginica  virginica  virginica  virginica  virginica  virginica  virginica
 [81] virginica  virginica  virginica  virginica  virginica  virginica  virginica  virginica  virginica  virginica
 [91] virginica  virginica  virginica  virginica  virginica  virginica  virginica  virginica  virginica  virginica
Levels: setosa versicolor virginica
> data[,5] <- as.factor((levels(data[,5])[2:3])[as.numeric(data[,5])-1])
> data[,5]
  [1] versicolor versicolor versicolor versicolor versicolor versicolor versicolor versicolor versicolor versicolor
 [11] versicolor versicolor versicolor versicolor versicolor versicolor versicolor versicolor versicolor versicolor
 [21] versicolor versicolor versicolor versicolor versicolor versicolor versicolor versicolor versicolor versicolor
 [31] versicolor versicolor versicolor versicolor versicolor versicolor versicolor versicolor versicolor versicolor
 [41] versicolor versicolor versicolor versicolor versicolor versicolor versicolor versicolor versicolor versicolor
 [51] virginica  virginica  virginica  virginica  virginica  virginica  virginica  virginica  virginica  virginica
 [61] virginica  virginica  virginica  virginica  virginica  virginica  virginica  virginica  virginica  virginica
 [71] virginica  virginica  virginica  virginica  virginica  virginica  virginica  virginica  virginica  virginica
 [81] virginica  virginica  virginica  virginica  virginica  virginica  virginica  virginica  virginica  virginica
 [91] virginica  virginica  virginica  virginica  virginica  virginica  virginica  virginica  virginica  virginica
Levels: versicolor virginica
```

③ 60%의 데이터(60개)를 훈련용(train), 40% 데이터(40개)를 검증용(test)으로 구분한다. setdiff( )은 차집합(set difference)을 구하는 함수이며, ada( ) 함수(데이터 학습)에서 nu=1 은 부스팅을 위한 축소(shrinkage) 모수이고, type="discrete"에서 부스팅 알고리즘(real, gentle 방식)을 지정한다. 학습된 모형(adabst)을 이용하여 addtest( )로 모형을 구축하며, 검증 데이터(data[test, −5], Species 변수 제외 항목)와 레이블 데이터(data[test, 5])를 지정한다.

```
> set.seed(1234)
> train <- sample(1:nrow(data), floor(0.6*nrow(data)), FALSE)
> test <- setdiff(1:nrow(data), train)
>
> adabst <- ada(Species~., data=data[train,], iter=20, nu=1, type="discrete")
```

```
> model <- addtest(adabst, data[test, -5], data[test, 5])
> model
Call:
ada(Species ~ ., data = data[train, ], iter = 20, nu = 1, type = "discrete")

Loss: exponential Method: discrete   Iteration: 20

Final Confusion Matrix for Data:
            Final Prediction
True value   versicolor virginica
  versicolor         30        0
  virginica           0       30


Train Error: 0

Out-Of-Bag Error:  0.067  iteration= 10

Additional Estimates of number of iterations:

train.err1 train.kap1 test.errs2 test.kaps2
        20         20         13         13
```

④ plot( )으로 오차와 일치도를 평가[훈련용(Training), 검증용(Testing) 데이터에 대해 작성]한다. 카파계수(Cohen's Kappa Coefficient)는 -1부터 1까지의 값을 가지며, 0은 관측된 클래스와 예측된 클래스 사이의 합의점이 전혀 없음(분류 또는 예측이 틀렸음)을 뜻한다. 반면에 1은 (관측, 예측)이 완벽히 일치함을 의미하며, 음수값은 (관측, 예측)이 전혀 정 반대에 있음을 뜻한다. 결론적으로 카파값은 크면 클수록 분류 또는 예측 모형이 바람직하다고 평가한다. Train(훈련용), Test1(검증용) 데이터에 대해 Kappa 계수가 0.8 이상으로 효과적인 모형으로 평가된다.

```
> plot(model, TRUE, TRUE)
```

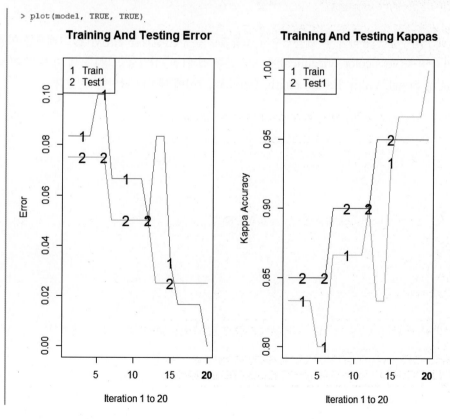

⑤ varplot( ) 그래프는 변수의 중요도(importance) 그림이다. Petal.Width 변수가 분류에 가장 중요한 변수로 사용되었음을 보여준다.

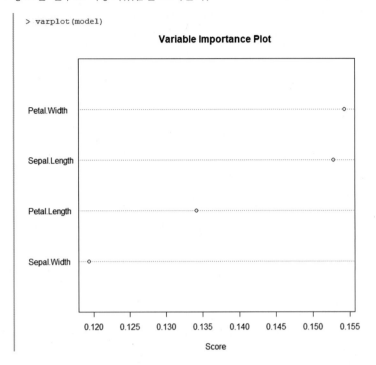

⑥ pairs( ) 함수를 이용하여 두 예측변수의 조합별로 분류된 결과를 확인한다. 그래프를 이용하여 두 가지 품종(versicolor, virginica)에 대한 분류 결과(원, 삼각형 모양)를 네 가지 변수(Sepal. Length, Sepal.Width, Petal.Length, Petal.Width)에 대하여 확인할 수 있다.

ⓐ 훈련용 데이터에 대한 분류 결과

```
> pairs(model, data[train, -5], maxvar=4)
```

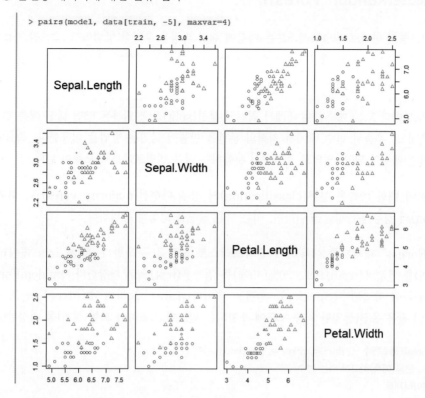

ⓑ 검증용 데이터에 대한 분류 결과

```
> pairs(model, data[test, -5], maxvar=4)
```

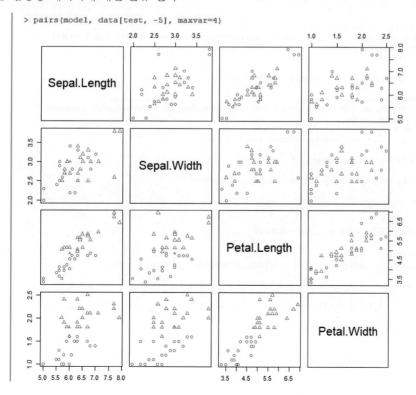

3 랜덤포레스트(Random Forest)

(1) 앙상블 분석모형의 하나로 랜덤포레스트는 배깅에 랜덤 과정을 추가한 방법이다. 즉, 원 자료로부터 부트스트랩 샘플을 추출하고 각 부트스트랩 샘플에 대해 트리를 형성해 나가는 과정은 배깅과 유사하다.

(2) 그러나 각 노드마다 모든 예측변수 내에서 최적의 분할(split)을 선택하는 방법 대신 예측 변수들을 임의로 추출하고, 추출된 변수 내에서 최적의 분할을 만들어 나가는 방법을 이용한다. 즉, 모든 변수를 사용하면 배깅이 되고, 임의로 추출해서 분할하는 경우 랜덤포레스트 모형이 된다.

(3) 새로운 자료에 대한 예측은 분류(classification)의 경우 다수결(majority votes)로, 회귀 분석(regression)의 경우에는 평균을 취하며, 이는 다른 앙상블 모형과 동일하다.

(4) "randomForest" 패키지를 이용하여 랜덤포레스트 모형을 구축한다. 전체 iris 데이터들 중 70%(105개)를 훈련용(train)으로, 30%(45개)를 검증용(test)으로 저장한다. randomForest( ) 함수를 이용하여 종속변수(Species), 훈련용 데이터(train), 트리의 수(ntree), 근접도 행렬(proximity) 활용 옵션(동일한 최종 노드에 포함되는 빈도에 기초하여 모형 설계)을 지정한다.

---

randomForest(종속변수~., data=, ntree=, proximity=)
- 종속변수 : 분류(예측)하고자 하는 변수
- data : 데이터세트
- ntree : 트리의 수
- proximity=TRUE : 객체들 간의 근접도 행렬 제공, 동일한 최종 노드에 포함되는 빈도에 기초함

```
> install.packages("randomForest")
URL 'https://cran.yu.ac.kr/bin/windows/contrib/4.1/randomForest_4.6-14.zip'을 시도합니다
Content type 'application/zip' length 250317 bytes (244 KB)
downloaded 244 KB

package 'randomForest' successfully unpacked and MD5 sums checked

The downloaded binary packages are in
        C:\Users\Public\Documents\ESTsoft\CreatorTemp\Rtmpaml77g\downloaded_packages
> library(randomForest)
randomForest 4.6-14
Type rfNews() to see new features/changes/bug fixes.

다음의 패키지를 부착합니다: 'randomForest'

The following object is masked from 'package:ggplot2':

    margin

경고메시지(들):
패키지 'randomForest'는 R 버전 4.1.2에서 작성되었습니다

> set.seed(1234)
> ids <- sample(2, nrow(iris), replace=TRUE, prob=c(0.7, 0.3))
> ids
  [1] 1 1 1 1 2 1 1 1 1 1 1 1 1 2 1 2 1 1 1 1 1 1 1 1 1 1 1 2 1 2 2 1 1 1 1 1 1 2 1 1
 [62] 1 1 1 2 1 1 1 1 2 1 2 1 1 1 1 1 1 2 1 1 1 1 2 1 1 1 2 1 2 1 1 1 1 1 1 1
[123] 2 2 1 1 1 1 1 1 2 1 1 1 2 1 2 2 1 1 2 1 2 1 1 1 1 2 1 2 1
>
> train <- iris[ids==1,]
> test <- iris[ids==2,]
>
> rf_model <- randomForest(Species~., data=train, ntree=100, proximity=TRUE)
> cross_table <- table(predict(rf_model), train$Species)
```

(5) 분류결과를 확인(cross_table)하고, 오류율(class.error)과 함께 OOB(Out−of−bag) 추정치를 확인한다. 랜덤포레스트 모형에서는 별도의 검증용 데이터를 사용하지 않더라도 부트스트랩 샘플링 과정에서 제외된(out−of−bag) 자료를 이용하여 검증을 실시할 수 있다. OOB 데이터는 부트스트랩을 통한 임의 중복추출 시 훈련 데이터세트에 속하지 않는 데이터이며, OOB 오차(error rate)는 데이터의 실젯값과 각 트리로부터 나온 예측 결과 사이의 오차이다.

```
> cross_table

           setosa versicolor virginica
  setosa       40          0         0
  versicolor    0         35         2
  virginica     0          3        32
>
> print(rf_model)

Call:
 randomForest(formula = Species ~ ., data = train, ntree = 100,        proximity = TRUE)
               Type of random forest: classification
                     Number of trees: 100
No. of variables tried at each split: 2

        OOB estimate of  error rate: 4.46%
Confusion matrix:
           setosa versicolor virginica class.error
setosa         40          0         0  0.00000000
versicolor      0         35         3  0.07894737
virginica       0          2        32  0.05882353
```

(6) plot( )으로 트리 수(ntree)에 따른 종속변수(Species)의 범주별 오분류율을 확인할 수 있으며, 그 래프는 세 가지 품종에 대한 오분류율과 전체 오분류율에 대한 결과를 보여준다.

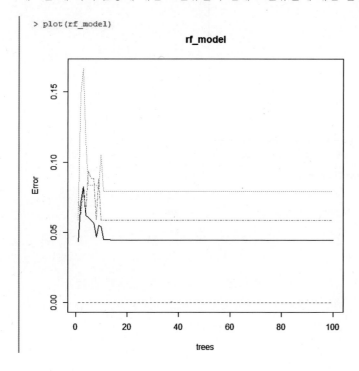

(7) 붓꽃의 품종을 결정짓는 데 영향을 미치는 변수들 중 어떤 변수가 더 영향을 미치는지 확인하기 위해 importance( )와 varImpPlot( ) 함수를 이용한다. Petal.Length(34.3) → Petal.Width(31.5) → Sepal.Length(6.3)→Sepal.Width(1.8)의 순으로 변수의 중요도가 확인된다. 지니지수[또는 지니계수(Gini Index), 그래프 결과에서 MeanDecreaseGini 값]는 노드의 불순도(Impurity, 불확실성, Uncertainty)를 나타내는 값으로 데이터의 통계적 분산 정도를 정량화해서 표현한 값이며, 지니지수가 높을수록 데이터가 분산되어 있음(불순도가 높음)을 의미한다. 랜덤포레스트 분류에서는 불순도의 감소가 클수록 순수도(Homogeneity)가 증가하여 해당 변수로부터 분할이 일어날 때 불순도의 감소가 얼마나 일어나는지를 나타내는 지니지수를 이용한다.

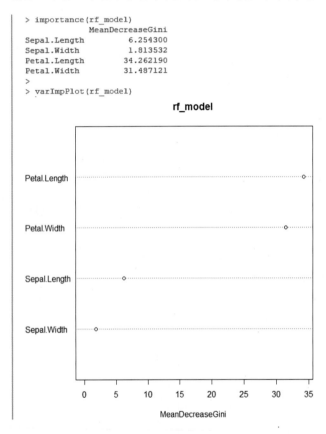

```
> importance(rf_model)
             MeanDecreaseGini
Sepal.Length         6.254300
Sepal.Width          1.813532
Petal.Length        34.262190
Petal.Width         31.487121
>
> varImpPlot(rf_model)
```

(8) plot( )과 margin( ) 명령어로 전체 데이터(150개) 중 70%(105개)의 분류 결과를 확인한다. 마진 (margin)은 랜덤포레스트의 분류기 가운데 정분류를 수행한 비율에서 다른 클래스로 분류한 비율의 최대치를 뺀 값이며, 양(positive)의 마진은 정확한 분류, 음(negative)은 잘못 분류한 결과이다. 105개 중 5개 항목이 잘못 분류되었음이 확인된다.

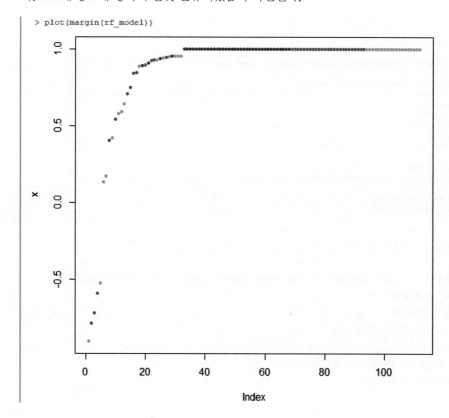

```
> plot(margin(rf_model))
```

(9) 구축 모형(rf_model)을 검증용 데이터(test, 45개 데이터)에 적용한 결과는 다음과 같다. 검증용 데이터에 대한 분류결과의 정확도는 94.7%이다.

```
> predict <- predict(rf_model, newdata=test)
> cross_table <- table(predict, test$Species)
> cross_table

predict      setosa versicolor virginica
  setosa         10          0         0
  versicolor      0         12         2
  virginica       0          0        14
>
> accuracy <- sum(diag(cross_table)) / sum(cross_table)
> accuracy
[1] 0.9473684
> error <- 1 - accuracy
> error
[1] 0.05263158
```

(10) train( ) 함수를 이용한 랜덤포레스트 모형

① "caret" 패키지의 train( ) 함수를 이용한 랜덤포레스트 모형을 구축한다. iris에서 훈련용(train)과 검증용(test) 데이터를 분류한다.

```
> install.packages("caret")
--- 현재 세션에서 사용할 CRAN 미러를 선택해 주세요 ---
URL 'https://cran.yu.ac.kr/bin/windows/contrib/4.1/caret_6.0-90.zip'을 시도합니다
Content type 'application/zip' length 3590206 bytes (3.4 MB)
downloaded 3.4 MB

package 'caret' successfully unpacked and MD5 sums checked

The downloaded binary packages are in
        C:\Users\Public\Documents\ESTsoft\CreatorTemp\RtmpklE2pA\downloaded_packages
> library(caret)
필요한 패키지를 로딩중입니다: ggplot2
필요한 패키지를 로딩중입니다: lattice
경고메시지(들):
패키지 'caret'는 R 버전 4.1.2에서 작성되었습니다

> set.seed(1234)
> ids <- sample(2, nrow(iris), replace=TRUE, prob=c(0.7, 0.3))
>
> train <- iris[ids==1, ]
> test <- iris[iris==2, ]
```

② train( ) 함수와 훈련용 데이터(train)를 이용하여 모형(rf_model)을 구축한다.

> **train(종속변수~., data=, method="rf", trControl=trainControl( ), prox=, allowParallel=)**
> - 종속변수 : 분류 및 예측 변수
> - data : 훈련용 데이터
> - method="rf" : 랜덤포레스트 지정
> - trControl=trainControl( ) : 5-fold 교차검증 방법(cv; cross-validation)
> - prox : 객체들 간의 근접도 행렬 제공(proximity)
> - allowParallel : 병렬처리 지정

```
> rf_model <- train(Species~., data=train, method="rf", trControl=trainControl(method="cv", number=5), prox=TRUE, allowParallel=TRUE)
> print(rf_model)
Random Forest

112 samples
  4 predictor
  3 classes: 'setosa', 'versicolor', 'virginica'

No pre-processing
Resampling: Cross-Validated (5 fold)
Summary of sample sizes: 89, 89, 91, 90, 89
Resampling results across tuning parameters:

  mtry  Accuracy   Kappa
  2     0.9540373  0.9308600
  3     0.9635611  0.9450963
  4     0.9635611  0.9450963

Accuracy was used to select the optimal model using the largest value.
The final value used for the model was mtry = 3.
```

③ 구축 모형의 항목(rf_model$finalModel)을 이용하여 모형의 정확도($100-5.36=94.64\%$)를 평가한다.

```
> print(rf_model$finalModel)

Call:
 randomForest(x = x, y = y, mtry = min(param$mtry, ncol(x)), proximity = TRUE,       allowParallel = TRUE)
                Type of random forest: classification
                      Number of trees: 500
No. of variables tried at each split: 3

        OOB estimate of  error rate: 5.36%
Confusion matrix:
           setosa versicolor virginica class.error
setosa         40          0         0  0.00000000
versicolor      0         35         3  0.07894737
virginica       0          3        31  0.08823529
```

④ 정확도를 그래프로 확인하며, 검증용 데이터에 대한 모형 적용 결과, 정확도는 97.8%이다.

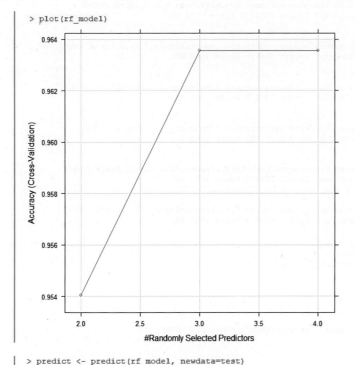

```
> predict <- predict(rf_model, newdata=test)
> cross_table <- table(predict, test$Species)
> cross_table

predict      setosa versicolor virginica
  setosa         19          0         0
  versicolor      0         11         0
  virginica       0          1        14
>
> accuracy <- sum(diag(cross_table)) / sum(cross_table) * 100
> accuracy
[1] 97.77778
> error <- 100 - accuracy
> error
[1] 2.222222
```

(11) cforest( ) 함수를 이용한 랜덤포레스트 모형

① "party" 패키지의 cforest( ) 함수 이용 방법은 다음과 같다. 종속변수와 훈련용 데이터를 이용하여 모형을 구축(rf_model)한다.

> **cforest(종속변수~., data＝)**
> • 종속변수 : 분류 및 예측 변수
> • data : 훈련용 데이터

```
> install.packages("party")
'TH.data', 'libcoin', 'matrixStats', 'multcomp', 'mvtnorm', 'modeltools', 'strucc

URL 'https://cran.yu.ac.kr/bin/windows/contrib/4.1/TH.data_1.1-0.zip'을 시도합니다
Content type 'application/zip' length 8807535 bytes (8.4 MB)
downloaded 8.4 MB

URL 'https://cran.yu.ac.kr/bin/windows/contrib/4.1/libcoin_1.0-9.zip'을 시도합니다
Content type 'application/zip' length 1005140 bytes (981 KB)
downloaded 981 KB

URL 'https://cran.yu.ac.kr/bin/windows/contrib/4.1/matrixStats_0.61.0.zip'을 시도합니
Content type 'application/zip' length 594280 bytes (580 KB)
downloaded 580 KB

URL 'https://cran.yu.ac.kr/bin/windows/contrib/4.1/multcomp_1.4-18.zip'을 시도합니다
Content type 'application/zip' length 735245 bytes (718 KB)
downloaded 718 KB

URL 'https://cran.yu.ac.kr/bin/windows/contrib/4.1/mvtnorm_1.1-3.zip'을 시도합니다
Content type 'application/zip' length 271312 bytes (264 KB)
downloaded 264 KB

URL 'https://cran.yu.ac.kr/bin/windows/contrib/4.1/modeltools_0.2-23.zip'을 시도합니다
Content type 'application/zip' length 208375 bytes (203 KB)
downloaded 203 KB

URL 'https://cran.yu.ac.kr/bin/windows/contrib/4.1/strucchange_1.5-2.zip'을 시도합니다
Content type 'application/zip' length 982874 bytes (959 KB)
> library(party)
필요한 패키지를 로딩중입니다: grid
필요한 패키지를 로딩중입니다: mvtnorm
필요한 패키지를 로딩중입니다: modeltools
필요한 패키지를 로딩중입니다: stats4
필요한 패키지를 로딩중입니다: strucchange
필요한 패키지를 로딩중입니다: zoo


> set.seed(1234)
> ids <- sample(2, nrow(iris), replace=TRUE, prob=c(0.7, 0.3))
>
> train <- iris[ids==1,]
> test <- iris[ids==2,]
>
> rf_model <- cforest(Species~., data=train)
> rf_model

        Random Forest using Conditional Inference Trees

Number of trees:  500

Response:  Species
Inputs:  Sepal.Length, Sepal.Width, Petal.Length, Petal.Width
Number of observations:  112

> print(rf_model)

        Random Forest using Conditional Inference Trees

Number of trees:  500
```

```
Response:   Species
Inputs:   Sepal.Length, Sepal.Width, Petal.Length, Petal.Width
Number of observations:   112
```

② 구축 모형(rf_model)을 검증 데이터에 적용한 결과, 94.7%의 정확도(에러율＝5.3%)를 확인할
수 있다.

```
> predict <- predict(rf_model, newdata=test, OOB=TRUE, type="response")
> predict
 [1] setosa     setosa     setosa     setosa     setosa     setosa     setosa     setosa     setosa
[10] setosa     versicolor versicolor versicolor versicolor versicolor versicolor versicolor versicolor
[19] versicolor versicolor versicolor versicolor virginica  virginica  virginica  virginica  versicolor
[28] virginica  virginica  virginica  virginica  virginica  versicolor virginica  virginica  virginica
[37] virginica  virginica
Levels: setosa versicolor virginica
> cross_table <- table(predict, test$Species)
> cross_table

predict      setosa versicolor virginica
  setosa         10          0         0
  versicolor      0         12         2
  virginica       0          0        14
> accuracy <- sum(diag(cross_table)) / sum(cross_table) * 100
> accuracy
[1] 94.73684
> error <- 100 - accuracy
> error
[1] 5.263158
```

③ plot(predict) 함수로 각 품종에 대한 예측 결과를 확인한다. setosa 품종은 10개, versicolor와
virginica 품종은 각각 14개이다.

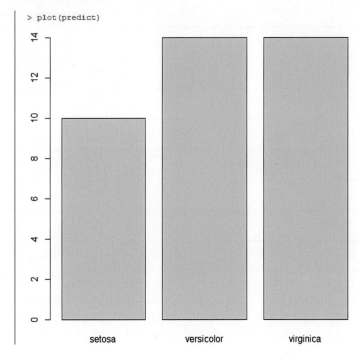

MEMO

제4과목

데이터 모형 평가

제1장 분류 분석모형 평가
제2장 예측 분석모형 평가

제 1 장 분류 분석모형 평가

1 평가 지표

(1) 범주형 변수의 분류 예측값에 대한 데이터 분석모형의 성능을 평가하기 위해 다음 패키지를 이용한다.

install.packages("psych")	#기술통계량 분석(describe( ))
install.packages("caret")	#혼동행렬(Confusion Matrix) 분석
install.packages("pROC")	#ROC 곡선
install.packages("e1071")	#SVM 분석
install.packages("adabag")	#배깅 및 부스팅 분석
install.packages("ada")	#부스팅 분석(Ada 알고리즘)
install.packages("randomForest")	#랜덤포레스트(Random Forest) 분석
install.packages("party")	#랜덤포레스트(cforest( )) 분석
library(psych)	−
library(caret)	−
library(pROC)	−
library(e1071)	−
library(adabag)	−
library(ada)	−
library(randomForest)	−
library(party)	−

(2) 혼동행렬(Confusion Matrix)

① 분류를 위한 데이터 분석모형의 성능을 평가하기 위해 혼동행렬(Confusion Matrix)이 사용되며, 혼동행렬, 정오행렬, 오분류표 등으로도 불린다.

② 다음과 같이 혼동행렬은 지도 학습을 통해 모델링한 "분류모형이 예측한 값(Predicted Class)"과 레이블되어 있는 "원래의 값(Actual Class)" 사이의 관계를 나타낸 표이다. 이 표를 통해 데이터 분석모형의 정확도(Accurcy), 정밀도(Precision), 민감도(Precision), F1−Score(F−Measure) 등을 평가한다.

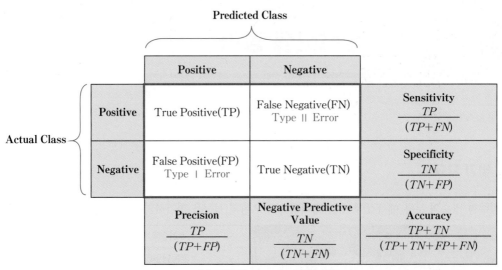

[혼동행렬(Confusion Matrix)]

③ 혼동행렬에서 대각선에 있는 칸(True Positive · Negative)의 경우, 예측과 실제 범주값이 일치하여 올바르게 예측한 경우이다. 반면, 대각선 외의 칸은 그 결과가 일치하지 않는 경우로 모형이 부정확하게 예측한 사례이다.

④ 혼동행렬을 이용하여 각각의 경우에 대한 비율을 구함으로써 알고리즘의 성능을 평가한다. 머신러닝 기반의 데이터 분석의 경우, 혼동행렬을 이용한 성능평가 지표를 요약하면 다음과 같다.

〈분류를 위한 데이터 분석모형의 성능평가 지표〉

지표	계산식	의미
오차 비율 (Error Rate)	$(FP+FN)$ $/(TP+FP+FN+TN)$	• 오류율 • 분류 범주를 잘못 분류한 비율 　= 1−정확도 • 전체 데이터 수에서 잘못 분류한 데이터 수의 비율
정확도 (Accuracy)	$(TP+TN)$ $/(TP+FP+FN+TN)$	• 분류 범주를 정확하게 예측한 비율 　[전체 중 참긍정(TP), 참부정(TN) 비율] • 1−오류율(오차비율, Error Rate) • 전체 중에서 올바르게 실제 범주를 추정한 전체 비율 • 오류율과는 상반된 개념
민감도 (Sensitivity)	$TP/(TP+FN)$	• 긍정(Positive)인 범주 중 긍정으로 올바르게 예측(True Positive)한 비율 • 참 긍정률(TP rate) • Recall(재현율), Hit Ratio라고도 부름 • 실제 참인 경우를 참으로 분류하여 판정하는 비율 　예 특정 질병에 대해 실제 질병이 있는 경우를 양성으로 판정하는 비율
특이도 (Specificity)	$TN/(TN+FP)$	• 부정(Negative)인 범주 중 부정으로 올바르게 예측(True Negative)한 비율 　=1−거짓긍정률(FP rate) • 실제 거짓인 경우를 거짓으로 분류하여 판정하는 비율

정밀도 (Precision)	$TP/(TP+FP)$	• 긍정(Positive)으로 예측한 비율 중에서 실제 긍정(True Positive)의 비율
거짓 긍정률 (FP rate)	$FP/(TN+FP)$	• 부정(Negative)인 범주 중 긍정으로 잘못 예측(False Positive)한 비율 = 1−특이도
카파 값 (Kappa Value 또는 Kappa Statistics)	$\dfrac{Pr(a)-Pr(e)}{1-Pr(e)}$	• Pr(a) : 정확확률(Accuracy), 정확도 Pr(e) : 오차확률(Error Rate), 오차비율 • 모델의 예측값과 실젯값이 우연히 일치할 확률을 제외한 뒤의 값 • 0~1의 값을 가짐 • 1에 가까울수록 모델의 예측값과 실젯값이 정확히 일치 • 0에 가까울수록 모델의 예측값과 실젯값이 불일치
F−Measure	$2TP/(2TP+FN+FP)$	• 정밀도와 민감도(재현율)를 하나로 합한 성능평가지표 • 정밀도와 민감도의 조화 평균 • 0~1사이의 범위를 가짐 • 정밀도와 민감도 양쪽 다 클 때 F−Measure도 큰 값을 보임

(3) ROC(Receiver Operating Characteristics)

① ROC(Receiver Operating Characteristics, 수신자 조작 특성, 반응자 작용 특성, 수용자 반응 특성)는 혼동행렬을 이용한 성능평가 지표들 중 거짓긍정률(FP Rate, 1−Specificity)과 참긍정률(TP Rate)을 이용하여 표현한 곡선이다.

② 아래 그림처럼 FP Rate(FPR)와 TP Rate(TPR) 사이의 관계를 그래프로 표현함으로써 목표변수 범주 값 분류 시 긍정 범주(Positive)와 부정 범주(Negative)를 판단하는 기준치의 변화에 따른 참긍정과 거짓긍정 비율이 어떻게 변화하는지를 알 수 있다.

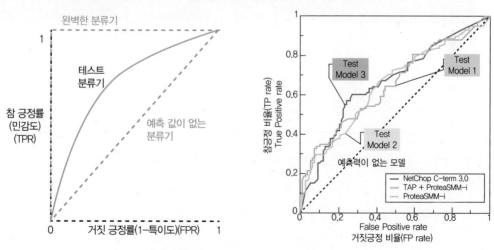

[ROC(Receiver Operating Characteristics) 곡선]

③ 평가결과, TP Rate 값이 클수록, FP Rate 값이 작을수록 성능이 우수한 모형으로 평가한다. 따라서 FP Rate가 동일한 값을 가지는 경우, TP Rate의 값이 클수록 성능이 우수한 모형이며, 동일한 TP Rate에 대해 FP Rate의 값이 작을수록 성능이 우수하다고 평가한다.

④ ROC 그래프 표현 결과가 대각선일 때 분석모형은 참긍정과 거짓긍정을 제대로 구별하지 못해 바람직하지 않은 모형(예측력이 없는 모형)이다.

⑤ 따라서 위 그래프에서 Test Model 3이 Model 1 혹은 Model 2보다 성능이 우수한 모형이다.

(4) AUC(Area Under the ROC Curve)

① AUC(Area Under the ROC Curve)는 ROC 곡선 아래 영역이며, 아래 그림처럼 ROC 곡선의 (0,0)에서 (1,1)까지 곡선 아래 부분의 면적을 나타낸다.

② AUC는 가능한 모든 분류 임곗값에서 성능의 집계 측정값을 제공한다. AUC의 범위는 0~1이며, 값이 클수록 정확한 예측 성능을 나타내는 분석모형이다.

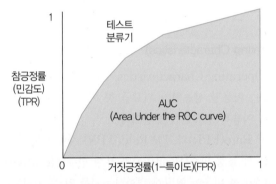

AUC 범위	해 석
0.9~1.0	뛰어남
0.8~0.9	우수함
0.7~0.8	양호함
0.6~0.7	불량함
0.5~0.6	판별능력이 없음

(5) 예제 데이터

아래(train_commerce.csv)는 (ID, Warehouse_block, Mode_of_Shipment, Customer_care_calls, Customer_rating, Cost_of_the_Product, Prior_purchases, Product_importance, Gender, Discount_offered, Weight_in_gms, Reached.on.Time_Y.N)의 12가지 항목에 대한 10,999명의 고객 구매 자료로 해당 사이트(www.kaggle.com/prachi13/customer−analytics?select＝Train.csv)에서 다운로드한다.

12개 항목들 중 (Customer_care_calls, Customer_rating, Cost_of_the_Product, Weight_in_gms)＝(고객전화 건수, 고객등급, 구매액, 상품무게)를 독립변수로 사용하고, 종속변수로 고객이 주문한 물품이 제 시간에 도착하는지 여부(Reached.on.Time_Y.N의 값이 1이면 제 시간에 도착, 0이면 제 시간에 도착하지 않음)를 예측한다.

	A	B	C	D	E	F	G	H	I	J	K	L
1	ID	Warehouse_block	Mode_of_Shipment	Customer_care_calls	Customer_rating	Cost_of_the_Product	Prior_purchases	Product_importance	Gender	Discount_offered	Weight_in_gms	Reached.on.Time_Y.N
2	1	D	Flight	4	2	177	3	low	F	44	1233	1
3	2	F	Flight	4	5	216	2	low	M	59	3088	1
4	3	A	Flight	2	2	183	4	low	M	48	3374	1
5	4	B	Flight	3	3	176	4	medium	M	10	1177	1
6	5	C	Flight	2	2	184	3	medium	F	46	2484	1
7	6	F	Flight	3	1	162	3	medium	F	12	1417	1
8	7	D	Flight	3	4	250	3	low	F	3	2371	1
9	8	F	Flight	4	1	233	2	low	F	48	2804	1
10	9	A	Flight	3	4	150	3	low	F	11	1861	1
11	10	B	Flight	3	2	164	3	medium	F	29	1187	1
12	11	C	Flight	3	4	189	2	medium	M	12	2888	1
13	12	F	Flight	4	5	232	3	medium	F	32	3253	1
14	13	D	Flight	3	5	198	3	medium	F	1	3667	1
15	14	F	Flight	4	4	275	3	high	M	29	2602	1

```
> setwd("C:/workr")
> data <- read.csv("train_commerce.csv", header=T, fileEncoding="EUC-KR")
> head(data)
  ID Warehouse_block Mode_of_Shipment Customer_care_calls Customer_rating
1  1               D           Flight                   4               2
2  2               F           Flight                   4               5
3  3               A           Flight                   2               2
4  4               B           Flight                   3               3
5  5               C           Flight                   2               2
6  6               F           Flight                   3               1
  Cost_of_the_Product Prior_purchases Product_importance Gender Discount_offered
1                 177               3                low      F               44
2                 216               2                low      M               59
3                 183               4                low      M               48
4                 176               4             medium      M               10
5                 184               3             medium      F               46
6                 162               3             medium      F               12
  Weight_in_gms Reached.on.Time_Y.N
1          1233                   1
2          3088                   1
3          3374                   1
4          1177                   1
5          2484                   1
6          1417                   1
> data <- subset(data, select=c(Customer_care_calls, Customer_rating, Cost_of_the_Product, Weight_in_gms, Reached.on.Time_Y.N))
> head(data)
  Customer_care_calls Customer_rating Cost_of_the_Product Weight_in_gms Reached.on.Time_Y.N
1                   4               2                 177          1233                   1
2                   4               5                 216          3088                   1
3                   2               2                 183          3374                   1
4                   3               3                 176          1177                   1
5                   2               2                 184          2484                   1
6                   3               1                 162          1417                   1
> dim(data)
[1] 10999     5
```

2 로지스틱 회귀 분석

(1) 모형 구축

① glm( ) 함수(Generalized Linear Models)를 이용하여 로지스틱 회귀 분석모형을 구축하면 다음과 같다. 유의수준 평가결과, (Customer_care_calls, Cost_of_the_Product, Weight_in_gms)의 항목이 유의한 변수임을 확인한다.

```
> str(data)
'data.frame':   10999 obs. of  5 variables:
 $ Customer_care_calls: int  4 4 2 3 2 3 3 4 3 3 ...
 $ Customer_rating    : int  2 5 2 3 2 1 4 1 4 2 ...
 $ Cost_of_the_Product: int  177 216 183 176 184 162 250 233 150 164 ...
 $ Weight_in_gms      : int  1233 3088 3374 1177 2484 1417 2371 2804 1861 1187 ...
 $ Reached.on.Time_Y.N: int  1 1 1 1 1 1 1 1 1 1 ...
> model <- glm(Reached.on.Time_Y.N~., data=data)
> model

Call:  glm(formula = Reached.on.Time_Y.N ~ ., data = data)

Coefficients:
        (Intercept)  Customer_care_calls        Customer_rating  Cost_of_the_Product
          1.309e+00           -5.616e-02              5.135e-03           -7.473e-04
      Weight_in_gms
         -9.438e-05

Degrees of Freedom: 10998 Total (i.e. Null);  10994 Residual
Null Deviance:      2647
Residual Deviance: 2385          AIC: 14410
> summary(model)

Call:
glm(formula = Reached.on.Time_Y.N ~ ., data = data)

Deviance Residuals:
    Min       1Q   Median       3Q      Max
-0.9959  -0.4893   0.1813   0.4073   0.7704

Coefficients:
                      Estimate Std. Error t value Pr(>|t|)
(Intercept)          1.309e+00  2.867e-02  45.657  < 2e-16 ***
Customer_care_calls -5.616e-02  4.246e-03 -13.228  < 2e-16 ***
Customer_rating      5.135e-03  3.142e-03   1.634    0.102
Cost_of_the_Product -7.473e-04  9.776e-05  -7.644 2.28e-14 ***
Weight_in_gms       -9.438e-05  2.829e-06 -33.358  < 2e-16 ***
---
Signif. codes:  0 '***' 0.001 '**' 0.01 '*' 0.05 '.' 0.1 ' ' 1

(Dispersion parameter for gaussian family taken to be 0.2169442)

    Null deviance: 2646.9  on 10998  degrees of freedom
Residual deviance: 2385.1  on 10994  degrees of freedom
AIC: 14413

Number of Fisher Scoring iterations: 2
```

② summary( ) 결과를 이용하여 Coefficients 값을 구하고, 다음과 같은 로지스틱 회귀모형식을 설정한다.

$$y = 1.309 - 0.05616\ Customer\ care\ calls + 0.005135\ Customer\ rating$$
$$- 0.0007473\ Cost\ of\ the\ Product - 0.00009438\ Weight\ in\ gms$$

(2) 모형 평가

① 실젯값(new$actual)과 예측값(new$predict)을 비교하기 위해 데이터 프레임(new)을 구성한다. 총 10,999개의 데이터들 중 6,951개의 예측값이 일치하여 63.19665%(=6951/10999×100)의 정확도를 나타낸다.

```
> new <- data.frame(actual=data$Reached.on.Time_Y.N)
> new$predict <- round(predict(model, data[, 1:4]), 0)
> head(new)
  actual predict
1      1       1
2      1       1
3      1       1
4      1       1
5      1       1
6      1       1
> accuracy <- as.logical(new$predict==new$actual)
> sum(accuracy)
[1] 6951
> nrow(data) - sum(accuracy)
[1] 4048
> mean(accuracy)
[1] 0.6319665
>
> dim(data)
[1] 10999        5
```

② table( ) 함수를 이용하여 (실젯값, 예측값)의 차이를 확인하고, sum( )과 diag( ) 명령어로 정확도를 구한다. "caret" 패키지를 설치하여 혼동행렬(confusionMatrix( ))을 구할 수 있으며, 정확도(Accuracy=0.632)를 확인한다. 정확도 외에도 혼동행렬 결과로부터 Kappa(카파값), Sensitivity(민감도), Specificity(특이도), Detection Rate 등의 성능지표값을 확인할 수 있다.

```
> table <- table(new$predict, new$actual)
> table

      0    1
  0 1859 1471
  1 2577 5092
> accuracy <- sum(diag(table)) / sum(table)
> accuracy
[1] 0.6319665
>
> error <- 1 - accuracy
> error
[1] 0.3680335

> confusionMatrix(table)
Confusion Matrix and Statistics

      0    1
  0 1859 1471
  1 2577 5092

               Accuracy : 0.632
                 95% CI : (0.6229, 0.641)
    No Information Rate : 0.5967
    P-Value [Acc > NIR] : 1.859e-14

                  Kappa : 0.2031
```

```
Mcnemar's Test P-Value : < 2.2e-16

             Sensitivity : 0.4191
             Specificity : 0.7759
          Pos Pred Value : 0.5583
          Neg Pred Value : 0.6640
              Prevalence : 0.4033
          Detection Rate : 0.1690
    Detection Prevalence : 0.3028
       Balanced Accuracy : 0.5975

         'Positive' Class : 0
```

$Accuracy = \dfrac{TP+TN}{TP+FP+FN+TN}$	$Kappa = \dfrac{Pr(a)-Pr(e)}{1-Pr(e)} = \dfrac{Accuracy-ErrorRate}{1-ErrorRate}$
$Sensitivity(Recall) = \dfrac{TP}{TP+FN}$	$Specificity = \dfrac{TN}{FP+TN}$
$Pos\ Pred\ Value = \dfrac{TP}{TP+FP}$	$Neg\ Pred\ Value = \dfrac{TN}{TN+FN}$
$Prevalence = \dfrac{FN+TP}{TP+FP+FN+TN}$	$Detection\ Rate = \dfrac{TP}{TP+FP+FN+TN}$
$Detection\ Prevalence = \dfrac{TP+FP}{TP+FP+FN+TN}$	$Balanced\ Accuracy = \dfrac{Recall+Specificity}{2}$

③ "pROC" 패키지를 이용하여 ROC(Receiver Operating Characteristics) 곡선을 작성한다. AUC(Area under the ROC Curve)는 ROC 곡선 아래 면적으로 glm( ) 함수를 이용하여 구축된 로지스틱 회귀모형식은 다소 판별 능력이 부족한 모형으로 평가된다.

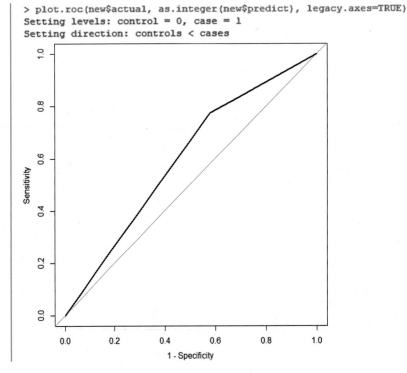

```
> plot.roc(new$actual, as.integer(new$predict), legacy.axes=TRUE)
Setting levels: control = 0, case = 1
Setting direction: controls < cases
```

```
> result <- roc(new$actual, as.integer(new$predict))
Setting levels: control = 0, case = 1
Setting direction: controls < cases
> result

Call:
roc.default(response = new$actual, predictor = as.integer(new$predict))

Data: as.integer(new$predict) in 4436 controls (new$actual 0) < 6563 cases (new$actual 1).
Area under the curve: 0.5975
>
> names(result)
 [1] "percent"            "sensitivities"      "specificities"      "thresholds"
 [5] "direction"          "cases"              "controls"           "fun.sesp"
 [9] "auc"                "call"               "original.predictor" "original.response"
[13] "predictor"          "response"           "levels"
>
> result$auc
Area under the curve: 0.5975
```

3 서포트벡터머신

(1) 모형 구축

① "e1071" 패키지 설치 후, 서포트벡터머신(SVM ; Support Vector Machine) 모형을 구축한다. 먼저, as.factor( )로 종속변수(Reached.on.Time_Y.N)를 요인변수로 변환하고, 전체 데이터들 중 70%(7,699개)를 훈련용 데이터(train)로, 나머지 30%(3,300개)를 검증용 데이터(test)로 분류한다. svm( ) 함수를 이용하여 Reached.on.Time_Y.N에 대한 분류 분석(type="C-classification")을 수행한다. 커널 함수로 방사형(RBF)을 이용하며, cost=10, gamma=0.1을 지정한다.

```
> data$Reached.on.Time_Y.N <- as.factor(data$Reached.on.Time_Y.N)
> str(data)
'data.frame':   10999 obs. of  5 variables:
 $ Customer_care_calls: int  4 4 2 3 2 3 3 4 3 3 ...
 $ Customer_rating    : int  2 5 2 3 2 1 4 1 4 2 ...
 $ Cost_of_the_Product: int  177 216 183 176 184 162 250 233 150 164 ...
 $ Weight_in_gms      : int  1233 3088 3374 1177 2484 1417 2371 2804 1861 1187 ...
 $ Reached.on.Time_Y.N: Factor w/ 2 levels "0","1": 2 2 2 2 2 2 2 2 2 2 ...
> id <- sample(1:nrow(data), as.integer(0.7*nrow(data)))
> train <- data[id,]
> test <- data[-id,]
> model <- svm(Reached.on.Time_Y.N ~., train, type="C-classification", kernel="radial", cost=10, gamma=0.1)
> model

Call:
svm(formula = Reached.on.Time_Y.N ~ ., data = train, type = "C-classification", kernel = "radial", cost = 10,
    gamma = 0.1)


Parameters:
   SVM-Type:  C-classification
 SVM-Kernel:  radial
       cost:  10

Number of Support Vectors:  5329

> summary(model)
```

```
Call:
svm(formula = Reached.on.Time_Y.N ~ ., data = train, type = "C-classification", kernel = "radial", cost = 10,
    gamma = 0.1)


Parameters:
   SVM-Type:  C-classification
 SVM-Kernel:  radial
       cost:  10

Number of Support Vectors:  5329

 ( 2659 2670 )


Number of Classes:  2

Levels:
 0 1
```

(2) 모형 평가

① SVM 모형에 대한 예측의 정확도를 평가하기 위하여 다음과 같은 데이터 프레임(new)을 구성한다. 혼동행렬(confusionMatrix( ))로부터 예측의 정확도는 66.97%로 평가된다.

```
> new <- data.frame(actual=test$Reached.on.Time_Y.N)
> new$predict <- predict(model, test, decision.values=TRUE)
> head(new)
  actual predict
1      1       1
2      1       1
3      1       1
4      1       1
5      1       1
6      1       1


> table <- table(new$predict, new$actual)
> table

      0    1
  0  994  748
  1  342 1216
> confusionMatrix(new$predict, new$actual)
Confusion Matrix and Statistics

          Reference
Prediction   0    1
         0  994  748
         1  342 1216

               Accuracy : 0.6697
                 95% CI : (0.6534, 0.6857)
    No Information Rate : 0.5952
    P-Value [Acc > NIR] : < 2.2e-16

                  Kappa : 0.3463

 Mcnemar's Test P-Value : < 2.2e-16

            Sensitivity : 0.7440
            Specificity : 0.6191
         Pos Pred Value : 0.5706
         Neg Pred Value : 0.7805
             Prevalence : 0.4048
         Detection Rate : 0.3012
   Detection Prevalence : 0.5279
      Balanced Accuracy : 0.6816

       'Positive' Class : 0
```

② "pROC" 패키지를 이용하여 ROC 곡선을 작성한다. AUC는 ROC 곡선 아래 면적으로 svm( ) 함수를 이용하여 구축된 SVM 모형에 대한 판별 능력을 알 수 있다.

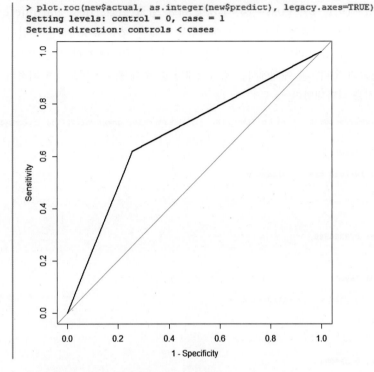

```
> plot.roc(new$actual, as.integer(new$predict), legacy.axes=TRUE)
Setting levels: control = 0, case = 1
Setting direction: controls < cases
```

```
> result <- roc(new$actual, as.integer(new$predict))
Setting levels: control = 0, case = 1
Setting direction: controls < cases
> result

Call:
roc.default(response = new$actual, predictor = as.integer(new$predict))

Data: as.integer(new$predict) in 1336 controls (new$actual 0) < 1964 cases (new$actual 1).
Area under the curve: 0.6816
> result$auc
Area under the curve: 0.6816
```

(3) 성능 개선

① tune.svm( ) 함수를 이용하여 SVM 모형의 성능 개선을 위한 최적의 파라미터(cost, gamma)를 구한다. gamma=(0.1, 2), cost=(5, 15)에 대한 검토 결과, best parameters는 cost=15, gamma=0.1이다. 훈련 데이터에서 데이터들이 많은 경우 튜닝과정은 시간이 다소 오래 걸리며, (gamma, cost) 파라미터에 대한 최적 값을 구하기 위하여 보다 많은 파라미터 값의 범위를 비교할 필요가 있다. 본 예제에서는 각각 2개의 값에 대해서만 비교하여 최적의 파라미터를 산출하는 과정을 나타내었다.

```
> svmtune <- tune.svm(factor(Reached.on.Time_Y.N) ~., data=train, gamma=c(.1, 2), cost=c(5,15))
> svmtune

Parameter tuning of 'svm':

- sampling method: 10-fold cross validation

- best parameters:
 gamma cost
   0.1   15

- best performance: 0.3280948

> summary(svmtune)

Parameter tuning of 'svm':

- sampling method: 10-fold cross validation

- best parameters:
 gamma cost
   0.1   15

- best performance: 0.3280948

- Detailed performance results:
  gamma cost      error dispersion
1   0.1    5 0.3327700 0.01233266
2   2.0    5 0.3404355 0.01349661
3   0.1   15 0.3280948 0.01208578
4   2.0   15 0.3419931 0.01576838
```

② cost=15, gamma=0.1 파라미터를 이용하여 SVM 모형을 새롭게 구축한다.

```
> model <- svm(Reached.on.Time_Y.N ~., train, type="C-classification", kernel="radial", cost=15, gamma=0.1)
> model

Call:
svm(formula = Reached.on.Time_Y.N ~ ., data = train, type = "C-classification", kernel = "radial",
    cost = 15, gamma = 0.1)


Parameters:
   SVM-Type:  C-classification
 SVM-Kernel:  radial
       cost:  15

Number of Support Vectors:  5307

> summary(model)

Call:
svm(formula = Reached.on.Time_Y.N ~ ., data = train, type = "C-classification", kernel = "radial",
    cost = 15, gamma = 0.1)


Parameters:
   SVM-Type:  C-classification
 SVM-Kernel:  radial
       cost:  15

Number of Support Vectors:  5307

 ( 2648 2659 )


Number of Classes:  2

Levels:
 0 1
```

③ 동일한 방법으로 (실젯값, 예측값)을 구하고 혼동행렬을 이용하여 정확도=67%로 성능이 약간 개선되었음을 알 수 있다.

```
> new <- data.frame(actual = test$Reached.on.Time_Y.N)
> new$predict <- predict(model, test, decision.values=TRUE)
> confusionMatrix(new$predict, new$actual)
Confusion Matrix and Statistics

          Reference
Prediction   0    1
         0  990  743
         1  346 1221

               Accuracy : 0.67
                 95% CI : (0.6537, 0.686)
    No Information Rate : 0.5952
    P-Value [Acc > NIR] : < 2.2e-16

                  Kappa : 0.3463

 Mcnemar's Test P-Value : < 2.2e-16

            Sensitivity : 0.7410
            Specificity : 0.6217
         Pos Pred Value : 0.5713
         Neg Pred Value : 0.7792
             Prevalence : 0.4048
         Detection Rate : 0.3000
   Detection Prevalence : 0.5252
      Balanced Accuracy : 0.6814

       'Positive' Class : 0
```

④ plot.roc( ), roc( )로 ROC 곡선과 AUC 값을 비교할수 있으며, AUC는 큰 변화가 없다.

```
> plot.roc(new$actual, as.integer(new$predict), legacy.axes=TRUE)
Setting levels: control = 0, case = 1
Setting direction: controls < cases
```

```
> result <- roc(new$actual, as.integer(new$predict))
Setting levels: control = 0, case = 1
Setting direction: controls < cases
> result

Call:
roc.default(response = new$actual, predictor = as.integer(new$predict))

Data: as.integer(new$predict) in 1336 controls (new$actual 0) < 1964 cases (new$actual 1).
Area under the curve: 0.6814
> result$auc
Area under the curve: 0.6814
```

4 베이지안 기법(단순 베이즈 분류 분석)

(1) 모형 구축

70%의 데이터를 훈련용 데이터(train)로, 나머지 30%를 검증용 데이터(test)로 분류 후, naiveBayes( )와 훈련 데이터(train)를 이용하여 단순 베이즈 분류 분석모형을 구축한다.

```
> id <- sample(1:nrow(data), as.integer(0.7*nrow(data)))
> train <- data[id,]
> test <- data[-id,]
>
> model <- naiveBayes(Reached.on.Time_Y.N ~., train)
> model

Naive Bayes Classifier for Discrete Predictors

Call:
naiveBayes.default(x = X, y = Y, laplace = laplace)

A-priori probabilities:
Y
        0         1
0.4055072 0.5944928

Conditional probabilities:
    Customer_care_calls
Y      [,1]      [,2]
  0 4.152146 1.180414
  1 3.989076 1.117785

    Customer_rating
Y      [,1]      [,2]
  0 2.957719 1.407448
  1 3.017916 1.412863

    Cost_of_the_Product
Y       [,1]      [,2]
  0 214.6294 47.96359
  1 207.0140 47.97309

    Weight_in_gms
Y      [,1]      [,2]
  0 4163.68 1583.951
  1 3246.29 1571.430

> summary(model)
          Length Class  Mode
apriori   2      table  numeric
tables    4      -none- list
levels    2      -none- character
isnumeric 4      -none- logical
call      4      -none- call
```

(2) 모형 평가

① (실젯값, 예측값)을 new 데이터 프레임으로 저장하고 혼동행렬을 이용하여 정확도(62.88%)를 평가한다.

```
> new <- data.frame(actual = test$Reached.on.Time_Y.N)
> new$predict <- predict(model, test)
> head(new)
  actual predict
1      1       1
2      1       1
3      1       1
4      1       1
5      1       1
6      1       1
> confusionMatrix(new$predict, new$actual)
Confusion Matrix and Statistics

          Reference
Prediction    0    1
         0  518  429
         1  796 1557

               Accuracy : 0.6288
                 95% CI : (0.612, 0.6453)
    No Information Rate : 0.6018
    P-Value [Acc > NIR] : 0.0007924

                  Kappa : 0.187

 Mcnemar's Test P-Value : < 2.2e-16

            Sensitivity : 0.3942
            Specificity : 0.7840
         Pos Pred Value : 0.5470
         Neg Pred Value : 0.6617
             Prevalence : 0.3982
         Detection Rate : 0.1570
   Detection Prevalence : 0.2870
      Balanced Accuracy : 0.5891

       'Positive' Class : 0
```

② (실젯값, 예측값)을 이용하여 ROC 곡선과 AUC 면적(=0.5891)을 구하면 다음과 같다.

```
> plot.roc(new$actual, as.integer(new$predict), legacy.axes=TRUE)
Setting levels: control = 0, case = 1
Setting direction: controls < cases
```

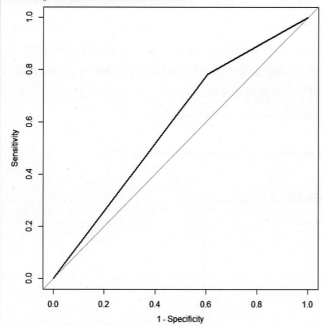

```
> result <- roc(new$actual, as.integer(new$predict))
Setting levels: control = 0, case = 1
Setting direction: controls < cases
> result

Call:
roc.default(response = new$actual, predictor = as.integer(new$predict))

Data: as.integer(new$predict) in 1314 controls (new$actual 0) < 1986 cases (new$actual 1).
Area under the curve: 0.5891
> result$auc
Area under the curve: 0.5891
```

(1) 배 깅

① 전체 데이터 중 70%를 훈련용(train), 나머지 30%를 검증용(test)으로 분류한다. "adabag" 패키지 설치 후, bagging( ) 함수를 이용하여 모형(bag)을 구축한다. mfinal은 10(배깅 반복 횟수, 사용 트리의 개수)으로 지정한다. 최종 분류기준값은 bag$tree[[10]]에 저장되며, plot( ), text( ) 함수를 이용하여 의사결정나무 구조를 표현한다.

```
> id <- sample(1:nrow(data), as.integer(0.7*nrow(data)))
> train <- data[id,]
> test <- data[-id,]
> bag <- bagging(Reached.on.Time_Y.N ~., train, mfinal=10)
> plot(bag$tree[[10]])
> text(bag$tree[[10]])
```

② 검증용 데이터(test)를 이용하여 구축된 모형의 (실젯값, 예측값)을 구하여 성능을 평가한다. 혼동행렬을 이용하기 위하여 new$predict를 요인변수로 변환하며, 평가결과 배깅 모형의 정확도는 66.61%이다.

```
> new <- data.frame(actual=test$Reached.on.Time_Y.N)
> predict <- predict(bag, test)
> new$predict <- predict$class
> head(new)
  actual predict
1      1       1
2      1       1
3      1       1
4      1       1
5      1       1
6      1       1
```

```
> new$predict <- as.factor(new$predict)
> str(new)
'data.frame':   3300 obs. of  2 variables:
 $ actual : Factor w/ 2 levels "0","1": 2 2 2 2 2 2 2 2 2 2 ...
 $ predict: Factor w/ 2 levels "0","1": 2 2 2 2 2 2 2 2 2 2 ...
> confusionMatrix(new$predict, new$actual)
Confusion Matrix and Statistics

          Reference
Prediction    0    1
         0 1244 1083
         1   19  954

               Accuracy : 0.6661
                 95% CI : (0.6497, 0.6822)
    No Information Rate : 0.6173
    P-Value [Acc > NIR] : 3.336e-09

                  Kappa : 0.3908

 Mcnemar's Test P-Value : < 2.2e-16

            Sensitivity : 0.9850
            Specificity : 0.4683
         Pos Pred Value : 0.5346
         Neg Pred Value : 0.9805
             Prevalence : 0.3827
         Detection Rate : 0.3770
   Detection Prevalence : 0.7052
      Balanced Accuracy : 0.7266

       'Positive' Class : 0
```

③ ROC 곡선과 ACU 값을 구하면 다음과 같다. AUC=0.7266으로 분석모형의 성능이 양호하다.

```
> plot.roc(new$actual, as.integer(new$predict), legacy.axes=TRUE)
Setting levels: control = 0, case = 1
Setting direction: controls < cases
```

```
> result <- roc(new$actual, as.integer(new$predict))
Setting levels: control = 0, case = 1
Setting direction: controls < cases
> result

Call:
roc.default(response = new$actual, predictor = as.integer(new$predict))

Data: as.integer(new$predict) in 1263 controls (new$actual 0) < 2037 cases (new$actual 1)
Area under the curve: 0.7266
> result$auc
Area under the curve: 0.7266
```

④ 배깅 반복 횟수(사용 트리의 개수)를 100으로 증가시키는 경우(mfinal=100) 수행결과는 다음
과 같으며, 성능이 크게 변하지 않음을 확인할 수 있다.

```
> bag <- bagging(Reached.on.Time_Y.N ~., train, mfinal=100)
> new <- data.frame(actual=test$Reached.on.Time_Y.N)
> new$predict <- as.factor(predict(bag, test)$class)
> confusionMatrix(new$predict, new$actual)
Confusion Matrix and Statistics

          Reference
Prediction    0    1
         0 1246 1087
         1   17  950

               Accuracy : 0.6655
                 95% CI : (0.6491, 0.6816)
    No Information Rate : 0.6173
    P-Value [Acc > NIR] : 5.142e-09

                  Kappa : 0.3901

 Mcnemar's Test P-Value : < 2.2e-16

            Sensitivity : 0.9865
            Specificity : 0.4664
         Pos Pred Value : 0.5341
         Neg Pred Value : 0.9824
             Prevalence : 0.3827
         Detection Rate : 0.3776
   Detection Prevalence : 0.7070
      Balanced Accuracy : 0.7265

       'Positive' Class : 0

> roc(new$actual, as.integer(new$predict))$auc
Setting levels: control = 0, case = 1
Setting direction: controls < cases
Area under the curve: 0.7265
```

(2) 부스팅

① boosting( ) 함수를 이용하여 모형을 구축(bst, AdaBoosting 알고리즘 적용)하면 다음과 같다. 부스팅 반복횟수를 100으로 지정(mfinal=100)하고 plot( ), text( )로 의사결정나무 구조 (Weight_in_gms가 3994 이상인 경우를 기준으로 분류)를 확인한다.

```
> bst <- boosting(Reached.on.Time_Y.N ~., train, boos=TRUE, mfinal=100)
> plot(bst$trees[[10]])
> text(bst$trees[[10]])
```

② 비교적 간단한 구조로 제시된 부스팅 모형의 성능은 정확도=67.21%, AUC=0.7177이다.

```
> new <- data.frame(actual=test$Reached.on.Time_Y.N)
> new$predict <- as.factor(predict(bst, test)$class)
> confusionMatrix(new$predict, new$actual)
Confusion Matrix and Statistics

          Reference
Prediction    0    1
         0 1152  971
         1  111 1066

               Accuracy : 0.6721
                 95% CI : (0.6558, 0.6881)
    No Information Rate : 0.6173
    P-Value [Acc > NIR] : 3.287e-11

                  Kappa : 0.3856

 Mcnemar's Test P-Value : < 2.2e-16

            Sensitivity : 0.9121
            Specificity : 0.5233
         Pos Pred Value : 0.5426
         Neg Pred Value : 0.9057
             Prevalence : 0.3827
         Detection Rate : 0.3491
   Detection Prevalence : 0.6433
      Balanced Accuracy : 0.7177

       'Positive' Class : 0

> roc(new$actual, as.integer(new$predict))$auc
Setting levels: control = 0, case = 1
Setting direction: controls < cases
Area under the curve: 0.7177
```

③ "ada" 패키지 설치 후, ada( ) 함수를 이용한 결과(Ada 부스팅 알고리즘 적용)는 다음과 같다. 정확도는 66.15%, AUC는 0.7013이다.

```
> adabst <- ada(Reached.on.Time_Y.N ~., train, iter=20, nu=1, type="discrete")
> new <- data.frame(actual = test$Reached.on.Time_Y.N)
> new$predict <- predict(adabst, test)
> confusionMatrix(new$predict, new$actual)
Confusion Matrix and Statistics

          Reference
Prediction    0    1
         0 1100  954
         1  163 1083

               Accuracy : 0.6615
                 95% CI : (0.6451, 0.6777)
    No Information Rate : 0.6173
    P-Value [Acc > NIR] : 7.525e-08

                  Kappa : 0.3598

 Mcnemar's Test P-Value : < 2.2e-16

            Sensitivity : 0.8709
            Specificity : 0.5317
         Pos Pred Value : 0.5355
         Neg Pred Value : 0.8692
             Prevalence : 0.3827
         Detection Rate : 0.3333
   Detection Prevalence : 0.6224
      Balanced Accuracy : 0.7013

       'Positive' Class : 0

> roc(new$actual, as.integer(new$predict))$auc
Setting levels: control = 0, case = 1
Setting direction: controls < cases
Area under the curve: 0.7013
```

(3) 랜덤포레스트

① 랜덤포레스트 모형을 구축하기 위해 "randomForest" 패키지를 이용한다. 훈련용(70%, train)과 검증용(30%, test) 데이터로 분류하고, randomForest( ) 함수로 랜덤포레스트 모형을 구축(rfmodel)한다. 트리의 수(ntree)=100, proximity=TRUE(객체들 간의 근접도 행렬 제공, 동일한 최종 노드에 포함되는 빈도에 기초)로 지정한다. plot( ) 함수를 이용하여 트리의 수(ntree)에 따른 종속변수(Reached.on.Time_Y.N)의 오분류율(범주별 및 전체 오류율 시각화)을 확인한다.

```
> id <- sample(1:nrow(data), as.integer(0.7*nrow(data)))
> train <- data[id,]
> test <- data[-id,]
> rfmodel <- randomForest(Reached.on.Time_Y.N ~., train, ntree=100, proximity=TRUE)
```

```
> rfmodel

Call:
 randomForest(formula = Reached.on.Time_Y.N ~ ., data = train,      ntree = 100, proximity = TRUE$
                Type of random forest: classification
                      Number of trees: 100
No. of variables tried at each split: 2

        OOB estimate of  error rate: 34.11%
Confusion matrix:
     0    1 class.error
0 2038 1082   0.3467949
1 1544 3035   0.3371915

> plot(rfmodel)
```

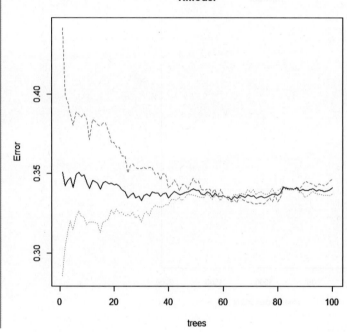

② 종속변수에 영향을 미치는 정도를 알아보기 위해 importance( ), varImpPlot( ) 함수를 이용한
  다. Weight_in_gms, Cost_of_the_Product 항목이 다른 변수와 비교하여 종속변수에 미치는
  중요도가 높음을 알 수 있다. plot( ), margin( ) 결과로부터 분류의 정확도(양의 마진은 정확한
  분류, 음의 마진은 잘못 분류된 결과)를 확인한다.

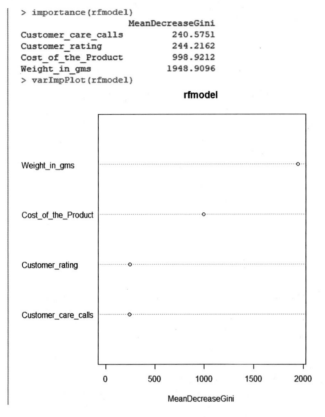

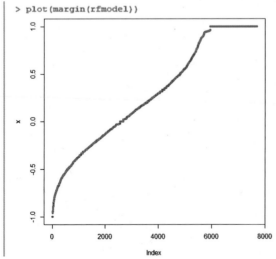

③ 검증용 데이터(test)를 이용한 랜덤포레스트 모형의 성능은 정확도=65.33%, AUC=0.6592이다.

```
> new <- data.frame(actual = test$Reached.on.Time_Y.N)
> new$predict <- predict(rfmodel, test)
> confusionMatrix(new$predict, new$actual)
Confusion Matrix and Statistics

          Reference
Prediction    0    1
         0  906  734
         1  410 1250

               Accuracy : 0.6533
                 95% CI : (0.6368, 0.6696)
    No Information Rate : 0.6012
    P-Value [Acc > NIR] : 3.944e-10

                  Kappa : 0.3058

 Mcnemar's Test P-Value : < 2.2e-16

            Sensitivity : 0.6884
            Specificity : 0.6300
         Pos Pred Value : 0.5524
         Neg Pred Value : 0.7530
             Prevalence : 0.3988
         Detection Rate : 0.2745
   Detection Prevalence : 0.4970
      Balanced Accuracy : 0.6592

       'Positive' Class : 0

> roc(new$actual, as.integer(new$predict))$auc
Setting levels: control = 0, case = 1
Setting direction: controls < cases
Area under the curve: 0.6592
```

④ "caret" 패키지에서 제공되는 train( ) 함수를 이용하여 구축된 랜덤포레스트 모형의 성능분석결과는 다음과 같다. 여기서 method="rf"(랜덤포레스트), trControl=trainControl( )는 5-fold : (cv:cross-validation), prox : 객체들 간의 근접도 행렬 제공(proximity), allowParallel : 병렬처리 지정을 의미한다. plot( )으로 훈련용 데이터에 대한 모형의 정확도를 그래프로 확인할 수 있으며, 검증용 데이터에 대한 모형 검증 결과 정확도=65.27%, AUC=0.6582이다.

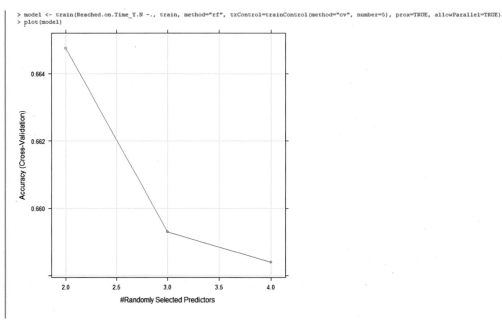

```
> model <- train(Reached.on.Time_Y.N ~., train, method="rf", trControl=trainControl(method="cv", number=5), prox=TRUE, allowParallel=TRUE)
> plot(model)
```

```
> new <- data.frame(actual = test$Reached.on.Time_Y.N)
> new$predict <- predict(model, test)
> confusionMatrix(new$predict, new$actual)
Confusion Matrix and Statistics

          Reference
Prediction    0    1
         0  902  732
         1  414 1252

               Accuracy : 0.6527
                 95% CI : (0.6362, 0.669)
    No Information Rate : 0.6012
    P-Value [Acc > NIR] : 6.208e-10

                  Kappa : 0.3041

 Mcnemar's Test P-Value : < 2.2e-16

            Sensitivity : 0.6854
            Specificity : 0.6310
         Pos Pred Value : 0.5520
         Neg Pred Value : 0.7515
             Prevalence : 0.3988
         Detection Rate : 0.2733
   Detection Prevalence : 0.4952
      Balanced Accuracy : 0.6582

       'Positive' Class : 0

> roc(new$actual, as.integer(new$predict))$auc
Setting levels: control = 0, case = 1
Setting direction: controls < cases
Area under the curve: 0.6582
```

⑤ "party" 패키지에서 제공되는 cforest( ) 함수를 이용한 랜덤포레스트 모형의 성능 분석결과는 다음과 같다. 분석결과, 정확도=65.85%, AUC=0.675이며, plot( ) 함수를 이용하여 각각의 범주에 대해 예측한 값의 수를 확인한다.

```
> model <- cforest(Reached.on.Time_Y.N~., train)
> predict <- predict(model, newdata=test, OOB=TRUE, type="response")
> new <- data.frame(actual = test$Reached.on.Time_Y.N)
> new$predict <- predict
> confusionMatrix(new$predict, new$actual)
Confusion Matrix and Statistics

          Reference
Prediction    0    1
         0  996  807
         1  320 1177

               Accuracy : 0.6585
                 95% CI : (0.642, 0.6747)
    No Information Rate : 0.6012
    P-Value [Acc > NIR] : 6.754e-12

                  Kappa : 0.3296

 Mcnemar's Test P-Value : < 2.2e-16

            Sensitivity : 0.7568
            Specificity : 0.5932
         Pos Pred Value : 0.5524
         Neg Pred Value : 0.7862
             Prevalence : 0.3988
         Detection Rate : 0.3018
   Detection Prevalence : 0.5464
      Balanced Accuracy : 0.6750

       'Positive' Class : 0

> roc(new$actual, as.integer(new$predict))$auc
Setting levels: control = 0, case = 1
Setting direction: controls < cases
Area under the curve: 0.675

> plot(predict)
```

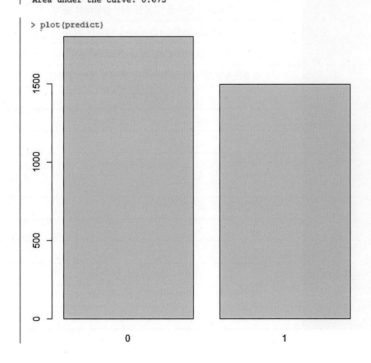

제2장 예측 분석모형 평가

1 평가 지표

(1) 종속변수(반응변수)가 연속형인 경우 변수에 대한 예측값의 정확도[실젯값(참값)과의 차이]를 평가하기 위하여 다양한 성능평가 지표(평균오차, 표준오차, 평균 절대오차 등)를 이용한다.

(2) 대표적인 예측 데이터 분석모형으로서 회귀 분석, 의사결정나무, 인공신경망 분석모형에 대한 성능평가 지표를 구해 비교한다.

(3) 연속형 변수의 예측값에 대한 데이터 분석모형의 성능을 평가하기 위해 다음 패키지를 이용한다.

install.packages("forecast")	#예측분석의 성능평가 지표 계산(accuracy( ))
install.packages("psych")	#기술통계량 분석(describe( ))
install.packages("party")	#연속형 변수 예측을 위한 의사결정나무 분석
install.packages("rpart")	#rpart( ) 함수를 이용한 의사결정나무 분석
install.packages("rpart.plot")	#rpart.plot( ) 시각화(의사결정나무 분석결과)
install.packages("tree")	#tree( ) 함수를 이용한 의사결정나무 분석
install.packages("mlbench")	#PimaIndiansDiabetes 데이터 활용
install.packages("caret")	#혼동행렬(Confusion Matrix) 분석
install.packages("neuralnet")	#연속형 변수의 예측분석을 위한 인공신경망 분석
install.packages("pROC")	#ROC 곡선
library(forecast)	–
library(psych)	–
library(party)	–
library(rpart)	–
library(rpart.plot)	–
library(tree)	–
library(mlbench)	–
library(caret)	–
library(neuralnet)	–
library(pROC)	–

(4) 회귀 분석을 포함하여 여러 가지 데이터 분석모형[n개의 데이터, 참값(실젯값) y_i에 대한 예측값 $\widehat{y_i}$, 오차 $e_i = y_i - \widehat{y_i}$]의 성능을 평가하기 위하여 다양한 평가 지표들이 활용된다.

〈예측 모형의 성능평가 지표〉

구 분	성능평가 지표
평균 예측 오차 ME(Mean of Errors)	• 예측오차의 산술 평균 • $ME = \dfrac{\sum_{i=1}^{n}(y_i - \widehat{y_i})}{n}$
표준오차 RMSE(Root Mean of Squared Errors)	• 평균제곱오차(MSE) : 오차를 제곱하여 n으로 나눈 값 • $MSE = \dfrac{\sum_{i=1}^{n}(y_i - \widehat{y_i})^2}{n}$ • 평균제곱오차를 제곱근하여 구함 • $RMSE = \sqrt{MSE} = \sqrt{\dfrac{\sum_{i=1}^{n}(y_i - \widehat{y_i})^2}{n}}$
평균 절대오차 MAE(Mean of Absolute Errors)	• 오차의 절댓값에 대한 평균 • $MAE = \dfrac{\sum_{i=1}^{n}\lvert y_i - \widehat{y_i} \rvert}{n}$
평균 백분오차 비율 MPE(Mean of Percentage Errors)	• 상대적 의미의 오차 크기에 대한 평균 • $MPE = \dfrac{1}{n}\sum_{i=1}^{n}\dfrac{y_i - \widehat{y_i}}{y_i}$
평균 절대 백분오차 비율 MAPE(Mean of Absolute Percentage Errors)	• 예측오차에 절댓값 • 상대적 오차 크기에 대한 절댓값의 평균 • $MAPE = \dfrac{1}{n}\sum_{i=1}^{n}\left\lvert \dfrac{y_i - \widehat{y_i}}{y_i} \right\rvert$
평균 절대 척도 비율 MASE(Mean of Absolute Scaled Errors)	• 데이터를 척도화한 기준값 • 기준값들에 대한 예측오차의 절댓값 평균 • 오차(예측값과 실젯값의 차이)를 평소에 움직이는 평균 변동폭으로 나눈 값 • $MASE = \dfrac{1}{n}\sum_{i=1}^{n}\dfrac{\lvert e_i \rvert}{\dfrac{1}{n-1}\sum_{i=2}^{n}\lvert y_i - y_{i-1}\rvert} = \dfrac{\sum_{i=1}^{n}\lvert y_i - \widehat{y_i}\rvert}{\dfrac{n}{n-1}\sum_{i=2}^{n}\lvert y_i - y_{i-1}\rvert}$

(5) mtcars 데이터(1974년 Motor Trend US Magazine에 기록)는 아래와 같이 32개 자동차 모델에 대한 디자인과 성능 관련 자료이다. 연속형 종속변수인 연비(mpg)를 예측하기 위한 데이터 분석모형을 구축하고 성능을 분석한다.

```
> head(mtcars)
                   mpg cyl disp  hp drat    wt  qsec vs am gear carb
Mazda RX4         21.0   6  160 110 3.90 2.620 16.46  0  1    4    4
Mazda RX4 Wag     21.0   6  160 110 3.90 2.875 17.02  0  1    4    4
Datsun 710        22.8   4  108  93 3.85 2.320 18.61  1  1    4    1
Hornet 4 Drive    21.4   6  258 110 3.08 3.215 19.44  1  0    3    1
Hornet Sportabout 18.7   8  360 175 3.15 3.440 17.02  0  0    3    2
Valiant           18.1   6  225 105 2.76 3.460 20.22  1  0    3    1
> describe(mtcars)
     vars  n   mean     sd median trimmed    mad   min    max  range  skew kurtosis
mpg     1 32  20.09   6.03  19.20   19.70   5.41 10.40  33.90  23.50  0.61    -0.37
cyl     2 32   6.19   1.79   6.00    6.23   2.97  4.00   8.00   4.00 -0.17    -1.76
disp    3 32 230.72 123.94 196.30  222.52 140.48 71.10 472.00 400.90  0.38    -1.21
hp      4 32 146.69  68.56 123.00  141.19  77.10 52.00 335.00 283.00  0.73    -0.14
drat    5 32   3.60   0.53   3.70    3.58   0.70  2.76   4.93   2.17  0.27    -0.71
wt      6 32   3.22   0.98   3.33    3.15   0.77  1.51   5.42   3.91  0.42    -0.02
qsec    7 32  17.85   1.79  17.71   17.83   1.42 14.50  22.90   8.40  0.37     0.34
vs      8 32   0.44   0.50   0.00    0.42   0.00  0.00   1.00   1.00  0.24    -2.00
am      9 32   0.41   0.50   0.00    0.38   0.00  0.00   1.00   1.00  0.36    -1.92
gear   10 32   3.69   0.74   4.00    3.62   1.48  3.00   5.00   2.00  0.53    -1.07
carb   11 32   2.81   1.62   2.00    2.65   1.48  1.00   8.00   7.00  1.05     1.26
         se
mpg    1.07
cyl    0.32
disp  21.91
hp    12.12
drat   0.09
wt     0.17
qsec   0.32
vs     0.09
am     0.09
gear   0.13
carb   0.29
```

mpg	Miles/(US) gallon	연비
cyl	Number of cylinders	엔진의 기통수
disp	Displacement (cu.in.)	배기량 (cc, 변위)
hp	Gross horsepower	마력
drat	Rear axle ratio	뒤차축비
wt	Weight (1000 lbs)	무게
qsec	1/4 mile time	1/4mile 도달시간
vs	V/S	V engine / Straight engine
am	Transmission (0 = automatic, 1 = manual)	변속기어
gear	Number of forward gears	전진기어 갯수
carb	Number of carburetors	기화기 갯수

2 회귀 분석

(1) 다중 회귀 분석을 수행하기 위해 lm( ) 함수를 이용한다. 연비(mpg)에 영향을 미치는 주요 항목으로 (disp, hp, drat, wt, qsec)＝(배기량, 마력, 뒤 차축비, 무게, 1/4마일 도달시간)를 선정하고 이에 대한 회귀모형식을 구축하면 다음과 같다.

```
> model <- lm(mpg ~ disp+hp+drat+wt+qsec, mtcars)
> summary(model)

Call:
lm(formula = mpg ~ disp + hp + drat + wt + qsec, data = mtcars)

Residuals:
    Min      1Q  Median      3Q     Max
-3.5404 -1.6701 -0.4264  1.1320  5.4996

Coefficients:
            Estimate Std. Error t value Pr(>|t|)
(Intercept) 16.53357   10.96423   1.508  0.14362
disp         0.00872    0.01119   0.779  0.44281
hp          -0.02060    0.01528  -1.348  0.18936
drat         2.01578    1.30946   1.539  0.13579
wt          -4.38546    1.24343  -3.527  0.00158 **
qsec         0.64015    0.45934   1.394  0.17523
---
Signif. codes:  0 '***' 0.001 '**' 0.01 '*' 0.05 '.' 0.1 ' ' 1

Residual standard error: 2.558 on 26 degrees of freedom
Multiple R-squared:  0.8489,    Adjusted R-squared:  0.8199
F-statistic: 29.22 on 5 and 26 DF,  p-value: 6.892e-10
```

회귀모형식

$$\beta_0 = 16.53357$$
$$mpg = 16.53357 + 0.00872disp - 0.02060hp + 2.01578drat - 4.38546wt + 0.64015qsec$$

(2) 회귀모형식을 이용하여 독립변수에 대한 예측값(new$predict)과 실젯값(mtcars$mpg)을 비교하면 다음과 같다. "forecast" 패키지에서 제공하는 accuracy( ) 함수를 이용하여 예측모형(단순 회귀 분석모형)의 성능을 평가하기 위한 5개의 성능지표 값(ME, RMSE, MAE, MPE, MAPE)을 확인한다. cor( )로 두 값(실젯값, 예측값) 사이의 상관관계 값(0.9213657)을 통해 모형의 적절성을 확인하며, 이 값은 1에 가까울수록 분석모형의 성능이 우수함을 뜻한다.

```
> new <- data.frame(actual = mtcars$mpg)
> new$predict <- 16.53357+0.00872*mtcars$disp-0.0206*mtcars$hp+2.01578*mtcars$drat-4.38546*mtcars$wt+0.64015*mtcars$qsec
> new
   actual   predict
1    21.0  22.571276
2    21.0  21.811467
3    22.8  25.059207
4    21.4  21.071195
5    18.7  18.226848
6    18.1  19.666264
7    14.3  15.580308
8    24.4  22.787205
9    22.8  24.551440
10   19.2  19.991862
11   17.8  20.375952
12   16.4  14.708778
13   17.3  16.327865
14   15.2  16.364652
15   10.4  10.818877
16   10.4   9.783848
17   14.7   9.854469
18   32.4  26.900325
```

```
19   30.4 30.833329
20   33.9 29.012819
21   21.5 25.040271
22   15.5 17.142594
23   15.2 18.454697
24   13.3 15.081974
25   19.2 16.677636
26   27.3 27.700202
27   26.0 25.943512
28   30.4 26.817867
29   15.8 18.042748
30   19.7 19.264694
31   15.0 13.083249
32   21.4 23.343357

> accuracy(new$actual, new$predict)
                   ME      RMSE      MAE       MPE      MAPE
Test set -0.0002878662 2.305761 1.839693 -0.6147432 9.826083
> cor(new$actual, new$predict)
[1] 0.9213657
```

(3) 실젯값(new$actual)과 회귀 분석모형을 이용한 예측값(new$predict) 사이의 관계를 시각화하여
나타내면 다음과 같다.

```
> plot(new$actual, new$predict)
> abline(lm(new$predict~new$actual))
```

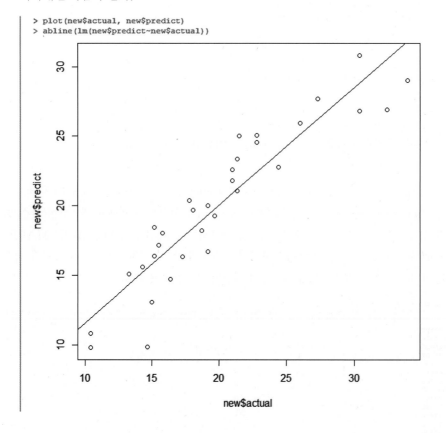

3 의사결정나무

(1) 의사결정나무를 이용한 예측모형을 구축하기 위해 "party" 패키지에서 제공하는 ctree( ) 함수를 이용한다. mtcars 데이터(총 32개)에서 70%를 훈련용 데이터(22개), 30%를 검증용 데이터(10개)로 분류하고, 훈련용 데이터를 이용하여 의사결정나무 모형(model)을 구축한다. 의사결정나무 분석결과의 시각화를 위하여 plot( )을 이용하며, disp(배기량) 기준(258이하 및 초과) 그리고 이후 분류결과에 대한 Box-plot 결과를 확인한다.

```
> id <- sample(1:nrow(mtcars), as.integer(0.7*nrow(mtcars)))
> train <- mtcars[id,]
> test <- mtcars[-id,]
>
> model <- ctree(mpg ~ disp+hp+drat+wt+qsec, train)
> summary(model)
    Length      Class      Mode
         1 BinaryTree         S4
> str(model)
Formal class 'BinaryTree' [package "party"] with 10 slots
  ..@ data              :Formal class 'ModelEnvFormula' [package "modeltools"] with 5 slots
  .. .. ..@ env    :<environment: 0x00000000340d41c0>
  .. .. ..@ get    :function (which, data = NULL, frame = parent.frame(), envir = MEF@env)
  .. .. ..@ set    :function (which = NULL, data = NULL, frame = parent.frame(), envir = MEF@env)
  .. .. ..@ hooks  : list()
  .. .. ..@ formula:List of 2
  .. .. .. ..$ response: language ~mpg
  .. .. .. ..$ input   : language ~disp + hp + drat + wt + qsec
  ..@ responses          :Formal class 'ResponseFrame' [package "party"] with 14 slots
  .. .. ..@ test_trafo    : num [1:22, 1] 10.4 21.4 17.3 15.8 22.8 30.4 16.4 21 21.4 15 ...
  .. .. .. ..- attr(*, "dimnames")=List of 2
  .. .. .. .. ..$ : NULL
  .. .. .. .. ..$ : chr "V1"
  .. .. ..@ predict_trafo : num [1:22, 1] 10.4 21.4 17.3 15.8 22.8 30.4 16.4 21 21.4 15 ...
  .. .. .. ..- attr(*, "dimnames")=List of 2
  .. .. .. .. ..$ : NULL
> model

            Conditional inference tree with 2 terminal nodes

Response:  mpg
Inputs:  disp, hp, drat, wt, qsec
Number of observations:  22

1) disp <= 258; criterion = 1, statistic = 17.562
  2)*  weights = 12
1) disp > 258
  3)*  weights = 10
```

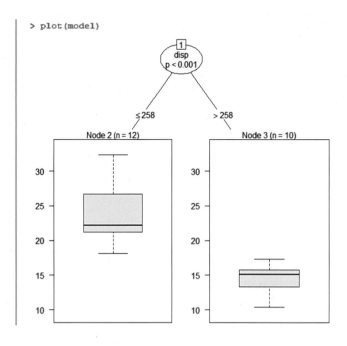

```
> plot(model)
```

Node 2 (n = 12)   Node 3 (n = 10)

(2) 의사결정나무 분석모형의 성능을 평가하기 위하여 검증용 데이터의 참값(test$mpg)과 예측값 (new$predict)을 비교하면 다음과 같다. cor( ) 결과, 상관관계 값이 작아 모형의 예측 정확도가 낮은 것으로 평가된다. accuracy( ) 함수를 이용한 주요 성능지표를 보면, RMSE는 5.04로 다소 높은 값을 보이며, plot( ) 함수를 이용한 시각화 결과에서도 참값(new$actual)과 예측값 (new$predict) 사이의 차이가 확인된다.

```
> new <- data.frame(actual = test$mpg)
> new$predict <- predict(model, test)
> new
   actual      mpg
1    21.0 23.86667
2    22.8 23.86667
3    18.7 14.36000
4    19.2 23.86667
5    17.8 23.86667
6    15.2 14.36000
7    14.7 14.36000
8    30.4 23.86667
9    33.9 23.86667
10   19.2 14.36000
> sum(new$actual-new$predict)
[1] 12.26
> sum(abs(new$actual-new$predict))
[1] 41.59333
>
> cor(new$actual, new$predict)
          mpg
[1,] 0.5968415
>
> accuracy(new$actual, new$predict)
               ME     RMSE      MAE       MPE     MAPE
Test set -1.226 5.043534 4.159333 -8.010574 20.30108
```

```
> plot(new$actual, new$predict)
> abline(lm(new$predict~new$actual))
```

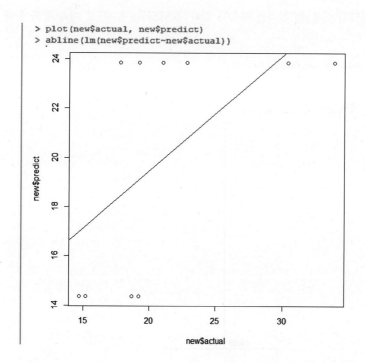

(3) 의사결정나무 분석 기법 중 하나인 "rpart"와 "rpart.plot" 패키지를 이용(rpart( ) 함수 이용)한 분석결과는 다음과 같다. ctree( ) 함수를 이용한 예측 결과와 동일함을 알 수 있다.

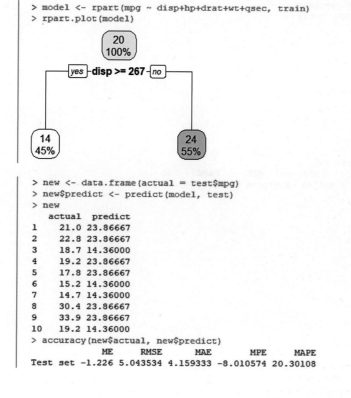

(4) tree( ) 함수를 이용("tree" 패키지 이용)한 결과는 다음과 같다. RMSE는 4.077로 예측 결과에 대한 성능이 다소 개선된다.

```
> model <- tree(mpg ~ disp+hp+drat+wt+qsec, train)
> plot(model)
> text(model)
```

```
> new <- data.frame(actual = test$mpg)
> new$predict <- predict(model, test)
> new
   actual  predict
1    21.0 21.25714
2    22.8 27.52000
3    18.7 12.84000
4    19.2 21.25714
5    17.8 21.25714
6    15.2 15.88000
7    14.7 12.84000
8    30.4 27.52000
9    33.9 27.52000
10   19.2 12.84000
> accuracy(new$actual,new$predict)
                 ME     RMSE      MAE       MPE     MAPE
Test set -1.216857 4.077232 3.451143 -9.472176 19.18894
```

(1) 연비(mpg)를 예측하기 위해 (disp, hp, drat, wt, qsec) 항목을 이용하며, 70%의 훈련 데이터(22 개)와 30%의 검증 데이터(10개)로 분류한다. 항목별로 최소−최대 데이터 변환(Min−Max Normalization)을 통해 데이터를 정규화하고 neuralnet 패키지에서 제공하는 neuralnet( ) 함수(은닉층의 수=1)를 이용하여 모형(model)을 구축한다. plot( )으로 구축 모형을 시각화하여 표현하며, $Error = \sum (y_i - \hat{y_i})^2$로서 훈련용 데이터에 대한 (실젯값−예측값)^{2}의 합(Sum of Squared Error, SSE)이다. 그리고 Steps는 에러함수의 모든 절대 편미분이 임곗값(보통 0.01)보다 작게 될 때까지의 훈련 과정의 수이다.

```
> id <- sample(1:nrow(mtcars), as.integer(0.7*nrow(mtcars)))
> train <- mtcars[id,]
> test <- mtcars[-id,]
>
> normalize <- function (x) {
+ return ((x-min(x))/(max(x)-min(x)))
+ }
>
> norm_train <- as.data.frame(lapply(train, normalize))
> norm_test <- as.data.frame(lapply(test, normalize))
> norm_train$mpg <- train$mpg
>
> model <- neuralnet(mpg ~ disp+hp+drat+wt+qsec, norm_train)
```

```
> plot(model)
```

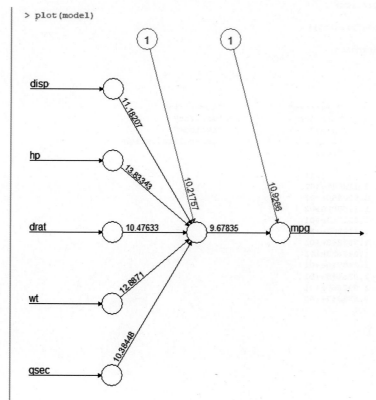

Error: 312.384775   Steps: 112

(2) 은닉층의 수가 1개인 경우 검증용 데이터(test)를 이용하여 실젯값(참값, new$actual)과 예측값 (new$predict)을 비교하면 다음과 같다. 10개의 검증용 데이터들에 대하여 예측값을 모두 20.60495로 제시하고 있다. "forecast" 패키지 설치 후, accuracy( ) 함수를 이용하여 성능평가 지표를 확인하며, cor( )로 (실젯값, 예측값) 사이의 상관관계(1에 가까울수록 예측의 정확도가 높음)를 확인한다. 구축 모형에 대한 주요 결과들은 names( )를 통해 알 수 있고 훈련 데이터를 이용한 학습과정 중 계산된 주요한 결과들은 $result.matrix를 통해 제공된다.

```
> new <- data.frame(actual = test$mpg)
> new$predict <- compute(model, norm_test[-length(norm_test)])$net.result
> new
   actual  predict
1    18.1 20.60495
2    17.8 20.60495
3    17.3 20.60495
4    10.4 20.60495
5    10.4 20.60495
6    33.9 20.60495
7    13.3 20.60495
8    27.3 20.60495
9    19.7 20.60495
10   21.4 20.60495

> accuracy(new$actual, new$predict)
                ME     RMSE      MAE      MPE     MAPE
Test set 1.644945 7.139625 5.801978 7.983256 28.15818
>
> sum(new$actual-new$predict)
[1] -16.44945
> sum(abs(new$actual-new$predict))
[1] 58.01978
> cor(new$actual, new$predict)
          [,1]
[1,] -0.467118

> names(model)
 [1] "call"              "response"        "covariate"
 [4] "model.list"        "err.fct"         "act.fct"
 [7] "linear.output"     "data"            "exclude"
[10] "net.result"        "weights"         "generalized.weights"
[13] "startweights"      "result.matrix"
> model$result.matrix
                          [,1]
error                3.123848e+02
reached.threshold    8.800359e-03
steps                1.120000e+02
Intercept.to.1layhid1 1.021757e+01
disp.to.1layhid1     1.118207e+01
hp.to.1layhid1       1.383343e+01
drat.to.1layhid1     1.047633e+01
wt.to.1layhid1       1.288710e+01
qsec.to.1layhid1     1.038448e+01
Intercept.to.mpg     1.092660e+01
1layhid1.to.mpg      9.678347e+00
```

(3) 인공신경망의 성능을 개선하기 위하여 은닉층의 수를 (3, 3)으로 구성한 모형의 성능은 다음과 같다. 훈련 과정 중 Error의 값이 감소하고 검증용 데이터에 대해서도 성능지표가 개선(예를 들어 RMSE의 값이 7.14에서 4.1로 감소)되었음을 확인할 수 있다.

```
> model <- neuralnet(mpg ~ disp+hp+drat+wt+qsec, norm_train, hidden=c(3,3))
>
> new <- data.frame(actual = test$mpg)
> new$predict <- compute(model, norm_test[-length(norm_test)])$net.result
> new
   actual  predict
1    18.1 15.74220
2    17.8 19.55140
3    17.3 13.83574
4    10.4 15.54403
5    10.4 15.92595
6    33.9 31.40352
7    13.3 10.93223
8    27.3 31.40352
9    19.7 11.87359
10   21.4 20.52530
> accuracy(new$actual, new$predict)
                  ME     RMSE      MAE      MPE     MAPE
Test set -0.2862521 4.102686 3.591233 -4.998434 22.96165
```

```
> plot(model)
```

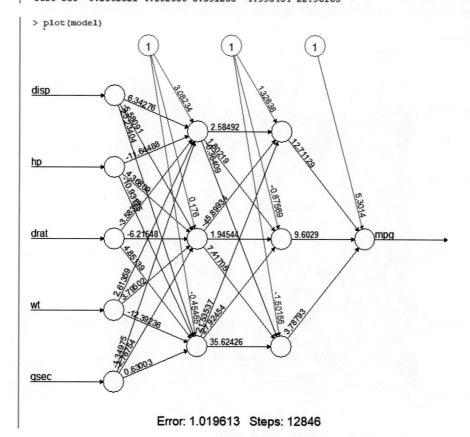

Error: 1.019613   Steps: 12846

(4) 은닉층의 수가 (4, 4)로 구성된 모형에 대한 결과는 다음과 같다. 훈련용 데이터에 대한 Error는 감소되었지만, 검증용 데이터에 대한 성능은 크게 개선되지 않음을 알 수 있다. 따라서 주어진 데이터에 대하여 경험적 과정을 거쳐 최적(혹은 바람직한)의 은닉층 수를 찾는 일이 사전에 이루어져야 한다.

```
> model <- neuralnet(mpg ~ disp+hp+drat+wt+qsec, norm_train, hidden=c(4,4))
>
> new <- data.frame(actual = test$mpg)
> new$predict <- compute(model, norm_test[-length(norm_test)])$net.result
>
> new
   actual predict
1    18.1 14.79140
2    17.8 18.68857
3    17.3 11.13220
4    10.4 13.43464
5    10.4 13.44677
6    33.9 31.40216
7    13.3 15.51876
8    27.3 31.40216
9    19.7 11.00295
10   21.4 22.92109
> accuracy(new$actual, new$predict)
                  ME      RMSE      MAE       MPE      MAPE
Test set -0.5859308 4.173875 3.548328 -8.077324 24.87684

> plot(model)
```

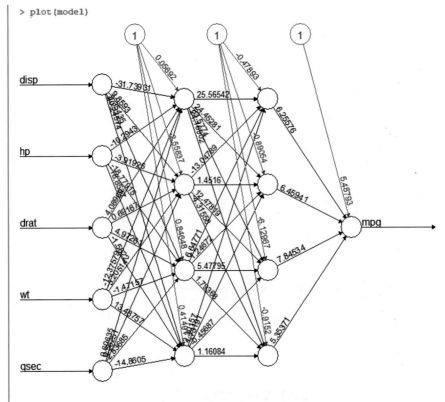

Error: 1.014249 Steps: 6880

(1) "mlbench" 패키지에서 제공하는 데이터(PimaIndiansDiabetes, 피마 인디언 당뇨 발생 여부 관련 데이터)를 이용하여 이항형 변수(당뇨병 발생, diabetes="pos" 혹은 "neg")에 대한 예측 모형(의 사결정나무)의 성능을 평가한다.

```
> data(PimaIndiansDiabetes)
> data <- data.frame(PimaIndiansDiabetes)
> head(data)
  pregnant glucose pressure triceps insulin mass pedigree age diabetes
1        6     148       72      35       0 33.6    0.627  50      pos
2        1      85       66      29       0 26.6    0.351  31      neg
3        8     183       64       0       0 23.3    0.672  32      pos
4        1      89       66      23      94 28.1    0.167  21      neg
5        0     137       40      35     168 43.1    2.288  33      pos
6        5     116       74       0       0 25.6    0.201  30      neg
> summary(data)
    pregnant         glucose         pressure         triceps          insulin           mass
 Min.   : 0.000   Min.   :  0.0   Min.   :  0.00   Min.   : 0.00   Min.   :  0.0   Min.   : 0.00
 1st Qu.: 1.000   1st Qu.: 99.0   1st Qu.: 62.00   1st Qu.: 0.00   1st Qu.:  0.0   1st Qu.:27.30
 Median : 3.000   Median :117.0   Median : 72.00   Median :23.00   Median : 30.5   Median :32.00
 Mean   : 3.845   Mean   :120.9   Mean   : 69.11   Mean   :20.54   Mean   : 79.8   Mean   :31.99
 3rd Qu.: 6.000   3rd Qu.:140.2   3rd Qu.: 80.00   3rd Qu.:32.00   3rd Qu.:127.2   3rd Qu.:36.60
 Max.   :17.000   Max.   :199.0   Max.   :122.00   Max.   :99.00   Max.   :846.0   Max.   :67.10
    pedigree            age          diabetes
 Min.   :0.0780   Min.   :21.00   neg:500
 1st Qu.:0.2437   1st Qu.:24.00   pos:268
 Median :0.3725   Median :29.00
 Mean   :0.4719   Mean   :33.24
 3rd Qu.:0.6262   3rd Qu.:41.00
 Max.   :2.4200   Max.   :81.00
> dim(data)
[1] 768   9
```

9개의 변수

- pregnant : 임신 횟수
- glucose : 포도당 부하 검사 수치(혈당 농도)
- pressure : 최소 혈압(mm Hg)
- triceps : 피하지방 측정값(mm)
- insulin : 혈청 인슐린 측정값(mm U/ml)
- mass : 체질량 지수[BMI=몸무게(kg)/키(m^2)]
- pedigree : 당뇨 내역 가중치 값
- age : 나이
- diabetes : 당뇨 여부[pos(1, 양성) 또는 neg(0, 음성)]

총 768개의 데이터 : 양성(pos)=268, 음성(neg)=500개의 데이터로 구성

(2) data(PimaIndiansDiabetes) 명령어를 이용하여 데이터세트를 불러오고 데이터 프레임 형식으로 저장(data)한다. str( ) 명령어를 이용하여 예측 변수(diabetes)가 요인형 변수(factor)임을 확인한다.

```
> data(PimaIndiansDiabetes)
> data <- data.frame(PimaIndiansDiabetes)
> class(data)
[1] "data.frame"
> head(data)
  pregnant glucose pressure triceps insulin mass pedigree age diabetes
1        6     148       72      35       0 33.6    0.627  50      pos
2        1      85       66      29       0 26.6    0.351  31      neg
3        8     183       64       0       0 23.3    0.672  32      pos
4        1      89       66      23      94 28.1    0.167  21      neg
5        0     137       40      35     168 43.1    2.288  33      pos
6        5     116       74       0       0 25.6    0.201  30      neg
> str(data)
'data.frame':    768 obs. of  9 variables:
 $ pregnant: num  6 1 8 1 0 5 3 10 2 8 ...
 $ glucose : num  148 85 183 89 137 116 78 115 197 125 ...
 $ pressure: num  72 66 64 66 40 74 50 0 70 96 ...
 $ triceps : num  35 29 0 23 35 0 32 0 45 0 ...
 $ insulin : num  0 0 0 94 168 0 88 0 543 0 ...
 $ mass    : num  33.6 26.6 23.3 28.1 43.1 25.6 31 35.3 30.5 0 ...
 $ pedigree: num  0.627 0.351 0.672 0.167 2.288 ...
 $ age     : num  50 31 32 21 33 30 26 29 53 54 ...
 $ diabetes: Factor w/ 2 levels "neg","pos": 2 1 2 1 2 1 2 1 2 2 ...
```

(3) 의사결정나무 분석(tree( ) 함수 이용)을 위해 "tree" 패키지를 이용하고, 혼동행렬을 구하기 위해 (confusionMatrix( ) 함수) "caret" 패키지를 설치한다. 전체 데이터들(768개) 중 70%(537개)를 훈련용 데이터(train)로, 나머지 30%(231개)를 검증용 데이터(test)로 분류한다. tree( ) 함수를 이용하여 모형을 구축(model)하고, plot( )과 text( ) 함수를 이용하여 의사결정나무 분류 구조를 시각화로 표현한다.

```
> id <- sample(1:nrow(data), as.integer(0.7*nrow(data)))
> train <- data[id,]
> test <- data[-id,]
>
> model <- tree(diabetes~., train)
> summary(model)

Classification tree:
tree(formula = diabetes ~ ., data = train)
Variables actually used in tree construction:
[1] "glucose"  "mass"     "age"      "insulin"  "pedigree"
Number of terminal nodes:  17
Residual mean deviance:  0.7408 = 385.2 / 520
Misclassification error rate: 0.1788 = 96 / 537
> names(model)
[1] "frame"   "where"   "terms"   "call"    "y"       "weights"
> nrow(train)
[1] 537
> nrow(test)
[1] 231
```

```
> plot(model)
> text(model)
```

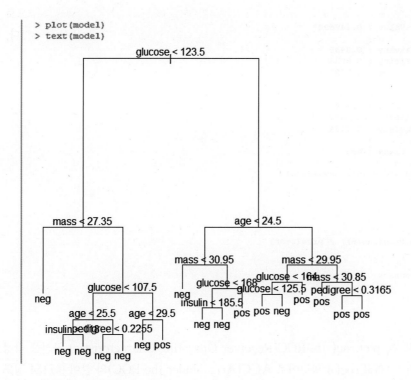

(4) 검증용 데이터(test)를 이용하여 (예측값, 실젯값)＝(new$predict, new$actual)을 구하고 혼동행
    렬 함수(confusionMatrx( ), "caret" 패키지)를 이용하여 정확도(Accuracy＝0.7489)를 구한다.
    table( ) 함수를 이용하여 예측의 정확도(혹은 에러율)를 구할 수 있으며, 결과(정확도)가 동일함을
    알 수 있다.

```
> new <- data.frame(actual = test$diabetes)
> new$predict <- predict(model, test, type='class')
> head(new)
  actual predict
1    neg     neg
2    neg     neg
3    pos     pos
4    pos     neg
5    pos     neg
6    neg     neg
> confusionMatrix(new$predict, new$actual)
Confusion Matrix and Statistics

          Reference
Prediction neg pos
       neg 124  35
       pos  23  49

               Accuracy : 0.7489
                 95% CI : (0.6878, 0.8035)
    No Information Rate : 0.6364
    P-Value [Acc > NIR] : 0.0001731

                  Kappa : 0.4404
```

```
     Mcnemar's Test P-Value : 0.1486347

                Sensitivity : 0.8435
                Specificity : 0.5833
             Pos Pred Value : 0.7799
             Neg Pred Value : 0.6806
                 Prevalence : 0.6364
             Detection Rate : 0.5368
       Detection Prevalence : 0.6883
          Balanced Accuracy : 0.7134

           'Positive' Class : neg

> table <- table(new$predict, new$actual)
> table

      neg pos
  neg 124  35
  pos  23  49
> accuracy <- sum(diag(table)) / nrow(test)
> accuracy
[1] 0.7489177
> error <- 1 - accuracy
> error
[1] 0.2510823
```

(5) "pROC" 패키지 설치 후, plot.roc( )로 ROC(Receiver Operating Characteristic) 곡선을 작성
    하여 성능을 평가한다. 그리고 roc( ) 명령어로 AUC(Area Under the ROC)의 값이 0.7134 정도
    (성능이 양호한 모형)됨을 확인한다.

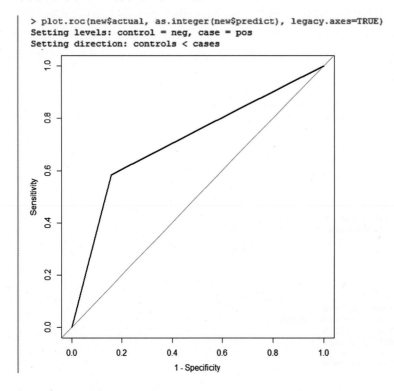

```
> plot.roc(new$actual, as.integer(new$predict), legacy.axes=TRUE)
Setting levels: control = neg, case = pos
Setting direction: controls < cases
```

```
> result <- roc(new$actual, as.integer(new$predict))
Setting levels: control = neg, case = pos
Setting direction: controls < cases
> result

Call:
roc.default(response = new$actual, predictor = as.integer(new$predict))

Data: as.integer(new$predict) in 147 controls (new$actual neg) < 84 cases (new$actual pos).
Area under the curve: 0.7134
> names(result)
 [1] "percent"          "sensitivities"    "specificities"     "thresholds"
 [5] "direction"        "cases"            "controls"          "fun.sesp"
 [9] "auc"              "call"             "original.predictor" "original.response"
[13] "predictor"        "response"         "levels"
> result$auc
Area under the curve: 0.7134
```

(6) 의사결정나무 모형의 성능을 개선하기 위해 과적합 문제를 해결한다. 즉, 오차를 크게 하거나 부적절한 추론 규칙을 가지고 있는 불필요한 가지를 제거하기 위하여 cv.tree( ) 함수를 이용한다. 분류가 잘못된(misclass)된 size를 식별하기 위하여 아래와 같이 FUN=prune.misclass 옵션을 이용한다. 결과로부터 size가 8~11의 범위에서 misclass의 수가 가장 작게 되므로 이 값을 이용(best=10)하여 의사결정나무 모형을 새롭게 구축한다.

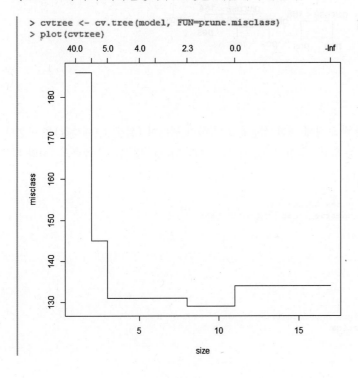

(7) prune.misclass( ) 함수(best=10)를 이용하여 최적의 가지치기 작업을 수행한 의사결정나무 모형을 구축(prunetree)하고 plot( ), text( ) 함수[pretty=0이면, 분류되는 분할 속성의 (동일한 수준) 이름을 변경하지 않음]를 이용하여 새로운 의사결정나무 분석모형을 확인한다.

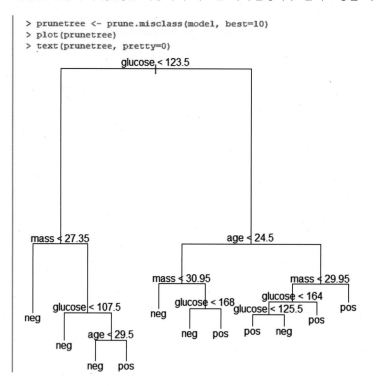

```
> prunetree <- prune.misclass(model, best=10)
> plot(prunetree)
> text(prunetree, pretty=0)
```

(8) 가지치기를 수행한 의사결정나무 모형에 대한 성능을 평가하기 위하여 (실젯값, 예측값)을 구한다. 혼동행렬 평가 결과, 예측결과는 앞의 결과(가지치기전의 결과, "neg" 및 "pos" 예측의 수)와 다르나, 정확도(0.7489)는 동일하다.

```
> new <- data.frame(actual = test$diabetes)
> new$predict <- predict(prunetree, test, type='class')
> head(new)
  actual predict
1    neg     neg
2    neg     neg
3    pos     pos
4    pos     neg
5    pos     neg
6    neg     neg
> confusionMatrix(new$predict, new$actual)
Confusion Matrix and Statistics

          Reference
Prediction neg pos
       neg 124  35
       pos  23  49
```

```
            Accuracy : 0.7489
              95% CI : (0.6878, 0.8035)
 No Information Rate : 0.6364
 P-Value [Acc > NIR] : 0.0001731

               Kappa : 0.4404

 Mcnemar's Test P-Value : 0.1486347

         Sensitivity : 0.8435
         Specificity : 0.5833
      Pos Pred Value : 0.7799
      Neg Pred Value : 0.6806
          Prevalence : 0.6364
      Detection Rate : 0.5368
 Detection Prevalence : 0.6883
   Balanced Accuracy : 0.7134

    'Positive' Class : neg
```

(9) "pROC" 패키지 설치 후, plot.roc( ) 함수를 이용하여 ROC(Receiver Operating Characteristic) 곡선을 작성한다. 그리고 roc( ) 명령어로 AUC(Area Under the ROC)의 값이 0.7134 정도됨(가지치기 전의 결과와 동일)을 알 수 있다.

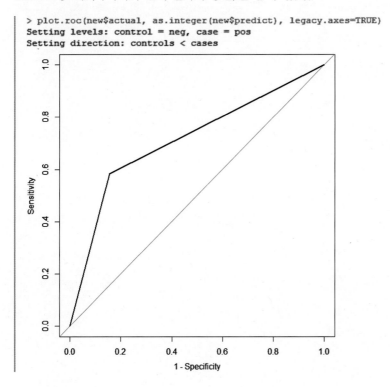

```
> plot.roc(new$actual, as.integer(new$predict), legacy.axes=TRUE)
Setting levels: control = neg, case = pos
Setting direction: controls < cases
```

```
> result <- roc(new$actual, as.integer(new$predict))
Setting levels: control = neg, case = pos
Setting direction: controls < cases
> result

Call:
roc.default(response = new$actual, predictor = as.integer(new$predict))

Data: as.integer(new$predict) in 147 controls (new$actual neg) < 84 cases (new$actual pos).
Area under the curve: 0.7134
> names(result)
 [1] "percent"        "sensitivities"   "specificities"    "thresholds"
 [5] "direction"      "cases"           "controls"         "fun.sesp"
 [9] "auc"            "call"            "original.predictor" "original.response"
[13] "predictor"      "response"        "levels"
> result$auc
Area under the curve: 0.7134
```

제5과목

추론통계 분석

제1장 추론통계 분석 방법
제2장 가설 검정

(1) 추론통계의 이해

① 추론통계를 위해 다음 패키지를 이용한다.

install.packages("psych")	#기술통계 분석
library(psych)	–

② 추론통계(Inferential Statistics)란 분석 대상의 모집단(Population)에서 표본(Sample)을 수집하여 표본의 특성을 파악한 후, 모집단의 특성으로 일반화할 수 있는지 여부를 판단하여 모집단의 특성인 모수(Parameter)를 추정하는 통계분석 방법으로서 표본을 기초로 모집단 전체의 특성이나 미래를 예측하는 것에 초점을 맞춘다.

③ 모집단(Population)이란 정보를 얻고자 하는 관심 대상의 전체집합이다. 모집단은 우리가 무엇을 알려고 하느냐에 따라 다르게 정의되기 때문에 모집단을 명확하게 정의하는 것이 매우 중요하다. 예를 들어 서울 지역에서 통근하는 회사원, 20대 대통령선거 유권자 등과 같이 전체를 대상으로 자료를 수집할 수 없는 경우, 일반적으로 모집단으로 설정될 수 있다.

④ 모수(Parameter)는 모집단의 특성을 나타내는 값으로 서울 지역 통근 회사원 통근 시간의 평균(평균 통근 시간), 20대 대통령 선거 유권자의 지지율 등이 모집단의 모수가 될 수 있다.

⑤ 아래와 같이 추론통계는 표본 통계량을 이용하여 모집단의 특성, 즉 모수를 추정(추론통계의 핵심인 모수 추정은 표본을 이용하여 모수를 얻음)한다. 대표적으로 표본평균을 구함으로써 모평균의 값을 얻고, 표본 분산을 계산함으로써 모분산을 얻는다.

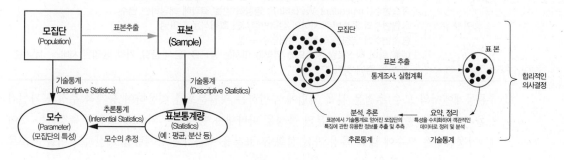

[추론통계의 개념]

⑥ 모수는 표본의 평균, 분산 등과 같은 특성 값을 근간으로 산출된 예상값이기 때문에 추론통계에서는 모수에 대한 오차율이 발생한다. 이러한 오차율은 표본의 수가 많아질수록 낮아진다.

(2) 추론통계 기법

① 대표적인 추론통계 기법으로 집단 간 차이를 분석하는 평균차이 분석, 비율차이 분석, 분산 분석, 상관관계 분석, 회귀 분석 등으로 구분된다. 주요 추론통계 분석 방법은 다음과 같다.

〈추론통계 기법〉

구 분	주요 특징
평균차이 분석	• 두 집단 사이의 평균의 차이가 통계적으로 유의한지 파악 • t-test(t-검정) 이용 • 어떠한 항목이 두 집단 간의 평균의 차이가 통계적으로 유의한지 파악 • 예를 들어 특정 쇼핑몰에 대한 이용 만족도가 (남성, 여성) 사이의 차이가 있는지를 알고자 할 때 t-검정으로 평균차이 분석 수행
비율차이 분석	• 두 집단 사이의 비율의 차이가 통계적으로 유의한지 파악(Proportion Test) • 평균차이 분석은 수치형 자료의 차이를 검정하는 방법이며, 비율차이 분석은 (예, 아니오), (유, 무) 등과 같은 이항형 자료의 차이를 비교·분석할 때 사용 • 예를 들어 쿠폰 선호도에 대하여 (남성, 여성) 사이의 차이가 있는지를 알고자 할 때 비율 차이 분석 수행
분산 분석	• 두 집단 이상의 평균치에 대한 차이 검정(ANOVA ; Analysis of Variance) • 평균차이 분석은 두 집단의 비교이며, 분산 분석은 세 집단 이상의 비교 • 집단별 차이가 어떤 값에 영향을 미치는지의 여부 추론 • 예를 들어 통계학 수강 학생들의 기말고사 점수에 대해 학년별(1~4학년)로 유의한 차이가 있는지를 검정
상관관계 분석	• 변수들 사이의 관련성 여부 및 정도 분석(Correlation Analysis) • 두 변수들 사이의 관련성을 분석할 때 주로 사용 • 예를 들어 (쇼핑액, 지출액), (연간 자동차 주행거리, 연령) 사이 관련성 여부를 분석하고자 할 때 이용 • 변수들 사이의 관련성 여부와 함께 관련성의 크기 정도에 대한 정보 제공
회귀 분석	• 변수들 사이의 인과관계(원인과 결과) 규명(Regression Analysis) • 독립변수(Independent Variable) : 다른 변수에 영향을 주는 원인에 해당하는 변수 • 종속변수(Dependent Variable) : 영향을 받는 결과에 해당하는 변수 • 독립변수와 종속변수 사이의 선형방정식인 회귀식을 찾아냄 • 종속변수에 영향을 미치는 독립변수 규명 • 예를 들어 레스토랑 만족도에 영향을 미치는 항목을 (음식 품질, 가격, 종업원 서비스, 식당 분위기)들 중에 찾아냄

② 추론통계에서의 모수 추정은 분석 기법에 부합하는 확률분포를 이용하여 통계적 추정과 가설검정을 수행한다. 통계적 추정은 표본의 특성을 나타내는 통계량을 기초로 모수를 추정하는 것이며, 가설검정은 모수에 대한 특정 가설 설정 후 표본을 추출하여 통계량을 계산하고 이를 기초로 가설의 진위를 판단한다.

③ 확률분포(Probability Distribution)는 표본을 이용하여 모집단의 특성을 추정하는 추론통계에서 모수 추정을 위해 사용되며 아래와 같이 정규분포, t-분포, F-분포, χ^2-분포 등을 이용한다.

〈추론통계에서 사용되는 확률분포〉

구 분	주요 특징
정규분포	• Normal Distribution • 연속적이고 좌우대칭인 종 모양의 확률분포 • 실생활에서 관측하는 대부분의 자료들은 정규분포와 유사한 형태를 가짐 • 중심극한정리에 의해 표본의 크기가 커질수록 표본평균의 분포는 정규분포에 가까움 • 표본의 평균이나 분산을 이용해 모집단의 평균 및 분산 추정 시 이용
t-분포	• t-Distribution, Student's t-Distribution • 모집단이 정규분포를 따르더라도 분산이 알려져 있지 않거나 표본의 수가 적은 경우 모평균에 대한 추정 및 가설검정에 이용 • 자유도에 의해 분포의 모양이 결정됨 • 자유도(degree of freedom) : 통계적 추정 시 표본자료들 중 모집단에 대한 정보를 주는 독립적인 자료의 수로, 크기가 n인 표본 관측값의 자유도는 n-1임 • 모집단의 모수를 모를 때 두 집단의 모평균의 차이 검정(평균차이 분석, 상관관계 분석, 회귀분석 등) 수행 시 이용
F-분포	• F-Distribution • 동일한 분산을 가지고 있는 정규분포를 이루는 두 모집단으로부터 추출된 표본 분산들 사이의 비율이 이루는 분포 • 두 집단 사이의 분산의 동질성 검정 시 사용 • 분자와 분모의 두 자유도에 의해 분포의 모양이 결정됨 • 분산 분석에 사용 • 회귀 분석에서 회귀의 유의성 검정 시 사용
χ^2-분포	• χ^2-Distribution, Chi-Squared Distribution • 정규분포 모집단에서 각 표본의 표준화된 분산의 합이 이루는 분포 • 관찰빈도와 기대빈도 사이의 차이 검정 시 사용 • 분포의 모양은 비대칭이고 긴 꼬리를 가지며 항상 양의 값을 가짐 • 자유도에 의해 분포의 모양이 결정됨 • 교차분석에서 관찰빈도와 기대빈도 사이의 차이 검정 또는 비율 분석에 이용

④ 추론통계에서의 가설 검정절차

　㉠ 가설설정 : 모수에 대한 특정한 가설을 설정한다. 귀무가설이란 거짓이 명확히 규명될 때까지 참인 것으로 인정되는 모수에 대한 주장, 즉 그 타당성을 입증해야 할 가설(예를 들어 실제 분포와 이론적 분포는 일치한다)을 의미한다.

　㉡ 유의수준 설정 : 유의수준(α)을 설정한다.

　㉢ 표본 추출 : 설정된 가설의 채택 여부를 결정하기 위하여 모집단으로부터 표본을 추출한다.

　㉣ 유의확률 계산 : 모집단의 부분집합인 표본으로부터 검정에 대한 결론을 내리고 귀무가설을 기각하거나 채택하는 결정을 내리는 데 활용된다. 표본의 함수(검정통계량, 확률분포)를 이용하여 유의확률(p)을 구한다.

　㉤ 유의확률이 유의수준보다 작은 경우($p \leq \alpha$) 귀무가설을 기각(실제 분포와 이론적 분포는 다르다)한다. 반대로 유의확률이 유의수준보다 큰 경우 귀무가설을 채택(실제 분포와 이론적 분포는 일치한다)하게 된다.

(1) 평균차이 분석

① 평균차이 분석은 두 집단 간 평균을 비교하는 통계분석 기법으로 t−검정(t−test)을 이용하며, 두 집단 사이 평균차이에 대해 통계적으로 유의한지를 검정한다.

② 일반적으로 평균차이 분석에서는 모집단의 분산(또는 표준편차)을 알지 못할 때 모집단을 대표하는 표본으로부터 추정된 분산(또는 표준편차)을 이용하여 검정한다.

③ 평균차이 분석은 두 집단 자료의 개수 또는 동일성에 따라 독립표본 t−검정과 대응표본 t−검정으로 구분된다.

    ㉠ 독립표본 t−검정은 표본의 수가 서로 다른 두 집단에 대한 비교 시 사용되며, 예를 들어 남학생과 여학생의 수가 서로 다른 반에서 남녀 성적 차이의 유의성을 검정하기 위해 사용된다.

    ㉡ 대응표본 t−검정은 표본의 수가 서로 동일한 집단의 경우 또는 한 집단에서 특정 사건(또는 실험)에 대한 전후 차이 비교를 위해 사용된다. 예를 들어 체중 조절약의 효과를 검증하기 위하여 P대학교 S학과 학생들에 대해 체중 조절약 복용 전후의 효과를 비교하여 그 차이를 검증하기 위해 사용된다.

④ 평균차이 분석을 위해 아래 데이터(data.csv)를 이용한다. data.csv는 (고객번호, 성별, 연령대, 직업, 주거지역, 쇼핑액, 이용만족도, 쇼핑1월, 쇼핑2월, 쇼핑3월, 쿠폰사용횟수, 쿠폰선호도, 품질, 가격, 서비스, 배송, 쇼핑만족도, 소득) 자료이다.

	A1		× ✓ fx	고객번호													
	고객번호	성별	연령대	직업	주거지역	쇼핑액	이용만족도	쇼핑1월	쇼핑2월	쇼핑3월	쿠폰사용횟수	쿠폰선호도	품질	가격	서비스	배송	쇼핑만족도	소득
190105	남자	45-49세	회사원	소도시	195.6	4	76.8	64.8	54	3	아니오	7	7	1	4	4	4300
190106	남자	25-29세	공무원	소도시	116.4	7	44.4	32.4	39.6	6	아니오	7	4	7	7	7	7500
190107	남자	50세 이상	자영업	중도시	183.6	4	66	66	51.6	5	예	4	4	3	3	6	2900
190108	남자	50세 이상	농어업	소도시	168	4	62.4	52.8	52.8	4	아니오	3	3	4	6	5	5300
190109	남자	40-44세	공무원	중도시	169.2	4	63.6	54	51.6	5	아니오	6	4	7	4	6	4000
190110	남자	45-49세	자영업	중도시	171.6	5	52.8	66	52.8	4	아니오	5	4	3	4	5	5100
190111	여자	50세 이상	공무원	중도시	207.6	4	64.8	88.8	54	4	예	7	7	1	4	5	5700
190112	남자	50세 이상	자영업	소도시	201.6	7	56.4	92.4	52.8	3	아니오	7	7	7	4	4	5900
190113	남자	50세 이상	농어업	중도시	111.6	3	64.8	30	16.8	4	아니오	4	2	4	3	5	5100
190114	여자	45-49세	회사원	중도시	156	4	51.6	51.6	52.8	0	예	1	4	1	7	1	5700
190115	남자	40-44세	회사원	중도시	225.6	5	80.4	92.4	52.8	1	예	5	5	5	5	2	5800
190116	남자	30-34세	공무원	중도시	220.8	4	76.8	90	54	5	아니오	5	4	5	6	4	4300
190117	남자	35-39세	회사원	대도시	244.8	7	76.8	88.8	79.2	6	아니오	7	4	7	7	7	8700
190118	남자	45-49세	농어업	소도시	184.8	6	91.2	67.2	26.4	5	예	5	4	5	6	6	4100

⑤ 독립표본 t−검정 : data.csv 데이터세트를 이용하여 성별(남성, 여성)에 따른 쇼핑 금액(쇼핑액)의 차이가 있는지를 검정한다.

㉠ data.csv 파일이 저장된 폴더를 작업영역으로 설정하고 read.csv( )로 데이터 프레임으로 저장(data)한다. subset( )으로 성별=='남성'인 자료(data1)와 성별=='여성'인 자료(data2)를 각각 저장한다.

```
> setwd("C:/workr")
> getwd()
[1] "C:/workr"
>
> data <- read.csv("data.csv", header=T, fileEncoding="EUC-KR")
> head(data)
  고객번호 성별    연령대    직업 주거지역 쇼핑액 이용만족도 쇼핑1월 쇼핑2월 쇼핑3월 쿠폰사용회수
1  190105 남자  45-49세 회사원    소도시  195.6         4    76.8    64.8    54.0            3
2  190106 남자  25-29세 공무원    소도시  116.4         7    44.4    32.4    39.6            6
3  190107 남자 50세 이상 자영업    중도시  183.6         4    66.0    66.0    51.6          5
4  190108 남자 50세 이상 농어업    소도시  168.0         4    62.4    52.8    52.8          4
5  190109 남자  40-44세 공무원    중도시  169.2         4    63.6    54.0    51.6          5
6  190110 남자  45-49세 자영업    중도시  171.6         5    52.8    66.0    52.8          4
  쿠폰선호도 품질 가격 서비스 배송 쇼핑만족도 소득
1        예    7    7      1    4           4 4300
2      아니오   7    4      7    7           7 7500
3        예    4    4      3    3           6 2900
4      아니오   3    3      4    6           5 5300
5      아니오   6    4      7    4           6 4000
6      아니오   5    4      3    4           5 5100

> data1 <- subset(data, data$성별=='남자')
> data2 <- subset(data, data$성별=='여자')
>
> head(data1)
  고객번호 성별    연령대    직업 주거지역 쇼핑액 이용만족도 쇼핑1월 쇼핑2월 쇼핑3월 쿠폰사용회수
1  190105 남자  45-49세 회사원    소도시  195.6         4    76.8    64.8    54.0            3
2  190106 남자  25-29세 공무원    소도시  116.4         7    44.4    32.4    39.6            6
3  190107 남자 50세 이상 자영업    중도시  183.6         4    66.0    66.0    51.6          5
4  190108 남자 50세 이상 농어업    소도시  168.0         4    62.4    52.8    52.8          4
5  190109 남자  40-44세 공무원    중도시  169.2         4    63.6    54.0    51.6          5
6  190110 남자  45-49세 자영업    중도시  171.6         5    52.8    66.0    52.8          4
  쿠폰선호도 품질 가격 서비스 배송 쇼핑만족도 소득
1        예    7    7      1    4           4 4300
2      아니오   7    4      7    7           7 7500
3        예    4    4      3    3           6 2900
4      아니오   3    3      4    6           5 5300
5      아니오   6    4      7    4           6 4000
6      아니오   5    4      3    4           5 5100
> head(data2)
   고객번호 성별    연령대    직업 주거지역 쇼핑액 이용만족도 쇼핑1월 쇼핑2월 쇼핑3월 쿠폰사용회수
7   190111 여자 50세 이상 공무원    중도시  207.6         4    64.8    88.8    54.0          4
10  190114 여자  45-49세 회사원    중도시  156.0         4    51.6    51.6    52.8            0
32  190136 여자  45-49세 회사원    중도시  111.6         4    31.2    43.2    37.2          4
33  190137 여자  40-44세 전문직    중도시  163.2         4    55.2    55.2    52.8          3
35  190139 여자  25-29세 회사원    대도시  160.8         7    75.6    54.0    31.2          3
36  190140 여자  45-49세 전문직    대도시  210.0         7    90.0    67.2    52.8          6
   쿠폰선호도 품질 가격 서비스 배송 쇼핑만족도 소득
7          예    7    7      1    4           5 5700
10         예    1    4      1    7           1 5700
32         예    5    4      2    4           5 2600
33         예    4    4      4    4           4 2300
35         예    4    7      7    7           4 7400
36       아니오   7    6      7    4           7 8200
```

ⓛ data1, data2에 대한 기술통계 분석(describe( ))을 위해 "psych" 패키지를 이용한다. 성별에 대한 쇼핑액을 분석하기 위해 describe( )를 이용한다. data1$쇼핑액(남성에 대한 쇼핑액)에 대한 기술통계량을 보면, 남성 55명(n)에 대한 평균 쇼핑액(mean)=177.14(만원), 최소 쇼핑액(min)=81.6(만원), 최대 쇼핑액(max)=244.8(만원)이다. 그리고 data2$쇼핑액(여성에 대한 쇼핑액)에 대한 기술통계량을 보면, 여성 35명(n)에 대한 평균 쇼핑액(mean)=169.58(만원), 최소 쇼핑액(min)=80.4(만원), 최대 쇼핑액(max)=238.8(만원)이다.

```
> install.packages("psych")
--- 현재 세션에서 사용할 CRAN 미러를 선택해 주세요 ---
URL 'https://cran.yu.ac.kr/bin/windows/contrib/4.2/psych_2.2.5.zip'을 시도합니다
Content type 'application/zip' length 3792082 bytes (3.6 MB)
downloaded 3.6 MB

패키지 'psych'을 성공적으로 압축해제하였고 MD5 sums 이 확인되었습니다

다운로드된 바이너리 패키지들은 다음의 위치에 있습니다
        C:\Users\Public\Documents\ESTsoft\CreatorTemp\RtmpiuE8d5\downloaded_packages
> library(psych)

> describe(data1$쇼핑액)
   vars  n   mean    sd median trimmed   mad  min   max range skew kurtosis   se
X1    1 55 177.14 30.87    180  178.19 28.47 81.6 244.8 163.2 -0.41     0.69 4.16
>
> describe(data2$쇼핑액)
   vars  n   mean    sd median trimmed   mad  min   max range skew kurtosis   se
X1    1 35 169.58 41.73    168  170.11 39.14 80.4 238.8 158.4    0    -0.76 7.05
```

ⓒ 독립표본 검정을 수행하기 위하여 t.test( )를 이용하며, 사용형식은 다음과 같다.

t.test(x, y=NULL, alternative=c("two.sided", "less", "greater"), mu=0, paired=FALSE, var.equal=FALSE, conf.level=0.95, ...)
- x : 숫자형 벡터값
- y : 숫자형 벡터값
- alternative : 검정 방법(양측, 단측)
- mu : 평균
- paired=FALSE : 독립표본, paired=TRUE : 대응 표본
- var.equal=FALSE : 등분산 가정 안 함, var.equal=TRUE : 등분산 가정
- conf.level : 신뢰구간 지정

ⓔ t.test( )를 이용한 독립표본 평균차이 검정 결과는 다음과 같다. 남성 평균 쇼핑액(x)=177.14(만원), 여성 평균 쇼핑액(y)=169.58(만원)으로 남성이 약간 높으며, t=0.9362, 자유도(df)=57.42, p-value(유의확률)=0.3595이다. 따라서 유의수준=5%에서 귀무가설(두 집단 사이에는 평균의 차이가 없다)을 기각할 수 없으므로(즉, p-value>0.05), 남성과 여성 사이의 쇼핑액은 "차이가 있다고 할 수 없다." 즉, 남성과 여성 사이 쇼핑액은 차이가 없는 것으로 판단된다.

```
> t_result <- t.test(data1$쇼핑액, data2$쇼핑액)
> t_result

        Welch Two Sample t-test

data:  data1$쇼핑액 and data2$쇼핑액
t = 0.92362, df = 57.42, p-value = 0.3595
alternative hypothesis: true difference in means is not equal to 0
95 percent confidence interval:
 -8.833426 23.962777
sample estimates:
mean of x mean of y
 177.1418  169.5771

> summary(t_result)
            Length Class  Mode
statistic   1      -none- numeric
parameter   1      -none- numeric
p.value     1      -none- numeric
conf.int    2      -none- numeric
estimate    2      -none- numeric
null.value  1      -none- numeric
stderr      1      -none- numeric
alternative 1      -none- character
method      1      -none- character
data.name   1      -none- character
```

⑥ 대응표본 t-검정(양측 검정의 경우) : data.csv를 이용하여 월별 쇼핑 금액이 통계적으로 차이가 있는지, 즉 쇼핑1월과 쇼핑2월 금액의 차이가 있는지를 검정한다.

㉠ read.csv( )로 data.csv 파일을 데이터 프레임으로 저장(data)한 후 subset( )으로 (고객번호, 쇼핑1월, 쇼핑2월) 자료를 data에 저장한다. describe( ) 함수를 이용하여 쇼핑1월과 쇼핑2월의 기술통계량을 구한다. 쇼핑1월의 데이터(n=90개)를 보면, 평균 64.97(만원), 최소 금액=15.6(만원), 최대 금액=92.4(만원)이다. 그리고 쇼핑2월의 데이터(n=90개)는 평균 61.12(만원), 최소 금액=13.2(만원), 최대 금액=92.4(만원)이다. 평균 금액을 비교하면 2월보다 1월의 쇼핑금액이 다소 높음을 알 수 있다.

```
> data <- subset(data, select=c(고객번호, 쇼핑1월, 쇼핑2월))
> head(data)
  고객번호 쇼핑1월 쇼핑2월
1  190105   76.8    64.8
2  190106   44.4    32.4
3  190107   66.0    66.0
4  190108   62.4    52.8
5  190109   63.6    54.0
6  190110   52.8    66.0

> describe(data$쇼핑1월)
   vars  n  mean    sd median trimmed   mad  min  max range  skew kurtosis   se
X1    1 90 64.97 19.22   64.8   65.85 19.57 15.6 92.4  76.8 -0.24    -0.67 2.03
> describe(data$쇼핑2월)
   vars  n  mean    sd median trimmed   mad  min  max range skew kurtosis   se
X1    1 90 61.12 17.85   56.4   60.98 12.45 13.2 92.4  79.2 0.22    -0.36 1.88
```

ⓒ t.test( )를 이용한 대응표본 평균 차이 검정 결과는 다음과 같다. 대응표본에서는 "paired=TRUE" 옵션을 사용한다. 쇼핑1월과 쇼핑2월의 평균 금액의 차이는 64.97−61.12=3.85(만원)이고 t=1.7024, 자유도(df)=89, p−value(유의확률)=0.09216이다. 따라서 유의수준=5%에서 귀무가설(두 집단 사이에는 평균의 차이가 없다. 즉, $\mu_1-\mu_2=0$)를 기각할 수 없으므로(즉, p−value>0.05), 쇼핑1월과 쇼핑2월의 쇼핑액은 "차이가 있다고 할 수 없다." 즉, 1월의 쇼핑액과 2월의 쇼핑액은 차이가 없는 것으로 보인다.

```
> t_result <- t.test(data$쇼핑1월, data$쇼핑2월, paired=TRUE)
>
> t_result

          Paired t-test

data:  data$쇼핑1월 and data$쇼핑2월
t = 1.7024, df = 89, p-value = 0.09216
alternative hypothesis: true mean difference is not equal to 0
95 percent confidence interval:
 -0.644027  8.350694
sample estimates:
mean difference
        3.853333

> summary(t_result)
             Length Class  Mode
statistic    1      -none- numeric
parameter    1      -none- numeric
p.value      1      -none- numeric
conf.int     2      -none- numeric
estimate     1      -none- numeric
null.value   1      -none- numeric
stderr       1      -none- numeric
alternative  1      -none- character
method       1      -none- character
data.name    1      -none- character
```

ⓒ t.test( ) 수행 결과 중 "alternative hypothesis : true difference in means is not equal to 0"은 대립가설($\mu_1-\mu_2 \neq 0$)이며, 1월과 2월 쇼핑액의 차이에 대한 95% 신뢰구간 (confidence interval)은 (−0.644027, 8.350694)이다.

⑦ 대응표본 t−검정(단측 검정의 경우) : 귀무가설을 "쇼핑2월 금액이 쇼핑1월 금액보다 많다"로 다음과 같이 설정(프로모션 실시 후 2월 쇼핑금액이 늘었는지 확인)하는 경우 단측 검정을 실시한다.

μd(쇼핑2월 − 쇼핑1월)의 평균

H0 : μd ≥ 0 (귀무가설 : 쇼핑2월 금액이 높다. 즉, 프로모션 후의 매출액이 증가하였다.)
H1 : μd < 0 (대립가설 : 쇼핑2월 금액이 낮다. 즉, 프로모션 후의 매출액이 감소하였다.)

㉠ subset( )으로 추출한 (고객번호, 쇼핑1월, 쇼핑2월) 자료를 이용(data)한다. psych 패키지 내 describe( ) 함수를 이용하여 기술통계량 값을 확인할 수 있다. 쇼핑1월의 평균 금액은 64.97(만원), 쇼핑2월의 평균 금액은 61.12(만원)으로 프로모션에도 불구하고 다소 감소하였

음을 확인할 수 있다. 따라서 1월과 2월의 쇼핑금액의 차이에 대한 표본평균 μd＝쇼핑2월－쇼핑1월＝－3.85(만원, 소수 둘째자리까지 계산)이다.

```
> head(data)
  고객번호 쇼핑1월 쇼핑2월
1  190105   76.8   64.8
2  190106   44.4   32.4
3  190107   66.0   66.0
4  190108   62.4   52.8
5  190109   63.6   54.0
6  190110   52.8   66.0
> describe(data)
         vars  n     mean    sd  median  trimmed    mad    min    max  range skew kurtosis   se
고객번호      1 90 190149.50 26.12 190149.5 190149.50 33.36 190105.0 190194.0  89.0  0.00    -1.24 2.75
쇼핑1월        2 90    64.97 19.22    64.8    65.85 19.57   15.6   92.4   76.8 -0.24    -0.67 2.03
쇼핑2월        3 90    61.12 17.85    56.4    60.98 12.45   13.2   92.4   79.2  0.22    -0.36 1.88
>
> mean(data$쇼핑2월-data$쇼핑1월)
[1] -3.853333
> round(mean(data$쇼핑2월-data$쇼핑1월), 2)
[1] -3.85
```

ⓛ 대응표본(또는 쌍체표본) t－검정(paired t－test)을 위하여 t.test( ) 함수를 이용한다. 대립가설을 alternative＝"less"[True mean difference is less than 0, 프로모션 후 쇼핑 금액(쇼핑2월)－프로모션 전 쇼핑 금액(쇼핑1월)의 평균＜0, 즉 프로모션 후의 쇼핑 금액이 감소하였다]로 지정하고, 대응표본 검정을 실시(paired＝TRUE)한다. 검정 결과, 검정통계량의 값(t, t_result$statistic)＝－1.7(소수 둘째자리까지 계산)이다.

```
> t_result <- t.test(data$쇼핑2월, data$쇼핑1월, alternative="less", paired=TRUE)
> t_result


        Paired t-test

data:  data$쇼핑2월 and data$쇼핑1월
t = -1.7024, df = 89, p-value = 0.04608
alternative hypothesis: true mean difference is less than 0
95 percent confidence interval:
       -Inf -0.09118357
sample estimates:
mean difference
     -3.853333


> summary(t_result)
            Length Class  Mode
statistic   1      -none- numeric
parameter   1      -none- numeric
p.value     1      -none- numeric
conf.int    2      -none- numeric
estimate    1      -none- numeric
null.value  1      -none- numeric
stderr      1      -none- numeric
alternative 1      -none- character
method      1      -none- character
data.name   1      -none- character
>
> print(t_result$statistic)
        t
-1.702441
>
> round(t_result$statistic, 2)
   t
-1.7
```

ⓒ 검정 결과를 판정(귀무가설의 채택 또는 기각)하기 위한 유의확률(p−value, p−값)은 t_result$p.value = 0.0461(소수 넷째자리까지 계산)이다. 따라서 유의수준 5%에서 귀무가설이 기각(p−value<0.05)되어 프로모션의 효과가 없음(프로모션 후의 쇼핑2월 금액이 감소)을 확인할 수 있다.

```
> print(t_result$p.value)
[1] 0.04608157
> round(t_result$p.value, 4)
[1] 0.0461
>
> if ( t_result$p.value < 0.05 )
+ { print("Reject of Null Hypothesis")
+ } else
+ { print("Accept of Null Hypothesis")
+ }
[1] "Reject of Null Hypothesis"
```

(2) 비율차이 분석

① 어떤 항목에 대해 두 집단 사이 비율의 차이가 통계적으로 유의한지를 검정한다.

② 평균차이 분석이 수치형 자료의 차이를 검정하는 방법인 반면, 비율차이 분석은 (예, 아니오), (합격, 불합격), (참, 거짓) 등과 같은 이항형 자료의 차이 검정 시 사용된다.

③ 예를 들어 성별(남성, 여성)에 따른 쿠폰 선호도(예, 아니오), 신제품에 대한 소비자들의 구매 의도(구매, 비구매), 광고 브랜드에 대한 (만족, 불만족) 등의 조사 결과에서 각 항목(반응값)의 비율값들에 대한 차이가 있는지를 검정하기 위해 비율차이 분석을 이용한다.

④ 비율차이 분석을 위하여 prop.test( ) 함수를 이용한다. prop.test( ) 함수의 사용 방법은 다음과 같다.

> prop.test(x, n, p=NULL, alternative=c("two.sided", "less", "greater"), conf.level=0.95, correct=TRUE)
> • x : 발생 수
> • n : 실행 수
> • alternative : 검정 방법(양측, 단측)
> • conf.level : 신뢰구간

⑤ data.csv 파일을 읽어 데이터 프레임에 저장(data)한다. 발생 수를 구하기 위해 length( )와 which( ) 함수를 이용하여 남성의 수(n1=55명)와 여성의 수(n2=35명)를 구한다. 성별에 따라 쿠폰선호도가 "예"인 횟수를 구하기 위하여 "&" 연산자를 이용한다. 55명의 남성들 중 쿠폰선호도="예"인 경우는 22명(x1), 35명의 여성들 중 쿠폰선호도="예"로 답한 인원은 26명(x2)이다.

```
> setwd("C:/workr")
> getwd()
[1] "C:/workr"
>
> data <- read.csv("data.csv", header=T, fileEncoding="EUC-KR")
>
> n1 <- length(which(data$성별=="남자"))
> n1
[1] 55
>
> n2 <- length(which(data$성별=="여자"))
> n2
[1] 35
>
> n <- c(n1, n2)
> n
[1] 55 35

> x1 <- length(which(data$성별=="남자" & data$쿠폰선호도=="예"))
> x1
[1] 22
>
> x2 <- length(which(data$성별=="여자" & data$쿠폰선호도=="예"))
> x2
[1] 26
>
> x <- c(x1, x2)
> x
[1] 22 26
```

⑥ prop.test(x,n)를 이용하여 비율에 차이가 있는지를 분석한다. 남성 쿠폰선호도 비율은 22/55=0.4, 여성 쿠폰선호도 비율은 26/35=0.7428571로 여성들의 쿠폰선호도가 높다. 비율 차이 검정을 위한 카이제곱값(Chi−squared)=8.7715이고 자유도(df)=1이다. 유의확률 (p−value)=0.00306<유의수준(0.05)이므로 귀무가설(남성과 여성에 따라 쿠폰선호도의 차이가 없다)은 기각된다. 따라서 남성과 여성에 따른 쿠폰선호도의 비율차이 검정 결과, 성별에 따라 쿠폰선호도의 차이가 있음을 알 수 있으며, 여성들의 쿠폰선호도가 남성들에 비해 높다.

```
> prop_result <- prop.test(x, n)
> prop_result

        2-sample test for equality of proportions with continuity correction

data:  x out of n
X-squared = 8.7715, df = 1, p-value = 0.00306
alternative hypothesis: two.sided
95 percent confidence interval:
 -0.5604717 -0.1252426
sample estimates:
   prop 1    prop 2
0.4000000 0.7428571
```

```
> summary(prop_result)
            Length Class   Mode
statistic   1      -none-  numeric
parameter   1      -none-  numeric
p.value     1      -none-  numeric
estimate    2      -none-  numeric
null.value  0      -none-  NULL
conf.int    2      -none-  numeric
alternative 1      -none-  character
method      1      -none-  character
data.name   1      -none-  character
```

(3) 분산 분석

① 분산 분석(또는 변량 분석, ANOVA ; Analysis of Variance)은 3개 이상의 집단에 대하여 집단들 사이의 차이를 비교·분석할 때 사용되며, R.A. Fisher에 의해 제안되었다.

② 집단 내의 분산, 총평균 그리고 각 집단의 평균의 차이에 의한 집단 간 분산의 비교를 통해 생성된 F-분포를 이용하여 가설을 검정한다. F-분포는 분산의 비교를 통해 얻어진 분포비율로서 이 비율을 이용하여 각 집단의 모집단 분산이 차이가 있는지에 대한 검정과 모집단 평균의 차이가 있는지 검정한다. 즉 $F=$(집단 간 변동)/(집단 내 변동)로서 집단 내 변동에 대한 집단 간 변동의 비율이다.

③ 분산 분석은 표본의 수가 서로 다른 집단들에 대한 비교 시 사용되는 일원배치 분산 분석과 표본의 수가 동일한 집단들에 대한 비교 시 사용되는 반복측정 분산 분석으로 구분된다.

④ 일원배치 분산 분석은 (소도시, 중도시, 대도시), (저소득, 중산층, 고소득층), (1학년, 2학년, 3학년) 등과 같이 모집단의 수가 차이가 있어 표본의 수를 인위적으로 통제하기 쉽지 않은 자료들에 대한 차이 분석 시 활용된다.

⑤ 반복측정 분산 분석에서는 동일 집단에 대하여 세 가지 이상의 조건에 대한 측정 결과를 분석할 때 사용된다. 예를 들어 100명의 고객에 대한 (1월, 2월, 3월) 쇼핑액이 월별로 차이가 있는지에 대한 분산 분석 시 반복측정 분산 분석이 사용된다.

⑥ 분산 분석은 예를 들어 다양한 당뇨병 약물의 효과를 연구할 목적으로 약물 유형과 그에 따른 혈당 수치 사이의 관계를 설정하고 실험하여 약물의 효과를 조사·비교하기 위해 사용된다. 표본집단은 사람들의 집합이고 그룹별로 구분하여 각 그룹들은 시험 기간 동안 특정 의약품을 투여받는 상황에서 실험 종료 후 각 그룹에 속한 대상자의 혈당수치를 측정한다. 이 경우 각 그룹에 속한 사람들의 평균 혈당 수치를 비교하여 통계적으로 의약품의 효능이 다른지 또는 유사한지를 알아내는 데 사용된다.

⑦ 분산 분석을 수행하기 위하여 aov( ) 함수를 이용하며 사용 방법은 다음과 같다. 입력자료 (formula)는 종속변수와 독립변수를 정의하고, 분석 대상의 데이터를 data로 정의한다. 예를 들어 (소도시, 중도시, 대도시) 주거지역별로 쇼핑액의 차이를 검정하는 경우 종속변수는 쇼핑액, 독립변수는 주거지역이 된다.

> aov(formula, data=NULL, ...)
> • formula : 식 (종속변수~독립변수)
> • data : 분석대상의 데이터 프레임

⑧ data.csv 파일을 이용하여 (소도시, 중도시, 대도시) 주거지역별로 쇼핑액(쇼핑1월+쇼핑2월+ 쇼핑3월)의 차이가 있는지를 검정(일원배치 분산 분석, 표본의 수가 서로 다름)하고, 각 고객별로 (쇼핑1월, 쇼핑2월, 쇼핑3월)의 월별 쇼핑 금액이 차이가 있는지를 검정(반복측정 분산 분석) 한다.

```
> setwd("C:/workr")
> getwd()
[1] "C:/workr"
>
> data <- read.csv("data.csv", header=T, fileEncoding="EUC-KR")
>
> head(data)
     고객번호 성별    연령대    직업 주거지역 쇼핑액 이용만족도 쇼핑1월 쇼핑2월 쇼핑3월 쿠폰사용회수
1    190105 남자  45-49세 회사원   소도시  195.6         4   76.8   64.8   54.0          3
2    190106 남자  25-29세 공무원   소도시  116.4         7   44.4   32.4   39.6          6
3    190107 남자  50세 이상 자영업   중도시  183.6         4   66.0   66.0   51.6          5
4    190108 남자  50세 이상 농어업   소도시  168.0         4   62.4   52.8   52.8          4
5    190109 남자  40-44세 공무원   중도시  169.2         4   63.6   54.0   51.6          5
6    190110 남자  45-49세 자영업   중도시  171.6         5   52.8   66.0   52.8          4
  쿠폰선호도 품질 가격 서비스 배송 쇼핑만족도 소득
1        예   7    7      1    4           4 4300
2      아니오   7    4      7    7           7 7500
3        예   4    4      3    3           6 2900
4      아니오   3    3      4    6           5 5300
5      아니오   6    4      7    4           6 4000
6      아니오   5    4      3    4           5 5100
```

〈일원배치 분산 분석 예〉	
주거지역	쇼핑액(만원)
소도시	195.6
소도시	116.4
중도시	183.6
중도시	169.2
대도시	244.8

〈반복측정 분산 분석 예〉			
고객번호	쇼핑1월(만원)	쇼핑2월(만원)	쇼핑3월(만원)
190105	76.8	64.8	54.0
190106	44.4	32.4	39.6
190107	66.0	66.0	51.6
190109	63.6	54.0	51.6
190117	76.8	88.8	79.2

⑨ **일원배치 분산 분석** : (소도시, 중도시, 대도시)의 주거지역별로 쇼핑액이 차이가 있는지를 검정하기 위해 subset( ) 함수를 이용하여 data로부터 필요한 데이터 프레임을 추출한다. 그리고 주거지역별로 소도시(data1), 중도시(data2), 대도시(data3)로 구분하여 각각의 데이터 프레임에 저장한다.

```
> data <- subset(data, select=c(주거지역, 쇼핑액))
> head(data)
   주거지역  쇼핑액
1    소도시  195.6
2    소도시  116.4
3    중도시  183.6
4    소도시  168.0
5    중도시  169.2
6    중도시  171.6
> data1 <- subset(data, data$주거지역=="소도시")
> head(data1)
    주거지역  쇼핑액
1     소도시  195.6
2     소도시  116.4
4     소도시  168.0
8     소도시  201.6
14    소도시  184.8
17    소도시  153.6

> data2 <- subset(data, data$주거지역=="중도시")
> head(data2)
   주거지역  쇼핑액
3    중도시  183.6
5    중도시  169.2
6    중도시  171.6
7    중도시  207.6
9    중도시  111.6
10   중도시  156.0
> data3 <- subset(data, data$주거지역=="대도시")
> head(data3)
    주거지역  쇼핑액
13    대도시  244.8
16    대도시  200.4
18    대도시  170.4
23    대도시  230.4
29    대도시  199.2
31    대도시  160.8
```

㉠ 기술통계 분석을 위해 "psych" 패키지와 라이브러리를 설치하고 describe( )로 주거지역별 쇼핑액의 기술통계량을 확인한다. 주거지역별 표본의 수는 소도시＝30, 중도시＝24, 대도시 ＝36개이며, 평균 쇼핑액은 (소도시, 중도시, 대도시)＝(167.68, 178.50, 176.77)만원으로 약간의 차이가 있다.

```
> describe(data1$쇼핑액)
   vars  n   mean    sd median trimmed   mad  min   max range  skew kurtosis   se
X1    1 30 167.68 41.96  169.2   169.3 37.36 80.4 238.8 158.4 -0.35    -0.47 7.66
>
> describe(data2$쇼핑액)
   vars  n  mean    sd median trimmed   mad   min   max range  skew kurtosis   se
X1    1 24 178.5 36.36  172.8  179.52 32.02 111.6 237.6   126 -0.05    -0.94 7.42
>
> describe(data3$쇼핑액)
   vars  n   mean    sd median trimmed   mad   min   max range skew kurtosis   se
X1    1 36 176.77 28.52  176.4  176.08 28.47 112.8 244.8   132 0.24    -0.31 4.75
```

구 분	표본의수 (n)	평균 (mean)	편차 (sd)	최소 (min)	최대 (max)	범위 (range)	중앙값 (median)
소도시 (data1)	30	167.68	41.96	80.40	238.80	158.40	169.20
중도시 (data2)	24	178.50	36.36	111.60	237.60	126.00	172.80
대도시 (data3)	36	176.77	28.52	112.80	244.80	132.00	176.40

㉡ 주거지역별로 쇼핑액의 차이를 알아보기 위한 일원배치 분산 분석에서는 쇼핑액이 종속변수 이고 주거지역이 독립변수이다. 따라서 aov( ) 함수를 이용하여 일원배치 분산 분석을 수행하 기 위해 다음과 같이 입력[aov(쇼핑액~주거지역, data)]한다.

```
> aov_result <- aov(쇼핑액~주거지역, data)
>
> aov_result
Call:
   aov(formula = 쇼핑액 ~ 주거지역, data = data)

Terms:
                   주거지역 Residuals
Sum of Squares      1956.23 109935.37
Deg. of Freedom           2        87

Residual standard error: 35.5475
Estimated effects may be unbalanced

> summary(aov_result)
            Df Sum Sq Mean Sq F value Pr(>F)
주거지역      2   1956   978.1   0.774  0.464
Residuals   87 109935  1263.6
```

- 집단 간 변동(주거지역) : 자유도＝2, 제곱합(Sum of Squares)＝1956.23, 평균 제곱합 (Mean Sq)＝1956.23/2 ＝ 978.1
- 집단 내 변동(Residuals): 자유도＝87, 제곱합(Sum of Squares)＝109935.37, 평균 제곱합(Mean Sq)＝109935.37/87＝1263.6
- F－value＝(집단 간 변동)/(집단 내 변동)＝978.1/1263.6＝0.774
- p－value(Pr(>F))＝0.464>유의확률(0.05)

ⓒ p－value＝0.464>0.05(유의확률)이므로 귀무가설(집단 간 차이가 없다)을 기각할 수 없다. 따라서 "주거지역별로 쇼핑액에는 차이가 없다"로 해석할 수 있다.

⑩ 반복측정 분산 분석

고객별로 (쇼핑1월, 쇼핑2월, 쇼핑3월)의 월별 쇼핑액의 차이가 있는지를 검정하기 위해 반복측정 분산 분석을 수행한다. "psych" 패키지를 설치하고 describe( ) 함수를 이용하여 (쇼핑1월, 쇼핑2월, 쇼핑3월)에 대한 기술통계량을 구한다. 표본의 수는 고객의 수(90명)로서 동일하고 월별 평균 쇼핑액은 (쇼핑1월, 쇼핑2월, 쇼핑3월)＝(64.97, 61.12, 48.11)만원으로 1월, 2월 쇼핑액은 큰 차이가 없으나 3월 쇼핑액은 다소 적다.

```
> data <- read.csv("data.csv", header=T, fileEncoding="EUC-KR")
>
> describe(data$쇼핑1월)
   vars  n  mean    sd median trimmed   mad  min  max range  skew kurtosis   se
X1    1 90 64.97 19.22   64.8   65.85 19.57 15.6 92.4  76.8 -0.24    -0.67 2.03
>
> describe(data$쇼핑2월)
   vars  n  mean    sd median trimmed   mad  min  max range skew kurtosis   se
X1    1 90 61.12 17.85   56.4   60.98 12.45 13.2 92.4  79.2 0.22    -0.36 1.88
>
> describe(data$쇼핑3월)
   vars  n  mean    sd median trimmed   mad  min  max range skew kurtosis   se
X1    1 90 48.11 17.85   52.8      48 18.68 13.2 92.4  79.2 0.03     0.09 1.88
```

구 분	표본의수 (n)	평균 (mean)	편차 (sd)	최소 (min)	최대 (max)	범위 (range)	중앙값 (median)
쇼핑1월	90	64.97	19.22	15.60	92.40	76.80	64.80
쇼핑2월	90	61.12	17.85	13.20	92.40	79.20	56.40
쇼핑3월	90	48.11	17.85	13.20	92.40	79.20	52.80

㉠ 고객별로 월별 쇼핑금액의 차이가 있는지를 알아보기 위해 반복측정 분산 분석을 수행하며, aov( ) 함수를 이용한다. 이를 위해 먼저 cbind( ), rbind( ) 함수로 (쇼핑액, 월)의 데이터 프레임(aov_data)을 생성한다. 월은 독립변수, (월별)쇼핑액은 종속변수가 된다.

```
> aov_data <- as.data.frame(rbind(cbind(data$쇼핑1월,1 ), cbind(data$쇼핑2월, 2), cbind(data$쇼핑3월, 3)))
> head(aov_data)
    V1 V2
1 76.8  1
2 44.4  1
3 66.0  1
4 62.4  1
5 63.6  1
6 52.8  1
>
> colnames(aov_data) <- c("쇼핑액", "월")
> head(aov_data)
   쇼핑액 월
1   76.8  1
2   44.4  1
3   66.0  1
4   62.4  1
5   63.6  1
6   52.8  1
```

```
> aov_data
    쇼핑액 월
1    76.8  1      91   64.8  2     181   54.0  3
2    44.4  1      92   32.4  2     182   39.6  3
3    66.0  1      93   66.0  2     183   51.6  3
4    62.4  1      94   52.8  2     184   52.8  3
5    63.6  1      95   54.0  2     185   51.6  3
6    52.8  1      96   66.0  2     186   52.8  3
7    64.8  1      97   88.8  2     187   54.0  3
8    56.4  1      98   92.4  2     188   52.8  3
9    64.8  1      99   30.0  2     189   16.8  3
10   51.6  1     100   51.6  2     190   52.8  3
```

㉡ 독립변수(월)와 종속변수(쇼핑액)를 이용하여 aov( ) 함수를 수행한다. aov_data를 이용하여 독립변수(월)와 종속변수(쇼핑액)를 설정하고 aov(쇼핑액~월, aov_data)의 결과를 aov_result에 저장한다.

```
> aov_result <- aov(쇼핑액~월, aov_data)
>
> aov_result
Call:
   aov(formula = 쇼핑액 ~ 월, data = aov_data)

Terms:
                    월 Residuals
Sum of Squares 12801.8   90841.0
Deg. of Freedom      1       268

Residual standard error: 18.41084
Estimated effects may be unbalanced
```

```
> summary(aov_result)
             Df Sum Sq Mean Sq F value  Pr(>F)
월            1  12802   12802   37.77 2.87e-09 ***
Residuals   268  90841     339
---
Signif. codes:  0 '***' 0.001 '**' 0.01 '*' 0.05 '.' 0.1 ' ' 1
```

- 집단 간 변동(월별 쇼핑액) : 자유도=1, 제곱합(Sum of Squares)=12801.8, 평균 제곱합(Mean Sq)=12801.8/1=12802
- 집단 내 변동(Residuals) : 자유도=268, 제곱합(Sum of Squares)=90841.0, 평균 제곱합(Mean Sq)=90841.0/268=339
- F−value=(집단 간 변동)/(집단 내 변동)=12802/339=37.77
- p−value(Pr(>F))=2.87×10^{-9}<유의확률(0.05)

ⓒ p−value=2.87×10^{-9}<0.05(유의확률)이므로 귀무가설(집단 간 차이가 없다)을 기각한다. 따라서 "고객별로 월별 쇼핑액에는 차이가 있다"로 해석할 수 있다.

(4) 독립성 검정

① data.csv 데이터를 이용하여 독립성 검정을 수행하고, 로지스틱 회귀분석 모형을 이용하여 오즈비(Odds ratio)를 구한다. data.csv는 (고객번호, 성별, 연령대, 직업, 주거지역, 쇼핑액, 이용만족도, 쇼핑1월, 쇼핑2월, 쇼핑3월, 쿠폰사용횟수, 쿠폰선호도, 품질, 가격, 서비스, 배송, 쇼핑만족도, 소득) 자료이다. 주요 변수를 이용하여 쿠폰선호도(예, 아니오)를 예측하고자 한다.

② 성별과 쿠폰선호도 변수 간의 독립성 검정을 실시하였을 때, 카이제곱 통계량은 다음과 같다. 먼저, ifelse()를 이용하여 성별과 쿠폰선호도에 대해 (0,1)로 데이터를 변환한다. table()로 성별쿠폰 선호도 인원수를 확인하며, chisq.test()를 이용하여 카이제곱 검정 통계를 수행한다. 수행 결과, 카이제곱 검정통계량=8.771이고 유의수준=p−value=0.0031로 유의확률 1%에서 귀무가설을 기각하게 되어 성별은 쿠폰선호도에 주요하게 영향을 미치는 것으로 평가된다.

```
> data <- read.csv("data.csv", header=T, fileEncoding="EUC-KR")
> head(data)
  고객번호 성별   연령대    직업 주거지역 쇼핑액 이용만족도 쇼핑1월 쇼핑2월 쇼핑3월 쿠폰사용회수 쿠폰선호도 품질 가격 서비스 배송
1  190105 남자 45-49세 회사원   소도시 195.6       4    76.8  64.8   54.0          3        예     7    7      1    4
2  190106 남자 25-29세 공무원   소도시 116.4       7    44.4  32.4   39.6          6      아니오   7    4      7    7
3  190107 남자 50세 이상 자영업 중도시 183.6       4    66.0  66.0   51.6          5        예     4    4      3    3
4  190108 남자 50세 이상 농어업 소도시 168.0       4    62.4  52.8   52.8          4      아니오   3    3      4    6
5  190109 남자 40-44세 공무원   중도시 169.2       4    63.6  54.0   51.6          5      아니오   6    4      7    4
6  190110 남자 45-49세 자영업 중도시 171.6       5    52.8  66.0   52.8          4      아니오   5    4      3    4
  쇼핑만족도 소득
1          4 4300
2          7 7500
3          6 2900
4          5 5300
5          6 4000
6          5 5100
> data$성별 <- ifelse(data$성별 =='남자', 1, 0)
> data$쿠폰선호도 <- ifelse(data$쿠폰선호도 == '예', 1, 0)
> cross_table <- table(data$성별, data$쿠폰선호도)
> cross_table

     0  1
  0  9 26
  1 33 22
> chi_result <- chisq.test(cross_table)
> print(round(chi_result$statistic, 3))
X-squared
    8.771
> print(chi_result$p.value)
[1] 0.003059818
```

③ (성별, 이용만족도, 쿠폰사용회수, 소득)을 독립변수로 사용하여 로지스틱 회귀모형을 실시하였을 때, 소득 변수의 계수값은 다음과 같다. 먼저, 독립변수(X)와 종속변수(y)를 정의하고 데이터 전처리 후(X_scaled), glm()으로 로지스틱 회귀모형을 구축(penalty 미설정)한다. predict() 와 ifelse()로 쿠폰선호도를 예측(로지스틱 함수의 값이 0.5 이상인 경우 쿠폰선호도=1(선호함))하고 table()을 이용하여 예측값과 실제값의 차이를 확인한다. coef()로 각 독립변수에 대한 계수값을 확인할 수 있으며, '소득' 변수에 대한 계수값=0.034이다.

```
> X <- data[c('성별', '이용만족도', '쿠폰사용회수', '소득')]
> y <- data$쿠폰선호도
> X_scaled <- scale(X)
> print(X_scaled[1:10])
 [1]  0.7932799  0.7932799  0.7932799  0.7932799  0.7932799  0.7932799 -1.2465826  0.7932799  0.7932799 -1.2465826
>
> model <- glm(y ~ X_scaled, data=data)
> summary(model)

Call:
glm(formula = y ~ X_scaled, data = data)

Coefficients:
                    Estimate Std. Error t value Pr(>|t|)
(Intercept)          0.53333    0.05036  10.591  < 2e-16 ***
X_scaled성별         -0.16336    0.05094  -3.207  0.00189 **
X_scaled이용만족도    0.01326    0.06704   0.198  0.84369
X_scaled쿠폰사용회수 -0.07321    0.06680  -1.096  0.27617
X_scaled소득          0.03392    0.05091   0.666  0.50706
---
Signif. codes:  0 '***' 0.001 '**' 0.01 '*' 0.05 '.' 0.1 ' ' 1

(Dispersion parameter for gaussian family taken to be 0.2282391)

    Null deviance: 22.4  on 89  degrees of freedom
Residual deviance: 19.4  on 85  degrees of freedom
AIC: 129.3

Number of Fisher Scoring iterations: 2

> y_pred <- predict(model, data)
> print(y_pred[1:10])
        1         2         3         4         5         6         7         8         9        10
0.4402321 0.3744495 0.3135381 0.4077601 0.3335160 0.4134614 0.7482597 0.4972919 0.3947941 0.9507948
> predicted <- ifelse(y_pred >= 0.5, 1, 0)
> print(predicted[1:10])
 1  2  3  4  5  6  7  8  9 10
 0  0  0  0  0  0  1  0  0  1
> xtable <- table(predicted, y)
> xtable
         y
predicted  0  1
        0 32 19
        1 10 29
> coefs <- coef(model)
> str(coefs)
 Named num [1:5] 0.5333 -0.1634 0.0133 -0.0732 0.0339
 - attr(*, "names")= chr [1:5] "(Intercept)" "X_scaled성별" "X_scaled이용만족도" "X_scaled쿠폰사용회수" ...
> print(round(coefs['X_scaled소득'],3))
X_scaled소득
        0.034
```

④ 추정된 로지스틱 회귀모형에서 이용만족도 변수가 한 단위 증가할 때 종속변수에 대한 오즈비 (Odds ratio) 값은 먼저, 이용만족도 변수에 대한 계수값＝0.01326을 구하고 Odds ratio＝exp(계수값)＝1.013으로 구한다. 오즈비가 1보다 큰 값을 가지므로 이용만족도가 한 단위 증가하는 경우 종속변수가 1에 속할 확률(쿠폰선호도가 '예'일 확률)이 증가함을 알 수 있다.

```
>
> satisfy <- coefs['X_scaled이용만족도']
> print(satisfy)
X_scaled이용만족도
        0.01325896
> oddsa <- exp(satisfy)
> print(round(oddsa, 3))
X_scaled이용만족도
            1.013
```

합격모의고사

제1회 합격모의고사
제2회 합격모의고사

I 작업형 제1유형

01 mtcars 데이터세트(mtcars.csv)의 qsec(1/4 mile time) 칼럼을 최소-최대 척도(Min-Max Scale)로 변환한 후 0.5보다 큰 값을 가지는 레코드의 개수를 구하시오.

```
> mtcars
                    mpg cyl  disp  hp drat    wt  qsec vs am gear carb
Mazda RX4           21.0   6 160.0 110 3.90 2.620 16.46  0  1    4    4
Mazda RX4 Wag       21.0   6 160.0 110 3.90 2.875 17.02  0  1    4    4
Datsun 710          22.8   4 108.0  93 3.85 2.320 18.61  1  1    4    1
Hornet 4 Drive      21.4   6 258.0 110 3.08 3.215 19.44  1  0    3    1
Hornet Sportabout   18.7   8 360.0 175 3.15 3.440 17.02  0  0    3    2
Valiant             18.1   6 225.0 105 2.76 3.460 20.22  1  0    3    1
Duster 360          14.3   8 360.0 245 3.21 3.570 15.84  0  0    3    4
Merc 240D           24.4   4 146.7  62 3.69 3.190 20.00  1  0    4    2
Merc 230            22.8   4 140.8  95 3.92 3.150 22.90  1  0    4    2
Merc 280            19.2   6 167.6 123 3.92 3.440 18.30  1  0    4    4
Merc 280C           17.8   6 167.6 123 3.92 3.440 18.90  1  0    4    4
Merc 450SE          16.4   8 275.8 180 3.07 4.070 17.40  0  0    3    3
Merc 450SL          17.3   8 275.8 180 3.07 3.730 17.60  0  0    3    3
Merc 450SLC         15.2   8 275.8 180 3.07 3.780 18.00  0  0    3    3
Cadillac Fleetwood  10.4   8 472.0 205 2.93 5.250 17.98  0  0    3    4
Lincoln Continental 10.4   8 460.0 215 3.00 5.424 17.82  0  0    3    4
Chrysler Imperial   14.7   8 440.0 230 3.23 5.345 17.42  0  0    3    4
Fiat 128            32.4   4  78.7  66 4.08 2.200 19.47  1  1    4    1
Honda Civic         30.4   4  75.7  52 4.93 1.615 18.52  1  1    4    2
Toyota Corolla      33.9   4  71.1  65 4.22 1.835 19.90  1  1    4    1
Toyota Corona       21.5   4 120.1  97 3.70 2.465 20.01  1  0    3    1
Dodge Challenger    15.5   8 318.0 150 2.76 3.520 16.87  0  0    3    2
AMC Javelin         15.2   8 304.0 150 3.15 3.435 17.30  0  0    3    2
Camaro Z28          13.3   8 350.0 245 3.73 3.840 15.41  0  0    3    4
Pontiac Firebird    19.2   8 400.0 175 3.08 3.845 17.05  0  0    3    2
Fiat X1-9           27.3   4  79.0  66 4.08 1.935 18.90  1  1    4    1
Porsche 914-2       26.0   4 120.3  91 4.43 2.140 16.70  0  1    5    2
Lotus Europa        30.4   4  95.1 113 3.77 1.513 16.90  1  1    5    2
Ford Pantera L      15.8   8 351.0 264 4.22 3.170 14.50  0  1    5    4
Ferrari Dino        19.7   6 145.0 175 3.62 2.770 15.50  0  1    5    6
Maserati Bora       15.0   8 301.0 335 3.54 3.570 14.60  0  1    5    8
Volvo 142E          21.4   4 121.0 109 4.11 2.780 18.60  1  1    4    2
```

```
> str(mtcars)
'data.frame':   32 obs. of  11 variables:
 $ mpg : num  21 21 22.8 21.4 18.7 18.1 14.3 24.4 22.8 19.2 ...
 $ cyl : num  6 6 4 6 8 6 8 4 4 6 ...
 $ disp: num  160 160 108 258 360 ...
 $ hp  : num  110 110 93 110 175 105 245 62 95 123 ...
 $ drat: num  3.9 3.9 3.85 3.08 3.15 2.76 3.21 3.69 3.92 3.92 ...
 $ wt  : num  2.62 2.88 2.32 3.21 3.44 ...
 $ qsec: num  16.5 17 18.6 19.4 17 ...
 $ vs  : num  0 0 1 1 0 1 0 1 1 1 ...
 $ am  : num  1 1 1 0 0 0 0 0 0 0 ...
 $ gear: num  4 4 4 3 3 3 3 4 4 4 ...
 $ carb: num  4 4 1 1 2 1 4 2 2 4 ...
> summary(mtcars)
      mpg             cyl             disp             hp             drat             wt
 Min.   :10.40   Min.   :4.000   Min.   : 71.1   Min.   : 52.0   Min.   :2.760   Min.   :1.513
 1st Qu.:15.43   1st Qu.:4.000   1st Qu.:120.8   1st Qu.: 96.5   1st Qu.:3.080   1st Qu.:2.581
 Median :19.20   Median :6.000   Median :196.3   Median :123.0   Median :3.695   Median :3.325
 Mean   :20.09   Mean   :6.188   Mean   :230.7   Mean   :146.7   Mean   :3.597   Mean   :3.217
 3rd Qu.:22.80   3rd Qu.:8.000   3rd Qu.:326.0   3rd Qu.:180.0   3rd Qu.:3.920   3rd Qu.:3.610
 Max.   :33.90   Max.   :8.000   Max.   :472.0   Max.   :335.0   Max.   :4.930   Max.   :5.424
      qsec             vs               am              gear            carb
 Min.   :14.50   Min.   :0.0000   Min.   :0.0000   Min.   :3.000   Min.   :1.000
 1st Qu.:16.89   1st Qu.:0.0000   1st Qu.:0.0000   1st Qu.:3.000   1st Qu.:2.000
 Median :17.71   Median :0.0000   Median :0.0000   Median :4.000   Median :2.000
 Mean   :17.85   Mean   :0.4375   Mean   :0.4062   Mean   :3.688   Mean   :2.812
 3rd Qu.:18.90   3rd Qu.:1.0000   3rd Qu.:1.0000   3rd Qu.:4.000   3rd Qu.:4.000
 Max.   :22.90   Max.   :1.0000   Max.   :1.0000   Max.   :5.000   Max.   :8.000
> length(mtcars$qsec)
[1] 32
> dim(mtcars)
[1] 32 11
```

🔓 **정답** 9개

📝 **해설** Min−Max Scale$=(x-\min(x))/(\max(x)-\min(x))$로 구한다. Min−Max Scale을 구하기 위한 사용자 정의 함수를 정의(minmax)하고, 항목(변수, mtcars$qsec)에 대해 적용한다. mtcars$qsec의 최댓값$=22.9$, 최솟값$=14.50$이며 전체 32개의 레코드들 중 0.5보다 큰 값을 가지는 레코드의 수는 총 9개이다.

```
> minmax <- function(x) {
+ return ((x-min(x))/(max(x)-min(x)))
+ }
>
> result <- minmax(mtcars$qsec)
> result
 [1] 0.23333333 0.30000000 0.48928571 0.58809524 0.30000000 0.68095238 0.15952381 0.65476190
 [9] 1.00000000 0.45238095 0.52380952 0.34523810 0.36904762 0.41666667 0.41428571 0.39523810
[17] 0.34761905 0.59166667 0.47857143 0.64285714 0.65595238 0.28214286 0.33333333 0.10833333
[25] 0.30357143 0.52380952 0.26190476 0.28571429 0.00000000 0.11904762 0.01190476 0.48809524
>
> length(result)
[1] 32
> print(sum(result > 0.5))
[1] 9
```

02 mtcars 데이터의 **wt(weight, 1000 lbs)** 컬럼의 이상치들을 **outlier** 변수에 저장하고 출력하시오[단, 이상치는 **IQR(Interquartile Range)**, 상위 75% 지점의 값과 하위 25% 지점의 값의 차이)를 기준으로 ① (하위 75% 지점의 값)+1.5×IQR 이상의 값 또는 ② (하위 25% 지점의 값)−1.5×IQR 이하의 값으로 정의한다].

🔒 정답 (5.250, 5.424, 5.345)

📋 해설 quantile( ) 함수를 이용하여 25%, 75% 분위수를 구하고 IQR=(75% 분위수−25% 분위수)를 계산한다. 이상치 기준(result)을 정의하고 해당되는 이상치를 구한다. boxplot( )으로 mtcars$wt 항목의 대략적인 분포와 이상치를 구분한다.

```
> q25 <- quantile(mtcars$wt, 0.25)
> q25
    25%
2.58125
> q75 <- quantile(mtcars$wt, 0.75)
> q75
 75%
3.61
> iqr <- q75 - q25
> iqr
    75%
1.02875
>
> result <- mtcars$wt >= (q75+1.5*iqr) | mtcars$wt <= (q25-1.5*iqr)
> result
 [1] FALSE FALSE FALSE FALSE FALSE FALSE FALSE FALSE FALSE FALSE FALSE FALSE FALSE FALSE  TRUE  TRUE  TRUE FALSE
[19] FALSE FALSE FALSE FALSE FALSE FALSE FALSE FALSE FALSE FALSE FALSE FALSE FALSE FALSE
```

```
> outlier <- mtcars$wt[result]
> outlier
[1] 5.250 5.424 5.345
>
> print(outlier)
[1] 5.250 5.424 5.345
```

```
> boxplot(mtcars$wt)
```

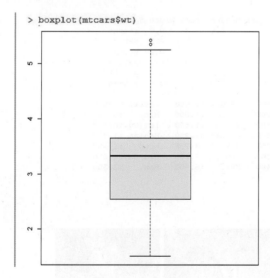

03 R에 내장된 iris 데이터는 Ronald Fisher에 의해 작성된 것으로 붓꽃 생육 데이터(150개 데이터=품종별 50개×3개 품종)이다. 꽃잎의 길이(Petal.Length)와 너비(Petal.Width) 그리고 꽃받침의 길이(Sepal.Length)와 너비(Sepal.Width)에 따라 붓꽃의 3가지 품종(setosa, versicolor, virginica)을 구분한다. 다음 순서대로 수행한 처리 결과를 출력하시오.

(1) 총 150개 행 자료 중 50개의 자료(Species="setosa")를 data에 저장하시오.

(2) data에서 꽃받침의 너비(Sepal.Width) 값이 가장 큰 값부터 상위 10개까지의 너비 값을 (10번째 너비의 값)으로 모두 대체하시오.

(3) Petal.Length=1.5(cm) 이상인 붓꽃에 대하여 Sepal.Width의 평균을 출력하시오.

- 독립변수(cm)
  - 꽃받침의 길이(Sepal.Length), 너비(Sepal.Width)
  - 꽃잎의 길이(Petal.Length), 너비(Petal.Width)
- 종속변수(붓꽃의 품종, Species)
  setosa(1), versicolor(2), virginica(3)

```
> head(iris)
  Sepal.Length Sepal.Width Petal.Length Petal.Width Species
1          5.1         3.5          1.4         0.2  setosa
2          4.9         3.0          1.4         0.2  setosa
3          4.7         3.2          1.3         0.2  setosa
4          4.6         3.1          1.5         0.2  setosa
5          5.0         3.6          1.4         0.2  setosa
6          5.4         3.9          1.7         0.4  setosa
> summary(iris)
  Sepal.Length    Sepal.Width     Petal.Length    Petal.Width
 Min.   :4.300   Min.   :2.000   Min.   :1.000   Min.   :0.100
 1st Qu.:5.100   1st Qu.:2.800   1st Qu.:1.600   1st Qu.:0.300
 Median :5.800   Median :3.000   Median :4.350   Median :1.300
 Mean   :5.843   Mean   :3.057   Mean   :3.758   Mean   :1.199
 3rd Qu.:6.400   3rd Qu.:3.300   3rd Qu.:5.100   3rd Qu.:1.800
 Max.   :7.900   Max.   :4.400   Max.   :6.900   Max.   :2.500
       Species
 setosa    :50
 versicolor:50
 virginica :50
```

[Setosa]

[Versicolor]

[Virginica]

🔒 정답 3.476923 (cm)

📋 해설 subset( ) 함수를 이용하여 Species가 "setosa"인 50개 행 자료를 data에 저장한다. order( )로 Sepal.Width 값이 가장 큰 값부터 상위 10개까지의 값으로 데이터 정렬 후 1~10번까지의 데이터를 10번째 값(data$Sepal.Width[10])으로 대체한다. 붓꽃 꽃잎의 길이(Petal.Length)가 1.5(cm) 이상인 26개의 자료를 data_p에 저장하고 mean( )으로 너비(Sepal.Width)의 평균을 구한다. 참고로 전체 iris 데이터에 대한 Petal.Length≥1.5인 붓꽃 너비의 평균은 Sepal.Width=3.004762(cm)이다.

```
> data <- subset(iris, Species == 'setosa')
> dim(data)
[1] 50  5
> summary(data)
  Sepal.Length    Sepal.Width     Petal.Length    Petal.Width          Species
 Min.   :4.300   Min.   :2.300   Min.   :1.000   Min.   :0.100   setosa    :50
 1st Qu.:4.800   1st Qu.:3.200   1st Qu.:1.400   1st Qu.:0.200   versicolor: 0
 Median :5.000   Median :3.400   Median :1.500   Median :0.200   virginica : 0
 Mean   :5.006   Mean   :3.428   Mean   :1.462   Mean   :0.246
 3rd Qu.:5.200   3rd Qu.:3.675   3rd Qu.:1.575   3rd Qu.:0.300
 Max.   :5.800   Max.   :4.400   Max.   :1.900   Max.   :0.600
>
> data <- data[order(-data$Sepal.Width), ]
> head(data)
   Sepal.Length Sepal.Width Petal.Length Petal.Width Species
16          5.7         4.4          1.5         0.4  setosa
34          5.5         4.2          1.4         0.2  setosa
33          5.2         4.1          1.5         0.1  setosa
15          5.8         4.0          1.2         0.2  setosa
6           5.4         3.9          1.7         0.4  setosa
17          5.4         3.9          1.3         0.4  setosa
> print(data$Sepal.Width[1:10])
 [1] 4.4 4.2 4.1 4.0 3.9 3.9 3.8 3.8 3.8 3.8
> data$Sepal.Width[1:10] <- data$Sepal.Width[10]
>
> print(data$Sepal.Width[1:10])
 [1] 3.8 3.8 3.8 3.8 3.8 3.8 3.8 3.8 3.8 3.8
>
> data_p <- data[data$Petal.Length >= 1.5, ]
> dim(data_p)
[1] 26  5
>
> result <- mean(data_p$Sepal.Width)
> print(result)
[1] 3.476923
>
> check <- iris[iris$Petal.Length>= 1.5, ]
> print(mean(check$Sepal.Width))
[1] 3.004762
```

R에 내장된 iris 데이터는 Ronald Fisher에 의해 작성된 것으로서 붓꽃의 생육 데이터(150개 데이터 =품종별 50개×3개 품종)이다. 꽃잎의 길이(Petal.Length)와 너비(Petal.Width) 그리고 꽃받침의 길이(Sepal.Length)와 너비(Sepal.Width)에 따라 붓꽃의 3가지 품종(setosa, versicolor, virginica)을 구분한다. 서포트벡터머신(SVM ; Support Vector Machine) 데이터 분석모형을 이용하여 붓꽃의 품종을 예측하고자 한다. 다음 절차대로 수행한 작업 처리 결과를 출력하시오(단, 데이터분석을 위하여 "e1071", "caret", "pROC" 패키지를 이용한다).

(1) iris 데이터들 중 70%(105개)를 훈련용 데이터(train)로 사용하고, 나머지 30%(45개)를 검증용 데이터(test)로 분류하시오.

(2) SVM 데이터 분석모형을 적용하기 위해 RBM(Radial Basis Function) 비선형 분류 방법을 적용하며, tune( ) 함수에서 cost=(0.1, 1, 10, 100), gamma(0.1, 0.5, 1, 2) 값의 범위를 적용(분류 분석의 유형은 C−classification 옵션 사용)한 결과를 토대로 최적의 파라미터 값(cost, gamme)을 구하시오.

(3) (2)번에서 구한 최적의 파라미터 값(cost, gamma)을 이용하여 SVM 데이터 분석모형을 구축하시오.

(4) 구축된 SVM 모형을 이용하여 검증용 데이터(test)에 대한 예측 결과(new$predict)를 실젯값(new$actual)과 함께 데이터 프레임(new)으로 저장하시오.

(5) 정오 분류표를 작성하고 정확도와 에러율을 구하시오.

(6) 혼동행렬(Confusion Matrix)을 작성하고 ROC 곡선과 AUC 값을 출력하시오.

- 독립변수(cm)
  - 꽃받침의 길이(Sepal.Length), 너비(Sepal.Width)
  - 꽃잎의 길이(Petal.Length), 너비(Petal.Width)
- 종속변수(붓꽃의 품종, Species)
  setosa(1), versicolor(2), virginica(3)

```
> head(iris)
  Sepal.Length Sepal.Width Petal.Length Petal.Width Species
1          5.1         3.5          1.4         0.2 setosa
2          4.9         3.0          1.4         0.2 setosa
3          4.7         3.2          1.3         0.2 setosa
4          4.6         3.1          1.5         0.2 setosa
5          5.0         3.6          1.4         0.2 setosa
6          5.4         3.9          1.7         0.4 setosa
> summary(iris)
  Sepal.Length    Sepal.Width     Petal.Length    Petal.Width
 Min.   :4.300   Min.   :2.000   Min.   :1.000   Min.   :0.100
 1st Qu.:5.100   1st Qu.:2.800   1st Qu.:1.600   1st Qu.:0.300
 Median :5.800   Median :3.000   Median :4.350   Median :1.300
 Mean   :5.843   Mean   :3.057   Mean   :3.758   Mean   :1.199
 3rd Qu.:6.400   3rd Qu.:3.300   3rd Qu.:5.100   3rd Qu.:1.800
 Max.   :7.900   Max.   :4.400   Max.   :6.900   Max.   :2.500
       Species
 setosa    :50
 versicolor:50
 virginica :50
```

[Setosa]

[Versicolor]

[Virginica]

🔒 정답 및 해설

① iris 데이터에서 70%(105개의 행)의 데이터를 훈련용 데이터(train)로, 나머지 30%(45개의 행)를 검증용 데이터 (test)로 분류한다.

```
> id <- sample(1:nrow(iris), as.integer(0.7*nrow(iris)))
> train <- iris[id,]
> test <- iris[-id,]
>
> head(train)
    Sepal.Length Sepal.Width Petal.Length Petal.Width    Species
12           4.8         3.4          1.6         0.2     setosa
132          7.9         3.8          6.4         2.0  virginica
26           5.0         3.0          1.6         0.2     setosa
42           4.5         2.3          1.3         0.3     setosa
66           6.7         3.1          4.4         1.4 versicolor
128          6.1         3.0          4.9         1.8  virginica
> dim(train)
[1] 105   5
```

```
>
> head(test)
  Sepal.Length Sepal.Width Petal.Length Petal.Width Species
3          4.7         3.2          1.3         0.2  setosa
4          4.6         3.1          1.5         0.2  setosa
8          5.0         3.4          1.5         0.2  setosa
9          4.4         2.9          1.4         0.2  setosa
14         4.3         3.0          1.1         0.1  setosa
17         5.4         3.9          1.3         0.4  setosa
> dim(test)
[1] 45  5
```

② RBM 비선형 분류 알고리즘에서 최적의 파라미터를 구하기 위하여 tune( ) 함수를 이용한다. 분석결과, 최적의 cost는 100, gamma는 0.1이다.

```
> cost_range <- c(0.1, 1, 10, 100)
> gamma_range <- c(0.1, 0.5, 1, 2)
> svm_tune <- tune(svm, train.x = Species ~., data=train, kernel="radial",
+ ranges=list(cost=cost_range, gamma=gamma_range))
>
> svm_tune

Parameter tuning of 'svm':

- sampling method: 10-fold cross validation

- best parameters:
 cost gamma
  100   0.1

- best performance: 0.03909091
```

③ 최적의 파라미터를 이용하여 SVM 분석모형(model)을 구축한다.

④ 검증용 데이터(test)의 참값(test$Species)을 new$actual에 저장하고, 구축 모형(model)을 이용(prdict( ) 함수)하여 예측값(new$predict)을 구한 후, 이를 data.frame(new)에 저장한다.

⑤ table( )로 정오 분류표(cross_table)를 작성하고 정확도(accuracy=95.6%)와 에러율(error=4.44%)을 구한다.

```
> model <- svm(Species ~ ., train, type="C-classification", kernel="radial",
+ cost=100, gamma=0.1)
>
> new <- data.frame(actual = test$Species)
> new$predict <- predict(model, test, decision.values = TRUE)
>
> cross_table <- table(new$predict, new$actual)
> names(dimnames(cross_table)) <- c("Predicted", "Actual")
> cross_table
             Actual
Predicted   setosa versicolor virginica
  setosa        14          0         0
  versicolor     0         13         0
  virginica      0          2        16
>
> accuracy <- sum(diag(cross_table)) / sum(cross_table) * 100
> accuracy
[1] 95.55556
>
> error <- 100 - accuracy
> error
[1] 4.444444
```

⑥ confusionMatrix( ) 함수를 이용하여 혼동행렬 표를 작성하고, 정확도(Accuracy)가 95.6%로서 앞의 결과와 동
일함을 확인한다. plot.roc( )로 ROC 곡선을 작성하고, 데이터 분석모형의 성능(ROC 곡선 아래의 영역값)이
AUC=1로서 구축된 SVM 데이터 분석모형이 우수함을 알 수 있다.

```
> confusionMatrix(cross_table)
Confusion Matrix and Statistics

           Actual
Predicted   setosa versicolor virginica
  setosa      14         0         0
  versicolor   0        13         0
  virginica    0         2        16

Overall Statistics

               Accuracy : 0.9556
                 95% CI : (0.8485, 0.9946)
    No Information Rate : 0.3556
    P-Value [Acc > NIR] : < 2.2e-16

                  Kappa : 0.9331

 Mcnemar's Test P-Value : NA

Statistics by Class:

                     Class: setosa Class: versicolor Class: virginica
Sensitivity                 1.0000            0.8667           1.0000
Specificity                 1.0000            1.0000           0.9310
Pos Pred Value              1.0000            1.0000           0.8889
Neg Pred Value              1.0000            0.9375           1.0000
Prevalence                  0.3111            0.3333           0.3556
Detection Rate              0.3111            0.2889           0.3556
Detection Prevalence        0.3111            0.2889           0.4000
Balanced Accuracy           1.0000            0.9333           0.9655
```

```
> plot.roc(new$actual, as.integer(new$predict), legacy.axes = TRUE)
```

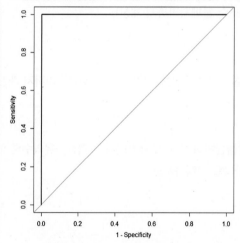

```
> result_validation <- roc(new$actual, as.integer(new$predict))
> names(result_validation)
 [1] "percent"            "sensitivities"      "specificities"
 [4] "thresholds"         "direction"          "cases"
 [7] "controls"           "fun.sesp"           "auc"
[10] "call"               "original.predictor" "original.response"
[13] "predictor"          "response"           "levels"
>
> result_validation$auc
Area under the curve: 1
```

01 주어진 데이터(blood_pressure.csv)에는 고혈압 환자 120명의 치료 전후의 혈압이 저장되어 있다. 해당 자료가 효과가 있는지(즉, 치료 후의 혈압이 감소했는지) 쌍체표본 t−검정(paired t−test)을 통해 답하고자 한다. 가설은 아래와 같다.

> • μd : (치료 후 혈압−치료 전 혈압)의 평균
> • H0 : $\mu d \geq 0$ (귀무가설 : 치료 후 혈압이 높다. 즉, 치료 후의 혈압이 감소하지 않았다.)
> • H1 : $\mu d < 0$ (대립가설 : 치료 후 혈압이 낮다. 즉, 치료 후의 혈압이 감소하였다.)

데이터세트(blood_pressure.csv)는 다음 항목을 포함한다.

> • patient : 환자 번호
> • sex : 환자 성별
> • agegrp : 연령대
> • bp_before : 치료 전 혈압
> • bp_after : 치료 후 혈압

(1) μd의 표본평균을 구하시오(반올림하여 소수 둘째자리까지 계산).

(2) 위의 가설을 검정하기 위한 검정통계량을 구하시오(반올림하여 소수 둘째자리까지 계산).

(3) 위의 통계량에 대한 p−값을 구하고(반올림하여 소수 넷째자리까지 계산), 유의수준 0.05하에서 가설검정의 결과를 (채택/기각) 중 하나를 선택하시오.

① μd의 표본평균＝-5.09

psych 패키지 설치 후, describe( ) 함수를 이용하여 각 항목의 기술통곗값을 확인한다. 치료 후 혈압(bp_after)의 평균＝151.36, 치료 전 혈압(bp_before)의 평균＝156.45로 치료 후 혈압이 다소 감소하였음을 확인할 수 있다. μd＝치료 후 혈압－치료 전 혈압＝bp_after－bp_before＝151.36－156.45＝-5.09(소수 둘째자리까지 계산)이다.

```
> setwd("C:/workr")
> data <- read.csv("blood_pressure.csv", header=T, fileEncoding="EUC-KR")
> head(data)
  patient  sex agegrp bp_before bp_after
1       1 Male  30-45       143      153
2       2 Male  30-45       163      170
3       3 Male  30-45       153      168
4       4 Male  30-45       153      142
5       5 Male  30-45       146      141
6       6 Male  30-45       150      147
> describe(data)
          vars   n   mean    sd median trimmed   mad min max range skew kurtosis   se
patient      1 120  60.50 34.79   60.5   60.50 44.48   1 120   119 0.00    -1.23 3.18
sex*         2 120   1.50  0.50    1.5    1.50  0.74   1   2     1 0.00    -2.02 0.05
agegrp*      3 120   2.00  0.82    2.0    2.00  1.48   1   3     2 0.00    -1.52 0.07
bp_before    4 120 156.45 11.39  154.5  155.66 11.12 138 185    47 0.54    -0.51 1.04
bp_after     5 120 151.36 14.18  149.5  150.61 15.57 125 185    60 0.38    -0.57 1.29
>
> mean(data$bp_after-data$bp_before)
[1] -5.091667
>
> round(mean(data$bp_after-data$bp_before), 2)
[1] -5.09
```

② 검정통계량(t)＝-3.34

쌍체표본 t－검정(paired t－test)을 위하여 t.test( ) 함수를 이용한다. 대립가설을 alternative＝"less"[True mean difference is less than 0, (치료 후 혈압－치료 전 혈압)의 평균<0, 즉 치료 후의 혈압이 감소하였다]로 지정하고, 대응표본 검정 방법을 이용(paired＝TRUE)한다.

```
> t_result <- t.test(data$bp_after, data$bp_before, alternative="less", paired=TRUE)
> t_result

        Paired t-test

data:  data$bp_after and data$bp_before
t = -3.3372, df = 119, p-value = 0.0005649
alternative hypothesis: true mean difference is less than 0
95 percent confidence interval:
      -Inf -2.562364
sample estimates:
mean difference
      -5.091667
```

```
> summary(t_result)
          Length Class  Mode
statistic  1     -none- numeric
parameter  1     -none- numeric
p.value    1     -none- numeric
conf.int   2     -none- numeric
estimate   1     -none- numeric
null.value 1     -none- numeric
stderr     1     -none- numeric
alternative 1    -none- character
method     1     -none- character
data.name  1     -none- character
>
> print(t_result$statistic)
        t
-3.337187
>
> round(t_result$statistic, 2)
    t
-3.34
```

③ p−value(p−값)=0.0006

유의수준 0.05하에서 귀무가설은 기각(p−value<0.05)된다. 따라서 치료 후의 혈압이 감소하여 해당 치료가 효과
가 있는 것으로 판단된다.

```
>  print(t_result$p.value)
[1] 0.0005648957
> round(t_result$p.value, 4)
[1] 6e-04
>
> if ( t_result$p.value < 0.05 )
+ { print("Reject of Null Hypothesis")
+ } else
+ { print("Accept of Null Hypothesis")
+ }
[1] "Reject of Null Hypothesis"
```

02 주어진 데이터(cholesterol.csv)에는 당뇨 환자 12명의 치료 전후의 혈청 콜레스테롤 (Cholesterol) 값이 저장되어 있다. 해당 자료가 효과가 있는지 (즉, 치료 후의 콜레스테롤이 감소했는지) 쌍체표본 t−검정(paired t−test)을 통해 답하고자 한다. 가설은 아래와 같다.

- μd : (치료 후 콜레스테롤−치료 전 콜레스테롤)의 평균
- H0 : $\mu d \geq 0$ (귀무가설 : 치료 후 콜레스테롤 수치가 높다. 즉, 치료 후의 콜레스테롤 수치가 감소하지 않았다.)
- H1 : $\mu d < 0$ (대립가설 : 치료 후 콜레스테롤 수치가 낮다. 즉, 치료 후의 콜레스테롤 수치가 감소하였다.)

데이터세트(cholesterol.csv)는 다음 항목을 포함한다.

- patient : 환자 번호
- sex : 환자 성별
- agegrp : 연령대
- ch_before : 치료 전 콜레스테롤 수치
- ch_after : 치료 후 콜레스테롤 수치

(1) μd의 표본평균을 구하시오(반올림하여 소수 둘째자리까지 계산).

(2) 위의 가설을 검정하기 위한 검정통계량을 구하시오(반올림하여 소수 둘째자리까지 계산).

(3) 위의 통계량에 대한 p−값을 구하고(반올림하여 소수 넷째자리까지 계산), 유의수준 0.05하에서 가설검정의 결과를 (채택/기각) 중 하나를 선택하시오.

① μd의 표본평균 = -20.17

psych 패키지 설치 후, describe( ) 함수를 이용하여 각 항목의 기술통곗값을 확인한다. 치료 후 콜레스테롤 수치 (ch_after)의 평균 = 224.08, 치료 전 콜레스테롤 수치(ch_before)의 평균 = 244.25로 치료 후 콜레스테롤 수치가 감소하였다. μd = (치료 후 콜레스테롤 − 치료 전 콜레스테롤)의 평균 = ch_after − ch_before = 224.08 −244.25 = -20.17(소수 둘째자리까지 계산)이다.

```
> setwd("C:/workr")
> data <- read.csv("cholesterol.csv", header=T, fileEncoding="EUC-KR")
> head(data)
  patient sex agegrp ch_before ch_after
1       1 Male  30-45       201      200
2       2 Male  30-45       231      236
3       3 Male  46-59       221      216
4       4 Male  46-59       260      233
5       5 Male    60+       228      224
6       6 Male    60+       237      216
> describe(data)
           vars  n   mean    sd median trimmed   mad min max range skew kurtosis    se
patient       1 12   6.50  3.61    6.5     6.5  4.45   1  12    11 0.00    -1.50  1.04
sex*          2 12   1.50  0.52    1.5     1.5  0.74   1   2     1 0.00    -2.16  0.15
agegrp*       3 12   1.75  0.87    1.5     1.7  0.74   1   3     2 0.43    -1.63  0.25
ch_before     4 12 244.25 35.56  236.0   240.4 28.91 201 326   125 0.82    -0.14 10.26
ch_after      5 12 224.08 27.29  216.0   219.8 18.53 195 296   101 1.38     1.25  7.88
>
> mean(data$ch_after-data$ch_before)
[1] -20.16667
>
> round(mean(data$ch_after-data$ch_before), 2)
[1] -20.17
```

② 검정통계량(t) = -3.02

쌍체표본 t−검정(paired t−test)을 위하여 t.test( ) 함수를 이용한다. 대립가설을 alternative = "less"[True mean difference is less than 0, (치료 후 콜레스테롤 − 치료 전 콜레스테롤)의 평균 < 0, 즉 치료 후의 콜레스테롤 수치가 감소하였다]로 지정하고, 대응표본 검정 방법을 이용(paired = TRUE)한다.

```
> t_result <- t.test(data$ch_after, data$ch_before, alternative="less", paired=TRUE)
> t_result

        Paired t-test

data:  data$ch_after and data$ch_before
t = -3.0201, df = 11, p-value = 0.005827
alternative hypothesis: true mean difference is less than 0
95 percent confidence interval:
      -Inf -8.174729
sample estimates:
mean difference
      -20.16667

> summary(t_result)
          Length Class  Mode
statistic 1      -none- numeric
parameter 1      -none- numeric
p.value   1      -none- numeric
conf.int  2      -none- numeric
estimate  1      -none- numeric
null.value 1     -none- numeric
stderr    1      -none- numeric
alternative 1    -none- character
method    1      -none- character
data.name 1      -none- character
>
> print(t_result$statistic)
        t
-3.020113
> round(t_result$statistic, 2)
    t
-3.02
```

③ p−value(p−값)=0.0058

유의수준 0.05하에서 귀무가설이 기각(p−value<0.05)된다. 따라서 치료 후의 콜레스테롤이 감소하여 해당 치료
가 효과가 있는 것으로 판단된다.

```
> print(t_result$p.value)
[1] 0.005826676
>
> round(t_result$p.value, 4)
[1] 0.0058
>
> if ( t_result$p.value < 0.05 )
+ { print("Reject of Null Hypothesis")
+ } else
+ { print("Accept of Null Hypothesis")
+ }
[1] "Reject of Null Hypothesis"
```

Ⅰ 작업형 제1유형

01 R에서 제공되는 airquality 데이터는 1973년 5월에서 9월 사이 뉴욕의 대기질 측정 자료이다. 총 6개의 항목[Ozone{오존의 양, ppb(parts per billion)}, Solar.R(태양복사광, Solar Radiation, langley), Wind{바람세기, mph(miles per hour)}, Temp(온도, Fahrenheit), Month(측정월), Day(측정일)]에 대해 153개의 측정 자료를 나타낸다. 결측치(NA)를 포함하는 모든 행을 제거한 후, Ozone 자료에 대한 상위 60%의 사분위 값을 출력하시오.

```
> airquality
   Ozone Solar.R Wind Temp Month Day
1     41     190  7.4   67     5   1
2     36     118  8.0   72     5   2
3     12     149 12.6   74     5   3
4     18     313 11.5   62     5   4
5     NA      NA 14.3   56     5   5
6     28      NA 14.9   66     5   6
7     23     299  8.6   65     5   7
8     19      99 13.8   59     5   8
9      8      19 20.1   61     5   9
10    NA     194  8.6   69     5  10
11     7      NA  6.9   74     5  11
12    16     256  9.7   69     5  12
13    11     290  9.2   66     5  13
14    14     274 10.9   68     5  14
15    18      65 13.2   58     5  15
16    14     334 11.5   64     5  16
17    34     307 12.0   66     5  17
18     6      78 18.4   57     5  18
19    30     322 11.5   68     5  19
20    11      44  9.7   62     5  20

> dim(airquality)
[1] 153   6
>
>
> summary(airquality)
     Ozone           Solar.R           Wind            Temp           Month
 Min.   :  1.00   Min.   :  7.0   Min.   : 1.700   Min.   :56.00   Min.   :5.000
 1st Qu.: 18.00   1st Qu.:115.8   1st Qu.: 7.400   1st Qu.:72.00   1st Qu.:6.000
 Median : 31.50   Median :205.0   Median : 9.700   Median :79.00   Median :7.000
 Mean   : 42.13   Mean   :185.9   Mean   : 9.958   Mean   :77.88   Mean   :6.993
 3rd Qu.: 63.25   3rd Qu.:258.8   3rd Qu.:11.500   3rd Qu.:85.00   3rd Qu.:8.000
 Max.   :168.00   Max.   :334.0   Max.   :20.700   Max.   :97.00   Max.   :9.000
 NA's   :37       NA's   :  7
      Day
 Min.   : 1.0
 1st Qu.: 8.0
 Median :16.0
 Mean   :15.8
 3rd Qu.:23.0
 Max.   :31.0
```

정답 23

해설 결측치 제거 함수(na.omit( ))와 사분위수 함수(quantile( ))를 이용하여 Ozone(첫 번째 열) 자료에 대한 상위 60%(하위 40%) 자료 값(23)을 구한다.

```
> q6 <- quantile(na.omit(airquality)[,1], 0.4)
> print(q6)
40%
 23
> head(na.omit(airquality))
  Ozone Solar.R Wind Temp Month Day
1    41     190  7.4   67     5   1
2    36     118  8.0   72     5   2
3    12     149 12.6   74     5   3
4    18     313 11.5   62     5   4
7    23     299  8.6   65     5   7
8    19      99 13.8   59     5   8
```

02 위 1번 자료(airquality)에서 5월 측정 자료(Month=5)를 이용한다. 5월 Ozone의 평균량은 24.125이다. 5월 오존량 측정 데이터 24개 중 평균(24.125)보다 큰 값으로 측정된 일수를 구하시오.

🔒 정답 8일

📋 해설 subset( ) 함수를 이용하여 5월(Month=5)인 데이터를 저장(data_ana)한다. 5월 평균 오존량은 24.125 (ppb)이며, sum( ) 또는 print( ) 함수를 이용하여 평균보다 큰 오존량이 측정된 일수를 구한다.

```
> data <- na.omit(airquality)
> str(data)
'data.frame':   111 obs. of  6 variables:
 $ Ozone  : int  41 36 12 18 23 19 8 16 11 14 ...
 $ Solar.R: int  190 118 149 313 299 99 19 256 290 274 ...
 $ Wind   : num  7.4 8 12.6 11.5 8.6 13.8 20.1 9.7 9.2 10.9 ...
 $ Temp   : int  67 72 74 62 65 59 61 69 66 68 ...
 $ Month  : int  5 5 5 5 5 5 5 5 5 5 ...
 $ Day    : int  1 2 3 4 7 8 9 12 13 14 ...
 - attr(*, "na.action")= 'omit' Named int [1:42] 5 6 10 11 25 26 27 32 33 34
  ..- attr(*, "names")= chr [1:42] "5" "6" "10" "11" ...
```

```
> data_ana <- subset(data, Month==5)
> data_ana
   Ozone Solar.R Wind Temp Month Day
1     41     190  7.4   67     5   1
2     36     118  8.0   72     5   2
3     12     149 12.6   74     5   3
4     18     313 11.5   62     5   4
7     23     299  8.6   65     5   7
8     19      99 13.8   59     5   8
9      8      19 20.1   61     5   9
12    16     256  9.7   69     5  12
13    11     290  9.2   66     5  13
14    14     274 10.9   68     5  14
15    18      65 13.2   58     5  15
16    14     334 11.5   64     5  16
17    34     307 12.0   66     5  17
18     6      78 18.4   57     5  18
19    30     322 11.5   68     5  19
20    11      44  9.7   62     5  20
21     1       8  9.7   59     5  21
22    11     320 16.6   73     5  22
23     4      25  9.7   61     5  23
24    32      92 12.0   61     5  24
28    23      13 12.0   67     5  28
29    45     252 14.9   81     5  29
30   115     223  5.7   79     5  30
31    37     279  7.4   76     5  31
> m <- mean(data_ana$Ozone)
> m
[1] 24.125
> dim(data_ana)
[1] 24  6
> sum( data_ana$Ozone > m )
[1] 8
> print(sum(data_ana$Ozone > m ))
[1] 8
```

03 위 1번 자료(airquality)에서 총 6개의 항목[Ozone(오존의 양, ppb), Solar.R(태양광, lang), Wind(바람세기, mph), Temp(온도, F), Month(측정월), Day(측정일)]에 대한 측정 자료를 확인하여 결측치(NA)가 가장 많은 항목(변수)을 출력하시오.

정답 Ozone 항목[37개의 결측치(NA)를 가짐]

해설 lapply( ) 함수로 항목별 결측값의 개수를 저장(result)한다. result에는 결측값들의 개수가 리스트로 저장되어 있어 이를 데이터 프레임(f)으로 저장한다. filter( ) 함수를 이용하여 결측값의 수가 가장 많은 항목(항목=Ozone, 결측값=37개)을 출력한다. filter( ) 함수를 이용하기 위하여 "dplyr" 패키지를 설치하고, print( ) 명령어로 동일한 결과를 얻을 수 있다.

```
> result <- lapply(airquality[,1:6], function(x) {sum(is.na(x))})
> result
$Ozone
[1] 37

$Solar.R
[1] 7

$Wind
[1] 0

$Temp
[1] 0

$Month
[1] 0

$Day
[1] 0
```

```
> f <- data.frame(var=colnames(airquality)[1:6], gap=as.numeric(result))
> f
       var gap
1    Ozone  37
2  Solar.R   7
3     Wind   0
4     Temp   0
5    Month   0
6      Day   0
>
> f %>% filter(gap==max(as.numeric(result)))
    var gap
1 Ozone  37
>
> print(f %>% filter(gap==max(as.numeric(result))))
    var gap
1 Ozone  37
```

다음 자료(train_commerce.csv)는 (ID, Warehouse_block, Mode_of_Shipment, Customer_care_calls, Customer_rating, Cost_of_the_Product, Prior_purchases, Product_importance, Gender, Discount_offered, Weight_in_gms, Reached.on.Time_Y.N)의 12가지 항목에 대한 10,999개의 고객 구매 자료로 kaggle 사이트(www.kaggle.com/prachi13/customer-analytics?select=Train.csv)에서 다운로드한다.

전체 데이터들 중 임의로 70%(7,699)를 훈련용 데이터(train)로, 나머지 3,300의 행 자료를 검증용 자료(test)로 분류한다. 훈련용 데이터를 이용하여 고객이 주문한 물품이 제 시간에 도착하는지 여부(Reached.on.Time_Y.N의 값이 1이면 제 시간에 도착, 0이면 제 시간에 도착하지 않음)를 예측한다. 아래의 순서대로 작업을 수행하여 랜덤포레스트(Random Forest) 앙상블 분석모형을 구축하고 성능분석결과(정확도 및 오류율)를 출력하시오(단, 데이터분석을 위하여 "randomForest", "caret", "pROC" 패키지를 이용한다).

(1) 훈련 데이터와 검증 데이터에서 첫 번째 항목(ID)을 제거하고 종속변수(Reached.on.Time_Y.N)를 요인변수(명목변수, factor)로 변경하시오.

(2) 랜덤포레스트 데이터 분석모형을 구축하시오[단, 트리의 수는 100개(ntree=100)로 지정하고 분석 시 객체들 사이의 근접도 행렬을 이용하는 옵션을 지정(proximity=TRUE)한다].

(3) 구축된 랜덤포레스트 모형을 이용하여 검증용 데이터(test)에 대한 예측 결과(new$predict)를 실젯값(new$actual)과 함께 데이터프레임(new)으로 저장하시오.

(4) 정오 분류표를 작성하고 정확도와 에러율을 구하시오.

(5) 혼동행렬(Confusion Matrix)을 작성하고 ROC 곡선과 AUC 값을 출력하시오.

(6) 검증용 데이터에 대한 (참값, 예측값)을 result.csv 파일로 저장하시오.

ID	Warehouse_block	Mode_of_Shipment	Customer_care_calls	Customer_rating	Cost_of_the_Product	Prior_purchases	Product_importance	Gender	Discount_offered	Weight_in_gms	Reached.on.Time_Y.N
1	D	Flight	4	2	177	3	low	F	44	1233	1
2	F	Flight	4	5	216	2	low	M	59	3088	1
3	A	Flight	2	2	183	4	low	M	48	3374	1
4	B	Flight	3	3	176	4	medium	M	10	1177	1
5	C	Flight	2	2	184	3	medium	F	46	2484	1
6	F	Flight	3	1	162	3	medium	F	12	1417	1
7	D	Flight	3	4	250	3	low	F	3	2371	1
8	F	Flight	4	1	233	2	low	F	48	2804	1
9	A	Flight	3	4	150	3	low	F	11	1861	1
10	B	Flight	3	2	164	3	medium	F	29	1187	1
11	C	Flight	3	4	189	2	medium	M	12	2888	1
12	F	Flight	4	5	232	3	medium	F	32	3253	1
13	D	Flight	3	5	198	3	medium	F	1	3667	1
14	F	Flight	4	4	275	3	high	M	29	2602	1

```
>
> data <- read.csv("train_commerce.csv", header=T, fileEncoding="EUC-KR")
> head(data)
  ID Warehouse_block Mode_of_Shipment Customer_care_calls Customer_rating Cost_of_the_Product Prior_purchases Product_importance Gender
1  1               D           Flight                   4               2                 177               3                low      F
2  2               F           Flight                   4               5                 216               2                low      M
3  3               A           Flight                   2               2                 183               4                low      M
4  4               B           Flight                   3               3                 176               4             medium      M
5  5               C           Flight                   2               2                 184               3             medium      F
6  6               F           Flight                   3               1                 162               3             medium      F
  Discount_offered Weight_in_gms Reached.on.Time_Y.N
1               44          1233                   1
2               59          3088                   1
3               48          3374                   1
4               10          1177                   1
5               46          2484                   1
6               12          1417                   1
> dim(data)
[1] 10999    12
> id <- sample(1:nrow(data), as.integer(0.7*nrow(data)))
> train <- data[id, ]
> test <- data[-id, ]
> head(train)
         ID Warehouse_block Mode_of_Shipment Customer_care_calls Customer_rating Cost_of_the_Product Prior_purchases Product_importance Gender
2765   2765               C             Ship                   5               4                 177               4             medium      M
5297   5297               C             Ship                   3               1                 137               5                low      F
2354   2354               F             Ship                   3               2                 264               3             medium      F
5814   5814               F             Ship                   4               5                 274               3             medium      M
10232 10232               F             Ship                   2               1                 232               6                low      F
8170   8170               B             Ship                   5               4                 228               6             medium      M
      Discount_offered Weight_in_gms Reached.on.Time_Y.N
2765                48          1920                   1
5297                 8          4980                   1
2354                43          3439                   1
5814                 5          4773                   0
10232                2          5281                   1
8170                 5          4974                   1
> dim(train)
[1] 7699   12
> head(test)
   ID Warehouse_block Mode_of_Shipment Customer_care_calls Customer_rating Cost_of_the_Product Prior_purchases Product_importance Gender
8   8               F           Flight                   4               1                 233               2                low      F
10 10               B           Flight                   3               2                 164               3             medium      F
13 13               D           Flight                   3               5                 198               3             medium      F
22 22               B             Ship                   3               1                 232               4             medium      F
24 24               F             Ship                   4               3                 211               3               high      M
27 27               A             Ship                   4               1                 172               3               high      F
   Discount_offered Weight_in_gms Reached.on.Time_Y.N
8                48          2804                   1
10               29          1187                   1
13                1          3667                   1
22               51          2899                   1
24               12          3922                   1
27               24          1066                   1
> dim(test)
[1] 3300   12
```

① 전체 자료 중 70%를 훈련용(train), 나머지 30%를 검증용(test) 자료로 분류한다. 훈련 데이터와 검증 데이터에서 첫 번째 항목(ID)을 제거하고 종속변수(Reached.on.Time_Y.N)를 요인변수(명목변수, factor)로 변경한다.

```
> id <- sample(1:nrow(data), as.integer(0.7*nrow(data)))
> train <- data[id,]
> test <- data[-id,]
> train <- train[,-1]
> test <- test[,-1]
>
> train$Reached.on.Time_Y.N <- as.factor(train$Reached.on.Time_Y.N)
> test$Reached.on.Time_Y.N <- as.factor(test$Reached.on.Time_Y.N)
```

② randomForest( ) 함수로 랜덤포레스트 데이터 분석모형을 구축한다. 트리의 수는 100개(ntree=100)로 지정하고 분석 시 객체들 사이의 근접도 행렬을 이용하는 옵션을 지정(proximity=TRUE)한다.

③ 구축 모형(model)을 이용하여 검증용 데이터(test)에 대한 예측 결과(new$predict)를 실젯값(new$actual)과 함께 데이터 프레임(new)으로 저장한다.

④ table( ) 함수로 정오 분류표(cross_table)를 작성하고 정확도(accuracy=66.1%)와 에러율(error=33.9%)을 구한다. 혼동행렬로부터도 동일한 결과(정확도=66.1%)를 얻을 수 있다.

```
> model <- randomForest(Reached.on.Time_Y.N ~., data=train, ntree=100, proximity=TRUE)
>
> new <- data.frame(actual=test$Reached.on.Time_Y.N)
> new$predict <- predict(model, test, decision.values = TRUE)
>
> cross_table <- table(new$predict, new$actual)
> names(dimnames(cross_table)) <- c("Predict", "Actual")
> cross_table
        Actual
Predict   0    1
      0 905  711
      1 408 1276
> accuracy <- sum(diag(cross_table)) / sum(cross_table) * 100
> accuracy
[1] 66.09091
>
> error <- 100 - accuracy
> error
[1] 33.90909
>
> confusionMatrix(cross_table)
Confusion Matrix and Statistics

        Actual
Predict   0    1
      0 905  711
      1 408 1276

               Accuracy : 0.6609
                 95% CI : (0.6445, 0.6771)
    No Information Rate : 0.6021
    P-Value [Acc > NIR] : 1.856e-12

                  Kappa : 0.319

 Mcnemar's Test P-Value : < 2.2e-16

            Sensitivity : 0.6893
            Specificity : 0.6422
         Pos Pred Value : 0.5600
         Neg Pred Value : 0.7577
             Prevalence : 0.3979
         Detection Rate : 0.2742
   Detection Prevalence : 0.4897
      Balanced Accuracy : 0.6657

       'Positive' Class : 0
```

⑤ plot.roc( )로 ROC 곡선을 작성하고, AUC＝0.6657로서 보통 정도의 성능을 나타내는 분류기임을 확인한다.

```
> plot.roc(new$actual, as.integer(new$predict), legacy.axes = TRUE)
Setting levels: control = 0, case = 1
Setting direction: controls < cases
```

```
> result_validation <- roc(new$actual, as.integer(new$predict))
Setting levels: control = 0, case = 1
Setting direction: controls < cases
> names(result_validation)
 [1] "percent"            "sensitivities"      "specificities"
 [4] "thresholds"         "direction"          "cases"
 [7] "controls"           "fun.sesp"           "auc"
[10] "call"               "original.predictor" "original.response"
[13] "predictor"          "response"           "levels"
>
> result_validation$auc
Area under the curve: 0.6657
```

⑥ write.csv( )로 검증용 데이터에 대한 (참값, 예측값)이 저장된 데이터 프레임(new)을 result.csv 파일로 저장[작업영역 지정 : setwd("C:/workr")]한다. read.csv( )로 최종 결과를 확인한다.

```
> head(new)
  actual predict
1      1       1
2      1       1
3      1       1
4      1       1
5      1       1
6      1       1
> setwd("C:/workr")
> write.csv(new, "result.csv")
> data <- read.csv("result.csv", header=T, fileEncoding="EUC-KR")
> View(data)
```

	X	actual	predict
1	1	1	1
2	2	1	1
3	3	1	1
4	4	1	1
5	5	1	1
6	6	1	1
7	7	1	1
8	8	1	1
9	9	1	1
10	10	1	1
11	11	1	1
12	12	1	1
13	13	1	1
14	14	1	1
15	15	1	1
16	16	1	1
17	17	1	1
18	18	1	1
19	19	1	1
20	20	1	1
21	21	1	1
22	22	1	1
23	23	1	1
24	24	1	1
25	25	1	1

Data: data

01 주어진 데이터(height.csv)에는 초등학교 입학생 22명에 대한 운동치료(체조, 수영, 조깅 등) 전후의 키(cm)값이 저장되어 있다. 해당 자료가 효과가 있는지(즉, 운동 치료 후의 키가 커졌는지) 쌍체표본 t−검정(paired t−test)을 통해 답하고자 한다. 가설은 아래와 같다.

> - μd : (치료 후 키−치료 전 키)의 평균
> - H0 : $\mu d \leq 0$ (귀무가설 : 치료 후 키가 크지 않았다. 즉, 운동 치료 효과가 없다.)
> - H1 : $\mu d > 0$ (대립가설 : 치료 후 키가 커졌다. 즉, 운동 치료 효과가 있다.)

데이터세트(height.csv)는 다음 항목을 포함한다.

> - student : 학생 번호
> - sex : 학생 성별
> - age : 연령
> - h_before : 운동 치료 전 키
> - h_after : 운동 치료 후 키

(1) μd의 표본평균을 구하시오(반올림하여 소수 둘째자리까지 계산).

(2) 위의 가설을 검정하기 위한 검정통계량을 구하시오(반올림하여 소수 둘째자리까지 계산).

(3) 위의 통계량에 대한 p−값을 구하고(반올림하여 소수 넷째자리까지 계산), 유의수준 0.05하에서 가설검정의 결과를 (채택/기각) 중 하나를 선택하시오.

① μd의 표본평균＝10.27

psych 패키지 설치 후, describe( ) 함수를 이용하여 각 항목의 기술통곗값을 확인한다. 운동 치료 후 키(h_after)의 평균＝115.05, 치료 전 키(h_before)의 평균＝104.77로 치료 후의 평균 키가 커졌음을 알 수 있다. μd＝(치료 후 키－치료 전 키)의 평균＝h_after－h_before＝115.05－104.77＝10.27(소수 둘째자리까지 계산)이다.

```
> setwd("C:/workr")
> data <- read.csv("height.csv", header=T, fileEncoding="EUC-KR")
> head(data)
  student  sex age h_before h_after
1       1 Male   5      117     121
2       2 Male   5      108     109
3       3 Male   6      105     106
4       4 Male   5       89     114
5       5 Male   5      101     103
6       6 Male   6       93     105
> describe(data)
         vars  n    mean    sd median trimmed   mad min max range skew kurtosis   se
student     1 22   11.50  6.49   11.5   11.50  8.15   1  22    21 0.00    -1.36 1.38
sex*        2 22    1.45  0.51    1.0    1.44  0.00   1   2     1 0.17    -2.06 0.11
age         3 22    5.41  0.50    5.0    5.39  0.00   5   6     1 0.34    -1.96 0.11
h_before    4 22  104.77 17.94   98.0  101.39 10.38  86 156    70 1.61     1.88 3.82
h_after     5 22  115.05 15.78  111.0  112.78 10.38  96 157    61 1.22     0.73 3.36
>
> mean(data$h_after-data$h_before)
[1] 10.27273
>
> round(mean(data$h_after-data$h_before), 2)
[1] 10.27
```

② 검정통계량(t)＝4.74

쌍체표본 t－검정(paired t－test)을 위하여 t.test( ) 함수를 이용한다. 대립가설을 alternative＝"greater"[True mean difference is greater than 0, (치료 후 키－치료 전 키)의 평균>0, 즉 운동 치료 후의 키가 커졌다]로 지정하고, 대응표본 검정 방법을 이용(paired＝TRUE)한다.

```
> t_result <- t.test(data$h_after, data$h_before, alternative="greater", paired=TRUE)
> t_result

        Paired t-test

data:  data$h_after and data$h_before
t = 4.7396, df = 21, p-value = 5.555e-05
alternative hypothesis: true mean difference is greater than 0
95 percent confidence interval:
 6.543136      Inf
sample estimates:
mean difference
       10.27273

> summary(t_result)
            Length Class  Mode
statistic   1      -none- numeric
parameter   1      -none- numeric
p.value     1      -none- numeric
conf.int    2      -none- numeric
estimate    1      -none- numeric
null.value  1      -none- numeric
stderr      1      -none- numeric
alternative 1      -none- character
method      1      -none- character
data.name   1      -none- character
```

```
>
> print(t_result$statistic)
       t
4.739587
> round(t_result$statistic, 2)
   t
4.74
```

③ p−value(p−값)=0.0001

유의수준 0.05하에서 귀무가설이 기각(p−value<0.05)된다. 따라서 치료 후의 키가 커져서 해당 운동 치료가 효과가 있는 것으로 판단된다.

```
> print(t_result$p.value)
[1] 5.554886e-05
>
> round(t_result$p.value, 4)
[1] 1e-04
>
> if ( t_result$p.value < 0.05 )
+ { print("Reject of Null Hypothesis")
+ } else
+ { print("Accept of Null Hypothesis")
+ }
[1] "Reject of Null Hypothesis"
```

02 주어진 데이터(record.csv)에는 고등학생 30명에 대한 방과후 특별과외 전후의 수학 과목의 성적이 저장되어 있다. 해당 자료가 효과가 있는지(즉, 특별과외 후 수학 성적이 향상되었는지) 쌍체표본 t-검정(paired t-test)을 통해 답하고자 한다. 가설은 아래와 같다.

> - μd : (특별과외 후 성적-특별과외 전 성적)의 평균
> - H0 : $\mu d \leq 0$ (귀무가설 : 과외 후 성적이 향상되지 않았다. 즉, 특별과외의 효과가 없다.)
> - H1 : $\mu d > 0$ (대립가설 : 과외 후 성적이 향상되었다. 즉, 특별과외의 효과가 있다.)

데이터세트(record.csv)는 다음 항목을 포함한다.

> - student : 학생 번호
> - sex : 학생 성별
> - age : 연령
> - r_before : 특별과외 전 수학 성적
> - r_after : 특별과외 후 수학 성적

(1) μd의 표본평균을 구하시오(반올림하여 소수 둘째자리까지 계산).

(2) 위의 가설을 검정하기 위한 검정통계량을 구하시오(반올림하여 소수 둘째자리까지 계산).

(3) 위의 통계량에 대한 p-값을 구하고(반올림하여 소수 넷째자리까지 계산), 유의수준 0.05하에서 가설검정의 결과를 (채택/기각) 중 하나를 선택하시오.

① μd의 표본평균＝5.17

psych 패키지 설치 후, describe( ) 함수를 이용하여 각 항목의 기술통곗값을 확인한다. 특별과외 후 성적(r_after)의 평균＝60.8, 특별과외 전 성적(r_before)의 평균＝55.63으로 특별과외 후 성적이 향상되었다. μd의 표본평균＝(특별과외 후 성적－특별과외 전 성적)의 평균＝r_after－r_before＝60.8－55.63＝5.17(소수 둘째자리까지 계산)이다.

```
> setwd("C:/workr")
> data <- read.csv("record.csv", header=T, fileEncoding="EUC-KR")
> head(data)
  student  sex age r_before r_after
1       1 Male  16       35      67
2       2 Male  16       50      72
3       3 Male  16       90      94
4       4 Male  16       78      91
5       5 Male  16       23      41
6       6 Male  16       25      41
> describe(data)
          vars  n  mean    sd median trimmed   mad min max range  skew kurtosis   se
student      1 30 15.50  8.80   15.5   15.50 11.12   1  30    29  0.00    -1.32 1.61
sex*         2 30  1.50  0.51    1.5    1.50  0.74   1   2     1  0.00    -2.07 0.09
age          3 30 17.20  1.03   17.0   17.12  1.48  16  19     3  0.34    -1.12 0.19
r_before     4 30 55.63 24.49   50.5   55.12 31.88  23  94    71  0.19    -1.53 4.47
r_after      5 30 60.80 25.00   67.0   61.50 35.58  22  94    72 -0.07    -1.59 4.57
>
> mean(data$r_after-data$r_before)
[1] 5.166667
>
> round(mean(data$r_after-data$r_before), 2)
[1] 5.17
```

② 검정통계량(t)=1.13

쌍체표본 t-검정(paired t-test)을 위하여 t.test( ) 함수를 이용한다. 대립가설을 alternative="greater"[True mean difference is greater than 0, (특별과외 후 성적-특별과외 전 성적)의 평균>0, 즉 특별과외 후 성적이 향상되었다]로 지정하고, 대응표본 검정 방법을 이용(paired=TRUE)한다.

```
> t_result <- t.test(data$r_after, data$r_before, alternative="greater", paired=TRUE)
> t_result

        Paired t-test

data:  data$r_after and data$r_before
t = 1.1319, df = 29, p-value = 0.1335
alternative hypothesis: true mean difference is greater than 0
95 percent confidence interval:
 -2.589429        Inf
sample estimates:
mean difference
      5.166667

> summary(t_result)
            Length Class  Mode
statistic   1      -none- numeric
parameter   1      -none- numeric
p.value     1      -none- numeric
conf.int    2      -none- numeric
estimate    1      -none- numeric
null.value  1      -none- numeric
stderr      1      -none- numeric
alternative 1      -none- character
method      1      -none- character
data.name   1      -none- character
>
> print(t_result$statistic)
       t
1.131861
>
> round(t_result$statistic, 2)
   t
1.13
```

③ p-value(p-값)=0.1335

유의수준 0.05하에서 귀무가설을 기각할 수 없다(p-value>0.05). 따라서 특별과외 후, 수학 성적이 향상되지 않아서 특별과외의 효과가 없는 것으로 판단된다.

```
> print(t_result$p.value)
[1] 0.1334828
>
> round(t_result$p.value, 4)
[1] 0.1335
>
> if ( t_result$p.value < 0.05 )
+ { print("Reject of Null Hypothesis")
+ } else
+ { print("Accept of Null Hypothesis")
+ }
[1] "Accept of Null Hypothesis"
```

찾아보기 (색인, Index)

[ㄱ]

구조적 프로그래밍(Structured Programming) II과목/2장

[ㄷ]

다층 퍼셉트론 IV과목/5장

단계별 선택법(Stepwise Method) IV과목/2장

단층 퍼셉트론 IV과목/5장

데이터 프레임(Data Frame) II과목/2장

독립성 검정 V과목/2장

[ㄹ]

랜덤포레스트(Random Forest) IV과목/8장

로지스틱 회귀 분석 IV과목/3장

리스트(List) II과목/2장

[ㅂ]

배깅(Bagging) IV과목/8장

배열(Array) II과목/2장

벡터(Vector) II과목/2장

베이지안 기법(Bayesian Analysis) IV과목/7장

부스팅(Boosting) IV과목/8장

[ㅅ]

상관관계 분석 IV과목/1장

서포트벡터머신(Support Vector Machine) IV과목/6장

스칼라(Scalar) II과목/2장

[ㅇ]

앙상블 분석(Ensemble Analysis) IV과목/8장

오즈비(Odds ratio) V과목/2장

요인(Factor) II과목/2장

왜도(Skewness) III과목/2장

의사결정나무 IV과목/4장

인공신경망 IV과목/5장

[ㅊ]

첨도(Kurtosis) III과목/2장

[ㅎ]

행렬(Matrix) II과목/2장

회귀 분석(Regression Analysis) IV과목/2장

[A]

Ada Algorithm IV과목/8장

Array II과목/2장

AUC(Area Under the ROC Curve) V과목/1장

[C]

Chain Operator II과목/2장

CRAN(Compressive R Archive Network) II과목 1장

[D]

Data Frame II과목/2장

Dataset II과목/2장

[F]

Factor   II과목/2장

[L]

List   II과목/2장

Logistic Regression Analysis   IV과목/3장

[M]

Matrix   II과목/2장

Mean of Absolute Errors(MAE)   V과목/2장

Mean of Absolute Percentage Errors(MAPE)

     V과목/2장

Mean of Absolute Scaled Errors(MASE)   V과목/2장

Mean of Errors(ME)   V과목/2장

Mean of Percentage Errors(MPE)   V과목/2장

Min–Max Normalization   III과목/1장

[N]

Naive Bayes Classifier   IV과목/7장

[O]

Open API(Application Programming Interface)

     III과목/1장

[P]

Pipe Operator   II과목/2장

[R]

Root Mean of Squared Errors(RMSE)   V과목/2장

R Studio   II과목/1장

[S]

Scalar   II과목/2장

[V]

Vector   II과목/2장

[X]

XML(eXtensible Markup Language)   III과목/1장

참고 문헌 및 사이트

- 국가직무능력표준(NCS), 한국산업인력공단
  한국직업능력개발원, 명지대학교 산학협력단, 교육부

빅데이터 분석 기획	통계기반 데이터 분석
빅데이터 수집	머신러닝 기반 데이터 분석
빅데이터 저장	텍스트 마이닝 기반 데이터 분석
빅데이터 처리	빅데이터 분석결과 시각화
분석용 데이터 탐색	

- 김경태, 경영빅데이터 분석사, 시대고시기획
- 김경태, 데이터 분석 전문가(준전문가), 시대고시기획
- 김경태, 안정국, 김동현, Big Data 활용서 I,II, 시대인
- 김대수, 처음 만나는 인공지능, 생능출판
- 김성수, R을 이용한 다변량분석, KNOU PRESS
- 김세헌, 통계학 개론, 영지문화사
- 네이버 사전, dict.naver.com
- 네이버 지식백과, terms.naver.com
- 다다사토시, 송교석, 처음 배우는 인공지능, 한빛미디어
- 데이터전문가지식포털, www.dbguide.net
- 데이터 품질관리 지침, 한국데이터베이스 진흥센터
- 데이터 품질진단 절차 및 기법, 한국데이터베이스 진흥원
- 사회조사분석사, 시대고시기획
- 윤철호, 빅데이터 분석과 R 활용, 생능출판
- 이재원, 생생한 사례로 배우는 확률과 통계, 한빛아카데미
- 위키백과, ko.wikipedia.org/wiki
- 장용식, 최진호, 머신러닝을 활용한 R 데이터분석, 생능출판
- 장희선, 송지영, 빅데이터분석기사 국가기술자격 개요 및 출제경향 분석, 2022, 한국컴퓨터정보학회 동계학술대회
- 장희선, 최기석, 하정미, 스마트 유통물류 산업에서의 인공지능 서비스, 2019, 주간기술동향
- 장희선, 4차 산업혁명의 시사적 교육을 위한 e-NIE 및 Edmodo 콘텐츠 활용, 2018, 한국콘텐츠학회 춘계학술대회
- 장희선, Raptor와 가상현실 콘텐츠를 활용한 수학 알고리즘 및 코딩 교육, 2018, 한국콘텐츠학회 Contents & E-book 학술대회
- 정보통신기획평가원, 인공지능 산업 청사진, 2020
- 정혜정, 장희선, 빅데이터분석기사 필기 한권으로 끝내기, 2022, 시대고시기획
- 한국디지털정책학회 빅데이터전략연구회, 경영 빅데이터 분석, 광문각
- 한국디지털정책학회 빅데이터전략연구회, NCS 기반 경영 빅데이터 분석, WOW PASS
- 한국정보화진흥원, 성공적인 빅데이터 활용을 위한 3대 요소 : 자원, 기술, 인력, 2012년
- 한국폴리텍대학, 4차산업혁명대비 교육훈련직종 개발, 2018.

MEMO

MEMO

좋은 책을 만드는 길, 독자님과 함께 하겠습니다.

빅데이터분석기사 실기 R 한권으로 끝내기

개정1판1쇄 발행	2024년 04월 15일 (인쇄 2024년 02월 23일)
초 판 발 행	2022년 06월 03일 (인쇄 2022년 05월 26일)
발 행 인	박영일
책 임 편 집	이해욱
저 자	장희선
편 집 진 행	윤승일
표 지 디 자 인	조혜령
편 집 디 자 인	채경신 · 윤준호
발 행 처	(주)시대교육
공 급 처	(주)시대고시기획
출 판 등 록	제 10-1521호
주 소	서울시 마포구 큰우물로 75 [도화동 538 성지 B/D] 9F
전 화	1600-3600
홈 페 이 지	www.sdedu.co.kr

I S B N	979-11-383-6800-1 (13000)
정 가	35,000원

다년간 누적된 합격의 DATA!

SD에듀
빅데이터분석기사 시리즈

유료 동영상 교재

빅데이터분석기사 필기
한권으로 끝내기

❶ 핵심이론 + 확인 문제 구성으로 이론 완벽 복습 가능
❷ 단원별 적중예상문제로 실전감각 UP
❸ 2021~2023년 총 6회분의 최신 기출복원문제 수록

유료 동영상 교재

빅데이터분석기사 실기(R)
한권으로 끝내기

빅데이터분석기사 실기(파이썬)
한권으로 끝내기

❶ 2023년 변경된 출제유형 완벽 반영
❷ 2021~2023년 총 6회분의 최신 기출복원문제 수록
❸ 유형별 단원종합문제 + 합격모의고사 2회분
❹ 자사 홈페이지를 통해 예제 파일 제공

※ 도서의 이미지 및 구성은 변경될 수 있습니다.

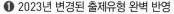

빅데이터분석기사 + 데이터분석전문가(ADP) 동시대비

파이썬
한권으로 끝내기

① 기초부터 심화까지 아우르는 종합기본서

② 핵심이론 + 예제로 단계별 학습 가능

③ 최신 기출동형 모의고사 5회분 수록

④ 깃허브를 통해 예제 파일 및 코드 제공

※ 도서의 이미지 및 구성은 변경될 수 있습니다.

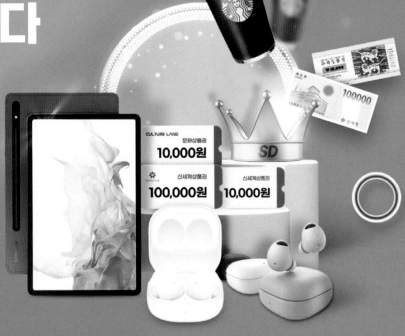